외국어로서의 한국어 교육 연구

作为外国语的韩国语教育研究

지은이

林香蘭(임향란, Lin Xianglan)은 문학박사로 사천외국어대학교 한국어학과 주임교수이며 조선-한국학 연구 센터 주임으로 있으며 한·중문학연구, 고전문학, 문화연구, 한국어 교육을 연구하고 있다.

黃進財(황진재, Huang Jincai)는 중국 연변대 한국어학과를 졸업, 고려대 국어교육학 석사. 현재 중국 충칭 사천외대 동방어학원 부원장이자 한국어학과장으로 재직. 한국어 교육, 한국어 문화, 한·중 언어비교 연구하고 있다. 주로 저서는,「韓國語精讀敎材分及開發方案」,「在韓中國學習者를 위하여 쉽게 배우는 한국어 발음」,「簡単学韩国语发音」이 있다.

王倩倩(왕청청, Wang Qianqian)은 중국 해양대 문학 학사와 석사를 졸업하고, 한국 상명대 한국학과 박사학위를 취득했다. 현재는 중국 사천외대 한국어학과에서 재직 중이며 한국언어문화, 한국어 교육, 한·중 대조언어학을 연구하고 있다.

王曉誠(왕효성, Wang Xiaocheng)은 중국 산동대학교 기계공학과 산업디자인 전공을 했으며 고려대학교 국어교육과 석사과정을 마쳤고 현재 박사과정 재학 중이다. 주로 저서로는『在韩中国人学习者를 위하여 쉽게 배우는 한국어 발음』이 있다.

汪波(왕파, Wang Bo)는 1997년 4월에 중국 하남성 출생으로 낙양외국어대학교 한국어학과와 북경외 국어대학교 문학석사를 졸업했다. 현재는 고려대학교 국어국문학과 국어학전공 박사과정 중이다.

于多梅(우동매, Yu Dongmei)는 중국 연변대 한국어학과를 졸업하고 한국 충남대 인문대학 국어국문 학과 문학 석사와 박사 과정을 수료했다. 현재 한국 배재대 중국학부에서 전임강사로 재직 중이며 한국어통사론, 한국어 교육학, 한국어심리학, 대조언어학을 연구하고 있다.

陳柳燕(진류연, Chen Liuyan)은 고려대 한국어문화교육 석사를 졸업했으며 2006년에 국비 장학생으로 북한 김형직사범대학에서 어학연수를 마쳤다. 현재는 사천외대 성도학원에 재직 중이다.

외국어로서의 **한국어 교육 연구**

초판 인쇄 2012년 7월 20일 **초판 발행** 2012년 7월 30일
지은이 임향란 황진재 왕청청 왕효성 왕파 우동매 진류연
펴낸이 박성모 **펴낸곳** 소명출판 **출판등록** 제13-522호
주소 서울시 서초구 서초동 1621-18 란빌딩 1층
전화 02-585-7840 **팩스** 02-585-7848 **전자우편** somyong@korea.com **홈페이지** www.somyong.co.kr

값 43,000원

ISBN 978-89-5626-739-5 93710

외국어로서의
한국어 교육 연구

作为外国语的韩国语教育研究

As a foreign language education research of Korean

임향란 · 황진재 · 왕청청 · 왕효성 · 왕파 · 우동매 · 진류연

소명출판

책머리에

    시간은 빨리도 지나 어느새 첫 연구 저서를 발표한 지도 2년이 되었다. 이 2년 동안 6명의 젊은 학도들이 애쓰고 고심하여 연구한 업적 6편을 공저로 함께 묶어 펴낸다. 이 책은 외국어로서의 한국어 교육현장에서 직접 체험한 내용들과 배움을 바탕으로 교재개발, 언어교육에서 나타나는 문제점 및 그 대응방안에 대한 여러 가지 생각들을 모은 것이다. 몇 년간 젊은 학도들은 외국에서 어려운 유학생활을 하면서 자신들의 미약한 지식을 쌓고 보충하기 위해 선학들의 지도와 배려로 적지 않은 업적을 이루었다. 물론 크지는 않지만, 자신이 열심히 충실히 했다는 데서 그 가치는 충분할 것으로 사료된다. 이런 마음을 헤아려 본 연구센터에서는 그들의 성과를 세상에 알리고자 이 책을 묶어 내기로 하였다.

    이 책은 중국의 학습자들을 대상으로 진행한 한국어 교육 공동연구로서 모두 6부로 나누어 실었다. 1부는 황진재가 쓴 한국어 교재에 대한 분석과 개발 방안으로서 한국어 학습자들과 교육자들에게 효율적인 교육과 수업에 유익한 자료가 될 것이다. 2부는 진류연이 쓴 한국어 학습자들에게 있어서 독학용 교재로 강의를 거치지 않고도 발음, 문법, 열독에 이르기까지 스스로 한국어를 배울 수 있는 교재개발이다. 학생뿐만 아니라 직장인들에게 좋은 자료라고 할 수 있겠다. 3부는 왕효성이 지은 듣기와 읽기에 관한 내용으로서 수업에서의 문제점을 찾아내고 그 방법을 제시함으로써 시청각 학습자나 교육자들에게 유익한 참고자료가 되겠다. 4부는 왕파가 쓴 현대한국어와 중국시제 대비연구, 5부는 왕청청이 지은 한중 능원표현법 대조연구, 6부는 우동매가 쓴 한중 중주어문 비교연구로서 이 연구는 한중 비교언어 연구자들에게 유익한 참고자료로 될 것이다. 이 공동연구를 통해 외국어로서 한국어 교육, 교재에서 나타나는 문제점과 개선방안 등이 국내외 한국어 전공자들에게 조금이나마 도움이 되기를 바란다. 이 책으로 인한 한국어 교육의 긍정적인 기대감이나 부정적인 비판 역시 의미 있는 자극이 될 것이다.

　이 책이 나올 수 있기까지 많은 사람의 도움이 있었다. 무엇보다 먼저 함께 해온 외국어로서의 한국어 교육전공자들의 도움이 컸다고 할 수 있다. 특히 논문 모집을 위해 애쓴 황진재 선생님, 그리고 논문수정을 위해 밤잠 설치면서 수고해 준 왕청청 선생님에게 고맙다는 말을 전하면서 사천외대 한국어학과 전체 교직원에게 고맙다는 말을 전하고 싶다. 아울러 책이 출판될 수 있도록 힘써 주신 소명출판 박성모 대표님, 그리고 공홍 편집장님을 비롯한 관계자들에게도 감사하다는 말을 전한다.

2012년 5월 15일
조선-한국학연구센터 주임 임향란

한국어 교재에 대한 분석과 개발 방안

1. 서론

1) 연구 목적과 필요성

중국과 한국은 지리적으로 강과 산을 사이에 두고 이웃한 나라로 역사적으로 문화적 교류가 빈번하였고 서로 많은 영향을 주고받았다. 언어의 측면에서만 놓고 보아도 중국은 옛날부터 한국어에 대한 관심이 깊어 『계림유사(雞林類事)』나 『조선관역어(朝鮮館譯語)』 등[1] 체계적으로 한국어의 자료들을 수집하여 그 기록을 남기고 있는바, 우리는 이와 같은 사실을 통하여 중국이 외국어로서의 한국어 교육[2]에 대하여 얼마나 중요하게 여겼

---

[1] 한국어 교육은 중국에서 외국어 교육으로 최초로 발달하였다. 영어교육이나 러시아어교육보다 한국어 교육이 먼저 발달하였다. 명나라 때 명 태조는 화원계(火原潔) 등에게 『화이역어(華夷譯語)』를 편찬하라고 명령했다(공원 1382년부터 편찬 시작). 그중에는 『고려관역어』편이 포함되어 있었다. 『조선관역어』는 명나라 때 편찬되었고 청나라 때 회동사역관(會同四譯官)에 조선통사관이 설치되었다(김순녀, 2003).

는지를 쉽게 짐작할 수 있다(안병호, 2002). 1992년 한·중 수교 이전에는 외국어로서의 한국어(조선어)학과를 설립한 대학은 북경대를 비롯하여 네 개 대학[3]밖에 없었다. 그러나 오늘날 정치, 경제, 문화의 영향으로 벌써 120개가[4] 넘게 늘어났으며, 여전히 중국 전국 각지에서 한국어학과가 신설되고 있다. 한국어는 중국에서 영어와 일본어 다음으로 인기를 끌고 있는 외국어이므로 한국어를 배우려는 학생이 지속적으로 증가할 것이다. 그러므로 중국에 존재하는 많은 중국인 성인 학습자를 위하여 좋은 한국어 교재의 필요성은 절대적이다. 김순녀(2003)에 따르면 지금 중국의 한국어 교육계에서 가장 심각한 문제 중의 하나는 교재 개발이다. 한국어학과가 개설된 학교는 많은데 비해 주교재로서의 정독 교재[5]는 불과 15종[6]이고 대부분의 대학교가 거의 동일한 교재를 쓰고 있다. 그리고 중국인 학습자를 대상

2　중국에서의 한국어 교육은 학자에 따라서 구분이 좀 다르다. 최희수(2005)는 중국에서의 한국어 교육은 중국 조선족을 대상으로 하는 모국어로서의 한국어 교육과 중국어를 모국어로 하는 조선족이 아닌 민족들을 대상으로 하는 외국어로서의 한국어 교육으로 구분했다. 박종금(2000)은 중국에서의 한국어 교육은 모어(본 민족 언어) 교육으로서의 조선어 교육, 외국어로서의 한국어 교육, 외국어 교육 행태로 진행되는 모어 교육 세 가지로 분류했다. 두 학자의 연구를 따라 본 연구의 한국어 교육은 조선족이 아닌 민족을 학습 대상으로 하는 외국어로서의 한국어 교육이다.

3　1950년대에 들어 한국어(조선어)학과가 있는 북경대 외에 1952년, 북경대외경제무역(北京對外經濟貿易)대학교와 1956년에 낙양 외국어군사(洛陽外國語軍事)대학교에서도 각각 한국어(조선어) 학과를 개설하였다. 이 시기 연변대에서는 북경대와 낙양 외국어군사대의 위탁으로 한국어(조선어)학과 학생들의 양성 임무를 감당했었는데 1966년 문화대혁명(文化大革命) 직전까지 이어져 왔다. 문화대혁명 후기인 1972년에 연변대에서 한국어(조선어) 학과를 개설하면서 중국에서는 네 개 대학이 정규적인 한국어(조선어) 교육을 실시하게 되었다(김순녀, 2003).

4　2009년 11월에 중국 양주대에서 열린 중국 한국어(조선어) 교육연구학회에서는 중국 한국어(조선어)학과에 대한 실태조사가 발표되었다. 이 실태조사와 중국 교육부 사이트에 등록된 한국어(조선어)학과에 대한 통계에 따르면 중국 대륙지역에서 한국어(조선어)학과가 설립된 4년제 공립대는 80개가 넘고 사립대는 30개가 넘는다. 중국 서부지역에서의 대학에 대한 통계는 하지 않았는데 필자가 알기로는 중국 서부지역에서 사천외대, 서남민족대, 서안외대, 호남사대, 광서사대 등 다섯 개의 대학이 한국어학과를 설립했다.

5　정독 교재의 정의는 2절 연구 내용을 참고.

6　손정일(2005)은 중국에서 편찬된 대학용 종합교재, 즉 주교재로서의 정독 교재는 불과 15종이라고 한다.

으로 개발된 정독 교재가 있다 하더라도 교재 구성, 학습 내용 등의 면에서 문제점이 많아 한국어 교육을 효과적으로 할 수 있는 정독 교재를 개발할 필요가 있다. 이상을 보면 지금 중국에서 한국어를 전공하는 학습자들을 위한 주교재로서의 정독 교재 개발은 최근 중국에서 일고 있는 한국어 교육의 열기에 비해 빈약하다. 그러므로 정독 교재 개발은 시급한 문제이다.

김영만(2005)에서는 새로운 교재를 개발하려면, 먼저 현존하는 교재들의 내용과 구성 방식을 검토하여 각 교재의 장점을 살리고 문제점을 지적하고 보완하는 작업이 필요하다고 언급하였다. 즉 교재를 개발하려면 먼저 기초 작업으로 교재 분석부터 시작해야 한다는 뜻이다. 그리고 지금 중국에서 외국어로서의 한국어 교육에 대한 연구의 70% 정도는 한국어 문법에 대한 연구이고 한국어 교재에 대한 연구는 15% 정도뿐이다(김병운, 2007). 15%의 교재에 대한 연구는 교재 개발에 대한 것이 대부분이며 교재에 대한 분석 연구는 아주 적은 편이다. 특히 정독 교재에 대한 분석 연구는 아주 미흡한 상황이다.

이상을 보면 중국에서 한국어를 전공하는 학습자들을 위한 주교재로서의 정독 교재를 개발하려면 정독 교재에 대한 분석 연구가 필요하다는 것을 알 수 있다. 이에 따라 본 논문은 중국에서 현재 출판되어 사용하고 있는 주교재로서의 정독 교재를 대상으로 분석하여 문제점을 파악하고 바람직한 교재 개발을 위한 방향과 시사점을 이끌어 내는 데에 목적을 둔다.

2) 연구 내용과 제한점

(1) 연구 내용

이 연구에서는 중국의 4년제 대학교에서 외국어로서의 한국어를 전공하는 성인 학습자들을 위하여 개발된 초급 정독 교재를 대상으로 분석하고자 한다. 중국에서의 한국어 교육은 주로 정독, 회화(무역회화), 문학, 신문읽기, 문화, 문법 등의 교과목들로 진행되므로 교재 역시 학교 교과목의 요구에 따라 정독을 위주로 한 회화, 문학, 신문읽기, 문화, 문법 등의 교재들이 개발되었다. 정독은 보통 본문에 대한 이해와 활용을 둘러싸고 읽기, 말하기, 쓰기, 듣기, 번역 등의 종합적인 공부와 훈련을 하는 과목이다. 수업시간 배정에서 정독 과목은 대체로 주당 6~10시간[7]이고 회화, 문학, 신문읽기, 문화, 문법 등의 과목은 대개 2~4시간씩이다. 정독 과목은 모든 교과목 중의 주 과목으로, 배당되는 시간도 제일 많으며 대학 4년간 외국어 관련 총 수업시간 중 40~50%의 분량을 차지하고 있다.[8] 이처럼 중요한 과목인 만큼 이 과목의 교재가 한국어 수업에서 하는 역할에 대해서는 굳이 더 언급할 필요가 없다. 한 마디로 정독 교재의 좋고 나쁨은 한국어 수업의 질과 효과에 직접적인 영향을 끼치며 학생들의 한국어 수준을 크게 좌우하게 되는 것이다. 그래서 본 논문에서는 지금 중국 대학에서 가장 많이 사용하고 있는 대표적인 정독 교재를 대상으로 분석하고자 한다.

　본 논문에서 분석할 한국어 교재는 초급인데, 이는 모든 교육이 마찬가지이겠지만 특히 외국어 교육은 기초가 중요하며, 처음 만들어진 토대가 다음 단계 진입의 성패를 좌우하기 때문이다. 초급 교재는 한국어를 처음 배우는 학습자들에게 한국어의 자모와 발음에 관한 내용을 담고 있으며, 한국어의 기초적 문법과 문형, 그리고 대화 및 서술문을 종합적으로 배우고 연습을 통해 실력을 높일 수 있도록 구성되어 있다. 이 초급 교재를 통

7　중국에서는 초등학교부터 대학교까지 보통 한 시간 수업을 45분 동안 하도록 설정한다. 정독 과목은 초급에 주당 10시간이고 월~금요일에는 매일 2시간씩이다. 고급에 들어가면 다른 과목 수업을 해야 하기 때문에 정독 수업은 보통 주당 6시간으로 배당된다.
8　필자가 일하고 있는 사천외국어대학(四川外國語大學)의 한국어학과 교과목 시간 배정을 예로 보면 4년 동안 한국어 과목의 총 시간 수는 1,764시간(교양 과목 제외)이고 초급, 중급, 고급 정독 과목의 시간 수는 360, 288, 216시간이다. 정독 과목이 배당 되는 시간은 총 과목 시간의 대략 49%를 차지한다.

해 학습자들은 한국어라는 언어를 본격적으로 접하게 되고, 한국과 한국어의 다양한 면들을 기본적으로 이해하게 된다. 또한 이때의 학습 경험이나 이때 형성된 한국어에 대한 정의적 태도는 이후 한국어 학습에 큰 영향을 미친다(김정우, 2008). 이상의 이유로 초급 교재 대상으로 살펴보도록 하겠다.

교재 분석 결과가 교재 개발을 위한 객관적이고 실증적인 유용한 자료가 되기 위하여 본 논문의 각 절에서는 다음과 같은 내용을 다룬다.

제1절에서는 본 연구의 목적과 제한점을 밝히며 한국과 중국 내의 한국어 교재에 관한 선행 연구를 검토하고, 교재 개발과 교재 분석 연구들의 문제점을 살펴본다. 제2절에서는 교재의 개념과 요건, 기능들을 알아보고 기존의 교재 분석 기준을 검토하여 중국 내의 특수 언어 환경을 고려해서 좀 더 객관적이고 체계적인 한국어 교재 분석 기준을 설정한다. 제3절에서는 중국 내의 한국어 교재 개발의 흐름과 특징을 정리해보고 정독 교재의 현황을 살펴볼 것이다. 제4절에서는 선정된 교재들을 내적, 외적 기준으로 분석하고 그 결과를 제시한다. 제5절에서는 연구의 내용을 요약하고 분석한 결과를 바탕으로 중국에서의 한국어 초급 정독 교재 개발 방향에 도움이 되는 제언을 한다.

(2) 연구의 제한점

이 논문은 중국에서 대표적인 한국어 정독 교재에 대한 체계적인 분석을 시도한 연구로서 교재 개선의 출발점을 짚어내고 나아가 새 교재를 개발하는 데 시사점을 얻는 데 목적이 있다. 그러나 이 연구에는 다음과 같은 제한점이 있다.

첫째, 중국에서는 십여 가지의 정독 교재가 개발되었는데 본 연구는 그 중에서 네 가지 교재만을 대상으로 분석한다. 본 연구의 결과가 모든 정독 교재의 문제점이라고 할 수는 없다.

둘째, 주교재로서의 정독 교재는 초, 중, 고급으로 나뉘고 있는데 그중에서 초급을 대상으로 분석한다. 본 연구의 결과는 초급 교재의 문제점일 뿐이다. 중, 고급 교재의 문제점이라고 할 수 없다.

셋째, 새로운 정독 교재 개발을 위하여 제시한 제언이 효과가 있는지 없는지에 대한 과학적인 연구가 필요하다.

3) 선행 연구

(1) 한국어 교재 연구

이지영(2005)에 의해서 1950년대에 한국어 교육이 본격적으로 시작한 데 반해 한국어 교재에 대한 연구는 1970년대에 들어와서 시작되었다. 고영근(1971)의 *Beginning Korean*(S.E. Martin, 1969)에 대한 분석한 연구가 교재 연구의 시작이라고 할 수 있다. 허팔복(1973)은 연세대 한국어학당의 『한국어교본』과 명도원의 『한국어교본』을 분석대상으로 교재의 체재와 내용의 특징을 비교하였다. 장석진(1974)은 새로운 한국어 교재 개발을 위한 기초 자료로 발음, 어휘, 문법 등에 대해 논의하고 교재의 종류, 구성, 체재 등에 대해 제안하고 있었다. 1980년대 중반까지 한국어 교재에 대한 연구는 이상의 세 편에서 이루어졌다.

1980년대 중반 이후, 1990년대에 들어와 한국어 교재에 대한 연구가 많아지면서 연구 분야도 다양해지기 시작하였다. 김경식(1986), 김명순(1986), 김남길(1989), 구장회(1991), 권미정(1992), 김정숙(1992) 등에 의해 기존의 교재에 대한 분석과 새로운 방향이 제안되었다. 이들은 기존의 교과서의 문제점들을 지적하고 새로운 교과서가 나아가야 할 방향을 제시하였다. 김경식(1986)은 교재의 발음, 어휘, 소재, 단원의 구성, 문법 설명, 한자 등에 대해 분석하고 교육 방법 등에 대해 언급하였다. 김명순(1986)은 한국어 교과서에 나타난 어휘의 빈도수를 조사하고 이들을 품사별로 분류하였다. 권미정(1992)은 기존 교재를 비교·검토하여 새 교재 모델을 제안하고 있다. 김정숙(1992)은 교육과정 개발과 교재에의 적용에 대해 연구하였다. 그 외에도 이정아(1995), 홍종명(1996), 조수진(1998), 노명완(1998) 등에서 한국어 교재의 비교 분석이나 교재 개발 및 보조 교재 개발 등과 관련된 연구가 이루어졌다.

최근의 한국어 교재에 대한 연구는 활발하다. 학습자의 요구를 조사하고 분석한 연구들은 백봉자 외(1998), 김영만(1999), 안경화 외(2000) 등이 있다. 학습자의 주요 변인을 고려한 교재 개발의 기본 방향을 제시한 연구는 백봉자(1999), 이정노(2000)와 이해영(2001) 등이 있다. 한국어 교재에 대한 총론적 연구는 민현식(2000), 노명완(2001), 민현식(2002) 등이다. 이와 같은 연구는 교재를 검토하여 교재 개발의 방향을 제시했다.

(2) 중국인 학습자를 대상으로 하는 교재 연구

중국인 학습자 대상으로 하는 한국어 교육 연구는 20세기에 들어온 후에 많아지고 있다. 특히 1992년 한·중 수교 이후부터 한국어 학습 열기가 급속도로 고조되어 중국인 대상의 한국어 교육은 급성장의 길을 걸어왔으며 실천 및 연구는 갈수록 활기를 띠고 있다. 그러나 중국인 대상 한국어 교재에 대한 연구는 그리 활발한 편이 아니다.

그렇지만 주목할 만한 성과가 있었다. 1997년 11월에 중국 연변과학기술대학에서 개최된 제1회 '중국에서의 한국어 교육 연토회(研討會)'에서는 교재 실태 및 개발 방안에 관한 네 편의 논문이 발표되었다. 안병호(1997), 강신도(1997), 이득춘(1997), 장광군(1997) 등이 그것이다.

이후 서울대 국어교육연구소에서 열린 제2차 '한국어 교육 국제학술회의'에서 장광군(2000)은 중국인 학습자를 위한 한국어 교재 개발에 대한 논문을 발표하였다. 장광군(2000)에서는 중국 학습자가 한국어의 학습에서 가장 어려워하는 것을 문법적 의미를 나타내는 문법 요소와 발음이라고 하였다. 그는 듣기, 말하기, 읽기, 쓰기, 번역하기 등 다섯 가지 기능을 모두 갖춘, 한국어에 능통한 인재를 배양하는 교수 목표를 달성하려면 주교재를 개발하는 데 다음 네 가지를 유의해야 한다고 말한다. 첫째, 상용 발음, 어휘, 문법 요소에 대한 조사 연구를 해야 하고 둘째, 본문을 잘 선정해야 한다. 셋째, 문법과 어휘를 잘 해석해야 하고 넷째, 연습 문제를 잘 내야 한다.

또한 2001년에 북경 대외경제무역대학에서 개최된 '한국어 교육 연토회(研討會)'에서 교재 개발과 관련된 경험과 향후의 과제들에 대한 논문이 여러 편 발표되었다. 김종태(2001), 주옥파(2001), 이성도(2001), 임종강(2001), 최순희(2001) 등이다.

그리고 중국인 학습자 대상 교재 분석 및 개발 방안에 관한 논문들은 김병운(2003), 왕단(2003) 등이 있고, 중국에서의 한국어 교재의 역사적 전개 과정과 현재 교재들의 장단점에 대해 개괄적으로 분석한 연구로 김순녀(2003), 김경선(2003), 지연(2004), 김정우(2008) 등이 있다.

김순녀(2003)는 중국의 한국어 교육 발전과 교재의 발전 흐름을 살펴보고 중국에서의 한국어 교재의 문제점과 향후 과제를 제시하였다. 노금송(2003)은 기존 교재의 어휘에 대한 분석을 통해 교재 개발을 위한 방향을 제안하였다. 김경선(2003)은 여러 대학에서 공동으로 쓰일 수 있는 기초 한국어 교재를 개발할 필요가 있고 고급 단계의 교재 개발이 시급하며, 부교재 및 기타 교과목의 교재 개발도 필요하다고 지적한다. 지연(2004)은 중국 대학교의 성인 학습자를 대상으로 한 정규 교육과정의 주교재 개발을 위한 연구로써 몇 권의 교재를 분석하였다. 분석 결과에 따르면 교재의 구성, 듣기 · 말하기 능력 향상, 발음 및 어휘 교육의 발전 방향을 제시하였다. 김정우(2008)에서는 중국에서 2005년 이후에 출간된 3종의 대학 교재를 비교 · 분석하였고 한국어와 한국문화에 대한 단원 구성에 관한 제안을 하였다.

　이상에서 외국어로서의 한국어 교재에 관한 연구가 어떻게 이루어져 왔는지 간략히 살펴보았다. 1980년대 중반부터 한국어 교육에 대한 관심이 높아져 여러 논문이 나온 것을 알 수 있다. 그러나 그동안의 한국어 교재에 대한 연구는 한국어 교육이 이루어진 기간에 비해 빈약하다. 특히 중국 내 한국어 주교재로써 정독 교재에 관한 연구는 찾기가 어려웠다. 교재 개발의 기초 작업으로서 교재에 관한 분석은 몇 편밖에 없고 분석 기준에 관한 논의는 상세하지 않다. 그러므로 본고에서는 좀 더 체계적인 분석 기준을 바탕으로 중국 내의 주교재로의 한국어 정독 교재를 분석하고 분석 결과에 따라 교재 개발 방향에 대해 제언하고자 한다.

2. 교재의 개념과 분석 표준

1) 교재의 개념 및 요건

(1) 교재의 개념

　모든 종류의 교육에서 가장 중요한 3대 요소는 교사, 학습자, 그리고 교재이다. 교재는 언어 교육의 가장 기본적인 두 가지 측면, 즉 무엇을 가르치고 어떻게 가르칠 것인가를 고려하여 만들어야 한다. 교재는 교육 이론과 교수법 이들을 반영할 뿐 아니라 대개 교수·학습의 효과를 결정한다. 교재는 교육 현장에서 교수와 학습의 가장 중심이 되는 자료이다. 교재는 교육의 내용과 교수·학습의 방법을 보여 주는 실질적인 교육 백서가 된다. '교육의 질은 교사의 질을 능가하지 못한다'라는 말이 있지만, 교재의 막강한 영향력을 감안해 볼 때, 이 말은 '교육의 질이 교재의 질을 능가하지 못한다'고 해도 지나치지 않다. 교재는 교사보다 강력한 교육 통제의 수단이 되므로 교재는 중요하다(노명완, 1998). 교재를 극본에 비유하면 극본은 연극의 근본적인 요소로써 배우와 감독은 이 극본에 의지해 생동감 있는 연극을 연출해 낼 수 있다.[9]

이처럼 교재는 교사와 학습자를 연결해 주는 매개체로써 교수·학습 과정에서 중요한 위치를 차지한다. 교재는 학자들에 따라 다양하게 정의된다. 민현식(2000)은 넓은 의미의 교재란 교육목표를 구현하기 위하여 사용되는 모든 교육 자료를 말하며, 여기에는 교과서, 참고서, 워크북, 교사 지침서, 사전, 카세트테이프, 웹 자료, CD, 사진 / 그림 등이 포함된다고 말한다. 좁은 의미의 교재란 학생들의 교육목표에 도달하도록 교육과정에 따라 교육 내용을 선정하여 가시적으로 제시한 것이다. 노명완(2001)은 교육과정과 이것이 실제로 전개되는 교실 내에서 교수 및 학습 사이를 연결해 주는 교량으로 교육 내용과 교육 방법 두 측면을 지닌 체제 또는 프로그램으로 교재에 대한 정의를 밝혔다. 김정숙(2002)은 교수요목을 기반으로 실제 교육에 필요한 교육 내용을 구체화한 것 또는 교육목표 달성을 위한 구체적인 교육 내용, 교육 자료, 교육 방법이 포함된 가장 기본적인 도구라고 교재를 정의하였다. 박영순(2003)은 교육과정에 투입되는 모든 자료이며 학습자와 교사를 이어주는 매개체라고 정의하였다.

위의 학자들이 정의한 교재에 대한 개념에 따르면, 교재는 교육과정을 구현하기 위해 동원되는 모든 교육 자료를 이르고, 교육 내용과 교육방법에 대한 내용을 담고 있는 것이다.

---

9 「漢語作爲第二語言教育學理論」, 北京語言文化大學出版社, 2002.

(2) 교재의 기능

교재는 교사와 학생 모두의 자료이다. 교사는 교재로 가르치고, 학생들은 교재로 배운다. 따라서 교재는 교수·학습의 기능을 담당한다. 노명완(1998)에서는 교재가 갖는 기능을 일곱 가지로 분류하였다.

1. 관점 반영의 기능 : 교육 환경에 가장 적합한 교수·학습 이론이 포함되어야 한다.
2. 내용 제공 및 재해석의 기능 : 추상적이고 포괄적으로 진술된 교육과정의 내용 요소를 구체적이고 체계적으로 제시해야 한다.
3. 교수·학습 자료 제공의 기능 : 언어 사용 기능을 익힐 수 있는 자료(읽기 자료, 쓰기 자료 등)를 제공해야 한다.
4. 교수·학습 방법 제시의 기능 : 교사와 학습자에게 교수·학습의 과정별로 부여된 과제 및 과제 해결의 전략 등을 단계화하여 제시한다.
5. 학습 동기 유발의 기능 : 학습 내용을 제시하기 전에 과제와 관련된 학생들의 배경지식, 흥미, 태도를 높이는 일을 먼저 해야 한다.
6. 연습을 통한 기능 정착의 기능 : 기능 획득을 위한 연습 자료를 제공해 주어야 한다.
7. 평가 자료 제공의 기능 : 교수·학습의 결과로써 평가 자료 및 방법을 제공해 주어야 한다.

위의 교재 기능에 대한 지적처럼, 교재가 교수·학습 활동에서 차지하는 중요도는 매우 높다고 할 수 있다. 또한 좋은 교재는 수업의 효과를 극대화하고, 교사와 학습자에게 필요한 자료를 제공해주며, 교사와 학습자를 이어주는 역할을 한다. 교재는 내용을 담고 있는 자료이고, 가르치는 자료이며, 배우는 자료이다(노명완, 2001).

(3) 좋은 교재의 요건

노명완(2001)에서는 좋은 교재가 갖추어야 할 세 가지 요건을 다음과 같이 논의하였다.

1. 학습을 위한 학습자의 정신 활동이 주의와 관심을 동반한 유목적적 행동일 때에 학습 효과가 높아진다. 그러므로 교재는 중요한 학습 내용에 학습자의 주의와 관심을 유도하여야 한다.
2. 학습 내용은 종합적이면서도 구조적으로 제시되어야 한다. 그래야 학습자는 그 내용을 보다 쉽게 이해하고 기억하고 또 인출해 낼 수 있다. 따라서 좋은 교재에서는 가능한 한 학습 내용을 종합적으로 그리고 구조적으로 제시해 주는 것이 좋다. 글의 내용 이해에 도움이 될 수 있는 그림이나 삽화의 제시, 글의 내용 구조 등을 통해 글 내용을 쉽게 이해할 수 있도록 도와주는 것이 좋다.
3. 학습의 질은 학습자의 사고의 질과 비례한다. 그러므로 교재는 학생들의 사고를 깊고 넓게 유도할 수 있는 장치를 갖는 것이 좋다. 그 가장 좋은 방법이 학생들에게 질문을 많이 하는 것이다.

이상의 요건은 교재 분석이나 새로운 교재의 개발에 좋은 지침으로 활용될 수 있을 것이다.

2) 교재의 분석 표준

(1) 분석 표준 설정

McGrath(2002)에 의하면 '분석(analysis)'은 객관적이고 검증할 수 있는 설명을 밝히는 것이고, '평가(evaluation)'는 가치 판단을 내리는 것을 포함하는 것이다(재인용 : 최열, 2010). 서종학(1998)에서는 효율적인 교육을 위한 분석을 교재 분석으로 지칭하고, 새로운 교재 개발을 위한 분석을 교재 평가라고 지칭하였다. 그러나 민현식(2000)에서는 교재 연구 범위를 아래와 같이 교재 유형론과 교재 개발론, 교재 평가론으로 분류하였다.

> 1. 교재 유형론 : 교육과정과 교재의 상관성을 연구하고 교재의 다양한 유형에 따라 연구 한다(학습 과정, 학습자 상황, 제시 자료, 언어 기능 등).
> 2. 교재 개발론 : 교재 개발에 따른 제반 방법론과 문제점을 연구한다.
> 3. 교재 평가론 : 교재를 평가하는 방법을 연구한다.

위의 연구를 통해서 교재 평가는 효율적인 교육을 위하여 교재 분석을 하는 방법을 연구하는 것을 말하며 교재 개발은 결국 이러한 분석을 거쳐서 이루어지게 됨을 알 수 있다.

본 논문에서는 중국에서 편찬된 정독 교재를 분석 대상으로 하고, 분석 결과를 바탕으로 교재 개발을 위한 몇 가지 제언을 하려고 한다.

교재 분석의 기준에 관한 기존 연구들은 교재의 외적 구성과 내적 구성을 나누어서 분석하는 것에 대해서는 같지만, 학자들에 따라 세부적인 기준을 다르게 구성하였다.

노명완(1998)은 교재는 크게 형식 체제와 내용 체제로 나누어 살펴볼 수 있다고 한다. 형식 체제는 교재의 편형, 지질, 활자 등과 같이 거의 고정적인 형식을 말하고, 내용 체제는 교육 내용의 배열과 전개를 말한다고 하였다.

진대연(1999a)은 교재 평가의 기준을 아래와 같이 세 가지로 분류한다.

> 1. 교육과정 관련 : 한국어(말과 글)를 통한 표현 및 이해 능력의 신장, 한국어에 대한 기본 지식의 배양, 한국어로 표현된 문화의 이해와 감상 능력 신장, 한국어 사용권의 문화에 대한 이해력 확대 등의 국어 교육목표들을 효과적

으로 수행할 수 있는지.

2. 교재의 제작 및 선택 관련 : 내용의 선정 및 조직, 수준과 범위, 구성 체제, 표현 및 표기.

3. 교실 수업 관련 : 학습 목표와 방법, 교재의 구조, 언어 사용 기능과 연습, 매체와의 연관성, 언어학적 기준.

이해영(2001b)은 학습자 중심 수업을 위한 교재의 필요성을 언급하며 학습자 중심 교재의 요건을 밝혔다. 교재 선택 요건은 교수 · 학습 상황 분석, 외적 구성 분석, 내적 구성 분석 세 가지로 분류하였다.

1. 교수 · 학습 상황 분석 : 교육 기관 정보, 학습자, 교사

2. 외적 구성 분석 : 편리하고 실용적인 구성 여부

3. 내적 구성 분석 : 교재 구성 목표 분석, 학습 내용 목표 분석(주제, 문법, 어휘, 발음과 억양, 담화와 화용, 문화), 학습 활동 분석, 학습 평가와 피드백 분석

황인교(2003)도 이해영(2001b)처럼 교재 분석 기준을 크게 교수 학습 상황, 외적 구성, 내적 구성으로 나누어 설정하였다. 교수 학습 상황에는 현장, 학습자, 교사를 포함하였고, 외적 구성에는 교재의 모양, 구입, 관련 구성물, 저자 또는 기관 정보 유무를 세부 항목으로 설정하였으며, 내적 구성에는 구성(전체, 단원), 학습 내용(주제, 문법, 어휘, 발음, 담화, 문화), 학습 활동(말하기, 듣기, 읽기, 쓰기), 학습 평가와 피드백 등을 세부적인 평가 항목으로 설정하였다. 이 평가 모형은 층위 구분이 뚜렷하고, 통합 교재 평가로서의 여러 가지 측면을 고려하여 비교적 구체적인 평가 항목을 제시하였다. 학습 내용에서 담화와 화용, 학습 평가와 피드백에 대한 분석 항목을 설정하였다는 것은 주목할 만하다.

강남욱(2005)은 교재 분석 기준을 크게 9영역, 76개의 세부 항목을 구성

하였다. 9개 영역에는 한국어 학습의 목표, 한국어 학습자의 배경, 한국어 교수법, 한국어 교재 내용 구성, 한국어의 사회언어학적 영역, 한국어 교사 사용 지침 및 지도서, 한국어 학습자용 부교재 및 워크북 영역, 한국어 교재의 시각 디자인적 영역, 한국어 교육의 유·무형적 경제 가치 영역이 포함된다. 이 평가 기준은 비교적 포괄적이고 세부적인 내용을 담고 있다. 이 중에서 주목할 것은 사회언어학적 요소와 시각 디자인적 장치에 대한 분석 기준이다.

김영선(2006)은 교재의 외적 측면과 내적 측면을 각각 형식적 요소와 내용적 요소로 나누어서 평가하였다. 형식적 요소에는 물리적, 시각적, 청각적 요소가 있고, 내용적 요소에는 교육과정과의 상관성, 단원의 적절성, 학습 항목의 타당성, 텍스트의 적절성, 학습자의 참여성, 평가의 타당성, 학습 자료의 타당성 등을 설정하였다.

엄녀(2007)는 교재 평가를 외적 평가와 내적 평가로 나누고 있다. 외적 평가에서는 교수·학습을 위한 지원 부분과 학습자의 접근성을 살폈고, 내적 평가에서는 목표, 교수·학습 방법, 단원 구성, 학습 내용 요소를 평가하였다.

어떤 교재를 가지고 어떤 기준으로 어떤 점을 분석할 것인가 하는 것은 분석에서 가장 기본적이고 중요한 시발점이다. 이 시발점에 대한 연구는 학자들에 따라 다르게 구성한다. 이것은 교재를 분석하는 목적이 학자들에 따라 다양하며 그 목적을 충족시키기 위한 여러 가지 시도들이 이루어지고 있기 때문이다. 본 논문은 상술한 연구들과 노명완(2001)의 좋은 교재의 요건에 근거하여 중국에서의 한국어 교육 상황과 학습자의 특성을 고려하여 외적 구성, 내적 구성으로 나누어 교재를 분석해 보도록 한다.

교재의 외적 구성에서는 교재의 표지, 삽화, 레이아웃, 관련 구성물 등을 분석하도록 하겠다. 교재의 내적 구성에서는 중국에서의 한국어 교육 상황을 고려하여 크게 전체적인 구성, 자모 부분 구성, 과문(課文)부분 구성의 세 부분으로 나누어 살펴보도록 하겠다.

신은희(2009)의 「한·중 한국어 교재 비교 연구」에서는 중국에서 외국어로서의 한국어 교육은 교실 외의 한국어 언어 환경이 없으므로 한국에서 이루어지는 한국어 교육과 차이점이 많다고 한다. 그중 특히 자모에 대한 교육에 차이점이 크다고 한다. 초급 교재의 자모 부분의 단원 수가 교재 전체 단원 수의 50% 정도의 분량을 차지하는 것을 보면 중국에서의 한국어 자모 교육은 한국에서의 자모 교육보다 중시된다는 것을 알 수 있다. 그리고 자모 부분의 단원 구성, 어휘 제시, 연습 유형과 활동 등은 과문(課文) 부분의 단원 구성, 어휘 제시, 연습과 학습활동 등과 차이가 있다고 언급하였다. 이런 이유로 신은희(2009)에서는 중국에서의 초급 정독 교재를 자모 부분, 과문(課文) 부분으로 나누어 한국에서의 교재와 비교하였다. 자모 부분의 교육 내용은 자모 익히기와 발음 교육 내용이고 과문(課文) 부분은 대화문이나 서술문 읽기를 통해 한국어 문화, 문법, 어휘 교육으로 되어 있다. 신은희(2009)를 따라 본 연구에서는 교재의 내적 구성에서 교재의 전체적인 구성, 자모 부분 구성, 과문(課文) 부분 구성의 세 부분으로 나누어 살펴보도록 하겠다.[10]

이상의 내용에 근거하여 추출된 교재 분석 기준을 정리하면 아래와 같다.

---

10 중국에서의 한국어 교재는 크게 자모를 배우는 단원과, 그것이 끝나면 나오는 단원으로 이루어진다. 본 논문에서는 자모를 배우는 단원들을 자모 부분 구성이라고 하고 그 이후에 나오는 단원들을 과문 부분 구성으로 칭한다. 이렇게 나누는 이유는 자모를 배우는 단원들의 구성이 새로운 논리에 의해서 재구성되어야 할 필요가 있고 과문 부분 구성은 또 다른 논리에 따라서 재구성되어야 한다고 보기 때문이다.

(2) 분석 표준 세부화

① 외적 구성

각 교재의 표지가 어떠한지, 삽화가 있는지, 쪽수와 가격은 어떠한지, 레이아웃이 어떠한지, 관련 구성물 있는지를 살펴보도록 하겠다.

② 내적 구성

교재의 내적인 구성은 교재의 전체적인 구성, 자모 부분 구성, 과문(課文) 부분 구성으로 나누어 살펴보도록 하겠다.

먼저, 교재의 전체적인 구성은 체계상의 구성 어떠한지, 전체적인 구성에 무엇이 포함되는지, 교재 구성 목표 및 원리, 사용자, 교재 사용에 대한 지침을 언급하였는지를 살펴보도록 하겠다.

자모 부분 구성은 다시 체계상의 구성과 내용상의 구성으로 나누어 살펴볼 것이다. 체계상의 구성에서는 단원 구성은 어떠한지, 학습목표를 제시하는지, 교육 모형은 어떻게 다루고 있는지 등을 살펴볼 것이다. 내용상의 구성에서는 제시 내용은 무엇인지, 한글에 대한 소개가 있는지, 몇 개의 단원이 있는지, 설명 방법은 어떻게 다루고 있는지, 자모의 제시 순서는 어떠한지, 한 단원에 자모의 제시 수는 어떠한지, 어휘 수는 어떠한지, 초분절에 관한 내용을 제시하는지, 연습 유형은 어떠한지 등에 관한 내용을 살펴보도록 하겠다.

과문(課文) 부분 구성은 자모 부분 구성과 마찬가지로 체계상의 구성과 내용상의 구성으로 나누어 살펴볼 것이다. 체계상의 구성에서는 단원 구성은 어떠한지, 학습 목표를 제시하는지 등에 대해 분석을 하겠다. 내용상의 구성에서는 주제, 본문 유형, 본문 배경, 문화, 문법, 어휘, 연습, 학습 활동과 평가 등에 관한 내용을 살펴볼 것이다.

주제에서는 주제의 다양성, 현장 적용성 및 실제성, 학습자들의 흥미를 유발할 수 있는지를 살펴볼 것이다.

본문 유형은 구어인지 문어인지, 본문 배경이 중국인지 한국인지 등을 분석하도록 하겠다.

문화에서는 전통 문화와 일상 문화 가운데 무엇이 많이 나타나는지, 중국 문화에 관한 질문이나 대조를 제시하는지 등을 살펴보도록 하겠다.

문법에서는 단원의 문법 양이 적당한지, 설명은 중국어를 고려하였는지, 음운 환경에 대해 설명하는지, 문법 용어는 어떠한지, 의미가 다양한 문법은 어떻게 다루고 있는지, 문법에 관한 보충자료가 있는지 등을 분석하도록 하겠다.

어휘에서는 어휘가 단원의 주제와 관련이 있는지, 어떻게 제시되는지, 어휘에 관한 연습이나 해석이 있는지, 한 단원의 어휘 수는 적당한지 등을 살펴보도록 하겠다.

연습에서는 본문 내용에 대한 질문이 있는지, 연습 유형은 어떠한지, 연습 내용은 어떠한지, 의사소통 상황과 연계하여 연습 문제가 제시되는지, 연습 활동은 재미있는지 등을 살펴보도록 하겠다.

학습 활동은 네 가지의 언어 기능으로 나누어 살펴볼 것이다. 연습은 실제 과제 및 다른 기능과 통합된 활동이 있는지를 살펴보고 개개의 언어 활동을 보조하기 위하여 카세트테이프나 CD가 제공되는지, 듣기는 실제 듣기 자료가 있는지, 읽기는 어떻게 제시되는지, 쓰기는 실제적인 쓰기 과제를 제시하는지와 과정 중심인지 결과 중심인지 등을 살펴보도록 하겠다.

평가와 피드백은 학습자 스스로 자신의 학습 능력 및 과정을 점검하는 부분이 있는지, 연습의 답과 풀이가 제공되는지, 본문에 번역문이 있는지 등을 살펴볼 것이다. 분석 기준을 표로 정리하면 〈표 2-1〉과 같다.

표 2-1. 교재 분석 기준

분석기준			
외적 구성	표지		■ 표지가 한국과 관련이 있는가? 디자인은 어떠한가?
	삽화		■ 삽화가 있는가? ■ 형식이 만화인가, 사진인가? ■ 학습자의 흥미와 관심을 유발할 수 있는가? ■ 양이 어떠한가? ■ 주제나 내용을 반영하는가?
	페이지수		■ 페이지 수는 어떠한가? 적당한가?
	가격		■ 가격은 어떠한가? 적당한가?
	레이아웃		■ 책의 크기는 어떠한가? ■ 편집과 인쇄 상태는 어떠한가? ■ 활자 크기는 적당한가? ■ 지질은 어떠한가?
	관련구성물		■ 시청각 자료(테이프, CD, 비디오 등), 워크북, 교사 지침서 등 관련 구성물이 있는가?
내적 구성	전체적인 구성		■ 전체적인 구성은 어떠한가? ■ 어휘 색인, 문법 색인, 번역문이 있는가? ■ 어휘 양과 문법 양은 어떠한가? ■ 단원 수는 몇 개인가? ■ 머리말이나 일러두기에 교재의 구성 원리나 학습 목표를 밝히고 있는가? 사용자에 대한 언급이 있는가?
	자모부분 구성	체계	■ 전체적인 구성은 어떠한가? ■ 단원별 구성이 어떠한가? 학습 목표를 제시하고 있는가? ■ 어떤 모형으로 자모를 제시하고 있는가?
		내용	■ 자모는 어떤 순서로 제시하고 있는가? ■ 음운 변화는 어떻게 제시하고 있는가? ■ 한 단원에서 자모를 몇 개씩 제시하고 있는가? 그 양이 적당한가? ■ 강세, 억양, 길이 등의 초분절에 관한 내용을 제시하고 있는가? ■ 설명 방법은 어떠한가? ■ 어휘 양은 적당한가? ■ 연습 유형은 다양한가? 학습자 흥미를 유발할 수 있는가? ■ 시청각 자료는 있는가?
	과문(課文) 부분 구성	체계	■ 단원별 구성은 어떠한가? 학습 목표를 제시하고 있는가?
		내용	■ 주제가 다양한가? 각 주제는 현장 적용성이 있는가? 실생활에 부합하는가? 학습자의 흥미나 동기를 유발할 수 있는가? ■ 본문 유형은 구어인가, 문어인가? 본문 배경은 중국인가, 한국인가? ■ 문화는 전통 문화와 일상 문화 가운데 무엇이 많이 나타나는가? 중국 문화

에 대한 질문이나 대조적 상황을 제시하는가?

■ 단원에서 다루는 문법 양이 적당한가? 문법 용어는 어떻게 다루고 있는가? 문법 학습 과정은 어떻게 다루고 있는가? 문법에 대한 설명은 중국어를 고려하였는가, 음운 환경도 고려하였는가? 의미가 다양한 문법은 한 단원에서 다 설명하고 있는가? 예문을 어떻게 제시하고 있는가? 연습 활동으로 연결되는 가? 문법에 관련 보충자료가 있는가?

■ 어휘 양이 적당한가? 제시 순서는 어떠한가? 어떤 방식으로 표시하는가? 어휘는 단원의 주제와 관련 있는가? 어휘에 관한 해석과 연습이 있는가?

■ 연습에서는 본문 내용에 대한 질문이 있는가? 유형은 다양한가? 의사소통 상황과 연계하여 연습 문제가 제시되는가? 연습 활동은 재미있는가?

■ 본문이나 문법, 연습은 말하기, 듣기, 읽기, 쓰기와 어떻게 연결되는가? 말하기 활동을 위해 테이프나 CD가 딸려 있는가? 듣기는 실제적인 듣기 자료가 포함되어 있는가? 읽기는 어떻게 다루어지고 있는가? 쓰기는 실제적인 쓰기 과제를 제시하는가, 과정 중심인가 결과 중심인가?

■ 학습자 스스로 자신의 학습 능력 및 과정을 점검하는 부분이 있는가? 연습의 답과 풀이가 제공되는가? 본문에 대한 번역문이 있는가?

3. 한국어 교재의 특징과 현황

1) 한국어 교재 개발의 흐름과 특징

외국어로서의 한국어 교재 개발은 한국어 교육 현장과 당시의 주된 언어학적 경향, 외국어 교수 방법론과 밀접한 관련을 갖고 있다(조항록, 2003). 중국의 경우에는 이러한 요소 이외에도 중국의 정치, 경제와 시대의 변화가 중요한 역할을 하기도 한다. 중국에서 외국어로써의 한국어 교육은 긴 역사를 가지고 있다. 특히 1992년 한·중 수교 이후부터 두 나라 사이의 교류가 활발해지면서 다양한 유형의 교재가 개발되고 출판되었다. 김순녀(2003)에 의하면 중국의 한국어 교재 개발의 역사와 특징을 정리해 보면 〈표 3-1〉과 같다.

태동기에는 당시의 환경으로 공식적으로 개발된 교재가 없었고 각 학교마다 자편 교재를 사용하고 있었다. 이 시기의 중국이 대외적으로 자본주의에 속한 국가들과의 문화교류가 없었기 때문에 미국의 구조주의 언어학 이론을 기초로 한 듣고 말하기식 외국어 교수법이 도입되지 않았다. 외국어 교육은 문법·번역식 교수법으로 진행되었다. 그리고 이 시기에 선택된 교재의 내용은 정치 표어(政治標語)를 처음 자리에 제시하고 본문으로 북한에서 출판된 소설들도 등장했다고 한다(김순녀, 2003).

준비기에 이르러 일부 학자들에 의하여 한국어 교재가 개발되기 시작했다. 대표적인 교재로는 김상원·하진화(1975)의 『조선말 기초』와 이득춘·김상원(1983)의 『조선어 방송 강좌』이다. 이 시기에 개발된 교재가 구조주의 이론을 하면서 듣고 말하기와 읽고 쓰기를 병행시킨 것은 외국어 교육의 발전 흐름에 순응한 것이다. 그러나 부족한 점도 많았다. 첫째, 내용의 위계적인 배열과 전체적인 교재구성이 체계이지 못한다. 둘째, 과목의 내용 범위가 좁고 내용이 단조롭고 재미없다. 셋째, 문법을 강조하고 교재에 선택된 언어가 사회화, 생활화가 되지 못하고 실용성이 부족하다. 넷째, 연습이 간단하고 기계적이다. 다섯째, 한국보다 북한과의 교류가 활발하였던 시기였기에 때문에 북한의 어휘나 문법 체계를 기준으로 교재가 편찬되었다.

한·중 수교 후의 도약기에 이르러 중국에서 한국어학과의 급증으로 한국어 교육의 수요가 늘어나자 교재 개발의 필요성이 대두되었다. 따라서 북경대, 연변대 등 일부 대학교에서는 자체 교육용 교재를 개발하여 사용하기 시작하였고, 대부분 대학에서는 한국 서울대, 연세대, 경희대 등 한국어 교육 기관의 교재를 회화 교재로 사용하였다(엄녀, 2007). 그리고 학습자들이 '조선어'라는 이름보다는 '한국어'라는 이름을 선호하게 되었고

표 3-1. 중국 내 한국어 교재 개발의 역사와 특징

시기[11]	개설 학교	대표적인 교재	특징
1950~1960 중반(태동기)	북경대, 북경대외경제무역대, 연변대, 낙양해방군외대에서 조선어(한국어)학과 개설	한국어 교육을 위해 공식적으로 출판하여 사용한 교재가 없었고, 기관 내 자체 교육용으로 사용된 교재도 없었음	■ 학과 개설 초기에는 교육 자료 부족하여 자료 개발이 필요 ■ 독해 능력 신장을 위한 독해법과 문어로 번역하는 방식 위주 ■ 문법·번역식 교수법 위주 ■ 북한 소설을 읽기 자료로 함
1970~1990 초반(준비기)	위의 네 개 대학교 외에 대련외대에서 조선어(한국어) 학과 개설	김상원·하진화,『조선말 기초』(1975); 허동진,『조선어 자습 독본』(1980); 이득춘·김상원,『조선어 방송 강좌』(1983); 김상원·이득춘·하진화·박충록,『조선어 기초교정』1~3(1990); 강신도,『기초 한국어』1~4(1991); 이득춘·김상원·박태형,『초급 조선어』(1992);『중급조선어』1·2(1993)	■ 초급 교육을 위한 자료 개발이 필요 ■ 북한의 어휘와 문법 체계에 따라 교재 편찬 ■ 문법·번역식 교수법으로부터 청각구두식 교수법으로 교체 ■ 정치사상(政治思想)의 영향을 받음 ■ 교재 내용의 실용성이 부족 ■ 재미가 없음
1990초반~1990 후반 (도약기)	1992년 한·중 수교 후, 2001년까지 한국어(조선어)학과가 설립된 대학교는 36개 있음(김중섭, 2001)	25개 대학교,『표준 한국어』1·2(1996); 허동진,『한국어 실용 문법』(1994); 장민·황일선,『한국어 구어 교정(韓國語口語教程)』(1995)	■ 개별 학자들에 의해 집필된 교재 위주 ■ 개별 대학교에서 자체 교육용 교재 개발 ■ '한국어'라는 이름으로 출판되었으며 한국의 문법 용어를 사용 ■ 일상생활 내용을 중심으로 하고 실용성을 중시 ■ 문법·번역식, 청각구두식 교수법 위주
2000~현재 (상승기)	현재까지 120여개 대학교에서 한국어(조선어)학과 개설[12]	이선한 외,『한국어』1~4(2000, 2001, 2003, 2004); 회희수 외,『초급 한국어』상·하(2000),『중급 한국어』상·하(2001),『고급 한국어』상·하(2002); 강은국·강보유 외,『초급 한국어』상·하(2005, 2006); 장민·박성기,『대학 한국어 회화 교정』(2003); 회희수·유춘희,『한국어 실용 문법』(2003); 유영녹,『한·중 번역 교정』(2002); 장광군·임홍재,『표준 한국어 교정』1·2(2006)	■ 대학교 내에서 자체 교육용으로 사용했던 교재를 공식 출판 ■ 대학 내 교수들이 공동 편찬한 교재 위주. ■ 회화, 어휘, 문법, 정독, 번역 등 영역별 교재와 경제 무역, 관광 등 특수 목적을 위한 교재들이 출판됨 ■ 의사소통교수법과 통합교수법을 선호하면서도 문법·번역식, 청각구두식 교수법에서 탈지하지 못함

정통 한국어를 배우기를 원했다. 이 시기에 개발된 대표적인 교재는 중국 북경대, 한국 서울대 등 25개 대학교가 공동 편찬한『표준 한국어』(1996)이다. 준비기의 교재와 다른 점이라면 교육 내용면에서 선정된 주제들이 정치적인 내용보다 일상생활 내용을 중심이었고, 사용된 언어도 생활 용어를 중심으로 하였다. 또한 한국의 교수의 집필에 참여하였기에 한국의 어휘와 문법 체계를 기준으로 편찬하였다.

상승기에는 그동안 대학교들이 자체적으로 사용했던 교재들이 개편되어 공식적으로 출판되었고, 대학 교수들이 공동 개발한 교재들이 출판되기 시작하였다. 그리고 회화, 어휘, 문법, 정독, 번역 등 영역별 교재와 경제 무역, 관광 등 특수 목적을 위한 교재들이 많이 출판되었다. 이 중에서 대표적인 교재는 북경대 조선문화연구소의 이선한 등이 개발한『한국어』1~4, 총 4권과 연변대 최희수 등 개발한『초급 한국어』상·하,『중급 한국어』상·하,『고급 한국어』상·하, 총 6권이 있다. 이 교재들은 교육 내용에서는 학습자를 고려한 다양한 주제와 한국의 어휘, 문법 체계를 기준으로 일정한 교육목표, 교육과정, 학습자 집단을 고려한 교재로 이전 시기의 교재보다 발전적인 모습을 보인다. 그러나 현재 개발되어 사용되고 있는 교재들은 단원 구성이나, 교육 내용에 여전히 전통적인 문법·번역식,

---

11 조항록(2003)에서는 한국어 교육 발달 단계에 따른 한국 내외 한국어 교재 개발의 역사를 태동기(1950~1970년대), 도약기(1980~1990년대 중반), 안정적 성장기(1990년대 후반부터)로 나누고 있다. 김순녀(2003)에서는 중국에서의 한국어 교재 편찬을 1950~1960년대, 1970년대 초반~1990년대 초반, 1990년대 중반~1990년대 후반, 2000년대~현재까지 네 단계로 나누고 있다. 엄녀(2007)에서는 1950년 북경대에서 조선어(한국어)학과를 개설한 후부터 '문화대혁명(文化大革命)'을 거친 60년대를 중국에서의 한국어 교육의 태동기로 보았고, 1972년 연변대에서 조선어(한국어)학과를 설치하면서부터 1988년까지 5개 대학에서 설치하기까지를 중국에서 한국어 교육이 안정적인 모습을 찾아가는 준비기로 보았으며, 1992년 한·중 수교를 계기로 2001년까지 36개 대학에서 한국어학과를 개설하기까지를 한국어 교육의 도약기로 보았으며, 중국에서 한국어학과가 계속 개설될 추세를 보이며 한국어 교재 개발이 호황기를 이룬 2000년대를 상승기로 보았다.

12 중국 한국(조선)어 교육연구학회의 2009년 연례학술대회 논문집.

창각구두식 교수법에서 벗어나지 못하고 있다(엄녀, 2007).

이상의 내용을 정리하면, 중국에서의 한국어 교재 개발은 교사나 교수법, 교재 관련 연구 등 기본적인 조건이 충분히 갖추어진 상태에서 이루어진 것이 아니라 수요가 급증됨에 따라 우선 교육이 실시되고 차후에 개발이 뒤따르는 양상이었다. 따라서 체계적인 분석과 사용자 요구 조사를 통하여 데이터를 추출하고 한국어 특성 및 관련 교수법과 연계하는 등 합리적인 절차와 방법에 따라서 교재가 개발된 것이 아니라 과거의 경험에 따라서 교재가 개발되어 있다고 할 수 있다.

2) 한국어 교재의 현황

유춘희(2010)에서는 정독 교재는 어음(語音), 어휘, 문법 등의 기본 언어 자료를 전수(傳授)하도록 만들어진 교재로서 '종합 교재'라고 한다. 손정일(2005)에서는 중국에서의 종합 교재는 25가지가 있고 대학용 교재로 편찬된 것은 15가지이다. 한국(조선)어 교육 연구학회 2009년 연례학술대회의 논문집에 의해서 현재 중국 대학교에서 많이 쓰이고 있는 정독 교재는 10가지 내외이다. 이 정독 교재들은 크게 중국 본토 교재와 한국에서 들여온 수입 교재, 그리고 한·중이 공동으로 개발한 교재 등 세 가지로 분류할 수 있다.

중국의 본토 정독 교재는 중국 대학교에서 편찬하여 출판한 교재이다. 저자에 따라서 다시 조선족이 편찬한 교재와 조선족, 한족, 한국인이 같이 편찬한 교재로 나눌 수 있다.

한국에서 수입된 교재는 주로 한국의 명문대의 한국어 교육기관에서

표 3-2. 정독 교재의 현황

정독 교재		
본토 교재	조선족	崔熙秀, 『(初級, 中級, 高級) 韓國語』, 延邊大學出版社, 2002; 崔熙秀·兪春喜, 『新編 (初級, 中級, 高級) 韓國語』, 遼寧民族大學出版社, 2006; 尹允鎭·金晶, 『中韓交流標準韓國語』初·中, 人民教育出版社, 2007; 金永壽, 南日 外, 『基礎韓國語』1~6, 黑龍江朝鮮民族出版社, 2007·2008; 樸銀淑, 趙銀淑 外, 『韓國語精讀教程』初·中·高, 外語教育與研究出版社, 2009.
	조선족·한족·한국인[14]	李先漢 外, 『韓國語』1~4, 民族出版社, 2001; 金東漢·張銀英 外, 『新韓國語基礎教程』上·下, 大連理工大學出版社, 2004; 姜銀國·姜寶有·榮玉子 外, 『(初級, 中級) 韓國語』, 上海交通大學出版社, 2005·2008; 張光軍·林亨載, 『標準韓國教程』1~2, 遼寧民族出版社, 2006, 2007; 牛林杰·樸性泰 外, 『大學韓國語』1~6, 北京大學出版社, 2007; 全永根·曹永范, 『初級韓國語』上·下, 世界圖書出版公司, 2008; 全龍華 外, 『初級韓國語』上·下, 延邊大學出版社, 2009; 許世立·鄭慧 外, 『現代韓國語初級』, 人民教育出版社, 2009; 李明學·周佳欣 外, 『基礎韓國語』1~4, 世界圖書出版公司, 2010.
수입 교재	원판 교재	한국어 교육연구원, 『아름다운 한국어 초급』1~4(중국어 판), 民族出版社, 2008; 연세대 어학당 교재; 서울대 어학당 교재; 서강대 어학당 교재 등
	부분 번역 교재	羅運惠 譯, 『輕鬆學韓語』初·中·高, 가나다韓國語學院, 北京大學出版社, 2004; 苗春梅 譯, 『新標準韓國語』初·中·高, 慶熙大學, 外語教學與研究出版社, 2005; 魯錦松 譯, 『快樂韓國語』1~3, 韓國教育文化院, 外語教學與研究出版社, 2007; 對外經濟貿易大學 譯, 『走遍韓國』1~4, 新羅大學, 外語教學與研究出版社, 2007; 胡翠月 譯, 『100學時韓國語』1~4, 延世大學韓國語學堂, 世界圖書出版公司, 2008; 尹敬愛·李民 外譯, 『新標準韓國語』1~4, 鮮文大學韓國語教育院, 大連出版社, 2008; 崔正洵 譯, 『培材韓國語』1~4, 民族出版社, 2008; 孫玉慧 譯, 『韓國語』1~6, 首爾大學語言教育院, 外語教學與研究出版社, 2008; 周蘋 譯, 『阿裡郎韓國語』上·下, 韓國首爾大學語言教育學院, 外語教學與研究出版社, 2009; 孫鶴云·孫斌 譯, 『韓國語基礎教程』1~6, 西江大學韓國語教育院, 外語教學與研究出版社, 2009; 潘燕梅·何彤梅 譯, 『大家的韓國語』1~4, 東國大學韓國語教育中心1~4, 大連出版社, 2010.
	개편 교재	張光軍 譯, 『韓國語』1~6, 延世大學韓國語學堂, 民族出版社, 2007.
한·중 공동개발 교재		北京大學等25鎖大學共同 編著, 『標準韓國語』1~3, 北京大學出版社, 1996.

개발한 종합 교재들이다. 이런 교재들은 수입된 후에 원판대로[13] 사용하는 경우도 있고, 문법, 어휘 등의 부분을 중국어로 단순히 번역하여 사용하는 경우도 있으며 중국과 중국인 학습자의 특징을 고려해서 개편하고

---

13 개별 대학은 한국 각 교육기관에서 편집한 교재를 구입하고 원판대로 사용하는 경우가 있다. 주로 사용하고 있는 교재는 연세대 교재, 서울대 교재, 서강대 교재, 경희대 교재 등이다(염광호, 2010).
14 교재를 편집할 때 조선족 선생님은 주로 교재 내용과 구성 방식을 편집하고 한국인 선생님은 수정을 하며, 한족 선생님은 중국어로 번역, 수정하는 일을 한다.

사용하는 경우도 있다.

한·중 공동 개발 교재는 아직까지 한·중 25개 대학교에서 공동 편찬한 『표준 한국어』 하나밖에 없다. 이 교재는 중국과 한국의 한국어 교육 학계의 전문가들 102명이 같이 편찬한 교재이다. 이 교재는 정식 출반물이 발행된 1996년부터 2000년 초반까지 대부분 대학교의 한국어학과에서 정독 교재로 사용되었으며, 현재 3판에 이른다(최윤곤, 2006). 중국 내 정독 교재의 현황을 정리하면 〈표 3-2〉와 같다.

4. 한국어 교재에 대한 연구

1) 분석 대상 선정

본 논문에서 분석하고자 하는 교재는 현재 중국 대학교 정규 4년제 한국어학과의 '정독' 수업을 위해 개발한 '정독' 교재이다. '정독' 수업은 입문부터 시작하는 학습자에게 한국어 자모, 어휘, 문법 등을 중심으로 교육함으로써 한국어의 듣기, 말하기, 읽기, 쓰기, 번역 능력을 제고하기 위해 개설한 과목이다. 따라서 '정독' 교재는 한국어의 자모, 어휘, 문법 등을 교육 내용으로 하고, 일정한 주제의 대화문과 서술문, 학습 활동으로 구성된 주교재이다. 본 논문에서 연구의 대상으로 선정한 교재는 아래와 같다.

1. 北京大學等25所大學, 『標準韓國語』 1, 北京大學出版社, 2006. (북경대 등 25개
   대학이 연합해서 편집, 『표준한국어』 1권, 북경대출판사, 2006)

2. 延邊大學(崔義秀·俞春喜), 『新編初級韓國語』上, 遼寧出版社, 2006. (연변대(최희수·유춘희), 『신편초급한국어』상, 용녕출판사, 2006)

3. 北京大學(李先漢·安炳浩·樸忠祿·王丹·林成姬·金正佑(韓)), 『韓國語』1, 民族出版社, 2005. (북경대, 이선한·안병호·박중육·왕단·임성회·김정우(한)), 『한국어』1, 민족출판사, 2005)

4. 延世大學韓國語學堂 編著(張光軍·張威威 編譯), 『韓國語教程』1, 世界圖書出版公司, 2008. (연세대 한국어학당 편(장광군·장미미 개편), 『한국어교정』1, 세계도서출판회사, 2008)

이 네 교재는 초급뿐 아니라 중급과 고급도 개발하였다. 개발 중에 있는 시리즈 형태의 교재이지만, 본 논문의 연구 목적에 따라 '초급'에 해당하는 1권에 한정해서 분석하기로 한다. 이하에서는 교재의 소속 대학의 이름을 따서 각각 [25개 대], [연변대], [북경대], [연세대] 교재로 표기하고, 분석의 순서도 이에 따르기로 한다.

여러 교재 가운데 이 네 교재를 선정한 이유는 아래와 같다.

첫째, 이 네 교재는 현재 중국에서 많이 사용하고 있는 정독 교재이다. 중국 각 지역 대학교 한국어학과에서 사용하는 정독 교재 상황은 〈표 4-1〉[15]과 같다. 〈표 4-1〉에서 나타난 바와 같이 중국에서 한국어학과가 설립된 대부분 대학교는 북경대 교재, 연변대 교재, 연세대 교재, 북경대 등 25개 대학교 교재를 정독 교재로 사용하고 있다. 이 네 가지 교재가 가장 대표적인 교재라는 것을 알 수 있다.

이 네 가지 교재를 분석 대상으로 선정하게 된 둘째 이유는 그들은 각자

---

15 이 표는 중국 한국(조선)어 교육연구학회의 2009년 연례학술대회논문집에 따라서 정리한 것이다.

16 2009년 중국 내 한국(조선)어 교육연구학회 논문집에서 중국 중경(重慶), 사천(四川), 호남(湖南), 호북(湖北) 등의 지역 한국어학과에 대한 통계가 없었다. 필자는 중경 사천외대 한국어학과 강사로서 서남 지역 한국어학과 상황을 전화로 조사했다. 서남지역에 한

표 4-1. 정독 교재 사용 상황

지역	사용하는 정독 교재
길림성(吉林省) 내 14개 대학교	연변대 교재 / 북경대 교재 / 북경대 등 25개 대학교 편집 교재 / 연세대 교재 / 서울대 교재 / 길림대 교재
흑룡강 성(黑龍江省) 내 10개 대학교	북경대 교재 / 연변대 교재 / 연세대 교재 /
화남지역(華南地區) 내 [광동(廣東)·광서(廣西)·운남성(雲南)]약 7개 대학교	북경대 교재 / 연변대 교재 / 연세대 교재 / 서울대 교재
산동 성(山東省) 내 약 20개 대학교	북경대 교재 / 연변대 교재 / 북경대 등 25개 교재 / 연세대 교재 / 복단대 교재 /
강소 성(江蘇省) 내 12개 대학교	북경대 교재 / 연변대 교재 / 연세대 교재 / 북경대 25개 대학교 교재
요녕 성(遼寧省) 내 11개 대학교	북경대 교재 / 연변대 교재 / 연세대 교재 / 대련외대 교재
상해, 절강(上海,浙江) 내 8개 대학교	연세대 교재 / 북경대 등 25개 대학교 교재 / 복단대 교재 / 경희대 교재
북경(北京) 내 9개 대학교	북경대 교재 / 연변대 교재 / 연세대 교재
서남지역[16](西南地區) 내 5개 대학교	연변대 교재 / 연세대 교재 / 북경대 등 25개 대학교 교재

특징을 가지고 있다.

25개 대학의 교재[25개 대]는 한·중 수교 후 1996년에 중국의 북경대, 상해외대, 북경외대, 연변대 등의 대학교와 한국의 서울대, 고려대, 명지대 등 한·중의 25개 명문대가 힘을 합쳐 편찬한 첫 교재로, 중국에서 조선어 교재의 틀에서 최초로 벗어나 '한국어'라는 이름으로 출판된 한국어 교재 이다. 그 당시 1996년부터 2000년대 초반까지 중국의 대부분 대학교에서 는 이 교재를 정독 교재로 사용하였으며(왕단, 2010), 길림성과 흑룡강성, 산동성 등 지역의 많은 대학교에서는 현재에도 이 교재를 사용하고 있다.

연변대 교재[연변대]는 한국어 교육 역사가 길고 경험도 많은 연변대에

국어학과가 설치된 대학교는 사천외국어대학교(四川外國語大學), 서남민족대학교(西南民族大學), 서안외국어대학교(西安外國語大學), 호남사범대학교(湖南師範大學), 광서사범대학교(廣西師範大學) 5개가 있다.

서 처음으로 조선족이 아닌 학습자를 대상으로 개발한 교재이다. 또한, 초급부터 고급까지 다 다루었다는 면에서 그 가치를 인정할 수 있다. 이 교재는 다량의 자료들을 분석하고 엄격한 선별 과정을 거쳐 구조, 기능, 문화 등을 충분히 고려하여 편찬하려고 시도하였다. 그러나 이 교재의 저자는 모두 조선족이고 북한 언어의 영향을 받고 있다.

북경대 조선 문화연구소에서 편집한 북경대 교재[북경대]는 한국어의 발음, 어휘, 문법 등에 대한 기초를 익히고, 듣기, 말하기, 읽기, 쓰기, 번역하기의 기초 능력을 신장시키는 것을 목적으로 하는 교재이다. 대학교에서 한국어를 전공으로 배우는 학습자를 대상으로 설정하였으며, 교수의 지도와 설명이 따르는 상황을 예상하고 제작하였다. 그리고 이 교재는 조선족, 한국인, 한족 학자들이 공동으로 편찬한 교재이다.

연세대 교재[연세대]는 한국의 연세대 한국어학당에서 편찬한 교재이다. 연세대 한국어학당은 한국에서 제일 먼저 외국어로써 한국어를 체계적으로 교육하기 시작한 교육 기관이다. 이 교재는 한국어를 배우고자 하는 외국인 성인을 위한 교재로, 생활 필수 회화를 주 내용으로 구성했고 동시에 한국학을 전공하려는 사람들에게 도움을 줄 목적으로 편찬된 교재이다. 그리고 2007년에 세계도서출판공사에서 번역·출판되었는데 이는 한국 교재가 처음으로 중국에서 번역·출판된 경우이다. 2009년까지 여섯 차례나 인쇄된 것으로 보아 중국에서 꽤 환영을 받은 것이다(염광호, 2010). 중국에 들어온 후 중국에서의 한국어 언어 교육 환경을 고려해서 자모 부분이 개편되었다. 이 교재는 한국에서 중국으로 수입된 교재 중 대표적인 교재이다.

이 네 교재는 중국 내 한국어 교재 중 인기가 많은 교재로써 인터넷에서 다른 교재보다 쉽게 정보를 얻을 수 있다. 이 네 교재는 모두 여러 번 재판되었을 만큼 오래된 책으로 여러 번의 수정을 거쳐서 중국에서의 한국어 교재의 최근 동향을 읽을 수 있다. 그리고 필자[17]는 [연변대] 교재를 통해서 한국어를 배웠고 [25개 대] 교재와 [연세대] 교재, [북경대] 교재를 정독 교재로 사용하여 한국어를 가르친 적이 있다. 이 네 가지 교재는 필자가 직접 사용하였던 교재여서 사용해 보지 않은 교재보다 더 잘 알고 있다고 할 수 있다.

2) 교재 분석

(1) 외적 구성

교재 외적인 구성에서는 주로 표지가 어떠한지, 삽화가 있는지, 페이지 수 및 가격은 어떠한지, 레이아웃은 어떠한지, 교재 관련 구성물이 있는지 등에 대해 분석하였다.

① 표지

책 표지는 학습자들에게 중요한 첫인상을 심어줄 수 있기 때문에 중요하다. 네 교재 모두 독특한 표지로 저마다 개성을 가지고 있다(네 교재의 표지는 그림 4-1을 참고).

[25개 대] 교재는 한국의 도심 전경 사진, 그리고 훈민정음 일부를 표지의 배경으로 하고, 거기에 '標准韓國語'라는 책 제목이 크게 가로로 쓰여 있다. [연변대] 교재는 한국의 전통 탈을 오른쪽 상단에 배치하여 한국어 교재라는 분위기를 자아내고 있고, 다른 교재와는 달리 '초급 한국어'라는

---

17 필자는 한족(漢族)이고 길림성 연변대의 한국어학과에서 4년 동안 한국어를 전공하였고, 지금은 중경 사천외대에서 한국어를 가르치고 있다. 사천외대는 2006년에 한국어학과를 개설하고 2006급 학생 대상으로 [연변대] 교재를 정독 교재로 사용하였고 2007, 2008, 2009급 학생 대상으로 [연세대] 교재를 정독 교재로 사용하였다. 그리고 사천외대 한국어학원에서는 주로 [25개 대] 교재를 사용하고 있다.

그림 4-1. 분석 대상 교재의 표지

연변대 교재

25개 대 교재

북경대 교재

연세대 교재

한글 제목도 '初級韓國語'라는 제목 아래에 병기하고 있다. [북경대] 교재는 [25개 대] 교재처럼 훈민정음 일부를 표지의 배경으로 깔고, 한국 전통 하회탈의 큰 그림이 있다. 그리고 '韓國語'라는 책 제목이 가로 쓰기로 적혀 있다. [연세대] 교재의 경우에는 세종대왕과 훈민정음 일부를 표지의 배경으로 깔고, '한국어'라는 한글 제목과 '韓國語敎程'을 병기하여 가로쓰기를 하고 있다.

네 교재 모두 한국의 대표적인 요소들을 가지고 있지만 각 교재 표지의 장단점을 분석해 보면 [25개 대] 교재, [북경대] 교재, [연세대] 교재는 훈민정음을 이용하여 표지를 꾸미고 있어 표지에서 학습자들의 관심과 흥미를 유발할 수 있다. 그리고 [연변대] 교재와 [북경대] 교재는 한국 전통 탈의 그림을 이용하여 한국과의 연관성을 보여주고 있다. [25개 대] 교재 표지에는 한국의 도심 사진을 넣었지만 시간이 흐르면서 서울의 모습도 변하고 있어서 변화된 모습을 반영하는데 어려움이 따를 수 있다는 단점이 있다. [연변대] 교재와 [연세대] 교재의 표지에서 제목에 한글을 넣었다는 점이 다른 교재와 차이가 나는 부분인데, 중국인들에게 외국어 교재라는 느낌과 분위기를 시각적으로 전해 주려면 한글로 된 제목이 같이 제시하는 것 더 좋을 것이다. 교재의 표지는 교재 내용에 큰 영향을 주지는 않지만 한국이나 한국어와 연상시킬 수 있는 특색 있는 표지는 학습자에게 흥미를 유발할 수 있다.

② 삽화

삽화는 서적, 신문, 잡지 따위에서 내용을 보충하거나 기사의 이해를 돕기 위하여 넣는 그림으로써 넓은 뜻으로는 서적이나 잡자의 표지, 컷, 광고 미술 따위도 포함한다(최열, 2009). '하나의 그림이 천 마디의 말보다 낫다'는 말이 있다. 추상적인 글보다는 글 내용에 대한 구체적인 영상이나 이미지가 내용의 이해와 학습과 기억에 더 효과적일 수 있다는 뜻이다

그림 4-2. [25개 대]와 [북경대] 교재의 삽화

[25개 대] 교재 「16과 물건 사기」의 삽화

[북경대] 교재 「17과 물건 사기」의 삽화

(Paivio, 1979, 재인용 : 노명완 1998). 교재에 수록된 삽화는 학습자들이 수업 내용을 이해하는데 도움을 줄 뿐만 아니라 학습자들의 흥미와 관심을 유발할 수도 있다.

[25개 대] 교재의 자모 부분의 단원에는 삽화가 없고 과문(課文) 부분부터 각 단원의 주제와 관련된 삽화가 있다. 본문 외의 부분에서는 삽화를 제시하지 않았다. 삽화 형식은 만화 형식이다. 삽화 크기는 지면의 1 / 3 정도이다.

[연변대] 교재의 자모 부분에는 발음 기관 그림을 제시하고 있고 과문 부분에는 삽화를 제시하지 않고 있다. 그러나 책 전체의 모든 지면 상단의 페

이지 수를 나타내는 부분에 잉크와 펜, 그리고 책이 그려진 아이콘이 있다.

[북경대] 교재는 [25개 대] 교재와 비슷하며 자모 부분에는 삽화가 없고 과문(課文) 부분부터 각 단원의 본문 내용과 관련이 있는 삽화들을 제시하고 있고 본문 이외의 부분에서도 삽화를 제시하지 않고 있다. 삽화는 만화 형식으로 제시하고 있다. 삽화 크기는 지면 1 / 2 정도이다. [연세대] 교재는 삽화를 전혀 제시하지 않았다. [25개 대] 교재와 [북경대] 교재 삽화의 예를 들면 〈그림 4-2〉와 같다.[18]

삽화는 특히 초급 학습자들의 흥미와 관심을 이끌어내는 데에 중요한 역할을 한다. 그래서 교재의 내용과 관련이 있는 삽화를 재미있게 구성하여야 할 필요가 있다. 그러나 중국에서 개발된 교재들은 전반적으로 삽화가 부족하다. 그리고 삽화가 있어도 모두 흑백이어서 딱딱하고 지루한 느낌을 준다. 엄녀(2007)에서는 중국 교사나 학습자들은 교재의 시각적인 효과에 대한 필요성을 크게 느끼지 않는다고 지적하였다. 중국에서 개발된 교재들은 컬러 인쇄는 거의 없고 대부분 흑백 인쇄를 한다. 이는 중국의 독서 문화, 학습 환경의 특수성 등을 고려하여 판단할 문제이겠지만, 단원을 시작할 때 학습자의 흥미를 이끌어낼 수 있는 삽화는 물론, 연습 부분에서도 학습자들이 조금 더 흥미롭게 공부할 수 있게 하는 삽화를 제시할 필요가 있다고 판단된다.

[25개 대] 교재와 [북경대] 교재에서 제시된 삽화는 모두 만화 형식으로 구성되었다. 이런 삽화는 의사소통 상황의 실제성을 보여주는 데에 한계가 있다. 이혜은(2009)에서는 만화 형식으로 구성된 삽화는 학습자의 동기를 유발할 수 있는데 사진은 만화보다 학습자의 동기 유발에 더 효과가 있다고 언급하였다. 그래서 학습자들의 흥미나 동기를 유발시키려면 만화 형식으로 구성된 삽화뿐만 아니라 단원 내용과 관련이 있는 사진도 제시해야 한다.

---

18 [연변대] 교재와 [연세대] 교재의 과문 부분에는 삽화가 없으므로 예를 제시하지 않는다.

표 4-2. 분석 대상 교재의 외적 구성

	25개 대	연변대	북경대	연세대
표지	■ 훈민정음과 도심 사진을 이용한 디자인 ■ 한글 제목 없음	■ 탈을 이용한 디자인 ■ 한글 제목	■ 훈민정음과 탈을 이용한 디자인 ■ 한글 제목 없음	■ 세종대왕과 훈민정음을 이용한 디자인 ■ 한글 제목
삽화	■ 자모 부분 발음 기관 그림 제시 ■ 과문 부분 단원 내용과 관련 있는 1 / 3 쪽 크기의 만화 형식 삽화 제시	■ 자모 부분에서 발음 기관 그림 제시 ■ 과문 부분 삽화를 제시하지 않음	■ 자모 부분 발음 기관 그림 제시 ■ 과문 부분 단원 내용과 관련 있는 1 / 2 쪽 크기의 만화 형식 삽화 제시	■ 삽화를 전혀 제시하지 않음
쪽수	312	327	283	323
가격	¥34	¥25	¥30	¥25
레이아웃	■ 흑백 인쇄 ■ 지질 보통	■ 흑백 인쇄 ■ 지질 보통	■ 흑백 인쇄 ■ 지질 보통 ■ 활자체 작음	■ 흑백 인쇄 ■ 지질 보통
관련 구성물	■ 테이프 있음 ■ 워크북 있음 ■ 지침서 없음	■ 테이프 있음 ■ 워크북 없음 ■ 지침서 없음	■ 테이프 있음 ■ 워크북 없음 ■ 지침서 없음	■ CD 있음 ■ 워크북 없음 ■ 지침서 없음

③ 쪽수와 가격

이 네 교재의 쪽수는 큰 차이가 없고 전체는 대략 283쪽에서 327쪽 정도이다. 이 네 교재들은 ¥25~¥34(한국 돈으로 약 4,000~6,000원)의 가격대를 형성하고 있는데 [25개 대] 교재가 다른 교재에 비해 비싼 것이 학습자들에게 부담을 주고 있다.

> [25개 대] 교재 : ¥34원, 312쪽
>
> [연변대] 교재 : ¥25원, 327쪽
>
> [북경대] 교재 : ¥30원, 283쪽
>
> [연세대] 교재 : ¥25원, 323쪽

④ 레이아웃

레이아웃이나 지질, 인쇄 상태 등은 중국에서 교재를 제작할 때에 아직 신경을 쓰지 못하고 있는 부분이다. [북경대] 교재의 활자체 크기는 [25개 대] 교재, [연변대] 교재, [연세대] 교재보다 작아서 학습자들에게 시각적으로 피곤한 느낌을 줄 수밖에 없다. 활자체 크기는 작기 때문에 다른 교재보다 페이지 수가 적다. 이 네 교재의 종이 질은 보통이고 인쇄도 흑백만으로 한다. 교재의 크기는 다 같고 한국에서의 교재들에 비해 작다. 이것은 일반적으로 중국 내에서 제작된 책들의 크기에 맞추었기 때문이다. 한 마디로 이 네 교재는 레이아웃 면에서 중국의 교사나 학습자들의 흥미와 관심을 불러일으키고 있다고 보기 어렵다. 초급 과정일수록 학습자의 흥미를 불러일으키고 이해를 도와 학습 효과를 높일 수 있는 시각 자료의 효과에 대하여 더욱 중시하여야 한다.

⑤ 관련 구성물

관련 구성물 면에서 [연세대] 교재는 CD를 제공하고 있고 다른 세 교재는 테이프만 제공한다. 워크북은 [25개 대] 교재만 제공하고 [연변대] 교재, [연세대] 교재, [북경대] 교재에는 딸려 있지 않다. 그리고 네 교재 모두 학습활동을 효과적으로 이끌어 나가기 위해서 교사가 알아야 할 일을 구체적으로 보여주는 교사 지침서를 제공하지 않는다. 관련 구성물 면에서 보면 네 교재의 관련 구성물은 모두 많이 부족함을 알 수 있다. 중국에서 한국어 언어 환경을 만들려면 카세트테이프나 CD 뿐 아니라 시청각 자료와 인터넷 자료 등이 교재의 원활한 사용을 돕고 교재의 유용성을 배가시킬 수 있으므로 다양한 관련 구성물을 갖출 필요가 있다.

이 네 교재의 외적 구성에서 분석한 것을 표로 정리하면 〈표 4-2〉와 같다.

(2) 내적 구성

이 항에서는 새로운 교재 개발을 위해 제기될 수 있는 문제점들에 대한 비판적 검토를 위해 이 네 교재의 내적 구성을 자세히 분석할 것이다. 전체적인 구성, 자모 부분 구성, 과문(課文) 부분 구성을 세 부분으로 나누어 살펴볼 것이다.

① 분석 대상 교재의 전체적인 구성

황인교(2003)를 따라서 전체 구성은 본 단원 앞부분, 본 단원, 본 단원 뒷부분으로 나뉜다. 본 단원 앞에는 머리말과 목차 외에 일러두기나 편찬 설명을 두어 교재 구성 원리나 교재 사용 시 필요한 정보를 제공하고 있는지 살펴볼 것이다. 본 단원 뒤에는 정답, 어휘 색인, 문법 색인, 본문 중국어 번역문 등 참고 자료를 제공하는지 살펴볼 것이다.

[25개 대] 교재는 '발간사(發刊詞)-차례-본 단원-색인(어휘와 문법 함께 제시)-연습 문제 정답' 순으로 구성되어 있다. '발간사(發刊詞)'에서 교수 요목, 교수방법, 교수 시간, 교사, 학습자에 대한 언급은 하나도 없고 이 책을 편집한 이유만 제시했다. 그러나 발간사의 한 가지 특징은 한국어로 쓴 발간사에 한자 표기를 많이 쓰고 있는 것이다. 한국어를 처음 배우는 중국인 학습자에게 친숙감을 줄 수 있다. 교재 뒷부분에서 연습 문제 정답을 제시하는 것을 학생의 독학에 도움을 줄 수 있는데 답안에 관한 풀이를 제시하지 않았다.

[연변대] 교재는 '편찬 설명-차례-본 단원-발음 기관 그림-어휘색인-조사, 어미, 문형, 관용어 색인' 순으로 구성되어 있다. '편찬 설명'에서는 교재 구성 원리, 교수법, 교재 특징을 제시하고 있다. 하지만 교재의 대상이 어떤 단계의 학습자를 위한 것인지에 대한 설명이나 제시가 없어

표 4-3. 분석 대상 교재의 전체적인 구성

	25개 대	연변대	북경대	연세대
전체구성	■발간사 : 편찬 이유 ■차례 ■본 단원 ■색인 : 어휘와 문법을 함께 제시 ■연습 문제 정답	■편찬 설명 : 구성원리, 교수법, 특색 ■차례 ■본 단원 ■발음 기관 그림 ■어휘 색인 ■조사, 어미, 관용어 색인	■머리말 : 대상 학습자, 구성 원리, 교재 특색 ■차례 ■한국어소개 : 자모, 문법, 중국어와 차이 ■본 단원 ■문법 색인 ■어휘 색인	■머리말 ■설명 : 구성원리, 교재 특색 ■차례 ■본 단원 ■어휘 색인 ■문법 색인
총단원 수 / 분량	30단원 / 250쪽	30단원 / 290쪽	25단원 / 239쪽	25단원 / 238쪽
자모 단원 수	12단원	15단원	10단원	15단원
과문(課文) 단원 수	18단원	15단원	15단원	10단원
어휘	934개	1417개	1525개	900개
문법	76개	163개	244개	123개

서 사용 대상과 사용 단계에 대한 명확성이 떨어진다. 발음 기관 그림은 교재 뒷부분에서 제시하는 이유를 모른다. 자모 익히기와 발음 부분에서 제시된 그림이 왜 뒷부분에서 다시 제시되는지 이해가 되지 않는다. 색인 부분에서 어휘와 문법이 분리해서 따로 제시하고 있다.

[북경대] 교재는 '머리말-차례-한국어 소개-본 단원-본문번역문-어휘 색인-문법 색인' 순으로 구성되어 있다. '머리말'에서 사용대상에 관해 언급하는 것이 특징이다. 교재 구성원리, 교재 특징에 관한 내용도 머리말에서 언급하였다. 그러나 교수요목, 교수법, 교수 시간, 교사 등에 관한 내용을 제시하지 않았다. 이 교재의 특징은 교재 앞부분에서 중국어로 한국어를 소개하고 있다. '한국어 소개'에서 한국어 자모, 한국어 어휘, 한국어 문법 등의 특징을 간단히 설명하였다. 이것은 초급 학습자가 목표 언어의 특징을 인식하는 데에 도움을 줄 수 있다. 교재 뒷부분에서의 본문번역문은 학습자는 물론 가르치는 교사에게도 편의를 제공해 줄 수 있다.

[연세대] 교재는 '머리말—설명—차례—본 단원—어휘 색인—문법 색인' 순으로 구성되어 있다. '머리말'에서 이 교재에 대한 간단히 소개를 하고 '설명'에서 교재 구성원리와 특징을 제시하고 있다. 그러나 교수요목, 교수 시간, 학습자, 교사 등에 관한 내용을 언급하지 않았다. 본문에 대한 번역문은 각 단원에서 제시하고 있다. 연습 문제는 대화문이기 때문에 답을 제시할 필요가 없다.

단원 수, 어휘 수, 문법 수의 측면에서 보면 [25개 대] 교재는 모두 250쪽 30단원으로 구성되어 있다. 자모 부분은 12단원이고 과문(課文) 부분은 18단원이다. 어휘는 934개이고 문법은 76개이다. [연변대] 교재는 290쪽 30단원으로 구성되어 있다. 자모 부분과 과문(課文)부분은 각 15단원이고 어휘는 1,417개이고 문법은 163개이다. [북경대] 교재는 239쪽 25단원으로 구성하고 있다. 자모 부분은 10단원이고 과문(課文)부분은 15단원이다. 어휘는 1,525개이고 문법은 244개이다. [연세대] 교재는 238쪽 25단원으로 구성되어 있다. 자모 부분은 15단원이고 과문(課文) 부분은 10단원이다. 교재 뒤의 어휘 색인에서는 과문에서 나오는 어휘만 통계해서 713개이고 자모 부분에서 나오는 어휘를 통계하지 않았다. 자모 부분의 어휘는 351인데 과문에 나오는 어휘와 중복되는 것도 있다. 어휘 수는 약 900개이고 문법은 123개이다.

이 네 교재의 전체적인 구성을 정리하면 〈표 4-3〉과 같다.

② 자모 부분

네 교재 모두 초급 교재인 만큼 한국어를 처음 배우는 학습자를 위해 한글 자모와 한국어의 발음에 대한 학습이 앞부분에 마련되어 있다. 본 절에서는 이 네 교재 내에서의 자모 익히기와 발음의 위상을 살펴보고자 한다. 이 부분에서 전체 내용 구성은 어떠한지, 단원 구성은 어떠한지, 자모 제시 순서는 어떠한지, 자모 제시 방법은 어떠한지, 강세와 억양, 음운 규칙

표 4-4. 분석 대상 교재의 자모 부분의 차례

	25개 대	연변대	북경대	연세대
제1과	모음：ㅏ ㅓ ㅗ ㅜ ㅣ	홑모음(單元音)：ㅏ ㅓ ㅗ ㅜ ㅡ (ㅇ)	元音：ㅏ ㅓ ㅗ ㅜ ㅣ 輔音：ㅂ ㅍ ㅃ ㅁ	ㅏ ㅑ ㅓ ㅕ ㅇ
제2과	자음：ㅂ ㅍ ㅃ ㅁ	자음(輔音)：ㄱ ㄷ ㅂ ㅅ ㅈ	元音：ㅡ ㅐ ㅔ ㅚ ㅟ 輔音：ㄷ ㅌ ㄸ ㄹ	ㄱ ㄴ ㄷ ㄹ
제3과	자음：ㄷ ㅌ ㄸ ㄹ	홑모음(單元音)：ㅣ ㅔ ㅐ ㅚ ㅟ	元音：ㅑ ㅕ ㅛ ㅠ ㅒ ㅖ 輔音：ㅈ ㅊ ㅉ ㅆ	ㅗ ㅛ ㅜ ㅠ
제4과	모음：ㅡ ㅐ ㅔ ㅚ ㅟ	자음(輔音)：ㄴ ㄹ ㅁ	元音：ㅘ ㅙ ㅝ ㅞ ㅢ 輔音：ㄱ ㅋ ㄲ ㅎ ㅇ	ㅁ ㅂ ㅅ
제5과	자음：ㅈ ㅊ ㅉ ㅅ ㅆ	자음(輔音)：ㅎ ㅋ ㅌ ㅍ ㅊ	韻尾：ㄱ ㄴ ㄷ ㄹ ㅁ ㅂ ㅇ	ㅡ ㅣ ㅐ ㅔ
제6과	자음：ㄱ ㅋ ㄲ ㅎ	자음(輔音)：ㄲ ㄸ ㅃ ㅉ	韻尾：ㅅ ㅆ ㅊ ㅋ ㅌ ㅍ ㅎ ㄲ ㅆ	ㅈ ㅊ ㅋ ㅌ ㅍ ㅎ
제7과	모음：ㅑ ㅕ ㅛ ㅠ ㅒ ㅖ	겹모음(夏元音)：ㅑ ㅕ ㅛ ㅠ ㅒ ㅖ	双韻尾：ㄳ ㅄ ㄵ ㄹㄱ ㄾ	ㅔ ㅖ ㅚ ㅟ
제8과	모음：ㅘ ㅙ ㅝ ㅞ ㅢ	겹모음(夏元音)：ㅘ ㅝ ㅙ ㅞ ㅢ	双韻尾：ㄽ ㄺ ㄿ ㄼ ㄻ ㄶ	ㄲ ㄸ ㅃ ㅆ ㅉ
제9과	받침：ㄱ ㄴ ㄷ ㄹ ㅁ ㅂ ㅇ	받침(韻尾)：ㄴ ㄷ ㅅ ㅈ ㅊ ㅌ ㅆ	語音變化	ㅢ ㅘ ㅝ ㅙ ㅞ
제10과	받침：ㅅ ㅆ ㅊ ㅋ ㅌ ㅍ ㅎ ㄲ ㅆ	받침(韻尾)：ㅁ ㅂ ㅍ ㄹ ㅎ	語音總結	收音：ㄱ ㅋ ㄲ ㄴ ㄷ ㅅ ㅆ ㅊ ㅌ
제11과	겹받침：ㄳ ㅄ ㄵ ㄹㄱ ㄾ	받침(韻尾)：ㅇ ㄱ ㅋ ㄲ	—	收音：ㄹ ㅁ ㅂ ㅍ ㅇ
제12과	겹받침：ㄽ ㄺ ㄿ ㄼ ㄻ ㄶ	받침(韻尾)：ㄳ ㄵ ㅄ ㄹㄱ ㄾ ㄶ ㄶ	—	收音：ㄳ ㄵ ㄶ ㄹㄱ
제13과	—	받침(韻尾)：ㄼ ㄿ ㄻ ㄽ	—	收音：ㄻ ㄽ ㄺ ㄾ
제14과	—	말소리의 변화(語音變化)	—	收音：ㄿ ㄶ ㅄ
제15과	—	말소리의 변화(語音變化)	—	收音：ㄲ ㅆ

등을 다루고 있는지, 어떻게 다루고 있는지, 연습은 어떠한지 등에 관한 내용을 분석하고자 한다.

차례는 교재의 전체적인 학습 내용을 보여줌과 동시에 학습 순서를 한 눈에 볼 수 있도록 해준다. 여기서는 이 네 교재의 자모 부분의 차례를 살펴봄으로써 네 교재의 체계상의 특징과 내용상의 특징을 살펴볼 것이다.

가. 분석 대상 교재의 자모 부분의 전체적인 내용 구성

위의 표를 보면 네 교재의 자모 부분의 전체적인 내용 구성이 조금씩 다른 것을 알 수 있다. 구성상의 특징을 살펴보면 [25개 대] 교재는 모음, 자음과 받침 내용만을 포함하여 12단원으로 나누어 제시하였다. 자모 제시

에서 먼저 단모음 한 단원에 자음 두 단원에 하는 순으로 서로 교체하며 학습하게 한다. 그 후에 이중모음을 다루고 있다. 자음 'ㅇ'은 1단원에서 설명하고 그 다음부터는 제시하지 않았다. 그리고 받침은 모음과 자음의 다음 단계에서 홑받침부터 학습하도록 되어 있다. 대표음인 'ㄱ, ㄴ, ㄷ, ㄹ, ㅁ, ㅂ, ㅇ'을 먼저 제시한 다음 나머지 받침을 제시하도록 되어 있다. 겹받침과 홑받침을 나누어 제시하고 있다. 모음, 자음, 받침에 대한 중국어로 번역된 단원명 없었고 그냥 모음, 자음, 받침을 단원명으로 제시하고 있다. 또한 한국어 음운 변화에 관한 내용은 제시하지 않았다.

[연변대] 교재는 모두 15단원으로 구성되고 홑모음(단모음), 자음, 겹모음(이중모음), 받침과 말소리의 변화(음운 변화) 등 5부분으로 나누어 다루어지고 있다. [25개 대] 교재와 같은 방법으로 모음과 자음을 교체하며 제시하는 순으로 되어 있다. 자음, 모음, 받침을 중국어 이름으로 번역하고 한국어 이름 뒤에 같이 제시하여 단원명으로 하였다.

[북경대] 교재는 10단원으로 구성되어 있는데 [연변대] 교재처럼 모음, 자음 받침 이외의 9단원에는 음운 변화까지 제시하였다. 10단원에서는 한국어 자모의 명칭과, 사전의 자모 배열순서, 자음과 모음의 분류표, 같은 받침소리를 귀납하는 것 등의 내용을 제시하였다. 그리고 자음은 '輔音', 모음은 '元音', 받침은 '韻尾'와 '双韻尾'로 중국어로 번역되고 단원명으로 하고 있다. [북경대] 교재의 특징은 1단원부터 4단원까지 한 단원에서 모음과 자음을 결합해서 함께 제시하는 것이다. 이것 때문에 다른 세 교재보다 자모 부분의 단원 수는 적다.

[연세대] 교재는 15단원으로 나뉘었고 10과부터 받침과 어미의 규칙 및 음운 변화 등의 내용을 함께 제시하도록 구성하였다. 다른 교재에 비해 어미의 규칙을 자모 부분에서 다루는 것은 중국인 학습자에게는 어려울 것으로 예상된다. 학습 순서는 역시 마찬가지로 모음을 먼저 자음과 교체하여 제시하는 것부터 다루고 있다. 그러나 차이가 있는 것은 단모음과 이중

표 4-5. 분석 대상 교재의 자모 부분의 단원 구성

	자모 부분의 단원 구성(예 : 제1단원)
25개 대	단원명 → 발음 방법 → 쓰는 법 → 어휘 → 연습
연변대	단원명 → 발음 방법 → 쓰는 법 → 어휘 → 연습 → 어음 지식(語音知識)
북경대	단원명 → 발음 방법 → 쓰는 법과 발음 → 어휘 → 연습
연세대	단원명 → 발음 방법 → 쓰는 법과 발음 → 한국어 소지식(韓國語小知識) → 어휘 → 연습

모음을 따로 나누지 않고 'ㅏ, ㅑ, ㅓ, ㅕ'처럼 같이 제시하고 있다. 또 하나의 뚜렷한 차이점은 한 단원에 한 항목의 내용만 다루는 다른 세 교재와 달리 모음과 자음을 제시한 후에 홑받침과 어미의 규칙이나 겹받침과 음운 변화 등 같이 두 항목의 학습내용을 한 단원에서 다루고 있다는 것이다. 단원명은 1단원부터 9단원까지는 없고 배울 자모들을 단원명으로 제시하였고 10단원부터는 중국어로 번역된 '收音(받침)'을 단원명으로 하고 있다.

이 네 교재 자모 부분의 공통점은 먼저 모음을 제시한 다음에 자음을 제시하는 것이다. 한국어 모음을 홀로 소리 낼 수 있으므로 자음 없이 발음 연습이 가능하기 때문이다.

나. 단원별 구성

발음 교육 내용은 각 항목을 어떻게 구성하고 있는지를 알기 위하여 교재 안의 세부 단원의 구성을 살펴보아야 한다. 여기서 교재의 각 단원별 구성이 어떻게 되어 있는지를 살펴보도록 하겠다. 분석 대상 교재 자모 부분의 단원별 구성을 정리하면 〈표 4-5〉와 같다.

네 교재의 자모 부분의 단원 구성은 크게 단원명, 발음 방법, 쓰는 법, 어휘, 연습의 다섯 부분으로 나누어진다. 단원명은 보통 본 단원에서 배울 자모를 단원명으로 한다. 예를 들면 '제1과 모음 ㅏ, ㅓ, ㅗ, ㅜ, ㅣ', '제2과 자음 ㅂ, ㅍ, ㅃ, ㅁ' 이런 식으로 단원명을 설정한다. 그리고 이 네 교재의 단

표 4-6. [연변대] 교재 15단원 발음 연습용 제시 어휘 예

국립, 꽃망울, 단련하다, 맏누이, 맏며느리, 밭머리, 법률, 부엌문, 설날, 아랫니, 알약, 앞날, 앞문, 옛날, 옛말, 일년, 작년, 젖니, 젖먹이, 진리, 집일, 천리, 편리하다, 학년, 학문, 흙냄새, 흙물, 간히다, 맏이, 미닫이, 붙이다, 해돋이, 길가, 등불, 말소리, 물가, 밤길, 봄비, 산길, 솔잎, 창가, 촌사람, 촛불

원별 구성에서 학습 목표를 모두 제시하지 않고 있다. 단원명을 제시한 후에 바로 발음 방법을 소개하고 있다.

발음 방법에서 이 네 교재는 중국어와 비슷한 발음, 유사하지만 차이를 보이는 발음 등과 비교하면서 설명하고 있다. 이것은 중국인 학습자들의 이해를 돕고 있다. 발음 방법에서 [연변대] 교재는 다른 세 교재에 비해 특징이 하나 있다. 즉 발음시의 입모양 그림과 같이 제시하는 것이다. 이것은 학습자들에게 한국어 자모를 어떻게 발음하는지에 도움이 될 수 있다.

발음 방법을 설명한 다음에 자모를 쓰는 법을 제시하는 단계이다. 쓰는 법에서는 [25개 대] 교재와 [연변대] 교재는 비슷하다. 즉 자모의 횟수별로 분해하여 제시하고 있다.[19] [북경대] 교재와 [연세대] 교재의 쓰는 법에서는 모음과 자음을 결합하도록 구성되어 있다.[20] 이것은 학습자들이 음절을 배우기에는 도움이 될 수 있다. 그러나 사용 빈도가 낮거나 실제로는 사용하지 않는 음절 결합을 많이 제시하고 있어서 학습자에게 불필요한 부담도 줄 수 있다. [북경대] 교재와 [연세대] 교재는 쓰는 법을 '발음'과 같

---

[19] 자모 'ㅏ, ㅜ, ㅋ, ㄲ, ㅃ'의 경우는 쓰는 방법 단계에서는 다음과 같은 형식으로 제시하고 있다.
ㅏ : ㅣ …… ㅏ, ㅜ : ㅡ …… ㅜ, ㅋ : ㄱ …… ㅋ, ㄲ : ㄱ …… ㄲ, ㅃ : ㅂ …… ㅃ

[20] 모음 'ㅏ, ㅓ, ㅗ, ㅜ, ㅣ'와 자음 'ㅇ, ㅂ, ㅍ, ㅃ, ㅁ'의 경우는 쓰는 법에서 다음과 같이 제시를 하고 있다.

	ㅏ	ㅓ	ㅗ	ㅜ	ㅣ
ㅇ	아	어	오	우	이
ㅂ	바	버	보	부	비
ㅍ	파	퍼	포	푸	피
ㅃ	빠	뻐	뽀	뿌	삐
ㅁ	마	머	모	무	미

표 4-7. 분석 대상 교재 자모 부분의 연습 문제

	연습문제
25개 대	음절 읽기 → 음절 쓰기 → 어휘 읽기 → 상용어 읽기
연변대	음절 읽기 → 음절 비교 읽기 → 어휘 읽기와 듣기
북경대	음절 읽기 → 음절 쓰기 → 어휘 읽기 → 상용어 읽기
연세대	음절 읽기 → 어휘 읽기 → 상용어 읽기

이 제시하고 있다. 이 '발음'은 쓰는 법에서 제시된 음절을 테이프에 따라 읽는 활동이다. 이것을 통해 학습자가 학습해야 하는 자모의 소리를 듣고 읽고 쓸 수 있도록 도와주고 있다.

어휘 제시 단계는 해당하는 자모를 포함한 단어를 골라 배열하는 방식으로 구성되어 있다. 자모 부분에서 어휘를 제시하는 목적은 어휘 읽기를 하면서 발음 연습도 하고 어휘 외우기도 하는 것이다. 그러나 제시된 어휘는 너무 많고 사용 빈도가 낮기 때문에 초급 학습자들에게 부담만 준다. 어휘를 제일 많이 제시하는 교재는 [연변대] 교재이다. '15단원 말소리 변화' 단원을 예로 보면 〈표 4-6〉과 같이 많은 어휘를 제시하였다.

〈표 4-6〉을 보면 모두 45개 어휘를 한 단원에서 제시하였다. 15단원의 학습 목표는 음운 변동을 배우는 것인데 음운 변동이 어렵고 사용 빈도가 낮은 어휘를 많이 제시하는 것은 초급 학습자들에게 부담감만 주니까 공부하는 흥미를 상실시킬 수 있다.

연습에서는 [25개 대] 교재는 음절과 단어를 따라 읽기, 따라 쓰기와 한국어 상용어 읽기 등으로 구성되어 있다. [북경대] 교재와 [연세대] 교재는 [25개 대] 교재와 비슷한 연습 문제 항목을 다루고 있다. 또한 유사한 발음을 하는 음절끼리 묶어서 제시하고 있다. [연변대] 교재는 이런 비슷한 항목을 다루고 있는데 어휘 듣기 연습을 첨가하는 것은 주목할 만하다. 연습문제를 정리하면 〈표 4-7〉과 같다.

〈표 4-7〉을 보면 연습 문제 유형은 읽기 연습 중심이고 너무 단조롭고

표 4-8. [연세대] 교재 '한국어 소지식'

	한국어 소지식
1단원	元音·單元音·復元音
2단원	輔音·單輔音·復輔音
3단원	拼讀·音·音節·字
4단원	鼻音·唇音·齒音
5단원	語言學習的難點和重點
6단원	漢字詞及其來源
7단원	外來詞及其來源
8단원	固有詞
9단원	常用音和不常用音
10단원	收音
11단원	韓國語的拼寫
12단원	韓國語的語言類型

표 4-9. 자모 교육 모형

상향식 모형	하향식 모형
■ 형태에 초점을 두는 방법 ■ 개별 음에서 시작하여 초분절음으로 지도해 가는 방식 ■ 단점 : 실제 언어생활에서 빚어지는 상황과는 유리 될 수 있음	■ 상황이나 의미에 초점을 두는 방법 ■ 담화 수준의 초분절적 요소에서 시작하여 개별 음으로 지도해 가는 방식 ■ 단점 : 개별음의 정확한 음가를 익히는 데 소홀하기 쉬움

재미가 없다. 그리고 기계적인 연습일 뿐이다. 발음을 제시한 후에 연습이 이루어지는 것은 교재의 흐름상 올바르지만 기계적인 연습에 그치는 것이 아니라 다양한 연습과 활동을 통해 발음을 학습자들이 익히게끔 만들어 주는 것이 연습 및 활동의 목적이고 또한 그러한 방법으로 교재에서 제시되어야 할 것이다. 그리고 발음 교육의 궁극적인 목표가 효과적인 의사소통이라는 것을 염두에 두고 연습을 구성해야 한다.

앞의 〈표 4-5〉를 보면 단원 구성에서 [연변대] 교재와 [연세대] 교재는 다른 두 교재에 없는 작은 코너들이 다양하게 마련되어 있는 것이 특징이다. [연변대] 교재는 이런 작은 코너가 과문 부분에서도 계속 마련되어 있고 [연세대] 교재는 자모 발음 부분에서만 마련되어 있다. [연세대] 교재의 '한국어 소지식(韓國語小知識)'란 코너를 정리하면 〈표 4-8〉과 같다.

이러한 작은 코너들을 다양하게 배치한 것은 학습자들에게 흥미를 유발할 수 있다. 뿐만 아니라 학습자들에게 한국어에 대한 기본 지식을 더 잘 이해하게 만들 수 있다.

다. 교육 모형

자모 교육 모형에는 접근 방식에 따라 상향식 모형과 하향식 모형으로 구분할 있다.[21] 상향식 모형은 자모 → 음절 → 단어 → 문장의 순으로 자모를 가르치고 하향식 모형은 문장 → 단어 → 음절 → 자모의 순으로 자모를 가르친다. 각 모형에 대한 특징을 구체적으로 살펴보면 〈표 4-9〉와 같다.

이 네 교재의 단원 구성을 보면 상향식 모형으로 자모를 가르치고 있는 것을 알 수 있다. 상향식 모형은 자음 발음부터 음절, 단어, 문장 순으로 한국어를 가르치는 것은 너무 단조롭고 지루하다. 그러나 한국어 언어 환경이 없는 중국에서 하향식 모형으로 자모를 가르치기도 어렵다. 외국어 교육에서 각 자모의 음가를 하나도 모르고서 바로 문장을 따라 읽는 것은 무리가 되기 때문이다. 허용·김선정(2007)에 따르면 한국어 언어 환경이 없는 상황에서 어느 한 가지 모형을 선택하여 자모 교육을 하기 보다는 상호 작용 모형으로 자모를 가르치는 것이 자모 교육에 있어 효과적일 수 있다.

라. 자모 제시 순서

앞의 전체적인 구성에서 자모의 전체적인 제시 순서를 살펴보았다. 여

---

21 허용·김선정, 『한국어 발음 교육론』, 박이정, 2007, 21쪽.

표 4-10. 분석 대상 교재의 모음 제시 순서

	25개 대	연변대	북경대	연세대
1	ㅏ, ㅓ, ㅗ, ㅜ, ㅣ	ㅏ, ㅓ, ㅗ, ㅜ, ㅡ	ㅏ, ㅓ, ㅗ, ㅜ, ㅣ	ㅏ, ㅑ, ㅓ, ㅕ
2	ㅡ, ㅐ, ㅔ, ㅚ, ㅟ	ㅣ, ㅐ, ㅔ, ㅚ, ㅟ	ㅡ, ㅐ, ㅔ, ㅚ, ㅟ	ㅗ, ㅛ, ㅜ, ㅠ
3	ㅑ, ㅕ, ㅛ, ㅠ, ㅒ, ㅖ	ㅑ, ㅕ, ㅛ, ㅠ, ㅒ, ㅖ	ㅑ, ㅕ, ㅛ, ㅠ, ㅒ, ㅖ	ㅡ, ㅣ, ㅐ, ㅔ
4	ㅘ, ㅙ, ㅝ, ㅞ, ㅢ	ㅘ, ㅙ, ㅝ, ㅞ, ㅢ	ㅘ, ㅙ, ㅝ, ㅞ, ㅢ	ㅖ, ㅖ, ㅚ, ㅟ
5	—	—	—	ㅢ, ㅘ, ㅝ, ㅙ, ㅞ

기에서는 모음은 어떤 순서로 제시되고 있는지, 자음은 어떤 순서로 제시되고 있는지, 받침 어떤 순서로 제시되고 있는지를 구체적으로 살펴볼 것이다.

가) 모음 제시 순서

각 교재의 모음 제시 순서를 정리하면 〈표 4-10〉과 같다.

[25개 대] 교재, [연변대] 교재, [북경대] 교재의 모음 제시 순서는 아주 비슷하다. 모음 학습 내용은 4단원으로 나뉘어 있다. 제시 순서는 단모음에서 이중모음의 순으로 하고 있다. 즉 단모음 10개를 먼저 제시하고 11개 이중모음을 나중에 제시하는 방식으로 이루어져 있다. [연세대] 교재의 모음 제시 순서는 'ㅏ→ㅑ→ㅓ→ㅕ, ㅗ→ㅛ→ㅜ→ㅠ, ㅡ→ㅣ→ㅐ→ㅒ, ㅔ→ㅖ→ㅚ→ㅟ, ㅢ→ㅘ→ㅝ→ㅙ→ㅞ'이다. 모음 학습 내용은 5단원으로 나누어져 있다. 단모음과 이중모음을 분리하여 배우는 방법을 사용하지 않고 단모음 하나에 그 단모음과 해당하는 반모음과의 결합에 의해 이루어지는 이중모음을 바로 따라 이어 다루고 있다. 이향(2002)에서는 이중모음 'ㅑ, ㅕ, ㅛ, ㅠ, ㅒ, ㅖ'는 단모음 'ㅣ'와 'ㅏ, ㅓ ㅗ, ㅜ, ㅐ, ㅔ'가 결합해서 발음하는 것과 비슷하기 때문에 먼저 단모음을 학습한 후에 이중 모음을 학습하도록 하는 것은 중국인 학습자에게 더 효과적이다. [연세대] 교재의 모음 제시 순서는 중국인 학습자에게 효과적이지 않다고 판단할 수 있다.

표 4-11. 분석 대상 교재의 자음 제시 순서

	25개 대	연변대	북경대	연세대
1	ㅂ, ㅍ, ㅃ, ㅁ	ㄱ, ㄷ, ㅂ, ㅅ, ㅈ	ㅂ, ㅍ, ㅃ, ㅁ	ㄱ, ㄴ, ㄷ, ㄹ
2	ㄷ, ㅌ, ㄸ, ㄴ, ㄹ	ㄴ, ㄹ, ㅁ	ㄷ, ㅌ, ㄸ, ㄴ, ㄹ	ㅁ, ㅂ, ㅅ
3	ㅈ, ㅊ, ㅉ, ㅅ, ㅆ	ㅎ, ㅋ, ㅌ, ㅍ, ㅊ	ㅈ, ㅊ, ㅉ, ㅅ, ㅆ	ㅈ, ㅊ, ㅋ, ㅌ, ㅍ, ㅎ
4	ㄱ, ㅋ, ㄲ, ㅎ	ㄲ, ㄸ, ㅃ, ㅆ, ㅉ	ㄱ, ㅋ, ㄲ, ㅎ, ㅇ	ㄲ, ㄸ, ㅃ, ㅆ, ㅉ

나) 자음 제시 순서

각 교재의 자음 제시 순서는 〈표 4-11〉과 같다. 자음 'ㅇ'은 초성 자리에 오면 발음하지 않기 때문에 1단원에서 단모음을 배울 때 제시하였다. 그래서 [25개 대] 교재, [연변대] 교재, [연세대] 교재의 자음 차례에서 'ㅇ'을 다시 제시하지 않았다.

[25개 대] 교재와 [북경대] 교재의 자음은 조음위치와 조음방법에 따라 제시하고 있다. 조음위치의 면에서는 대체로 제일 쉬운 입술소리 'ㅂ, ㅍ, ㅃ, ㅁ'부터 그 다음 혀끝소리 'ㄷ, ㅌ, ㄸ, ㄴ, ㄹ', 마지막 어려운 목구멍소리 'ㄱ, ㅋ, ㄲ, ㅎ' 순서로 쉬운 것부터 어려운 것 순서로 다루고 있다. 중국어 자음의 배열순서[22]도 조음위치에 따라 제시하기 때문에 이런 제시 순서는 중국인 학습자들이 배우기가 쉽다.

이 두 교재의 자음 제시 순서는 조음방법의 면에서 보면 한 단원에 '예사소리 → 거센소리 → 된소리'의 순으로 제시하고 있다. 중국어의 자음이 불송기음(不送氣音 : b, d, g ……), 송기음(送氣音 : p, t, k ……)의 두 가지로 구분되어 있는 반면에 한국어 자음의 '예사소리, 거센소리, 된소리'의 3항 대립 체계를 가지고 있다. 이것 때문에 중국인 학습자들에게는 한국어 예사소리와 된소리를 배울 때 서로 구별해서 발음하기가 어렵다. '예사소리 → 거센소리 → 된소리'의 제시 순서는 중국인 학습자들에게 효율적으로 예

---

22 중국어 자음 제시 순서는 입술소리 'b, p, m, f' → 혀끝소리 'd, t, n, l' → 목구멍소리 'g, k, h' 이다.

표 4-12. 분석 대상 교재의 받침 제시 순서

	25개 대	연변대	북경대	연세대
1	ㄱ, ㄴ, ㄷ, ㄹ, ㅁ, ㅂ, ㅇ	ㄴ, ㄷ, ㅅ, ㅈ, ㅊ, ㅌ, ㅆ	ㄱ, ㄴ, ㄷ, ㄹ, ㅁ, ㅂ, ㅇ	ㄱ, ㅋ, ㄴ, ㄷ, ㅅ, ㅈ, ㅊ, ㅌ, ㅎ
2	ㅅ, ㅈ, ㅊ, ㅋ, ㅌ, ㅍ, ㅎ, ㄲ, ㅆ	ㅁ, ㅂ, ㅍ, ㄹ, ㅎ	ㅅ, ㅈ, ㅊ, ㅋ, ㅌ, ㅍ, ㅎ, ㄲ, ㅆ	ㄹ, ㅁ, ㅂ, ㅍ, ㅇ
3	ㄳ, ㅄ, ㄵ, ㄽ, ㄾ	ㅇ, ㄱ, ㅋ, ㄲ	ㄳ, ㅄ, ㄵ, ㄽ, ㄾ	ㄳ, ㄵ, ㄶ, ㄺ
4	ㄽ, ㄼ, ㄽ, ㄿ, ㄶ, ㅀ	ㄳ, ㄵ, ㅄ, ㄽ, ㄾ, ㄶ, ㅀ	ㄽ, ㄼ, ㄽ, ㄿ, ㄶ, ㅀ	ㄽ, ㄼ, ㄽ, ㄾ
5	—	ㄿ, ㄽ, ㄼ, ㄼ	—	ㄿ, ㅀ, ㅄ
6	—	—	—	ㄲ, ㅆ

사소리와 된소리를 서로 구별해서 발음하는 데 도움이 되지 않을 것으로 예상된다.

[연변대] 교재의 자음 제시 순서는 중국어 자음의 제시 순서와 같이 조음 위치에 따라 제시하지 않고 조음 방법에 따라 다루고 있다. 4단원으로 나누고 한 단원에 예사소리, 한 단원에 울림소리, 한 단원에 거센소리, 마지막 단원에 된소리의 순서로 제시하고 있다. 이때 학습자들은 예사소리라는 중국어에는 없는 발음을 구별하는 데 어려움을 겪을 것으로 예상된다.

[연세대] 교재의 자음 제시 순서는 거의 한국어 사전의 제시 순서에 따라 제시하고 있다. 여기에서 중국인 학습자가 어려워하는 예사소리 발음을 맨 앞부분에 놓았고, 그중에 상대적으로 발음하기 쉬운 'ㅎ' 발음을 오히려 뒷자리에 놓았다. 그러나 이 순서도 중국인 학습자에게 이상적인 순서라고 할 수 없다.

이 네 교재의 자음 제시 순서를 정리하자면, [25개 대] 교재와 [북경대] 교재는 조음위치에 따라서 입술소리, 혀끝소리, 목구멍소리의 순서로 자음을 소개하고 있다. 반면에 [연변대] 교재는 조음방법에 따라서 예사소리, 울림소리, 거센소리, 된소리의 순서로 자음을 제시하고 있고 [연세대] 교재는 사전의 자모 배열 순서에 따라 제시하고 있고. 네 교재 사이에 나타나는 이러한 유사점과 차이점은 한국어 교재 개발자들이 늘 고민하는 부분이기도 하다. 사전 찾기와의 관계를 염두에 둔다면 [연세대] 교재의 방법이 좀 더 실용적이라고 하겠지만, [연변대] 교재의 경우처럼 조음방법에 따라 자음을 제시하거나, [25개 대] 교재와 [북경대] 교재의 경우처럼 조음위치에 따라 자음을 제시하거나, 이선한 외(2000)에서는 조음위치에 따라 자음을 제시하는 것이 중국어 자음 제시 순서와 비슷해서 중국인 학습자에게 적합한 방식이라고 하였다.

다) 받침 제시 순서

각 교재의 받침 제시 순서를 정리하면 〈표 4-12〉와 같다. 받침 제시 순서는 [25개 대] 교재와 [북경대] 교재는 먼저 대표음 일곱 음을 한 단원으로 묶고, 나머지 받침들은 홑받침과 겹받침으로 나누어 제시하였다. [연변대] 교재와 [연세대] 교재 경우에는 대표음 7개를 먼저 제시하는 것이 아니라 유사한 발음이 나는 받침끼리 묶어 제시하고 있다. [연변대] 교재는 'ㄷ'으로 소리가 나는 받침들, 'ㅂ'으로 소리 나는 받침들, 'ㄱ'으로 소리 나는 받침의 순서로 홑받침을 제시하고 있다. 겹받침은 주로 앞의 음으로 발음하는 'ㄳ, ㄵ, ㅄ, ㄽ, ㄾ, ㄶ, ㅀ'을 한 단원으로 묶고, 뒤의 음으로 발음하는 'ㄻ, ㄿ, ㄺ, ㄼ'을 한 단원으로 묶어 제시하였다. [연세대] 교재 경우는 홑받침을 두 단원으로 나누어 제시하고 있다. 겹받침 제시 순서는 이유를 찾기가 어렵다.

중국어 발음에서는 받침으로 비음인 'n, ng' 두 개밖에 없어서 중국인 학습자들이 개별 받침 발음 자체를 제대로 발음하지 못할 것이라고 예상할 수 있다. 이향(2002)을 따르면 중국인 학습자들에게 한국어 받침 7개 대표음을 쉬운 것부터 어려운 것으로 배열하면 'ㄴ, ㄷ, ㄹ, ㅁ, ㅂ, ㅇ, ㄱ'[23]이다. 따라서 홑받침의 제시 순서는 [연변대] 교재가 중국인 학습자들에게 가장 효과적이라고 할 수 있다. 겹받침에 대한 연구로 이향(2002)은 앞의 자음

---

23 이향(2002)에서는 받침 'ㄴ, ㄹ, ㅁ, ㅇ' 중국인 학습자들에게 발음하기 제일 쉽고 'ㅂ, ㄷ, ㄱ'제일 어렵다고 지적을 한다. 'ㄴ'과'ㄷ', 'ㅁ'과'ㅂ', 'ㅇ'과'ㄱ'의 발음방법이 비슷해서 여기서 함께 묶어 제시하겠다.

표 4-13. [연변대] 교재, [북경대] 교재, [연세대] 교재의 음운 변화 제시

	제시 단원 및 내용	
연변대	14단원 : 이은소리되기(연음화), 된소리되기, 거센소리되기	
	15단원 : 자음동화, 구개음화, 사잇소리(첨가)	
북경대	9단원 : 이은소리되기(연음화), 된소리되기, 동화(자음동화, 구개음화), 생략 / 탈락 / 첨가(사잇소리), 'ㄴ, ㄹ' 두음법칙	
연세대	음운 변화	12단원 : 이은소리되기(연음), 생략 / 탈락 / 첨가(사잇소리)
		13단원 : 된소리되기
		14단원 : 동화(자음동화, 구개음화)
		15단원 : 'ㄹ' 두음법칙, 'ㄴ' 두음법칙
	어미 변화 규칙	10단원 : 'ㄷ' 불규칙활용, 'ㅅ' 불규칙활용, 'ㅎ' 불규칙활용, '으' 불규칙활용
		11단원 : 'ㄹ' 불규칙활용, '르' 불규칙활용, '러' 불규칙활용, 'ㅂ' 불규칙활용

으로 발음하는 것을 먼저 제시한 후에 주로 뒤의 자음으로 발음하는 겹받침을 제시해야 한다고 제안했다. 종합해 보면 [연변대] 교재가 받침 제시 순서는 다른 세 교재보다 효과적이라고 할 수 있다.

마. 음운 변화 제시

[25개 대] 교재는 음운 변화에 대해서 다루지 않았다. 다른 세 교재에서는 이를 제시하였지만 교육 내용의 선정과 구성이 다르다. 구체적인 내용을 〈표 4-13〉을 통해 살펴볼 수 있다. 〈표 4-13〉을 보면 [북경대] 교재와 [연세대] 교재에는 고빈도로 나타나는 거센소리되기의 음운 변화를 제시하지 않았다. 반면에 어미 변화규칙인 생략과 탈락을 제시하였다. 특히 [연세대] 교재에는 'ㄷ' 불규칙활용, 'ㅅ' 불규칙활용, 'ㅎ' 불규칙활용, '으' 불규칙활용, 'ㄹ' 불규칙활용, '르' 불규칙활용, '러' 불규칙활용, 'ㅂ' 불규칙활용 등의 어미 변화규칙을 많이 제시하고 있다. 한국어 문장 구조에 대한 인식이 부족한 발음 교육과정에서 초급 학습자들이 어려워하는 어미나 어간의 불규칙 활용을 제시하는 것은 학습자에게 큰 부담을 줄 수 있다.

표 4-14. 분석 대상 교재의 단원별 자모 제시 수

	1과	2과	3과	4과	5과	6과	7과	8과	9과	10과	11과	12과	13과	14과	15과
25개 대	5	4	5	5	5	4	6	5	7	9	5	6	–	–	–
연변대	6	5	5	3	5	5	6	5	7	5	4	7	4	–	–
북경대	9	10	11	10	7	9	5	6	–	–	–	–	–	–	–
연세대	5	4	4	3	4	6	4	5	5	9	5	4	4	3	2

제시 단원을 보면 [연변대] 교재는 많은 음운 변화를 발음 부분의 마지막 두 단원인 14, 15단원에서 제시하였고, [북경대] 교재는 9단원에서만 한꺼번에 제시하였다. 학습자에게 큰 부담이 될 것으로 예상된다. 또한 음운 변화에 대해서 이렇게 한 번에 집중적으로 가르치는 것이 얼마나 효과적일 수 있을지 의문이다. 음운 변화에 대한 지식을 한꺼번에 가르친다고 해서, 학습자가 그것을 인지해서 말하거나 읽을 때 잘 수행할 수 있을 것으로 기대하기 어렵기 때문이다. [연세대] 교재는 [연변대] 교재, [북경대] 교재와는 달리 10단원부터 마지막 단원까지 6단원으로 나누어 이를 제시하고 있다. 상대적으로 부담이 되지 않게 단원마다 학습량이 조절되어 있다. 그러나 한국어 어간이나 어미에 대한 인식이 부족한 상황에서 학습자에게 어미의 불규칙 활용을 배우도록 구성하는 것은 학습자에게 많은 어려움을 줄 수밖에 없다. 그리고 한국어 학습에 도움을 줄 수 있는지는 의문이다.

바. 교재의 단원별 자모 제시 수

단원별 자모 제시 수를 정리하면 〈표 4-14〉과 같다. [25개 대] 교재, [연변대]교재, [연세대] 교재는 한 단원에 5개정도의 자모를 학습하도록 제시하고 있다. 9단원과 10단원은 받침학습 단원인데 제시된 자모 수가 많아진다. [북경대] 교재는 다른 세 교재보다 한 단원에 제시된 자모 수는 제일 많은 편이다. 초급 학습자에게 부담만 주어서 효과적인 학습을 하기가 어려울 것이다.

사. 초분절 내용

김정숙(2000)에서는 한국어의 강세, 억양, 길이 등 초분절 음소는 담화의 의미에 결정적인 영향을 미친다고 한다. 그래서 발음 부분에서 한국어의 강세, 억양, 길이 등 초분절에 관한 내용도 포함되어야 한다. 그러나 이 네 교재에서는 이런 내용을 싣지 않고 있다.

아. 시청각 자료

자모 익히기와 발음 부분에서 시청각 자료의 제시가 다른 영역의 교재보다 중요하다. 교실 수업 이외에는 한국어의 언어 환경이 제공되지 않는 상황에서 자세한 설명보다도 시청각 자료가 발음방법에 대한 이해를 배가할 수 있기 때문이다. 이 네 교재의 시각적인 자료를 보면 [연변대] 교재에는 발음 방법을 제시한 후에 자모의 발음을 입모양 그림으로 제시하였다. [북경대] 교재와 [연세대] 교재에는 한글 자모표를 제시하였다. 청각 자료를 보면 [연세대] 교재는 CD를 포함하고 다른 세 교재는 테이프를 포함하고 있다. 한 마디로 하면, 이 네 교재에 딸린 시청각 자료는 매우 부족하다. 청각 자료 이외에도 네 교재는 모두 시각 자료의 제시가 부족한데, 자모 단계에서의 모음 사각도 뿐만 아니라 발음방법의 제시에 있어 그림이나 사진 등의 시각 자료 사용이 필요하다. 시각 자료는 발음을 학습하는 데 있어 내용의 이해를 도울 뿐만 아니라 학습자들의 흥미 유발에도 효과가 있다.[24]

---

24 강숙희(1997)에서는 학습 매체 중 시각자료의 중요성을 Duchastel의 개념을 인용하여 제시하고 있다. 구체적으로 말하면, Duchastel은 교재에 수록된 시각 자료란 하나의 성분이 아니라 사진, 개략도, 도표, 지도 등을 포괄하는 총칭이라고 한다. 즉 교재의 내용이나 추상적인 사실의 이해를 하도록 하고 보충적인 설명의 구실을 하는 각종 그림, 사진, 표 등을 총칭하는 평면적 시각 자료이다. 때로는 시각자료가 본문 그 이상으로 중시되어야 한다. 그것은 시각 자료가 다른 설명이 필요 없는 보편적인 언어로서의 구실을 하기 때문이라고 하면서 시각 자료의 중요성을 지적하였다.

표 4-15. 분석 대상 교재의 단원별 구성

단원별 구성	
25개 대	단원명 → 그림 → 본문(그림1 → 본문1 → 그림2 → 본문2) → 어휘 → 발음 → 문법 → 연습 → 보충어휘
연변대	단원명 → 본문(본문1 → 본문2 → 본문3) → 발음 → 어휘 → 어휘 해석 → 문법 해석 → 한국어 소지식(小知識) → 연습 → 보충 어휘
북경대	단원명 → 그림 → 본문(본문1 → 본문2) → 어휘 → 발음 → 문법과 관용어 → 연습
연세대	단원명 → 본문(본문1 → 어휘 → 본문2 → 어휘 → 본문3 → 어휘 → 본문4 → 어휘) → 어휘 → 번역문 → 문법 → 유형연습

③ 과문 부분

앞의 〈표 4-3〉에서 보였듯이 과문 부분의 내용은 교재에서 3 / 4의 분량을 차지하고 있다. 한국어 언어지식이나 한국문화는 거의 과문 부분을 통해서 배우는 것이라고 할 수 있다. 과문 부분의 역할이 아주 크다. 본 장에서 과문 부분의 단원별 구성, 단원 주제, 본문, 문화, 문법, 어휘, 연습, 학습 활동, 평가 등에 대한 내용을 살펴볼 것이다.

가. 단원별 구성

분석 대상 교재의 단원 구성을 구체적으로 보면 〈표 4-15〉와 같다. 황인교(2003)는 단원 구성은 보통 준비 단계, 연습 단계, 생산 단계, 정리 및 평가 단계로 이루어진다고 했다. 본 연구는 중국 학습자의 특성과 언어 환경을 고려하면서 이 네 교재의 단원 구성을 크게 준비 단계(단원명, 그림), 제시 단계(본문), 학습 단계(어휘, 발음, 문법), 연습 단계, 평가 단계로 나누어 살펴볼 것이다.

준비 단계는 단원 학습 목표 제시와 단원 주제에 대한 설명을 통해 도입하는 단계이며 본 학습 내용에 대해 배경지식을 활성화할 수 있는 단계로 꼭 필요한 단계이다. [25개 대] 교재와 [북경대] 교재에는 단원명 아래에 그림만 제시하고 있고 다른 두 교재는 아무것도 제시하지 않고 있다. 이 네 교재는 모두 준비 단계에 대한 제시가 부족하다.

제시 단계는 본문 제시 단계이다. [25개 대] 교재는 과제 중심으로 한 단원에 두 개 정도의 대화문을 제시하고 있다. [연변대] 교재는 어휘와 문법 사용 중심으로 세 개 정도의 서술문을 제시하고 있다. [북경대] 교재는 구어체 대화문과 문어체 서술문을 각각 한 개씩 제시하여 본문을 구성하고 있다. 대화문과 서술문이 거의 같은 분량이 차지하고 있는 것은 이 교재의 하나의 특징이다. [연세대] 교재는 완전히 말하기 위주로 한 단원에 다섯 편의 대화문을 제시하고 있다.

학습 단계는 주로 본문에 나오는 어휘와 문법을 배우는 단계이다. [25개 대] 교재, [연변대] 교재, [북경대] 교재에서는 본문에 나오는 음운 변화와 어려운 발음도 제시하고 있다. 이것은 초급 학습자들에게 복잡하고 어려운 한국어 자모 익히기와 발음에 도움을 줄 수 있어서 긍정적이다. [25개 대] 교재와 [연변대] 교재는 단원 마지막 부분에서 문법과 연습에 나오는 새 어휘를 '보충 어휘'로 제시하고 있다. [북경대] 교재는 문법과 연습에 나오는 새 어휘는 본문에 나오는 어휘와 같이 '어휘'에서 제시되고 있다. [연세대] 교재는 문법과 연습에 나오는 새 어휘를 제시하지 않고 있다. 학습자들에게 문법을 배울 때나 연습을 할 때 어휘 학습에 대한 부담을 줄 수 있다. [연변대] 교재에서는 개별 어휘에 대한 해석을 제시하고 있다. 이 것은 학습자들의 어휘 학습에 도움이 될 수 있다. 문법 제시는 이 네 교재 모두 문법을 먼저 설명한 뒤에 예문을 제시하는 연역적인 방식이다.

연습 단계는 모두 말하기, 문형 연습하기, 번역하기, 글쓰기 등 기계적인 연습 유형을 중심으로 이루어져 있다. 상세한 내용은 아래 '연습'에서 자세히 검토하도록 한다.

마지막 단계는 학습자가 자신의 학습을 진단하는 평가 단계이다. 그러나 학습을 진단할 수 있는 자료는 거의 제공되지 않았으며 평가 단계가 없

표 4-16. 분석 대상 교재의 단원 주제

	25개 대	연변대	북경대	연세대
주제	13 : 인사(자기소개) 14 : 학교 15 : 과거 서술하기 16 : 물건 사기 17 : 하루 일과 18 : 위치 19 : 주문하기 20 : 계절과 날씨 21 : 순서 22 : 가족 소개 23 : 약국 24 : 차타기 교통 25 : 전화하기 26 : 용모, 복장 27 : 취미 28 : 길묻기 29 : 근황 30 : 우체국	16 : 이것은 연필입니다 17 : 나는 서점에 갔습니다 18 : 여기가 학교입니다 19 : 오늘은 동생의 생일입니다 20 : 오늘은 토요일입니다 21 : 첫눈 22 : 한국의 사계절 23 : 여행 24 : 전화 25 : 편지 26 : 대학로 27 : 청소 28 : 일기 29 : 시험 준비 30 : 설	11 : 이것은 무엇입니까? 12 : 외국어를 배웁니다 13 : 뭘 드시겠습니까? 14 : 어제 뭘 했습니까? 15 : 영철 씨의 가족사진입니까? 16 : 시간과 날짜 17 : 물건 사기 18 : 병원에서 19 : 도서관에서 20 : 은행에서 21 : 우체국에서 22 : 미장원 이발소 23 : 전화 24 : 시험 25 : 겨울 방학	16 : 이름이 무엇입니까? 17 : 공부하기가 재미있습니다 18 : 뭘 드시겠습니까? 19 : 이것이 얼마입니까? 20 : 여기 세워 주십시오 21 : 친구 집에 갔어요 22 : 날씨가 좋습니다 23 : 몇 번에 거셨습니까? 24 : 영화를 보러 갈까요? 25 : 서울 시내가 다 보입니다

는 교재가 대부분이었다.

한편 [연변대] 교재의 경우에는 다른 세 교재에는 없는 작은 코너 '한국어 소지식(小知識)'이 다양하게 마련되어 있는 것이 특징이다. 이런 작은 코너들은 [연세대] 교재의 자모 부분에서 제시된 '한국어 소지식'과 같은 역할을 한다. 즉 초급 학습자들에게 흥미를 유발할 수 있고 한국과 한국어에 대한 기본 지식도 풍부하게 제공할 수 있어서 긍정적이다.

나. 주제

여기에서는 단원 주제가 다양한지, 현지 상황과 관련이 있는지, 학습자들의 흥미와 동기를 유발할 수 있는지를 살펴볼 것이다. 분석 대상 교재의 단원 주제들을 정리하면 〈표 4-16〉과 같다.[25] 〈표 4-16〉을 보면 이 네 교재의 주제는 다양하지만 주제에 실제성이 부족한 것을 알 수 있다. 중국에

표 4-17. 분석 대상 교재의 단원 주제에 대한 분석

	25개 대	연변대	북경대	연세대
주제	다양하지만 실제적이지 않음, 흥미도 낮음	다양하지만 실제적이지 않음, 흥미도 낮음	다양하고 실제적임, 흥미도 보통	다양하지만 실제적이지 않음, 흥미도 낮음

서 한국어를 학습하는 학습자를 위한 교재라면 중국인 학습자의 실정에 맞는 주제를 선정해야 한다고 생각한다. 왜냐하면 중국에서 한국어를 전공으로 배우는 학습자들은 졸업한 후에 90% 정도가[26] 중국에서 일하기 때문이다. 즉 주제 내용은 중국과 관련이 있어야 한다. 하지만 [북경대] 교재 외에 다른 세 교재의 주제는 대부분 한국을 배경으로 한 상황이 위주이며 중국에서 한국어를 배우는 학습자가 이해할 수 없는 담화 상황이 많고 실생활에 활용할 수 없는 내용도 많다. 실생활에 활용할 수 없으므로 학습자들의 흥미와 동기를 상실시킬 수도 있다. 주제에 대한 분석을 정리하면 〈표 4-17〉과 같다.

〈표 4-17〉을 통해 주제의 실제성 부족, 흥미도 낮음 등은 이 네 교재의 공통적인 문제점인 것을 알 수 있다. 이때 실제성은 중국 학습자가 중국 내에서 한국어를 활용할 상황을 고려할 때 관련성이 떨어진다는 것이다. 가령, 중국 내 LG 회사에 취직해서 한국어를 사용하는 학습자는 예로 들면, '영화 보러 가기', '서울 시내가 다 보입니다', '도서관에서', '대학로', '길 묻기'와 같은 주제는 매우 비실제적인 주제가 아닐 수 없다. 따라서 교재에서 중국 실생활과 관련되고 학습자의 흥미와 동기를 유발할 수 있는 주제를 제시해야 한다. 그리고 학습자의 학습 목적을 충분히 파악하여 다양한 주제가 실제적으로 선정되어야 한다.

---

25 네 교재는 단원마다 본문의 주요 내용을 단원명으로 한다, 단원명은 바로 단원 주제라고 할 수 있다.
26 장영미(2007)의 한국(조선)어 학과 학생 취업 조사 연구 보고.

표 4-18. [25개 대] 교재 과문 부분의 단원명 20과 구성 형식[27]

단원	단원명	구성 형식
제13과	인사(자기소개)	대화문 3
제14과	학교	대화문 2
제15과	과거 서술하기	대화문 2
제16과	물건 사기	대화문 2
제17과	하루 일과	서술문 1+대화문 1
제18과	위치	대화문 2
제19과	주문하기	대화문 3
제20과	계절과 날씨	서술문 1+대화문 2
제21과	순서	대화문 2+서술문 1
제22과	가족 소개	대화문 3
제23과	약국	대화문 2
제24과	차타기 교통	대화문 3
제25과	전화하기	대화문 4
제26과	용모, 복장	대화문 2
제27과	취미	대화문 2
제28과	길 묻기	대화문 2
제29과	근황	대화문 2
제30과	우체국	대화문 2

다. 본문 유형과 배경

여기에서 본문 유형은 구어인 대화문인지, 문어인 서술문[28]인지를 살펴보고 본문 배경은 중국인지, 한국인지를 분석할 것이다.

네 교재는 모두 본문을 주고 본문에 나오는 어휘와 문법들을 익히는 구조로 단원을 구성하고 있다. 이런 구성을 통해서 초급 교재에서 본문은 매우 중요한 비중을 차지하고 한국어 언어지식이나 한국문화를 배우는 주

---

27 앞에서 언급했듯이 교재의 단원명이 바로 단원 주제이다.
28 문장 유형은 많은데 본 논문에서 대화문과 대조하기 위하여 문장 유형이 대화문이 아닌 다른 유형은 모두 서술문이라고 한다.

표 4-19. [연변대] 교재 과문 부분의 단원명과 구성 형식

단원	단원명	구성 형식
제16과	이것은 연필입니다	서술문 3
제17과	나는 서점에 갔습니다	서술문 3
제18과	여기가 학교입니다	서술문 3
제19과	오늘은 동생의 생일입니다	서술문 3
제20과	오늘은 토요일입니다	서술문 3
제21과	첫눈	서술문 3
제22과	한국의 사계절	서술문 4
제23과	여행	서술문 3
제24과	전화	서술문 3
제25과	편지	서술문 3
제26과	대학로	서술문 1
제27과	청소	서술문 1
제28과	일기	서술문 1
제29과	시험 준비	서술문 1
제30과	설	서술문 1

요 역할을 하고 있다는 것을 알 수 있다. 교재를 편찬할 때 보통 가르쳐야 하는 어휘와 문법의 수준이나 항목을 선정하여 결정한 후에 그에 맞추어 본문을 구안하게 된다(진정, 2010). 계획된 어휘와 문법이 반영되어 있으면서도 상황이나 맥락이 자연스러운 한국어 문장이나 대화를 구성하는 것은 결코 쉽지 않다. 또 최근에는 과제 중심의 언어 교육을 강조하고 있고 이런 교육을 실현하기 위해서 본문의 상황을 일상의 언어생활에서 만날 수 있는 다양한 상황들로 구성하기 위해 노력해야 한다. 이러한 점들을 중심으로 네 교재의 본문들을 살펴볼 것이다.

[25개 대] 교재는 '대화문', '서술문＋대화문', '대화문＋서술문'의 세 가지 형식으로 본문을 구성하고 있다.

본문의 구성 형식을 보면 대화문과 서술문이 단원의 특성에 따라 다르게 구성되어 있다. 17과(하루 일과), 20과(계절과 날씨), 그리고 21과(순서) 이

표 4-20. [연변대] 교재 '제24과 전화'

제24과 전화

1.
전화는 주요한 통신수단입니다.
집집마다 전화가 있습니다.
사람들에게는 휴대폰이 있습니다.
거리의 여기저기에 공중전화가 있습니다.
공중전화는 휴대폰보다 요금이 쌉니다.
그래서 나는 밖에 나가면 공중전화를 이용합니다.

2.
나와 철수는 오후에 서점에 가기로 했습니다.
그런데 어머님께서 오후에 학교에 오시겠다고 하시었습니다.
나는 철수와 한 약속을 지키지 못하게 되었습니다.
이 일 때문에 철수에게 전화를 하려고 하였습니다.
공중전화 앞에는 기다리는 사람들이 있었습니다.
나는 시간이 급하니 휴대폰을 꺼냈습니다.

3.
철수의 집에 전화를 걸었습니다.
그런데 통화 중이었습니다. 잠시 후에 다시 거니 연결되었습니다.
철수는 집에 없고 철수 동생이 전화를 받았습니다.
나는 내가 서점에 못 가는 이유를 철수한테 전해 달라고 하였습니다.
나는 전화를 끊고 택시로 학교에 갔습니다.
학교에 도착하니 어머님께서 나를 기다리고 계셨습니다.

세 단원만 서술문과 대화문을 함께 구성하고 있다. 나머지 단원은 모두 대화문으로 구성하고 있다. 이것을 통해 [25개 대] 교재는 구어 중심으로 말하기를 중시하는 교재인 것으로 판단할 수 있다.

[25개 대] 교재의 본문 내용을 보면 본문 배경은 전체적으로 한국이다. 등장인물들은 한국에서 공부하는 중국 유학생 '왕단', '왕룡'을 중심으로 한다. [연변대] 교재 과문 부분의 본문은 대화문 아닌 서술문 중심으로 구성되어 있다. '제24과'는 '전화'가 주제인데도 본문은 대화가 아니라 짧은 문장으로 이루어져 있다(표 4-19 참고).

〈표 4-20〉을 보면 [연변대] 교재 '전화' 단원의 본문이 전화 통화의 절차

표 4-21. [북경대] 교재 과문 부분의 단원명과 구성 형식

단원	단원명	구성 형식
제11과	이것은 무엇입니까?	대화 1
제12과	외국어를 배웁니다	대화문 1+서술문 1
제13과	뭘 드시겠습니까?	대화문 1+서술문 1
제14과	어제 뭘 했습니까?	대화문 1+서술문 1
제15과	영철 씨의 가족사진입니까?	대화문 1+서술문 1
제16과	시간과 날짜	대화문 1+서술문 1
제17과	물건 사기	대화문 1+서술문 1
제18과	병원에서	대화문 2+서술문 1
제19과	도서관에서	대화문 1+서술문 1
제20과	은행에서	대화문 2+서술문 1
제21과	우체국에서	대화문 1+서술문 1
제22과	미장원 이발소	대화문 2+서술문 1
제23과	전화	대화문 2+서술문 1
제24과	시험	대화문 1+서술문 1
제25과	겨울 방학	대화문 2+서술문 1

나 담화적 특징이 나타나는 대화가 아니라 '전화'를 소재로 한 짧은 문장이다. 초급 교재에서 대화의 비중을 최소화하고, 대신 문형과 문법을 위주로 구성하는 읽기를 중시하는 것이 이 교재의 특징이라고 할 수 있다. 이러한 구성 형식은 한국문화에 대한 정보를 제공하지 않아도 본문 읽기를 통해서 자연스럽게 이해하게 되는 장점을 가진다. 그러나 이러한 방식에는 한국어의 구체적이고 일상적인 실제 구어를 초기 학습 단계에서 충분히 경험하지 못하게 된다는 한계도 있다(김정우, 2007).

[연변대] 교재 본문은 [25개 대] 교재와 같이 한국을 배경으로 한다. 친구가 중국에서 온다든가(20과), 설악산으로의 여행(23과), 중국에 계신 부모님과 편지 교환(25과), 대학로(26과) 등에서 한국을 배경으로 됨을 알 수 있다. 다른 단원은 공간적 배경이 특별히 두드러지지는 않는다(김정우, 2007). 등장인물은 철수, 영희, 영호 등 한국 사람과 해연이라는 중국 사람을 위

표 4-22. [연세대] 교재 과문 부분의 단원명과 구성 형식

단원	단원명	구성 형식
제16과	이름이 무엇입니까?	대화문 5
제17과	공부하기가 재미있습니다	대화문 5
제18과	뭘 드시겠습니까?	대화문 5
제19과	이것이 얼마입니까?	대화문 5
제20과	여기 세워 주십시오	대화문 5
제21과	친구 집에 갔어요	대화문 5
제22과	날씨가 좋습니다	대화문 5
제23과	몇 번에 거셨습니까?	대화문 5
제24과	영화를 보러 갈까요?	대화문 5
제25과	서울 시내가 다 보입니다	대화문 5

주로 한다.

[북경대] 교재의 본문 구성 형식은 〈표 4-21〉과 같다. 〈표 4-21〉을 보면 [북경대] 교재의 과문 부분은 11단원만 대화문이고 나머지 단원은 모두 '대화문+서술문'으로 구성되어 있다. 본문 내용을 보면 대화문 내용과 서술문 내용은 같은 주제이다. 이런 구성 형식은 학습자들에게 말하기 능력과 읽기 능력을 모두 향상할 수 있어서 긍정적이라고 판단된다.

본문 내용을 보면 [북경대] 교재의 공간적 배경은 전체적으로 중국의 북경과 북경대이다. 등장인물은 중국 북경대 한국어학과에 다니는 중국 학생과 북경대에서 공부하는 한국 유학생들이다.

[연세대] 교재의 경우에는 모든 단원의 본문이 대화문으로 구성되어 있다는 것이 다른 교재와 대비되는 점이다.

〈표 4-22〉의 [연세대] 교재의 과문 부분은 모두 대화문으로 구성되어 있다. 이 교재는 말하기를 중시하는 것을 알 수 있다. 한 단원에 5개의 대화문을 제시하는 데 초급 학습자들에게 부담을 줄 수밖에 없다. 그러나 '뭘 드시겠습니까?(18과), 이것이 얼마입니까?(19과), 영화를 보러 갈까요?(24과)' 등과 같은 일상에서 겪을 수 있는 다양한 상황들을 제시하여 학습자들

에게 친숙감을 높이고 있다.

본문 내용을 보면 [연세대] 교재는 전체적으로 한국을 배경으로 한다. 등장인물은 한국에서 공부하고 있는 서양 학생과 한국인들이다. 중국 학습자를 대상으로 하는 교재인데 등장인물 중에 중국인이 없으면 학습자는 흥미를 상실할 수 있다.

종합해 보면 이 네 교재의 본문의 구성에서 [25개 대] 교재와 [연세대] 교재는 대화문 중심, [연변대] 교재는 서술문 중심, [북경대] 교재는 대화문＋서술문 중심으로 다르게 구성되어 있다. 어느 쪽이 효과가 좋고 안 좋다는 판단을 바로 할 수 없지만, 실제 구어체 대화를 초급 학습자들에게 경험하게 하는 것은 초급 교재로써 어느 정도 필요할 것이다(김정우, 2007). 그것을 구현하는 형식은 [북경대] 교재처럼 한 단원에서 대화문을 중심으로 하면서 관련된 짧은 서술문을 병행하여 구성하거나, 단원의 진행에 따라 대화문과 서술문의 비중을 달리 하는 등 다양하고 탄력적인 운용이 바람직하다(김정우, 2007).

본문의 배경은 [북경대] 교재만 중국이고 다른 세 교재는 모두 한국이다. 본문의 배경은 중국과 한국 중 어느 쪽을 취하는 것이 좋다고 판단하기도 쉽지 않다. 중국의 대학교에서 한국어를 전공으로 배우는 학습자들 대부분은 졸업한 후에 한국보다 중국에서 한국인을 만나는 방식의 일을 할 것이다. 이러한 점에서 교재의 배경으로 중국을 설정하는 것이 중국인 학습자들에게 좀 더 실용적이라고 판단할 수 있다. 반면 한국어나 한국문화에 대한 이해를 쉽게 하기 위해서는 본문의 배경을 한국으로 설정하는 것이 훨씬 더 나을 것이다. 이러한 점을 고려할 때, 초급 교재에서는 중국을 배경으로 하고, 실력이 향상될수록 한국을 배경으로 하는 비중을 높여간다든가, 양국의 유학생들을 본문의 등장인물로 삼아 자연스럽게 두 공간을 오가는 방식으로 본문을 구성하는 형식 등을 생각해 볼 수 있을 것이다. 중요한 것은 교육적 의도가 구현될 수 있고 살아 있는 한국어가 구현될 수 있도록 본문을 구성해야 한다는 점이다(김정우, 2007).

라. 문화

문화는 한국어 교재 안에 필수적으로 들어 있어야 하는 내용이라 할 수 있다. 중국에서 한국어 교재는 별도의 문화 내용을 구성하지 않고 본문의 담화 배경을 한국으로 설정하거나 혹은 한국문화를 담은 글을 본문에 넣는 것으로 한국의 문화를 다루고 있다. 문화 내용을 보면 대체로 전통문화, 일상문화로 나눠질 수 있는데 전통문화는 한국의 명절, 민속놀이 등에 관한 내용이고, 일상문화는 술 문화, 예절, 교통 등에 관한 내용이다.

교재는 이질적인 문화를 지닌 학습자와 대상 언어의 화자들의 생활 습관, 문화적 사회적 관습, 정치적 사상적 차이를 극복할 수 있는 데 도움이 되도록 편찬되어야 한다(한송화, 2003). 그래서 문화 내용은 목표어 나라 문화뿐만 아니라 학습자 나라의 문화도 포함되어야 한다.

[25개 대] 교재는 '인사, 쇼핑, 주문하기, 가족 소개, 교통' 등의 한국 일상문화에 관한 내용만을 다루고 있다. 교재의 본문은 전체적으로 한국을 배경으로 하기 때문에 중국 문화를 소개하거나 그것에 대해 질문하는 것이 전혀 없다.

[연변대] 교재의 단원 주제를 보면 '제30과 설'을 제외하면 나머지 단원은 '편지, 대학로, 계절, 전화, 여행' 등의 한국 일상문화에 관한 내용이다. 그리고 [연변대] 교재는 과문 부분의 단원마다 '한국어 지식'이라는 코너가 있다. '한국어 지식'이라는 코너에서는 한국어 경어법(25과), 한국어 숫자(19과), 시간(20과) 등의 언어에 대한 문화뿐만 아니라 한국 탈춤(26과), 사물놀이(27과) 등의 전통문화도 제시하고 있어서 특징적이다. 그러나 중국문화와의 대조나 설명이 [25개 대] 교재처럼 찾기가 힘들다.

[북경대] 교재의 본문 배경은 중국이기 때문에 '도서관에서, 병원에서, 은행에서, 미용실에서, 방학' 등의 중국에 관한 일상문화를 다루고 있다.

표 4-23. 분석 대상 교재의 문화 요소

	25개 대	연변대	북경대	연세대
내용	한국 일상 문화	한국 일상 문화와 전통 문화	중국 일상 문화, 한국 일상 문화와 전통문화	한국 일상문화
제시	본문에서 제시	본문과 '한국어 지식' 코너에서 제시	본문과 연습에서 제시	본문에서 제시

자모 부분에서 한글에 대한 창제원리를 제시하고 있고 과문 부분의 연습에서 한국에 대한 소개를 제시하고 있다. 언어를 배우려면 그 나라의 문화도 알아야 하므로 [북경대] 교재는 중국 문화를 위주로 다루고 있는 것은 긍정적이지 않다고 판단된다.

[연세대] 교재는 한국에서 개발되어서 본문은 완전히 한국을 배경으로 하고 '인사하기, 차 세우기, 영화 보기, 전화하기' 등의 한국의 일상문화를 다루고 있다. 특히 자모 부분에서 [연변대] 교재처럼 '한국어 소지식'이라는 문화 소개 코너를 제시하고 있다. 이 코너에서 한국어에 관한 문화만 제시하고 있다. [연세대] 교재에서도 중국 문화에 대한 언급이 없다.

이 네 교재의 문화에 대한 분석을 표로 정리하면 〈표 4-23〉과 같다.

마. 문법

고립어를 쓰는 중국인 학습자들에게 교착어인 한국어 문법은 너무 생소한 것이고 한국어를 배우는 과정에서 문법은 가장 어려운 부분이라고 할 수 있다. 그러므로 여러 교과서들에서 문법 지식에 많은 부분을 할애하고 있다. 그러나 문법의 양에서부터 문법 용어, 문법 학습 과정 등에 이르기까지 문제가 가장 많이 나타나고 있는 부분이기도 하다.

그림 4-3. [25개 대] 교재의 학습내용 각 영역 비율 (국립국어원, 2009, 931쪽)

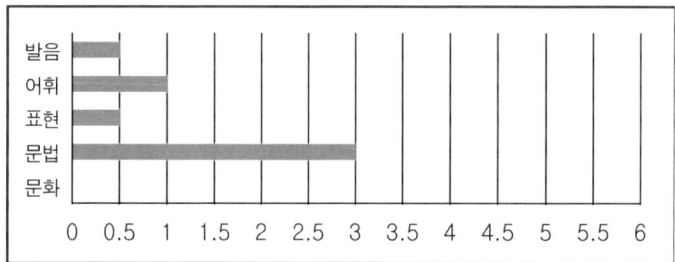

그림 4-4. [연변대] 교재의 학습내용 각 영역 비율 (국립국어원, 2009, 976쪽)

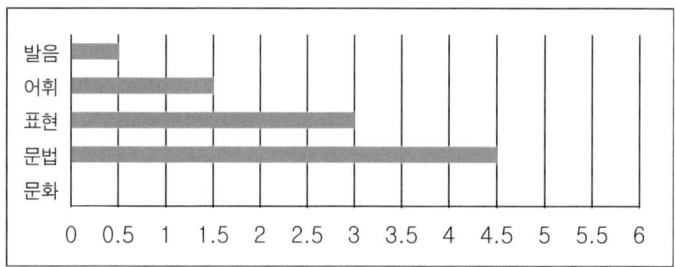

그림 4-5. [북경대] 교재의 학습내용 각 영역 비율 (국립국어원, 2009, 901쪽)

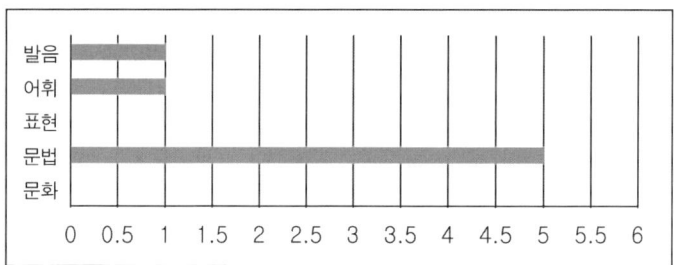

그림 4-6. [연세대] 교재의 학습내용 각 영역 비율 (국립국어원, 2009, 302쪽)

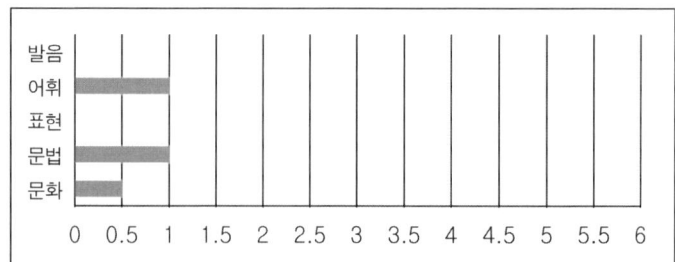

가) 문법의 양

한 학기에 어느 정도의 문법을 가르치는가 하는 것도 교육기관의 양성 목표와 교과과정에 따라 다르다. 앞의 〈표 4-3〉을 보면 한 학기의 문법 양이 [25개 대] 교재의 76개에서 많게는 [북경대] 교재의 244개까지 심한 차이를 보이고 있다. 각 대학교의 초급 정독 한국어 강의시간 수가 160시간[29] 정도라고 할 때 76개는 너무 적고 244개는 너무 많을 것이다. 이 네 교재에서 과문 부분이 10~18단원인데 한 단원에서 3~4개([25개 대]) 정도의 문법만 가르친다면 배당된 강의시간이 남아돌게 되고 학습자들이 얻을 수 있는 정보량도 너무 적어진다. 이와 반대로 10여 개([북경대]) 정도의 문법을 가르친다면 강의시간이 모자라고 학습자들도 지겨워하고 부담감을 느낄 수밖에 없다. 물론 반드시 얼마를 가르쳐야 한다는 것은 없지만 한 단원에 7~8개 정도의 문법으로 한 학기에 120개쯤 하는 것이 적당하다(유춘희, 2010).

이상에서 네 교재를 비교해서 문법의 양에 대해 분석했다. 다음의 그림은 각 교재의 학습내용 영역에서 문법이 차지하는 비율을 살펴볼 것이다. 여기서는 한국의 국립국어원에서 편찬한 '국내외 한국어 교재 백서(2009)'를 침고하겠다.

〈그림 4-3〉~〈그림 4-6〉을 보면 [25개 대] 교재, [연변대] 교재, [북경대] 교재, [연세대] 교재는 모두 지나치게 문법 위주이다.

나) 문법 용어 사용

김정우(2008)는 중국에서의 한국어 교재를 분석하면서 짚고 넘어가지 않을 수 없는 문제가 교재에 사용되고 있는 문법 용어라고 한다. 그리고 이는 한자문화권이 아닌 나라들에서는 문제가 되지 않는 사항이지만, 중국과 같은 한자문화권에서는 한자로는 같은 용어가 다른 의미로 쓰이는

---

29 '초급 정독 한국어'의 주당 강의시간 수는 보통 10시간이고 한 학기에 넉 달 반 정도 즉 18주 강의를 한다(사천외대 한국어 교과과정).

표 4-24. 분석 대상 교재의 문법 용어

	25개 대	연변대	북경대	연세대
받침	收音	韻尾	韻尾	收音
체언	體詞	體詞	體言	體詞
용언	謂詞	謂詞	用言	謂詞
대명사	代詞	代詞	代名詞	代詞
어간 / 어미	詞幹 / 詞尾	詞幹 / 語尾	語幹 / 語尾	詞幹 / 詞尾
서술격조사 '이다'	謂格助詞	判斷動詞	敍述格助詞	體詞謂詞形轉成詞尾
관형사형 어미	冠詞形詞尾	冠詞形轉成語尾 (定語語尾)	冠型詞形語尾	定語詞尾
보조사	助詞	助詞	補助詞	補助詞
연결어미	詞尾	聯結語尾	連接語尾	連接詞尾
시제선어말어미	時制詞尾	時制語尾	時制先語末語尾	時制詞尾
높임선어말어미	尊敬語氣的終結詞尾	語尾	尊敬階稱先語末語尾	尊敬階稱終結詞尾
접속조사 '이나'	助詞	助詞	接續助詞	補助詞
접속조사 '하고'	接續助詞	助詞	接續助詞	並列助詞
어휘	單詞	詞語	生詞	單詞

등 혼란이 생길 수 있기 때문에 살펴볼 필요가 있다고 지적하였다. 여기에서는 이 네 교재의 문법 용어를 살펴볼 것이다.

본 논문의 연구 대상인 네 교재는 문법 용어상에서 같지 않은 부분들이 나타난다. 이 네 교재에 다르게 쓰인 용어들을 정리하면 〈표 4-24〉와 같다.

한국 학교 문법의 9개 품사에 대해서 [북경대] 교재에서만 한국에서 쓰는 용어를 그대로 직역해서 사용하지만 다른 세 교재에서는 모두 중국에 대응한 용어 '體詞, 謂詞, 代詞'로 번역해서 사용하고 있다.

서술격 조사 '이다'는 [25개 대] 교재의 경우 '체언을 용언으로 바꾸어주는 어미'를 '謂格助詞'로 표시하고 있고 [연세대] 교재에서도 [25개 대] 교재와 유사하게 '전성(轉成)어미'로 표시하고 있다. [북경대] 교재에서는 '敍述格助詞'로 직역해서 표시하고 있다. 그러나 [연변대] 교재에서는 '判斷動詞'라는 용어를 사용해서 긍정의 판단을 나타내는 동사의 일종으로 보고 있다.

〈표 4-24〉를 종합해 보면 이 네 교재 중에 [연세대] 교재의 문법 용어는 지금까지 중국어에 대응하는 용어를 사용하고 있다. 그래서 용어로 인한 부담을 덜 수 있고 학습자들이 문법을 공부할 때 어려움을 느끼지 않는다. [북경대] 교재는 한국의 문법용어를 그대로 직역했기에 때문에 어색하고 중국어에 대응하는 용어가 아니고 지금까지 출판된 중국 내 문법 교재의 용어와도 다른 것이다. 이것은 교사와 학습자들에게 혼란을 일으킬 수 있을 것이다. 다른 두 교재는 문법 용어에서 중국어에 대응하는 용어를 사용하기도 하고 직역해서 사용하기도 하고 교재의 저자 나름대로의 용어도 사용하고 있다.

외국어로서의 한국어 교육에서 이에 대한 전문적인 지식을 일반 학습자들에게 가르칠 필요는 없으므로 학습자가 이해하기 쉽고, 교사가 설명하기 쉬운 방식으로 용어를 표시하는 것이 제일 나을 것이다. 그러나 완전히 [연세대] 교재처럼 중국어에 대응하는 용어로 표시해도 안 된다. 학습자는 고급 단계로 올라갈수록 여러 가지 한국어 학습 사전을 이용하는 기회가 많기 때문에 한국인이 익히 알고 있고, 사용하는 한국의 학교 문법 용어를 많이 접촉하게 될 것이기 때문에 한국어 문법 용어도 알아야 한다. 필자 생각에는 한국어 문법용어를 직역해서 괄호 안에다가 중국어 대응하는 중국어 문법 용어와 같이 표시하는 것이 좋을 것이다. 예를 들면 '관형사형 어미'는 '冠型詞形詞尾(定語詞尾)'[30] 로 표시하면 중국인 학습자들의 이해에 도움이 되고 한국어 문법 용어도 알게 될 것이다.

다) 문법 학습 과정

네 교재는 공통적으로 '제시 → 설명 → 예문 → 연습'의 전통적인 순서로 문법을 배우도록 되어 있다. 문법을 제시할 때 [25개 대] 교재와 [연세대]

---

30 '관형사형 어미'는 중국어 '定語' 에 맞먹는 용어인데 '定語詞尾(語尾)'라고 하면 학습자들이 이해하고 기억하는데 도움이 될 수 있다(박숙자, 2005).

교재는 비슷한데 배울 문법 항목을 아무런 도움 자료 없이 제시하고 있다. [연변대] 교재는 배울 문법 뒤의 괄호에서 이 문법에 해당하는 용어를 중국어로 번역해서 같이 제시하고 있다. [북경대] 교재는 배울 문법에 해당하는 한국어 문법 용어를 중국어로 직역해서 제시하고 있다. '-을/를'을 예로 들면 아래와 같다.

예) [25개 대] 교재 : -을/를
　　[연변대] 교재 : -를/을(助詞)
　　[북경대] 교재 : 目的格助詞 -를/을
　　[연세대] 교재 : -을/를

　배울 문법 항목을 제시한 후에 바로 문법 설명이 나온다. 학습자의 모국어를 이용한 이해가 필요하므로 문법의 경우, 모국어 번역이 필수적이라 할 수 있다(황인교, 2003). 즉 외국어 교육에서 문법 설명은 학습자의 모국어로 번역해서 설명해야 한다. 이 네 교재의 문법에 대한 설명은 모두 중국어로 번역해서 설명하고 있다. 중국인 학습자들에게 한국어 문법이 가장 어려운 부분이라고 할 수 있는데 문법 설명에서 중국어와 비슷하고 대응하는 문법이나 어휘를 제시하는 것은 한국어 문법 이해에 도움이 될 수 있다(지연, 2004). [연세대] 교재를 제외하면 다른 세 교재에서는 해당 문법은 중국어에 대응하는 문법이나 어휘를 제시하고 있다.

　그리고 문법 설명에서 해당 문법은 사용하는 음운 환경도 고려해야 한다(김정숙, 1992). 예를 들어 '-고 싶다'의 경우는 앞에 받침이 있거나 없거나 모두 '-고 싶다'의 형태로 사용된다. 그러나 '-려면'과 같은 경우는 앞에 모음이나 'ㄹ' 받침이 있을 때는 '-려면'을 사용해야 하고, 앞에 'ㄹ' 이외에 받침이 있을 때는 '-으려면'을 사용해야 한다. 문법을 설명할 때 이들을 꼭 빼놓지 않고 설명해야 한다. 뿐만 아니라 이런 설명을 해 놓고도 실제로 사용되는 예문도 제시해야 한다(김정숙, 1992). 예를 들면 '한국어를 공부하려면, 옷을 사려면, 영화를 보려면' 등과 같이 받침이 없는 경우와 '밥을 먹으려면, 책을 읽으려면' 등과 같이 받침이 있는 경우만 제시하면 '-려면'에 대한 완전한 교육이 이루어졌다고 볼 수 없다. 'ㄹ' 자음으로 끝나는 경우를 충분히 연습하지 않으면 학습자는 '잘 놀으려면, 전화를 걸으려면, 열심히 살으려면' 등과 같은 잘못된 문장을 만들어 낸다. 설명 후에 예문을 제시할 뿐만 아니라 연습에서도 음운 환경을 따른 변화형을 제시해야 한다(김정숙, 1992). 분석 대상인 교재 중에 [북경대] 교재를 제외하고는 다른 세 교재는 분법 항목을 설명할 때 이런 음운 환경을 고려하지 않고 있다.

의미를 두 개 이상 가지는 문법 항목에 대한 설명은 본 단원 내용과 관련 있는 의미만 제시하면 좋다고 한다(김정숙, 1992). 본 단원 내용과 상관없는 의미도 같이 제시하면 학습자들에게 특히 초급 학습자들에게 문법 이해에 도움이 되지 않고 부담만 주기 때문이다. [연변대] 교재, [북경대] 교재, [연세대] 교재는 문법 설명에서 본 단원 내용과 관련 없는 의미를 제시하고 있다.

문법 설명 후에 예문을 제시하는 단계가 있다. 네 교재는 모두 이 단계에서 예문에 대한 중국어 번역문도 같이 제시하고 있다. 이는 예문에는 본문에 없는 새 어휘도 나타나기 때문에 중국어 번역문과 같이 제시하는 것은 특히 초급 학습자의 문법 이해에 도움이 될 수 있어서 긍정적이라고 판단된다.

예문의 개수는 [25개 대] 교재 6~8개, [연변대] 교재 4~5개, [북경대] 교재 4개, [연세대] 교재 3~4개씩 제시하고 있다. [25개 대] 교재가 제일 많은 편이고 [연세대] 교재는 적은 편이다. 필자의 생각에는 5개 정도의 예문을 제시하는 것이 좋다. 한국어 문법에서는 보통 앞 어휘의 끝이 자음으로 끝나는 것과 모음으로 끝나는 것에 따라서 사용되는 문법 항목이 많으므로 각각 두 개의 예문을 제시하고 특별한 음운 변화가 있으면 예를 하나 더 제시하면 학습자들의 문법 이해에 도움이 될 수 있기 때문이다. 예를 들면 '-러 가다'의 경우는 동사의 어간이 모음으로 끝나는 경우 '영화를 보러 간다, 학교에 공부하러 간다'를 제시한 후에 동사의 어간이 자음으로 끝나는 경우는 '밥을 먹으러 식당에 간다, 책을 읽으러 도서관에 간다'를 제시하고 특별한 음운 환경 경우를 '공원에 놀러 간다'와 같이 제시하면 학습에 도움이 될 수 있다.

김정숙(1992)에서는 외국어를 배우는 목적이 의사소통 능력의 배양에 있기에 때문에 예문을 제시할 때 단순히 문법이나 구조만을 제시하지 말고 실제 사용과 관계가 있는 상황 속에서 제시해야 한다고 한다. 상황을 제시하면 문법의 의미를 파악할 수 있게 할 뿐만 아니라 그 구조의 효용까지도 알게 해 쉽게 의사소통에 전이시킬 수 있기 때문이라고 한다. 이 네 교재 중에 [25개 대] 교재에서만 문법 예문을 대화 형식으로 의사소통 상황에서 제시하고 있다. 다른 세 교재는 모두 예문으로만 제시하고 있어서 학습자들이 관련된 상황을 가늠해 보기 어렵게 한다.

문법 학습 과정의 마지막 단계는 연습 단계이다. 네 교재는 모두 배운 문법과 관련된 연습 문제를 제시하고 있다. 상세한 내용을 아래의 '연습'에서 살펴볼 것이다.

라) 문법 관련 보충자료

문법 보충 자료라면 일반적으로 문법 예문에 나오는 어휘의 제시와 책 끝 부분의 문법 색인을 들 수 있다. [북경대] 교재는 문법 예문이나 연습에 나오는 새 어휘는 본문에 나오는 어휘와 같이 제시하고 있고 [25개 대] 교재와 [연변대] 교재는 문법 예문이나 연습에 나오는 새 어휘는 본문 끝부분에서 보충 어휘로 제시하고 있다. [연세대] 교재는 이런 어휘를 제시하지 않고 있는데 이는 학습자들에게 문법이나 연습에 대한 이해에 부담을 준다. 문법 색인의 경우는 [25개 대] 교재는 어휘 색인과 같이 제시하고 있고 다른 세 교재는 어휘 색인과 분리해서 제시하고 있는데 [북경대] 교재와 [연세대] 교재는 사전의 순서로 해당 문법이 나오는 쪽을 같이 제시하고 있다. [연변대] 교재도 사전의 순서로 제시하고 있는데 해당 문법이 나오는 단원을 같이 제시하고 있다. 그리고 문법 뒤의 괄호에서 문법 성격 즉 조사인지, 어미인지를 문법 의미와 같이 제시하고 있는 특징이 있다. 예를 들면 '면서 / 으면서(어미)(동시진행)[26과], 보다(조사)(비교)[23과]'와 같은 식으로 제시하고 있는 것은 학습자들에게 문법 이해에 분명히 도움이 될 것이다.

바. 어휘

어휘는 외국어 교수에서 중심내용이며 초급 단계에서는 더욱 그러하다(陸儉明, 2000). 언어 학습을 집을 짓는데 비유하다면 발음은 기지이고 문법은 설계도이며 어휘는 건축 재료이라고 할 수 있다(유춘희, 2002). 어휘는 중요하다. 여기에서는 어휘의 양은 적절한지, 어휘는 어떠한 방식으로 제시되었는지, 단원 주제와 관련성을 가지고 제시되었는지, 어휘 해설이나 연습 등 학습 활동이 있는지 등을 살펴볼 것이다.

가) 어휘의 양

먼저 양적인 면에서 볼 때 앞의 〈표 4-3〉에 의하면 [북경대] 교재는 어휘 수가 1,525개[31]로 가장 많이 제시하고 있고, [연세대] 교재는 900개로 제일 적은 편이고, [25개 대] 교재는 934개를 제시하고 있고, [연변대] 교재는 1,417개로 많이 제시하고 있다. 한 학기에 가르칠 어휘량이 어느 정도가

---

31 [북경대] 교재의 어휘가 많은 원인 중 하나는 인명, 지명, 약명(略名) 등 고유명사를 새 어휘로 제시하고 있어서이고, 둘은 어휘의 기본형과 관련 어휘를 따로 제시하고 있기 때문이다. 예를 들면 '건강[명]'과 '건강하다[형]'를 두 어휘로 나누어 제시하고 있다.

학습자의 공부에 알맞은지에 대해서는 편찬자들마다 다르다. 유춘희 (2010)에서는 일반적으로 한 학기에 160시간[32] 수업 내에서 1,300개 정도의 어휘를 가르치면 적절하다고 한다. [연세대] 교재와 [25개 대] 교재에는 어휘 수가 1,000개 미만이어서 학습자들에게 충분한 어휘량을 제공하고 있지 못하며 [북경대] 교재와 [연변대] 교재에는 어휘를 너무 많이 제시해서 학습들에게 부담을 준다.

[연변대] 교재와 [북경대] 교재는 어휘의 양이 많은 것이 문제이지만 그보다 더 문제되는 것은 많은 어휘가 본문보다 연습이나 문법 예문 등 본문 밖에서 더 많이 등장한다는 것이다. 중국인 학습자들은 한국어 수업시간에서 일반적으로 본문 읽기를 통해서 한국어 표현이나 문법, 문화 등을 배우고, 어휘는 주로 독자적으로 연습이나 본문을 읽고 익히며 외우는 과정을 통해서 배운다(박숙자, 2005). 그런데 절반 이상의 어휘가 본문 밖에 나오므로 학습자들이 어휘를 배우는 데 불리하다. 예를 들면 [연변대] 교재는 어휘가 20과에서 24+40개,[33] 21과에서 39+59개, 26과에서 25+81개인데 [북경대] 교재[34]는 12과에서 33+66개, 13과에서 40+43개이다. 위의 예를 보면 이 두 교재는 예문과 연습에 나오는 어휘가 더 많기 때문에 어휘를 배우기도 어렵고 문법이나 연습에 대한 이해를 하는 데에도 어려움을 겪게 된다. 따라서 초급 단계에서 학습자들에게 너무 많은 어휘를 배우도록 강요함으로써 이들이 한국어에 대한 흥미를 잃어버릴 수 있는 위험이 있다.

---

32 앞의 문법 절에서 언급했듯이 초급 정독 한국어는 매일 2시간씩 매주 10시간으로 한 학기는 4달 반 정도 동안 수업을 해야 하므로 모두 160시간의 수업을 해야 한다.

33 앞의 숫자는 본문에 나오는 어휘 수이고 뒤의 숫자는 문법 예문이나 연습에 나오는 어휘 수이다.

34 [북경대] 교재는 본문에 나오는 어휘와 문법 예문이나 연습에 나오는 어휘를 같이 제시해서 어느 것이 본문의 어휘인지, 어느 것이 본문 밖의 어휘인지를 구분하기 어렵다. 여기서는 박숙자(2005)의 통계에 의해서 제시한다.

표 4-25. 분석 대상 교재의 어휘 표시 방식

어휘	25개 대	연변대	북경대	연세대
앉다	(自) 坐	(自動) 坐	(自) 坐	【自】坐
읽다	(他) 讀	(他動) 讀,念	(他) 念,閱讀	【他】閱讀
말하다	(他) 說	–	(自 他) 說話	說
신문	(名) 報紙	(名) 報紙	(名) 報紙	(新聞)【名】報紙
회사	(名) 公司	(名) 公司	(名) 公司	(會社)【名】公司
라디오	(名) 收音機	(名) 收音機	(名) 收音機	(radio)【名】收音機
카메라	(名) 照相機	(名) 照相機	(名) 照相機	(camera)【名】照相機
마리	–	(名) 匹, 只, 頭	(依存) 只	只
씨	(反綴) 對方的尊稱	(依存) 氏	(依存) 氏	–

나) 어휘의 제시 순서

어휘의 제시 순서에서 네 교재는 모두 본문 다음에 바로 새 어휘를 제시하고 있다. [연세대] 교재는 본문의 끝에 본문에 나오는 어휘를 바로 제시하고 있고 다른 세 교재는 단원이 다 끝난 후에 어휘를 제시하고 있다. [북경대] 교재는 문법 예문과 연습에 나오는 어휘를 본문에 나오는 어휘와 같이 제시하고 있고 [연세대] 교재는 문법 예문과 연습에 나오는 어휘는 제시하지 않고 있다. [25개 대] 교재와 [연변대] 교재는 본문에 나오는 어휘를 본문이 다 끝난 후에 제시하고 문법 예문과 연습에 나오는 어휘를 다시 '보충 어휘'란에서 제시하고 있다. [25개 대] 교재는 '보충 어휘' 란을 문법 설명 후, 연습하기 전에 제시하고 있고 [연변대] 교재는 한 단원의 마지막 부분에 제시하고 있다. 어휘 배열순서는 [연변대] 교재만 사전 순으로 제시하고 있고 다른 세 교재는 본문이나, 문법 예문과 연습에 나오는 순서대로 어휘를 제시하고 있다. 초급 학습자들에게 사전을 찾지 않고도 문법을 이해하고 연습 문제를 스스로 할 수 있게 하려면 문법 예문과 연습에 나오는 어휘를 제시해야 한다. 그리고 학습자들의 시각적, 심리적 부담감을 덜기 위해서는 본문에 나오는 새 어휘와 분리하여 '보충 어휘'란이나 페이지의 하단에 모아서 제시하는 것이 좋을 것이다. 어휘의 제시 순서는 사전 순서로 하지 말고 본문에 나오는 순서대로 제시하는 것이 좋을 것이다.

다) 어휘 표시 방식

어휘의 표시 방식에서 네 교재는 주로 번역 해석 방식으로 표시되어 있다. 각 어휘의 품사 혹은 그에 해당하는 성분과 중국어로 번역된 의미를 같이 표시하고 있다. 몇 가지 어휘를 예로 들어 각 교재의 어휘 표시 방식을 살펴볼 것이다.

'앉다, 읽다, 말하다'의 표시를 보면 네 교재는 모두 동사를 표시할 때 자동사와 타동사를 구별하여 표시하고 있는 것을 알 수 있다.[35] 이는 학습자들에게 목적어를 취할 수 있는 동사인지, 그렇지 않은 동사인지를 알게 해 주는 효과가 있다는 장점이었다. '말하다'의 경우는 현재 한국의 표준국어대사전은 자동사와 타동사를 구별하지 않기 때문에 교재에 따라 자동사와 타동사에 대한 판단이 다를 수 있다.

의존명사에 대한 표시도 교재에 따라 다르다. 한국어 표준국어대사전에 따르면 '마리'는 의존명사로 분류되는데 [연변대] 교재는 '마리'를 명사로 표시하고 있다. 표준국어대사전에 의존명사로 되어 있는 '씨'를 접미사로 규정하는데 [연변대] 교재와 [북경대] 교재에는 의존명사로 표시하고 있다. 이런 어휘들을 통일된 기준으로 정확하게 표시하는 것이 바람직하다.

'신문', '회사'와 같은 한자어를 보면 [연세대] 교재는 다른 세 교재와 달리 어휘 대응한 한자도 병기해 주는 것이 분명히 중국인 학습자들에게 의미 있는 도움이 되지만 '신문'[36]과 같이 글자는 같되 의미가 다른 경우에는

---

35 [연세대] 교재는 자모 부분이 중국학자에게 개편되어서 자모 부분의 어휘 표시와 과문 부분의 어휘 표시 방식이 다르다. 과문 부분의 어휘 표시는 어휘와 중국어로 번역된 의미만 제시하고 있고 성분과 같은 것을 제시하지 않고 있다.

36 '新聞'은 중국어에서 텔레비전이나 신문에서 나오는 뉴스라고 한국어에서의 의미와 다르다.

표 4-26. 분석 대상 교재의 한 단원에서 제시된 어휘

주제			제시된 어휘
[25개 대] 16과	물건사기	어휘	물건 사기, 우유, 있다, 두, 개, 한, 얼마, 원, 아저씨, 원, 이, 저, 저것, 돈, 또
		보충어휘	누가, 언니, 교실, 동생, 여행하다, 버스, 타다, 맥주, 사진을 찍다, 그것, 저기, 패왕별희, 일본어, 전화번호, 며칠, 자다, 문방구, 많이, 비빔밥, 콜라, 이것, 볼펜, 시청, 동물, 학년, 가족수, 몇, 과일, 물건, 앞
[연변대] 19과	오늘은 동생의 생일입니다	어휘	그리고, 돌아오다, 동화책, 만년필, 매우, 명, 빵집, 생일, 선물, 시, 식구, 식사, 월, 일, 준비하다, 중등학교, 초등학교, 축하, 케이크
		보충어휘	고양이, 곰, 근, 내, 두다, 매일, 미팅, 방학, 부치다, 소식, 아기, 알리다, 약, 여자친구, 여행, 열, 예순, 올리다, 운동, 직장, 한, 환자
[북경대] 17과	물건사기	어휘 (보충어휘 포함)	근, 얼마, 원, 전, 왜, 이렇게, 비싸다, 싸다, 가게, 팔다, 감, 너, 딸기, 싱싱하다, 서너, 너무, 더, 어서, 찾다, 요즘, 인기, 모양, 재생, 물론, 건전지, 그래, 기능, 시계, 알다, 다양하다, 편, 고르다, 방학하다, 선양, 생신, 드리다, 왕푸징 백화점, 제일, 남성복, 의류, 층, 왼쪽, 와이셔츠, 판매대, 색깔, 가지가지, 대단히, 보이다, 점원, 특징, 알리다, 친절하다, 연하다, 남색, 마음에 들다, 노란색, 스카프, 귀엽다, 까만색, 모르다, 세, 번, 나누다, 규정, 맞다, 모임, 분위기, 어울리다, 건물, 흐르다, 물, 막다, 무덥다, 붉어지다, 사무실, 직장, 혼자, 붓, 칠판, 지하철, 벽돌, 만들다, 나쁘다, 품질, 성적, 가정 형편, 노동자, 제품, 새, 소식, 농민, 무상, 비료, 왕용, 해결하다, 과일, 킬로그램, 사진첩, 갖가지, 국산품, 금촉 만년필, 세계 시장, 갑, 넣다, -간, 휴가, 창춘, 회갑, 고생하다, 시단 시장, 붉비다, 양복점, 들어가다 벌, 구두점, 켤레, 상하다, 편지, 등산, 한창, 경치, 말하다, 교통 규칙, 운전하다, 기회, 시세, 구내 상점, 자세히, 과, 단, 내용, 한국인, 관광객, 쇼핑, 한약, 우황청심환, 안궁환, 편자황, 호골주, 약방, 반드시, 첸먼, 동인당 약국, 통, 두, 약품, 잔돈
[연세대] 4과	이것이 얼마입니까	어휘	사과, 배, 감사하다, 얼마, 그리고, 원, 개, 공책, 권, 생일, 보이다, 이리, 찾다, 그림, 구경하다, 동양화, 사다, 크다, 어제, 시장, 수건, 비누, 물건, 어느, 일요일, 여기저기, 옷, 가게, 들어가다

학습자들에게 역효과를 가져올 수 있어서 한국어 한자어에 대한 상식을 제시할 필요가 있다.

　'라디오', '카메라'와 같은 영어 외래어의 표시를 보면 [연세대] 교재에서도 다른 세 교재와 달리 영어를 같이 제시하고 있다. 영어는 세계적인 통용어이고 한국어 일상생활 어휘 중에서 영어 외래어가 증가하고 있어서 영어와 같이 표시하는 것은 학습자가 더 쉽게 이해하고 외우는 데에 도움이 될 수 있다.

라) 단원 주제와 관련

한 단원에 제시된 어휘가 그 단원 주제와 관련성이 있는지를 살펴보기 위해 '물건 사기'[37] 단원의 어휘를 정리하면 〈표 4-26〉과 같다.

대체적으로 네 교재의 각 단원 어휘는 주제와 어느 정도 관련성을 가지고 있다. 그러나 문법 예문과 연습에 나오는 보충 어휘들은 주제와 큰 관련성은 없다. 일정한 과제에 대한 의사소통능력을 강화하기 위해서 초급 단계인 경우에는 보충 어휘일지라도 주제와의 관련성을 높여야 한다.

마) 어휘 관련 보충 자료

어휘 보충 자료는 일반적으로 어휘에 관한 해석, 연습과 어휘 색인이다. 앞의 보였듯이 네 교재에서 발음과 문법은 많이 중시되고 있지만 과문 부분에서 새 어휘를 중국어로 번역해 준 것 외에 어휘 사용 등에 관한 해석이나 연습은 거의 외면되고 있다. 네 교재 중에 [연변대] 교재에서만 개별 어휘에 대한 해석을 했지만 거의가 문법과 관련된 것들이었다. [북경대] 교재에서는 어휘를 이용해서 문장 만들기 연습을 제시하고 있고 다른 교재는 어휘에 관한 연습이나 해석을 제공하지 않는다.

네 교재는 모두 교재 뒷부분에 어휘 색인을 제시하고 있다. 어휘 색인에서 어휘들을 사전 순서로 배열하고 있는데 [25개 대] 교재와 [연세대] 교재는 해당 어휘가 나오는 쪽과 같이 제시하고 있고 다른 두 교재는 해당 어휘가 나오는 단원과 같이 제시하고 있다. 그리고 [25개 대] 교재, [연변대] 교재, [북경대] 교재는 어휘, 어휘의 성분, 중국어로 번역된 의미를 같이 제시하고 있고 [연세대] 교재는 어휘의 성분, 의미를 제시하지 않고 있다.

---

37 '물건 사기' 주제는 [연변대] 교재를 제외하면 다른 세 교재에 나와 있다. [연변대] 교재의 19단원을 예로 해서 제시한다.

표 4-27. 분석 대상 교재의 연습 문제 유형

	25개 대	연변대	북경대	연세대
유형	■ 문형을 바꿔 쓰기 ■ 본인이나 친구와 관련 있는 것에 대해 질문하기 ■ 조사나 어휘 이용해서 빈칸 채우기 ■ 틀린 것 찾고 고치기 ■ 어미나 관용어를 이용해서 문장 만들기 ■ 대화 만들기 ■ 문장을 읽고 대답하기 ■ 작문하기 ■ 중국어 문장을 한국어로 번역하기	■ 음운 변화 찾고 읽기 ■ 예문을 모방해서 쓰기 ■ 예문을 모방해서 바꿔 쓰기 ■ 조사나 어미를 이용해서 빈칸 채우기 ■ 어휘를 이용해서 빈칸 채우기 ■ 문장을 중국어로 번역하기 ■ 문장을 한국어로 번역하기	■ 본문 내용에 질문하기 ■ 예문을 모방해서 질문에 대답하기 ■ 예문을 모방해서 바꿔 쓰기 ■ 조사나 어미, 어휘를 이용해서 빈칸 채우기 ■ 어휘를 이용해서 문장 만들기 ■ 어미, 조사, 관용 문형을 이용해서 문장 만들기 ■ 문장 연결하기 ■ 본문 내용을 요약하고 말하기 ■ 대화 만들기 ■ 문장 읽고 대답하기 ■ 틀린 것 찾고 고치기 ■ 문장을 중국어로 번역하기 ■ 문장을 한국어로 번역하기	■ 예문을 모방해서 문장을 바꿔 쓰고 읽기

사. 연습

여기에서는 연습 유형이 다양한지, 연습 문제는 의사소통 상황 속에서 제시되는지 등에 관한 내용을 살펴볼 것이다.

네 교재의 연습 유형을 정리하면 〈표 4-27〉과 같다. 〈표 4-27〉을 보면 네 교재 모두 문법에 대한 충실한 연습이 될 수 있게 하는 데 가장 큰 비중을 두고 있다. [북경대] 교재는 연습 유형을 제일 많이 다루고 있고 [연세대] 교재는 대화 연습 유형 하나만 다루고 있다. [연세대] 교재 외에 다른 세 교재는 번역연습도 들어 있는데 [25개 대] 교재는 중국어 문장을 한국어로 번역하는 연습만 다루고 있고 [연변대] 교재와 [북경대] 교재는 한·중, 중·한 번역 연습 문제를 다 제시하고 있어서 번역의 능력을 배양에 도움이 된다. [연변대] 교재에서는 음운 변화가 있는 문장을 구성하여 발음을 정확하게 하는 활동을 넣고 있는 점이 눈에 뜨인다. 또 [연변대] 교재와 [북경대] 교재에서는 문장의 틀린 부분을 찾고 고치는 활동을 넣어서 학습자들의 오류를 예방하는데 효과가 있을 것으로 보인다. [북경대] 교재에서는 본문 내용을 이해했는지를 묻는 질문이 들어 있어서 학습자들

표 4-28. [25개 대] 교재의 연습 문제 예

	예를 모방해서 문장을 '지요' 문장으로 바꿔 쓰기
25과 (p.184)	예 : 음식이 아주 맛있습니다. → 음식이 아주 맛있지요? (1) 날씨가 아주 춥습니다. → _____ (2) 중국과 한국은 가깝습니다. → _____ (3) 이것은 홍단 씨의 우산입니다. → _____ (4) 진문수 씨는 중국 사람입니다. → _____ (5) 지금 김 선생님은 집에 안 계십니다. → _____ (6) (하략)

표 4-29. [연변대] 교재의 연습 문제 예

	예를 모방해서 두 문장을 연결하기
21과 (p.149)	예 : 아침에 운동합니다. 저녁에 운동합니다. → 아침이나 저녁에 운동합니다. (1) 바지를 삽니다. 치마를 삽니다. → _____ (2) 언니를 만납니다. 오빠를 만납니다. → _____ (3) 한국 노래를 듣습니다. 중국 노래를 듣습니다. → _____ (4) 교실에서 공부합니다. 도서관에서 공부합니다. → _____ (5) (하략)

표 4-30. [북경대] 교재의 연습 문제 예

	예를 모방해서 질문 대답하기
11과 (p.48)	예 : 가 : 이것은 무엇입니까? 　　나 : (연필) 연필입니다. (1) 가 : 이것은 무엇입니까? 　　나 : (볼펜) _____ (2) 가 : 저것은 무엇입니까? 　　나 : (책) _____ 예 : 가 : 이것은 위산 씨의 신문입니까? 　　나 : (네) 네, 위산 씨의 우산입니다. (1) 가 : 이것은 위산 씨의 볼펜입니까? 　　나 : (네) _____ (2) 가 : 저것은 와단 씨의 책가방입니까? 　　나 : (네) _____

표 4-31. [연세대] 교재의 연습 문제 예

예를 모방해서 따라 읽기	
25과 (p.303)	예 : 선생 : 서울 / 높은 건물입니다. 　　학생 : 서울에서 제일 높은 건물입니다. (1) 선생 : 한국 / 유명한 사람입니다. 　　학생 : 한국에서 제일 유명한 사람입니다. (2) 선생 : 이 근처 / 깨끗한 식당입니다. 　　학생 : 이 근처에서 제일 깨끗한 식당입니다. (3) 선생 : 우리 반 / 어린 사람입니다. 　　학생 : 우리 반에서 제일 어린 사람입니다. (4) 선생 : 우리 반 / 키가 큰 사람입니다. 　　학생 : 우리 반에서 제일 키가 큰 사람입니다. (5) (하략)

의 학습 결과는 평가할 수 있지만 학습자들의 사고를 유도할 수 있도록 본문 읽기 전에 본문 내용에 관한 질문도 제시하면 좋을 것이다.

각 교재의 연습 문제를 제시할 때 의사소통 상황 속에서 제시하는 것이 아니고 단순히 기계적인 반복 연습하는 방식으로 제시하고 있다. 몇 개의 예를 들면 〈표 4-28〉~〈표 4-31〉과 같다.

〈표 4-28〉~〈표 4-31〉과 같은 연습 유형의 문제점은 연습 내용을 이해하지 못해도 학습자는 구조를 이용해서 문장을 기계적으로 바꿀 수 있다는 데에 있다. 이들 표현이 어떤 맥락 속에서 사용될 수 있는지 학습자가 이 연습만을 통해서는 배울 수 없다. 기계적인 반복 연습을 통해 그 문법 구조를 알았다고 해도 그 사용법까지 알았다고 볼 수 없는 문제를 가진다 (김정숙, 1992). 연습은 언제 이런 문법 구조들이 사용되는지를 알 수 있도록 상황과 같이 제시하는 것이 좋을 것이다. 그리고 학습자들의 흥미를 유발할 수 있는 재미있는 연습 유형이 필요하다.

아. 학습 활동

학습 활동은 주로 말하기, 듣기, 읽기, 쓰기 활동이다. 여기에서는 각 교재의 과문 부분 구성 형식과 연습 유형을 다시 분석하고 각 교재의 학습 활동을 살펴볼 것이다.

가) 말하기

[연변대] 교재를 제외하면 다른 세 교재는 본문이 주로 대화문 형식으로 되어 있기 때문에 구어적인 특성과 실제 상호작용의 특성이 나타나 있다. 그리고 네 교재가 본문을 녹음한 CD나 카세트테이프가 있기 때문에 발음 연습도 이루어질 수 있다. 그러나 말하기를 위한 발화의 경우 구어적인 특성과 실제적인 상호 작용 상황이 제시되어 있지만 말하기를 위한 실제 과제 및 연습 활동이 아주 부족하다. [연변대] 교재는 본문이 서술문으로 구성되어 있어 문체를 보면 읽기와 쓰기 쪽에 비중을 두고 있고 구어적 특성이 없고 상호작용성이 나타나지 않고 있다.

나) 듣기

수업할 때 교사가 학습들에게 본문을 읽어주기도 하고 질문하기도 하기 때문에 듣기 활동과 결합한 수업을 충분히 할 수 있다. 앞에서 언급했듯이 네 교재가 본문을 녹음한 CD나 테이프가 있기 때문에 듣기 연습도 이루어질 수 있다. 그런데 듣기 자료에는 구어 축약, 생략 등 구어적인 특징을 반영한 간투사나 주저, 휴지, 되묻기, 관계유지 확인 등 실제적인 구어적 특징들이 포함되어야 하기 때문에 듣기는 다른 기능보다 실제성에 대한 중요성이 더 크다. 그래서 실제적이고 전문적인 듣기 연습 활동이 필요하다. 네 교재에서는 듣기에 관한 이런 활동을 하나도 제공하지 못하고 있다.

다) 읽기

[연변대] 교재의 본문은 모두 문어체의 서술문으로 구성되어 있고[북경대] 교재의 본문 절반은 서술문 형식으로 구성되어 있다. [25개 대] 교재에서도 읽기 텍스트가 많이 제시되고 있다. 이 세 교재는 읽기 활동의 비중이 네 기능 중에 가장 높다. 그러나 이 세 교재는 정독 중심이므로 현 한국어 교육에서 읽기가 한국어 학습을 위한 읽기에 그치고 다양한 읽기 활동이 부족함을 알 수 있다. 그리고 읽기 활동은 과정 중심이 아니라 결과 중심의 활동이다. [연세대] 교재의 본문 전부는 구어체의 대화문으로 구성되어 있고 연습 문제도 대화 형식으로 이루어지고 있는데 수업할 때 교사가 학습자들에게 본문이나 연습을 읽게 시키기 때문에 읽기 활동과 결합할 수 있는데 교재에서는 읽기 활동 과제가 전혀 없고 단순히 구어체의 대화문이나 연습을 읽는 활동이 될 가능성이 크다.

라) 쓰기

[연세대] 교재를 제외하고는 다른 세 교재는 연습 문제로 쓰기 활동이 제시되어 있다. 이로써 세 교재는 문법과 연계된 쓰기를 중시하고 있음을 알 수 있다. 이것은 실제 쓰기라기보다는 문법이나 문형, 어휘를 학생들이 파악하게 하는 연습이다. [25개 대] 교재는 단원마다 연습 활동에서 본문의 주제와 관련된 실제 쓰기 활동을 제시하고 있다. 그러나 상황 설명이나, 활동 절차, 참고 어휘 등 제시 사항이 없이 단순히 '무슨 색깔의 옷을 좋아하세요? 써보세요', '자기 취미에 관한 것을 써보세요'와 같이 과제만 준다. 학습자들이 어떤 방식과, 절차로, 무엇을 이용하여 과제를 완성할 것인지에 대한 정보는 확인할 수 없다. [25개 대] 교재의 실제 쓰기 활동은 거의 결과 중심의 쓰기를 하고 있으며 실제성을 바탕으로 한 과정 중심의 쓰기는 없다.

각 교재의 학습 활동을 살펴본 결과는 읽기, 쓰기, 듣기, 말하기 모든 영역의 학습내용이 비실제적으로 제시되어 있고 교재는 결과 중심의 과정으로 구성되어 있다. 실제적인 의사소통 능력을 배양하기 위해서는 과정 중심의 수업이 이루어질 수 있도록 교재가 구성되어야 한다. 그리고 학습자는 학습 활동을 통하여 목표 언어의 문법과 문형, 어휘 등의 내용에 관해 이해했는지를 확인하고 심화시키기 때문에 교재에서 학습 활동은 그 어떤 단원 구성 요소보다도 중요한 역할을 한다. 따라서 학습자들에게 단순한 기계적인 반복 연습도 필요하겠지만 말하기, 듣기, 읽기, 쓰기 능력을 기르기 위해 학습자들이 흥미나 관심을 느낄 수 있는 다양한 학습 활동도 개발되어야 한다.

자. 평가와 피드백

황인교(2003)에서는 학습 평가와 피드백은 한국어 교재에서 가장 부족한 부분이다. 황인교(2003)에서 언급했듯이 이 네 교재에서도 평가와 피드백에 관한 내용이 아주 부족하다. [연변대] 교재를 제외하고는 다른 세 교재에서는 본문에 대한 번역문과 연습 문제의 답안을 제시하고 있다.[38] 그러나 학습자들을 돕는 답안 풀이나 설명은 전혀 나타나지 않았다. 학습자들이 자기 스스로 학습 활동을 평가할 수 있는 장치가 필요하다.

3) 분석 결과

지금까지 중국에서 많이 사용되고 있는 대표적인 네 가지 교재를 살펴보았다. 필자는 중국인 한국어 학습자로서 또한 한국어 교육자로서 이번

---

38 [연세대] 교재의 연습 문제는 읽기만 하면 되기 때문에 답안이 없다.

연구를 통하여 중국인을 대상으로 한 한국어 교재 개발 사업에 도움이 되도록 이 네 교재의 문제점을 다음과 같이 정리해 보았다.

(1) 외적 구성

외적 구성에 있어서 무엇보다도 중요한 것이 지질, 표지, 삽화, 글자체, 컬러, 인쇄 상태 등 전체적인 디자인인데 이런 측면에 관한 고려가 이 네 교재는 아주 부족하다. 그리고 학습자나 교사에게 도움이 되는 워크북, 지침서, 카세트테이프나 CD와 같은 시청각 자료 등 관련 구성물도 부족하다.

(2) 내적 구성

내적 구성에서의 문제점은 교재의 전체적인 구성, 자모 부분의 구성, 과문 부분의 구성 등 세 부분으로 나누어 정리할 것이다.

① 전제적인 구성

네 교재는 모두 머리말에서 교재의 구성 원리를 제시하고 있는데 구성 원리는 의사소통 활동 중심인지, 형태 및 구조 연습 중심인지 등의 상세한 내용을 제시하지 않고 있다. 그리고 교재의 사용 대상이 어떠한 단계의 학습자를 위한 것인지에 대한 설명이나 제시가 없어서 사용 대상과 사용 단계에 대한 명확성이 떨어진다.

② 자모 부분

자모 부분의 단원 구성에 있어서 네 교재는 모두 단원 학습 목표를 제시하지 않았다. 자모 부분의 전체 내용을 보면 [25개 대] 교재는 음운 변화를 제시하지 않고 있다. 네 교재는 발음의 길이, 억양 등 초분절에 관한 내용을 제시하지 않았다. 그리고 네 교재는 발음에 도움이 될 수 있는 입모양 그림의 제시와 같은 장치가 부족하다. 각 교재는 자모 부분에서 너무 많은 어휘를 제시하고 있어서 학습자들에게 부담을 준다. 그리고 [북경대] 교재는 한 단원에서 제시하는 자모 수가 다른 교재보다 너무 많아서 학습자들이 한꺼번에 자모 발음 방법을 파악하기가 힘들 것 같다. 네 교재의 자모 부분의 연습 유형도 다양하지 않고 재미가 없어서 학습자들에게 흥미나 동기를 유발할 수 없다.

③ 과문 부분

첫째, 단원별 구성에 있어서 네 교재는 자모 부분의 구성과 비슷하게 단원 학습 목표를 제시하지 않고 있다.

둘째, 네 교재의 각 단원의 주제 대부분은 한국과 관련되어 있어서 중국 내의 중국인 한국어 학습자에게는 실제성이 부족하고 흥미도 낮다. 학습 주제가 학습자의 관심 분야에서 벗어난 내용이 많으며 담화의 내용이 실제성과 실용성이 떨어진다.

셋째, 본문의 유형 경우는 [연변대] 교재의 각 단원은 모두 서술문으로 구성하고 있고 [연세대] 교재는 각 단원은 모두 대화문으로 구성하고 있다. 다른 두 교재는 대화문과 서술문을 함께 구성하고 있다. 그리고 본문 배경은 [북경대] 교재만 중국을 배경으로 하고 다른 세 교재는 모두 한국을 배경으로 한다. 문화의 내용을 보면 한국 일상문화를 많이 소개하고 전통문화를 많이 제시하지 않고 있다. 그리고 중국 문화에 대한 언급이 없다.

넷째, 구성 내용을 보면 네 교재는 모두 문법 중심으로 구성하고 있다. 문법에 관한 내용을 제일 많이 제시하고 있다. 네 교재를 비교하면 [북경대] 교재와 [연변대] 교재는 문법 양이 제일 많은데 한 단원에서 8~10개 정도의 문법 항목을 제시하고 있다. 그리고 네 교재는 문법에 관한 용어도 통일되지 않아서 혼란을 일으킬 수 있는데 한국의 문법을 이해하는 데에 도움이 되지 않을 것이다. 네 교재는 문법을 제시할 때 해당 문법을 사용하는 음운 환경을 고려하지 않고 있다. [25개 대] 교재를 제외하고는 다른 세 교재는 단원 내용과 관련 없는 문법의 의미도 같이 제시하고 있다. 문법과 관련된 예문과 연습은 대부분의 교재에서 해당하는 의사소통 상황을 제시하지 않고 있다. 따라서 학습자들은 관련 문법을 활용할 수 있는 의사소통 맥락을 이해할 수 있는 기회를 갖지 못한다. 또한 문법에 관한 연습 유형은 다양하지 않고 지루하고 재미없다.

다섯째, 어휘량에 있어서 [북경대] 교재와 [연변대] 교재는 다른 두 교재보다 많이 제시하고 있다. 어휘의 표시 방식에서 네 교재는 좀 다르다. 특히 외래어 표시 방식에서 [연세대] 교재는 다른 세 교재와 달리 영어 표시도 같이 제시해서 긍정적이다. 단원별로 제시된 대부분의 어휘는 주제와 관련이 있는데 문법 예문과 연습에 나오는 어휘는 주제와 관련성이 별로 없다. 어휘와 관련된 해석이나 연습이 아주 부족하다.

여섯째, 연습 유형은 네 교재는 모두 다양하지 않고 재미없다. 그리고 본문 내용에 대한 질문이 없다. 네 교재의 대부분 연습은 의사소통 상황 속에서 제시하지 않고 단순히 기계적인 반복 연습이다. 연습 내용을 보면 문법 연습 위주이다.

일곱째, 학습 활동에 있어서 네 교재는 말하기와 읽기를 중시하고 있고 쓰기와 듣기를 소홀히 하고 있다. 특히 네 교재에서는 듣기에 관한 연습 문제의 제공이 부족하다. 그리고 각 교재에서 읽기, 쓰기, 듣기, 말하기 등 모든 영역의 학습 내용이 비실제적으로 제시되어 있고 결과 중심의 과정으로 구성되어 있다.

여덟째, 네 교재는 학습자들의 학습 성취 정도를 측정하는 평가 장치를 마련해 놓지 않고 있다.

이상 여러 가지 측면에서 중국에서 많이 사용되고 있는 [25개 대], [연변대], [북경대], [연세대]의 네 가지 교재를 분석해 보았다. 전반적으로 말하면, 이 네 교재는 아직까지 외국어 교육의 이론을 바탕으로 개발된 교재라고 말할 수 없는 매우 미흡한 수준에 머무르고 있다. 이런 내용과 구성으로 된 교재를 가지고 공부하면 한국어 능력이 신장된다는 확신을 하기 어려울 정도이다. 교수 과정이나 학습 과정에 대한 안내도 별로 보이지 않고 있다. 그러나 이런 여러 문제점보다 더욱 치명적인 문제점은 교재가 재미없다는 것이다. 학습자들의 흥미나 동기를 유발할 수 없다는 점이다.

5. 결론

1) 요약

중국과 한국 양국의 정치, 경제, 문화의 교류에 따라서 현재 중국에서 한국어학과가 설립된 4년제 대학교는 약 120개에 이른다. 한국어를 배우는 학습자들도 많아지고 있다. 그러나 한국어 주교재로서의 정독 교재는 십여 가지뿐이다. 정독 교재를 개발하는 것은 아주 시급한 문제이다. 교재를 개발하려면 먼저 현존의 교재들 내용과 구성 방식을 검토하여 각 교재의 장점을 살리고 문제점을 지적하고 보완하는 기초 작업을 해야 한다. 그래서 본 논문은 지금까지 중국에서 많이 사용되고 있는 대표적인 네 가지 한국어 정독 교재를 대상으로 합리적인 기준에 따라 분석해 보았다.

먼저 제1절에서는 본 연구의 목적과 제한점을 밝히고 한국과 중국 국내의 한국어 교재에 관한 연구를 검토하고 선행 연구의 문제점을 살펴보았다. 제2절에서는 교재의 개념과 요건, 기능들을 알아보고 교재 분석 기준을 검토하여 중국에서의 특수 언어 환경을 고려해서 좀 더 객관적이고 체계적인 한국어 교재 분석 기준을 설정하였다. 본 연구는 외적 구성, 내적 구성으로 나누어 교재를 분석하였다. 외적 구성에서는 교재의 표지, 삽화, 레이아웃, 관련 구성물 등을 살펴보았다. 내적 구성에서는 전체적인 구성, 자모 부분의 구성, 과문 부분의 구성 등 세 부분으로 나누어 교재를 분석하였다. 제3절에서는 중국 내의 한국어 교재 개발의 흐름과 특징을 정리해 보았고 정독 교재의 현황을 살펴보았다. 제4절에서는 분석 대상을 선정하고 제2절에서 설정된 기준으로 교재를 분석하여 분석 결과를 제시하였다.

2) 교재 개발 방안

분석을 통하여 알 수 있는 바와 같이 중국의 4년제 대학교에서 많이 사용되고 있는 이 네 교재는 많은 장점을 가지고 있음에 불구하고 여러 문제점도 가지고 있다. 필자는 분석 결과를 바탕으로 한국어 초급 정독 교재 개발 방향에 도움이 되는 나름의 몇 가지 제언을 하겠다.

(1) 외적 구성

외적 구성에서 제일 중요한 것이 표지, 삽화, 글자체, 컬러, 인쇄 상태 등 디자인인데 이런 측면을 많이 고려해야 하고 학습자들의 흥미나 동기를 유발할 수 있는 디자인을 해야 한다. 그리고 워크북, 지침서, 카세트테이프나 CD 등 관련 시청각 구성물을 갖추어야 한다.

(2) 내적 구성

① 전체적인 구성

교재의 머리말에서는 교재 구성 원리와 특징을 제시하고, 대상 학습자와 교사를 구체적으로 설정하고 학습자의 요구를 반영해야 한다. 그리고 교재 마지막 부분에서 본문 번역문, 연습 문제 답안과 풀이, 어휘 색인, 문법 색인도 갖추어야 한다.

② 자모 부분

외국어 교육에서 발음 교육은 학습자가 언어를 배우기 시작할 때부터 다루어져야 하고 지속적인 지도가 필요하다. 발음 교육은 중요하다. 그리고 발음 교육의 목적은 궁극적으로는 성공적인 의사소통에 있다. 바꿔 말하면 발음 교육이 음운, 음성 등의 '발음' 그 자체를 교육하는 것이 아니라 성공적인 '의사소통'을 위해 교육하는 것이 되어야 한다. 이를 위하여 첫째, 단원 구성에서 학습 목표를 꼭 제시해야 한다. 그리고 단원은 '제시(present) → 연습(practice) → 활용(produce)'으로 구성하면 좋다. 제시 단계는 조음 방법에 관한 설명만 제시하는 것보다 학습자가 배울 소리를 구별해 내도록 청각적 제시가 필요하다. 연습 단계에서는 학습자들이 직접 발음할 때에 기계적 발화 연습과 유의미한 연습을 할 수 있도록 구성해야 하고 활용 단계는 유의미한 의사소통 활동 속에서 유창성과 정확성을 모두 고려하는 활동이 되도록 구성해야 한다.

둘째, 내용 제시에서 음운 변화와 초분절 음운에 관한 내용을 제시해야 한다. 한국어의 음운 변화는 복잡하고 어려우므로 한국어 교육의 전 단계에서 지속해서 다루어야 한다. 초급 단계는 쉽고 빈도가 높은 음운 변화, 즉 연음화, 경음화, 비음화, 격음화, 구개음화 등을 가르치면 된다. 그리고 [연변대] 교재처럼 복잡하고 어려운 음운 변화를 한 단원에서 한꺼번에 가르쳐서 안 된다. 받침 단원에 들어간 후에 한 단원에 한 단원에 나누어서 가르치면 학습자들의 부담을 덜 수 있다. 어미나 어간의 불규칙 활용 등은 학습자들에게 맞게 단계적으로 과문 부분에 들어간 후에 제시하는 것이 바람직하다. 억양, 길이 등의 초분절 음운에 관한 내용은 초급 단계에서 특별히 많이 제시하고 설명하는 것은 무리이고 학습자들에게 부담을 주기 때문에 연습 활동에서 진행하는 것이 바람직하다. 그리고 한국어 발음 교육은 한국어 교육의 전 단계에서 지속적으로 다루어져야 한다.

셋째, 자모 제시는 간단한 것에서 복잡한 것으로, 쉬운 것에서 어려운 것으로 제시해야 한다. 모음은 단모음을 먼저 제시한 후에 이중 모음을 제시하고 자음은 중국어 자음 제시 순서를 따라서 조음 위치에 따른 순서로 제시하는 것이 바람직하다. 받침의 순서도 완전히 사전의 순서에 따르지 않고 쉬운 것부터 어려운 것의 순서로 제시해야 한다. 구체적인 받침의 제시 순서는 왕팡(2010)을 따라서 일곱 가지 홑받침은 'ㄴ → ㅇ → ㄹ → ㅁ → ㅂ → ㄷ → ㄱ' 순서로 하고 겹받침은 'ㄳ, ㄵ, ㅄ, ㄺ, ㄾ, ㄼ → ㅀ, ㄶ → ㄼ, ㄻ, ㄿ' 순서로 하는 것이 바람직하다.

넷째, 한 단원에 제시된 자모의 수는 다섯 개쯤이면 적절하고 [북경대] 교재처럼 많이 제시하면 학습자들에게 부담만 준다. 어휘수도 적당하게 제시해야 한다. 발음 단계에서 제시된 어휘는 될수록 쉽고 사용 빈도가 높은 어휘, 숫자, 한자어 위주로 제시하는 것이 바람직하다. 그리고 발음에 도움이 될 수 있는 입 모양 등 시청각 자료도 필요하다. 마지막으로 연습 문제는 기계적인 발음 연습을 제시하면서 동시에 유의미하고 재미있는 연습도 제시해야 한다.

③ 과문 부분

학습자들은 보통 과문을 통해서 한국어 문법, 어휘 등 언어 지식과 한국인의 사상, 전통, 풍속 등 문화 지식을 배운다. 한국어 교육의 성공 여부는 과문 부분에 달려 있다고 할 수 있다. 그래서 첫째, 단원 구성에서 단원별 학습 목표를 제시해야 한다.

둘째, 주제는 다양하고 실제적이고 재미있어야 한다. 중국 내의 한국어 학습자에게 필요한 일반적인 주제를 선정하여, 일상생활, 혹은 학교나 직장생활 등의 환경에서 학습자들에게 적절한 언어 자료가 될 수 있어야 한다.

셋째, 다양한 분야에서 필요한 기능을 개발할 수 있도록 본문 유형은 문어로 된 서술문과 구어로 된 대화문이 모두 포함되는 것이 좋다.

넷째, 문화 교육은 초급 때부터 지속적이고 단계적으로 이루어져야 하며, 일방적으로 한국문화만 가르치지 말고 한·중 문화의 차이점을 초급부터 인식시켜야 한다. 그리고 초급 단계에서 한국 사회, 경제 등 일상문화와 예절, 설날 등 전통문화뿐만 아니라 한글 창조의 원리, 경어법 등 언어문화도 포함하여야 한다.

다섯째, 문법 측면에서 먼저 문법 양이 적당해야 한다. 유춘희(2010)는 한 단원에 7~8개 정도 한 학기에는 120개쯤 하는 것이 적당하다고 하였다.

문법 용어는 한국 학교 문법을 중국어로 직역하고 뒤의 괄호에서 그에 대응한 중국어 문법 용어와 함께 제시하는 것이 바람직하다. 예를 들면 '관형사형 어미'는 '冠型詞形詞尾(定語詞尾)'로 표시하는 것이 중국인 학습자들의 문법 이해에 도움이 되고 한국어 학교 문법 용어도 알게 될 것이다.

문법을 설명할 때에는 꼭 중국어로 해야 하고 중국어에 대응한 뜻도 제시하는 것이 좋다. 그리고 문법 설명에서 해당 문법을 사용하는 음운 환경도 고려해야 한다. 의미가 많은 문법 항목에 대한 설명은 본 단원 내용과 관련 있는 의미만 제시하는 것이 좋다. 그리고 예문을 제시할 때도 중국어 번역문도 필요하고 양은 5개 정도가 적절하다. 그 이상은 학습자에게 부담된다. 예문을 제시할 때에는 단순히 문법이나 구조만을 제시하지 말고 실제 사용과 관계가 있는 의사소통 상황 속에서 제시해야 한다. 문법 연습에서도 기계적인 반복 연습뿐만 아니라 의사소통 상황 속에서 진행할 수 있는 연습 문제를 많이 제시해야 한다. 다양하고 재미있는 연습 유형을 마련해야 한다.

여섯째, 어휘 측면에서도 어휘를 많이 제시하면 안 된다. 유춘희(2010)에 따르면 한국어 초급 교육에서 160시간 수업의 분량으로 1,300개 정도의 어휘를 가르치는 것이 적절하다. 본문의 어휘는 나오는 순서대로 제시하는 것이 좋다. 문법과 예문, 연습에 나오는 어휘는 본문에 나오는 어휘와 분리해서 단원의 맨 뒷부분에서 '보충 어휘'로 제시하는 것이 좋다. 그리고 본문에 나오는 어휘나 문법과 연습에 나오는 어휘는 될수록 주제와 관련성이 있으면 좋다. 어휘 표시는 성분과 중국어로 번역된 의미와 같이 표시해야 한다. 한자어와 외래어는 대응한 한자와 영어를 같이 제시하는 것이 학습에 도움이 될 수 있다. 예를 들면 한자어 '회사'는 '회사(會社)[名] : 公司'로 외래어 '라디오'는 '라디오(radio)[名] : 收音機'로 표시하는 것이 중국인 학습자들이 어휘를 외우거나 이해하는 데에 도움이 될 수 있다. 그리고 어휘와 관련된 어휘 색인뿐만 아니라 어휘 해석, 연습 등도 마련해야 한다.

일곱째, 다양하고 재미있는 연습 유형을 마련해야 한다. 연습은 될수록 의사소통의 상황 속에서 진행하도록 하는 것이 좋다.

여덟째, 한국어를 학습하는 데 있어 하나의 기능을 통하여 학습하는 것보다 네 가지 기능들을 통합하여 학습하는 것이 학습자의 한국어 능력을 개발하는 데에 더 효과적일 것이다. 따라서 말하기, 듣기, 읽기, 쓰기 등 각 영역의 분량을 적당히 조절하여 특정 영역에 많이 편중되지 않게 교재를 구성해야 한다. 그리고 이런 학습 활동은 결과 중심 위주로 하지 말고 과정 중심 위주로 구성해야 한다.

마지막으로 교재는 학습자들의 자기 주도성을 고려하는 것이 좋으므로 스스로 자신의 학습 결과를 점검하고 그 결과를 확인하는 평가 장치를 마련해야 한다.

이상으로 중국에서 주교재로서의 정독 교재 개발을 위한 기반을 마련하고자 네 가지의 초급 정독 교재를 선정하고 분석 기준을 설정한 후 분석하여 세부 항목별로 새 교재 개발을 위한 몇 가지 제언을 하였다. 즉, 중국 언어 교수 학습 환경을 고려하고 교사 중심이 아닌 학생 중심으로 하며, 교수 학습 내용을 체계적으로 담으며 의사소통을 목적으로 하는 교재를 개발해야 한다.

본 연구는 중국 각 대학교에서 많이 사용하고 있는 대표적인 한국어 초급 정독 교재에 대한 체계적인 분석을 시도한 연구로 교재 개선의 출발점을 짚어내고 나아가 새 교재를 개발하는데 참고 자료가 될 수 있다고 생각한다. 이 연구의 결과는 현재 중국 사천외대 한국어학과에서 개발하고 있는 초급 한국어 교재 개발 프로젝트[39]에 기초 자료를 제공하고 있다. 그러나 본 연구는 초급만 대상으로 하는 것으로 교재 개발을 위한 기초 작업을 위해서는 계속해서 중급, 고급을 대상으로 하는 연구도 이루어져야 할 것이다.

---

39 중국 사천외대 한국어학과는 필자가 소속된 학과로써 현재 본 학과의 교수진 7인이 공통으로 초급 한국어 교재 개발 프로젝트를 진행하고 있다.

참 고 문 헌

강승혜, 「한국어 교재 개발을 위한 학습자 요구 분석 — 연세대학교 한국어학당 학습자를 대상으로」, 『외국어로서의 한국어 교육』, 2003.

강신도, 「한국어 교재 개발에 대하여」, 『중국에서의 한국어 교육』, 태학사, 2000.

강은국, 「중국에서의 한국어 교과과정 연구」, 『중국에서의 한국어 교육』, 2000.

강현화, 「한국어 교재의 문형 유형 분석」, 『한국어 교육』 18(1), 2007.

구장희, 「외국인을 위한 한국어 교재 개선에 대하여」, 『교육한글』 4, 1991.

국립국어원, 『국내외 한국어 교재 백서』, 한국어 세계화재단, 2009.

국제한국어 교육학회 편, 『한국어교육론』 1~3, 한국문화사, 2005.

권미정, 「외국어로서의 한국어 교재 연구 — 기존 교재의 검토와 새 모델의 모색」, 고려대 석사논문, 1992.

김　철, 「중국에서의 한국어 교육의 어제와 오늘 및 그 미래」, 『한중인문과학연구』, 2008.

김경선, 「중국에서의 한국어 교육」, 『한국어 교육론』 3, 한국문화사, 2005.

김경식, 「외국어로서의 한국어 교재에 대한 연구 : 교재 편찬에 대한 개선책」, 연세대 석사논문, 1986.

김병운, 「중국의 현실과 한국어기초교재 교수용 참고서 개발 방안」, 『세계속의 조선(한국언어문학 교양과 교재편찬연구)』, 민족출판사, 2003.

김순녀, 「중국에서의 한국어 교재의 현황과 과제」, 『선청어문』, 2003.

_____, 「중국에서의 한국어교재 편찬에서 제기되는 문제점」, 『순천향 인문과학논총』 24집, 2009.

김영란, 「한국어 교육 교재의 변천 연구」, 고려대 박사논문, 2009.

김영만, 「외국어로서의 한국어 교재 개발 연구」, 한국외대 박사논문, 1999.

_____, 「교재의 구성과 개발 방향」, 『한국어 교육론』 1, 한국문화사, 2005.

김영미, 「한국어 교육의 내용 영역과 지도 순서에 관한 연구」, 경북대 박사논문, 2007.

김영아, 「호주의 한국어 교재 개발 현황 및 방향」, 『외국인을 위한 한국어 교재, 제2차 한국어 세계화 국제학술대회 발표논문집』, 2001.

김영자, 「중국인 한국어 학습자를 위한 속담 교육 연구」, 경희대 석사논문, 2002.

김유정, 「초급 교재에서의 주제 기능 문법의 상관성」, 『외국인을 위한 한국어 교재, 제2차 한국어 세계화 국제학술대회 발표논문집』, 2001.

김정숙, 「한국어 교육과정과 교과서 연구」, 고려대 박사논문, 1992.

＿＿＿, 「외국어로서의 한국어 교육 원리 및 방법」, 『한국어학』 6, 한국어학회, 1997.

＿＿＿, 「숙달도 배양을 위한 한국어 교육 원리 및 모형」, 『이중언어학회』, 이중언어학회, 1998.

＿＿＿, 「외국어로서의 한국어 발음 교육 방법」, 『한국어 교육연구』 3, 2000.

＿＿＿, 「한국어 초급 교재에서의 과제 구성의 실제성」, 『외국인을 위한 한국어 교재, 제2차 한국어 세계화 국제학술대회 발표논문집』, 2001.

김정숙, 「한국어 읽기 쓰기 교재 개발 방안 연구」, 국제한국어 교육학회, 2004.

김정은, 「단원의 구성과 전체적 유기성 관점에서의 한국어 교재 분석」, 『Foreign Language Education』 12, 2005.

김제열, 「한국어 교육에서 기초 문법 항목의 선정과 배열 연구」, 국제한국어 교육학회, 2001.

김중섭, 「한국어 교육 새로운 방법」, 『국어교육연구』 6, 서울대 국어교육연구소, 1999.

김중섭, 「한국어 교재 개발의 이론과 실제」, 『인문과학논집』, 강남대 인문과학연구소, 2003.

김중섭・이관식, 「외국인을 위한 한국어 교재 개발에 관한 연구」, 『한국어 교육』 10(1), 1999.

김지영, 「한국어 어휘 교육 항목 선정을 위한 기초 연구」, 『한국어 교육』, 2004.

김해수, 「연변대학 조문학부 교과과정」, 『중국에서의 한국어 교육』, 태학사, 2000.

노금송, 「초급 한국어 교재 편찬 방향」, 『한국(조선어)교육연구』 5호, 2007.

＿＿＿, 「중국에서의 한국어 교육 방법에 대한 연구」, 『이중언어학』, 이중언어학회, 1990.

＿＿＿, 『외국어로서의 한국어 교육』, 푸른사상사, 2007.

노명완, 「읽기의 관련 요인과 읽기 지도」, 『국어교육』, 한국어 교육학회, 1994.

＿＿＿, 「읽기의 관련 요인과 효율적인 읽기 지도」, 『이중언어학』 11, 이중언어학회, 1994.

＿＿＿, 「한국어 교육 자료의 체제적 분석」, 『이중언어학』 15, 이중언어학회, 1998.

＿＿＿, 「한국어 교육을 위한 교재론 : 외국인을 위한 한국어 교재」, 『한국어세계화추진위원회 제2차 한국어세계화 국제학술대회 발표논문집』, 2001.

＿＿＿, 『「국어교육론」 강의 자료집』, 고려대 사범대학, 2007.

노명완・박영목・권경안, 『국어과교육론』, 갑을출판사, 1988.

라혜민・우인혜, 「한국어 교재의 효율적 개발 방안」, 『한국어 교육』 10(2), 1999.

묘춘매, 「중국의 대학교육에 있어서 한국말과 글 교재 및 교수법의 문제점과 그 대책」, 『한국어문학연구』, 1996.

_____, 「중국에서의 한국어 교육 평가」, 『국어교육연구』, 2002.

민현식, 「한국어 교재의 실태 및 대안」, 『제2회 한국어 교육 국제학술회의 발표 논문집』, 2000.

_____, 「한국어 교재론」, 『국제한국어 교육학회 발표논문집』, 2002.

_____, 『국내기관에서의 한국어 교육과정 제13차 국제한국어 교육학회 논문집』, 2003.

박갑수, 「외국어로서의 한국어 교육 평가」, 『이중언어학회』, 이중언어학회, 1998.

박영순, 『21세기 한국어 교육학의 현황과 과제』, 한국문화사, 2002.

_____, 「한국어교재의 개발 현황과 발전 방향」, 『한국어 교육』, 2003.

박영환, 「중국에서 한국어 교육의 효율적 방안」, 『한국언어문학』, 2007.

박인재ㆍ홍사명, 『해외 한국학의 현황과 발전 방향』, 한국학술진흥재단, 1990.

박종금, 「중국에 있어서의 한국어 교육이 당면한 과제」, 『중국에서의 한국어 교육』, 태학사, 2000.

배두본, 『외국어교육과정론』, 한국문화사, 2000.

백봉자, 「한국어 교재 개발을 위한 기초 작업」, 『교육한들』 4, 한글학회, 1991.

_____, 「교재와 교수법을 통해 본 한국어 교육의 역사와 과제」, 『외국어로서의 한국어 교육』, 2001.

_____, 「외국어로서의 한국어 교수법의 현재」, 『12차 국제한국어 교육학회』, 2002.

_____, 『세종학당 교재 개발 연구』, 국립국어연구원, 2007.

사종학, 「외국인을 위한 한국어 교재의 평가 기준에 대한 사고」, 『울산어문논집』, 2001.

서상규, 「외국어로서의 한국어 교육을 위한 기초 어휘 선정 : 국제 주요 한국어 교재 8종의 어휘 사용 실태 조사 보고서」, 문화관광부 한국어 세계화 추진 위원회, 1998.

_____, 「외국어로서의 한국어 교육을 위한 기초 어휘 선정 : 기초어휘 빈도 조사 결과 보고서」, 문화관광부 한국어 세계화 추진 위원회, 1998.

서종학ㆍ이미향, 『한국어교재론』, 태학사, 2007.

성광수, 「해외 한국어 교육의 몇 가지 문제」, 『이중언어학』 12, 이중언어학회, 1995.

성기철, 「한국어 교육의 목표와 내용」, 『이중언어학』, 이중언어학회, 1998.

손가현, 「중국 대학에서의 직업 목적 한국어 듣기 교재 개발 방안 연구」, 배재대 석사논문, 2009.

손정일, 「중국대학에서의 한국어 교육과정」, 『제13차 국제한국어 교육학회』, 2003.

_____, 「중국의 한국어 교재」, 『한국어 교육론』 1, 한국문화사, 2006.

손중권 외, 「아시아권 한국어 교육 수요 조사 분석 연구」, 국립국어원, 2007.

손호민, 「미국에서의 한국어 교육 방법」, 『국어교육연구』 6, 1999.

_____, 「한국어 교재 개발의 현황과 발전방향 모색」, 『제10차 국제학술회의』, 국제한국어 교육학회, 1999.

_____, 「외국어로서의 한국어 교수법의 미래」, 『제12차 국제한국어 교육학회 논문집』, 2002.

_____, 「세계 한국어 교육의 과제와 발전 방향」, 『한국어 교육론』 1, 한국문화사, 2005.

송향근, 「중국어권 학습자를 위한 한국어 한자 어휘 교육 방안」, 부산외대 석사논문, 2008.

신현숙, 「근현대 한국어 교재 분석 : 단원 구성의 흐름」, 『The Korean Language in America』 8, 2003.

_____, 「한국어교재에 나타난 학습 활동의 현황과 변천 과정 연구」, 『한국어 교육』 17(3), 2006.

신희삼, 「외국어로서의 한국어 어휘교육 방안 연구」, 『국어문학』, 2004.

안병호, 「기초 한국어 교재의 사용실태와 그 개발 방안」, 『중국에서의 한국어 교육』, 태학사, 2000.

안영수, 『한국어 교재 연구』, 하우, 2008.

양태식, 「외국인을 위한 한국어 교재의 교수요목 개발에 관한 기초 연구 보고서」, 문화관광부 한국어세계화추진위원회, 1998.

_____, 「한국어 중급 교재 교수요목 개발 보고서」, 문화관광부 한국어 세계화 추진 위원회, 2000.

엄 녀, 「평가 기준을 통한 중국 대학교의 한국어 교재 분석」, 『한국어 교육』, 2007.

연변과학기술대학교 한국학 연구소, 『중국에서의 한국어 교육』, 태학사, 2000.

_____, 『중국에서의 한국어 교육』 1~4, 2000~2005.

염광호, 「국내에서 출판된 한국어 정독 교재에서의 문법서술에 대한 분석」, 『중한수교 15주년기념 2007년 연례 학술발표대회 논문집』, 2007.

_____, 「한국어 중·고급교재의 현황과 과제」, 『한국(조선어)교육국제학술대회 논문집』, 2010.

왕 단, 「중국 대학교 한국어과 교육과정 설계에 관한 연구」, 『외국어로서의 한국어 교육』, 2002.

_____, 「중국어권 학습자를 위한 한국어 교재 연구의 현황과 과제」, 『한국(조선.어교육국제학술대회 논문집』, 2010.

왕 광, 「중국인을 위한 초급 한국어 교재 분석 연구 : 발음 부분을 대상으로」, 청주대 석사논문, 2010.

우림걸, 「중국에서의 한국어 교육 현황과 문제점」, 『새국어교육』, 1996.

우형식, 「한국어 교재의 단원 구성 요소」, 『우리말학회』, 2003.

원진숙, 「외국어로서의 한국어 교육을 위한 교재 개발 방향」, 『국어교육』, 1999.

유춘희, 「초급 한국어 교과서 편집소감」, 『중국에서의 한국어(조선어 교육의 현황과 장래)』, 월인, 2002.

_____, 「초급 한국어교과서의 현황과 과제」, 『한국(조선어 교육 국제학술대회 논문집』, 2010.

이　향, 「중국어권 학습자를 위한 발음 교재 개발 방안」, 이화여대 석사논문, 2002.

이관규, 「한국어 교재의 구성 원리와 내용」, 『이중언어학회』 12, 이중언어학회, 1995.

이득춘, 「중국인용 한국어 교재와 관련되는 몇 가지 문제」, 『중국에서의 한국어 교육』, 태학사, 2000.

이병규・안설희・조민전, 「한국어 교재 분석 연구」, 국립국어연구원, 2005.

이성도, 「중국에서의 한국어 교과과정에 대하여」, 『중국에서의 한국어 교육』, 태학사, 2002.

이소림, 「한국어 교재의 제시대화문 구성 연구」, 전남대 박사논문, 2008.

이은숙, 「중국에서의 한국어 교육 성과 제고 방안 고찰」, 『이중언어학회』 27, 2005.

이정노, 「외국인을 위한 한국어 교재 편찬에 있어서 고려할 몇 가지 문제」, 『교육한글』 4, 1991.

이지영, 「근현대 한국어 교재의 단원 구성 변천」, 『국어교육연구』 11, 2003.

_____, 「근현대 한국어 교재의 사적 고찰」, 『국어교육연구』 13, 2004.

_____, 「교재의 연구사와 변천사」, 『한국어 교육론』 1, 문화사, 2005.

이해영, 「학습자 중심 수업을 위한 교재 분석」, 국제한국어 교육학회, 2000.

_____, 「한국어 교재의 언어활동 영역 분석」, 『한국어 교육』 12(2), 2001.

임종강, 『시급히 해결해야 할 한국어 교재 문제, 중국에서의 한국어(조선어. 교육 현황과 장래』, 월인, 2002.

장광군, 「낙양외국어대학의 한국어 교재」, 『중국에서의 한국어 교육』, 태학사, 2000.

_____, 「중국에서의 한국어 교재 개발의 문제점 및 해결 방안」, 국어교육연구, 2000.

전나영, 『한국어 학습자의 발음 문제와 교수 방법』, 문법교육, 2008.

조남호, 「한국어 학습용 어휘 선정 결과 보고서」, 국립국어연구원, 2003.

조정순, 「중국인 학습자를 위한 언어문화교육이 한국어 학습에 미치는 효과」, 신라대 석사논문, 2005.

조항록, 「한국어 교재 개발을 위한 기초적 논의」, 국제한국어 교육학회, 2003.

_____, 「한국어 교재 개발의 기본 원리와 실제」, 『외국어로서의 한국어 교육』, 2003.

지　연, 「중국내 대학교의 한국어 교재 분석과 교재 개발 방안」, 상명대 석사논문, 2004.

진대연, 「한국어 교재 분석의 기준 : 연구와 적용」, 국어교육학회, 1999a.

_____, 「한국어 교재 분석의 기준과 분석 요소 연구」, 『국어교육학회 1999년 여름 학술발표대회 발표문』, 1999b.

최　열, 「미국 대학 한국어 교재의 분서고가 개발 방향 연구」, 배재대 석사논문, 2009.

최순희, 「어휘교육과 한국어 교재 개발」, 『중국에서의 한국어(조선어교육의 현황과 장래』, 2002.

최실시, 『외국인을 위한 한국어 교육의 실제』, 태학사, 1998.

최희수, 「한국어 교육의 현황과 금후의 과제」, 『중국에서의 한국어 교육』, 태학사, 2000.

_____, 「중국의 한국어 교육에서 제기되는 과제」, 『외국어로서의 한국어 교육』, 2005.

하동매, 「중국 내 한국어 교육의 발전방향」, 『중국에서의 한국어 교육』, 태학사, 2002.

한송화, 「연세대학교 한국어학당 교재 분석」, 『외국어로서의 한국어 교육』 28, 2003.

허괄복, 「외국인을 위한 한국어 교본의 체재 및 내용 비교 연구」, 이화여대 석사논문, 1973.

허용 · 김선정, 『외국어로서의 한국어 발음 교육론』, 박이정, 2006.

현윤호, 「독일어권 한국어 학습자를 위한 과제 중심의 교재 구성 연구」, 이화여대 박사논문, 2005.

홍종명, 「외국어로서의 한국어 교재 비교 분석 연구」, 한국외대 석사논문, 1996.

황인교, 「외국인을 위한 한국어 교재 개발-검토 및 방향 제시」, 『한국어 교육』 9(2), 국제한국어 교육학회, 1998.

黃進財, 『韓國語漢字詞的種類分析』, 矽谷, 2009a.

_____, 『簡論韓國語』, 矽谷, 2009b.

_____, 『簡論韓國語閱讀敎育』, 才智, 2009c.

_____, 『簡論韓國語寫作敎育』, 才智, 2009d.

_____, 「簡論韓國語詞彙中漢字詞單詞的分類及敎學方法」, 『外語院校敎育敎學改革與語言學硏究』, 2010.

중국인을 위한 독학용 문법 교재 개발 방안

1. 서론

1) 연구 목적 및 필요성

본 연구의 목적은 중국인 중·고급 학습자를 대상으로 독학용 문법 교재 개발의 방안을 제시하는 데 있다.

문법은 음운, 어휘와 더불어 언어의 3대 요소 중의 하나이다. 한 언어를 습득하려면 문법 학습이 필요하다고 본다.[1] 김정숙(2002a)에서는 목표 언어에 대한 문법 지식을 가지고 있는 학습자는 의사소통능력을 쉽게 향상할 수 있으나, 목표 언어에 대한 지식이 없거나 부족한 학습자가 과제 수

---

[1] 언어는 학습하는 것이 아니라 습득하는 것이라고 보는 입장에서는 문법 교육이 불필요하다고 주장한다. 또한 문법을 교육해도 의사소통능력이 전혀 향상되지 않는다는 문법 무용론이라는 견해도 있다. 하지만 학습자들의 문법에 대한 요구, 문법 학습이 외국어 습득의 속도 및 성취도 향상에 끼치는 긍정적인 영향을 감안할 때 문법 교육이 여전히 필요하고 소홀히 하면 안 된다는 공식이 이루어지고 있다.

행을 통해서만 언어를 학습하는 데는 문법 교육을 함께 받는 경우보다 훨씬 많은 시간과 노력이 요구된다고 하며, 특히 인지가 발달한 성인 학습자는 규칙을 통해 언어를 학습하기를 기대한다고 지적하였다. 그러므로 문법은 언어의 규칙으로서 언어를 생성하는 데 아주 중요하며, 외국어 학습의 최종 목표인 의사소통능력 향상을 이루는 데에 필수 불가결하다고 볼 수 있다. 외국어로서의 한국어 문법 교육에는 문법 항목, 문법 범주, 문법 교육 방법 등에 대한 연구가 많이 이루어지고 있다(방성원, 2009). 그럼에도 그중에서 특정 학습자를 대상으로 하는 문법 교육 연구가 활발히 진행되고 있다고 말하기는 어렵다.

외국어 학습에서 특정 학습자 집단은 여러 가지 요소로, 나름의 특징과 요구를 나타낸다. 최근 이를 반영한 다양한 연구들이 나오고 있는데 그중 중국인 학습자의 특성을 고려해서 이루어진 연구는 양 언어의 대조와 오류 분석이 대부분이다. 물론 최근 들어 발음 교재, 비즈니스 교재 분야에서 중국인을 위한 교재 개발 연구도 많이 진행되고 있다. 하지만 중국인 학습자가 한국어를 학습할 때 문법 분야에서 겪는 어려움을 고려하면, 이러한 난점을 극복하기 위한 진행된 연구는 많지 않아 보인다.

주지하다시피 교착어인 한국어와 고립어인 중국어는 각기 다른 문법적 특징을 가지고 있다. 중국인 학습자에게 조사, 어미 등의 문법적 요소는 낯설고 어려운 내용이다. 보통 문법 학습은 수업이나 참고서를 통해서 이루어지지만, 학습자는 수업과 참고서를 통한 문법 학습에 별로 만족하지 않는 것으로 보인다. 문법 설명이 충분하지 않거나, 예문과 연습 문제가 다양하지 않거나, 대조 분석이 잘 이루어지지 않는 경우이다. 또한 이미 개발된 교재도 그 대상이 초급이거나 사전식 교재가 대부분이다. 중급에 들어가면 문법의 난이도는 훨씬 높아진다. 난이도가 높아지는 중요한 원인 중 하나는 바로 한국어 문법에는 비슷한 문법 항목이 많다는 점이다. 따라서 초급보다 이미 많은 내용을 익힌 중·고급 학습자가 문법학습에서 더 많은 어려움을 겪게 된다. 한편 의사소통능력을 향상하는 목적을 이루는 데에 사전식 문법교재가 효과적이라고 보기 어렵다. 사전식 문법교재는 문법 학습의 형태, 의미를 파악하는 데 그칠 뿐 실제 상황과 맞게 사용될 수 있는지 알 수 없기 때문이다. 문법 학습은 형태, 의미 파악과 함께 실제 상황에 활용할 수 있어야 한다. 따라서 수업이나 교과서의 부족함을 보완해 줄 수 있고 중·고급 학습자들의 문법 학습 성취도 향상에 더욱 도움이 되는 교재가 필요하다고 본다.

이런 점을 고려한다면 교재의 형식을 선택할 때 교과서와 별개로 진행되고 수업 외에 보조 자료로 하는 독학용 교재가 바람직하다고 본다. 독학용 교재는 학습자에게 학습의 선택권과 자유를 충분히 제공할 수 있기 때문이다. 다시 말해서 독학용 교재를 통해서 수업 과정에서 잘 파악하지 못한 부분을 수업 외에 스스로 해당 내용을 찾아서 다시 학습할 수 있고, 또한 미리 학습하고자 하는 내용을 먼저 학습할 수도 있다. 뿐만 아니라 단순한 문법 설명으로 만들어진 교재보다는 학습자의 흥미를 이끌 수 있는 교재가 바람직하다. 즉 사전식 문법 교재와 달리 맥락을 통해서 문법 학습이 이루어질 수 있는 교재가 개발되어야 한다고 본다.

따라서 본 연구는 중·고급 중국인 학습자가 실제 의사소통 상황에서 문법의 사용 능력을 향상할 수 있는 독학용 문법 교재 개발 방안을 제시해 보도록 하겠다.

2) 연구 범위 및 방법

본 연구에서 개발하고자 하는 교재의 유형은 학습 형태로 구분하면 독학용 교재이고, 범주로 구분하면 문법 교재이다. 이 교재에 맞는 학습자

대상은 중·고급 중국인 학습자이다.

본 연구의 구성은 다음과 같다. 제1절에서는 연구의 목적과 내용을 간단하게 밝히고, 지금까지 이루어진 외국어로서의 한국어 교육의 교재 개발에 대한 전체 흐름을 살펴보고, 그중에 구체적으로 본고의 목적과 관련된 문법교재 개발, 독학용 교재 개발, 중국인을 위한 교재 개발에 관한 연구를 차례로 검토하고자 한다.

제2절에서는 독학용 한국어 문법 교재를 개발하는 데 있어서 필요한 이론적 배경에 대해 고찰할 것이다. 먼저 중국인 학습자의 외국어 학습 특징을 살펴보고, 그 다음에는 독학용 교재와 문법 교재의 특성 및 개발 원리를 분석하여 본고에서 목표하고 있는 교재 개발에 이론적 근거를 마련하고자 한다.

제3절에서는 교재 개발을 위한 학습자 요구 조사에 대한 내용을 제시하도록 하겠다. 학습자들이 문법 교육에 대한 인식이 어떠한지, 독학용 문법 교재가 필요한지, 만약에 필요하다면 원하는 교재의 내용과 형태, 방법은 무엇인지 등을 제시할 것이다. 이는 제2절에서 살펴본 이론적인 배경과 결합해서 제4절에서 제시할 교재 개발 원리의 근거를 마련하고자 한다.

제4절에서는 먼저 앞의 내용을 바탕으로 하여 본고에서 개발하고자 하는 독학용 문법 교재의 원리를 밝힌다. 다음에는 정규 교육기관에서 사용되고 있는 5개 교재에서 나와 있는 문법 항목을 뽑은 후 델파이기법을 사용해서 본고에서 제시할 문법 항목을 선정한다. 원리 제시와 문법 항목 선정을 한 후 교재의 전체 구성과 단원 구성을 살펴보고 단원의 실제를 제시하도록 할 것이다.

제5절에서는 지금까지의 논의를 정리하고, 연구의 의의 및 한계점 그리고 앞으로의 과제를 살펴보도록 하겠다.

3) 선행 연구 검토

한국어 교육이 1950년대에 이르러 본격적으로 시작되었지만 한국어 교재에 대한 연구는 1970년대에 들어와서 허팔복(1973)을 비롯해서 시작되었다. 이 연구에서는 외국인을 위한 한국어 교본의 체재 및 내용을 비교하였다. 그 외에 1970년대에는 교재 개발의 기초 연구로서 고영근(1974), 장석진(1974) 등이 있다. 이 두 연구는 한국어 교육의 실태, 교육과정, 학습자에 대한 조사 등을 검토해 본 후 교재 개발에 대한 제반 문제를 논의하였다.

1980년대 중반부터 1990년대 초반에 이를 때까지 이상 초기 교재 연구의 기초에서 한국어 교재와 관련된 연구가 급증하였다. 김공언(1985), 유기환(1986), 김경식(1986), 김남길(1989), 배희임(1990), 백봉자(1991), 이정노(1991), 김정숙(1992) 등의 연구가 있다. 이 연구들은 총체적으로 교재 분석을 바탕으로 하여 교육과정과 교재의 관계, 교재 내용 등을 논의하면서 바람직한 교재 개발 방향을 논하고 있다.

1990년대 후반부터 최근까지 교재 개발과 관련된 연구는 교재 구성 및 교재 분석 틀, 학습자 요구 분석, 학습자 집단별 교재 개발, 한국어 교재의 총론적 접근, 내용 범주별 등의 주제들을 중심으로 이루어지고 있다.

교재 구성과 관련된 연구는 최정순(1996), 김정숙(2002) 등이 있다. 김정숙(2002a)에서는 교수요목의 설계 원리를 살펴본 후 효과적인 교재의 단원 구성과 각 구성 요소별 내용과 개발 원리를 구체적으로 제시하였다. 이해영(2001), 황인교(2003)는 교재 분석의 틀을 외적 구성과 내적 구성으로 나누어서 논의하였다. 백봉자·손연자·조항록(1997), 김영만(1999), 안경화 외(2000)는 다양한 언어권 학습자를 대상으로 하여 요구 조사를 하였으며 교재 개발의 목적은 의사소통능력 향상에 두어야 하고, 학습자 중심, 맥락 결합, 기능과 교제 중심 등을 고려해야 한다고 논의하였다. 백봉자(1999)

는 서양어권 학습자의 특성을 살펴본 후 서양어권 학습자를 위한 교재의 요건을 구체적으로 제시하였다. 이정노(2000)는 영어권 학습자의 특성을 고려하여 기존 교재의 문제점을 지적하고 구체적인 개선 방안을 제시하였다. 김정우(2005)는 중국어권 학습자를 대상으로 하여 중국 국내 출판된 교재에 대한 만족도를 조사한 후 교재 개선 방안을 마련하였다.

교재의 총론적 연구는 민현식(2000, 2002), 노명완(2001), 조항록(2003) 등이 있다. 민현식(2000, 2002)은 교재 유형론, 교재 개발론, 교재 평가론 및 교재 내부 세분적인 항목에 대해서 기존의 연구를 정리하며 대안을 제시하였고 개선 방안을 제시하였다. 노명완(2001)은 교재의 개념, 기능, 언어교육관을 살펴본 후 한국어 교재의 개선 방안을 제시하였다. 조항록(2003)은 한국어 교육에서의 교재 개발의 전체 흐름을 살펴보았으며, 교재 개발을 위한 이론적 논의를 교육과정, 교수요목, 학습자 요인 등을 통해서 논의하였다. 내용 범주로서 문법을 다룬 연구는 주경희(1997), 이해영(2001), 황인교(2003), 김민애(2006), 김명희(2006), 김정민(2007), 문화를 다룬 연구는 조항록(2001) 등을 예로 들 수 있다.

여기까지는 외국어로서의 한국어 교재 개발에 대한 흐름을 전체적으로 살펴보았다. 이를 통해 한국어 교육에서 교재 개발이 활발히 이루어지고 있다는 점을 알 수 있다. 이어서 그 흐름 속에서 본 연구의 목적인 중국인 중·고급 학습자를 위한 독학용 한국어 문법 교재 개발 방안이라는 것을 맞추어 이와 관련된 연구를 다음과 같은 범주를 나누어서 살펴볼 것이다. 첫째, 독학용 교재 개발에 대한 연구, 둘째, 문법 교재 개발에 관한 연구, 셋째, 중국인을 위한 교재 개발에 관한 연구가 그것이다.

먼저 독학용 교재 개발에 대한 논의로는 최혜영(2002), 권혜경(2006), 이정민·강현화(2008), 이선영(2008), 김형민(2008)을 들 수 있다.

최혜영(2002)에서는 다양한 한국어 학습자의 요구를 만족시키기 위해서는 학습자가 혼자서 학습할 수 있는 한국어 교재 개발이 필요하다고 주장한다. 기초 단계를 중심으로 한 한국어 독학용 교재 개발 방안을 제시하고, 시범 단원을 구성하였다. 독학용 교재라는 새로운 형태의 교재 개발 방안을 제시했다는 점에서 선구적이나, 실제 단원 구성에서 독학이라는 특징이 분명하게 나타나지 않았다.

권혜경(2006)에서는 초급 단계에서는 문법이나 발음 등 교사의 피드백이 절대적으로 필요하지만, 중급 단계로 접어들면 학습자의 실력이나 관심이 다양해지므로 독학용 교재가 필요하다고 역설하면서, 독학용 교재의 형식적 요건으로 한국어 중급 학습자를 위한 독학용 교재 개발 방안을 제시하였다.

이정민·강현화(2008)는 독학용 어휘 학습 교재 개발 방안을 제시하였다. 논문에서 독학용 교재 개발과 관련된 구체적인 원리를 논의하지 않았지만 교재 개발을 위한 실제적인 방법론과 시안을 제시하였다. 그중에서 특별히 지적한 것은 독학용 교재로서 교재 설명서와 학습 계획서를 반드시 첨부해야 한다는 것이다.

이선영(2008)은 여성 결혼이민자 학습자들을 위한 독학용 청각 교재 개발 방안을 제시하였다. 이 연구에서는 독학용 교재의 교수요목으로 결과 중심 교수요목을 선택하고, 의사소통 상황을 중심으로 한 상황 중심의 교수요목을 제시하였다. 특히, 이 연구에서는 모듈을 교수요목의 하위범주로 설정하고, '의사소통 대상'을 모듈을 나누는 기준으로 삼았는데, 이 연구는 학습자들의 학습 여건과 요구를 반영하여 모듈을 이용해서 교수요목을 짜는 데에 큰 의의가 있다.

김형민(2008)은 독학용 발음 교재 개발에 대해서 논의하였다. 형태와 방법적인 측면에서 효과적인 발음 학습을 어떻게 이루어야 하는지, 전체 교재 구성과 단원 모형을 제시하였지만 논의된 원리와 개발하고자 하는 실제 모형에 거리가 있다는 것이 아쉬운 점이다.

다음에는 문법 교재 개발에 관한 연구를 주경희(1997), 이해영(2001), 황인교(2003), 김민애(2006), 김명희(2006), 김정민(2007)을 살펴봤다.

주경희(1997)는 의사소통에 필요한 것이 되기 위해서 문법 교재가 갖추어야 할 조건 및 내용의 선정과 배열에 있어서 고려해야 할 사항을 논의했다. 문법지도가 맥락에서 이루어져야 하고 교재 내용의 선정과 배열은 가장 보편적인 것부터 제시되어야 한다고 주장했다.

이해영(2001)은 학습 중심 수업을 위한 교재를 개발할 때 문법 영역을 고려해야 할 사항을 제시하였다. 논문에서 어떤 문법 항목을 선택하는지, 어떤 방식으로 학습시키는지를 나누어서 제시하였다. 학습 방식에 있어서 기출 문법 항목의 반복이나 심화를 위한 재활용, 연습 활동의 유형, 자가 학습 안내 등을 통해서 논의하였다. 이는 문법 교재를 개발할 때 주의해야 할 문제점을 제시하는 데에 의의가 있다고 본다.

황인교(2003)는 이해영(2001)의 기초에서 교재 개발할 때 문법 영역에 학습자의 모국어 문법 체계도 같이 고려해야 할 점을 보충하였다. 또한 문법 설명 및 예문에 학습자의 모국어로 번역해야 하고, 문법 용어를 정리하여 일관되게 사용하여야 하고, 문법 설명 방식을 귀납적인 방법을 선택할지, 연역적인 방법을 선택할지를 결정해야 한다고 지적하였다. 이런 논의들은 문법 교재를 개발할 때 중요하게 다루어져야 할 것이다.

김민애(2006)는 한국어 고급 과정의 문법 교재 개발 원리를 논의하였다. 고급 학습자의 문법적 문제와 오류의 양상을 살펴본 후 문법적 정확성 향상과 맥락 속에서 연습하도록 유도한다고 주장하면서 교재 개발의 원리를 제시하였다. 하지만 문법 학습 방법이 연습에만 국한된다는 점이 아쉽다.

김명희(2006)는 학습자의 주도적 학습 동기와 교재의 다양성이라는 관점에서 출발하여 외국어로서의 한국어 자습용 문법 학습 교재의 필요성을 느끼게 되었고 그에 관한 이론적 정리와 함께 교재 모형에 관한 논의를 고찰해 보았다. 하지만 논문에서 학습자 요구 분석이 없어서 제시된 모형이 실제성과 효율성이 떨어진다고 본다.

김정민(2007)은 일본대학 한국어 초급 교재의 문법 항목 분석과 교재 개발 방안을 논의하였다. 이 연구에서는 일본 대학에서 쓰이는 교재에 나타난 조사와 어미를 분석함으로써 교재에 존재하는 문법 교육 문제를 밝히고 일본 학습자를 위한 문법 교재 개발 원리를 제시하였다. 구체적인 개발 방안은 역시 제시하지 않았다.

마지막으로 중국인 학습자를 위한 교재 개발에 대한 연구들을 살펴보았다.

주옥파(2002)는 중국인을 위한 바람직한 한국어 문법교재를 개발할 때 한국어를 제2언어로 배우는 사람의 입장에서 쓰여야 한다는 것과 고립어인 중국어의 언어적 특징도 감안되어야 한다고 주장한다. 하지만 논문에서 구체적인 개발 방안을 역시 제시하지 않았다.

이향(2002), 왕단(2004)은 중국인 학습자를 위한 발음 교재 개발 방안을 제시하였다. 이향(2002)에서는 중국어와 한국어의 발음 비교·대조하고 중국인 학습자의 한국어 발음을 조사하여 오류를 분석했다. 그리고 기존의 발음 교재를 분석해서 중국인 학습자의 발음 학습에게 적당한지를 살펴본 후 중국인 학습자를 위한 발음 교재 구성 방안을 제시하였다. 왕단(2004)은 기존 한국어 교재에 발음 교육 내용을 살펴보고 중국어와 한국어의 발음을 대조 분석하고 중국인을 위한 발음 교재 개발 원리를 외적 구성, 내적 구성을 포함하여 구체적으로 논의하고 단원 실제를 만들었다.

김유미·유혜령(2003)은 학습자 요구 조사를 통하여 중국어권 학습자를 위한 한국어 교재 개발의 기초 연구를 실시하였다. 이 연구에서는 중국인 학습자가 실용회화에만 중점을 두는 최근의 다른 언어 권 학습자와는 달리 문법이라든가, 어휘 설명 등을 교재에서 중요하게 생각하고 모국어로 자세히 설명해 줄 것을 요구한다는 조사 결과를 제시하였다.

김병운(2005)은 중국에서의 한국어 문법 교육을 한·중 수교 이전과 이후 단계를 나누어서 살펴보았다. 교과 과정과 강의 내용을 분석하고, 문법 교육의 목적, 기본 원리 및 방법, 평가, 쟁점을 논의하며, 중국 실정에 맞는 문법 교육의 과제를, 문법 교재와 문법 참고서 개발의 시급함, 문법 사용의 난이도에 따른 다른 교재의 개발, 기능과 의미가 비슷한 조사와 어미들의 비교 사전의 개발, 체계적인 문법 오류 사례 연구 분석집의 개발이 필요하다고 지적하였다.

김정우(2005)는 중국인을 위한 효과적인 한국어 교재 개발을 위하여 중국 교수·학습자들의 요구를 조사하였다. 연구에서는 중국 현지의 세 개 대학교에서 쓰고 있는 통일한 교재에 대해서 교수와 학습자의 평가를 분석하였다. 자음과 모음의 학습 순서, 한 과 단어 양의 제공, 본문 내용의 난이도, 문법의 설명과 배열에 나타난 문제들을 지적하였다. 한편 앞으로 중국인을 위한 한국어 교재 개발에 많은 좋은 의견을 제공하였다.

심민희(2007)는 중국인 학습자를 위한 비즈니스 한국어 교재 구성 방안을 제시하였다. 특수목적 한국어 중에서 취업목적과 직업목적에 대한 요구가 있는 중국인 학습자에게 비즈니스 한국어 교재를 만들 필요성이 있다는 목표로서 비즈니스 교재 구성을 제시하였다. 교재 분석과 설문조사를 통하여 구체적인 실용성이 있는 교재 구성 방안을 제시하였다.

란천우(2010)는 중국유학생을 위한 초급 한국어 문화 교재 구성 방안을 제시하였다. 한국에서 한국어를 배우고 있는 초급 중국학습자들의 상황과 특성에 맞추어 한국생활에서 필요한 문화 내용에 따라서 문화교육과 한국어 학습이 자연스럽게 병행될 수 있도록 더 효과적인 한국어 문화 교재구성 방안을 논의하였다. 이를 종합해 보면, 독학용 교재, 문법 교재, 중국인을 대상으로 하는 교재 개발에 대한 연구가 어느 정도 적극적으로 진행되어 있는 모습이 보인다. 하지만 문법 교재 개발에 대한 구체적인 실현 방안이 아직 많은 연구가 필요하다고 본다. 또한 중국인을 대상으로 하는 교재 개발 연구가 점차 이루어지고 있지만 이들의 다양한 요구를 충족시키는 교재 개발에 대한 연구는 아직 미흡하다. 그중에 중국인 학습자의 문법 사용 능력을 향상하는 문법 교재 개발에 대한 연구도 부족한 실정이었다. 따라서 본고는 중·고급 중국인 학습자를 위한 독학용 문법 교재 개발에 대해 논의하고자 한다.

2. 중국인 학습자 대상 독학용 문법 교재 개발을 위한 이론적 고찰

1) 중국인 학습자의 특징

특정한 학습자 집단은 특정한 학습 특징을 나타낸다. 여기서는 문화적 요소, 언어적 요소 등을 통해서 중국인 학습자가 다른 학습자 집단과 달리 특별히 가지고 있는 특징을 살펴보도록 하겠다.

중국인 학습자는 연역적인 학습 방법을 선호한다. 이는 중국 문화와 밀접한 관계를 가지고 있다. 중국 문화는 大一統문화라고 한다.[2] '大'는 중요시하고 존경한다는 뜻이고 '一統'은 여러 가지 사물이 존재하지만 이 모든 것이 공동적인 하나가 된다는 뜻이다. 주지하다시피 중국은 단일한 민족이 아닌 여러 민족이 모여 형성된 나라이다. 그러한 배경으로 형성된 大一統문화는 上에서 下까지, 보통에서 개별까지 이른다는 특징을 지니고 있다. 따라서 중국인의 전통적인 사유 방식은 가시적인 것에서 미시적인 것까지, 전체의식을 중요시한다는 것이다.

이러한 사유 방식으로 중국인 학습자는 학습 과정에서 저절로 연역적

---

2 範文瀾(1958), 『中國通史簡編』(修訂本), 人民出版社.

인 방법을 선호하게 됐다. 즉, 중국인 학습자는 스스로 규칙과 일반화를 발견하거나 도출하도록 되어 있는 귀납적인 접근 방식보다, 교사나 교과서가 규칙이나 일반화를 해주고 나서 그 규칙을 적용시키는 다양한 사례의 언어를 연습하도록 하는 연역적인 접근 방식을 선호한다. 이는 李洋(2009)에서도 논의되었는데 이 연구는 중국의 외국어 교수·학습 특징을 논의하였는데 중국인 학습자가 중국 전통 문화의 영향으로 중국인 학습자가 일반 규칙에서 개별적이고 특수한 규칙으로 유추해서 학습하는 연역적인 학습 방법을 우선적으로 택한다고 지적하였다.

연역적인 방법을 선호한다는 것의 한 예로 유추와 분석을 자주 하게 된다. 외국어 학습에서는 특히 언어 규칙으로서 문법을 학습하는 경우에 이런 방법이 더욱 쓰이게 된다고 할 수 있다. 바꿔 말하면 연역적인 방법을 선호한다는 것이 문법 학습에 대한 요구가 높다는 것을 의미한다고 할 수 있다. 강승혜(2003a)에서는 한국문화 프로그램 개발을 위한 한국어 학습자 요구 분석을 실시했다. 이 연구에서 한국어 교육 프로그램에 포함해야 하는 내용에 대한 조사에 중국인 학습자가 어휘 및 문법이라는 응답자가 제일 많다고 나타났다. 김유미·유혜령(2003)에서도 중국인 학습자들에게 한국어 학습에 가장 필요한 것이 무엇인가라는 질문에 한국어 문법이라는 응답자가 대화란 응답자에 버금간다고 나타났다. 이런 점을 감안하여 중국인 학습자를 대상으로 하는 한국어 교육에서 다른 학습자 집단보다 문법 교육에 대한 관심을 더 많이 가져야 한다고 본다.

이와 아울러 문화적인 요소로 중국인 학습자가 수업에서 나타난 양상도 다른 집단 학습자와 다른 점이 있다. 이것은 중국인 학습자가 수업 참여도가 높지 않다는 점이다. 중국인 학습자는 체면을 중요시하고, 남 앞에서 체면이 떨어지는 것을 꺼려한다. 또한 동료 학습자와 활발하게 교류를 하려는 의식이 강하지 않다. 이정자(2002)에서는 중국인 학습자들의 수업 활동을 지켜본 결과 아래와 같은 다섯 가지 특성을 밝혔다. 첫째, 교실

활동에 참여 의식이 희박하고 질문을 꺼려한다. 둘째, '체면의식' 때문에 다른 사람 앞에서 자신이 모르는 것을 노출하는 것을 꺼려한다. 셋째, '중용지도(中庸之道)[3] 의식' 때문에 수업에서 다른 사람이 틀린 것이 있어도 수정하는 것을 꺼려한다. 넷째, 자기의 것만 준비하는 것에 전념하다. 다섯째, 남과의 의사소통이나 의미협상에 관심이 없다. 제시된 특성에서 '체면의식'이나 '중용지도' 등 문화적인 요소 때문에 중국인 학습자는 적극적인 참여 학습을 선호하지 않는다고 볼 수 있다. 따라서 중국인 학습자는 개인적인 학습을 더 지향한다고 유추할 수 있다.

다음으로 언어적인 요소를 고려해서 중국인 학습자에게 나타난 특징을 고찰해보고자 한다. 언어의 3대 요소는 발음, 어휘, 문법이다. 본고는 문법적인 요소에 중점을 두어 중국인 학습자가 한국어를 학습할 때 어떤 양상이 나타나는지를 논의하겠다.

한국어는 교착어이고 중국어는 고립어이다. 교착어는 조사와 어미를 통해서 문장의 뜻을 표현하는 반면에 고립어는 어순의 변화에 따라서 문법적 구실을 한다. 교착어인 한국어에는 조사와 어미가 발달되어 있다. 다른 단어 형태에 따라 뒤에 올 조사의 형태도 달라지고, 같은 단어 형태에 다른 조사가 붙으면 다른 뜻이 나타나게 되는데, 어미 같은 경우도 마찬가지다. 뿐만 아니라 비슷한 형태로 나타난 조사나 어미도 많다. 하지만 형태가 비슷하다 하더라도 의미가 반드시 같은 것은 아니다. 이에 비하여 중국어는 그런 것 없이 어순에 의하여 문법적 관계가 나타나고 시제나 격 표시 등이 독립된 단어에 의해 나타난다. 따라서 중국어는 같은 단어가 어순에 따라 동사가 되기도 하고 목적어가 되기도 한다.

이런 차이로 한국어가 중국인 학습자에게 낯선 언어가 되고 한국어를 학습할 때 많은 어려움을 느끼게 한다.[4] 특히 중급에 들어간 학습자들은

---

3   이는『論語 · 庸也』에서 나온 말이다. 어느 쪽에도 기울이지 않고 절충적 방법으로 일을 조화롭게 처리한다는 뜻을 가리킨다.

더 많은 혼동을 겪게 된다. 중·고급 단계에 있는 학습자가 이미 배웠던 지식을 많이 가지고 있기 때문에 그런 지식들을 연결해서 학습하는 경우에 문법 항목에 대한 헷갈림을 많이 느끼게 된다. 또한 중급에서 나타난 한국어 문법에 비슷한 문법 항목이 많다는 점도 중요한 원인 중 하나이다. 이는 민자(2001)의 중국인 학습자의 오류 분석 연구에서도 살펴볼 수 있다. 이 연구에 의하면 중국인 학습자의 오류 유형 중에 문법 오류가 가장 많다고 하였다. 문법 오류율은 전체 오류의 68.5%로 나타났고, 문법 오류에서 가장 큰 비율을 차지하는 것은 조사 관련 오류이고 그 다음은 어미 오류라고 하였다. 여기에서 중국어와 다른 체계를 가지고 있는 한국어를 학습하는 중국인 학습자가 문법 학습에 문제점이 많다는 것을 알 수 있다. 따라서 중국인 학습자들에게 한국어 문법을 효과적으로 지도하기 위해서는 어떤 방식으로, 어떤 자료를 이용할 것인가를 깊이 고려할 필요가 있다.

이상에서 살펴본 바와 같이 중국인 학습자 집단은 나름대로의 학습 특성을 가지고 있다. 중국인 학습자는 외국어 학습에서 연역적인 학습 방법을 선호하고, 문법 학습을 중요시하고, 개인적인 학습을 지향하며, 한국어 문법 학습 성취도가 높지 않다는 특징이 나타난다. 이런 점을 감안하여 본 연구는 중국인 학습자의 문법 학습에 도움을 줄 수 있는 학습 교재를 개발하는 데 목표를 둔다.

---

4 조항록(2003)에서 한국어와 언어 체계가 매우 유사한 일본어를 모국어로 하는 학습자가 다른 학습자 집단보다 문법 항목에 대한 학습 속도가 매우 빠르고 성취도가 높다고 지적하였다.

2) 독학용 교재의 특성 및 개발 원리

교재는 교사와 학습자 외에 언어 교육을 구성하는 세 가지 요소 중에 하나이고 학교 교육에서 교사가 수업을 진행하거나 학생들이 학습하면서 직접 사용하는 교육 자료이다(배두본, 2000). 교재를 성격별로 나누면 독학용, 교사용, 인터넷용, 교실에서의 교수-학습용이 있다(박영순 2003). 본고에서 개발하고자 하는 교재는 독학용 교재이다.

먼저 독학이라는 개념을 살펴보고자 한다. 이는 사전적 의미로는 '스승이 없이, 또한 학교에 다니지 아니하고 혼자서 공부함'으로 해석된다. 즉 학교 교육과정을 받지 않고 혼자서 학습을 한다는 것이다. 그 과정에서 쓰이는 교재가 바로 독학용 교재이다. 따라서 독학용 교재는 학교 정규 과정에서 쓰이는 일반 교재와 다른 특징을 가지고 있다고 볼 수 있다. 일반 교재는 교사나 동료 학습자 등 병존되는 교육과정의 한 부분이지만 독학용 교재는 전체 학습 과정이 혼자서 교재에만 의지해서 이루어진다는 점에서 그 자체가 교육과정이라고 볼 수 있다. 따라서 교육과정의 모든 요소를 교재에 담아야 효율적인 학습이 이루어질 수 있다. 다음으로 독학용 교재를 개발할 때 어떤 점을 고려해야 할지 고찰해 보도록 하겠다.

먼저 독학(self-study)이란 개념에서 출발하여 자기 주도적 학습(self- directed learning 또는 self-regulated learning)[5]과 관련된 내용을 살펴보고자 한다. 독학과 자기 주도적 학습은 동일한 개념으로 볼 수는 없지만 독학 과정이 자기 주도적 학습 과정이라는 점에서 공통점이 있기 때문에 자기 주도적 학습에서

---

[5] 심미자(2001, 31쪽)에 의하면 자기 주도적 학습을 지칭하는 용어는 매우 다양하다고 한다. 즉 자기 주도 학습(self-directed learning), 자기 교수(self teaching), 자습(self study), 자율적 학습(autonomous learning), 개별 학습(individualized learning), 자기 솔선적 학습(self initiative learning), 자기 계획적 학습(self planned learning), 자력 학습(independent learning), 그리고 자기 조절 학습(self-regulated learning) 등의 다양한 용어가 사용되고 있다.

어떤 특징이 나타나는지를 살펴볼 필요가 있다. Knowles(1975, 18쪽)에서는 자기 주도 학습을 '개별 학습자가 타인의 조력 여부와는 상관없이 학습자 스스로 학습에 있어서 주도권을 가지고 자신의 학습 요구를 진단하고, 학습목표를 설정하며, 학습에 필요한 인적, 물적 자원을 확보하고, 적합한 학습전략을 선택하고 실행하여, 성취한 학습결과를 스스로 평가하는 과정과 활동'이라고 정의를 내렸다. 자기 주도 학습은 학습자 스스로 주도적으로 본인의 전체 학습 과정을 계획하고 실행하고 평가하는 과정이라고 할 수 있다. 전체 학습 과정에 대한 계획, 실행, 평가가 반드시 포함되어야 한다고 본다. Garrison(1997)은 학습자의 변인에 초점을 두어 자기 주도 학습 모형을 〈그림 2-1〉과 같이 제시하였다.

그림 2-1. Garrison(1997)의 자기 주도 학습 모형

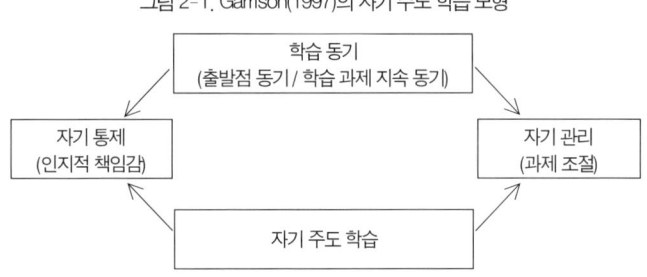

〈그림 2-1〉에서 볼 수 있듯이 Garrison은 자기 주도 학습을 이루는 조건은 학습 동기, 자기 통제, 자기 관리란 세 가지 요소라고 주장하고 있다. 출발점 동기와 과제 지속 동기가 포함된 학습 동기에 자기 통제와 자기 관리를 통해서 자기 주도 학습이 실현된다. 자기 통제는 학습의 성취도를 도달하기 위하여 학습자가 학습의 과정을 스스로 통제한다는 것으로 학습 전략의 사용과 밀접한 관계를 맺고 있다. 자기 관리는 학습 과정을 관리한다는 것으로 학습 목표를 설정하고 학습 내용을 조절하고 관리하는 것을 의미한다. Garrison의 모형은 자기 평가라는 단계가 제시되지 않았다. 본고

는 자기 주도 학습의 결과를 검증하기 위하여 자기 평가가 마지막 단계에 실행되어야 한다고 주장한다. 이상 제시된 모형은 학교 교육과정을 받지 않고 혼자서 독학이 진행되는 과정과 아주 가깝다고 알아볼 수 있다. 이에서 독학 과정에 학습 동기 유지, 자기 통제, 자기 관리가 불가결한 요소라고 볼 수 있다. 따라서 독학용 교재를 개발할 때 이 세 가지 요소를 교재에 어떻게 반영하는지를 고려해야 한다고 본다.

한편 김판수 외(2007)는 자기 주도적 학습에 대한 특징을 구체적으로 설명하였다. 자기 주도적 학습의 핵심은 학습의 '자기주도성'과 학습자의 '자기관리'로서 다음과 같은 세 가지 개념을 내포한다. 거기에서는 첫째, 자기 학습의 목적과 수단에 대한 통제로부터의 '독립성', 둘째, 타인의 원조를 받는 경우나 그렇지 않은 경우에도 자기가 주도권을 가지고 자기의 학습요구를 진단하고, 학습목표를 공식화하며, 학습자원을 파악하고, 학습 전략을 선택·실시하며, 학습결과를 평가하는 학습 과정 전체에 있어서의 '주도성', 셋째, 학습의 의미 이해와 학습을 통해서 실현되는 가치와 관련되는 학습을 스스로 선택할 수 있는 '자율성'이라고 제시하였다.

이상의 연구들에서 자기 주도 학습은 학습자가 다른 도움 없이 혼자서 전체 학습 과정을 통제 관리하도록 한다고 설명하였다. 또한 자기 주도 학습은 '독립성', '주도성', '자율성'이라는 특징을 가지고 있다고 제시하였다. 교사와 학습 동료가 부재한 교실 밖에서 진행되는 자기 주도 학습인 독학은 역시 이상의 특징을 가지고 있지만 그보다 더 면밀한 사항이 요구된다. 왜냐하면 독학 자체가 스스로 진행하는 교육과정이라고 볼 수 있기 때문이다. 따라서 이 과정이 반영된 독학용 교재를 개발할 때 일반 교재와 달리, 즉 교사나 다른 도움이 되는 전제가 없는 경우에 혼자서 학습을 이룰 수 있는 모든 요소가 다 포함되도록 해야 한다. 본고는 이상의 논의를 근거하여 독학용 교재 개발할 때 고려해야 사항을 아래와 같이 제시하고자 한다.

첫째, 학습 동기와 흥미를 유지하도록 한다. 학습자가 혼자서 전체 학습 과정을 완성할 수 있으려면 무엇보다도 동기와 흥미가 제일 중요하다고 본다. Garrison(1997)에서는 학습 동기에 출발점 동기와 학습 과제 지속 동기가 포함된다고 하였다. 출발점 동기는 Knowles(1975, 18쪽)에서 제시했던 '학습욕구'와 같은 개념이라고 볼 수 있다. 학습 욕구가 있어서 출발점 동기가 생긴 것이다. 따라서 출발점 동기가 학습자 본인의 학습 목적에 달려 있다고 볼 수 있지만 학습 과제 지속 동기는 구체적인 학습 과정과 밀접한 관계를 맺고 있다고 본다. 학습 과제 지속 동기를 유지할 수 있어야 학습 과정을 지속적으로 진행할 수 있다. 흥미 유지의 중요성도 전체 학습 과정이 중단되지 않고 이루어질 수 있는 데에서 강조할 수 있다. 이를 위하여 고려할 사항은 아래와 같다.

1. 학습 내용이 학습자의 흥미를 이끌 수 있어야 한다. 따라서 학습 내용이 학습자가 관심이 있는 것이어야 하고 실제 생활에서 많이 접할 수 있는 것이어야 한다.
2. 학습 내용의 난이도가 학습자 수준에 맞게 적절해야 한다. 너무 어려운 내용이나 쉬운 내용이면 학습의 적극성을 감소시키고 학습 동기를 유발할 수 없기 때문이다.
3. 학습 내용의 양이 적당해야 한다. 양이 너무 많으면 학습자에게 부담을 가져와서 학습 흥미가 떨어지고 너무 적으면 학습 효과에 도달하지 못한다.
4. 시각자료가 제시되어야 한다. 학습자의 학습 흥미를 가질 수 있게 하는 다양한 삽화, 도표 등이 이에 해당한다.

둘째, 학습 과정을 통제하고 관리하는 장치를 마련한다. 독학은 학습자가 스스로 학습 동기에 의한 '계획, 실행, 평가'의 과정을 학습자 스스로가 통제, 관리하면서 진행해 가는 것이다. Knowles(1975, 18쪽)에서 살펴본 바와 같이 독학 환경에서는 학습자가 타인의 도움과 상관없이 학습자 스스로가 학습 욕구를 진단하고, 학습 목표를 설정하고 학습에 대한 자원을 확보, 선택하여 실행하고 그 결과를 평가한다. 따라서 타인의 도움이 전혀 없는 독학 과정에서 교재가 학습자에게 학습과 관련된 다양한 방법과 학습 전략을 제공하는 기능이 강조된다. 이러한 방법과 전략을 통해서 학습 과정을 통제하고 관리하도록 한다. 이를 위하여 아래와 같은 사항을 고려해야 한다.

1. 목표를 명확히 제시한다. 학습 목표는 학습할 것이 무엇인지를 가리키는 것이다. 학습자가 학습 목표를 모른다면 학습 과정에서 무엇을 학습해야 할 것인지를 모른다는 것을 의미한다. 이런 경우에 좋은 학습 효과를 기대하기가 어렵다. 수업에서 교사가 학습 목표를 명확히 제시할 수 있지만 독학의 경우, 교재에만 의지하기 때문에 교재에서는 학습 목표를 반드시 명확하게 제시되어야 한다. 앞에서 살펴본 주도성이란 특징에서도 학습자가 전체 학습 과정을 주도적으로 하기 때문에 확실한 목표를 가지고 효과적인 학습 성취도를 이룰 수 있다고 알아볼 수 있기도 한다.

2. 학습 내용을 수평적으로 배열한다. 독학의 자율성이란 특징에서 학습자는 학습하고자 하는 내용을 스스로 찾아서 학습한다는 경향이 보인다. 권혜경 (2006)에서도 자율성은 독학의 장점이자 단점이기 때문에 이러한 성격을 장점으로 살리기 위해서는 학습자가 스스로 학습 내용을 선택할 수 있도록 해야 한다고 지적하였다. 학습 내용을 수평적으로 배열한다는 것은 학습자가 필요한 내용을 선택하여 학습하게 한다는 것이다.

3. 모국어를 메타언어로 설정한다. 교실 수업에서는 이해하기 어려운 부분이나 잘 모르는 내용을 교사나 동료 학습자들의 도움을 받아서 정확하게 익힐 수 있지만 독학용 교재인 경우에는 혼자서 학습을 이루기 때문에 학습 내용을 정확하고 빠르게 이해할 수 있도록 하기 위해서 모어를 메타언어로 사용하는 것이 효과적이다. 다시 말하면 명확한 의미전달과 학습자의 빠른 이해를

위하여 독학용 교재에서는 학습자의 모어를 메타언어로 사용하는 것이 바람직하다. 이선영(2008)에서도 명확한 의미 전달을 위해 학습자의 모어로 내용을 서술하는 것이 학습자가 교재에서 의도하고자 한 내용을 정확하게 이해하는 데에 효과적이라고 강조했다.

4. 학습 과정에 필요한 지시문과 학습 시간을 제시한다. 지시문은 교실 수업에서 교사나 동료 학습자가 안내하는 역할을 한다. 지시문이 제시되면 전체 학습 과정을 긴밀하게 연결할 수 있는 데에 도움이 된다. 학습 시간을 제시하는 것이 학습 과정을 통제, 관리하는 데에 감독 역할을 한다. 학습자에게 제한된 시간 내에 학습 임무를 완성하도록 요구하기 때문이다. 또한 학습 시간 제시가 자기 평가와 관련되기도 한다.

5. 교재 사용 설명서, 색인, 정답 해설 등의 부가 자료를 제공한다. 학습자가 교재를 편리하게 쓸 수 있도록 하기 위하여 교재 사용 설명서가 필요하고, 관련된 내용을 색인으로 첨가한다. 이정민·강현화(2008)에서도 독학용 교재이므로 자세하고 친절한 교재 사용 설명서가 제공되어야 한다고 주장한다. 최혜영(2002)에서는 교재가 사용하기에 편리해야 하고 부록의 편제를 고려해야 한다고 지적하였다. 정답 해설은 교실에서 교사의 피드백 역할과 같다. 해설을 통해서 학습자가 연습 문제를 푸는 방법을 알게 되고, 특히 틀린 경우에 왜 틀렸는지를 명확하게 알게 하는 데에 도움을 준다.

셋째, 자기 평가를 하도록 한다. 제한된 시간 내에 학습 성취도를 평가하도록 하는 것은 학습자가 스스로 학습 결과뿐만 아니라 자신의 학습에 대한 태도, 방법 등을 반추해 볼 수 있는 계기가 될 수 있다. 평가는 진행한 학습을 되돌아보게 하는 역할로서 학습 도중과 마무리 단계에서 실시되도록 한다.

3) 문법 교재의 특성 및 개발 원리

앞 장에서 살펴봤듯이 현재까지 한국어 교재 개발 원리와 관련된 연구는 많이 이루어져 왔다. 본고에서는 백봉자 외(1997), 노명완(2001), 민현식(2002)에서 제시한 내용을 바탕으로 외국어로서의 한국어 교재 개발 원리를 제시한 조항록(2003)을 참고해 보도록 하겠다. 조항록(2003)에서는 아래와 같이 여덟 가지 원리를 제시하였다.

1. 교육의 목적을 설정하고 교육과정과 교수요목을 설계하여 이를 구현하기 위한 교재가 되어야 한다.
2. 학습자 요구 조사가 선행되어야 한다. 이를 통해 학습자 중심의 교재가 되도록 한다.
3. 개발할 교재의 종류와 수에 대한 면밀한 검토가 필요하다.
4. 어휘, 문법, 문화, 발음과 같은 교재 내용 구성에 있어 이론적 뒷받침과 함께 경험적 데이터의 활용이 필요하다.
5. 학습자의 배경지식을 활용하고 지적 호기심을 유발할 수 있는 교재의 구성이 필요하다.
6. 의사소통 목적을 달성할 수 있도록 목표 언어를 사용할 기회를 충분히 제공하여야 한다. 즉, 교사 주도적이 아닌 학습자 주도적인 활동이 가능한 교재이어야 한다.
7. 학습 성취 수준을 평가하고 이에 대한 처방을 해 줄 수 있어야 한다.
8. 무엇보다도 교재 개발에 있어 최근의 교수 원리가 충실히 반영되어야 할 것이다.

본고에서 개발하고자 하는 교재는 문법 교재라는 점에서, 위에서 제시된 일반적인 교재 개발 원리를 바탕으로 문법 교육의 특징을 고려해서 문법 교재 개발 원리를 논의하고자 한다.

먼저 문법 교육의 목표를 살펴보도록 하겠다. 외국어 교육의 흐름인 문법번역식 교수법, 청각구두식 교수법, 인지주의적 접근법에서는 실제 의사소통능력 향상에 두지 않고 언어 규칙에 대해 정확히 이해할 수 있도록 하는 데에 외국어 교육의 목표를 두었다. 따라서 문법 교육의 목표도 정확성 신장에 국한된다. 하지만 1970년대 의사소통 교수법이 대두한 후 외국어 교육의 목표는 학습자의 의사소통능력 신장에 맞추어지게 되었다. 따라서 문법 교육의 목표도 정확성과 함께 유창성을 높일 수 있도록 하는 것으로 변화하였다. 즉, 문법 교육은 의사소통능력 향상에 목표를 두게 된 것이다. 다음에서는 한국어 문법 교육의 목표를 논의한 김정숙(1998), 이해영(1998), 백봉자(2001), 정희정(2004), 이미혜(2009) 등의 연구를 살펴보도록 하겠다.

김정숙(1998)은 한국어 문법 교육의 목표를 명료하게 제시하지 않았으나 언어 사용 중심의 교육을 시행한다고 하여 문법이나 구조 등의 언어 형태에 대한 교육의 중요성을 무시하거나 과소평가해서는 안 된다는 점을 들어 문법 교육의 필요성을 언급하고 있다. 그리고 문법 교육이 단순히 규칙의 이해와 습득에서 그쳐서는 안 되고, 의사소통적 체계의 한 부분으로 이해되고 언어의 실제적 사용으로 전이되어야 한다는 점을 들어서 문법 교육의 목표를 의사소통능력 향상에 두어야 한다고 주장하고 있음을 알 수 있다.

이해영(1998)은 외국어 학습에서 문법 학습을 배제하고 고급 단계로까지 의사소통능력을 배양하는 것이 불가능하며, 문법 교수는 문법적 지식의 전달에 그치는 것이 아니라 언어의 네 가지 기술인 말하기, 쓰기, 듣기, 읽기의 교수와 밀접하게 연관되어야 한다고 보았다. 이러한 점에서 문법 교육의 목표는 의사소통능력배양에 기여해야 한다는 생각을 알아볼 수 있다.

백봉자(2001)는 외국어로서의 교육 문법은 우선 언어의 의사소통적 도구 기능을 충분히 하는 것이 그 첫째 목적이라고 지적하였다. 그리고 외국어로서의 교육 문법은 찾아낸 규칙과 질서를 가지고 언어를 생성해 내도록 하는 것이라고 하였다. 이러한 생각은 문법 교육을 의사소통능력 향상이란 외국어 학습의 목표를 달성하기 위한 도구로 보고 있음을 알 수 있다.

정희정(2004)은 외국어로서의 한국어 문법 교육은 문법에 대한 지식이 아니라 문법 요소를 넘어선 표현 단위 중심의 교육이어야 하며, 이들의 문법적인 의미는 담화 안에서 설명되어야 함을 주장하였다. 즉, 문법 교육은 좁은 의미의 문법적인 능력을 기르는 것이 아니라 넓게 의사소통능력의 많은 부분을 담당해야 한다는 것이다.

이미혜(2009)는 외국어로서의 한국어 문법 교육은 상황에 맞게 정확하게 의사소통할 수 있도록 문법을 이해하고 사용하는 능력을 기르는 데 목표를 둔다고 지적하였다. 그리고 말하기, 듣기, 읽기, 쓰기와 같은 기능 교육과 긴밀하게 연계하여 문법 지식과 사용의 거리감을 좁히도록 한다고 보았다. 여기서도 문법 교육의 목표를 의사소통능력을 기르는 것을 지향해야 한다는 점을 알아볼 수 있다.

위에서 살펴본 연구들은 문법 교육의 목표를 의사소통능력을 향상하는 데에 두어야 한다는 의견을 같이 하고 있다. 물론 문법 교육 없이도 목표 언어 입력이 충분한 환경에서 말하기, 듣기, 읽기, 쓰기 활동이 이루어진다면 외국어 구사 능력을 향상할 수 있다는 점이다. 하지만 문법이 의사소통능력을 향상하는 데 중요한 역할을 담당한다는 사실도 부정할 수 없다. 언어 규칙으로의 문법은 문장을 무한하게 생성해 낼 수 있고, 말하기나 쓰기에서 정확하게 표현하도록 도우며, 읽기나 듣기에서 정확하게 이해하도록 돕고, 또한 틀린 문장을 스스로 교정할 수 있게 해준다는 것 등과 같은 장점을 가지고 있다. 다시 말해서 문법은 언어를 정확하게 잘 구사할 수 있는 능력을 길러주고, 이에서 효율적으로 사용하는 능력을 길러주게

함으로 최종적인 의사소통능력을 향상하는 데에 도움이 된다는 것이다. 여기에서 알아볼 수 있듯이 문법 교육은 문법 형태, 의미를 이해하도록 하는 것이 최종 목표로 삼을 수 없으며, 문법 지식 습득 단계를 넘어서 한국어로 정확하고 유창하게 의사소통하는 것이 최종 목표이라고 봐야 한다. 따라서 문법 교재 개발의 목적도 문법 교육목표를 이루는 데에 있다.

이상 살펴본 최종 목표를 달성하기 위하여 문법의 정확성과 유창성을 동시에 길러야 한다고 본다. 어떤 교수법을 사용함을 통해서 문법의 정확성과 유창성을 동시에 이룰 수 있다는 것이 중요한 의제가 됐다.

문법 교육에서 가장 기본적 교육 모형은 귀납적(inductive) 교수 모형과 연역적(deductive) 교수 모형이다. 먼저 언어 자료를 제시하고 규칙을 귀납적으로 도출하게 하는 것은 전자이고 규칙을 먼저 연역적으로 제시하고 제시된 언어 규칙에 따라 언어 오용 예방 또는 교정 능력을 함양하게 하는 방법은 후자이다. 이러한 방법은 문법 교육에 모두 적용할 수 있다. 하지만 한국어 문법 교육에서 주로 쓰이는 교육 방법은 연역적인 방법이라는 것을 알아볼 수 있다. 이미혜(2007)는 문법 항목의 구조가 복잡할수록, 문법 지식 획득을 중요시할수록, 문법 항목을 하나하나 개별적으로 지도할 때 연역적인 방법이 더 적절하고, 또한 학습자가 분석적인 성향이 있을수록 연역적인 방법을 택하는 것이 바람직하다고 지적하였다. 본고에서도 개발하고자 하는 문법 교재에서 문법 교수 방법을 연역적인 방법을 택할 것이다. 다음에는 연역적인 문법 교수 방법에 대해서 구체적으로 살펴보도록 하겠다.

기본적인 연역적 방법은 제시(presentation) → 연습(practice) → 생성(production) 3단계를 거쳐서 이루어진다. 제시 단계는 목표 문법을 제시하고 문법을 이해시켜서 문법 지식을 갖도록 하는 단계이고, 연습 단계는 기계적인 연습과 유의적인 연습을 하는 단계이고, 생성 단계는 실제 상황에서 언어를 사용하는 단계이다. 외국어로서의 한국어 문법 교육에서 이상

3단계를 어떻게 구체화하는지 이해영(1998), 한송화(2009)를 통해서 살펴보도록 하겠다.

이해영(1998)에서는 문법 교수 방안으로 도입, 제시, 연습, 활용, 마무리의 5단계를 제시하고 있다. 도입은 학습자를 동기화하는 단계이며, 제시는 맥락에서 그날의 학습 목표가 되는 문법 항목을 제시하는 단계이고 이 단계에서는 문법 항목을 설명하기보다는 상황 제시를 통해 그 상황에서 사용되는 문법 항목의 의미나 개념을 이해하도록 유도한다고 하였다. 이어서 연습은 언어 구조에 대한 연습 및 의사소통적으로 유의미한 대화 구성을 통해 목표가 되는 문법 항목을 학습하게 된다고 하며, 활용은 실제성 있는 과제 수행을 통해 상호작용적으로 의사소통 활동이 이루어지는 단계라고 하였다. 마지막으로 마무리 단계에서는 과제 수행 달성 여부를 점검하고 미흡한 부분을 강화하며 숙제를 부과하는 등 그날의 수업을 마무리한다.

한송화(2009)에서는 문법의 교수·학습 단계를 인지 단계, 내재화 단계, 산출 단계 세 단계로 제시했다. 인지 단계는 학습자가 교사의 문법 설명 혹은 제시 등을 통해 문법의 의미와 기능을 인지한다. 제시 단계에서는 상황에 적절한 예시문을 많이 제공함으로써 학습자로 하여금 의미와 기능을 추측하게 하는 것이 매우 유용한 방법이라고 했다. 내재화 단계는 학습자가 연습을 통해 인지한 문법 요소의 의미와 형태, 기능을 실제 상황에 맞게 사용할 수 있도록 내재화시킨다. 이 단계에서는 연습과 활동을 통해서 이루어지는데 무의미한 반복 연습에서부터 유의미한 활용 연습에 이르기까지 다양한 연습과 활동이 포함된다고 설명했다. 산출 단계는 문법이 실제 상황으로 전이하는 사용 단계라고 하였다.

이상에서 살펴본 바와 같이, 제시 단계는 맥락을 통해서 학습자에게 인식하게 하고, 연습 단계와 활용 단계도 실제 상황에서 잘 사용할 수 있도록 초점을 맞추고 있는 것으로 보인다. 즉, 문법 교육은 유의미적인 맥락에서 실시된다고 주장하고 있다는 점을 알아볼 수 있다. 본고 역시 문법 학습이 맥락에서 이루어져야 한다고 생각한다. 문법 지식은 그 자체가 의사소통을 이룰 수 있는 것이 아니다. 문법 지식을 통해서 표현하고자 하는 내용이 생성된 것이다. 즉 문법은 '촉진제'라는 역할을 한다. 따라서 문법 학습이 실제 담화 맥락에서 이루어진다는 것이 효과적이라고 본다. 맥락에서 학습자에게 목표 문법 항목을 인지시키고, 마지막으로 연습시키는 단계를 통해서 쉽게 실제 상황으로 전이되도록 한다는 것이다.

본고에서는 문법의 정확성과 유창성 향상이 동시에 이루어지도록 하기 위하여 이상의 연구에서 제시된 모형을 기초로 조금 더 구체화하고자 한다. 여기서 제시하고자 하는 교수 모형은 제시, 설명, 예문, 대조, 연습, 활용, 평가 단계이다.

제시 단계는 앞에서 언급했듯이 학습자가 목표 문법 항목을 인지하는 단계이므로 목표 문법 항목이 포함된 간단한 대화문이나 짧은 글로 제시한다. 설명 단계는 형태, 의미, 기능을 해석하는 단계이다. 그 외에 오류를 예방하기 위하여 목표 문법 항목이 가지는 제한점도 같이 설명해주어야 한다. 이 단계에서는 가능한 이해하기 쉽고 간단한 말로 명시적으로 설명해주는 것이 바람직하다.

이어 예문 단계에서는 다양한 예문을 제시함을 통해서 학습자에게 더 깊이 있게 목표 문법 항목을 실제 담화에서 어떻게 쓰이는지를 익히도록 하는 단계이다. 따라서 예문 내용은 학습자들이 실제 상황에서 많이 접하는 것이어야 한다. 이 단계는 문법 학습의 유창성 목표를 기여한다.

다음은 대조 단계이다. 앞에서 언급했듯이 한국어에 구조나 의미가 비슷한 문법 항목이 많다는 특징을 가지고 있다. 학습자가 목표 문법 항목을 기학습 문법 항목을 연결해서 학습하는 경우도 많다. 이때 비슷한 항목을 비교하도록 하는 것이 학습자가 목표 문법 항목을 잘 구별해서 정확하게 사용할 수 있는 데에 효과적이고 도움이 된다고 본다. 대조 분석은 이미 모국어의 문법에 익숙해져 있는 성인 학습자에게는 목표 언어의 문법과

의 차이점과 유사점을 설명해 줄 수 있고, 오류를 예측할 수 있고 오류 원인을 설명할 수 있다는 장점을 가지고 있다.[6] 대조 분석은 목표 항목에만 진행하는 것이 뿐만 아니라 모국어와 목표 언어 사이에도 이루어져야 한다. 이는 황인교(2003)에서도 문법 습득은 학습자의 모어를 고려해야 한다고 지적하였는데 문법은 학습자의 모어와 차이가 있어 어렵게 느끼는 부분이기 때문이라고 하였다. 성인 학습자인 경우 모어와 목표 언어를 대조 분석을 하면서 학습하는 것이 사실이다. 그리고 모어의 문법 체계는 목표 언어 학습에 많은 영향을 준다. 따라서 양 언어의 대조 분석을 통해서 목표 언어를 파악하는 데에 효과적이고 경제적이라고 본다. 한국어의 비슷한 문법 항목을 비교하든지, 한국어와 학습자의 모국어를 비교하든지 하는 것이 문법 사용의 정확성을 향상하기 위한 것이다.

연습 단계는 형태, 구조, 의미만을 익히도록 하는 데에 그쳐서는 안 되고 유의미한 상황에서 연습하게 해야 한다. 예문을 제시하는 것과 마찬가지로 연습 문제도 다양하고 실제적인 상황이 들어가 있는 내용이어야 한다.

활용 단계는 앞의 모든 단계를 거쳐서 실제 활동으로 전이하는 단계이다. 마지막 평가 단계에서는 해당 문법 항목을 어떻게 파악했는지를 평가하게 된다. 평가를 통해서 학습자 스스로 자신의 학습 성취도를 진단해 보도록 한다.

여기까지는 본고에서 개발하고자 하는 문법 교재에 문법 교수 방법을 어떻게 반영되어야 하는지를 살펴보았다.

그 외에 문법 교재 개발할 때 물론 고려해야 할 것은 바로 문법 항목의 선택과 배열이다. 이해영(2006)에서는 한국어 교육을 위한 문법 항목이 표준화된 등급화와 단계화가 제공되지 않고 있으므로 교재 개발자들은 자

---

6 대조분석이 외국어 학습에 긍정적인 영향을 가져온다는 점을 부정할 수 없지만 목표어를 학습하는 데 일어날 오류를 모두 예측할 수 없고, 또한 대조분석을 지나치게 하면 오히려 목표어와 모국어 사이의 유사성이 확대 적용을 야기 할 수 있다는 점도 주의해야 한다.

신들의 전문적 경험과 직관, 충분하지 않은 소수의 지침(교육과정평가위원의 TOPIK)에 의존할 수밖에 없다고 지적하였다. 하지만 문법 항목의 선택은 반드시 고려해야 하는 것이 바로 그 문법 항목의 사용 빈도이다. 사용 빈도수가 높은 항목에서 학습시켜야 한다. 이와 어울려 배열도 학습의 순서에 따라 빈도수가 높은 항목부터 낮은 항목까지 실시된다는 것도 바람직하다. 하지만 교재의 특성에 따라 다를 수도 있다. 독학용인 경우에는 수업 외에 보조 자료로 이용되는 것이라서 문법 항목의 배열에 대해서는 굳이 빈도수에 의하여 배열할 필요가 없으며 일정한 범주나 형태로 체계성 있게 배열하는 것도 가능하다고 본다.

이상에서 논의한 것을 종합해 보면 문법 교재 개발할 때 주의해야 할 점은 아래와 같다.

첫째, 문법 교육의 목표는 문법 학습의 정확성과 유창성에 두어야 한다. 문법 학습의 최종 목표는 의사소통능력을 신장하는 데에 있기 때문이다. 둘째, 문법 학습은 유의미적인 맥락에서 이루어져야 한다. 문법 항목의 의미만 아는 것을 넘어, 실제 담화의 어떠한 맥락에서 그 문법이 어떻게 사용되는지 알아야 언어 학습이 완성될 수 있기 때문이다. 셋째, 문법 교수의 단계는 제시, 설명, 예문, 대조, 연습, 활용, 평가 단계를 거친다. 예문 단계를 첨가하는 것은 문법의 유창성을 기여하고, 대조 단계를 첨가하는 것은 문법의 정확성에 기여하기 위해서이다. 넷째, 문법 설명은 가능하도록 이해하기 쉽고 간단한 말로 명확하게 설명해준다. 다섯째, 다양한 예문과 연습 문제를 제공한다. 학습자에게 많은 실제 담화 상황을 접하도록 하여 문법 사용 능력을 향상한다. 여섯째, 대조 분석이 이루어지게 한다. 한국어에 비슷한 문법 항목들을, 한국어와 학습자 모국어의 문법 항목을 대조 분석하도록 한다. 일곱째, 문법 항목의 선정은 빈도수를 고려한다. 이때 문법 항목의 배열은 체계성 있게 하도록 한다.

3. 학습자 요구 조사

1) 설문조사 목적 및 내용

조항록(2003)에서는 교재 개발을 위해서 학습자 요구 조사가 선행되어야 하며, 이를 통해서 학습자 중심의 교재가 되도록 해야 한다고 지적하였다. 본 장에서는 중·고급 중국인 학습자를 위한 독학용 한국어 문법 교재 개발을 위한 학습자 요구조사의 목적과 내용, 분석 결과를 소개하고자 한다.

본 설문조사의 목적은 중·고급 중국인 학습자들이 한국어 문법 학습에서 느낀 중요성, 만족도 등을 파악하고, 이런 점에서부터 문법 학습에 대한 요구, 즉 독학용 문법 교재가 필요한지, 필요하다면 교재가 어떤 식으로 이루어졌으면 좋겠는가 하는 것을 이끌어 내어 최종적으로 독학용 문법 교재 개발의 근거로 삼는 데 있다.

본 설문조사는 다음과 같이 세 가지 축으로 구성되어 있다.

첫째, 피조사자의 인적사항 및 한국어 학습 시간과 목적을 묻는다. 중국인 학습자를 대상으로 독학용 문법 교재를 개발하는 연구이기 때문에 중국과 한국에 거주하는 학습자들을 구분하지 않고 초급 외의 학습자들을 다 조사의 대상으로 삼았다.

둘째, 한국어 문법 학습에 대한 학습자들의 생각을 조사한다. 먼저 한국어 학습에서 문법 학습이 갖는 중요성을 파악하고, 문법 학습이 한국어를 잘하는 데에 얼마나 중요한지를, 또한 자신의 한국어 문법 이해 능력과 구사 능력에 대한 만족도는 어느 정도가 된지를 알아보고, 문법 학습은 보통 어떤 방식으로 이루어졌는지, 한국어 수업에서 한국어 문법 학습에 대한 만족도는 어느 정도가 된지, 만족하지 않는다면 그 이유가 무엇인지를

표 3-1. 피조사자의 인적사항

거주지 성별/수준	남		여		합계
	중급	고급	중급	고급	
중국	3	4	11	17	35
한국	18	10	25	29	82
합계	35		82		117
비율(%)	15		85		100

표 3-2. 피조자의 한국어 학습 시간

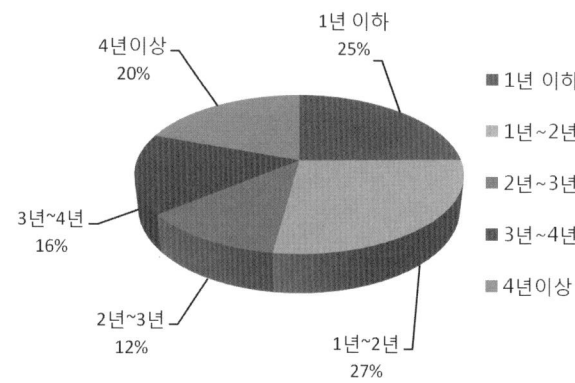

표 3-3. 한국어를 배우는 목적

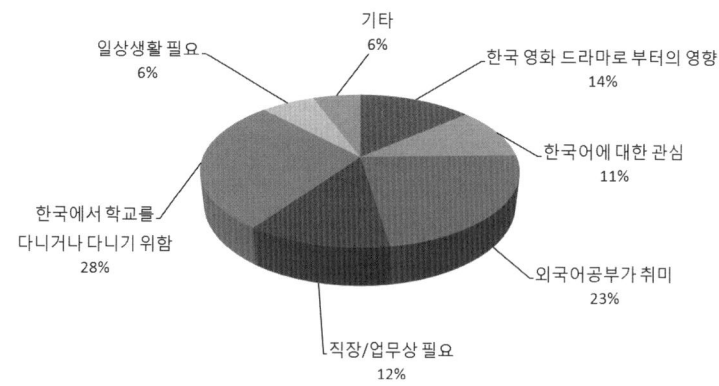

살펴보고, 참고서를 통해서 한국어 문법을 학습할 경우 참고서에 대하여 만족하는지, 만족하지 않는다면 그 이유는 무엇인지에 대하여 조사한다. 이는 학습자들의 문법 학습 상황을 파악하고 그들이 느끼는 문법에 대한 중요성과 실제 수업이나 학습에서 이루어지는 문법 학습에 대한 만족도를 알아보기 위한 것으로, 독학용 문법 교재 개발을 위한 필요성을 마련하는 데 목적이 있다.

셋째, 중·고급 독학용 한국어 문법 교재에 대한 학습자들의 요구를 조사한다. 즉 교재가 필요한지를 알아보고, 교재가 개발된다면 도움이 될 것이라고 생각하는지를 묻고, 개발된다면 어떤 교재가 만들어졌으면 좋겠는지를 알아보고, 교재에 어떤 내용이 들어가 있는지에 대해서도 조사한다. 이는 본 연구에서 개발하고자 하는 중·고급 중국인 학습자를 위한 독학용 한국어 문법 교재의 전체적인 구성 및 학습 방법에 대한 학습자의 요구를 반영하고자 하는 데 목적이 있다.

본 설문조사는 먼저 20명을 실험 조사로 2010년 2월 19~20일에 실시하였고, 5월 11~15일 다시 한 번 97명을 상대로 조사했다. 다음에는 조사 결과를 소개하도록 한다.

피조사자 117명 중에 35명은 중국에서 거주하고 나머지 82명은 한국에 있다. 그중에 남성은 35명이고, 여성은 82명이다. 피조사자의 나이는 대부분 20~30세이다. 또한 한국어 수준은 중급이 53명이고 고급은 64명이다. 다음에는 조사결과를 피조사자의 인적 사항, 학습 상황, 문법 학습에 대한 학습자들의 생각, 독학용 한국어 문법 교재에 대한 학습자들의 요구를 네 가지 부분으로 나누어서 소개하도록 하겠다. 피조사자들의 인적 사항 등 기본 자료는 〈표 3-1〉, 〈표 3-2〉, 〈표 3-3〉을 참고로 한다.

조사결과로 한국어를 배운지 1~2년이 된 피조사자들이 32명으로 가장 많았고, 그 다음에는 1년 이하가 24.7%로 차지했다. 2~3년이 14명(11.9%)이고, 3~4년이 19명(16.2%), 4년 이상이 23명(19.6%)이었다.

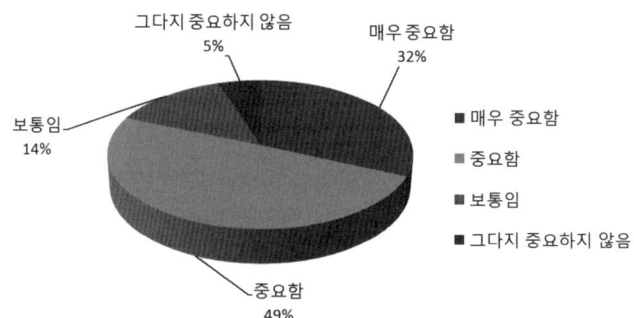

표 3-4. 문법 학습의 중요성

그다지 중요하지 않음
5%

매우 중요함
32%

보통임
14%

■ 매우 중요함
■ 중요함
■ 보통임
■ 그다지 중요하지 않음

중요함
49%

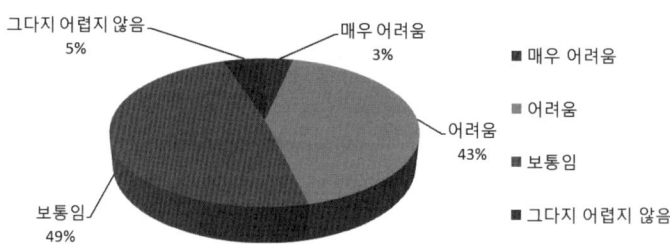

표 3-5. 한국어 문법의 난이도

그다지 어렵지 않음
5%

매우 어려움
3%

■ 매우 어려움
■ 어려움
어려움
43%
■ 보통임
보통임
49%
■ 그다지 어렵지 않음

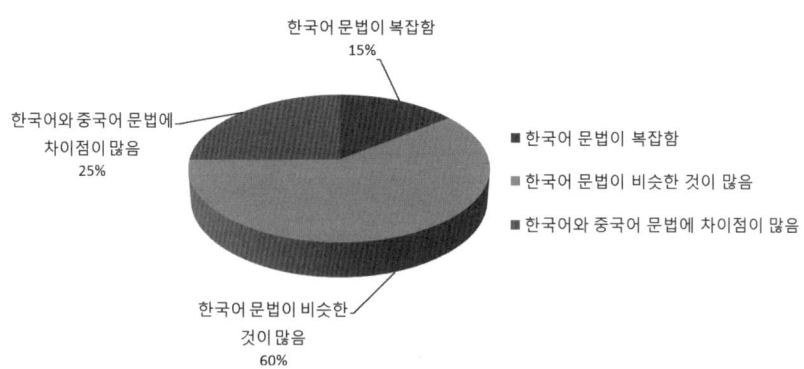

표 3-6. 한국어 문법이 어렵다고 생각하는 이유

한국어 문법이 복잡함
15%

한국어와 중국어 문법에
차이점이 많음
25%

■ 한국어 문법이 복잡함
■ 한국어 문법이 비슷한 것이 많음
■ 한국어와 중국어 문법에 차이점이 많음

한국어 문법이 비슷한
것이 많음
60%

한국어 학습의 목적을 조사한 결과는 '한국에서 학교를 다니고 있거나 또는 다닐 예정이기 때문에'라는 응답자가 39명(28%)으로 가장 높은 비율을 차지했다. 다음에는 '외국어 공부가 취미'라고 대답한 학습자가 32명(23%)으로, '한국 영화 드라마로부터의 영향'이라고 응답한 피조사자가 19명(13.6%)으로 조사됐다. 많은 피조사자가 학업의 목적으로 한국어를 공부한다는 조사결과를 보면 한국어를 학습생활과 일상생활에서 원활하게 사용하려는 욕구가 강함을 알 수 있다.

(1) 문법 학습에 대한 학습자들의 생각

'한국어 학습에서 문법 학습이 중요하다고 생각합니까?'라는 질문에 '매우 중요하다'와 '중요하다'라고 대답한 인원수는 모두 합쳐서 97명이고 응답자 중에 81.1%로 압도적인 비율을 차지하였다. 고급 수준의 학습자가 중급 학습자보다 중요하다고 대답한 인원수가 더 많다는 것에서 난이도가 어려워질수록 문법 학습이 더 중요한 역할을 함을 알 수 있다(표 3-4 참고).

'한국어 문법이 어렵다고 생각합니까?'라는 질문에 대해서는 '보통이다'라고 대답한 학습자들이 57명(48.7%)으로 제일 높은 비율을 차지했다. '어렵다'와 '매우 어렵다'란 대답은 합쳐서 54명이고 46.1%로 차지했다. 많은 학습자들이 중국어나 다른 언어를 배워 본 적 있는 경험에서 한국어 문법이 그다지 어렵지 않다고 생각하게 된 것으로 보인다(표 3-5 참고).

'어렵다면 그 이유는 무엇입니까?'라는 질문에 '한국어 문법이 비슷한 것이 많다'라고 응답한 학습자가 79명(60.3%)으로 가장 많았고, 그 다음은 '한국어와 중국어 문법에 차이점이 많다'라고 응답한 학습자가 33명(25.1%)으로 뒤로 이었다. '한국어 문법이 복잡하다'라고 응답한 인원수는 19명이고 14.5%의 비율로 차지했다. 이는 학습자들이 어려워하는 문법 항목들

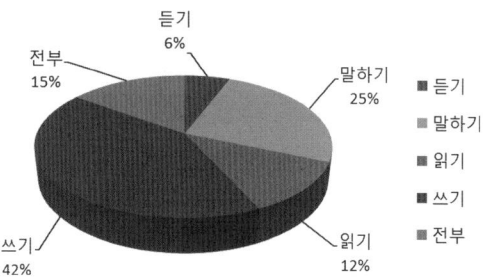

표 3-7. 한국어 문법 학습이 4기능에 미친 영향

듣기 6%

전부 15%

말하기 25%

■ 듣기
■ 말하기
■ 읽기
■ 쓰기
■ 전부

쓰기 42%

읽기 12%

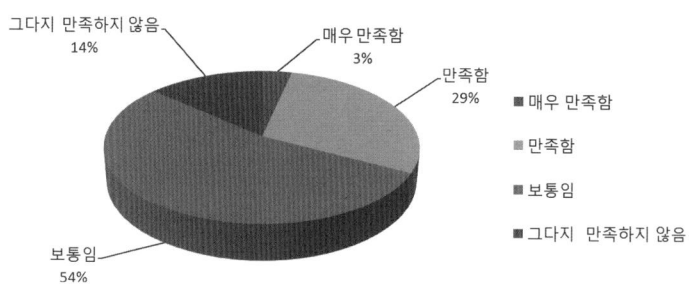

표 3-8. 자신의 한국어 문법 이해 능력에 대한 만족도

그다지 만족하지 않음 14%

매우 만족함 3%

만족함 29%

■ 매우 만족함
■ 만족함
■ 보통임
■ 그다지 만족하지 않음

보통임 54%

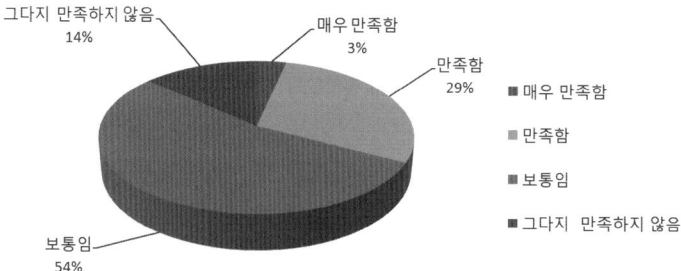

표 3-8. 자신의 한국어 문법 이해 능력에 대한 만족도

그다지 만족하지 않음 14%

매우 만족함 3%

만족함 29%

■ 매우 만족함
■ 만족함
■ 보통임
■ 그다지 만족하지 않음

보통임 54%

이 무엇인가 하는 문제와 연결이 됐다. 익히기 어려운 문법 항목들에 있어서 그들과 비슷한 문법 항목들이 많다는 것을 발견할 수 있다. 따라서 문법 항목을 설명할 때 그런 비슷한 점을 밝혀주는 것이 아주 중요하다고 본다(표 3-6 참고).

한국어 문법 학습이 듣기, 말하기, 읽기, 쓰기 4기능에 끼치는 영향에 대한 질문에는 '쓰기'란 대답이 41.7%로 제일 큰 비율을 차지했다. '전부'라고 응답한 학습자가 26명(15.2%)으로 그 다음을 차지했다. 기능으로 보면 '쓰기'(41.7%)', '말하기'(25.2%), '읽기'(11.7)', '듣기'(5.8%)'의 순으로 나타났다. 문법을 모르면 쓰기에 지장을 많이 준다는 것이 당연한 일이다. 이런 것을 감안하여 문법을 익히게 하기 위하여 쓰기와 결합하는 활동을 많이 하도록 하는 것이 바람직하다. 말할 때 물론 단어나 구절로만 표현해도 뜻을 정확하게 이해하게 된 경우도 많지만 보다 원활하게 말하지 못하기 때문에 의사소통에 문제가 생긴 경우가 더 많다고 본다. 이런 점으로 문법이 말하기에 큰 영향을 준다고 볼 수 있다(표 3-7 참고).

'본인의 한국어 문법 이해에 만족합니까?'라는 질문에는 '매우 만족한다'와 '만족한다'라는 응답은 32.4%를 차지했는데 남은 응답자 인원수는 67.6%의 높은 비율로 '보통이다'와 '그다지 만족하지 않는다'라고 대답했다. 학습자들의 문법 이해 능력에 대한 만족도가 높지 않다는 것을 보면 이해에 많은 문제가 있다는 것을 추측할 수 있다. 교재를 개발할 때 어떻게 하면 문법 항목을 더 잘 설명할 수 있는지를 많이 고려해야 한다는 것을 알 수 있다(표 3-8 참고).

'본인의 문법 구사능력에 만족합니까?'라는 질문에는 '만족한다'라는 응답이 14.5%에 불과한 데 반해 '보통이다'와 '그다지 만족하지 않는다', '전혀 만족하지 않는다'라는 응답이 85.5%로 나타났다. 본인의 문법 이해능력에 대한 만족도보다 더 낮다는 것을 보여준다. 문법 항목을 이해해도 사용할 때는 정확하게 못 사용할 경우가 많다는 것을 볼 수 있다. 학습자들

표 3-9. 구사 능력에 대한 만족도

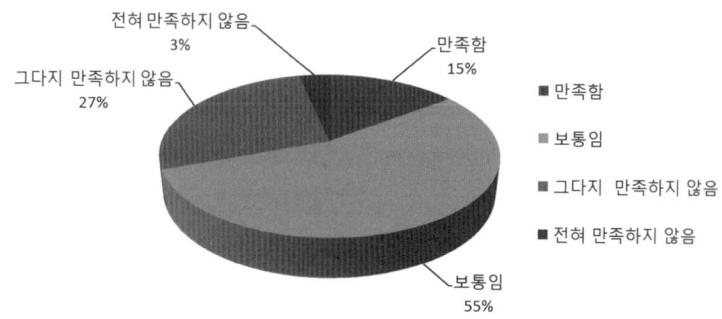

전혀 만족하지 않음
3%

그다지 만족하지 않음
27%

만족함
15%

- ■ 만족함
- ■ 보통임
- ■ 그다지 만족하지 않음
- ■ 전혀 만족하지 않음

보통임
55%

표 3-10. 문법 학습의 목표 수준

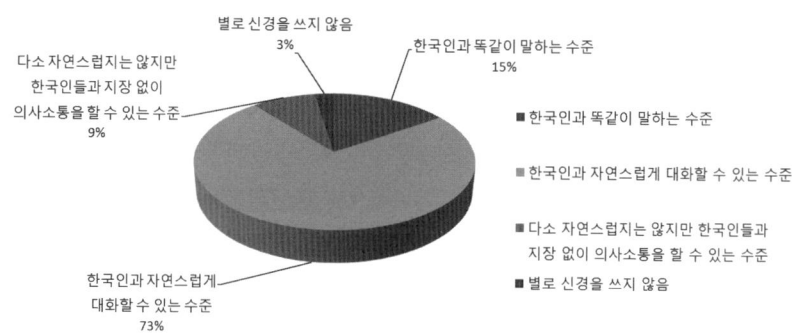

별로 신경을 쓰지 않음
3%

다소 자연스럽지는 않지만
한국인들과 지장 없이
의사소통을 할 수 있는 수준
9%

한국인과 똑같이 말하는 수준
15%

- ■ 한국인과 똑같이 말하는 수준
- ■ 한국인과 자연스럽게 대화할 수 있는 수준
- ■ 다소 자연스럽지는 않지만 한국인들과 지장 없이 의사소통을 할 수 있는 수준
- ■ 별로 신경을 쓰지 않음

한국인과 자연스럽게
대화할 수 있는 수준
73%

표 3-11. 문법 학습의 방법

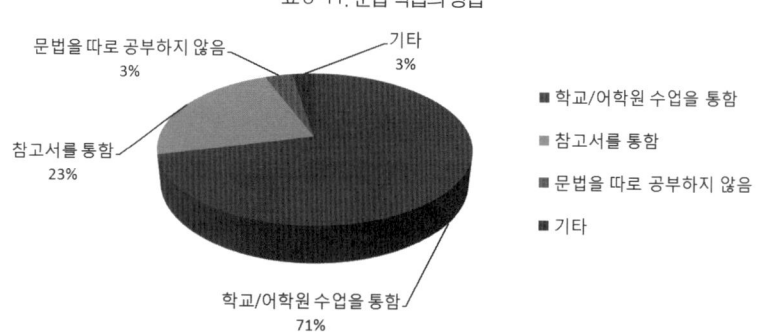

문법을 따로 공부하지 않음
3%

기타
3%

참고서를 통함
23%

- ■ 학교/어학원 수업을 통함
- ■ 참고서를 통함
- ■ 문법을 따로 공부하지 않음
- ■ 기타

학교/어학원 수업을 통함
71%

이 이해한 문법을 사용할 수 있도록 하는 유도하는 절차는 교재를 개발할 때 아주 중요한 내용이 된다. 한국어 문법이 중요하다고 응답한 반면에 구사 능력 만족도에 높지 않다는 것이 한국어 학습에 많은 지장을 가져온다고 생각된다. 결국에는 한국어 의사소통능력 향상에 영향을 줄 것이다. 따라서 본 교재를 개발하는 최종적인 목적은 학습자들의 의사소통능력 향상에 있다고 할 수 있다(표 3-9 참고).

'문법 학습의 목표 수준은 어디입니까?'라는 질문에는 86명(73.5%)이 '한국인과 자연스럽게 대화할 수 있는 수준이다'라고 응답했다. 그 다음에는 '한국인과 똑같이 말하는 수준이다'라는 응답은 18명(15.3%)으로, '다소 자연스럽지는 않지만 한국인들과 지장 없이 의사소통을 할 수 있는 수준이다'라는 응답은 10명(8.5%)으로 나타났다. 여기서 학습자들이 기대하는 한국어 의사소통 목표가 높은 것으로 보인다(표 3-10 참고).

문법 학습의 방법에 대한 조사는 '학교 / 어학원 수업을 통해서이다'라고 응답한 학습자가 105명(70.9%)으로 가장 많았고, 그 다음에는 '참고서를 통해서이다'라는 응답이 34명(22.9%)으로 나타났다. 기타 응답 중에는 '드라마나 인터넷을 통해서이다'가 있었다. 문법 학습에 있어서 수업과 참고서가 큰 역할을 하고 있다고 본다(표 3-11참고).

'수업에서의 한국어 문법 학습에 대해서 만족합니까?'라고 질문했을 때 '보통이다'라는 대답이 80명(68.3%)으로 가장 많았고, '그다지 만족하지 않는다'라고 응답한 학습자는 20명(17%)으로 나타났다. 이것은 수업에서의 문법 학습 만족도가 별로 높지 않다는 사실을 보여준다(표 3-12 참고).

만족하지 않는 이유는 '다양하고 적절한 예문이 부족하다'라고 응답한 학습자가 53명(25.1%)으로 가장 높은 비율을 차지했다. 이어서는 '문법 설명이 부족하다'는 응답이 46명(21.8%)으로 나타났다. 그 외에는 '다양한 연습문제가 부족하다', '한국어와 중국어의 비교가 부족하다', '피드백이 부족하다'란 응답이 39명(18.4%), 36명(17%), 36명(17%)으로 나타났다. 수업에

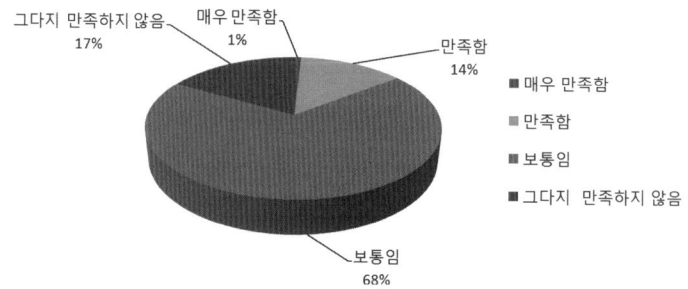

표 3-12. 수업에서의 한국어 문법 학습에 대한 만족도

그다지 만족하지 않음
17%

매우 만족함
1%

만족함
14%

■ 매우 만족함
■ 만족함
■ 보통임
■ 그다지 만족하지 않음

보통임
68%

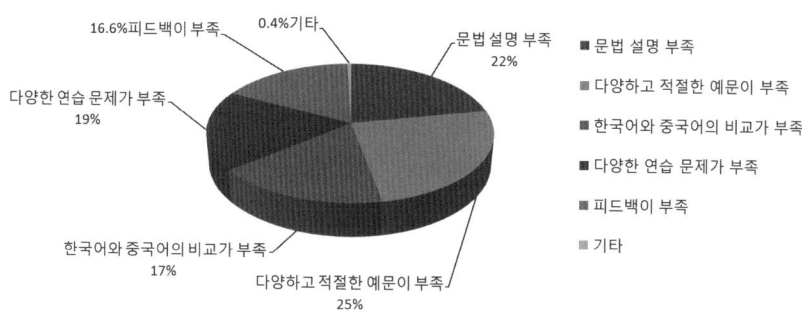

표 3-13. 만족하지 않는 이유

16.6%피드백이 부족

0.4%기타

문법 설명 부족
22%

다양한 연습 문제가 부족
19%

한국어와 중국어의 비교가 부족
17%

다양하고 적절한 예문이 부족
25%

■ 문법 설명 부족
■ 다양하고 적절한 예문이 부족
■ 한국어와 중국어의 비교가 부족
■ 다양한 연습 문제가 부족
■ 피드백이 부족
■ 기타

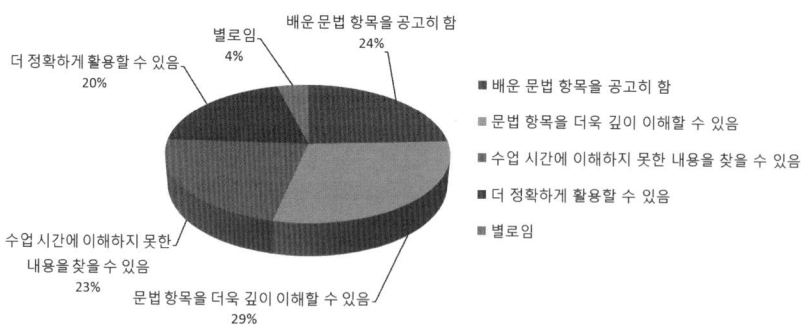

표 3-14. 참고서를 쓰는 장점

별로임
4%

배운 문법 항목을 공고히 함
24%

더 정확하게 활용할 수 있음
20%

수업 시간에 이해하지 못한
내용을 찾을 수 있음
23%

문법 항목을 더욱 깊이 이해할 수 있음
29%

■ 배운 문법 항목을 공고히 함
■ 문법 항목을 더욱 깊이 이해할 수 있음
■ 수업 시간에 이해하지 못한 내용을 찾을 수 있음
■ 더 정확하게 활용할 수 있음
■ 별로임

서 듣기, 말하기, 읽기, 쓰기를 다 교육해야 되기 때문에 시간관계나 그 수업의 중점 등에서 문법 학습이 잘 이루어지지 않을 수도 있다고 본다. 그런 점을 감안해 볼 때 독학용 문법 교재를 통해 수업에서의 부족함을 보완할 필요가 있다는 점을 알 수 있다(표 3-13 참고).

참고서를 쓰는 장점에 대한 조사결과를 살펴보면 '문법 항목을 더욱 깊이 이해할 수 있다'라고 응답한 학습자가 64명(29%)으로 가장 많은 비율을 차지했다. 이어서는 '배운 문법 항목을 공고히 한다'가 53명(24.2%), '수업 시간에 이해하지 못한 내용을 찾을 수 있다'가 49명(22.3%), '더 정확하게 활용할 수 있다'가 44명(20%)의 순으로 나타났다. 문법 학습 방법 중에 하나인 참고서를 통해서 학습한다는 응답 결과를 보면 참고서를 이용하는 것이 장점을 많다는 것과 관련이 있다. 독학용 문법 교재에도 이런 장점을 반영해야 한다(표 3-14 참고).

'참고서에 대해 만족합니까?'라는 질문에는 '만족한다'라는 응답이 13명(11.1%)으로만 나타난 반면에 '보통이다'가 87명(74.3%), '그다지 만족하지 않는다'가 15명(12.8%), '전혀 만족하지 않는다'가 2명(1.7%) 세 가지 응답을 합쳐서 104명(88.9%)으로 나타났다. 참고서에 대한 만족도는 높지 않은 것으로 보이며 독학용 문법 교재가 그 만족도를 높여야 한다(표 3-15 참고).

'만족하지 않는다면 참고서에 뭐가 부족하다고 생각합니까?'라고 질문했을 때 제일 부족하다고 생각하는 것은 '문법에 대한 해석과 설명이다'는 것이었다. 그 다음에는 '다양하고 적절한 예문이다'가 50명(22%), '정답에 대한 해석이다'가 46명(20.2%), '중국어와 한국어의 비교이다'가 36명(15.8%)의 순으로 나타났다. '자아 평가'에 대한 응답은 그리 많지 않다는 것으로 나타났다, 3명(1.3%)으로. 문법 교재 개발할 때는 이런 점을 보완하도록 해야 한다(표 3-16 참고).

한국어 문법에서의 어려운 점을 조사했을 때는 '어미'가 74명(30.2%)으로 가장 많았고, '피동 / 사동'이 54명(22%), '조사'가 53명(21.6%)이 이어서 많은

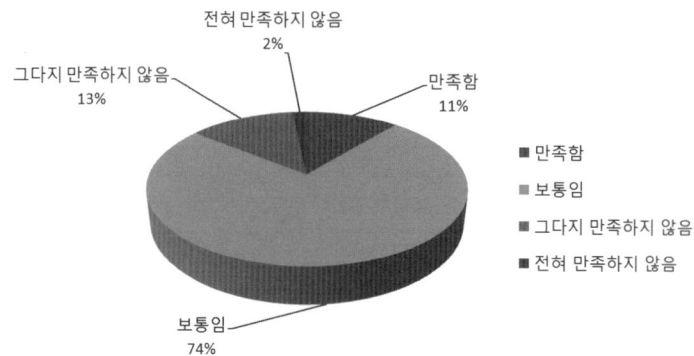

표 3-15. 참고서에 대한 만족도

전혀 만족하지 않음
2%

그다지 만족하지 않음
13%

만족함
11%

- 만족함
- 보통임
- 그다지 만족하지 않음
- 전혀 만족하지 않음

보통임
74%

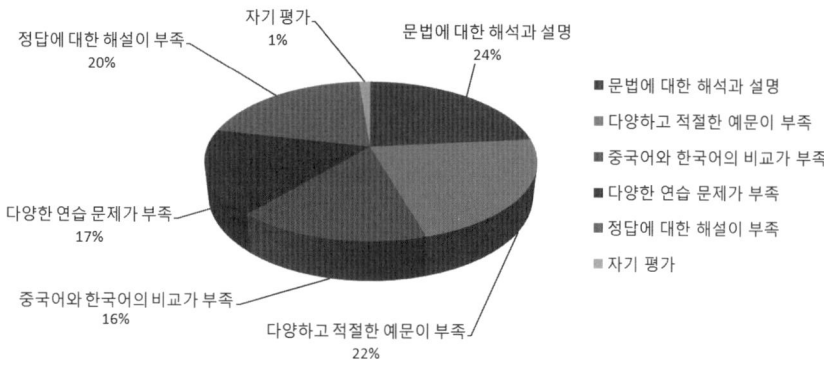

표 3-16. 만족하지 않는 이유

정답에 대한 해설이 부족
20%

자기 평가
1%

문법에 대한 해석과 설명
24%

- 문법에 대한 해석과 설명
- 다양하고 적절한 예문이 부족
- 중국어와 한국어의 비교가 부족
- 다양한 연습 문제가 부족
- 정답에 대한 해설이 부족
- 자기 평가

다양한 연습 문제가 부족
17%

중국어와 한국어의 비교가 부족
16%

다양하고 적절한 예문이 부족
22%

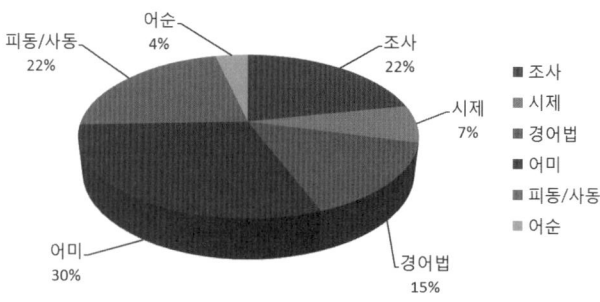

표 3-17. 한국어 문법에서 어려운 점

어순
4%

피동/사동
22%

조사
22%

시제
7%

- 조사
- 시제
- 경어법
- 어미
- 피동/사동
- 어순

어미
30%

경어법
15%

비율을 차지했다. 그 다음에는 '경어법'이 37명(15.1%), '시제'가 18명(7.3%), '어순'이 9명(3.6%)의 순으로 나타났다. 앞에서 중국어와 한국어의 차이점을 비교한 것을 통해서 이런 결과가 나온 것을 밝힐 수 있다(표 3-17 참고).

(2) 독학용 한국어 문법 교재에 대한 학습자들의 요구

'한국어 학습에서 문법 항목을 문맥에 넣어서 배우는 것이 좋다고 생각합니까?'라는 질문에는 '매우 좋다'와 '좋다'란 응답으로 나타난 결과는 모두 107명(90.6%)으로 압도적인 비율을 차지했다. '보통이다'란 응답은 11명(9.4%)이었다. '그다지 좋지 않다'와 '전혀 좋지 않다'란 응답은 없었다. 학습자가 문법을 문맥에 넣어서 배우는 것을 원한다고 보인다. 따라서 문맥을 통해서 문법을 학습시키도록 하는 독학용 문법책을 만들 필요가 있다고 본다(표 3-18 참고).

'독학용 문법 교재가 필요합니까?'라는 질문에는 '매우 필요하다'와 '필요하다'란 응답은 합쳐서 모두 97명(82.8%)으로 나타났다. 학습자들의 요구가 높다고 볼 수 있다. 앞에서 나온 조사를 연결해서 보면 문법 이해 능력과 구사 능력 만족도가 그다지 높지 않다는 점에서 문법 능력을 향상하기 위한 독학용 문법책이 필요하다고 볼 수 있다(표 3-19 참고).

앞에서 살펴본 것과 같이 학습자들이 참고서에 대한 만족도가 그다지 높지 않지만 참고서를 쓰는 장점은 인정한다. 그래서 '독학용 문법 교재가 문법 학습에 도움이 된다고 생각합니까?'라는 질문에는 99명(84.7%)으로 아주 큰 비율을 차지했다. 이러한 결과를 보면 독학용 문법 교재 개발에 대한 요구가 분명히 존재한다는 점을 확인할 수 있다(표 3-20 참고).

'만약에 '독학용 한국어 문법 교재-중·고급'이 있다면 교재에 어떤 내용이 들어갔으면 좋겠습니까?'라는 질문에는 '그 문법 항목이 많이 쓰이는 실제 상황이다'가 88명(19.9%)으로 제일 높은 비율을 차지했다. 이것은 학습자가 의사소통능력 향상에 대한 요구가 높은 것으로 보인다. 그 다음에

표 3-18. 문법 항목을 문맥에 넣는 데에 대한 태도

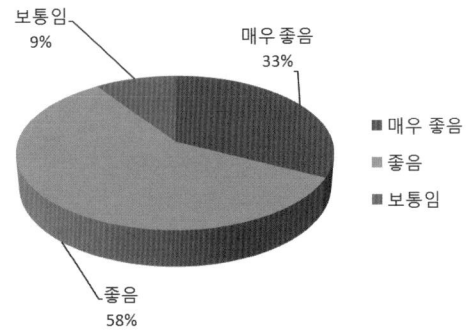

표 3-19. 문법 교재에 대한 필요성

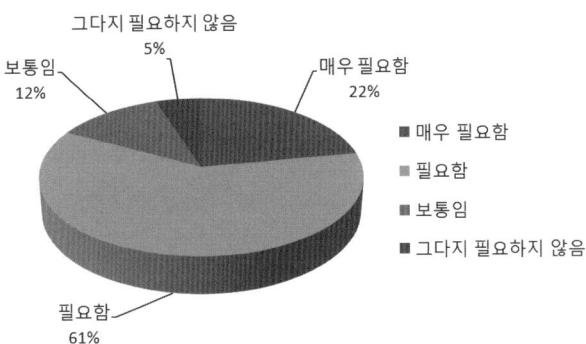

표 3-20. 문법 교재가 학습자 학습에 도움 여부

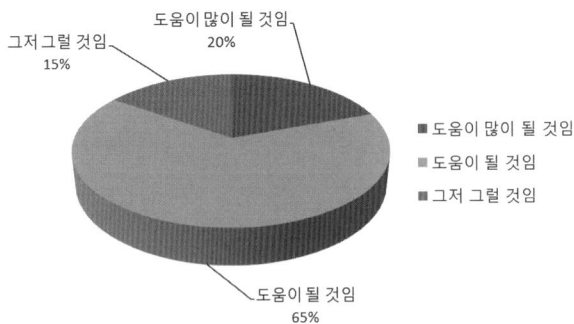

표 3-21. 교재 내용에 대한 요구

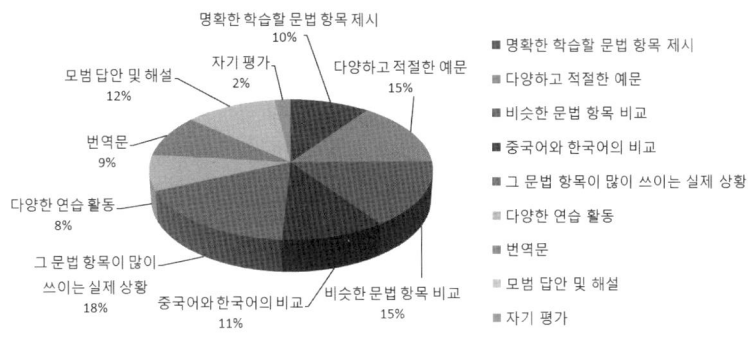

는 '비슷한 문법 항목의 비교'가 76명(17.1%)으로 나타났다. 이것은 한국어 문법이 어렵다고 느꼈을 때 비슷한 문법 항목이 많다는 것은 그중에 제일 큰 원인이기 때문이다. 이어서 수업에서나 참고서에서 나타난 다양하고 적절한 예문이 부족하다는 단점과 부응하면서 다양하고 적절한 예문이 교재에 들어가 있었으면 좋겠다는 응답이 74명(16.7%)으로 높은 비율을 차지했다. 그 다음에는 '정답 해설'이 58명(13.1%), '중국어와 한국어의 비교'가 54명(12.2%), '명확한 문법 항목 제시'가 50명(11.3%), '번역문'이 48명(10.8%)의 순으로 나타났다. '자기평가'에 대한 요구는 좀 낮아 보인다. 기타 응답에는 책이 저렴하고 예쁘게 설계해야 한다는 요구였다. 독학용 문법책을 만들 때는 이상의 학습자의 요구를 반영해야 한다(표 3-21 참고).

2) 설문조사 결과 분석

다음에서는 설문 조사를 통해 얻은 결과를 분석하고, 교재 개발에 있어서 고려해야 할 사항을 먼저 제시해 보고자 한다.

첫째, 모든 학습자가 한국어 문법 학습이 중요하다고 생각하고 있음을 알 수 있었다. 하지만 학습자들이 자신의 한국어 문법 이해 능력과 구사 능력에 대해서는 대부분이 만족하지 않는다고 조사되었다. 한국어 문법에 비슷한 것이 많다는 것과 한국어와 중국어의 문법상 차이점이 많다는 점에서 한국어 문법을 학습할 때 어려움을 느끼는 것으로 보인다. 피조사자들은 한국어 문법 학습은 듣기, 말하기, 읽기, 쓰기 4대 영역에 다 영향을 준다고 생각한다. 특히 쓰기와 제일 긴밀한 관계를 맺고 있다고 본다.

둘째, 한국어 학습의 목표는 '한국인과 자연스럽게 대화할 수 있는 수준'이라는 응답이 가장 높은 비율을 차지했는데, 이는 과거의 문법 학습의 목표가 단순히 문법을 이해하고 파악하는 것이었다면 이제는 원활한 의사소통을 위한 문법 구사 능력의 신장으로 문법 학습의 목표가 변화된 것으로 분석된다. '한국인과 똑같이 한국어를 말할 수 있는 수준'이라는 응답은 15.3%로 나타났다. 이것은 문법을 한국어 숙달도를 평가하는 데 중요한 요소로 파악하고 있고, 문법에는 목표하는 수준이 높다는 것을 나타낸다. 이렇듯 학습자들이 목표하는 수준이 높으므로 문법 학습에도 정확성과 유창성을 동시에 향상할 수 있도록 교재의 내용을 구성해야 한다.

셋째, 학습자들의 문법 학습이 거의 다 학교 수업을 통해서 이루어진다고 볼 수 있다. 그다음에는 참고서를 통해서 문법을 학습한다. 학교 수업의 문법 학습에 대한 만족도는 문법 해석 및 설명과 다양하고 적절한 예문과 피드백이 부족하기 때문에 별로 높지 않다고 분석된다. 참고서를 쓰는 것이 문법 학습에 도움이 된다고 보이지만 쓰던 참고서에 대한 만족도는 다양하고 적절한 예문과 문법에 대한 해석과 설명 등이 부족하므로 그다지 높지 않은 것으로 나타난다. 또한 학습자들이 문법 학습에서 어렵게 생각하는 항목은 조사, 어미, 피동·사동이다. 그다음에는 경어법과 시제이다. 이런 항목들은 다 한국어와 중국어의 뚜렷한 차이다. 많은 한국어 문법 내용이 중국인 학습자들에게는 생소하고 완전히 새로운 것이기 때문에 문법 항목을 파악하는 데에 많은 어려움을 가져온다고 알아볼 수 있었다. 이런 점에서 중·고급 중국인 학습자들이 한국어 문법 학습에 많은 문제점이 있다는 것을 알 수 있었다. 위에서 얻은 결과를 감안하면 교재 개발할 때는 문법 항목을 어떻게 언제 어디서 쓰는지와 한국어와 중국어의 차이점을 구체적으로 자세하게 설명해주는 것이 필요하다고 본다.

넷째, 문법 항목을 문맥에 넣어서 학습하는 것에 대하여 학습자들은 모두 선호한다고 볼 수 있다. 여태까지 학습자들이 써왔던 문법책은 거의 다 사전식 책이다. 한국어 숙달도를 향상하기 위하여 사전식 문법책보다는 실제적인 상황에 많이 쓰이는 문법 항목이 들어가 있는 교재가 더 선호를 받고 있다고 본다. 이는 학습자들이 의사소통 향상에 목표하는 것을 알 수 있었다.

다섯째, 피조사자들이 거의 다 '독학용 한국어 문법 교재'가 필요하다고, 또한 이런 교재가 있다면 도움이 될 것 같다고 응답했다. 어떤 내용이 들어가 있었으면 좋겠는지에 대해서 문법 항목이 자주 쓰이는 상황이라는 응답이 제일 높은 비율을 차지했다. 다음으로는 비슷한 문법 항목의 비교와 다양하고 적절한 예문이라는 응답이 있었다. 중국어와 한국어의 비교와 명확한 문법 항목 제시라는 응답도 각각 12.2%, 11.3%로 나타났다. 자기 평가에 대한 응답은 별로 높지 않은 비율인 2.2%로 나타났다.

4. 중·고급 중국인 학습자를 위한 독학용 문법 교재 개발 방안

제2, 3절에서는 본격적인 교재 개발 단계에 앞서 이론적인 근거와 학습자의 요구조사를 살펴보았다. 여기서는 그러한 결과를 근거로 하여 교재 개발의 원리, 문법 항목 선정, 단원의 구성 등에 대해 모두 고찰해 본 후, 마지막으로는 독학용 문법 교재의 실제를 제시해 보고자 한다.

1) 교재 개발의 원리

제2절에서 살펴보았던 중국인 한국어 학습자의 특징 및 독학용 교재, 문법 교재의 개발 원리를 제3절에서 실시한 학습자 요구조사와 결합하여 본 연구에서는 중·고급 중국인 학습자를 위한 독학용 문법 교재 개발의 원리를 다음과 같이 여섯 가지로 설정하였다.

첫째, 문법을 의사소통능력 신장을 이루는 데에 목표를 둔다. 문법 지식을 가지고 실제 상황에서 어떻게 사용하는지 모르는 것을 극복하기 위하여 문법 항목을 맥락 속에서 학습시킨다. 형태와 의미를 잘 파악하도록 하는 단계를 넘어서 실제 사용 능력을 기르는 과정을 통해 의사소통능력 향상이란 목표를 이룬다.

둘째, 중국인 학습자의 특성과 요구를 반영한다. 제2절에서 논의했듯이 중국인 학습자는 연역적인 방법을 선호하고, 문법 학습에 대한 요구가 높지만 양 언어의 체계가 다르기 때문에 문법 학습 성취도는 높지 않고, 참여 학습보다는 개인 학습을 더 지향한다는 특징을 가지고 있다. 이러한 초점을 맞추어서 교재를 개발하도록 한다. 구체적으로 중점을 두어야 하는 것은 다음과 같다.

> 1. 대조 분석을 이루도록 한다. 2절 2항에서 논의했듯이 대조 분석은 외국어 학습에 있어서 양 언어의 차이점과 공통점을 규명해주는 역할을 함으로써 성인 학습자에게 단시일 내에 목표 언어를 파악하는 데에 효율적이고 효과적

이다. 중국어와 한국어의 문법 항목의 대조 분석, 한국어에 비슷한 문법 항목들의 비교를 하도록 하는 것이다. 설문조사에서 수업과 참고서에 대한 만족하지 않은 이유 중에 중국어와 한국어의 문법 비교가 부족하다는 응답이 많이 나타났다. 뿐만 아니라 한국어에 비슷한 문법 항목들도 중국인 학습자에게 많은 어려움을 가져온다고 본다. 이런 점을 감안하여 대조 분석을 이루도록 한다.

2. 중국어를 메타언어로 사용한다. 교재 사용 대상이 중국인 학습자이기 때문에 문법 설명, 지시문, 평가 등 부분을 중국어로 제시해주고, 예문, 연습 문제 등을 중국어 번역문을 첨가한다.

셋째, 학교 정규과정의 교과서를 보조하는 역할을 한다. 설문조사에서 나왔듯이 문법 학습이 주로 수업에서 이루어지고 있지만 수업의 문법 학습에 대한 만족도가 높지 않다. 따라서 수업 외에 보조 자료를 통하여 부족한 부분을 보완해 나갈 수 있도록 해야 한다. 보조 자료로서의 독학용 교재를 통하여 학습자가 필요할 때마다 스스로 학습할 수 있다. 수업에서 학습했던 내용을 다시 복습할 수 있고 사전에 학습하여 수업 학습에 도움을 준다는 역할을 할 수도 있다. 이러한 역할이 잘 실현되기 위하여 구체적으로 주의해야 하는 것은 다음과 같다.

1. 학습 내용을 수평적으로 배열한다. 교재의 처음에 선정된 문법 항목을 '가, 나, 다, 라 ……' 순서로 배열해서 제시해준다. 같은 형태이고 다른 의미로 나타난 문법 항목은 '가1, 가2 ……'식으로 표시하도록 한다.

2. 한 단원에 문법 항목을 하나씩 학습시킨다. 한국어에 비슷한 문법 항목이 많고 문법이 좀 복잡하기 때문에 학습에 어려움을 가져 오는 것을 알 수 있다. 이점을 감안하여 한 단원에 문법 항목을 하나씩 학습시키는 것이 학습에 더 효과적이라고 본다.

3. 학습자가 혼자서 교재를 편리하게 쓸 수 있도록 한다. 교재 사용 설명서를 첨부하고 내용을 이해하기 쉬운 말로 설명하고 지시문, 시각적인 자료를 사용한다. 독학용 교재이기 때문에 학습자가 다른 도움이 없이 그 교재만 의지해서 학습이 진행해야 해서 최대한 학습 효과를 이루도록 하기 위하여 전체적인 교재 사용 면에 편리하게 마련하는 것이 필수적이다.

4. 학습 과정에 필요한 학습 시간을 제시한다. 이는 제한된 시간 안에 학습을 완성하도록 하는 데에 암시적인 역할을 한다.

넷째, 다양하고 적절한 예문과 연습 문제를 제공한다. 실시한 설문조사에서 수업과 참고서에 대해 만족하지 않는 이유가 무엇인지를 물어봤을 때 예문과 연습문제 부족이라는 응답이 높은 비율로 나타났다. 학습자들은 예문을 통해서 목표 문법 항목을 실제적으로 어떻게 사용하는지를 인식하게 된다. 예문은 실제 상황에서 많이 쓰이고 형식이 다양하고 난이도가 적당한 문장이어야 한다. 문법을 익히는 데에 많은 연습을 하는 것도 중요하다. 학습자가 문법 항목을 내재화할 수 있도록 충분한 양의 연습이 필요하다. 또한 예문과 같이 연습 유형도 다양하게 해서 학습자들에게 새로운 느낌이 들게 해 주어야 한다.

다섯째, 정답에 대한 해설이 필요하다. 이는 학습자들의 정답 해설에 대한 요구에 부응한다. 틀린 항목에 대해서 학습자들이 틀린 이유를 못 찾아내는 경우에 정답에 대한 해설이 있다면 그 문법 항목에 대한 이해를 더욱 공고히 할 수 있다고 본다. 정답에 대한 해설은 그 문법 항목을 다시 학습하는 기회인 것이다.

여섯째, 자기 평가가 이루어지도록 한다. 독학용 교재의 특성상 교사나 동료 학습자의 평가가 없기 때문에 학습자는 자신의 문법 파악 능력이 어느 수준이 되는지를 확인할 수 없다. 따라서 단계마다의 평가와 단원의 마지막 부분에 전체 학습 내용에 대한 평가를 실시하도록 한다.

2) 문법 학습 항목 선정

(1) 교재 중·고급 문법 항목 분석

본 연구의 대상은 중·고급 중국인 학습자이다. 제2절의 3항에서 논의했듯이 여태까지 문법 항목에 대하여 논의했던 것을 보면 초, 중, 고급을 나누어서 정확하게 정해진 문법 항목 내용을 찾기는 힘들다. 특정 학습자 집단에게 맞는 교육 문법 항목을 선정하는 작업도 아직 없어 보인다. 물론 학습자 집단에 따라 문법 항목의 난이도나 학습 활동이 달라질 수 있겠지만 한국어 학습자들에게 어떤 문법 항목들을 가르쳐야 하는지는 다르지 않다고 본다. 방성원(2003)은 표준화된 교육용 문법 요소가 없을 경우에 기존 교과서들의 학습 문법 형태를 데이터베이스에 입력한 후 교재 간 중복도가 높은 것을 중요도가 높은 것으로 판단하여 추출하고 교육용 기본 어휘를 참고하여 빈도수가 높은 것이 누락되지 않도록 한 후에 기능에 잘 부합하는 것들을 포함하여 학습 문법으로 선정하고 각 단원에 배치하는 것이 현실적인 방법이라고 지적하였다. 본고에서도 이상의 방법과 델파이기법[7]을 결합하며 문법 항목을 선정하겠다. 이를 위하여 본 연구는 먼저 서울대, 고려대, 연세대, 경희대, 이화여대 5개 대학교 어학원에서 쓰고 있는 교재에의 중·고급 문법 항목을 뽑아냈다. 교재 목록은 〈표 4-1〉과 같다.

이상 5개 대학교가 외국어로서의 한국어 교육을 실시한지 오래됐기 때문에 참고할 가치가 높다고 본다. 본고에서는 A교재, B교재, C교재, D교

---

7 델파이기법(delphi method) : 전문가의 경험적 지식을 통한 문제해결 및 미래예측을 위한 기법이다. 전문가 합의법이라고도 한다. 아래와 같은 절차를 거친다. ① 초기계획수립 : 측정대상 전제조건 확인, 전문가 섭외, 역할배정 ② 산정 : 전문가 각자의 경험지식 기반 산정 ③ 합의도출 : 의견조정 작업, 합의도출, 중재, 반복수행 ④ 정리 및 기록 : 합의 결과 정리, 산정치 결정, 전제조건 정의.

표 4-1. 교재 목록

A. 고려대학교 「재미있는 한국어」 1~5 총 5권
B. 경희대학교 「한국어 중급」 3·4 「한국어 고급」 5·6 총 4권
C. 서울대학교 「한국어」 2~4 총 3권
D. 연세대학교 「한국어」 3~6 총 4권
E. 이화여자대학교 「말이 트이는 한국어」 3~6 총 4권

표 4-2. 세 개 이상의 교재에서 다룬 중급 문법 항목

**-(으)ㄴ / 는 대로, -(으)ㄹ 만하다, -(으)면 (으)ㄹ 수록, 간접화법, -거든(요),
-기, -느라고, -다가, -다니, -다면, -더니, -던, 도록, 대로, -로, -만,** 반
말, 보조형용사(-ㄴ / 은 / 는 / ㄹ / 을), **-뿐이다, 사동표현, -아 / 어 / 여 보이
다, -자마자, -잖아요, 피동표현,** -(ㄴ)지, -(ㄴ / 는)다면서, -(으)ㄴ 적이 있다 / 없다, -
(으)ㄴ 채, -(으)ㄴ / 는 김에, -(으)ㄴ / 는 모양이다, -(으)ㄴ / 는 / (으)ㄹ 줄 알다 / 모르다, -(으)
ㄴ / 는데도, -(으)ㄴ / 는지 알다 / 모르다, -(으)ㄴ가 보다, (으)ㅁ, -(으)ㄹ 뻔하다, -(으)ㄹ 뿐만
아니라, -(으)ㄹ 텐데, -(으)ㄹ까 보다, -(으)ㄹ까 하다, -(으)ㄹ 래, -(으)려고, -(으)려면, -(으)
렴, -(으)며, -(으)면서, -(이)나, -(이)라도, -(이)라면, -게, -게 되다, -게 하다, -고 나서,
-고 말다, -고 해서, -기 때문에, -기 위해서, -기는 하지만, -기로 하다, -기만 하다, -나 보
다, -네, -는 바람에, -던데, -든지, -때문에, 만큼, -밖에, -뻔하다, -아 / 어 / 여 있다, -아
/ 어 / 여도, -아 / 어 / 여서 그런지, -아 / 어 / 여야, -아 / 어 / 여 오다 / 가다, -아 / 어 / 여지
다, -았 / 었 / 였더라면, -에 대해서, -에 따르면, -지, -처럼

재, E교재로 표시하도록 한다. 구체적인 문법 항목은 '부록 2-1, 2-2'를 참
고하도록 한다.

① 교재 중급 문법 항목 분석

선정된 교재에서 뽑힌 중급 문법 항목은 '부록 2-1'을 참고하도록 한다.
그중 세 개 이상의 교재에서 다룬 문법 항목은 〈표 4-2〉와 같다.[8] 〈표 4-2〉
의 강조 표시된 것은 다섯 개 교재에 다 포함된 문법 항목들이다.

---

8 같은 의미와 기능을 갖는 문법 요소가 교재마다 다 둘 이상의 이형태로 제시된 경우가 많
   고, 한 교재에서도 그러한 경구가 있었으므로 본고에서는 대표 형태를 뽑아 정렬했다.
   예를 들면 '-(은)지 -되다', '-(은)지 -넘다' 중에 '-(은)지'가 동일한 의미와 기능을 갖
   기 때문에 '-(은)지'를 문법 항목으로 뽑아 정렬했다.

표 4-3. 1차 중급 문법 항목 선정 델파이기법

문법 항목	중급	고급	결과
–(으)ㄴ 걸 보니까	5	–	중급
–(으)ㄴ 나머지	3	2	–
–(으)ㄴ / 는 셈이다	2	3	–
–(으)ㄴ / 는 척하다	5	–	중급
–(으)ㄴ / 는 탓에	5	–	중급
–(으)ㄴ / 는 편이다	5	–	중급
–(으)ㄴ / 는 데도 불구하고	2	3	–
–(으)ㄴ 들	1	4	–
–(으)ㄹ 걸	5	–	중급
–(으)ㄹ 겸	5	–	중급
–(으)ㄹ 뿐만 아니라	4	1	–
–(으)ㄹ 수도 있다	5	–	중급
–(으)ㄹ 정도	5	–	중급
–(으)ㄹ 테니까	5	–	중급
–(으)ㄹ건가	4	1	–
–(으)ㄹ까말까 하다	4	1	–
–(으)ㄹ 지경이다	5	–	중급
–(으)ㄹ지라도	1	4	–
–(으)려다가	5	–	중급
–(으)려던 참이다	3	2	중급
–(으)로 인하다	5	–	중급
–(으)면 –(으)레	–	5	고급
–(으)면 –게 마련이다	2	3	–
–(으)면 –는 / 은 / ㄴ 법이다	5	–	고급
–(으)므로	4	1	–
–(이)구나	3	2	–
–(이)나마	1	4	–
–(이)라니	5	–	중급
–(이)라지	5	–	중급
–(이)야말로	1	4	–

−거나	5	−	중급
−고 보니	5	−	중급
−고는 하다	5	−	중급
−고야말겠다	2	3	−
−고자	2	3	−
−곤하다	4	1	−
−기를 바라다	5	−	중급
−길래	5	−	중급
−나마나	5	−	중급
−는 대신	4	−	−
−는 법을 알다 / 모르다	4	−	−
−는 중이다	4	−	−
−는 통에	4	−	−
−는 한	2	3	−
−는데에는 −이 / 가 좋다	5	−	중급
−는둥 −마는둥	5	−	중급
−는셈 치다	1	4	−
−다(냐,라,자)는 말이다	4	1	−
−다고 하던데	5	−	중급
−다고 해도	5	−	중급
−다보니	5	−	중급
−다시피	5	−	중급
−다지	5	−	중급
−더군	5	−	중급
−더라	5	−	중급
−더라도	5	−	중급
−더러	5	−	중급
−듯이	5	−	중급
−따위	−	5	고급
−마저	4	1	−
−무렵	4	1	−
−아 / 어 / 여 놓다 / 두다	5	−	중급

-아/어/여 버리다	5	-	중급
-아/어/여보니까	5	-	중급
-어찌나 -(으)ㄴ/는지	2	3	-
-얼마나 -던지	5	-	중급
-에 관하다	2	3	-
-에 비하면	5	-	중급
-에(에게) 달려 있다	2	3	-
-에(에게) 반하다	4	-	-
-은/는 물론	5	-	중급
-은/는 -에(게) 좋다	5	-	중급
이중부정	5	-	중급
-자면	1	4	-
-지 그래	5	-	중급
-치고	2	3	-
-커녕	2	3	-
ㅎ 불규칙	4	1	-
할 것 없이	3	2	-

② 교재 고급 문법 항목 분석

다섯 개 교재에서 나온 고급 문법 항목은 '부록 2-2'를 참고하도록 한다. 부록에서 볼 수 있듯이 각 교재마다 고급 문법 항목이 중급 문법 항목보다 양이 훨씬 많이 적어진다. 그중에서 세 개 교재 이상이 모두 다룬 문법 항목은 '-싶다, -탓에' 밖에 없었다. 한 문법 항목이 어느 한 교재에서 고급 문법 항목으로 설정되지만 그 항목이 다른 교재에서는 이미 중급 문법 항목으로 설정된 경우가 많이 보인다.

(2) 델파이기법 중·고급 문법 항목 분석

① 델파이기법 중급 문법 항목 분석

위에서 살펴본 결과에 따라서 세 개 이상의 교재가 다룬 문법 항목들은 중요하고 학습자들이 알아야 하고 파악해야 하며 빠져서는 안 될 것으로

표 4-4. 2차 델파이기법 중급 문법 항목 선정

문법 항목	중급	고급	결과
−(으)ㄴ 나머지	5	−	중급
−(으)ㄴ / 는 셈이다	−	5	고급
−(으)ㄴ / 는 데도 불구하고	−	5	고급
−(으)ㄴ 들	−	5	고급
−(으)ㄹ 뿐만 아니라	5	−	중급
−(으)ㄹ건가	5	−	중급
−(으)ㄹ까말까 하다	5	−	중급
−(으)ㄹ지라도	−	5	고급
−(으)려던 참이다	5	−	중급
−(으)면 −게 마련이다	−	5	고급
−(으)므로	5	−	중급
−(이)구나	5	−	중급
−(이)나마	−	5	고급
−(이)야말로	−	5	고급
−고야 말겠다	−	5	중급
−고자	−	5	고급
−곤하다	5	−	중급
−는 대신	5	−	중급
−는 법을 알다 / 모르다	5	−	중급
−는 중이다	5	−	중급
−는 통에	5	−	중급
−는 한	−	5	고급
−는 셈 치다	−	5	고급
−다(냐, 라, 자)는 말이다	5	−	중급
−마저	5	−	중급
−무렵	5	−	중급
−어찌나 −(으)ㄴ / 는지	−	5	고급
−에 관하다	−	5	고급
−에(에게) 달려 있다	−	5	고급
−에(에게) 반하다	5	−	중급

−자면	−	5	고급
−치고	−	5	고급
−커녕	−	5	고급
ㅎ 불규칙	5	−	중급
할 것 없이	5	−	중급

표 4-5. 델파이기법 중급 문법 항목 선정 결과

−(으)ㄴ 걸 보니까, −(으)ㄴ 나머지, −(으)ㄴ / 는 척하다, −(으)ㄴ / 는 탓에, −(으)ㄴ / 는 편이다, −(으)ㄹ 걸요, −(으)ㄹ 겸, −(으)ㄹ 뿐만 아니라, −(으)ㄹ 수도 있다, −(으)ㄹ 정도, −(으)ㄹ 테니까, −(으)ㄹ건가, −(으)ㄹ까말까 하다, −(으)ㄹ지경이다, −(으)려다가, −(으)려던 참이다, −(으)로 인하다, −(으)므로, −(이)구나, −(이)라니, (이)라지, −거나, −고 보니, −고는 하다, −고야 말겠다, −곤하다, −기를 바라다, −길래, −나마나, −는 대신, −는 법을 알다 / 모르다, −는 중이다, −는 통에, −는 데에는 −이 / 가 좋다, −는둥 −마는둥 −다(냐, 라, 자)는 말이다, −다고 하던데, −다고 해도, −다보니, −다시피, −다지, −더군, −더라, −더라도, −더러, −듯이, −마저, − 무렵, −아 / 어 / 여 놓다 / 두다, −아 / 어 / 여 버리다, −아 / 어 / 여 보니까, −얼마나 −던지, −에 비하면, −에(에게) 달려 있다, −에(에게) 반하다, −은 / 는 물론, −은 / 는 −에(게) 좋다, 이중부정, −지 그래, ㅎ 불규칙, 할 것 없이

표 4-6. 중급 문법 항목 선정 결과

−(으)ㄴ / 는 대로, −(으)ㄹ 만하다, −(으)면 (으)ㄹ 수록, −(으)ㄹ 정도, −(으)ㄹ 테니까, −(으)ㄹ건가(요), −(으)ㄹ까말까 하다, −(으)ㄹ지경이다, −(으)려다가, −(으)려던 참이다, −(으)로 인하다, −(으)므로, −(이)구나, −(이)라니, (이)라지, 간접화법, −거든(요), −기, −거나, −고 보니, −고는 하다, −고야말겠다, −곤하다, −기를 바라다, −길래, −느라고, −나마나, −는 대신, −는 법을 알다 / 모르다, −는 중이다, −는 통에, −는데에는 −이 / 가 좋다, −는둥 −마는둥, 다, −다가, −다니, −다면, −더니, −던, 도록, 대로, −로, −만, 반말, 보조형용사(−ㄴ / 은 / 는 / ㄹ / 을), −뿐이다, 사동표현, −아 / 어 / 여 보이다, −자마자, −잖아, 피동표현, −(ㄴ)지, −(ㄴ / 는)다면서, −(으)ㄴ 적이 있다 / 없다, −(으)ㄴ 채, −(으)ㄴ / 는 김에, −(으)ㄴ / 는 모양이다, −(으)ㄴ / 는 (으)ㄹ 줄 알다 / 모르다, −(으)ㄴ / 는데도, −(으)ㄴ / 는지 알다 / 모르다, −(으)ㄹ가 보다, (으)ㅁ, −(으)ㄹ 뻔하다, −(으)ㄹ 뿐만 아니라, −(으)ㄹ 텐데, −(으)ㄹ까 보다, −(으)ㄹ까 하다, −(으)ㄹ래, −(으)려고, −(으)려면, −(으)렴, −(으)며, −(으)면서, −(이)나, −(이)라도, −(이)라면, −게, −게 되다, −게 하다, −고 나서, −고 말다, −고 해서, −기 때문에, −기 위해서, −기는 하지만, −기로 하다, −기만 하다, −나 보다, −네, −는 바람에, −던데, −든지, −다(냐, 라, 자)는 말이다, −다고 하던데, −다고 해도, −다보니, −다시피, −다지, −더군, −더라, −더라도, −더러, − 때문에, −만큼, −마저, − 무렵, −밖에, −뻔하다, −아 / 어 / 여 있다, −아 / 어 / 여도, −아 / 어 / 여서 그런지, −아 / 어 / 여야, −아 / 어 / 여 오다 / 가다, −아 / 어 / 여지다, −았 / 었 / 였더라면, −에 대해서, −에 따르면, −아 / 어 / 여 놓다 / 두다, −아 / 어 / 여 버리다, −아 / 어 / 여 보니까, −얼마나 −던지, −에 비하면, −에(에게) 반하다, −은 / 는 물론, −은 / 는 −에(게) 좋다, 이중부정, −지, −처럼, −지 그래, ㅎ 불규칙, 할 것 없이

본다. 그래서 그런 문법 항목들을 본고 교수요목의 일부분으로 설정하기로 한다. 그 외에 각 교재에서 남은 문법 항목들은 본고에서 델파이기법을 택해서 결정할 것이다.

델파이기법은 외국어로서의 한국어교육에 종사한 지 5년 이상인 일선 전문가 다섯 명에게 문법 항목의 난이도를 판단해 줄 것을 의뢰했다. 구체적인 실시방식은 아래와 같다. 남은 문법 항목들을 표로 만들었고 중·고급으로 표시해달라고 한다. 먼저 중급에서 남은 문법 항목에 대해서 델파이기법을 실시했다. 1차 델파이기법을 실시한 결과는 〈표 4-3〉과 같다.

〈표 4-3〉에서 네 명만 판단을 표시하는 경우에는 전문가 중의 한 명이 그 문법 항목을 중급 단계 이상에서 가르칠 필요가 없다고 주장한 것이다. 델파이기법에서 한 문법 항목을 다섯 명의 전문가가 다 중급 문법 항목으로 선정한다면 그 문법 항목을 본고의 중급 문법 항목으로 다루기로 한다. 남은 문법 항목은 2차 델파이기법을 실시했다. 먼저 1차 결과를 전문가들에게 보냈고 전문가들이 그 결과를 참고해서 2차 판단을 했다. 2차 결과는 〈표 4-4〉와 같다.

2차 델파이기법에서 전문가들이 남은 문법 항목에 대해서 일치한 의견을 가지게 됐다. 델파이기법이 실시된 결과로 5개 교재에서 남은 문법 항목들 중에서 〈표 4-5〉과 같이 일부분을 중급 문법 항목으로 선정했다. 앞서 얻은 결과를 종합하여 본고에서는 중급 문법 항목을 〈표 4-6〉과 같이 다루기로 하겠다.

② 델파이기법 고급 문법 항목 선정

중급 문법 항목 선정에서 얻은 결과를 기초로 하여 교재 고급 문법 항목에 포함되어 있는 선정된 중급 문법 항목과 고급 문법 항목을 구별해 낸 후, 남은 문법 항목을 델파이기법으로 실시했다. 1차 고급 문법 항목 선정 델파이기법 결과는 〈표 4-7〉과 같다.

표 4-7. 1차 델파이기법 고급 문법 항목 선정

문법 항목	중급	고급	결과
-(으)리가 없다	5	-	중급
-에 의하면	5	-	중급
-(이)라고는 -뿐이다	-	5	고급
-고도	5	-	중급
-다 / 자 / 냐 / 라면서	4	1	-
-(으)느냐 든지 -(으)냐 든지	-	5	고급
-(으)ㄴ / 는 덕분에	3	2	-
-에 불과하다	3	2	-
-다하더라도	5	-	고급
-조차	5	-	고급
-노라면	3	2	-
-기가 무섭게	-	5	고급
-을 / 를 무릅쓰다	-	5	고급
-이 / 가 오죽하다	-	5	고급
-을 / 를 비롯하다	1	4	-
-아 / 어 / 여 버릇하다	-	5	고급
-(으)느니 -(으)니(하면서)	-	5	고급
-(으)ㄹ 줄이다	-	3	-
차라리	5	-	중급
-는 게 고작이다	-	5	고급
시에 관련된 표현	-	2	-
-(으)ㄴ 감이 있다	-	5	고급
-만 해도	5	-	중급
-기는(요)	5	-	중급
단만	3	2	-
제발	5	-	중급
설마	3	2	-
-되	1	4	-
-락 -락하다	-	5	고급
-리라	1	4	-

−라든가 같은	−	5	고급
−로써	5	−	중급
−게끔	5	−	중급
−기 일쑤이다	−	5	고급
−음으로써	2	3	−
−을 뿐더러	−	5	고급
−기 십상이다	−	5	고급
−는/은/ㄴ 꼴이다	3	2	−
−을/ㄹ 판에	−	5	고급
−건만	−	5	고급
−(으)ㄴ/는/ㄹ 바	2	3	−
−(으)ㄴ/는 양	−	5	고급
−(으)로 말미암아	−	5	고급
−기 짝이 없다	4	1	−
−고자	5	5	중급
−다는 점에서 −다고 생각하다	−	5	고급
−(이)라야	−	4	−
−는 걸요	4	1	−
−(으)니 −(으)니 해도	−	5	고급
−(으)면 얼마나 더 −좋겠다	3	2	−
−상대 높임	5	−	중급
−(으)ㄴ/는가 하면	1	4	−
−오	−	4	−
−그렇다고 −(으)ㄴ/는 것은 아니다	−	5	고급
−(으)ㄴ 끝에	5	−	중급
불과 −만에	−	5	고급
−(에) 못지않게	4	1	−

1차 결과를 얻은 후 의견이 불일치한 항목에 대해서 2차 델파이기법을 실시했다. 실시 결과는 〈표 4-8〉과 같다.

델파이기법이 실시된 결과로 5개 교재에서 남은 문법 항목들 중에서 〈표 4-9〉와 같이 일부분을 고급 문법 항목으로 선정했다.

표 4-8. 2차 델파이기법 고급 문법 항목 선정

문법 항목	중급	고급	결과
-다 / 자 / 냐 / 라면서	5	-	중급
-(으)ㄴ / 는 덕분에	5	-	중급
-에 불과하다	5	-	중급
-노라면	5	-	중급
-을 / 를 비롯하다	-	5	고급
시에 관련된 표현	-	-	-
단만	5	-	중급
설마	5	-	중급
-되	-	5	고급
-리라	-	5	고급
-음으로써	-	5	고급
-는 / 은 / ㄴ 꼴이다	-	5	고급
-(으)ㄴ / 는 / ㄹ 바	-	5	고급
-기 짝이 없다	5	-	중급
-(이)라야	-	5	고급
-는 걸요	5	-	중급
-(으)면 얼마나 더 -좋겠다	5	-	중급
-(으)ㄴ / 는가 하면	-	5	고급
-오	-	-	-
-(에) 못지않게	5	-	중급

표 4-9. 델파이기법 고급 문법 항목 선정 결과

-(이)라고는 -뿐이다, -(으)느냐 든지 -(으)냐 든지, -다하더라도, -조차, -을 / 를 무릅쓰다, -기가 무섭게, -아 / 어 / 여 버릇하다, -(으)느니 -(으)니(하면서), -는 게 고작이다, -(으)ㄴ 감이 있다, -락 -락하다, -라든가 같은, -기 일쑤이다, -을뿐 더러, -기 십상이다, -을 / ㄹ 판에, -건만, -(으)ㄴ / 는 양, -(으)로 말미암아, -다는 점에서 -다고 생각하다, -(으)니 -(으)니 해도, -그렇다고 -(으)ㄴ / 는 것은 아니다, 불과 -만에, -을 / 를 비롯하다, -되, -리라, -음으로써, -(으)ㄴ / 는 / ㄹ 바, -(이)라야, -(으)ㄴ / 는가 하면, -는 / 은 / ㄴ 꼴이다

표 4-10. 중·고급 문법 항목 선정 결과

문법 항목	
중급	-(으)ㄴ/는 대로, -(으)ㄹ 만하다, -(으)면 (으)ㄹ 수록, -(으)ㄹ 정도, -(으)ㄹ 테니까, -(으)ㄹ건가(요), -(으)ㄹ까말까 하다, -(으)ㄹ지경이다, -(으)려다가, -(으)려던 참이다, -(으)로 인하다, -(으)므로, -(이)구나, -(이)라니, (이)라지, 간접화법, -거든(요), -기, -거나, -고 보니, -고는 하다, -고야 말겠다, -곤하다, -기를 바라다, -길래, -느라고, -나마나, -는 대신, -는 법을 알다/모르다, -는 중이다, -는 통에, -는 데에는 -이/가 좋다, -는둥 -마는둥 다, -다가, -다니, -다면, -더니, -던, 도록, 대로, -로, -만, 반말, 보조형용사(-ㄴ/은/는/ㄹ/을), -뿐이다, 사동표현, -아/어/여 보이다, -자마자, -잖아, 피동표현, -(ㄴ)지, -(ㄴ/는)다면서요, -(으)ㄴ 적이 있다/없다, -(으)ㄴ 채, -(으)ㄴ/는 김에, -(으)ㄴ/는 모양이다, -(으)ㄴ/는/(으)ㄹ 줄 알다/모르다, -(으)ㄴ/는 데도, -(으)ㄴ/는지 알다/모르다, -(으)ㄴ가 보다, (으)ㅁ, -(으)ㄹ 뻔하다, -(으)ㄹ 뿐만 아니라, -(으)ㄹ 텐데, -(으)ㄹ까 보다, -(으)ㄹ까 하다, -(으)ㄹ 래, -(으)려고, -(으)려면, -(으)렴, -(으)며, -(으)면서, -(이)나, -(이)라도, -(이)라면, -게, -게 되다, -게 하다, -고 나서, -고 말다, -고 해서, -기 때문에, -기 위해서, -기는 하지만, -기로 하다, -기만 하다, -나 보다, -네, -는 바람에, -던데, -든지, -다(냐,라,자)는 말이다, -다고 하던데, -다고 해도, -다보니, -다시피, -다지, -더군, -더라, -더라도, -더러, - 때문에, -만큼, -마저, -무렵, -밖에, -뻔하다, -아/어/여 있다, -아/어/여도, -아/어/여서 그런지, -아/어/여야, -아/어/여 오다/가다, -아/어/여 지다, -았/었/였더라면, -에 대해서, -에 따르면, -아/어/여 놓다/두다, -아/어/여 버리다, -아/어/여 보니까, -얼마나 -던지, -에 비하면, -에(에게) 반하다, -은/는 물론, -은/는 -에(게) 좋다, 이중부정, -지, -처럼, -지 그래(요), ㅎ 불규칙, 할 것 없이, -(으)리가 없다, -에 의하면, -고도, -만 해도, -기는(요), -제발, -로써, -게끔, -고자, 상대 높임, -(으)ㄴ 끝에, -다/자/냐/라면서, -(으)ㄴ/는 덕분에, -에 불과하다, -노라면, -단만, -설마, -기 짝이 없다, -는 걸(요), -(으)면 얼마나 더 -좋겠다, -(에) 못지않게
고급	-(으)ㄴ/는 셈이다, -(으)ㄴ/는 데도 불구하고, -(으)ㄴ 들, -(으)ㄹ지라도, -(으)면 -(으)레, -(으)면 -게 마련이다, -(으)면 -는/은/ㄴ 법이다, -(이)나마, -(이)야 말로, -고자, -는 한, -는 셈치다, -따위, -어찌나 -(으)ㄴ/는지, -에 관하다, -에(에게)달려 있다, -자면, -치고, -커녕, -(이)라고는 -뿐이다, -(으)느냐 든지 -(으)냐 든지, -다하더라도, -조차, -을/를 무릅쓰다, -기가 무섭게, -아/어/여 버릇하다, -(으)느니 -(으)니(하면서), -는 게 고작이다, -(으)ㄴ 감이 있다, -락 -락하다, -라든가 같은, -기 일쑤이다, -을 뿐더러, -기 십상이다, -을/ㄹ 판에, -건만, -(으)ㄴ/는 양, -(으)로 말미암아, -다는 점에서 -다고 생각하다, -(으)니 -(으)니 해도, -그렇다고 -(으)ㄴ/는 것은 아니다, 불과 -만에, -을/를 비롯하다, -되, -리라, -음으로써, -(으)ㄴ/는/ㄹ 바, -(이)라야, -(으)ㄴ/는가 하면, -는/은/ㄴ 꼴이다

(3) 문법 항목 선정

위에서 실시된 결과를 종합하여 본고에서 선정된 중급 문법 항목과 고급 문법 항목은 〈표 4-10〉과 같다.

3) 교재 구성

본고에서 개발하고자 하는 독학용 문법 교재의 전체 구성과 단원 구성을 제시해 보도록 한다.

(1) 전체 구성

독학용 문법 교재의 전체적인 구성은 〈표 4-11〉과 같이 한다.

표 4-11. 교재 전체 구성의 예

머리말에서는 교재 개발의 필요성, 집필 방향을 제시한다. 교재 사용 설명에서는 교재의 특성과 성격에 대한 소개, 교재 구성의 세부 항목을 일일이 제시한다. 목차에서는 1과부터 마지막 과까지의 제목을 제시한다. 그 다음에 본문 부분에 이어서 부록을 첨가한다. 부록은 부록 1과 부록 2로 나눈다. 부록 1에서는 본문에서 나온 어휘 및 표현을 '가, 나, 다……' 순서대로 제시하고, 부록 2에서는 본문 내용 및 연습 문제의 중국어 번역문을 붙인다. 모범 답안 및 답안 해설의 배치 위치에 대해서 본고는 사후 30명 학생에게 설문 조사를 실시했다. 조사결과는 해당과 뒤에 배치한다는 응답자가 18명(60%)이고, 부록에 배치한다는 응답자가 6명(20%)이고, 나머지 6명(20%)은 양자 다 괜찮다고 응답했다. 이에서 학습자들이 자신의 학습 효과에 대한 즉각적인 점검 요구가 많이 강하다고 알 수 있다. 이상 결과에 따라서 본고는 모범 답안 및 답안 해설이 직접 해당과 뒤에서 배치하도록 한다.

(2) 단원 구성

단원 구성은 교육목표를 구현해 내는 데 가장 효율적인 방식이다. 문법 교재의 단원 구성은 문법을 어떻게 학습하는가에 대한 반영이다. 이를 위하여 제2절에서 살펴봤던 독학용 교재와 문법 교재 개발 원리를 바탕으로 하여 학습자의 요구와 결합해서 본고에서 개발하고자 하는 독학용 한국어 문법 교재에 적합한 단원 구성 단계를 제시하고자 한다.

김정숙(2003)에서는 단원 구성 요소를 '단원 제목→학습 목표→도입→예시문→발음→어휘→문법→과제→문화→자기평가'의 순으로 제시하였다. 이는 통합교재의 단원 구성이다. 하지만 독학용 문법 교재의 단원 구성을 제시할 때는 독학과 문법 학습의 특징을 고려해야 할 것이다. 본고에서는 그 모형을 참고해서 '단원 제목→학습 목표→맥락 제시→설명→예문→대조 분석→연습→활용→어휘 및 표현→모범 답안 및 해설→자기 평가→유사 항목 제시'로 단원 구성을 설정 배열해 보고자 하였다.

개발하고자 하는 교재의 주요 학습 과정은 문법 학습이다. 따라서 김정숙(2003)에서 제시한 단원 구성에 따라 문법 교재의 단원 모형을 '단원 제목→학습목표→문법학습→자기 평가'로 바꿀 수 있다고 본다. '문법 학습'의 하위 분야는 제2절에서 논의한 교수 모형이다. 즉 '맥락 제시→설명→예문→대조 분석→연습→활용→평가'이다. '대조 분석'에서 나타난 문법 항목이 학습자가 이미 배웠던 내용일 수도 있고, 아직 안 배운 내용일 수도 있는 점에 '유사 항목 제시'라는 내용을 첨가한다. 이는 학습자에게 다시 복습하거나 예습하게 해주는 역할을 한다. 연습 문제에 대한 정답 및 답안 해설이 요구된다는 점을 감안하여 단원 구성에 '모범 답안 및 해설'이라는 부분을 설치한다. 이상 내용을 다시 정리해보면 본고에서 제시하고자 하는 단원 구성은 '단원 제목→학습 목표→맥락 제시→설명→예문→대조 분석→연습 →활용→어휘 및 표현→모범 답안 및 해설→자기 평가→유사 항목 제시'이다.

다음에는 위에서 제시한 단원 구성 요소를 구체적으로 살펴보도록 하겠다.

① 단원 제목

단원의 제목은 직접 해당 문법 항목으로 제시하도록 한다. 독학용 교재이기 때문에 학습자가 학습하려고 하는 문법 항목을 쉽게 찾을 수 있도록 문법 항목이 들어가 있는 문장으로 제시하는 것보다 직접 제시하는 것이 일목요연한 효과를 가져 온다고 본다.

② 학습 목표

단원 제목에 이어서 해당 단원의 처음에 학습 목표를 분명히 제시한다. 학습자에게 본 단원에서 무엇을 파악해야 하는지를 인식하도록 한다. 예를 들면 해당 단원의 문법 항목이 '-자마자'인 경우에 학습 목표는 "'-자마자'의 쓰임을 이해하고 사용할 수 있다"와 같이 제시할 수 있다.

③ 맥락 제시

목표를 제시한 후 해당 문법 항목이 쓰이는 맥락을 제시한다. 대화문이나 아주 짧은 글로 제시가능하다. 내용은 실제 상황에서 자주 접하는 것이 바람직하다. 이 단계에서는 목표 문법 항목이 쓰이는 실제적인 상황이 어떤 것인지를 알아보도록 한다. 또한 이 부분에서 내용과 관련된 그림을 같이 첨가하는 것도 바람직하다. 이것은 교재 형식상에 지루한 느낌을 줄여주고 학습자들의 흥미를 유도하는 데도 도움이 된다.

④ 설명

설명 단계에 학습자들에게 정확하게 문법 항목을 파악하도록 하는 중요한 단계이다. 따라서 되도록 간단하고 이해하기가 쉬운 말로 문법 항목의 형태, 의미, 활용을 자세히 설명을 하도록 한다. 뿐만 아니라 문법 항목 자체가 가지고 있는 제약 조건도 같이 설명하는 것이 바람직하다.

⑤ 예문

설명 단계를 이어서 문법 항목의 쓰임을 더 깊이 익히게 하기 위하여 다양하고 적당한 예문을 제시해 준다. 앞의 맥락 제시는 문법 항목의 쓰임을 한 부분만 보여주는 것이라서 그 이상 쓰이는 실제 담화 상황을 많이 제시할 필요가 있다.

⑥ 대조 분석

설명, 예문 단계를 거쳐서 목표 문법 항목을 잘 파악하는 기초에서 대조 분석 단계에 들어온다. 이 부분은 이미 배웠던, 비슷한 한국어 문법 항목을 비교하도록 한다. 또한 목표 문법이 중국어와 한국어에서 어떤 차이점과 공통점을 가지고 있는지를 밝힌다. 대조 분석을 통하여 학습자가 자주 헷갈리는 부분과 틀리게 쓰는 부분을 규명하도록 한다. 이는 문법 사용의 정확성을 향상할 수 있다.

⑦ 연습

연습 단계는 학습한 문법 항목을 복습하고 잘 받아들이는지를 검증하는 단계이다. 이 단계에서는 언어 구조에 대한 연습 및 의사소통적으로 유의미한 연습을 통해 목표 문법 항목을 학습시킨다. 즉 기계적인 연습과 유의적인 연습을 같이 제공한다. 연습 문제는 다양하고 형식은 새로운 것이 바람직하다. 또한 실생활에서 많이 사용하는 내용으로 제시하도록 해야 한다.

ㄱ. 빈칸 메우기

'-(으)ㄴ지'의 알맞은 형식으로 빈칸을 메우세요.

가. 한국에 _____ (오다) 2년이 됐어요.
나. 책을 _____ (읽다) 오래됐어요.

ㄴ. 목표 문법을 써서 대화 완성하기

'-잖아요'를 써서 대화를 완성하세요.

가 : 방학이 언제라고 했지요? (다음 주 월요일)
나 : _____.

ㄷ. 맞는 것을 고르기

다음 중 맞는 것을 고르세요.

가. 영화를 (보다가, 보다니) 잠이 들었어요.

ㄹ. 문장을 연결하기

'→'로 알맞은 문장을 연결하세요.
가. 도서관에서 책을 빌리려면   아르바이트를 해야 한다.
나. 학비를 벌려면   학생증이 필요하다.

ㅁ. 틀린 부분을 찾고 고치기

다음 문장에 틀린 부분을 찾고 고치세요.

가. 저는 지갑을 잃어버려 본 적이 있어요.
나. 어제 막걸리를 마신 적이 있어요.

ㅂ. 주어진 문법을 사용해서 한 문장으로 쓰기

'-아/어/여 보니까'를 사용해서 한 문장으로 쓰세요.

가. 부산에 갔다, 해운대가 정말 아름다웠다.
나. 김치찌개를 만들었다, 생각보다 어려웠다.

ㅅ. 빈칸에 가장 알맞은 것을 골라 넣기

빈칸에 가장 알맞은 것을 고르세요.

가: 어디가 불편해요?
나: 방에 침대가 없어서 바닥에서 _____ 허리가 아파요.

① 자더니 ② 자다가 ③ 잤다가 ④ 잤더니

ㅇ. 밑줄 친 부분과 같은 의미로 바꿔 쓴 것을 고르기

밑줄 친 부분을 같은 의미로 바꿔 쓴 것을 고르세요.

가: 토요일에 왜 안 왔어요?
나: 비가 많이 와서 모임이 취소될 거라고 생각했어요.

① 오기에 ② 오느라고 ③ 오더니 ④ 오다가

ㅈ. 보기와 같이 문장을 바꿔 쓰기

보기와 같이 문장을 바꿔 쓰세요.

예: 연극을 보고 싶어서 표를 사러 갔어요.
→ 연극을 보고 싶어서 표를 사러 갔대요.

가. 너무 더워서 수영하고 싶어 해요.
→ _____.

ㅊ. 맥락 속에 있는 문장을 목표 문법으로 바꿔서 쓰기

다음 대화를 친구 사이에 일어난다면 어떻게 말해요? 바꿔서 쓰세요.

　가: 왜 그렇게 서둘러요?
　나: 5시에 지하철을 타야 되는데 아직 준비할 게 많아요.

가: _____.
나: _____.

ㅋ. 표를 완성하고 목표 문법 항목을 써서 문장을 만들기

표를 완성하고 '―(으)ㄴ 적이 있다 / 없다'를 써서 문장을 만드세요.

	네	아니요
① 유명한 가수를 만나다		○
②		

① 유명한 가수를 만난 적이 없어요.
② _____ .

ㅌ. 그림을 보고 글을 완성하기

주어진 그림을 보고 '-게 하다'를 사용해서 글을 완성하세요.[9]

내일 우리 집에서 생일 파티를 한다. 그래서 어머니는 우리들에게 대청소를 _____. 어머니는 나에게 먼지를 _____. 그리고 동생에게는_____. 청소하느라고 정말 힘들어요. 아빠가 빨리 돌아와서 도와주셨으면 좋겠어요.

ㅍ. 그림을 보고 목표 문법 항목으로 묘사하기

'―자마자'를 이용하여 그림 내용에 대해서 묘사해 보세요.

→ _____

⑧ 활용

이 단계는 실제적 의사소통 활동을 하는 단계이다. 전 단계에서 충분히 언어적 연습이 끝난 후 이 단계에서 실제적 자료나 과제를 제공해서 활용하도록 한다. 다시 말해서 이 단계에서는 학습자가 실제로 직면하게 될 의사소통 상황과 유사한 활동을 구성하는 것이 바람직하다. 또한 활동을 듣기, 말하기, 읽기, 쓰기 네 영역과 연결해서 제시한다. 특히 말하기, 쓰기

에 중점을 둔다.

⑨ 어휘 및 표현
맥락이나 예문이나 연습 문제에 나타난 새 단어와 표현을 제시하도록 한다. 여러 가지 뜻을 가지고 있는 어휘 및 표현인 경우에는 본 내용에 나타난 뜻만을 해석한다. 이는 문맥을 잘 이해하도록 하기 위한 것이다.

⑩ 모범 답안 및 해설
모범 답안을 제공할 뿐만 아니라 해설도 같이 제공한다. 해설은 수업에서의 교사 피드백 역할과 똑같다. 학습자들이 잘못 대답했을 때 해설을 보고 왜 틀렸는지를 스스로 알아볼 수 있어서 목표 문법 항목을 파악하는 데 효과적일 것이다. 해설은 학습자들의 잘못 대답을 미리 예상하고 왜 그렇게 대답하면 안 되는지를 밝혀주는 것이 바람직하다고 생각한다. 특히 중국인 학습자들이 문법 항목을 학습할 때 자주 나타난 오류를 결합해서 정답 해설을 할 필요가 있다고 본다.

⑪ 평가
평가단계에서는 학습자들이 학습한 문법을 어느 정도 파악했는지, 부족한 부분이 무엇인지를 알아본다. 본고에서는 단계 평가와 전체 평가를 하도록 한다. 연습 단계에 들어가기 전에 학습자에게 목표 문법 항목을 잘 이해했는지를 단계평가 하도록 하고, 마지막으로 한 과를 끝날 때 전체 평가를 하도록 한다. 단계평가는 간단한 말로 자기 평가를 하고, 전체 평가는 1, 2, 3, 4, 5점을 나누어서 평가하게 한다. 3점 이하, 3점을 포함하지 않은 경우에 다시 그 문법 항목을 학습해야 한다.

---

9 본고에서 나온 그림은 http://www.nipic.com에서 다운로드했다.

표 4-12. 유사 항목 제시의 예

	문법 항목
형태·의미 비슷함	-자 ○○과 ○○쪽
의미 비슷함	-는 대로 ○○과 ○○쪽

⑫ 유사 항목 제시

앞에서 언급했듯이 목표 문법 항목과 대조 분석을 진행된 문법 항목이 학습자에게 새로운 내용일 수도 있고 이미 배운 내용일 수도 있다. 독학인 경우 해당 학습 목표 내용을 다 학습시킨 후 그 항목과 형태나 의미에 비슷한 내용을 묶어서 제시해 주는 것이 학습자에게 관련 내용을 심화학습 하거나 예습, 복습하게 하는 것에 도움이 된다고 본다. 예를 들면 〈표 4-12〉와 같다.

4) 단원 구성의 실제

위에서 논의한 원리에 따라서 단원 구성의 각 요소를 구체화하고 단원 구성의 실제를 제시하도록 하겠다.

한 단원의 학습 시간은 대략 30분 정도가 소요될 것으로 예상된다. 내용의 난이도에 따라 조절이 가능하다. 연습 단계 전과 후를 나누어서 시간을 제시한다. 대략 한 단원에 작은 단위 연습 문제 5개가 포함된 연습을 4~6개 정도로 설정하고, 그중에 기계적인 연습이 하나, 나머지는 유의적인 연습 문제로 배치하도록 한다. 형태 변화가 없는 문법 항목인 경우는 기계적인 연습을 넘어서 바로 유의적인 연습을 해도 가능하다고 본다. 활용 활동은 1~2개로 한정한다. 연습 단계에 들어가기 전에 단계 평가는

'여러분, 실천 연습이 준비되셨어요?'로 하도록 한다. 다음의 〈표 4-13〉은 중급 문법 항목 '—자마자'를 예로 단원 실제를 제시하였다.

표 4-13. 단원 구성의 예

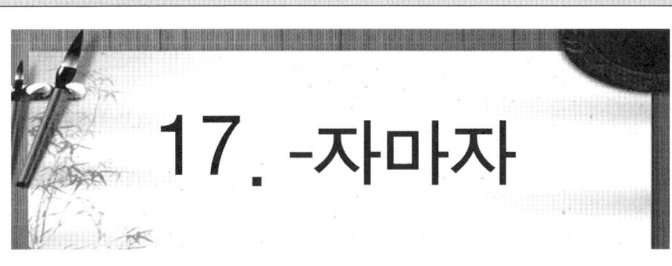

〈단원 제목〉제목은 직접 목표 문법 항목인 '−자마자'로 한다.

○ 學習目標
能正確理解并使用 '−자마자'

〈학습 목표〉 간략하고 명료하게 단원의 학습 목표를 제시하는데 '−자마자'의 쓰임을 이해하고 사용할 수 있다는 것을 강조한다.

방학하자마자……

〈삽화〉 학습자의 흥미 유발을 위해서 그림을 삽입한다. 지루함을 줄이고 학습의 생동감을 주기 위해서이다.

현정 : 기말 시험 다 끝났어요?
시온 : 아직 두 과목이 남아 있어요. 다음 주 수요일까지예요.
현정 : 그렇군요. 방학하면 무슨 계획이 있어요?
시온 : 방학하자마자 배낭여행을 가요. 작년부터 계속 미뤄 왔던 계획이에요.

○ '−자마자' 的使用說明

〈맥락 제시〉 대화문으로 해당 문법 항목이 실제 상황에서 쓰이는 맥락을 제시한다. 제시문은 대화가 아닌 짧은 글도 가능하다.

1) '−자마자' 前面跟動詞, 并且不管動詞有无收音, '−자마자' 的形式都不發生變化。它表

〈문법 설명〉[11] 목표 문법 항목의 형태, 의미, 활용 및 제약 조건을 간단하고 이해하기가 쉬운 말로 설명해

示緊跟着前一情況，發生了后一現象。

2) '-자마자' 不能用在否定句中。
① 영희가 안 가자마자 민수가 왔어요. (X)
② 날이 안 밝자마자 일어났어요. (X)

○ 例句

1) 가 : 부모님에게 시험에 합격했다고 말씀을 드렸어요?
나 : 네. 결과를 알자마자 전화 드렸어요.

2) 가 : 요새 살이 좀 빠졌네요.
나 : 그래요? 귀국하자마자 다이어트를 시작했어요.

3) 가 : 남자친구가 공항에 마중하러 나왔어요?
나 : 네. 비행기에서 내리자마자 남자친구를 만났어요.

4) 가 : 어제 지훈 씨랑 늦게까지 이야기를 나누었어요?
나 : 아니요. 갑자기 급한 일이 생겨서 만나자마자 바로 헤어졌어요.

◎ 單詞 及 慣用型

배낭여행 : 背囊旅行   미루다 : 耽擱, 拖

○ 對照分析

		-자마자
-자		'-자마자'一般情況下都能和 '-자' 互換使用, 意思不變。但'-자마자' 后面不能跟命令句或勸誘句, 而 '-자' 却可以。 1) 공항을 나서자 지하철을 타자. (X) 2) 공항을 나서자마자 지하철을 타자. (O)
-는 대로		'-는 대로'表示在前一動作所持續的狀態下産生了后一動作。而'-자마자'只表示在前一動作發生的那一刻産生了后一動作, 前后動作連貫性較小, 也可用于很偶然的情況。 '-자마자'還可用于描述過去的情況, 但'-는 대로'却不可以。'-는 대로'所使用的句子都能用'-자마자'來替換。

준다.
1) '-자마자' 앞에 동사가 온다. 동사가 받침이 있든지 없든지 상관없이 '-자마자' 형태만으로 나타난다. 어떤 상황에 이어 곧바로 또 다른 상황이 있음을 나타낸다. 2) '-자마자'로 연결되는 문장에는 부정의 표현이 올 수 없다.

〈예문〉 학습자들이 목표 문법 항목의 쓰임을 충분히 이해하고 인지하도록 하기 위하여 보문 외에 '-자마자'가 실제 담화에서 어떻게 사용하는지를 보여주는 다양한 예문을 제시한다.

〈어휘 및 표현〉 학습자가 쉽게 맥락을 이해하도록 하기 위하여 새 단어의 뜻을 설명해준다.

〈대조〉 사용 오류를 예방하고 사용 정확도를 향상하기 위하여 대조분석을 한다.

'-쟈'와의 비교:
'-자마자'는 큰 의미 차이 없이 '-쟈'로 바꿔 쓸 수 있다.[12] 그런데 '-쟈' 뒤에는 명령이나 권유의 문장이 올 수 없지만 '-자마쟈' 뒤에는 올 수 있다.

'-는 대로'와의 비교:
'-는 대로는 앞서 어떤 동작이 일어나고 그 상태가 계속되는 가운데 그와 관련

	1) 학교가 끝나자마자 집에 갈게요. (○) 　학교가 끝나는 대로 집에 갈게요. (○) 2) 결과가 나오자마자 전화할게요. (○) 　결과가 나오는 대로 전화할 게요. (X) 3) 버스가 출발하자마자 비가 내리기 시작했어요. (○) 　버스가 출발하는 대로 비가 내리기 시작했어요. (X) 4) 어제 피곤해서 집에 도착하자마자 잤어요. (○) 　어제 피곤해서 집에 도착하는 대로 잤어요. (X) 從上面的例子可以看出，出現在'－자마자'后面的句子沒有受到什么制約，但出現在'－는　대로'后面的句子却不能是偶然的情況(如3)，也不能是過去時(如4)。
－就－	'－자마자' 可以理解爲漢語里的 '一－就－'。但是 '一－就－' 不只限于 '－자마자'，根据不同的情況 '一－就－' 還可對應爲 '－(으)면', '－는 대로' 等。¹⁰ 1) 一郁悶就想購物. 　우울하면 쇼핑하고 싶어요. (○) 　우울하자마자 쇼핑하고 싶어요. (X) 2) 一陷入嗜賭就很難脫离出來. 　도박에 빠지면 벗어나기가 힘들어요. (○) 　도박에 빠지자마자 벗어나기가 힘들어요. (X)

◎ 單詞 及 慣用型

우울하다 : 郁悶　도박 : 賭博　벗어나다 : 解脫, 脫离

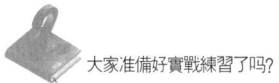
大家准備好實戰練習了吗?

○ 練習

1. 請選擇正确的表達, 完成下列句子。

된 뒤 동작이 일어남을 나타내는데, '－자마자'는 앞선 동작이 일어났을 때만을 가리켜 뒤 동작과 어떠한 연관이 적어서 앞뒤 상황이 우연적인 경우에도 쓰인다. '－자마자'는 과거의 사실에도 많이 쓰이고 '－는 대로'가 쓰이는 모든 상황에서 쓰일 수 있어 더 널리 쓰인다. 제시된 문장에서 볼 수 있듯이, '－자마자'는 뒤에 오는 문장에 제약을 받지 않고 쓰이지만 '－는 대로'는 3)에서처럼 우연적인 상황에서 쓰일 수 없으며, 4)에서처럼 과거의 상황에 쓰일 수 없다.

중국어 '一－就－'와의 대조 : '－자마자'는 중국어의 '一－就－'에 해당한다. 그런데 '一－就－'가 쓰이는 모든 상황에서 '－자마자'를 쓸 수 있는 것은 아니다. '一－就－'는 그 외의 규칙이나 조건을 나타내기도 한다. 이때 한국어의 '－(으)면', '－는 대로'에 해당한다.

〈단계 평가〉 전 과정에 대한 자기 검사를 하기 위하여 '여러분, 실전 연습 준비 되셨나요?'란 말로 연습 단계에 들어가기 전에 단계 평가를 마련한다.

〈연습〉 기계적인 연습과 유의적인 연습 문제를 충분히 제공한다. 본과에서는

받다, 타다, 시작하다, 졸업하다, 만들다

1) 가: 아직 안 자?
   나: 발표문을 _____ 자요.
2) 가: 채윤 씨, 언제 취직했어요?
   나: _____ 바로 한국 회사에 취직했어요.
3) 가: 세미나에서는 휴대폰을 꺼야 해요.
   나: 알고 있어요. 세미나가 _____ 끌 거예요.
4) 가: 방금 왜 이런 표정이었지요?
   나: 전화를 _____ 중국어가 들려오니 많이 당황스럽더군요.
5) 가: 지난번에 빌려간 돈 언제 돌려 줄 수 있니?
   나: 미안해. 월급을 _____ 돌려 줄게요.

2. 請完成下列對話。

1) 가: 지영아, 왜 눈물이 났어요?
   나: _____ 고향 생각이 났어요.
2) 가: '승승장구'라는 프로그램이 재미있다고 들었는데요. 언제 시작하지요?
   나: 화요일 저녁에 _____ 바로 시작해요. 개그맨도 멋있고 게스
   트도 다 재미있으신 분이에요.
3) 가: 부산 영화제에 갔다 왔어요?
   나: 네, 고향에 가는 김에 갔다 왔어요. _____ 팬들이 막 '오빠'라고 외치
   기 시작하더라구요.
4) 가: 지훈이는 도착했다고 연락왔어요?
   나: _____ 전화하겠다고 했는데 아직 연락이 없네요.
   가: 그래요? 비행기를 놓친 게 아니겠지요?
5) 가: _____ 이거 때문에 엄마한테 자주 혼나요.
   나: 그래요? 나만큼 컴퓨터 게임을 좋아하나 봐요.

3. 請用 '—자마자' 描寫下列圖片中的內容。

1)

대략적으로 작은 단위의 문제 5개가 포함된 6개의 연습을 제시하도록 한다. '—자마자'는 형태 변화가 없기 때문에 기계적인 연습은 연습1만으로 설정하고, 연습2, 3, 4에서 학습자의 자유 발화 공간을 제공한다. 연습5는 사용의 정확도를 향상하는 데에 목적을 두는 대조 연습이다.

2)

3)

4)

4. 請找出下面短文中能用 '－자마자' 來連接的句子, 并加以改寫。

중국에서 유학 생활을 4년 동안 한 민수 씨가 이번에 졸업했어요. 졸업식이 끝난 후 민수 씨가 바로 비행기 표를 사서 한국에 돌아왔어요. 공항에서 내리는 순간 부모님이 기다리는 모습이 보였어요. 차를 타고 1시간이 걸려서야 집에 도착했어요. 집에 들어가자 중국에 계시는 선생님께 잘 도착했다고 전화를 드렸어요.

→ _____

_____

_____

_____

_____

_____

5. 請找出錯句幷改正。

1) 녹음실에 가자 소리 내지 마.

→ _____

2) 기분이 좋아지자마자 돈을 함부로 쓰기 시작해요.

→ _____

3) 그날 모임이 끝나는 대로 집에 왔어요.

→ _____

4) 퇴근 시간이 되자마자 모두들 나가 버렸어요.

→ _____

5) 아이는 엄마가 안 보이자마자 울었어요.

→ _____

6. 下面是K大學校長一天的日程, 如果你是校長秘書的話, 請用'-자마자'向校長匯報一下今天的日程。

〈오전〉
09:00~10:00 아침 회의 참석
10:30~11:00 학부모 대표 면회
11:00~12:00 서류 심사

〈오후〉
1:00~3:00 세미나 참석
3:00~4:00 학생 면회
4:30~6:00 분교 시찰

〈활용〉한 대학교 총장의 일정표를 제시한다. 학습자가 총장의 비서 역할을 하며 총장에게 일정을 보고하는 활동이다.

◎ 單詞 及 慣用型

세미나 : 硏討會   당황스럽다 : 不知所措   개그맨 : 笑星
함부로 : 亂   면회 : 會談   분교 : 分校   시찰 : 視察

○ 參考答案及解釋

練習 1
1) 만들자마자
2) 졸업하자마자
3) 시작하자마자
4) 받자마자
5) 타자마자

練習 2
1) 이 화면을 보자마자
2) 드라마 극장이 끝나자마자
3) 비가 나오자마자
4) 도착하자마자
5) 동생이 집에 오자마자 컴퓨터 게임을 해요.

練習 3
1) 미술 수업이 끝나자마자 농구하러 갔어요.
2) 차가운 음료수를 마시자마자 배탈이 났어요.
3) 친구한테서 선물을 받자마자 고맙다는 전화를 했어요.
4) 알람이 울리자마자 일어났어요.

練習 4
중국에서 유학 생활을 4년 동안 한 민수 씨가 이번에 졸업했어요. 졸업식이 끝나자마자 민수 씨가 바로 비행기 표를 사서 한국에 돌아왔어요. 공항에서 내리자마자 부모님이 기다리는 모습이 보였어요. 차를 타고 1시간이 걸려서야 집에 도착했어요. 집에 들어가자마자 중국에 계시는 선생님께 잘 도착했다고 전화를 드렸어요.

練習 5
1) 가자 → 가자마자
'－자'后面不能跟命令句。
2) 對。
3) 끝나는 대로 → 끝나자마자 / 끝나자
'－는 대로'不能用于過去時。
4) 對。
5) '－자마자'不能用于否定句。

練習 6
'총장님, 오늘의 일정을 알려 드리겠습니다. 9:00~10:00 아침 회의에 참석합니다. 회의 끝나시자마자 학부모 대표 면회에 가셔야 합니다. 면회 끝나시자마자 서류 심사를 하셔야 합니다. 오후에는 1:00~3:00에 세미나에 참석하셔야 합니다. 세미나 끝나자마자 학생 면회를 하셔야 합니다. 면회가 끝나자마자 분교 시찰에 가셔야 합니다.'

○ 自我評价

〈모범 답안 및 해설〉
기계적인 연습 외에는 모범 답안이 없다. 여기서는 참고로 답안을 제공해준다. 연습 5와 같은 경우는 틀린 문장에 대한 해설을 첨가한다.

〈전체 평가〉

能正确使用'−자마자'了嗎?

1 2 3 4 5(分)

○ 相似語法

形態 `意義相似	語法
	−자 00課 00頁
意義相似	-는 대로 00課 00頁

'−자마자'를 잘 쓸 수 있어요?

1~5(점)을 스스로 채점하도록 한다.

〈유사 항목 제시〉
'−자마자'와 형태, 의미가 비슷한 '−자', 의미만 비슷한 '−는 대로'가 있는 페이지 수를 제시해준다.

---

10 呂叔湘(2005), 『現代漢語詞典』商務印書館 를 참고했다.

11 이 단원의 문법 항목에 대한 해석이 국립국어원, 『외국인을 위한 한국어 문법 2』, 커뮤니케이션북스, 2005를 참고했다.

12 '−자' : 어떤 상황을 제시하고 곧 이어 관계있는 상황을 제시할 때 쓴다. 윤정기(2009)에서는 특정 환경에서 동일한 기능을 수행하기 때문에 '−자'를 '−자마자'로 교체하는 것이 대체로 가능하지만 '−자마자'를 '−자'로 바꾸는 것에 많은 제약이 있다고 하였다.

5. 결론

문법은 외국인 학습자들이 한국어 공부를 할 때 가장 어렵게 생각하는 부분으로 뽑힌다. 목표 언어의 문법 자체가 어려워서 파악하기에 어려울 수도 있고, 문법 학습의 자료가 효과적이지 않아서 어려움을 가져올 수도 있다. 본고에서는 중·고급 단계의 중국인 학습자를 대상으로 독학용 문법 교재 개발 방안을 시도했다.

중국인 학습자 집단은 다른 학습자 집단과 달리 나름의 특성이 있다. 특히 외국어 학습할 때, 연역적인 방법을 선호하고, 문법 학습에 대한 요구도가 높다. 하지만 한국어는 교착어이고 중국어는 독립어이기 때문에 양 언어 문법에 많은 차이점이 존재한다. 특히 한국어에 발달한 어미, 조사, 피동·사동 등 문법 범주가 중국인 학습자에게 아주 낯설고 어려운 부분이다. 문법 형태가 비슷하지만, 실제 사용 상황에 많이 차이가 나고, 형태가 다르지만 바꿔서 사용해도 된다는 복잡한 양상도 많이 나타나고 있다. 중·고급 단계에 접어든 후는 전체적인 문법 난이도가 훨씬 높아진다. 이러한 요소 때문에 중·고급 수준의 중국인 학습자가 한국어 문법 학습의 성취도가 높지 않다고 생각된다. 따라서 문법의 의미를 더 잘 파악하게 하고 실제적인 의사소통능력을 향상하는 데에 보다 더 효과적인 문법 교재가 필요하다. 한국어 학습 교재를 부문별로 나눌 경우 그 형태는 매우 많으므로 본 연구에서는 그중에 독학용 교재가 학습자에게 학습의 선택권과 자유도를 충분히 제공할 수 있다는 장점을 가지고 있다고 보았다. 문법 학습이 주로 학교 수업에 이루어지고 있지만, 학습 성취도가 높지 않다는 점을 고려하여 수업 외에 학습한 내용을 복습하거나 배울 내용을 미리 학습하는 데에 학습자가 스스로 진행할 수 있어서 학습에 많은 도움을 준다고 본다. 본고는 이상 서술한 것을 감안하여 아래 내용을 거쳐서 중·고급 중국인 학습자를 위한 독학용 문법 교재 개발 방안을 제시하였다.

본고의 제1절에서는 연구의 목적, 연구 방법에 관하여 언급하고 선행 연구를 검토하였다.

제2절에서는 중국 문화, 중국어와 한국어의 차이점 등을 살펴본 후 중국인 학습자가 가지고 있는 특성을 밝혔다. 즉, 중국인 학습자는 연역적인 학습법을 선호하고 문법 학습에 대한 요구도가 높지만, 학습 성취도가 높지 않다는 특성이 있다. 이어서 독학용 교재와 문법 교재의 개발 원리를 살펴보았다. 독학용 교재 개발할 때는 동기와 흥미 유지를 중요시해야 하고, 학습 과정에서 자기 통제와 자기 관리의 장치를 마련해야 하고, 자기 평가를 이루도록 해야 한다고 논의하였다. 문법 교재 개발할 때는 문법 교육의 목표를 정확성과 유창성에 두어야 하고, 맥락에서 문법 학습을 하도록 해야 하고, 문법 설명, 연습 문제에 대한 주의점을 살펴봤고, 한국어에 있는 비슷한 항목의 비교, 중국어와 한국어 문법의 대조분석을 이루도록 해야 한다고 논의하였다. 이는 독학용 문법 교재 개발의 원리를 마련하는 데에 근거가 됐다.

제3절에서는 교재 개발을 위한 학습자 조사를 하였다. 중ㆍ고급 중국인 학습자 117명을 대상으로 하여 한국어 문법 학습에 대한 생각과 독학용 문법 교재에 대한 요구를 조사했다. 조사에서 학습자가 문법 학습에서 겪는 어려움을 알아본 후, 본 교재가 매우 필요하고 개발된다면 학습에 많은 도움이 될 것이라는 의견이 나왔다. 또한 교재에 어떤 내용이 포함되어야 하는지를 조사했다. 조사 결과와 함께 제2절에서 살펴본 내용을 결합해서 제4절에서 제시할 교재 개발 원리의 근거를 마련했다.

제4절에서는 이 글에서 개발하고자 하는 교재 원리를 제시하였다. 즉 중국인 학습자의 한국어 의사소통능력을 향상하기 위하여 문법의 사용 능력을 신장하는 데에 목표를 두고, 교재에 중국인 학습자의 특성을 반영하고, 수업의 문법 학습을 보완하도록 한다는 것이다. 이어서 본 교재를

위한 문법 항목을 선정했다. 외국어로서의 한국어 교육을 실시한 지 오래된 다섯 개 대학교의 어학원에서 쓰는 교재를 선택하고, 그중 중급과 고급 문법 항목을 뽑았다. 세 개 이상의 교재가 공통적으로 가지고 있는 문법 항목을 본고의 문법 항목으로 선정한 후 나머지 문법 항목을 델파이기법을 사용해서 정했다. 델파이기법은 두 번을 실시했다. 얻은 결과를 종합해서 최종 본고의 문법 항목을 정했다. 그러고 나서 본교재의 전체 구성과 단원 구성을 검토했다. 본장의 마지막 부분에서는 문법 항목 '−자마자'를 통해서 단원의 실제를 제시하였다.

이 논문이 중·고급 중국인 학습자의 한국어 문법 학습에 효과적인 교재가 개발되는 데에 도움이 되길 기대한다. 하지만 본고는 문법 항목의 설정, 효과적인 문법 교육 방안의 탐색, 교재 사용의 효과 검증 등에 있어서 아직 많은 과제가 남아 있다고 본다. 앞으로 외국어로서의 한국어 교육 분야에 다양한 학습자에게 부합할 수 있는 교육 자료가 활발하게 연구, 개발되었으면 한다.

참고 문헌

강승혜, 「한국문화 프로그램 개발을 위한 한국어 학습자 요구 분석」, 『한국어 교육』 14(3), 국제한국어 교육학회, 2003a.

_____, 「한국어 교재 개발을 위한 학습자 요구 분석 : 연세대학교 어학당 한국어학습자를 대상으로」, 『외국어로서의 한국어 교육』 28, 2003b.

강원경, 「한국어 교육용 문법항목의 제시 방법에 관한 연구 : '—더—' 관련 문법 항목을 중심으로」, 연세대 석사논문, 2006.

강현화, 「한국어 문법 교수학습 방법의 새로운 방향」, 『국어교육연구』 18, 서울대 국어교육연구소, 2006.

고춘화, 「의미 · 기능 중심의 교육 문법 교재 개발 방안」, 『국어교육연구』 45, 국어교육학회, 2009.

권미정, 「교재 개발 및 학습자 요구 분석 : 학습자들의 요구 분석에 대하여」, 『국제한국어 교육학회 제10차 국제학술회의』, 국제한국어 교육학회, 1999.

권혜경, 「한국어 중급 학습자를 위한 독학용 교재 개발 연구」, 부산외대 석사논문, 2006.

김경화, 「중국에서의 초급한국어교재 문법항목의 문제점 및 개선 방안」, 『문법교육』 6, 한국어문법교육학회, 2007.

김명희, 「외국어로서의 한국어 자습용 문법 학습 교재 모형 개발 연구」, 선문대 석사논문, 2006.

김미옥, 「중국인 학습자를 위한 한국어 교육 제고」, 한국어문화교육학회, 2006.

김민애, 「한국어 고급 과정 교재의 문법 교육 내용 개발 연구」, 『문법교육』 5, 한국문법교육학회, 2006.

김병운, 「중국의 한국어 문법 교육」, 『한국어 교육론』 2, 한국문화사, 2005.

김유미 · 유혜령, 「중국어권 학습자를 위한 한국어 교재 개발의 기초 연구」, 『이중언어학회 제11차 국제학술대회발표집』, 이중언어학회, 2003.

김재욱, 「수업 구성 원리에 따른 한국어 문법 교수 방법」, 한국외대 교육대학원, 2003a.

_____, 「외국어로서의 한국어 문법 교육 : 한국어 교육 문법의 제시 원리와 체계를 중심으로」, 『이중언어학』 22, 이중언어학회, 2003b.

김정민, 「일본대학 한국어 초급 교재의 문법 항목 분석과 교재 개발 방안」, 한양대 석사논문, 2007.

김정숙, 「한국어 교육과정과 교과서 연구」, 고려대 박사논문, 1992.

_____, 「외국어로서의 한국어 교육 평가의 제문제 : 숙달도 배양을 위한 한국어 교육원리 및 모형」, 『이중언어학』 15, 이중언어학회, 1998.

_____, 「한국어 교수요목 설계와 교재 구성」, 박영순 편, 『21세기 한국어 교육학의 현황과 과제』, 한국문화사, 2002a.

_____, 「'한국어 문법 교육의 체계와 방법론' 토론문」, 『국제한국어 교육학회 2002년도 추계 제8차 학술대회』, 국제한국어 교육학회, 2002b.

_____, 「한국어 읽기·쓰기 교재 개발 방안 연구 : 교수요목의 유형과 과제 구성을 중심으로」, 『한국어 교육』 15(3), 국제한국어 교육학회, 2004.

김정우, 「한국어 교재 개발을 위한 중국 교수·학습자 요구 분석 연구」, 『한국어 교육』 16(1), 국제한국어 교육학회, 2005.

김제열, 「한국어 교재의 문법 기술 방법 연구」, 연세대 언어연구교육원 한국어학당, 2001.

김중섭·이관식, 「외국인을 위한 한국어 교재 개발에 관한 연구」, 『한국어 교육』 10(1), 국제한국어 교육학회, 1999.

라혜민·우인혜, 「한국어 교재의 효율적 개발 방향, 한국어 교육」, 『국제한국어 교육학회』 10(2), 1999.

란천우, 「중국유학생을 위한 초급 한국어 문화 교재 구성 방안」, 부산외대 석사논문, 2010.

민현식, 「한국어 교재의 실태 및 대안」, 『국어교육연구』, 서울대 국어교육연구소, 2000.

_____, 「한국어 교재의 문법 항목 위계화 양상에 대하여」, 『문법교육』 9, 2008.

민   자, 「오류 분석을 통한 효율적인 한국어 지도 방안」, 서울대 석사논문, 2001.

박동호, 「외국인을 위한 한국어 문법 교육과정」, 『문법교육』 1, 1999.

박영순, 「한국어 교재의 개발 현황과 발전 방향」, 『한국어 교육』 14(3), 국제한국어 교육학회, 2003.

방성원, 「고급 교재의 문법 내용 구성 방안」, 경희대 국제교육원, 2003.

_____, 「한국어 문법론과 한국어 문법 교육론」, 『언어와 문화』, 한국언어문화교육학회, 2010.

백봉자, 「외국어로서의 한국어 문법 교육문법」, 『한국어 교육』, 국제한국어 교육학회, 2001.

성기철, 「외국어로서의 한국어 문법 교육」, 『국어교육』 107, 한국어 교육연구학회, 2002.

심민희, 「중국인 학습자를 위한 비즈니스 한국어 교재 구성」, 한양대 석사논문, 2007.

심재기·문금현, 「외국어로서의 한국어 교재 연구」, 『이중언어학회』 17, 2000.

안경화 외, 「학습자 중심의 한국어 교육과정 개발 방향에 대하여」, 『한국어 교육』, 국제한 국어 교육학회, 2000.

왕　단, 「효과적인 한국어 문법 교육을 위한 교수법 개발 구상」, 『국제한국어 교육학회 제12 차 국제학술대회 논문집』, 국제한국어 교육학회, 2002.

_____, 「중국인 학습자를 위한 한국어 발음 교재 개발 방안」, 『이중언어학』, 이중언어학 회, 2004.

_____, 「중국어권학습자를 위한 한국어 문법 교육의 현황과 개선방안」, 『국어교육연구』 16, 2005.

원진숙, 「외국어로서의 한국어 교육을 위한 교재 개발 방향」, 『국어교육』 99, 한국어 교육 연구회, 1999.

이관규, 「문법 영역의 위상과 문법론의 내용 체계」, 『이중언어학회』 26, 이중언어학회, 2004.

이미혜, 「문법교육의 연구사와 변천사」, 『한국어 교육론』 2, 한국문화사, 2005.

_____, 「한국어 문법 교수 방법론의 재고찰」, 『한국어 교육』 18(2), 국제한국어 교육학회, 2007.

이서경, 「문법 교육의 탐구학습 모형 적용 방안 : 문법 교과서 내용을 중심으로」, 동국대 석 사논문, 2004.

이선영, 「여성 결혼이민자 대상 독학용 청각 교재 개발 연구 : 초급 단계를 중심으로」, 고려 대 석사논문, 2008.

李　洋, 「淺析我國外語教學的特點和及其教學原則」, 2009.
　　　　(http://www.lunwentianxia.com/product.free.10001600.1/)

이정민·강현화, 「한국어 독학용 어휘학습 교재 개발 방안 : 좁은 독서를 통한 점증적 어휘 학습 전략 활용」, 『한국어 교육』, 국제한국어 교육학회, 2008.

이정자, 「그룹활동을 통한 의사소통능력신장 실증연구」, 『국제한국어학회 제11차 국제학 술대회 발표집』, 국제한국어학회, 2002.

이해영, 「문법 교육의 원리와 실제」, 『이중언어학회』 15, 이중언어학회, 1999.

_____, 「학습자 중심 수업을 위한 교재 분석」, 『한국어 교육』 12, 국제한국어 교육학회, 2001.

_____, 「한국어 교재를 위한 어휘 및 문법 학습 활동 유형」, 『외국어로서의 한국어 교육』 31, 연세대 언어연구교육원 한국어학당, 2006.

이　향, 「중국어권 학습자를 위한 발음 교재 개발 방안」, 이화여대 석사논문, 2002.

이효상, 「외국어로서의 한국어교재와 문법 교육의 문제점」, 『국어교육연구』 16, 2002.

장관군, 「중국인을 위한 한국어 교육 : 문법을 중심으로」, 『퇴계학과 한국문화』 35, 경북대 퇴계연구소, 2004.

_____, 「중국에서의 한국어 교재 개발의 문제점 및 해결 방안」, 『국어교육연구』 7, 2000.

정희정, 「한국어 문법 교육의 목표 설정을 위한 제안」, 『문법교육』 1, 한국문법교육학회, 2004.

조항록, 「한국어 교재 개발을 위한 기초적 논의」, 『한국어 교육』, 국제한국어 교육학회, 2003.

주경희, 「문법 교재 구성의 원리」, 『국어교육』, 한국어국어교육연구회, 1997.

주세형, 「문법 교재 개발의 모형」, 『문법교육』 5, 한국어문법교육학회, 2006.

주옥파, 「중국인을 위한 한국어문법교재에 대하여」, 『중국에서의 한국어(조선어교육의 현황과 장래』, 월인, 2002.

주호수, 「자기 주도적 학습의 개념화와 교육적 시사점」, 『教育課程硏究 The Journal of Curriculum Studies 2003』 21(1), 2003.

진대연, 「교재 개발 및 학습자 요구 분석 : 언어권별 교재 개발을 위한 기초 연구 : 한국어 교재 사용자의 요구 조사를 중심으로」, 『국제한국어 교육학회 제10차 국제학술회의』, 국제한국어 교육학회, 1999.

최혜영, 「한국어 독학용 교재 개발 연구 : 기초 단계를 중심으로」, 경희대 석사논문, 2002.

한성화, 「외국어로서의 한국어 교육에서의 문법 교육 방법론」, 『문법교육』 10, 한국문법교육학회, 2009.

허성도, 「한국어와 중국어의 대조분석 : 동작동사를 중심으로」, 서울대 중문과, 1999.

단행본

김판수 외, 『공부의 절대시기 자기주도학습법』, 교육과학사, 2007.

박영순, 『한국어문법교육론』, 박이정, 2005.

백봉자, 『외국어로서의 한국어 문법 사전』, 연세대 출판부, 1999.

이미혜, 『한국어 문법 항목 교육 연구』, 박이정, 2005.

이석주 외, 『언어학과 문법 교육』, 역락, 2007.

呂叔湘, 『現代漢語詞典』, 商務印書館, 2005.

範文瀾, 『中國通史簡編』 修訂本, 人民出版社, 1958.

宣德武, 『朝鮮語基礎語法』, 商務印書館, 1997.

王 力, 『中國現代語法』, 商務印書館, 2007.

韋旭升・許東振,『韓國語實用語法』, 外語敎學硏究出版社, 1994.

崔義秀,『韓國語基礎語法』, 黑龍江朝鮮民族出版社, 2005.

Brown,H.D.,『원리에 의한 교수』, Pearson Education Korea, 2001.

Thombury,Scott, *How to Teach Grammar, Person Education Limited,* 1999. (이관규 외역,『문법을 어떻게 가르칠 것인가』, 한국문학사, 2004)

Ur, Penny, *Grammar Practice Activities*, Cambridge University Press, 1998.

Cook, Vivian, *Second Language Learing and Language Teaching, Arnold*, 2001.

Knowles, M. S., *Self-directed learning : A guide for learner and teachers*, Chicago : Association Press Folett Publishing Company, 1975.

Garrison, D. R., *Self-directed learning : Toward a comprehensive model*, Adult Education Quarterly, 48(1), 1997.

교재

『재미있는 한국어』2~5, 고려대 한국어문화교육센터, 고려대 출판부, 2009 · 2010.

『한국어 중급』3 · 4;『한국어 고급』5 · 6, 경희대 국제교육원한국어 교육부, 2009.

『한국어』2~4, 서울대학교 언어교육원, 문진미디어, 2003.

『한국어』3~6, 연세대학교 한국어학당, 연세대 출판부, 2008.

『말이 트이는 한국어』3~6, 이화여대 언어교육원, 이화여대 출판부, 2003.

부록 1-1. 설문지(한국어)

안녕하십니까!
설문에 응해 주셔서 진심으로 감사합니다.
이 설문 조사는 중·고급 중국인 학습자를 위한 독학용 문법 교재 개발에 관한 연구를 위해 실시하는 것입니다. 설문에 소요되는 시간은 약 10분 정도이며, 설문지는 총 5장입니다. 이 설문지의 결과는 모두 익명으로 처리될 것이며, 연구를 위한 자료로만 사용될 것입니다. 질문을 잘 읽고 솔직하게 대답해주셨으면 좋겠습니다. 감사합니다!

고려대학교 대학원 한국어문화교육 전공 진류연

피조사자 인적사항

★ 한국어 수준:_____(중급 / 고급)   ★ 현주지:_____(중국 / 한국)
★ 직종:_____(학생 / 회사원 / 공무원 / 기타)   ★ 나 이:_____
★ 성별_____

1. 한국어를 배운 지 얼마나 되었습니까?
① 1년 이하 ② 1~2년 ③ 2~3년 ④ 3~4년 ⑤ 4년 이상

2. 왜 한국어를 배웁니까?
① 한국 영화나 드라마를 보고 관심이 생겨서
② 한국어에 관심이 있어서
③ 외국어 공부가 취미이기 때문에
④ 직장 / 업무에 필요하기 때문에
⑤ 한국에서 학교에 다니고 있기 때문에 혹은 다닐 예정이기 때문에
⑥ 일상생활에서 필요하기 때문에
⑦ 기타_____

3. 한국어를 잘 구사하려면 문법학습이 얼마나 중요하다고 생각합니까?
① 매우 중요하다
② 중요하다
③ 보통이다
④ 그다지 중요하지 않다

⑤ 전혀 중요하지 않다

4. 한국어 문법 학습이 어렵다고 생각합니까?
① 매우 어렵다
② 어렵다
③ 보통이다
④ 그다지 어렵지 않다
⑤ 전혀 어렵지 않다

5. 어렵다면 그 이유는 무엇입니까? (다답형)
① 한국어 문법이 복잡하다
② 한국어 문법에 비슷한 것이 많다
③ 한국어와 중국어 문법에 차이점이 많다
④ 기타_____

6. 한국어 문법 학습이 특히 어느 영역에 영향을 많이 준다고 생각합니까? (다답형)
① 듣기 ② 말하기 ③ 읽기 ④ 쓰기 ⑤ 전부

7. 본인의 한국어 문법 이해 능력에 만족합니까?
① 매우 만족한다
② 만족한다
③ 보통이다
④ 그다지 만족하지 않는다
⑤ 전혀 만족하지 않는다

8. 본인의 한국어 문법 구사 능력에 만족합니까?
① 매우 만족한다
② 만족한다
③ 보통이다
④ 그다지 만족하지 않는다
⑤ 전혀 만족하지 않는다

9. 문법 학습에 대한 목표하는 수준은 어디입니까?
① 한국인과 똑같이 한국어를 말할 수 있는 수준
② 한국인과 자연스럽게 대화할 수 있는 수준

③ 다소 자연스럽지는 않지만 한국인들과 지장 없이 의사소통을 할 수 있는 수준
④ 별로 신경을 쓰지 않다
⑤ 기타_____

10. 한국어 문법을 학습할 때 어떤 방식으로 공부합니까? (다답형)
① 학교 / 어학원 수업을 통해서
② 참고서를 통해서
③ 문법을 따로 공부하지 않는다
④ 기타_____

11. 수업의 문법 학습에 대해 만족합니까?
① 매우 만족한다
② 만족한다
③ 보통이다
④ 그다지 만족하지 않는다
⑤ 전혀 만족하지 않는다

12. 만족하지 않는다면 그 이유는 무엇입니까? (다답형)
① 문법 설명해석이 부족하다
② 다양하고 적절한 예문이 부족하다
③ 한국어와 중국어의 비교가 부족하다
④ 다양한 연습문제가 부족하다
⑤ 피드백이 부족하다
⑥ 기타_____

13. 참고서를 통해서 문법을 배운다면 어떤 장점이 있다고 생각합니까? (다답형)
① 수업 때 배운 문법 항목을 공고히 할 수 있다
② 그 문법 항목을 더욱 깊이 이해할 수 있다
③ 수업시간에 이해하지 못한 내용을 찾아볼 수 있다
④ 그 문법을 더 정확하게 활용할 수 있다
⑤ 별로다
⑥ 기타_____

14. 쓰던 참고서에 만족합니까?

① 매우 만족한다
② 만족한다
③ 보통이다
④ 그다지 만족하지 않는다
⑤ 전혀 만족하지 않는다

15. 만족하지 않는다면 참고서에 뭐가 부족하다고 생각합니까? (다답형)
① 문법에 대한 해석과 설명
② 다양하고 적절한 예문
③ 중국어와 한국어의 비교
④ 다양한 연습 문제
⑤ 정답에 대한 해석
⑥ 자아 평가
⑦ 기타＿＿＿＿＿＿＿＿

16. 문법 학습에서 어렵다고 느끼게 하는 것이 무엇입니까? (다답형)
① 조사(예: 은 /는, 이 / 가 등)
② 시제
③ 경어법
④ 어미(예:－었－ , －다, －구나, －느냐, －고, －음/ 기, －듯이 등)
⑤ 피동 / 사동
⑥ 어순
⑦ 기타＿＿＿＿＿＿＿＿＿＿

17. 한국어 학습에서 문법 항목을 문맥에 넣어서 배우는 것이 좋다고 생각합니까?
① 매우 좋다
② 좋다
③ 보통이다
④ 그다지 좋지 않다
⑤ 전혀 좋지 않다

18. 스스로 문법 학습을 재미있게, 쉽게, 정확하게 파악할 수 있는 교재가 필요하다고 생각합니까?
① 매우 필요하다
② 필요하다

③ 보통이다
④ 그다지 필요하지 않다
⑤ 전혀 필요하지 않다

19. 만약에 '독학용 한국어 문법 교재- 중 / 고급'이 있다면, 문법 학습에 도움
이 될 것이라고 생각합니까?
① 도움이 많이 될 것 같다
② 도움이 될 것 같다
③ 그저 그럴 것 같다
④ 도움이 안 될 것 같다
⑤ 도움이 전혀 안 될 것 같다

20. 만약에 '독학용 한국어 문법 교재- 중 / 고급'이 있다면 교재에 어떤 내용
이 들어갔으면 좋겠습니까? (다답형)
① 명확한 학습할 문법 항목 제시
② 다양하고 적절한 예문
③ 비슷한 문법 항목 비교
④ 중국어와 한국어의 비교
⑤ 그 문법 항목이 많이 쓰이는 실제 상황
⑥ 다양한 연습 활동
⑦ 번역문
⑧ 정답 해설
⑨ 자아 평가
⑩ 기타＿＿＿＿＿＿＿＿

您好!
非常感謝您回答此問卷!
此問卷調查的目的在于開發適合中高級中國學習者自學韓國語語法的教材。問卷紙共6張,完成此問卷大約需要10分鐘的時間。對于此問卷結果的分析一律采取匿名形式,且此資料將僅用于本論文。
若您能仔細閱讀本問卷并認眞作答本人將不甚感激!

韓國高麗大學 研究生部 韓國語文化教育專業 陳柳燕

个人事项

★ 韩国语水平:_____(中级 / 高级) ★ 现居住地:_____(中国 / 韩国)

★ 职业:_____(学生 / 公司职员 / 公务员 / 其他) ★ 年龄:_____

★ 性别_____

1. 學習韓國語多久了?
① 1年以下 ② 1~2年 ③ 2~3年 ④ 3~4年 ⑤ 4年以上

2. 爲什么學習韓國語?
① 受韓國的電影或電視劇的影響。
② 對韓國語有興趣
③ 本身對學習外國語感興趣
④ 工作上的需要
⑤ 爲了在韓國上學
⑥ 日常生活需要
⑦ 其他_____

3. 若想達到自如運用韓國語的程度,您認爲學好語法起着很重要的作用嗎?
① 十分重要
② 重要
③ 一般
④ 不怎么重要
⑤ 完全不重要

4. 您覺得韓國語的語法難嗎?
① 十分難
② 難

③ 一般
④ 不怎么難
⑤ 完全不難

5. 若您覺得難,其原因是什么? (多選題)
① 韓國語的語法很夏雜
② 韓國語語法中有很多相似的語法內容
③ 漢語和韓國語的語法有着很大的差异
④ 其他_____

6. 韓國語語法學習會對以下哪个方面產生影響? (多選題)
① 听 ② 說 ③ 讀 ④ 寫 ⑤ 全部

7. 您是否滿意自己的韓國語語法理解能力?
① 十分滿意
② 滿意
③ 一般
④ 不怎么滿意
⑤ 完全不滿意

8. 您是否滿意自己的韓國語語法運用能力?
① 十分滿意
② 滿意
③ 一般
④ 不怎么滿意
⑤ 完全不滿意

9. 對韓國語語法的學習, 您的目標是什么?
① 完全跟韓國人一樣
② 跟韓國人能自如溝通
③ 跟韓國人溝通時多少有点不流利, 但不妨碍意思的傳達
④ 沒什么特別的目標
⑤ 其他_____

10. 您是通過什么方法學習韓國語語法的? (多選題)
① 學校/語學院的授課

② 通過參考書
③ 不特別地另外去學習語法
④ 其他_____

11. 您對課堂上的語法學習滿意嗎?
① 十分滿意
② 滿意
③ 一般
④ 不怎么滿意
⑤ 完全不滿意

12. 若您覺得不滿意, 哪些方面存在不足之處? (多選題)
① 對語法的解釋說明
② 例題的多樣化和适当性
③ 漢語和韓國語的比較
④ 形式多樣的練習題
⑤ 糾正, 指錯等
⑥ 其他_____

13. 通過參考書學習語法的話, 您認爲有哪些优点? (多選題)
① 能鞏固課堂上學過的語法知識
② 能更深入地了解到課堂上所學語法知識的相關内容
③ 能找到課堂上沒能理解的語法知識
④ 能更准确地運用所學的語法
⑤ 沒什么特別的优点
⑥ 其他_____

14. 您對所使用的參考書滿意嗎?
① 十分滿意
② 滿意
③ 一般
④ 不怎么滿意
⑤ 完全不滿意

15. 若您覺得不滿意, 哪些方面存在不足之處? (多選題)
① 對語法的解釋說明

② 例題的多樣化和适当性
③ 漢語和韓國語的比較
④ 形式多樣的練習題
⑤ 對正确答案的解釋說明
⑥ 自我評价
⑦ 其他＿＿＿＿＿＿＿

16. 您覺得韓國語語法的難点是什么？(多選題)
① 助詞(例：은/는, 이/가 等)
② 時態
③ 敬語法
④ 語尾(例：－었－, －다, －구나, －느냐, －고, －음/기, －듯이 等)
⑤ 被動/使動
⑥ 語序
⑦ 其他＿＿＿＿＿＿＿＿＿

17. 您覺得把一个語法放在上下文語境中來學習,效果會比較好嗎？
① 十分好
② 好
③ 一般
④ 不怎么樣
⑤ 完全不好

18. 您需要一本能輕松正确地掌握韓國語語法的自學教材嗎？
① 十分需要
② 需要
③ 一般
④ 不怎么需要
⑤ 完全不需要

19. 如果有一本 ‘韓國語語法自學教材－中/高級’的書, 您覺得會對學習韓國語有帮助嗎？
① 十分有帮助
② 有帮助
③ 一般
④ 沒有帮助

⑤ 完全沒有幫助

20. 如果有一本 '韓國語語法自學教材－中/高級'的書, 書內包含什么樣的內容比較好? (多選題)
① 要學習的語法項目的明确提示
② 多种形式的, 合适的例句
③ 相似的語法內容比較
④ 漢語和韓國語的比較
⑤ 該語法項目經常使用于什么樣的情況
⑥ 形式多樣的練習題
⑦ 譯文
⑧ 對正确答案的解釋說明
⑨ 自我評价
⑩ 其他_____

부록 2-1. 교재 중급 문법 항목

교재	중급 문법 항목
A교재	−(으)거냐고 하다, −(으)거래요, −(으)ㄴ 날, −(으)ㄴ 적이 있다, −(으)ㄴ 후에, −(으)ㄴ(서술형용사), −(으)ㄴ / 는 모양이다, −(으)ㄴ / 는 척하다, −(으)ㄴ / 는 편이다, −(으)ㄴ / 는 / (으)ㄹ것 같다, (으)ㄴ / 는데도 불구하고, −(으)ㄴ가 보다, −(으)ㄴ지 −이 / 가 되다, −(으)ㄴ지가 −이 / 가 넘다, −(으)ㄹ 건가, −(으)ㄹ 걸 그랬다, −(으)ㄹ 걸요, −(으)ㄹ 때, −(으)ㄹ 만하다, −(으)ㄹ 뿐만 아니라, −(으)ㄹ 생각도 못하다, −(으)ㄹ 수 있을지 걱정이다, −(으)ㄹ 줄 몰랐다, −(으)ㄹ 줄 알다 / 모르다, −(으)ㄹ 줄 알다 / 모르다, −(으)ㄹ거라고 하다, −(으)ㄹ거라고 하다, −(으)ㄹ거라고 하다, −(으)ㄹ까말까 하다, −(으)ㄹ까 봐, −(으)ㄹ까 하다, −(으)ㄹ래, −(으)ㄹ뻔하다, −(으)ㄹ테니까, −(으)ㄹ텐데, −(으)라고 하다, −(으)려고, −(으)려면, −(으)며, −(으)면 (으)ㄹ수록, −(으)면 되다, −(으)면 −이다, −(으)면 좋겠다, −(으)면 큰일이다, −(으)ㄴ지 모르겠다, −(으)ㄴ지 얼마 안 됐다, −(이)구나, −(이)나 (보조사), (아무) −(이)나, −(이)라고 하다, −(이)라고 해서 누구나 −(으)ㄴ 는 것은 아니다, −(이)라도, −(이)라서, −(이) −거나, −거든, −게, −게 되다, −게 하다, −겠−, −고 나서, −고 말다, −고 보니, −고 있다, −고자, −기, −기 때문에, −기 시작하다, −기 위해서 할 수 없다, −기 전에, −기는 하지만, −기로 유명하다, −기로 하다, −기를 바라다, −ㄴ다 / 는다 / 다, −ㄴ다고 / 는다 / 다고 하다, −ㄴ다고 / 는다 / 다고 생각하다, −나보다, −냐고 하다, −네요, −느라고, −는 날, −는 대신, −는 데에는 −이 / 가좋다, −는 법을 알다 / 모르다, −는 중이다, −다가, −다고 하던데요, −다고 / 냐고 / 라고 / 자고 그랬다, −다고, −다니, −다지, −답다, −대로, −대신에, −대요, −더니, −던, −덜, −도록, −도록 하다, − 때문에, −만, 만약에 −(이)라면, 만약에 −다면 −면, −(으)ㄹ거예요, −밖에, −부터, 사동형, 사정이 있다, 서술형용사, −아 / 야 (호격조사), −아 / 어 / 여 오다, −아 / 어 / 여지다, 아무리 −어 / 아 / 여도, −아야 / 어야 / 여야 되다, −어 / 아 있다, −어 / 아 / 여 겠다, −어 / 아 / 여 버리다, −어 / 아 / 여 보니까, −어 / 아 / 여 보이다, −어 / 아 / 여 야 하다, −어 / 아 / 여 오다(지속의 보조동사), −어 / 아 / 여 하다(동사 파생접사), −어 / 아 / 여 해체, −어 / 아 / 여도 괜찮다, −어 / 아 / 여도 −뿐이다, −어 / 아 / 여야 할 텐데, −어 / 아 / 여지다, 어나나, 언제나, 무슨(이)나, 어디에 쓰다, −어서 / 아서 / 여서 걱정이다, 얼마나 −(으)ㄴ 는데, 얼마라고 하셨지요, −었 / 았 / 였어야 하는데, −었 / 았 / 였을 때, −었 / 았 / 였군요, −었 / 았 / 였는데도, −었 / 았 / 였다가, −었 / 았 / 였더니, −었 / 았 / 였던, −에 관한, −에 대해서, −에 −이 / 가어울리다, −에(게) 달려 있다, −에(에게) 반하다, 옛, −와 / 과 닮다, −은 / 는 −에게(에) 좋다, −은 / 는 왜, −을 / 를 가지다, −을 / 를 내다, −이 / 가 그립다, −이 / 가 넘도록, −이 / 가 아니고 −이다, −인 것 같다, −인지 아닌지 모르겠다, −인지 / 는지 알다 / 모르다, −자, −자고 하다, −자마자, −잖아, −적, −중에서 가장, −지 그래, −지 말다, −지 못한다, −지 뭐, −처럼, 큰일나다, 피동형, ㅎ 불규칙, 하도 −어 / 아 / 여서, 한 −도 안 / 못−
B교재	−(으)ㄴ 채, −(으)ㄴ나머지, −(으)ㄴ척하다, −(으)나, −(으)ㄹ 걸 그랬다, −(으)ㄹ 겸, −(으)ㄹ 만하다, −(으)ㄹ 뻔하다, −(으)ㄹ 뿐만 아니라, −(으)ㄹ 수록, −(으)ㄹ 정도, −(으)ㄹ 텐데, −(으)려다가, −(으)려면, −(으)로, −(으)로, −(으)로인해, −(으)ㅁ, −(으)ㄹ 것, −(으)며, −(으)면서, −(이)나, −(이)라도, −(이)란 −을 / 를 말하다, 간접화법, −거든, −게, −게 하다, −고 생각하다, −고는 하다, −기, −기 위해서, −기만 하면, −길래, −ㄴ 김에, −ㄴ대로, −ㄴ지, −나마나, −나보다 / (으)

	ㄴ가 보다, −느라고, −는/(으)ㄴ데도, −는대로, −는 데에, −는둥 −마는둥, −는바람에, −다가, −다고/냐고/자고 라고 했대요, −다니, −다면, −다면서, −다보니, −다시피, −대요/내요, −재요, −(으)래요, −더니, −더라, −더라도, −던, −던데, −도록 하다, −든지 −든지, −듯이, −듯하다, −마저, −만 하다, −만에, −무렵, 사동표현, −아/어/여, −아/어/여 가다, −아/어/여 놓다/두다, −아/어/여 보니, −아/어/여 보이다, −아/어/여 오다, −아/어/여도, −아/어/여서 그런지, −아무 −(이)나, −았/었/였더니, −았/었/였더라면, −얼마나 −던지, −에 다가 −까지, −에 대해서, −에 따르면, −은/는커녕, −을/를 위해서, 이중부정, −자, −자마자, −잖아, −줄 알다/모르다, −지, −지 못하다, −지 알다/모르다, −지, −치고, 피동표현, ㅎ 불규칙
C교재	−(ㄴ/는)다고 하던데, −(ㄴ/는)다면, −(ㄴ/는)다면서, −(ㄴ/는)대요, −(으)ㄴ 는 줄 알다/모르다, −(으)ㄴ 는 데도, −(으)ㄴ 는데, −(으)ㄹ 걸요, −(으)ㄹ 게요, −(으)ㄹ 래, −(으)ㄹ 만하다, −(으)ㄹ 뿐이다, −(으)ㄹ 수도 있다, −(으)ㄹ 텐데, −(으)ㄹ까 봐, −(으)ㄹ까 하다, −(으)면 −(으)ㄹ수록, −(으)면서, −(이)라니, −(이)라도, −(이)라면, −(이)랍니다, −거나, −거든, −거든, 결론적으로, −고 나서, −고 말았다, −고 해서, −고(요), −고는, −고도, −고자 하다, −곤하다, −그러고 보니, −그러므로, −그렇다고 −을/ㄹ 수는 없잖아, −그렇지 않아도, −기는 하지만, −기는(요), −기란, −기로 하다, −기만 하다, −기엔, −ㄴ/는 다는 것이다, −ㄴ/는 답니다, −ㄴ/는 데다가, −느라고, −는 바람에, −는/은/ㄴ 김에, −는가 하면, −ㄴ/는 데다가, −는다/ㄴ다 하는 것이, −는다/ㄴ다/다잖아, −ㄴ/는 데다가, −는다고/ㄴ다고/다고보다, −는다든지/ㄴ다든지/다든지, −는 수가 있다, −다가는, −다니(요), −다보면, −대로/는/은/ㄴ 대로, −더니, −던, −던데, −도지만, −도록, −만 해도, −만으로는, −뿐만 아니라, −뿐이다, 사동형, −어/아/여 가면서, −어/아/여 놓다, −어/아/여 보이다, −어/아/여 야, −어서/아서/여서 그런지, −어야지/아야지/여야지, −었/았/였 던, −었다/았다/였다하면, −에 달려 있다, −에 따라, −에 따르면, −에 비하면, −으니/니−기 바란다, −으니만큼/니만큼, −으라고/라고, −으로/로봐서는, −으로/로 인하다, −으면/면−게 마련이다, −으면/면−는/은/ㄴ 법이다, −은/는 말고, −은/는 물론, −을/ㄹ 것이 아니라, −을/ㄹ 겸−을/ㄹ겸, −을/ㄹ 만큼, −을/ㄹ 줄 알았더라면−을걸/ㄹ 걸, −을까/ㄹ까−을까/ㄹ까 하다, −이라고/라고 보다, −이라든지/라든지 같은, −임에 틀림없다, −자니, −자마자, −자면, −지 않고서는, −지 그래, 피동형, 하면, 할 것 없이
D교재	−(ㄴ/는)다고 하다, −(ㄴ/는)다고들 하다, −(ㄴ/는)다면, −(ㄴ/는)다면서, (아무리)아/어도, −(으)ㄴ 는걸 보니(까), −(으)ㄴ 는 김에, −(으)ㄴ 는 데다가, −(으)ㄴ 는 모양이다, −(으)ㄴ/는 셈이다, −(으)ㄴ 는커녕, −(으)ㄴ 는 탓에, −(으)ㄴ 는 데도(불구하고), −(으)ㄴ 는 만큼/만큼, −(으)ㄴ 는지 알다/모르다, −(으)ㄴ가, −(으)ㄴ들, −(으)ㄴ지, −(으)ㄴ채, −(으)나마나, −(으)ㄹ 겸(해서), −(으)ㄹ 만하다, −(으)ㄹ 뿐만 아니라, −(으)ㄹ 뿐이다, −(으)ㄹ 수밖에 없다, −(으)ㄹ 줄 알다/모르다, −(으)ㄹ 지경이다, −(으)ㄹ 테니까, −(으)ㄹ까봐(서), −(으)ㄹ까하다, −(으)ㄹ지라도, −(으)라고 하다, −(으)려고 다가, −(으)로 인해(서), −(으)로 정도이다, −(으)ㄹ 텐데, −(으)로는−, −이/가 그만이다, −(으)며, −(으)면−(으)ㄹ 수록, −(으)면−는 법이다, −(으)면−으레, −(으)면서, −(으)므로, −(이)나라면이나 밥, −(이)나(세번이나), −(이)나 할 것 없이, −(이)나마, −(이)라도, −(이)야말로, −거든, −거든, −게, −게 되다, −고 나서, −고 말고(요), −고 말다, −고 해서, −곤하다, 그렇지 않아도−(으)려던 참이다, −기 마련이다, −기 위해(서), −기는 하지만, −기는, −기만 하면, −기에 달리다, −기에는, −길래, −껏, −나보다/(으)ㄴ가 보다, −나, −냐고 하다/묻다, −네, −느라고, −는 대로, −는 셈치고, −는 중이다/중이다, −는 통에, −는 한, −는 길, −는데, −는 바람에, −다(가) 보니(까), −다(냐, 라, 자)는 말이야, −다가

	는, -다고해도, -다니, -다보면, -답다, -더군요, -더니, -더라, -더라고(요), -더라도, -더러, -던, -던데, -도록, -든지, -듯(이), -따위, -라고 하다, -마저, -만에, -만하다, 반말, -보고, ㅅ 불규칙, 사동, -아/어 가지고, -아/어 놓다 두다, -아/어 버리다, -아/어 보이다, -아/어/여 가다 오다, -아/어 어서 그런지, -아/어야, -아/어지다, 아무 -도/아무 -(이)나, -았/었, 였었, -았/었더라면, -았/었으면 하다 좋겠다, -어/어 있다, 어차피 -(으)니까, -얼마나 -(으)ㄴ지 모르다, -에 대해(서), -에 따라(서), -에 따르면, -에 비해(서), -에 의하면, -에 의해(서), -에다(가), -을 뻔했다, -을/를 통해(서), -이 가 다 뭐예요, 이중부정, -자고 하다, -자마자, -잖아, -적, -조차, -지, -지 그래, -쯤해서, -처럼, 피동, -하도, -탓에, -치고/치고는
E교재	-(ㄴ/는)다고 하다, -(으)ㄴ 걸 보니까, -(으)ㄴ 모향이다, -(으)ㄴ 적이 있다/없다, -(으)ㄴ 채로, -(으)ㄴ/는데, -(으)ㄴ/는/(으)ㄹ 줄 알다/모르다, -(으)ㄴ/는 대신에, -(으)ㄴ/는 반면에, -(으)ㄴ/는 척하다/체하다, -(으)ㄴ/는/(으)ㄹ 것 같다, -(으)ㄴ/는/(으)ㄹ-, -(으)ㄴ/는 게 아니라, -(으)ㄴ가 봐, -(으)ㄴ지 알다/모르다, -(으)ㄴ지 -이/가 되다, -(으)니까, -(으)ㄹ 겁니다, -(으)ㄹ 것(명령, 지시), -(으)ㄹ 것(명사형), -(으)ㄹ 때, -(으)ㄹ 때마다, -(으)ㄹ 만하다, -(으)ㄹ 뻔하다, -(으)ㄹ 생각이다, -(으)ㄹ 줄 알다/모르다, -(으)ㄹ게, -(으)ㄹ까 봐(서), -(으)ㄹ까 하다, -(으)ㄹ 래, -(으)ㄹ수밖에 없다, -(으)ㄹ지도 모르다, -(으)러, -(으)려고, -(으)려던 참이었다, -(으)려면, -(으)로, -(으)로 유명하다, -(으)로해서, -(으)ㅁ, -(으)ㅁ직스럽다, -(으)면 (으)ㄹ수록, -(으)면 안되다, -(으)면서, -(으)시겠습니까?, -(이)나 -밖에, -(이)든지, -(이)라고 하다, -(이)라더니, -(이)야, 가져가다, 데려가다, -같다, -같이, -거든, -거든, -게 되다, -게 먹다, -게 생겼다, -게 하다, -겠-, -겠습니다, -고, -고 나니까, -고 나서, -고 있다, -고 있었다, -고야말겠다, -곤했다, -군/구나, 그런데, -기가 좋다, -기로 하다, 나다, 나, -냐고 하다/묻다, -네, 눈에 띄다, -느라고, -는 동안, -는 바람에, -는 편이다, -는 것 보다 -는게 낫다, -는게 어때, -는게 좋겠다, -는게 좋다, -는 길이다/는 길에, -는대로, -다가, 었/았/였다가, -다니, -다보면, -다시피, 단위명사, 대신에, -대요, -래요, -던, -도록, 도저히, -때문에, -마다, -만 못하다, 만일 -(ㄴ/는)다면/(이)라면, -만큼, -만하다, 매, 반말, 별, 별로, -보다(더), 빈도부사, 사동사, 서술 형용사, 씩, -아/어 보세요, -아/어/여 보다, -아/어/여서, 아무나/도, 아무거나/도, 아무대나/-도, 아무리 -어/아/여도, -았/었/였을 겁니다, -어/아 드릴까, -어/아 있다, -어/아/여 놓다, -어/아/여 보이다, -어/아/여 봤자, -어/아/여 지다, -어/아/여도 괜찮다, -어/아/여서, -어/아/여서 그런지, -어/아/여야, -어/아/여지, -어/아/여지다, 어찌나 -(으)ㄴ/는지, -었/았/였겠지, -었/았/였는데도, -었/았/였더라면-, -었/았/였을 겁니다, -었/았/였으면 좋겠다, -었/았/였을때, -었었-, -에, -에 대해서/대하여/ -에 대한, -에 비해서, -에 빠지다, -에 시달리다, -에 치이다, -에게서, -에도, -에도 불구하고, -에서만, 연도읽기, 온, 왜냐하면 -기 때문이다, -이/가 아니라, -자고 하다, 자기, -자마자, -잖아, -중에서 가장/제일, -중이다/ -는 중이다, -지만, -지, -처럼, 피동사

교재	고급 문법 항목
A교재	−(으)리가가 없다, −에 의하면, −(으)ㅁ, 만에, −(으)려던 참이다, −(으)ㄹ 확률이 높다, −(이)라고는 −뿐이다, −고도 남다, 별로, −을 / 를 줄이다, −다가는, −다고 하더니, −다보면, −다보니(까), −다 / 자 / 냐 / 라면서, −(으)느냐든지 −(으)느냐든지, −는 관습, −더군, −그랬더니, −곤하다, −(으)ㄴ / 는 덕분에, −어 / 아 / 여 다(가), −(으)ㄴ / 는 것으로 나타나다, −을 / 를 대상으로 조사하다, −(으)느냐에 따라 다르다, 그렇다고 −(으)ㄴ / 는 것은 아니다, −에 몰두하다, −는 데 (에) 중점을 두다, −불과 −만에, −다고 (라고) 밝히다, −다하더라도, −(으)ㄴ / 는 데 (에) 반해, −에 지나지 않다, −그리 −지 않다, −에 −을 / 를 입다, −손꼽아 기다리다, −할 것 없이, −기에 좋다, −기는커녕, −(으)ㄹ 수조차 없다, −는 한, −(으)ㄴ 채(로), −노라면, −기가 무섭게, −는 바람에, −어 / 아 / 여 봤자, −(에) 못지 않게, −(에) 불과하다, −을 / 를 −는데 이용하다, −을 / 를 통해(서), −기에 이르다, −든지 −든지, −에 바탕을 두다, 그러던 어느 날, −두고 보다, −을 / 를 무릅쓰고, −는데(에) 일생을 바치다, −이 / 가 오죽하다, −(이)야말로, −을 / 를 비롯하다, −어 / 아 / 여 버릇하다, −(으)느니 −(으)느니(하면서), −에(도) 일리가 있다, −었 / 았 / 였더라면, −(으)ㄹ 줄이야, −(으)에 따라, −(으)로 전망이다, −느니 차라리, −(으)ㄴ / 는 반면에, −는게 고작이다, −어찌나 −(으)ㄴ / 는지, 시에 관련된 표현, −(으)ㄴ 감이 있다, −만 해도, −더라고, −여간 −지 많다, −기는
B교재	−야말로, 단만, 제발, 설마, −다가도, −는 셈 치고, −므로, −ㄴ 만큼, −되, −락 −락하다, −싶다, −오, −게 마련이다, −ㄹ 까, −다가보면, −는 한, −이자, −리라, −라든가 같은, −다고 치다, −고서야, −덕분에 / 탓에, −로써
C교재	−게 마련이다, −는 바람에, −고자, −(으)므로, −더니, −었더니, −더라고요, −게끔, −어서 그런지, −면 몰라도, −기 일쑤이다, −음으로써, −을 뿐더러, −을 뿐만 아니라, −듯, −(으)로 인한 / 인해, −을 만큼, −은 / 는 만큼, −고도, −었다가, −기만 하다, −는 반면에, −은 / 는 커녕, −었더라면, −기도 하다, −곤 하다, −이라기보다는, −은 / 는 / 을 듯하다, −는 것이 아니라, −기 십상이다, −을 법하다, −(으)리라고, −을 / 를 통해서, −은 / ㄴ 듯, −은 / ㄴ 채, −아 / 어 / 여 가다 / 오다, −(으)ㄴ, −어 / 아 / 여 내다, −(으)ㄹ까, −(으)며, −(이)든, −는다 / ㄴ다 / 다고 해서, −고는, −고도, −는가 / 은가 / ㄴ가, −은 / 는 이래, −(이)래, −(이)나, −을지라도 / ㄹ지라도, −을 / ㄹ 수밖에 없다, −는 / 은 / ㄴ 꼴이다, −는 / 은 / ㄴ 탓에, −는 / 은 / ㄴ 셈이다, −나 싶다, −을 / ㄹ 판에, −을 / ㄹ 뿐이지, −건만, −노라면, −락 −락, −을 / 서 터, −어서 / 아서 / 여서 나마, −는 / 은 / ㄴ 바
D교재	−(으)며, −듯이, −(으)ㄹ 듯이, −더, −(으)ㄹ 지라도, −(으)ㄴ / 는 / (으)ㄹ 바, −도록, 기(가) 일쑤이다, −아 / 어 오다, −었 / 았으면 싶다, −(으)ㄴ / 는 양, −(으)로 말미암아, −(으)ㄴ / 는 데다가, −(으)ㄴ / 는 탓, −기 짝이 없다, −길래, −끝에 / −(으)ㄴ 끝에, −조차, −지(요), −(으)네, −(으)네 하다, −(으)ㄹ 정도, −(으)ㄴ가 보다, −은 / 는커녕, −(이)야말로, −었 / 았더니, −대로, −었 / 았음에도 불구하고, −어 / 아 두다니, −(으)려고 보니까, −곤 하다, −었 / 았던, −기(가) 이를 데 없다, −아 / 어 내다, −다(가) 보니, −자, −다시피 하다, −만 해도, −(으)ㄹ 뿐이지, −고자, −든지 −든지, −되, −(이)나마, −(으)ㄴ / 는 셈이다, −어 / 아 대다, −(으)ㄴ / 는 법이다, −(으)ㄴ / 는가 하면, −어 / 아 가다, −(ㄴ / 는)다고 하더라도, −나 하다, −는 통에

| E교재 | -다는 점에서 -다고 생각하다, 인용표현의 준말, -다고 할까, -(이)랄까, -다시피, -(이)라야, -는 걸요, -(으)걸, -(으)면, -다면, -다고 치다, -(으)니 (으)니해도, -(으)로는 -이 / 가 제일이다, -(으)니 할 수 없지, -(으)면 -얼마나 더 -겠어요, -이 / 가 다 뭐예요, -(으)니까 말인데, 그렇지 않아도, 상대 높임, -(으)ㄴ / 는가 하면, -자면, -(이)요, -(이)다, -(으)ㄴ / 는 것이 좋을 것 같다, -고서, -(으)ㅁ, -기, -다는, -(으)ㄴ / 는(서술형용사) |

부록 2-3. 델파이기법 중급 문법 항목 선정 설문지 1

문법 항목	중급	고급	결과
−(으)ㄴ 걸 보니까			
−(으)ㄴ 나머지			
−(으)ㄴ / 는 셈이다			
−(으)ㄴ / 는 척하다			
−(으)ㄴ / 는 탓에			
−(으)ㄴ / 는 편이다			
−(으)ㄴ / 는 데도 불구하고			
−(으)ㄴ 들			
−(으)ㄹ 걸			
−(으)ㄹ 겸			
−(으)ㄹ 뿐만아니라			
−(으)ㄹ 수도 있다			
−(으)ㄹ 정도			
−(으)ㄹ 테니까			
−(으)ㄹ건가			
−(으)ㄹ까말까 하다			
−(으)ㄹ지경이다			
−(으)ㄹ지라도			
−(으)려다가			
−(으)려던 참이다			
−(으)로 인하다			
−(으)면 −(으)레			
−(으)면 −게 마련이다			
−(으)면 −는 / 은 / ㄴ 법이다			
−(으)므로			
−(이)구나			
−(이)나마			
−(이)라니			
−(이)라지			
−(이)야말로			
−거나			
−고 보니			

−고는 하다			
−고야말겠다			
−고자			
−곤하다			
−기를 바라다			
−길래			
−나마나			
−는 대신			
−는 법을 알다 / 모르다			
−는 중이다			
−는 통에			
−는 한			
−는데에는 −이 / 가 좋다			
−는둥 −마는둥			
−는 셈치다			
−다(냐,라,자)는 말이다			
−다고 하던데			
−다고 해도			
−다보니			
−다시피			
−다지			
−더군			
−더라			
−더라도			
−더러			
−듯이			
−따위			
−마저			
−무렵			
−아 / 어 / 여 놓다 / 두다			
−아 / 어 / 여 버리다			
−아 / 어 / 여보니까			
−어찌나 −(으)ㄴ / 는지			
−얼마나 −던지			

−에 관하다			
−에 비하면			
−에(에게) 달려 있다			
−에(에게) 반하다			
−은/는 물론			
−은/는 −에(게) 좋다			
이중부정			
−자면			
−지 그래			
−치고			
−커녕			
ㅎ 불규칙			
할 것 없이			

문법 항목	중급	고급	결과
−(으)ㄴ 나머지			
−(으)ㄴ / 는 셈이다			
−(으)ㄴ / 는 데도 불구하고			
−(으)ㄴ 들			
−(으)ㄹ 뿐만 아니라			
−(으)ㄹ건가			
−(으)ㄹ까말까 하다			
−(으)ㄹ지라도			
−(으)려던 참이다			
−(으)면 −게 마련이다			
−(으)므로			
−(이)구나			
−(이)나마			
−(이)야말로			
−고야 말겠다			
−고자			
−곤하다			
−는 대신			
−는 법을 알다 / 모르다			
−는 중이다			
−는 통에			
−는 한			
−는셈 치다			
−다(냐,라,자)는 말이다			
−마저			
−무렵			
−어찌나 −(으)ㄴ 는지			
−에 관하다			
−에(에게) 달려 있다			
−에(에게) 반하다			
−자면			
−치고			

−커녕			
ㅎ 불규칙			
할 것 없이			

부록 2-5. 델파이기법 고급 문법 항목 선정 설문지 1

문법 항목	중급	고급	결과
−(으)리가 없다			
−에 의하면			
−(이)라고는 −뿐이다			
−고도			
−다 / 자 / 냐 / 라면서			
−(으)느냐 든지 −(으)냐 든지			
−(으)ㄴ / 는 덕분에			
−에 불과하다			
−다하더라도			
−조차			
−노라면			
−기가 무섭게			
−을 / 를 무릅쓰다			
−이 / 가 오죽하다			
−을 / 를 비롯하다			
−아 / 어 / 여 버릇하다			
−(으)느니 −(으)니(하면서)			
−(으)ㄹ 줄이다			
차라리			
−는 게 고작이다			
시에 관련된 표현			
−(으)ㄴ 감이 있다			
−만 해도			
−기는(요)			
단만			
제발			
설마			
−되			
−락 −락하다			
−리라			
−라든가 같은			
−로써			

-게끔			
-기 일쑤이다			
-음으로써			
-을 뿐더러			
-기 십상이다			
-는/은/ㄴ 꼴이다			
-을/ㄹ 판에			
-건만			
-(으)ㄴ/는/ㄹ 바			
-(으)ㄴ/는 양			
-(으)로 말미암아			
-기 짝이 없다			
-고자			
-다는 점에서 -다고 생각하다			
-(이)라			
-는 걸			
-(으)니 -(으)니 해도			
-(으)면 얼마나 더 -좋겠다			
상대 높임			
-(으)ㄴ/는가 하면			
-오			
-그렇다고 -(으)ㄴ/는 것은 아니다			
-(으)ㄴ 끝에			
불과 -만에			
-(에) 못지않게			

문법 항목	중급	고급	결과
-다 / 자 / 냐 / 라면서			
-(으)ㄴ / 는 덕분에			
-에 불과하다			
-노라면			
-을 / 를 비롯하다			
시에 관련된 표현			
단만			
설마			
-되			
-리라			
-음으로써			
-는 / 은 / ㄴ 꼴이다			
-(으)ㄴ / 는 / ㄹ 바			
-기 짝이 없다			
-(이)라야			
-는 걸			
-(으)면 얼마나 더 -좋겠다			
-(으)ㄴ / 는가 하면			
-오			
-(에) 못지않게			

대본 미리 읽기를 통한 한국어 듣기 교육

1. 서론

1) 연구 목적 및 필요성

외국어로서의 한국어 교육에 주로 치중하고 있는 기능이 듣기와 읽기라고 할 수 있다. 이런 현실을 감안하여 듣기와 읽기 사이의 관계를 알아보고 듣기 전에 먼저 읽기를 실시하는 것은 듣기에 어떠한 효과를 미치는지 알아보고자 한다. 따라서 듣기와 읽기를 어떻게 효율적으로 결합해 함께 교육할 것이냐는 것을 염두에 두고 이 연구를 시작하였다.

외국어 학습에서 듣기와 읽기의 관계를 조사한 선행 연구들을 보면 대체로 읽기를 잘하는 학생이 듣기도 잘하는 것을 보게 된다. 그렇다면 듣기와 읽기는 대체 어떤 관계를 가졌는지, 또한 미리 읽고 듣는 것과 읽지 않고 듣는 것의 차이 등을 실험을 통해서 알아보고 이러한 관련성이 한국어 교육에 주는 시사점이 무엇인지 알아보고자 한다.

따라서 최근의 한국어 교육은 단순한 의사소통 능력의 신장뿐만 아니라 한국어를 사용하여 외국의 문화를 받아들이고 이해하는데 그 목적을 두고 있으며 이해를 바탕으로 상황에 맞는 언어를 구사하는 데 그 목적이 있다. 외국어로서의 한국어 교육 현장에서 의사소통 능력의 효과적인 학습결과를 낳기 위해서는 시청각 자료를 활용한 다양한 교수 학습법에 관한 이론이 제기되고 있고 외국어 듣기 능력을 키우는 데 있어 드라마나 영화, TV 프로그램 등을 이용하는 것이 좋은 방법이 될 수 있다는 것은 누구나 잘 알고 있을 것이다. 하지만 이와 같은 시청각 자료를 쉽게 이해할 수 있는 학생들이 많지 않다. 하지만 이를 통하여 학습자가 배우는 한국어와 실생활과 얼마나 떨어져 있는지 알 수 있다.

따라서 본 연구에서는 학생들에게 재미있는 시트콤 드라마를 선택하여 대본 없이 그냥 시트콤을 보고 듣는 것과 대본을 먼저 읽고 시트콤 보고 듣는 것으로 나누어 실험하였다.

본 연구의 목적은 대본 미리 읽기가 듣기에 미치는 효과를 알아보는 것이다. 연구 문제를 구체적으로 말하자면 다음과 같다.

> 연구 문제 1. 대본 미리 읽기가 중국인 대학생의 한국어 듣기 능력에 미치는 영향은 어떠한가?
>
> 연구 문제 2. 대본 미리 읽기가 한국어 수준이 높은 중국인 대학생과 한국어 수준이 낮은 중국인 대학생의 듣기 활동에 미치는 영향은 각각 어떠한가?
>
> 연구 문제 3. 대본 미리 읽기가 듣기 평가 문항 영역별로 미치는 영향은 어떠한가?

이 연구의 목적을 달성하기 위해서 다음과 같은 가설을 설정하였다.

> 가설 1. 대본 미리 읽기가 중국인 대학생의 한국어 듣기 능력에 유의한 영향을

미칠 것이다.

가설 2. 대본 미리 읽기가 한국어 수준이 높은 중국인 대학생보다는 수준이 낮
은 중국인 대학생의 듣기 활동에 더 큰 영향을 미칠 것이다.

가설 3. 대본 미리 읽기가 쉬운 듣기 문항보다 어려운 듣기 문항에는 더 큰 영
향을 미칠 것이다.

2) 연구 내용 및 제한점

이 연구는 대본 미리 읽기가 듣기 능력에 미치는 효과를 알아보는 연구
이다. 각 절 별로 연구의 내용을 요약하면 다음과 같다.

제1절에서는 본 연구의 목적과 필요성을 밝히고 구체적인 연구 문제와
연구 진행하기 위하여 설정한 가설들을 언급하였으면 연구의 제한점과
선행연구들을 살펴보았다.

제2절에서는 먼저 한국어 듣기 교육의 중요성과 교육 현실을 살펴보고
외국어 듣기를 어렵게 만드는 요인들이 무엇인지 알아본 다음, 문제점을
분석하여 이러한 장애요소들을 어떻게 극복할지를 검토해 보고 마지막
으로 드라마를 통한 효율적인 한국어 학습을 언급하였다.

제3절에서는 듣기의 개념, 이해 과정, 그리고 시트콤 듣기란 무엇인지
를 살펴본 다음, 읽기의 개념과 이해 과정에 대해서 알아보았다. 이를 바
탕으로 하여 듣기와 읽기의 상관관계, 읽고 듣기 등에 대하여 살펴보았다.

제4절에서는 대본 읽기의 개념, 듣기 전에 대본 읽기의 실제적인 지도
법과 교수법에 어떠한 것들이 있는지 살펴보고 종합하여 듣기 전에 대본
읽기의 지도 방안을 모색해 보았다.

제5절에서는 대본 미리 읽기가 듣기에 어떠한 효과를 미치는지를 살펴

보기 위해 설계한 연구의 방법에 대하여 기술하였다. 먼저 연구 문제를 다시 한 번 언급하고 중국인 고급 학습자 8명을 실험 대상자로 선정하여 실험 집단과 비교 집단으로 각 4명씩 나누었다. 검사 도구를 만들어 전문가에 의해 검토를 받고 수정 과정을 거쳐 검사지의 타당성을 확보하였다. 따라서 실험에 들어가기 전에 먼저 파일럿 테스트를 실시하였다. 그리고 〈레인보우 로망스〉 1회 듣기 평가지를 선정하여 학생들의 듣기 능력 수준을 측정한 다음에 실험을 실시하였다. 실험 집단은 대본을 미리 읽어 보고 시트콤을 시청하는 집단이고 비교 집단은 대본 없이 그냥 보는 집단이다. 시트콤을 보고 나서 해당된 듣기 평가 문항을 답하게 하였다. 사후 검사는 시트콤 드라마 〈레인보우 로망스〉 두 편을 선정하여 두 차례를 거쳐 실시하였다.

제6장은 연구 결과에 대하여 구체적으로 세 가지 측면으로 나누어 설명하였다. 첫째, 대본 없이 보는 비교 집단과 대본 미리 읽고 보는 실험 집단의 결과가 각각 어떠한지 살펴보았다. 둘째, 학생 한국어 수준에 따른 결과가 어떠한지 차이가 있는지 살펴보았다. 셋째, 듣기 능력 평가 내용 요소에 따른 결과가 어떠한지 알아보았다. 다시 말해서 내용 확인 영역, 내용 이해 영역, 내용 추론 영역, 내용 평가 영역으로 나누어 각각 듣기 전에 대본 읽는 것에 어떠한 영향을 받았는지 알아보는 것이다.

제7장에서는 본 연구의 결론을 정리하고, 분석 기준 이외에 드러난 유의미한 사실을 언급하며, 시트콤 드라마 대본을 활용한 한국어 학습 등 관련 연구의 가능성을 제언의 형식으로 기술하며 연구를 마무리 하였다.

한편, 본 연구에서는 다음과 같은 제한점이 있음을 밝혀 둔다. 첫째, 본 연구의 대상은 서울특별시에 거주하고 있으며 고려대에 재학 중인 중국인 대학생 8명을 선정하였으므로 대표성을 나타내는데 한계가 있다. 둘째, 이 연구에서 사용한 시트콤 드라마 대본들은 대표적인 자료가 되지 못할 수 있으므로 연구의 결과를 일반화시키기에는 무리가 따른다. 셋째,

장기간 실험이 보다 타당성 있고 신뢰도 있는 결과가 나올 수 있는데 이 실험은 짧은 기간에 이루어졌다는 점에서 객관화하기에 무리가 있을 수 있다. 넷째, 듣기 능력을 측정하기 위한 도구는 표준화된 것이 아니라 주로 연구자가 개발하여 전문가에게 검토를 받은 것이므로 객관성 및 타당성에 있어서 제한을 가질 수 있다.

3) 선행연구

듣기와 읽기 기능이 서로 상호작용이 없는 독립적인 영역이 아니라는 것은 인식되면서도, 듣기와 읽기의 통합지도에 관한 연구가 많이 진행되어 왔다. 그러면서 사람들이 듣기 대본 사용에 관한 관심도 높아졌다. 이미 듣기 대본의 사용여부가 듣기학습에 미치는 영향에 관한 논의는 오래 전부터 이루어져 왔으나 이에 대한 실질적인 실험연구는 별로 없는 실정이다.

Brown(1977)은 듣기자료대본이 듣기학습에 효과적이라는 주장을 하였는데, 그에 따르면 듣기기능을 교육하는 데 있어서 학습자들에게 듣기자료를 접할 기회를 주는 것은 필수적이며, 이를 통하여 구두언어와 문자언어의 관계도 학습할 수 있다고 하였다.

최근에 진행된 듣기 대본 연구 중의 하나는 강의 자료 대본에 관한 연구이다. Lebauer(1983)는 모국어 학습자와 외국어(non-native)학습자의 강의 이해를 비교한 결과, 모국어 학습자의 경우는 강의 자료 대본의 제시가 강의 내용 이해에 큰 영향을 미치지 않지만 외국어 학습자에게는 큰 도움이 된다는 것을 밝혀내었다(재인용 : 권수진, 1998, 21쪽).

Joiner(1984)도 외국어 학습자들을 대상으로 강의 자료 대본의 제시효과에 관한 실험을 한 결과 강의 자료 대본을 제시받은 학생들의 강의 내용 이해가 그렇지 않은 학습자들보다 높다는 것을 밝혀내었다. 그는 대본 제시가 학습자들로 하여금 자신이 알지 못하는 부분을 추측하여 이해할 수 있도록 도와준다는 것이다(재인용: 권수진, 1998, 22쪽).

김혜경(2004, 100쪽)은 초등학교 3~4학년에서 시행하고 있는 문자교육을 배제한 듣기중심의 수업을 그대로 시행하는 것이 영어 습득에 더 적합한지, 아니면 선수 능력으로서의 읽기 능력을 어느 정도 습득한 상태에서 현행의 듣기 중심의 수업을 진행하는 것이 적합한 것인지에 대하여 알아보기 위하여 읽기 능력이 갖추어진 학생들과 읽기 능력이 갖추어지지 않은 학생들 여섯 명을 대상으로 수준별 수업을 하였다. 다시 말해 영어 이야기책을 활용하여 그 속에 있는 내용을 읽기 기능을 통하여 먼저 학습시킨 후 듣기를 통한 수업을 하는 것이 효율적인지, 아니면 읽기 학습을 제외하고 듣기 기능을 먼저 학습시키는 것이 초기의 영어 학습에 더 효율적인지 알아보기 위하여 실험하였다.

그 결과는 첫째 듣기 활동이 충분히 해준다고 하더라도 읽기 능력이 약한 상태에서 듣기 중심의 수업을 하면, 듣기 발달이 자연스럽게 이어질 수 없다. 즉 '아는 만큼 들린다'는 말처럼 읽기를 통하여 배경지식을 많이 쌓아 올리는 것이 중요하다. 둘째, 읽기가 가능한 학생에게는 읽기와 듣기를 모두 지도하는 통합교육이 적합하겠지만, 읽기가 가능하지 않은 학생에게는 읽기를 먼저 숙달시킨 후 듣기를 지도하는 것이 바람직하다고 할 수 있다 등과 같은 결과들이 나왔다. 더불어 읽기 능력이 없는 상태에서 듣기 교육을 강화시키거나 외국어 습득에 강한 욕구가 있지만 읽기 능력이 부족해서 혼자서 익힐 능력이 없어서 좌절해 버리는 학생도 있었다고 하였다. 즉, 읽기 능력이 좋은 학생일수록 바람직한 결과가 나타났다는 것이다.

강의 자료 대본 외에 최근 가장 많은 연구가 이루어지고 있는 부분은 바로 비디오 자료에 관한 것이다. 비디오 대본은 두 가지 형태로 제시될 수 있다. 그 하나는 자막으로 화면에 제시되는 것이고, 다른 하나는 대본을 학습자에게 직접 배부하는 것이다. 대부분의 연구들은 자막의 효과에 관한 연구들이다.

Smith(1990)는 영어를 제2외국어로 학습하는 성인 학습자들을 대상으로 자막 처리된 비디오 자료를 제시하고 듣기능력 향상에 대한 효과를 살펴보았다. 그는 특히 실생활 자료를 제시하기 위하여, 실제 TV에서 방영되고 있는 프로그램을 사용하였다. 결과는 긍정적인 영향을 미치는 것으로 드러났다.

Herbert(1991)는 영어를 제2외국어로 학습하는 학습자들을 실험집단 26명, 통제집단 25명을 선정하여 일주일에 150분씩 13주간 듣기교수를 실시하여 비디오 자료 대본 제시의 효과를 알아보았다. 그는 이 연구에서 비디오 자료 대본 제시가 학습자들의 듣기 능력 향상에 도움을 주었음을 밝혀냈다. 연구의 제한점으로 언어능력이 낮은 학습자들을 대상으로 한 실험이었다는 점과 실험기간이 짧았다는 점을 들고 있다(재인용 : 권수진, 1998, 23쪽).

Lynch(1983)는 영어를 외국어로 학습하는 대학원 학습자들을 대상으로 듣기학습 이전에 듣기자료대본을 제시하여 빠른 속도로 읽어보도록 하는 방법이 듣기학습에 효과적이라는 것을 밝혀내었다.

James(1986)는 영어를 제2외국어로 배우는 학습자들을 대상으로 듣기능력을 기르기 위한 여러 가지 방안을 연구하였는데, 그중 듣기학습 이전에 대본을 제공하여 회상한 것을 써 보는 것이 듣기 학습에 효과적이라는 것을 알아내었다(재인용 : 권수진, 1998, 24쪽).

따라서 듣기 전에 듣기자료대본이 사용되어야 한다고 주장하는 학자들은 대본이 듣기 전에 제시될 경우 학습자들에게 배경지식을 제공하여 학습을 보다 용이하게 하고, 듣기 학습의 정확도를 높여 주며, 심리적인 부담을 덜어준다고 하였다.

Mathews(1982)는 듣기 대본을 시청각 자료의 제공 이전에 제시하는 것이 효과적이라고 하였으며 James(1986)는 듣기 전에 듣기자료대본을 제시하고, 그 직후에 회상(recall)할 수 있는 것을 모두 적어보도록 하는 회상기법을 사용하였다. 이를 통하여 학습자들은 자료의 이해도가 향상되고, 듣기자료대본에서 회상하지 못한 부분을 집중하여 듣기 때문에 보다 많은 정보를 이해하게 된다고 하였다(권수진, 1998, 16~17쪽).

지금까지 살펴본 선행연구들은 듣기자료대본의 사용여부 효과에 대한 것이다. 그러나 이러한 연구들은 거의 다 외국어로서의 영어를 중심으로 하여 쓴 것들이다. 외국어로서의 한국어를 중심으로 한 연구는 거의 없었다.

2. 외국어로서의 한국어 듣기 교육

1) 한국어 듣기 교육의 중요성

외국어로서의 한국어 교육은 듣기, 말하기, 읽기, 쓰기의 네 영역으로 나누어진다. 그중에도 듣기와 읽기는 이해 기능, 말하기와 쓰기는 표현 기능으로 나누어진다. 또한 듣기와 말하기는 같은 음성언어에 속하는 데 비하여 읽기와 쓰기는 같은 문자언어에 속한다. 〈표 2-1〉과 같이 표현할 수 있다.

이 네 가지 기능은 모두 중요한 역할을 담당하고 있고 서로 상호작용을 하고 있다. 실제 교육 현장에서 이들 네 영역은 상호보완적인 기능을 수행하며, 결국은 교육 방향에서 그 비중이 상대적인 대소 문제라 하겠다. 네

표 2-1. 한국어 교육 내용 구분

	이해 기능	표현 기능
음성 언어	듣기	말하기
문자 언어	읽기	쓰기

가지 기능 중에서 의사소통을 증진시킬 수 있는 기능은 듣기와 말하기 기능이라고 볼 수 있다. 특히 일상생활에서 의사소통을 하는데 듣기 기능이 더 많은 비중을 차지하고 있다(재인용 : 고경석, 2003).

Morley(1994, 7쪽)에 따르면 우리들은 듣기 42%, 말하기 32%, 읽기 15%, 쓰기 11%의 순으로 언어의 네 가지 기능들을 사용하며 평균적으로 말하기의 2배, 읽기의 4배, 쓰기의 5배에 해당하는 시간을 듣기에 할애한다고 한다.

따라서 외국어 학습에 있어서 원활한 의사소통이 이루어지기 위해서는 어떤 발화를 듣게 되더라도 우선 의미를 알아낼 수 있어야 한다. 이런 이유로 듣기를 가르치는 것이 매우 중요하다고 할 수 있다. 또한 듣기가 다른 언어 능력에 미치는 전이효과가 있기 때문에 더욱더 중요시 여겨야 한다.

Asher(1969)는 명령을 듣고 행동으로 반응하게 하는 전신반응 교수법(Total Physical Response)을 적용한 결과 EFL 학습자들이 일단 듣기 이해력이 달성되면서 말하기도 저절로 이루어졌음을 보고하였다. Postovsky(1974)는 ESL 학습에서 듣기 능력이 말하기 능력보다 우선적으로 개발되어야 한다는 것을 전제로 러시아어를 배우는 군인들을 대상으로 실험을 실시하였더니 언어의 네 기능 평가에서 처음 4주 동안 듣기 연습만을 한 실험 집단이 듣기와 말하기를 함께 강조한 통제 집단보다 듣기 뿐 아니라 나머지 세 기능에서도 우수한 능력을 보였다고 보고하였다. 이상을 종합해 봤을 때 듣기와 말하기, 듣기와 읽기, 듣기와 쓰기 등 영역의 통합을 통해 종합적인 교육을 지향하는 방향이 더욱 효과적이라 할 수 있다.

듣기는 여러 가지 의미에서 한국어 학습에서 중요한 자리를 차지하고 있다. 우선 상대방의 말을 이해할 수 있어야 자신의 의사를 표현할 수가 있기 때문에 듣기는 상대방과의 의사전달에 있어 가장 기본이라고 할 수 있다. 또한 언어교육은 모국어의 습득 순서와 일치할 때 효과적이라 하여 외국어 학습에서 듣는 능력부터 익혀야 하며 듣기를 더욱더 중요시할 수밖에 없다.

2) 한국어 듣기 교육 현실

한국어 교육 현장은 여태껏 책을 중심으로 하여 한국어 단어나 문법을 위주로 가르치면서 진행되어 왔다. 하지만 학생들이 책에서 배운 것들을 실생활에서 적용시키지는 못하고 있다.

보통 학생들은 책에서 배운 한국어 단어나 문법을 검증 받는 것이 더 쉬운 방법이라고 생각하여 실생활에서 쓰이는 생생한 한국어에 의한 한국어 실력 향상을 기피하는 경향이 있다. 특히 한국어 듣기 교육에 있어서 학생들은 외국어로서의 한국어 교재에 사용된 느린 속도의 한국어에 익숙해서 오히려 정상 속도의 한국어가 너무 빠르다고 생각한다. 그러면서 실생활에서 쓰이는 생생한 한국어에 노출되는 것을 부담스러워한다. 자신들에게 노출된 모든 한국어 표현을 다 이해해야 비로소 내용을 이해할 수 있다고 생각하는 학생들은 자신들에게 노출된 실제 한국어를 다 이해하지 못하면 어쩌나 하는 생각에 겁이 나 한국어공부를 피하게 된다.

실제 우리가 일상에서 듣게 되는 현상은 주변 소음뿐만 아니라 참여자 간의 중복 발화, 순서 없는 끼어듦, 축약, 생략, 담화표지, 머뭇거림, 휴지, 횡설수설하는 말, 비문법적 요소, 방언, 관용어, 간접 표현, 빠른 발화 속도 등의 여러 가지 요소들이 있다. 이는 한국어 학습자뿐 아니라 모국어 화자에게도 듣기를 어렵게 하는 요소들이다. 그러나 교실에서 이루어지는 이상적인 듣기 교육에서 이러한 요소들을 배제한 채 교육한다면 학습자들은 배운 것을 실제 생활에 적용할 수가 없으며 실제 의사소통 상황에서 쉽게 좌절하게 될 것이다. 그래서 실제 담화 현장을 고려하여 한국어 구어의 특성, 문자언어와 음성언어의 차이가 반영된 듣기 담화를 가지고 듣기 교육이 이루어져야 한다.

더욱이 한국어는 문자 그대로 발음되지 않은 경우가 많기 때문에 학습자들이 더욱더 혼란을 겪게 된다. 듣기가 읽기와 다른 점은 매개체가 음성이라는 점이다. 한 언어에서 사용되는 음성은 음운조직으로 구성되어 있고, 각 낱말을 독립적으로 발음하면 사전 속의 발음 기호와 같은 소리가 나지만, 실제 말 속에서 들리는 소리는 음운 변화를 거쳐 아주 '다른' 소리가 된다. 한국어 듣기가 어려운 이유 중에 하나는 우선 이 '다른' 소리의 정체가 무엇인지 잘 모르고 원래의 소리로 연결되어 이해되지 않기 때문이다. 이 외에도 한국어 구어 발음의 몇 가지 특징들 때문에 학습자들이 실생활에서 의사소통 하는데 많은 어려움을 접하게 된다. 몇 가지 예를 들자면 다음과 같다(진교어, 2008, 48쪽).

1. 구어에서 구별할 수 없는 발음
   예) 매일-메일   되지-돼지
2. 연음, 경음화, 구개음화와 같은 다양한 음운 현상이 나타난다.
   예) 밥 먹었니?-[밤머건니]   국물-[궁물]   젖히다-[저치다]
3. 일상 회화에서 방언도 들려진다.
   예) 와?(방언)-왜?(표준어)
4. 억양에 따른 의미 차이가 있다.
   예) 밥 먹어. / 밥 먹어? / 밥 먹어!
5. 화자 개인적 발음 차이가 있다.

교실에서의 교사의 말에 익숙해진 학생들에게 실제적인 발화의 발음이 어렵다는 이유들 중의 하나는 교사의 말과 다른 다양한 발화에서 발음이 다르다는 것이다. 특히 노인들의 발음은 흐릿하고 옛말에 근접하며 사투리가 많이 들어 있으므로 초보자들에게 가장 어렵다.

6. 실제적인 발화 속도는 교재의 음성 자료보다 빠르다.

안수웅(1995)은 대학수학능력시험의 듣기 속도를 WPM 140.7이라고 적고 있다. 이는 보통 원어민의 회화속도인 160~190wpm 정도인 점을 감안하면 많이 느리기 때문에 대학생과 고등학생들이 외국어에 대한 입력정보의 속도를 감당 못하는 현상이 일어나게 된다는 점을 지적하면서, 듣기 훈련을 위해서는 자연스런 보통속도를 극복할 수 있어야하고, 교재도 속도를 느리게 하는 것이 아니라 문장 간의 휴지(pause time, 休止)를 늘이는 것이 더 현명하다고 제안하고 있다(재인용 : 김원길, 2003, 5쪽).

이처럼 한국어의 음운 규칙과 억양, 방언, 발화 속도 등과 같은 요소들 때문에 학습자들이 듣는 데 많은 어려움을 겪고 있다는 것이 한국어 듣기 교육의 현실이다.

이외에 한국어를 배우는 외국인 학습자들은 원어민과 실제 대화에서 한국어를 듣고 이해하는 데 어려움이 많다고 하는 것도 외국어로서의 한국어를 배우는 환경에서는 수업시간 외에는 한국어 환경에 접할 기회가 많지 않아 듣기 능력이 부족하기 때문이라고 할 수 있다.

3) 듣기를 어렵게 만드는 요인

　실제로 중급단계의 언어 학습자들 대상으로 한 설문조사에서 학습자들은 언어의 네 기능 중에서 듣기가 가장 어렵다는 결과가 나왔다(Graham, 2002). 왜 외국인 학생들에게 듣기가 다른 기능보다 더 어렵게 느껴지는 것일까? 그리고 외국어로서의 한국어 듣기를 어렵게 만드는 요인들로는 어떤 것들이 있고 왜 외국어가 모국어처럼 자연스럽게 들리지 않는 것일까?

　듣기는 언어 네 가지 기능 중 가장 추상적인 기능이라 할 수 있다. 또한 화자의 발화 속도를 개인이 통제할 수 없는 유일한 기능이기도 하다. 읽기에서는 독자가 글을 읽어나가는 속도를 조절할 수 있지만 듣기에서는 청자는 화자가 말하는 속도를 통제할 수 없다. 더구나 모국어 화자와 달리 외국어 학습자들은 들은 음성을 머릿속에서 분석하여 이해하는 과정이 의식적일 뿐만 아니라 그 과정 처리 시간이 길다. 때문에 기존의 듣기 연습이나 반복적인 듣기 등은 실제 담화 현장에서 정보를 듣고 반응하는 것이 힘들어 성공적인 의사소통을 어렵게 한다.

　듣기를 어렵게 만드는 다른 요인으로 구어체의 특성을 들 수 있다. 문어체와는 달리 실생활에서 사용되는 말에는 비문법적인 요소나 불완전한 형태가 많이 포함되어 있다. 또한 주저함, 허위시작, 반복, 멈춤 등이 대화의 30~50%를 차지한다(Oxford, 1990). 그러므로 학습자들은 종종 교실에서 배운 한국어가 한국 사람들과 얘기할 때 들리는 한국어와 다르다는 것을 느끼게 되고, 한국 사람들과 대화를 하거나 TV 방송을 시청할 때 불어 닥쳐오는 어려움 때문에 자주 실망하게 된다.

　차경환과 신동일(2001)은 외국어로서의 영어 듣기를 저해하는 일반적인 요인들을 정리하였는데 외국어로서의 한국어도 이와 같이 이해할 수 있다.

1. 실제적인 보통속도의 영어에 익숙하지 않을 때.

2. 영어의 강세나 리듬, 억양 패턴에 익숙하지 않을 때.

3. 동음이의어로 인한 어휘의 혼동

4. 단어, 약자, 지명, 이름, 숫자의 표현에서 오는 어려움.

5. 익숙하지 않은 문형이나 내용으로 인한 어려움.

6. 생략, 약화, 축약으로 발음된 모음의 이해가 어려움.

7. 예측력의 부족과 이해하는 사고 논리 구조의 차이

8. 제한적인 언어적 능력으로 필요 없는 정보를 뛰어넘는 능력부족

9. 시청각적, 환경적, 배경적 실마리의 이용 부족

(차경환 · 신동일, 2001, 68~69쪽)

　이처럼 외국어로서의 영어 듣기가 한국인 학습자들에게 어렵듯이 외국어로서의 한국어 듣기도 마찬가지로 중국인 학습자에게 쉬운 과제가 아니다. 좀 더 구체적으로 살펴보면, 중국어의 리듬이나 억양이 한국어와 다르고 차이가 많이 난다. 또한 중국 국내에서 많은 학습자들이 모국어 화자와 얼굴 마주보고 대화를 나누는 기회는 많지 않아 한국어에 자연스럽게 노출되기가 어렵다. 좀 더 깊은 대화를 나누거나 직접 의사소통의 상황에 접하기가 쉽지 않는 현실이다. 그러나 실제적인 한국어의 속도에 노출되고 적응해야 한국어 듣기의 커다란 장애요소인 빠른 속도라는 문제점을 극복할 수 있다.

　이해영(1999, 245쪽)에서는 우리가 모국어로 듣기를 수행하게 되는 현상은 주변 소음과 참여자간의 순서 없이 끼어 듦, 중복, 음성적, 문자적, 통사적, 화용적 축약, 머뭇거림(hedges), 휴지, 횡설수설하는 말, 비문법적 요소, 방언, 관용어, 은어, 사회문화적 의미가 함축되어 있는 말, 발화 속도, 강세, 억양, 담화의 상호작용적 요소들이 혼재한다고 지적하였다. 외국어를 들을 때 이러한 요소들은 부가 정보로서 기능하기보다는 듣기를 어렵게

표 2-2. 듣기의 처리 과정(이해영,1999, 245쪽)

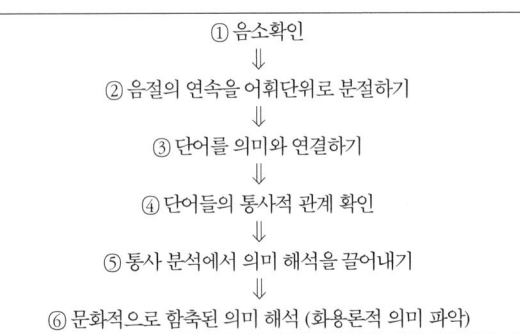

① 음소확인
⇓
② 음절의 연속을 어휘단위로 분절하기
⇓
③ 단어를 의미와 연결하기
⇓
④ 단어들의 통사적 관계 확인
⇓
⑤ 통사 분석에서 의미 해석을 끌어내기
⇓
⑥ 문화적으로 함축된 의미 해석 (화용론적 의미 파악)

만드는 요소가 된다.

특히 외국어 학습자의 듣기 과정은 항상 주의를 집중해야 한다는 어려운 점이 있다. 이는 한꺼번에 여러 가지 과정을 처리해야 하기 때문이다. 〈표 2-2〉에서 보여주듯이 외국어 학습자에게는 모국어화자와 달리 들으면서 한꺼번에 여러 가지 과정을 거쳐야 하기 때문에 항상 주의를 기울여야 하고 집중해야 한다.

모국어 화자와 달리 외국어 학습자가 듣기 과정에서 여러 가지 단계를 동시에 밟아야 한다. 그렇기 때문에 외국어 듣기가 더욱더 어렵게 느껴지는 것이다.

Underwood(1990)는 듣기의 잠재적인 문제점을 다음과 같이 지적하였다. ① 발화 속도의 통제 불가능, ② 반복 불가능, ③ 제한적 어휘력, ④ 신호 인식 실패, ⑤ 해석상의 난점, ⑥ 집중력 결여, ⑦ 잘못된 학습 습관이라는 일곱 가지를 제시하였다. 여기서 발화 속도와 반복의 불가능은 TV나 라디오 방송으로 전달되는 메시지를 통제할 수 없는 것이 듣기 이해의 난점이 된다는 것이다.

이 문제를 정보 처리 이론 입장에서 본다면, 다음과 같이 설명할 수 있다. 정보 처리 이론에서 이해의 과정을 두 가지로 분류하여 설명하고 있는

데 하나는 해독(decoding) 과정으로 음성이나 문자로 주어진 자료를 언어의 기본 단위로 분류하여 인식하는 과정이다. 두 번째 과정은 이해(comprehension)과정으로 청자나 독자가 자신의 배경지식이나 해석된 자료를 통하여 주어진 정보의 의미를 인지하는 과정이다. 이해는 새로운 정보가 사람이 가지고 있는 기존 지식 스키마에 맞으면 이해가 일어나고 맞지 않으면 이해에 실패한다고 하였다(김원길, 2003, 7쪽). 입력 정보가 적절한 기존 지식구조의 스키마를 작동하지 못하면, 비록 청자가 그 입력을 언어적으로 인식한다 하더라도 이해는 실패한다. 그리하여 청자의 지식에 들어 있는 문화적 스키마도 이해를 저해하는 요소 중 하나라고 할 수 있다.

이처럼 스키마, 즉 배경지식이 부족하면 필요한 정보만을 잡아 낼 수 있는 기억용량도 부족한 것이다. 그래서 익숙하지 않은 문형이나 내용으로부터 쉽게 어려움을 겪을 뿐 아니라 제한적인 언어적 능력으로 필요 없는 정보들을 뛰어넘지도 못한다. 이 때 음성적 신호로 되어 있는 입력 정보는 복잡한 과정을 거쳐 의미로 변환되는 것인데 이 과정에서 정보가 중간 여과장치들을 무사히 통과하지 못하고 차단될 때 이해의 실패가 일어난다.

박기표(2001)는 한국대학생 217명을 대상으로 한 그의 연구에서, 듣기에 영향을 미치는 가장 주된 요인으로 언어능력과 배경지식이라고 했는데, 전자는 어휘능력과 문법능력으로 이루어지고, 후자는 문화와 학문에 대한 지식이라고 제시하였다(재인용 : 박기표 · 김상문, 2002, 100쪽).

위에서 살펴본 바와 같이 이런저런 요소들은 외국어로서의 한국어 듣기를 어렵게 만드는데 외국어를 들을 때 겪게 되는 이런 어려움을 극복할 수 있는 방법은 무엇이 있을까? 우선 이런 요소들을 극복할 수 있도록 무엇이 필요한지 다음과 같이 알아보았다.

1. 실제적인 보통속도의 한국어에 익숙하고, 불필요한 정보를 뛰어넘는 능력의 필요성.

2. 실제적 듣기 자료의 활용

3. 시청각적, 환경적 배경적 실마리의 효과적 이용

4. 익숙하지 않은 문형이나 내용 등의 표현 익히기.

위에서 여러 가지를 감안해 볼 때, 한국어 수업에는 실제자료를 채택할 필요가 있다. 실제자료란 일상생활에서 원어민에 의해 사용되는 언어를 바탕으로 이루어진 입력 자료로서, 문화적, 상황적 적합성을 반영한 언어 표본으로 정의된다(Rodgers · Medley, 1988). 이는 외국어 학습자에 맞게 수정 · 보완된 자료가 아닌 원어민 사이에서 일상적으로 통용되는 구두 및 인쇄 자료이다. 예들 들면 영상 매체와, 즉 비디오, 드라마, 영화 등과 같은 것이다. 이러한 실제자료가 학습자의 인지적 측면뿐만 아니라 정의적 측면에 있어서도 외국어 학습자에게 도움을 준다.

이에 김현숙(2003)은 듣기 지도는 실제 생활에서 당면하는 의사소통 능력 향상을 위해 선행되는 교육이므로 실제 상황과 유사한 실제성을 지녀야 하고 따라서 언어 정보(verbal information) 외에 주변의 소리나 상황, 몸짓 등의 비언어적인 정보(non-verbal information)까지도 포함하는 실생활 구두 언어 교재인 시청각 교재를 사용하는 것이 효과적이라고 주장하였다. 많은 시청각 교재들 가운데 특히 시트콤은 한국어를 사용하는 실제상황을 자주 접하지 못하는 환경에서 외국어로 한국어를 배우는 학습자들에게 한국인의 실제 생활 모습을 제시해 주고 그 사회 · 문화적 양상을 간접 체험하기 위해 가장 흥미롭고 유머러스하면서도, 손쉽게 접할 수 있는 매체 중의 하나이다(재인용 : 김현숙, 2003, 14쪽).

이러저러한 듣기 장애요소들에 대하여 알아보았는데 어떻게 하면 외국어 듣기 장애요소들을 극복할 수 있을까? 다음으로 듣기 장애요소의 극복을 알아보도록 하겠다.

4) 듣기 장애요소의 극복

김원길(2003, 8쪽)에서는 듣기 장애요소의 극복에 대하여 언급하였는데 정리하자면 다음과 같다.

우선 실제적인 보통속도의 외국어에 익숙하고 불필요한 정보를 뛰어넘는 능력이 필요하다. 좀 더 구체적으로 말하자면, 우리의 일상에서 반복된 일을 많이 겪다 보니 굳이 기억하려 하지 않아도 저절로 기억하게 된다. 그러므로 애써 기억할 필요 없는 상황을 뛰어넘고 특별한 상황만을 기억하고 간파함으로써 자연스럽게 이해하고 기억할 수 있다는 것이다.

불필요한 정보들을 뛰어넘고 기억의 한계 용량 커지면 듣기가 더욱 더 쉬워 질 것이다. 왜냐하면 듣기내용에 대한 배경지식이나 스키마가 바로 그런 역할을 하기 때문이다. 들을 내용이나 상대방이 할 행동에 대한 추론, 예측이 가능하다면 기억의 한계 용량도 그만큼 커질 수 있다. 기억 용량이 커지므로 들으면서 필요 없는 정보들을 뛰어넘고 필요한 정보만을 잡아낼 수 있는 선별 능력이 체득된다. 물론 속도의 문제도 극복할 수 있다. 예를 들면, 우리의 일상은 매일같이 일어나는 반복된 것이므로 굳이 기억이라는 한계 용량을 사용하지 않아도 되고 특별한 상황만을 기억하고 집중함으로써 자연스럽게 용량의 한계 안에서 이해하고 기억할 수 있는 것이다.

둘째, 자연스런 듣기 자료를 활용한 훈련도 필요하다. 왜냐하면 외국어 학습자들이 겪은 언어적 경험이 적으므로 원어민처럼 문법이나 음운패턴 등과 같은 것들이 내재화 돼 있지 않기 때문에 들을 때 훨씬 더 많은 집중력이 요구된다. 뿐만 아니라 중요한 정보를 놓치지 않으려고 하는 노력도 필요하기 때문에 자연스런 듣기 환경에 많이 노출될수록 좋다. 다양한 자료를 접하면서 충분한 선험지식을 심어주는 것이다.

셋째, 시청각적, 환경적, 배경적 실마리의 효과적으로 이용해야 한다. 지금까지 비디오 자료가 듣기학습에 가장 많이 쓰였지만 현대사회의 인터넷 이용 등과 같은 다양한 멀티미디어 자료들이 발전되고 보편화되면서 여러 가지 효과적인 다양한 매체들을 이용해 보는 것이 좋겠다는 생각이 든다. 교실이라는 환경에서도 가상의 인위적 상황설정이 아닌 구체적이고 자연스런 상황을 눈으로 보면서 파악하는 것이 훨씬 좋을 것이다. 교실마다 멀티미디어 활용한 수업이 가능하게 텔레비전과 컴퓨터 등의 장비가 보급되었으면 하는 바람이다.

넷째, 익숙하지 않은 문형이나 내용, 약자, 지명, 숫자 등의 표현도 익혀야 한다. 특히 개인마다 관심분야가 달라서 나에게는 익숙한 표현이지만 다른 사람들에게는 낯선 표현일지도 모른다. 마찬가지로 다른 사람이 자연스럽고 즐겨 쓰는 표현인데 나에게는 낯설고 부자연스럽게 느껴질 수도 있다. 그러므로 익숙하지 않은 문형이나 내용, 약자, 지명, 숫자 등의 표현을 익혀두는 것이 좋겠다.

따라서 Rivers가 말하는 4단계 듣기의 학습활동을 중심으로 한 듣기 능력 증진 방안을 살펴보면, 첫째, 식별의 단계로, 대립음의 식별연습, 강세, 고저, 억양을 식별하는 단계로, 정상속도의 대화문이 학습에 적당하다. 둘째, 기억을 요하지 않는 식별과 선택의 단계로 대화의 장면을 반복하여 들으면서, 내용의 줄거리를 따라서 쫓아가면서 듣고 이해할 수 있으면 되는 단계로 상황설명이 많이 섞인 대화가 좋으며, 학습 이전에 어휘는 모두 알고 있도록 해야 한다. 셋째는 단기기억을 요하는 식별과 선택의 단계로, 학생에게 일정 수의 질문을 미리 주어 특별히 집중하여 들을 곳을 지정하여 주고, 그 질문에 대한 답을 찾으면서 반복해서 듣는다. 이때 기능어의 듣기연습에 특히 주력하고, 숙제로 준 내용을 진위법을 이용하여 내용을 이해했는지 시험을 친다. 넷째로는 장기기억을 요하는 식별과 선택의 단계이다(Rivers, 1981, 167~172쪽).

Wipf(1984)는 외국어 듣기에 영향을 미치는 요인으로 여섯 가지를 제시하였는데, 그것은 소리구별(sound discrimination), 어휘(vocabulary), 문법구조(grammatical structures), 강세와 억양(stress and intonation), 기억력(retention), 그리고 상황(context)이다. 그는 외국어 학습자의 듣기 능력 정도는 context를 제외한 다섯 가지 영역의 크기에 좌우된다고 하였다. context는 다섯 가지 요인들을 둘러싸고 있는 것으로 학습자가 들을 때 상황이나 듣기 예문에서의 상황을 나타낸다. 결론적으로 듣기를 잘하기 위해서는 목표어의 발음들을 구별하고, 목표어에 대한 어휘를 충분히 가지며, 목표어로 표현된 문장을 문법적으로 분석할 수 있고, 목표어로 표현된 문장에서 강조와 억양을 인식하며 목표어로 표현된 다양한 길이의 문장들을 자신의 단기 기억력에 보유하면서 듣기에서의 상황을 고려할 줄 아는 능력도 가지고 있어야 한다고 주장하고 있는 것이다(재인용 : 이미숙, 2005, 10쪽).

중국에서 한국어 교육이 활발하게 진행되는 가운데 실제적인 언어 환경의 결핍은 언어 교육, 특히 구어적 의사소통을 이루는 기능 향상에 큰 영향을 미친다. 원활한 의사소통에서 청자의 듣기 능력은 매우 중요한 조건이 되기 때문에 중국인 학습자들이 어렵다고 생각하고 있는 듣기 기능에 대한 효율적인 교육은 무엇보다도 선행되어야 한다.

이런 한국어 교육 현실을 감안하여 한류의 영향으로 중국에 밀려온 한국 영화와 드라마를 고려해 볼 수 있다.[1] 중국에서 최초로 한류란 용어가 나타났고, 한국에 대한 관심도 계속 커지면서 한국 대부분의 영화와 드라마는 인터넷으로 찾을 수 있고 쉽게 다운로드할 수도 있다. 단순한 녹음 자료에 비해, 영화와 드라마는 구어 텍스트를 제공할 뿐만 아니라 실생활 담화를 제공할 수 있으므로, 학습자에게 동기부여 및 의욕 환기에 가치가

---

[1] 한류(the Korean Wave)란 중국, 일본, 대만, 필리핀, 베트남 등의 아시아 현지인들이 한국의 가요, TV드라마, 영화 등 대중문화에 대한 관심과 선호를 나타내는 사회 문화적인 현상이다(남애리, 2007, 7쪽).

있다, 게다가 한국인 화자와 직접적인 의사소통의 가능성이 적은 국외에 한국어 학습자에게 간접적으로나마 한국어 의사소통 상황에 접할 수 있는 기회를 제공해 주는 역할도 한다(진교어, 2008, 4쪽). 따라서 비디오 자료뿐만 아니라 듣기 전에 들을 내용의 대본을 먼저 읽힘으로써 충분한 배경지식을 넣어주면, 듣기에 어떤 효과가 나타날까 라는 의문이 남는다.

다음에 외국어 교육에 아주 좋은 실제적 자료가 될 수 있는 드라마를 중심으로 하여 드라마를 활용한 한국어 학습에 대하여 알아보고자 한다.

5) 드라마를 활용한 한국어 듣기 학습

드라마는 알다시피 모국어 화자들이 사용하는 상호작용적 내용들이 반영된 자연스러운 발화의 샘플이고, 한마디로 다양한 도구를 이용한 학습 매체라고 할 수 있다. 단지 듣는 것만이 아니라, 들으면서 보고 말하고 읽는 것이 가능한 매체이다.

신혜경 외(2006)는 한국어 교육에서 영화나 드라마 등의 실제 자료를 활용한 수업이 교육 현장에서 활발히 이루어지고 있다고 하며, 학습자에게는 실제적인 의사소통의 모습을 보여주고 살아 있는 언어를 제공한다는 점에서 교육적인 가치가 있다고 하면서 영화와 드라마와 같은 실제적 자료의 사용을 권장했다.

드라마를 듣는 것이 왜 유용한가를 Farrell(1987, 65쪽)은 다음과 같이 네 가지 이유를 들어 설명하고 있다. 첫째, 드라마는 매일 혹은 주간 단위로 연속적인 배경을 바탕으로 구성하기 때문에 우리가 드라마를 교재로 사용할 때 수준을 조절하기가 쉽고, 매일 드라마를 녹화할 수도 있다. 둘째, 실제적인 언어 소통에 아주 근접한 예를 제공하거나 아니면, 최소한 그럴

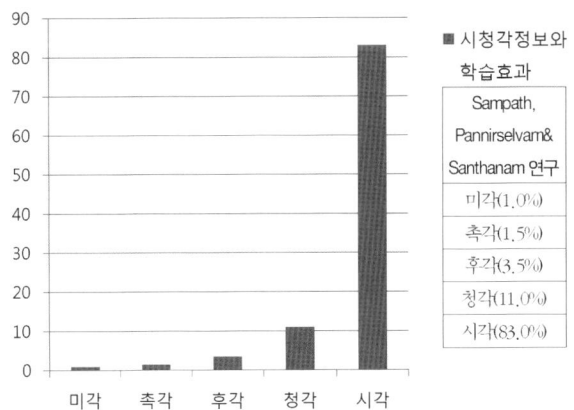

그림 5-1. 시청각 정보와 학습효과

듯한 대안이 될 수 있다. 셋째, 시청자의 관심과 주의력을 유지시켜 줄 뿐만 아니라, 의미 있는 단어를 지속적으로 공급할 수 있는 충분한 다양성을 가지고 있다. 또한 드라마를 통해 학습자는 등장인물이 무엇을 말하는 것이며, 어떻게 말하는지 또 왜 그렇게 말하는지를 이해하게 된다. 드라마를 통한 한국어 학습의 효율성을 뒷받침해주는 이론은 〈표 5-1〉과 같다 (최혜정, 2003, 18쪽).

뿐만 아니라 시청각 자료가 장기 기억에 유리하다는 여러 연구들도 있다. 시청각 자료는 학습자 내면의 사고활동을 촉진하고, 기억이 형성될 시기의 주의를 집중시키며, 진정한 목적을 가진 활동으로 유도할 수 있어 이미지의 강도를 높임으로써 학습 내용에 대한 장기 기억을 가능하게 할 수 있다. 즉 기존의 인지 구조나 기억체계에 새로운 정보가 유의미하게 결합될 때 장기 기억이 가능해진다고 했다(Ausubel, 1968, 재인용 : 안수옥, 2006).

또한 듣기 공부를 하면서 부딪치는 또 한 가지 문제는 우리는 너무 '좋은 발음'에만 익숙해져 있다는 것이다. 한국인이라도 지역에 따라 사투리가 있고 말투나 억양이 다르다. 한국어 학습자 앞에서 모든 한국인들이 자상하게 아주 느린 속도로 표준말을 해 주는 것은 거의 불가능하다. 여러 한국인과 부딪치다 보면 의사소통이 잘 안 될 때가 틀림없이 있을 것이다. 이에 조순영(2001)은 듣기 연습을 할 때는 귀에 못이 박히도록 각양각색의 발음과 억양을 들어보고 청취력을 기르는 것이 좋다고 하며 교실에서 드라마(시트콤, 영화 등)와 같은 실제적 자료 이용을 촉진하고 있다.

진교어(2008, 32쪽)는 영화와 같은 실제적 자료는 학생들이 그 언어의 악센트, 억양, 원어민의 말 속도에 익숙해지는 데 유용한 자료라고 할 수 있다고 하였다. 따라서 한국어 교육에서도 영화와 드라마는 구두 언어를 포함하고 있는 실제적 자료로서, 한국에서 현재 사용되고 있는 실생활의 언어를 담고 있을 뿐만 아니라 그 속에서 길거리나 백화점, 우체국, 학교, 호텔, 공장, 회상, 공항, 경찰소 등 다양한 장소에서 발생한 대화 장면을 그대로 반영하고 있다고 할 수 있다고 하면서 한국인의 생생한 음성뿐만 아니라 대화 도중 일어날 수 있는 휴지, 리듬, 억양, 불특정 어구[2] 등과 같은 특징들을 경험할 기회를 제공하여 생생한 실제 언어를 경험할 수 있게 한다고 주장하였다. 뿐만 아니라 실생활에서 한국어를 사용할 기회가 없는 환경에서의 한국어 학습자에게 영화나 드라마는 실생활의 생생한 언어를 접할 기회를 제공할 자료로서 적합하다고 볼 수 있는 것이라고 하였다.

특히 고급과정일수록 실생활에서 다양한 매체에 노출될 가능성이 높기 때문에 고급 한국어 과정에서는 듣기 매체를 다양화하는 것이 필수적이다. 구어와 문어가 적절히 섞일 수 있도록, 그리고 의성어, 의태어, 문화적 상징물이나 지식, 관용어, 고사성어, 속담 등이 적절히 활용되고 있는지 사전에 확인하고 선정해야 한다. 때로는 적당한 소음이나 방해음 속에서도 필요한 정보를 듣고 찾아내며 핵심내용을 파악하면서 못들은 정보는 추측할 수 있도록 실제적 자료에 많이 노출되어야 한다.

---

2 '그들, 당신' 등과 같은 것.

외국어 학습을 위해 실제적인 자료인 드라마를 활용할 때의 장점은 다음과 같다.

양수열(1999)은 듣기 분야에 드라마와 같은 멀티미디어를 활용함으로써 얻을 수 있는 여러 가지 장점을 다음과 같이 설정하였다. 첫째, 시각 정보와 청각 정보의 적절한 결합은 학습 효과를 높인다. 둘째, 정보가 단편적으로 제시될 때 보다 상황과 관련되어 제시되었을 때 정보가 효율적으로 기억된다. 셋째, 학습자가 주어진 학습 환경과 상호작용이 높을수록 학습효과는 향상된다. 드라마에서 보여주듯이 가장 중요시되는 것 중의 하나가 상호작용이다.

이완기(1984)는 방송매체의 활용 가능성을 다음과 같이 언급하고 있다(재인용 : 김안나, 2008, 15쪽). 첫째, 소재를 훨씬 충부하게 제공할 수 있으며, 사실묘사를 입체적으로 할 수 있다. 둘째, 언어 행동을 사회문화적인 맥락 속에서 자연스럽게 보여주고 들려줄 수 있으며, 언어와 언어 사용의 특정 분야를 집중적으로 다룰 수 있다. 셋째, 학습자에게 인위적으로 만들어진 예문들을 맹목적으로 제시하는 것이 아니라 언어가 실제로 사용되는 상황을 그대로 관찰하게 함으로써 언어 행동에 관련된 배경지식을 제공하여 들은 말의 적절한 의미를 파악하게 할 수 있다. 넷째, 원어민과 직접 대화할 기회가 극히 제한된 학습 환경에 있는 학생들에게 원어민의 발음을 들려줄 수 있고, 말할 때의 입 모양이나 표정 등을 보여줄 수 있어서 학습자가 보다 정확하게 들을 수 있고 들은 말의 적절한 의미를 보다 쉽게 이해할 수 있다.

뿐만 아니라 한국 드라마는 생활 속에서 일어나는 언어활동의 전반적인 모습을 자연스럽게 교실로 옮겨 놓아주므로 효율적인 언어 자료가 될 수 있다. 드라마는 영상과 소리를 통하여 생생한 한국어를 교실에서 경험할 수 있게 해 주고 한국어 환경을 학생들에게 제시해 줌으로써 그들로 하여금 대면적 상호작용(face-to-face interaction)에 가까운 상황에 처하게 해 주어 언어 학습뿐만 아니라 한국어권의 문화, 관습까지도 익히게 할 수 있는 장점을 가지고 있다. 한국 드라마를 통해서 학생들은 교실 밖의 실제 현장에서 부딪히는 대화를 듣고 이해할 수 있게 되어 실제 생활의 자연스러운 표현에 접하게 된다.

한국 드라마 특히 시트콤 드라마에 사용되는 생생한 한국어는 교실에서 책이나 교재용 테이프를 통해서 배우는 한국어보다 학생들에게 현실감 및 생동감을 주어 학생들의 한국어 공부하는 흥미를 향상할 수 있을 뿐 아니라 실제 상황을 최대한으로 유사하게 재현하려는 TV를 통해 학생들에게 간접적으로 한국어 환경에 노출시킴으로써 학생들의 한국어 실력을 향상할 수 있다.

드라마가 외국어 학습에 활용될 수 있는 좋은 자료라는 것이 이미 여러 번 언급된 사실이지만, 그 많은 드라마들 중에서 외국어 학습에 활용되기에 좋은 드라마를 선정하는 것도 중요하다.

이러한 외국어 학습에 활용될 드라마를 선정하는 것에 대하여 McGovern(1983)은 다음과 같이 언급하였다. 첫째, 영화 장면들은 학습 동기를 충분히 줄 수 있도록 적절히 자극을 주는 것이어야 하며, 배경, 등장인물, 학습주제 등은 현실적이며, 신뢰성이 있어야 한다. 둘째, 영화의 길이는 30분을 넘지 않아야 하고, 학습자가 충분히 주의를 집중할 만한 길이의 내용이어야 하며, 보다 깊이 있게 다루기 위해 단위 내용을 3~4분으로 나눌 수 있는 것이면 더욱 좋다. 셋째, 학습 내용이 이해하기 쉽고 간단해야 하며, 학습에 투입 함에 있어서 언어 학습에서 볼 때 유익하고 흥미 있는 내용으로 등장인물이 학습 활동을 유도하는 내용을 가진 자료가 좋다. 넷째, 학습자의 언어 기능을 증진시키기 위하여 토론할 만한 내용을 제공하는 것이어야 하며, 음성적 신호만이 아닌 모든 신호를 사용하여 학습자가 어떤 행동이나 몸짓 태도 등을 인식하고 표현하는 능력을 기를 수 있는 내용이어야 한다. 다섯째, 기계적 장치에 문제를 발생시키지 않는 자료여야 한다.

이자원(2000, 62쪽)은 선정 기준을 첫째, 재미있는 영화여야 한다. 둘째, 재미있는 영화 대본이어야 한다. 셋째, 대화 개념을 바르게 알려주기 적합한 장면을 골라야한다고 기술하고 있다. 또한 학습자의 관심을 만족시키는 데서 출발하여 영화 보기를 넘어 영화를 통한 학습으로 이동할 수 있도록 해야 한다고 말하며 대화를 바르게 이해할 수 있는 장면을 고를 것도 제언하고 있다(재인용 : 하여진, 2006, 17쪽).

이 연구는 위에서 학자들의 관점을 종합해 보고, 외국어로서의 한국어 교육의 듣기활동의 영역을 좀 더 넓히고 학생들이 흥미와 관심을 갖고 공부할 수 있게끔 만들어보자는 의도에서 시작되었다. 시트콤 드라마를 통하여 자연스런 한국어 듣기 환경을 만들고 원어민 화자의 빠른 발음에 적응하도록 한다. 이런 활동을 통해 학습자들이 흔히 겪는 여러 가지 듣기장애들을 극복하고 듣기학습도 관심을 갖고 하게 될 것이다. 따라서 시트콤 드라마 시청하기 전에 미리 대본을 보여 주는 것과 대본 없이 바로 보는 것은 과연 듣기에 어떤 차이가 나타날까 라는 의문을 갖고 이 연구를 시작하고자 한다. 시트콤 드라마는 영화나 드라마와 달리 20분 정도의 에피소드로 구성되어 있어 제한된 수업시간에 활용하기에 적절한 분량의 자료이고 학생들이 집중할 수 있는 시간 등과 같은 요소들을 고려하여 본 연구는 20분 정도의 한국 TV 시트콤 드라마 〈레인보우 로망스〉를 선정하여 실험하였다.

3. 듣기와 읽기

1) 듣기

(1) 듣기의 개념

외국어 학습에 있어서 다른 의사소통 기능보다 가장 중요하게 여기는 것이 듣기라는 것만 봐도 듣기의 중요성을 아무리 강조해도 지나침이 없을 것이다. 듣기의 개념에 대하여 처음에 듣기능력은 일부러 배우지 않아도 노출만으로도 습득이 되는 것이라고 간주하기도 하지만, 듣기는 소리로 전달되는 입력을 이해하는 능력으로 청자는 능동적으로 참여하여 전달된 음성 자료를 이해하려고 비언어적 지식을 동원하여 합리적인 추론 과정을 거치면서 의미를 이해하게 되는 것이다. 즉 알아들었다는 것은 언어 능력뿐만이 아니라 개인의 사회, 문화적 배경지식 경험 등을 동해야 하고 이러면서 언어를 추측, 예상하는 행위로 서로 간에 밀접한 상호작용인 것이다.

그런데 듣기는 외국어로서의 한국어 교육에 있어서 가장 관심을 끌지 못했던 언어활동이라고 할 수 있다. 늘 음성 언어 교육보다 문자 언어 교육이 더 강조되어 왔을 뿐만 아니라 음성 언어 교육 중에서도 이해로서의 듣기보다 표현으로서의 말하기가 더 강조된 현실이다. 그런 전통에서 듣기는 네 가지 언어활동 중에서 가장 관심을 적게 받은 영역이다.

이미숙(2005, 7쪽)에서 듣기란 청자가 화자의 말에 주의를 기울이면서 자신의 언어적, 비언어적 지식을 동원하여 의미를 구성하거나 해석하여 화자의 의도에 응답하는 적극적인 과정이라고 정의할 수 있을 것이라고 하였다.

Widdowson(1979)에서는 듣기를 'hearing'과 'listening'으로 나누어 'hearing'은 청자가 귀를 통해 들려온 발화음을 듣고 의미와는 상관없이 음운이나 문법 구조를 인식하는 것으로, 'listening'은 언어의 기본 정보에서 나아가 대화 상황에 따른 배경 문맥에 적합하도록 의미를 도출해 내는 능동적인 듣기 활동으로 구분하였다. 따라서 언어 교육에서 듣기의 개념은 후자라고 할 수 있겠다. Rivers(1981)는 듣기 능력은 수동적인 기능이 아니라 창조적인 기능이라고 주장하였다. Underwood(1999)는 듣기란 청자가 들은 것에서 의미를 이해하고 주의를 기울이고 노력하는 활동으로, 청자는 화자가 특정한 상황에서 특정한 방법으로 하는 발화도 이해할 수 있어야 한다고 하였다.

Lundsteen(1971, 49쪽)은 듣기란 발화된 언어가 머릿속에서 의미로 전환되는 과정이라고 하였고, Paulston과 Brunder(1976, 12쪽)는 듣기는 수동적인 과정이 아니라 예측, 추측하고 기대하는 능동적이고 통합적인 활동이라고 설명하였다. O'Malley, Chamot · Kupper(1989, 434쪽)는 '듣기란 청자가 문맥에서 취한 정보와 기존 지식으로부터 단서를 이용해서 의미를 구성하는 능동적이고 의식적인 과정이며, 이 과제를 수행하기 위해서는 청자는 많은 전략적 수단에 의존하게 된다'고 정의한다. 즉 듣기는 수동적인 과정이 아니라 창조적 기능이며, 역동적 과정이다.

전병만, 박기표(2001, 434쪽)는 듣기란 '소리에 주의를 기울여 그 소리를 인식하고 해석하여 기억하고 응답하는 과정'으로 정의하였다.

이렇게 보면 듣기란 단순히 소리를 듣는 것이 아니라, 청자가 어떤 소리를 인지한 후 능동적으로 그 의미를 파악하여 적절한 반응을 하는 것이다. 즉, 소리를 듣고, 그 소리의 언어적 의미를 파악하고, 그 의미를 사회적인 상황 안에서 받아들여 거기에 맞는 반응을 보이는 것까지를 말한다.

(2) 듣기의 과정

듣기는 언어의 네 기능 중에서 가장 드러나지 않는 기능인 동시에 가장 어려운 기능으로서 다양한 단계의 심리적이고 인지적인 과정을 거치게 된다(Vandergrift, 2004).

Santrock, J. W(1981)에서 제시한 인지 이론을 참고하여 듣기의 인지적 과정을 〈과정 3-1〉로 나타낼 수 있다(재인용 : 진교어, 2008, 21쪽).

과정 3-1. 인지 심리학에 의한 듣기 이해 과정

S → 주의 → 지각 → 기억 → 사고 → 문제 해결 → R
(자극)   (음성인식)   (단기기억) (의사파악) (의미구성)   (반응)

노명완(2007, 173쪽)은, 듣기는 말소리를 듣는 단계에서부터 들은 내용에 대한 비판 및 감상에 이르기까지 여러 단계의 심리적 과정을 거친다고 제시하고 있다. 즉, 정보 확인하기 단계, 내용 이해하기 단계, 내용에 대하여 비판하기 단계, 감상하기 단계이다.

Taylor(1973)는 듣기의 과정을 들리기(hearing), 듣기(listening), 이해하기(auding)의 세 단계로 구분하였다. 들리기(hearing)는 말소리의 음파(sound waves)를 귀로 받아들이는 단계를 말하고, 듣기(listening)는 말소리를 다음 음향과 구분하여 언어로 인지하고, 이 말소리를 의미 있는 단위로 처리하는 과정을 뜻한다. 마지막으로 이해하기(auding)는 듣기(listening)의 과정의 처리 결과를 종합적으로 이해하고, 해석하며, 또 여기에 청자 자신의 정의적인 반응까지 곁들이는 과정을 뜻한다.

Goss(1982)는 듣기 과정을 신호과정(signal processing), 문자과정(literal processing), 회상과정(reflective processing)으로 나누어 생각하였다. 신호과정에서 청자는 자신이 들은 글을 일종의 신호로써 기억하고, 문자과정에서 이 신호를 해석하고 이해하는 과정을 거치며 회상과정에서 의미를 터득하여 화자의 원래 의도를 파악하게 된다(재인용 : 김남국, 2007).

　Rivers는 먼저 모든 학습자는 잡음과 식별의 단계를 경험한다고 봤다. 즉 학습자에게 부딪치는 대부분의 연속음은 그 일어날 수 있는 개연성으로 말미암아, 그것들을 잘못 해석하거나 그가 지금까지 한 번도 귀에 담은 적이 없는 음의 연속일 경우, 잡음으로 들린다는 것이다. 다음으로 학습자는 이해와 선택의 단계에 도달하는데 초기에는 학습자에게 낯익은 요소의 식별은 가능하지만 전체 음의 흐름 속에서의 상호 관계는 식별이 불가능하다고 보았다. 이후 학습자는 이해와 선택의 두 번째인 기억의 단계에 들어가는데 이 또한 단기 기억과 장기 기억 두 개의 단계로 나누어진다. 단기 기억의 단계는 정보의 내용이 무엇인지는 순간적으로 이해할 수 있으나, 연달아 오는 다른 정보로 기억이 불가능해지고 곧 사라진다는 것이다. 마지막으로 장기 기억의 단계에서는 앞서 지각한 정보의 내용과 뒤에 연달아 온 정보의 상호 관계를 이해함으로써 정보 전체를 기억하게 된다.

　Brown(2001, 261쪽)은 듣기의 과정을 다음과 같은 8단계로 정리하였다.[3]

> 1. 귀를 통해 음파를 받아 뇌로 신경 충격을 전달하는 과정, 청자는 이 단계에서 '초기 발화'를 처리하여 그 '이미지'를 단기 기억에 저장한다.
> 2. 청자는 처리 중인 발화의 유형(예 : 대화, 연설, 라디오 방송 등)을 결정하고 받아들인 메시지를 적절히 해석 '가공'한다.
> 3. 청자는 발화의 유형과 맥락, 내용을 검토하여 화자의 목적을 추론한다.
> 4. 청자는 현재 듣고 있는 말의 주제와 맥락에 관련된 사전 지식(혹은 스키마)을 회상한다. 기존 경험과 지식을 이용하여 인지적 연상 활동을 하며 이를 통해 메시지를 해석한다.

3　처음과 마지막 과정을 제외하고는 순서에 아무런 의미가 없다. 동시에 일어나지는 않는다 하더라도 굉장히 빠르게 진행되기 때문이다. 신경 회로 상의 시간은 거의 100만분의 1초 단위이다(Brown, 2001).

5. 청자는 들은 말에 축어적 의미(literal meaning)를 부여한다.

6. 청자는 들은 말에 의도적 의미(intended meaning)를 부여한다.

7. 청자는 정보를 단기 기억에 보유할 것인지, 혹은 장기 기억에 보유할 것인지를 결정한다. 가지치기 기간이 약 2초인 단기 기억은 청자의 즉각적인 반응을 요구하는 맥락에 적합하고, 장기 기억은 예컨대, 강의에서 전달되는 류의 정보를 처리하는 데 더 적합하다.

8. 청자는 초기 발화 정보의 언어 형태적 측면을 제거한다. 99%의 화행(speech act)에서 단어와 구, 문장은 빠른 속도로 잊혀진다. 즉, 가지치기된다(pruned). 듣기 이해 과정에서 이런 잡다한 모든 정보를 유지할 필요는 없다. 대신 중요한 정보가 있다면 그것은 개념적으로 유지된다.

인지 처리과정에 근거한 듣기 이해 과정은 전통적으로 두 가지의 견해가 있었다. 바로 하향식(top-down)과정과 상향식(bottom-up)과정으로 분류하여 설명한다. 하향식 정보처리 과정이란 정보를 인식할 때, 보상 과정을 통해 장기 기억 장치에 저장되어 있는 선험 지식, 배경지식, 사전지식에 의해서 의미를 처리하는 과정을 말한다. 듣기 과정에서 하향식 과정은 담화가 발생하는 상황이나 문맥 그리고 화제에 대한 청자의 배경지식 또는 스키마를 이용하는 의미 파악 과정이다. 담화가 시작됨과 동시에 청자는 그 의미뿐만 아니라 다음에 나올 말까지도 예상할 수 있는데, 이것은 청자에게 이미 내재된 사전지식을 이용하여 화자의 소리에 의도된 의미를 하향식으로 파악하기 때문이다.

반면에 상향식 정보처리 과정이란 정보를 인식할 때 그 정보의 외적인 구성요소를 분석하여 인식하는 과정을 의미한다. 듣기 과정에서 상향식 과정은 우리가 지각하는 소리로부터 화자의 의도된 의미를 파악하는 것인데, 의미 파악을 위해 소리 안에 포함된 청각 정보를 지각하고 해석하는 과정을 말한다. 즉 음소에서 단어로, 다시 구와 절 그리고 문장으로 지각의 폭을 확대 상향시키는 과정이다(Morley, 1991).

이 두 과정은 각각 별개로 작용하는 것이 아니라 동시에 작용하며, 유창한 청취 이해력은 서로 상호 보완하는 데 달려 있다고 보는 것이 '상호작용적' 과정의 입장이다(강현화 · 김미옥 · 김제열 · 우인혜 · 이숙, 2009, 14쪽).

위의 내용을 종합하여 듣기 과정이란 화자의 말을 듣고서 자신의 경험과 지식을 총동원하고 다양한 지식을 활성화시킴으로써 상향식 과정과 하향식 과정을 상호작용하여 일어나는 아주 적극적이며 활동적인 과정이라고 말할 수 있다.

(3) 시트콤 듣기

자연스런 외국어 듣기 교재로 주로 많이 이용하는 것으로 일기예보, 드라마 듣기, 빠른 연설 받아쓰기, 뉴스청취, 다큐멘터리 보고서, 동화 듣기 및 받아쓰기, 광고, 영화나 팝송 등의 다양한 활동이 있을 것이다(Nunan, Miller, 2002).

현재 한국어 교육에서 시트콤을 활용한 한국어 듣기 학습에 대한 선행연구가 아직 미흡한 상황이다. 그러므로 일상의 일들을 일정한 시간대를 정하여 장기적으로 실제언어를 다루고 있는 시트콤 드라마를 활용한 한국어 듣기 학습을 살펴보고자 한다.

'시트콤(sit-com)'은 '시추에이션 코미디(situation comedy)'의 약자로 단편적 '상황 코미디'라고 할 수 있다. 일상에서 흔히 겪을 수 있는 어떤 코믹한 상황에서 재치 있는 말과 코믹한 행동, 몸짓, 표정, 그리고 춤과 노래 등이 어우러져 그것을 구경하는 방청객을 웃기고 시청자를 즐겁게 해주는 일종의 '코미디 쇼'이기도 하다(채주엽, 2007, 6쪽).

이러한 시트콤 속에서 쓰는 실제적이고 자연스러운 한국어는 시트콤의 내용과 함께, 책만 갖고 한국어를 배우던 학생들에게 흥미롭고 자연스럽게 받아들여지며 또한 쉽게 학습될 수 있다. 그리고 시트콤은 시각, 청각을 동시에 활용할 수 있는 자료이므로 제2언어 학습에 효과적이다.

Selby와 Cowdery는 시트콤의 형식적 특성을 몇 가지로 정리하였다(재인용 : 명수현, 2005).

> 1. 30분 정도의 방영시간을 갖는다.
> 2. 가정이나 직장과 같은 일반적인 상황을 무대로 한다.
> 3. 등장인물의 수가 제한되어 있다.
> 5. 일반적으로 경험할 수 있는 보편성을 토대로 한다.

하지만 시대의 변화에 따라 현대의 시트콤의 형식적 특성은 많이 달라졌고 위에서 제시된 설명에 한계점을 나타내고 있다. 몇 가지 집어보자면 다음과 같다.

첫째, 시간의 제한이 없다. 30분 정도의 시트콤도 있지만 20분가량이나 드라마 형식의 시간을 가진 45~55분가량의 시트콤도 있다. 둘째, 과거의 고정된 등장인물과는 달리 매 회마다 게스트(guest)를 깜짝 출연(Cameoo)시키는 등의 변수를 있다.

시트콤 드라마를 듣는 것이 왜 외국어 학습에 도움이 되는가를 김서인(2006, 10~13쪽)은 다음과 같이 설명하였다. 첫째, 시트콤은 실제적인 언어를 소개한다. 둘째, 시트콤은 학습자에게 학습동기를 유발시킨다. 셋째, 시트콤은 정의적인 영역에 효과가 있다. 넷째, 시트콤은 후속 학습 활동의 효과가 있다. 다섯째, 시트콤은 문화에 대한 실제 모습을 보여준다. 여섯째, 시트콤은 비언어(non-verbal)적인 언어학습의 기회를 제공한다.

위에서 여러 학자들의 의견을 종합해 보면 외국어 학습에 활용된 시트콤은 다음과 같은 긍정적인 역할을 한다고 정리할 수 있다.

첫째, 시트콤은 일상생활 속에서 일어나는 일들을 토대로 대화가 진행되기 때문에 간접적으로나마 실질적 문화체험을 할 수 있으며, 일상 속에서 일어날 수 있는 다양한 상황들이 제시되어 있기 때문에 학생들은 자연스레 목표언어에 쉽게 다가갈 수 있다.

둘째, 단막극으로 이루어진 시트콤은 수업시간에 쉽게 활용이 가능한 실질적 자료인데, 하나의 스토리가 계속 이어져서 방송되는 드라마와 달리 시트콤은 매번 주제가 바뀌면서 앞의 방송을 시청하지 않아도 이해가능하다는 장점이 있다.

셋째, 단막극으로 이루어진 시트콤은 대략 20~30분 정도의 분량을 갖고 있어, 영화나 드라마에 비해 짧은 편이며, 하나의 스토리가 계속 이어져서 방송되는 드라마와 달리 매번 주제가 바뀌면서 앞의 방송을 시청하지 않아도 이해가능하다는 장점이 있다. 또한 시트콤 드라마 듣기는 집중력을 필요로 하는 짧은 시간 동안에 보다 자연스럽게 실제적인 대화를 듣고, 이해하고자 노력할 수 있는 가능성을 제시한다. 그래서 시트콤 내에서도 이야기 흐름에 따라 중간에 휴지를 두어 장면이 전환되는 형태를 취하므로 앞 장면과 어색하게 끊어짐이 없이 필요한 장면을 선택하여 학습자료로 활용하기가 편리하다. 그리고 시즌으로 이루어진 경우가 많아서 선택할 수 있는 폭이 넓다.

따라서 시트콤이란 한국어 교육 현장에서 시청각 교재로 널리 사용되고 있는 영화, 드라마, 그리고 뉴스나 강좌와 어떤 차이점을 보이는지 알아보고자 한다.

시트콤은 영화나 드라마와 마찬가지로 실제적인 언어를 제시한다고 볼 수 있다. 그러나 영화나 드라마보다 더욱 보편적이고 일상적인 한국어를 제시할 수 있다.

영화란 어떠한 주제를 움직이는 영상으로 표현하는 예술의 한 장르로서 긴 필름을 영사막에 계속적으로 투영하여 일련의 움직이는 영상을 재현하며 의사소통 중심의 사실적인 언어를 사용한다. 그러나 첫째, 영화는 100분 전후의 상영시간이 요구되므로 외국어 수업에 활용하기가 적합하지 않다. 둘째, 감독이라는 특정인의 주관적인 관점에 반영되어 있으므로 현실에 대한 개인의 독자적인 이해가 근간이 된다. 셋째, 영화는 장르가 무엇인지에 따라 범죄, 과학, 의학이나 예술 등 특정 영역의 전문적인 한 국어를 사용하는 경우가 많다(김선영, 2007). Selby · Cowdery(1995)는 TV 시 트콤의 특징으로서 가정이나 직장과 같은 일반적인 상황을 무대로 하고 있으며, 등장인물의 수가 제한적이고, 일반적으로 경험할 수 있는 보편성 에 토대를 둔다고 하였다(재인용 : 하종원, 2002, 123~147쪽). 넷째, 유명한 영 화의 경우 학생들이 시청한 경험이 많기 때문에 이미 내용이나 줄거리를 잘 알고 있는 경우가 많다. 그러나 시트콤의 경우 여러 시즌으로 나누어져 있고, 자료가 방대하기 때문에 대다수의 학생들이 미리 시청했을 가능성 이 낮다.

드라마는 주로 일상의 일들을 대체로 사실적으로 다루고 있는데 일정 한 시간대를 정하여 장기적으로 방송되는 라디오 · 텔레비전 프로그램이 다. 드라마는 학습자들에게 보다 생생한 간접 경험을 하도록 도와주고 이 러한 간접 경험의 제공으로 학습자의 개념학습을 용이하게 해 줄 뿐만 아 니라 학습자의 흥미를 자극하여 동기를 유발하는 역할을 할 수 있다.

뉴스 같은 경우에는 우선 뉴스에 관한 개념은 김우룡(2002)을 참고할 수 있다. 그는 뉴스라는 것은 매체 종사자인 기자가 사회적으로 중요한 사안 이나 사건을, 또는 인간 감성이 요구되는 사건을 선택하여, 독자의 주목을 끌거나 흥미를 유발시키도록 구성하여 제시하는 것이다(재인용 :조순범, 2007, 17쪽).

뉴스를 듣다 보면 대체로 '-되다'와 '-이 / 히 / 리 / 기'에 의한 피동 표 현들과 '-습니다'라는 종결어미, 그리고 '-고 있다', '-것으로 나타나다', '-로 보이다' 등 같은 구문을 많이 쓰이고 평소에 잘 안 쓰는 한자어들도 많이 나온다는 것을 느낄 수 있다. 뉴스 듣기는 일방적인 전달과정이라 내 용의 흐름을 이해하기 힘들고, 앵커가 거의 동일한 톤으로 읽음으로써 심리적인 피로감으로 집중력이 저하되는 것이 보통이다. 또한 뉴스는 다양한 주제에 관한 어휘나 표현 등이 사용되기 때문에 이를 이해하지 않고선 뉴스를 이해하는 것은 어렵다. 그리고 뉴스는 실제 자료 중 가장 빠른 속도에 속하기 때문에 학습자들은 서로 다른 발음, 억양 등의 차이로 어려움을 겪고 있다.

강좌 같은 경우에는 우선 내용에 있어서 전문적인 내용지식이 많고 나중에 참고할 수 있도록 학생들이 필기도 해야 한다. 예를 들면 중요한 것들이나 자기에게 필요할 것 같은 것들. 따라서 강좌 내용을 그저 듣고 이해하려 하는 것으로 목적으로 한다. 학생들은 강사가 특히 중요한 부분을 강조하거나 또 다른 부분과 대조하거나, 인과를 나타내기 위해 설명하면서 사용한 신호등을 알아낼 수 있어야 한다. 하지만 이것은 또한 전문용어나 특수 어휘들이 많고 실생활과 거리가 멀기 때문에 듣기 자료로서 그다지 적절하지 않다고 본다.

위에서 얘기했듯이 시트콤 드라마는 다른 TV 프로그램들과 비교한 결과는 다음과 같다. 첫째, 상영 시간을 기준으로 위에서 언급했듯이 영화나 드라마는 대략 상영 시간이 100분을 전후하여 한편의 영화를 수업시간에 모두 다루기에 어려움이 있으나, 시트콤은 한 에피소드 당 30~40분 정도이므로 필요시에는 에피소드 전체를 2~3차시에 나누어 모두 다룰 수 있다. 둘째, TV나 인터넷을 통해 쉽게 시청할 수 있는 시트콤과 드라마를 비교해보면 시트콤은 방청객이 있는 스튜디오에서 녹화되기 때문에 방청객의 웃음소리를 시청자들이 들을 수 있다. 셋째, 시트콤 드라마는 뉴스와 강좌들과 달리 일방적인 전달과정이 아닌 화자와 청자가 상호작용하면서 진행되기 때문에 실생활과 가깝고 심리적인 피로감도 덜 준다.

2) 읽기

(1) 읽기의 개념

이미숙(2005, 26쪽)에서는 읽기를 한마디로 정의하기는 어렵지만 사전적인 의미로는 'reading, reading comprehension' 등의 용어로 구분하며 읽기에 대한 정의를 다양하게 시도해 왔다고 하였다.

1970년대는 읽기를 '필자에 의해 시각적 자극으로 부호화된 의미가 독자의 마음속에서 의미로 변하는 과정'으로 보았다는 점에서 '독자의 해석'보다는 '글의 해독'을 강조하며, 또한 읽기를 '생리적 및 지적 작용들'로 표현하였다. 그러나 1980년대에는 읽기를 '생리적 및 지적 작용들'로 표현하였다. 그러나 1980년대에는 읽기를 '쓰여진 글로부터 의미를 구성하는 과정'으로 보아 글의 해독보다는 독자의 능동적인 의미 구성 과정을 강조하여, 글에 대한 독자의 해석에 따라 읽기도 달라진다고 하였으며, 읽기를 '하나의 복잡한 기능'이며 '하나의 종합적인 행동'으로 표현하였다(노명완, 2007, 249쪽). 이 두 정의는 모두 읽기를 여러 관련 요인들 사이의 상호작용 과정으로 보고 있는 점은 같으나, 70년대 정의가 '글 중심'이라면 1980년대 정의는 '독자 중심'이라는 점에서 차이가 난다.

노명완(2007, 255쪽)은 읽기는 독자가 글을 해독하고, 내용을 이해하고, 학습하고, 기억하는 정신 과정이라고 정의한 바 있다.

Stauffers(1967, 5~15쪽)는 읽기란 인쇄된 단어를 음성화하여 이해하는 능력으로 보았으며, 구조주의 언어학자인 Bloomfield(1961, 5쪽)도 언어학적 측면에서 읽기를 소리와 상징간의 대응관계를 해독하는 것이라고 보았다.

이러한 읽기의 정의 외에도 Rivers(1981)는 읽기의 정확한 개념을 파악하기 위해 두 가지 읽기 형태를 고려할 필요가 있다고 하였는데, 하나는 의미 파악과는 상관없이 단지 문자에 맞는 소리를 내는 경우로 소리를 낸 사람이 그 의미를 말하지 않더라도 그것을 듣는 사람이 그 말의 뜻을 이해할 수 있어서 읽기가 되는 경우와, 다른 하나는 소리 내어 읽지 않지만 조합된 단어들로부터 그 의미를 파악하는 경우이다. 이들은 모두 이해를 의미하는 것으로 단어를 소리 내어 읽을 수 있든 없든 의미 파악이 되었으므로 읽기가 된다는 것이다. 즉, 읽기란 소리보다는 그 의미의 전달에 본질적인 기능이 있음을 시사하는 것이다(재인용 : 이미숙, 2005, 27쪽).

(2) 읽기의 과정

노명완(2007, 274쪽)에서 학자들은 독서에서의 의미 구성 과정에 기초하여 몇 가지의 읽기 모형을 제안하고 있다. 하나는 의미 구성이 글의 내용을 중심으로 이루어진다고 보는 모형이다. 이를 상향식(bottom-up) 모형, 자료 중심(data-based) 모형 등 여러 가지로 부른다. 그리고 다른 하나는 의미의 구성이 주로 독자의 배경지식을 중심으로 이루어진다고 보는 모형이다. 이 모형은 하향식(top-down) 모형, 개념 중심(concept-based) 모형으로 불린다. 그리고 세 번째는 이 두 가지를 모두 인정하면서 그 둘 사이의 상호 작용으로 의미가 구성된다고 보는 상호 작용 모형이다. 이 세 가지 읽기 과정 설명 모형 중에서 가장 실제에 가까운 것은 상호 작용 모형이다.

읽기의 상향식 모형은 인간의 지적 배경보다는 입력되는 자료를 중시하는 행동주의 심리학의 접근과 맥을 같이 한다. 그리고 하향식 모형은 입력되는 자료보다는 이 자료들을 통합적 총체적으로 처리하는 직관과 통찰을 중요시하는 형태심리학의 접근과 같다. 그리고 상호 작용 모형은 이해의 과정에서 이해자의 배경지식의 작용을 중요시하는 인지심리학에서 비롯되었다. 읽기 과정에 대한 상호 작용 모형은 스키마(schema : 독자의 배경지식) 이론으로 불리기도 한다. 스키마 이론에서는 독서에서의 의미 구성을 독자의 배경지식의 작용으로 설명하고 있다.

윤아인(2005, 15쪽)에서 읽기의 과정을 다음과 같이 설명하였다.

1. 중심 내용(요지) 파악 단계

2. 필자의 의도나 목적 파악 단계

3. 비판적 이해 단계

4. 생산적 이해 단계

3) 듣기와 읽기의 상관관계

지금까지 듣기와 읽기의 상관관계에 대한 연구는 수없이 있어 왔다. 듣기와 읽기 능력 사이에 높은 상관관계가 있다. 듣기와 읽기는 이해와 반응이 요구되는 수용기능(receptive skills)으로서 여러 가지 측면에서 같은 기능으로 취급되어 왔다. 청자나 독자 모두 어떤 자료의 의미를 해독해야 한다. 언어 교육 전문가들은 이 두 능력의 높은 상관관계를 확인했다.

Goodman(1986)과 Krashen(1984)이 구어와 문어의 상호작용, 상호 관련성과 문자언어의 중요성을 강조하면서 학생들이 들으면서 읽기와 쓰기를 배우고, 읽기를 통해서 쓰기를 배우며, 쓰기를 통해서 읽기를 배움으로써 모든 언어 기능이 상호 의존적으로 습득된다고 주장하였다. 즉 음성언어와 문자언어를 동시에 가르칠 때 긍정적인 효과가 나타난다고 주장하는 것이다(김혜경, 2004, 100쪽).

Horn(1942, 377~413쪽)은 듣기에 강한 사람은 독해 능력이 강하다고 지적하였다. 다시 말해서 청취력이 강한 사람이 읽기 능력도 높고 상호적으로 다양한 읽기 자료를 접하는 것이 배경지식이나 어휘 등을 먼저 익숙하게 해 주어, 그와 관련된 내용의 듣기에도 도움을 줄 수 있다. 그는 듣기와 읽기의 상관관계를 조사하여 발표하였는데 그 결과는 이 두 기능 사이에 0.70~0.75의 높은 상관수치를 보여 주었다.

Fahmy(1979)는 듣기와 읽기에 대한 긍정적인 영향력을 인식하여 읽기를 가르칠 때도, 듣기를 병행하면 읽기 이해력이 현저히 향상된다고 주장하고 있다.

Taylor(1981)는 읽기와 듣기의 유사점을 다음과 같이 정리하였다. 첫째, 모두 지속적인 정신 활동이다. 둘째, 듣기와 읽기는 보고 듣고 하는 것은 다르지만 두뇌에서 그 정보를 인지하는 유사한 과정을 가진다. 셋째, 이 두 기능은 입력된 언어에서 의미를 획득하기 위해서는 모두 두뇌에 저장된 사전 정보를 활용한다. 넷째, 의미를 파악하기 위해서는 주어진 자료를 다 처리하는 것이 아니라, 의미파악에 있어서 핵심적인 자료만 처리하는 과정으로 이루어진다.

한국 내 연구에서 Lee(1991)는 한국대학생 74명을 대상으로 초급과 중급으로 나누어서 다섯 교재를 가지고 같은 시간 내에서 듣기와 읽기 능력을 테스트하여 이들 상관관계를 조사하였다. 그 결과 이 두 능력은 음운론적, 어휘적, 통사적, 의미적인 차원에서 유사한 처리과정을 거치며, 화용론적인 요인도 함께 작용한다고 주장하였다. 특히 읽기에서의 배경지식이 듣기에도 그대로 전이된다는 것을 실험을 통해서 보여주고 있다(재인용 : 권수진, 1998, 11쪽).

이미숙(2005, 28쪽)에서는 듣기를 통해서 언어능력을 향상하고자 할 경우, 때때로 학습자는 어휘나 철자나 문법구조 등이 정확한지 의문을 가질 경우가 많지만, 글을 이용하면 문어체는 대부분 정선된 언어로 표현되어 있고 또한 학습자가 충분한 시간을 가지고 어휘나 문장을 반복하여 접할 수 있기 때문에, 구어체를 통해 입력한 정보보다 정확한 언어를 습득할 가능성이 높게 된다.

임현빈(2004, 31~53쪽)의 논문에서는 고등학교 3학년 학생 1만 명의 수능 모의고사 영어 점수를 이용하여 영어듣기와 읽기 사이의 상관관계를 비교분석한 결과, 이 두 기능 사이에 상관계수가 0.75로 나타났다. 이는 두 기능 사이에 상호관련성이 매우 높음을 보여주고 있다.

Lund(1991) 모국어 학습에 있어서는 듣기 기능이 읽기 기능보다 먼저 발달하고, 외국어 학습의 경우에는 읽기 기능이 듣기 기능보다 더욱 우세한 것이 일반적이다. 그러므로 외국어 학습자에게 듣기 자료 대본을 제시할 경우에는 학습자들의 읽기 기능을 잘 활용하여, 듣기 학습에 도움을 받을 수 있도록 지도해야 한다.

4) 읽고 듣기

배경지식이 듣기 이해에 영향을 미친다는 것은 앞에서 밝혀진 바 있다. 스키마 이론에 의하면, 글이나 말은 그 자체로서 의미를 가지는 것이 아니라, 독자나 청자의 배경지식과 자료가 서로 상호작용함으로써 의미가 형성된다는 것이다.

외국어 학습자들은 듣기 자료에 포함된 문화적 요소나 주제가 낯선 것일 때 내용을 이해하고 기억을 인출해 내는데 어려움을 겪게 된다고 한다(Carrell and Eisterhold, 1983, 553~573쪽). D. P. Pearson, L. Fielding, D. Long과 같은 학자들은 스키마이론이 읽기에서와 같이 듣기에서도 적용되어 연구 조사되어야 하며, 그동안 모국어 듣기 부분에서 연구되어 왔던 것처럼 제2외국어 듣기에도 적용하여 연구되어야 한다고 주장하였다.

박인웅(1993, 76~78쪽)은 한국 대학생을 대상으로 연구한 결과 배경지식이 대학생들의 청해도에 유의한 영향을 미친다는 것을 보여주었다.

앞에서 검토한 것들을 통하여, 듣기자료이해를 위한 배경지식이 많이 가지고 있을수록 듣기이해에 향상을 가져온다는 것을 알 수 있다. 대본 미리 읽고 듣는 것은 바로 배경지식 이론이 적용한 것이다. 다음에 듣기의 과정, 읽기의 과정, 그리고 읽고 듣기의 과정이 어떠한지 각각 살펴보도록 하겠다.

듣기는 청자가 소리를 듣고, 그 내용 중에서 핵심적인 부분을 기억하고 그 내용이 의미하는 바가 무엇인지 해석하고, 자기 나름대로의 평가와 판단을 한 후 반응을 한다. 〈과정 3-2〉와 같이 설명할 수 있다(노명완, 2007, 60쪽).

과정 3-2. 듣기의 과정

| 〈소리〉 소리듣기 → 음성 언어 듣기 → 이해 |
| ↑ |
| 어려움 큼 |

음성 언어 처리에서는 작업 기억에서 음성 언어에 의미를 부여하기 전에, 먼저 그 자료가 되는 언어 그 자체를 붙잡아 두어야 한다. 그렇지 않으면 음성 언어가 곧 소멸되어 버리기 때문이다.[4] 그런데 작업 기억으로는 음성 언어 정보 그 자체를 일정 시간 붙잡아 두는 일이 결코 쉽지가 않다. 왜냐하면 작업 기억의 용량이 너무 적기 때문이다. 따라서 음성 언어 처리 과정에서 사람들은 음성 언어 그 자체를 포착하는 일에 주의를 기울이느라 내용을 분석하거나 종합하거나 평가하는 고등 수준의 처리를 하기가 어렵게 된다.

그러나 문자 언어 처리의 경우는 이와 다르다. 문자 언어 처리에서는 언어가 문자로 기록되어 있기 때문에 이를 놓칠 가능성이 전혀 없다. 따라서 처리자는 비록 작업 기억의 용량이 적기는 하나, 이 용량을 언어를 이해하고, 적용하고, 분석하고, 종합하고, 평가하는 고등 수준의 지적 작용에 사용할 수 있는 것이다.

읽기의 과정을 〈과정 3-3〉과 같이 설명할 수 있다.

---

4 이는 바로 위에 제시된 '소리 듣기'와 '음성 언어 듣기'가 왜 어려운지 설명해 준다.

과정 3-3. 읽기의 과정

〈읽기〉 글자보기 → 문자 언어 읽기 → 내용 이해
↑
어려움 적음

위에서 제시했듯이 듣기는 음성 언어를 듣고 이해하고 분석하는 과정인데 비하여 읽기는 문자 언어를 읽고 이해하고 분석하는 과정이다. 이 두 영역은 모두 이해 영역에 해당한다는 점에서, 그리고 발화를 듣거나 지문을 읽고 추측이니 예측, 해석, 상호작용을 조직하는 능동적인 과정을 포함한다는 점에서 공통점을 가진다. 즉, 청자나 독자가 모두 자료 의미를 해독해야 한다는 유사성이 있다. Horn(1942)은 듣기와 읽기의 상관관계가 높으며 듣기능력이 높은 사람일수록 독해능력이 높다고 하였다.

읽기와 달리 듣기에서는 모르는 어휘를 되돌려서 다시 들을 기회가 없을 수도 있다. 그렇게 되면 이해력은 점차 떨어지고, 청자가 이야기의 흐름으로 되돌아 갈 수도 있도록 도와주는 새로운 요소를 이해할 수 없으면 청자는 텍스트 그저 너무 어렵다고 낙담해 버리고 이해 과정에서 점점 멀어질 위험이 있다. 특히 듣기는 생략이 많고, 읽기처럼 반복하여 읽고 이해할 수 있는 텍스트가 주어진 것이 아니다. 발화에서 정보를 신속하게 처리하지 않으면 기억되지 못하고 사라지게 되므로 담화 정보의 효율적인 처리와 이해를 위해 스키마를 충분히 활용할 수 있어야 한다. 그래서 여기서 학습자들을 돕기 위해서는 듣기 전에 미리 듣기 텍스트, 듣기 대본을 보여주는 것이다. 이해하지 못하는 단어들을 지나쳐 개괄적인 내용을 파악하는 것도 학습자들이 개발해야 할 전략 중의 하나이다.

미리 대본 읽고 듣는 것은 말 그대로 듣기 전에 먼저 대본을 읽고 난 다음에 듣기 단계에 들어가는 것이다. 김서인(2006, 23쪽)에서 선조지식 구조에 따르면, 주어진 정보를 이해하는데 있어서 학습자가 가지고 있는 과거의 경험이나 지식이 많은 영향을 미친다고 하였다. 본격적인 듣기 활동을 시작하기 전에 학습할 내용이나 주제와 관련된 내용을 미리 파악함으로써 보다 적극적이고 정확한 언어활동을 할 수 있다고 하였다. 이 과정을 〈과정 3-4〉와 같이 설명할 수 있다.

과정 3-4. 읽고 듣기의 과정

글자 보기 → (문자)언어 읽기 → (내용)이해 → 소리 듣기 → (음성)언어 듣기 → 이해

이처럼 듣기 전에 먼저 읽게 하고 학습자들에게 배경지식을 제공하여 학습을 보다 쉽게 하고, 듣기 학습의 정확도를 높여 주며, 심리적인 부담을 덜어준다. 이처럼 학습자들은 대본을 받은 후 자신이 모르는 단어와 어구 등을 질문하거나 사전을 찾아 이해함으로써 실제 듣기 학습에 있어서 방해가 되는 요소들을 해소할 수 있다.

듣기와 읽기의 밀접한 관계에 비추어 볼 때, 듣기 과정에서 활용될 수 있는 배경지식의 역할을 인식하고 이를 활성화할 수 있는 방안을 모색해 볼 필요가 있다. 듣기 대본의 내용이 학습자의 경험밖에 있을 경우 내용 이해에 필요한 배경지식을 적절한 방법으로 습득하고, 듣기 대본의 내용이 학습자의 경험 안에 있을 경우에도 학습자 자신의 배경지식을 적절하게 활용해야 한다.

듣기 전에 미리 대본을 읽게 하면 갑자기 듣는 데서 오는 스트레스를 제거해 주고 듣는 내용도 듣기 대본에 나오는 순서대로 제시되니 듣기 활동이 더욱 쉬워질 것이다. 대본 미리 읽기는 학생들이 시트콤 드라마로 한국어를 시청할 때의 부담과 두려움을 해소시키는데 도움이 된다. 즉 학생들은 자신들의 한국어 시트콤의 내용을 잘못 이해하거나 혹은 핵심 내용을 파악하지 못할 까봐 하는 두려움 때문에 한국어 시트콤을 시청하는 것을 부담스러워 할 수 있다. 따라서 학습자는 충분한 선행지식을 가지고 하향 과정을 통해서 의미를 파악해야 어휘 하나하나에 덜 의존하고 세부사항에 불필요하게 많은 관심을 갖지 않고 이해 속도도 빨라진다.

그러나 대본 속에 문자와 귀에 들리는 소리를 연결시키는 것이 쉽지 않기 때문에 자칫 문자 한국어를 통하여 배운 사람들을 어려움에 처하게 할 수도 있다.

4. 대본 미리 읽기

1) 대본 읽기

대본은 연극의 상연이나 영화 제작 등에 기본이 되는 각본이다(김명은, 2004, 15쪽). 지금까지 듣기 활동에 있어서 음성 언어를 우선시했을 뿐 문자 언어를 도입하지 않은 것은 대부분이었다. 음성 언어만을 강조하다 보면 학습자들이 주변 환경을 통해 자연스럽게 가지는 문자언어에 대한 호기심이나 욕구를 충족시키지 못하는 면도 있어서 듣기 학습 초기부터 문자 언어를 동시에 지도하는 것이 언어 학습 면에서 더 바람직하다는 긍정적인 이론들도 있다. 학습자들이 음성언어와 문자언어의 관련성을 인식하도록 하기 위해서 통합적으로 가르치는 데 중점을 두어야 한다. 이와 관련하여 Goodman(1986)과 Krashen(1982)에서도 구어와 문어의 상호관련성이나 구어만큼이나 자연스럽게 발달하는 문자언어의 중요성을 강조하면서 듣기 활동에 있어 문자언어의 제시는 음성언어 중심의 의사소통중심 언어교수법이 가지는 단점을 보완하고, 학습자들의 호기심과 욕구를 충족시켜줌으로써 효율적인 언어 학습이 이루어지도록 돕는다고 강조하고 있다(재인용 : 이미숙, 2005, 18쪽).

언어 기능을 독립적으로 구분하여 가르치는 것은 비효과적이며 학습자들의 의사소통능력을 신장시키기 위해서도 듣기 활동에 읽기를 도입하는 것이 학습동기를 부여할 수 있고 더 바람직하다고 본다. 시트콤 드라마 대본은 사람들이 실생활에서 흔히 사용하는 말들로 구성되어 있어 재미가 있을 뿐더러 쉽게 읽히기도 한다.

Brown(1997) 역시 듣기를 교수함에 있어 듣기 대본을 학습자들에게 제시하는 것은 필수적이며 학습자들이 듣기 대본을 통해서 구두언어와 문자언어의 구조를 파악할 수 있게 된다고 하였다. 따라서 성인학습자들이 듣기 대본을 가지고 학습할 때, 구두언어와 문자언어의 구조를 파악하는 데 더 효과가 있다고 하였다(재인용 : 최진일, 2001, 10쪽).

그러나 아무리 좋은 대본이라고 해도 학생들의 수준에 맞지 않으면 좋지 않다. 그래서 대본을 선택할 때 가능하면 학생들에게 쉽고, 재미있게 읽히면서도 대본이 가져야 할 기본적인 특성이 갖추어져 있는 잘 짜인 대본이어야 한다.

듣기 학습에 있어 듣기 대본 읽기를 도입할 필요성을 느끼는 것은 외국어로서의 한국어 교육에서 문자언어 지도는 읽기와 쓰기를 포함하는 것으로 모든 교육의 중요한 매체이다. 특히 현대사회에서는 컴퓨터를 통해 정보가 전달되고 실생활에서도 모든 교육활동이 문자를 통해 이루어지고 있는 만큼 문자언어를 통한 시각의 확대와 빠르게 변화하는 세계적 흐름을 인식하고 유도할 수 있는 자기 주도적인 학습능력의 신장은 외국어 교육의 궁극적인 목적이다.

그 다음에 대본 읽기가 외국어 학습에 도움 되는 점들을 다음과 같이 정리해 보았다.

첫째, 시트콤 드라마 대본은 학습자들에게 일반적으로 교실에서 사용되는 정규 교과서에 비해 훨씬 더 풍부하고 다양한 언어적·문화적 정보를 제공한다. 읽기 그 자체가 단어 지식을 습득하는 중요한 수단이며, 동시에 단어 의미에 대한 지식은 읽기 능력에 지대한 공헌을 한다. 즉, 단어는 의미를 가지고 있고, 그것은 의미 있는 문맥에서 사용되어질 때 학습이 된다. 예를 들어 본 연구 실험용 대본에서 나온 말이 '어쩐지 욕조에 김이 많이 서려 있더라고'라던가, '지성 피부라 하루 세 번 세수한다! 어쩔래?─허옇게 버짐 핀 게 건성이구먼. 핑계는!' 등 원어민들이 평소에 많이 사용하는 실제적인 표현들을 자연스럽게 접할 수 있다.

둘째, 시트콤 드라마 대본은 자신만의 독서 기술이나 전략을 개발할 수 있도록 도와주고, 또한 이야기 구조에 대한 배경지식과 감각을 향상시켜 준다.

셋째, 언어의 네 기능뿐만 아니라 어휘력, 문법 능력 향상을 가져온다. 왜냐하면 드라마 대본은 의미 있는 문맥 속에서 언어를 제공한다. 그러므로 대본에 나타나는 단어들은 문맥 속에서 특별한 역할을 하게 되어 쉽게 기억되고 이해될 수 있다. 문법 능력에 있어서는 반복되는 문형이 제시될 가능성이 크고, 또 읽고 나중에 실제 상황에서 들음으로써 자연스럽게 익힐 수 있다.

넷째, 시트콤 드라마 대본 읽기는 읽기 능력도 기를 수 있다. 즉 글을 읽으면서 단어 하나하나보다는 구나 절을 최소의 의미단위로 묶어 읽으면서 뜻을 이해할 수 있는 능력을 길러준다.

다섯째, 시트콤 대본은 교육과정에서 문화적 정보 및 상황들을 풍부하게 제공해 주며, 언어의 실제적 사용의 예들을 적절히 나타내어 준다. 또한, 이러한 대본을 통해 학생들은 교실 밖에서도 개인의 흥미 및 기호에 따라 추가 학습도 할 수 있다.

이처럼 시트콤 드라마 대본을 외국어 학습에 많이 이용되면 학습자들의 외국어 습득에 큰 도움이 될 것이다. 게다가 시트콤 대본은 새로 교재를 만들 필요도 없고 큰 어려움 없이 쉽게 구할 수 있다.

학생들이 대본을 가급적 되풀이 읽은 뒤에 대본이 가져야 할 기본적인 요소를 적절히 이해하도록 도와준다. 학생들이 등장인물의 특성, 사건의 순차적 진행과 이야기의 처음, 중간, 끝. 또한 작품의 분위기, 갈등, 성격 묘사, 율동, 조화, 대화 등의 개념도 잘 알게 한다. 드라마의 으뜸 특성이면서 자발적인 드라마 활동에서도 필수적인 요소가 갈등이며, 갈등이란 개인과 개인의 갈등, 개인과 집단의 갈등, 집단과 집단의 갈등, 개인과 자기 자신과의 갈등, 개인과 운명 사이의 갈등 등 그것이다.

따라서 대본 선정에 관한 기본 원칙은 우선적으로 생각해 볼 것은 학생들의 어학 능력에 맞는 작품이어야 한다(곽종태, 2003, 41쪽). 짧은 대사, 쉬운 어휘와 문장 구조, 되풀이되는 문형이나 수업시간에 배운 문장이 많이 나오면 쉽게 할 수 있다. 그래서 본고에서는 실생활과 가깝고 쉬우면서도 학생들의 흥미를 유발할 수 있는 시트콤 드라마 〈레인보우 로맨스〉를 선택하였다.

2) 듣기를 위한 대본 미리 읽기 지도

모든 학습이 그렇듯이 듣기활동에 있어서도 개인에 따라 효율적 학습 형태가 다를 수 있다. 듣기 능력 향상을 위해 가장 좋은 방법은 직접 대화를 나눌 수 있는 기회를 가능한 한 많이 갖는 것이라고 하지만 그러한 환경이 안 된다면 시트콤 드라마와 같은 시청각 자료들로나마 그러한 환경을 만들어 학습자들이 직접 느껴보게 하는 것이 좋겠다.

듣기 학습에 있어서 듣기 대본의 효과에 대해서는 아직 많은 논란이 있으나 듣기 대본이 적절하게 활용된다면 학습자의 듣기 학습을 증진시킬 수 있는 중요한 요소라는 데는 별다른 이의가 없다. 본 장에서는 먼저 듣기 대본 선택과 효과적인 활용을 위해 고려해야 할 요건들을 살펴보고 듣기 대본의 구체적인 활용방안에 대하여 논의하고자 한다.

선험지식 구조에 따르면, 주어진 정보를 이해하는데 있어서 학습자가 가지고 있는 과거의 경험이나 지식이 많은 영향을 미친다고 하였다. 그러므로 듣기 분야에 있어서 본격적인 듣기 활동에 들어가기 전에 학생들이 학습할 내용이나 주제와 내용과 관련된 것들을 미리 파악함으로써 더욱 더 나은 듣기 활동 성취도를 얻을 수 있다.

마찬가지로 시트콤을 시청하고 이해하는 과정 역시 그렇다. 김서인(2006, 23쪽)에서 시트콤을 본격적으로 시청하기 전에 교사는 학습자로 하여금 내용을 이해하는데 필요한 배경적 지식을 제공하는 등의 사전 활동을 제시해야 한다. 즉 이 단계에서 교사는 학습자에게 앞으로 시청할 시트콤을 이해하는데 도움을 줄 수 있는 어휘나 중요한 표현을 제시하는 것이다. 또 드라마 내용에 언급되는 문화나 내용을 파악하는데 필요한 자료들을 미리 제시하여 학습자의 스키마를 형성해 주도록 한다.

권수진(1999, 16쪽)은 듣기 전 단계에서 듣기 대본이 사용되어야 한다고 주장하는 학자들은 대본이 듣기학습 이전에 제시될 경우 학습자들에게 배경지식을 제공하여 학습을 보다 용이하게 하고, 듣기 학습의 정확도를 높여 주며, 심리적 부담을 덜어 준다고 하였다.

본 연구에서는 주로 듣기 전 단계에서 활용할 수 있는 방안을 살펴보기로 한다. 듣기 전 단계에서 듣기 대본이 사용되어야 한다고 주장하는 학자들은 대본이 듣기학습 전에 제시될 경우, 학습자들에게 배경지식을 제공하여 학습을 보다 쉽게 할 뿐더러 듣기 학습의 정확도도 높여 주며 심리적인 부담도 덜어준다고 하였다.

이윤미(2002, 39쪽)는 다음과 같은 드라마 지도 절차를 언급하였다.

1. 대본 제시 및 준비

① 작품 소개 및 주제 소개

② 배역 결정

③ 동기 유발

④ 대본 읽기

⑤ 상황에 따른 상상력 조성

⑥ 어휘, 발음, 억양에 대한 지도

2. 토의 단계

① 고강도 대본 읽기

② 상황과 배역에 대한 파악

③ 공연에 대한 토의

3. 동작 표현 단계

① 큰 소리로 대본 읽기

② 상상력, 감정 불어넣기

③ 대본보고 연기하기

4. 리허설

① 대사 외우기

② 대본 없이 연기하기

③ 드레스 리허설

5. 공연

① 공연 준비

② 공연

③ 공연 마무리

6. 평가

① 공연자와 관객의 토의, 평가

② 공연연극의 내용, 학생들의 언어능력에 관한 교사의 평가

물론 본고에서는 주로 듣기 대본을 위주로 지도하므로 다른 부분을 참고만 하였다.

양유민(2007, 9쪽)에서 읽기 지도에 대하여 다음과 같이 언급하였다. 읽기 지도를 할 때에는 읽기 과정을 읽기 전 활동(pre-reading), 읽기 중 활동(while-reading), 읽기 후 활동(post-reading)으로 단계로 나누고 단계별로 과제를 부여하는 방법이 흔히 사용된다. 읽기 전 활동은 읽을 자료에 대한 준비를 학습자에게 시키는 것이다. 읽기 중 활동은 글의 내용을 이해할 수 있도록 도와주는 역할을 하기 위한 것으로 독해 정도에 대한 시험이 아닌 글의 이해를 도와주는 역할을 해야 한다고 본다. 읽기 중 활동의 또 다른 중요한 역할은 읽기 기술과 전략을 익힐 수 있는 연습의 기회를 제공하는 것이다. 마지막으로 읽기 후 활동은 읽은 내용과 학습자의 생각과 경험을 연결시켜서 읽은 내용을 장기 기억에 저장할 수 있도록 도와주는 역할을 하는 것이다.

또한 읽기 전 활동에서 새로운 어휘 소개, 새로운 어휘 보고 내용 예상하기 등의 활동을 할 수 있고 읽기 중 활동에는 크게 읽어주기, 함께 따라 읽기 등의 활동을 소개하였으며 읽기 후 활동에는 읽은 내용의 이해도 확인, 어휘 및 구문의 확인, 요약하기 등의 활동을 할 수 있다고 언급하였다.

학습자의 언어능력은 대본의 효과에 큰 영향을 미치는 것으로써, Lund(1991)를 비롯한 많은 학자들이 듣기 대본 제시가 특히 하위수준의 학습자들에게 도움을 준다고 하였다. 그는 하위수준 학습자들에게는 듣기 전 단계에서 선행조직자를 제공하는 방향으로 듣기 대본을 사용하는 것이 효과적이며, 상위수준의 학습자들은 듣기학습의 정확도를 높이고 좀

더 심화된 기능의 학습을 위하여 대본을 사용하는 것이 도움이 된다고 하였다(재인용 : 최진일, 2001, 11쪽). 학습자의 수준을 고려하여 듣기 대본에 관한 구체적인 방안을 세우려면 이러한 논의들을 참고하여야 한다.

우선 읽기 지도를 위한 유의점을 살펴보면 다음과 같다(재인용 : 이미숙, 2005, 31쪽).

1. 학생들이 잘 모르는 새로운 어휘는 매우 제한적으로 제시하여 상황과 문맥에서 그 의미를 추론할 수 있도록 한다.
2. 학생들로 하여금 이미 학습한 구문을 응용하여, 문장을 약간 변형하거나 다른 구를 넣어 다시 결합하게 하고, 그 의미를 말하거나 토의하게 한다. 교사가 질문하고 학생들이 대답하게 하는 활동도 필요하다.
3. 학생들에게 구 단위(word groups)로 읽도록 한다. 이는 학생들에게 구 단위로 의미를 생각하게 하는 연습으로 읽기 자료가 대화문인 경우에는 짧은 발화 단위를 읽게 할 수 있다.
4. 이미 학습한 자료를 학생들 스스로 소리 내어 읽게 한다.
5. 짝이나 소집단별로 대화문을 큰 소리 읽게 한다. 이때 발음하기가 어려운 것은 서로 도와주며 읽도록 한다.
6. 문자대로의 번역(word for word translation)은 피하도록 한다.

이상으로는 음성언어에 바탕을 두고 학습자에게 익숙하면서도 친근한 실생활과 관련된 소재를 이용하여, 다양하고 즐거운 방법으로 읽기 지도를 소개하였다.

모든 학습이 그렇듯이 듣기 활동에 있어서도 개인에 따라 효율적 학습 형태가 다를 수 있다. 듣기 능력 향상을 위해 가장 좋은 방법은 직접 대화를 나눌 수 있는 기회를 가능한 한 많이 갖는 것이다. 듣기 지도에 도움이 될 만한 많은 교수법들이 있지만, 그러한 교수법들도 구체적이고 체계적인 듣기 지도 원리에 의해서 지도되어야 할 것이다(임효진, 2004, 16쪽).

(1) 발음 지도

의사소통적 교수법에서는 발음의 정확성보다는 유창성에 무게를 두고 있다. 따라서 의사소통적 교수법에서 각 단어의 정확한 발음이 중요성을 간과하는 듯한 인상을 줄 수도 있지만 유창성과 정확성의 비교에서 상대적으로 전체적인 의사전달에 중요한 역할을 하는 유창성이 강조되고 있는 것이지 발음의 정확성이 무의미하다는 것을 의미하지는 않는다(서경하, 2002, 26쪽).

발음지도는 크게 두 단계로 나눌 수 있다. 첫 번째 단계에서는 대본에 나오는 개별 단어, 특히 발음하기 어려운 단어를 연습하는 것인데 이 단계에서 개별 음소뿐만 아니라 각 단어의 정확한 발음을 연습할 수 있다. 두 번째 단계에서는 단어와 단어가 연결되는 문장들을 연습한다. 이 때 단어와 단어의 연결과정에서 발생하는 한국어의 여러 가지 음운현상들을 자연스럽게 실제적인 대화 속에서 지도할 수 있다.

(2) 어휘 및 표현 지도

시트콤 드라마 대본에서는 실제적인 구어적 표현, 상호작용적인 대화체, 다양한 인간관계 및 상황의 풍부함이라는 특징들을 보여준다. 이러한 시트콤 대본의 특징을 체계적으로 지도하여 효과적인 구어체 청취학습을 위한 학습으로 연결하기 위해서 구어의 특징에 따른 어휘 및 표현 지도가 필요하다. 구어의 다양한 표현들을 관용적 표현, 구어적 부사 및 감탄사, 문화적 배경 표현 및 속담 등으로 분류할 수 있다. 이러한 분류에 따라 어휘 및 표현 지도를 청취수업의 각 단계에서 체계적으로 할 수 있다. 예를 들면, 관용표현, 구어적 부사 및 감탄사, 문화적 배경 표현 및 속담 등이다.

(3) 문법 및 어법 지도

시트콤 드라마 대본을 사용하여 문법을 지도하는 데 있어 연역적인 방법이나 암기를 위주로 하는 방법보다는 실제 언어가 왜 이렇게 쓰이는지 설명해주고 실례를 드는 수업 방식이 적당하다. 왜냐하면 시트콤 드라마 대본은 실제 대화 위주로 이루어져 상황에 따라서 중의적인 문장들이 자주 등장하기 때문이다.

(4) 구어체 대본의 읽기 지도

청취 수업에서 시트콤 드라마 대본의 읽기 지도는 여러 가지 장점을 가지고 있다. 첫째, 시트콤 드라마 대본의 표현과 단어들은 실제성이 매우 높다. 다시 말해 시트콤 드라마 대본의 표현과 상황에 익숙해졌을 때 실제 생활에 적용하기 쉽다. 둘째, 시트콤 드라마 대본 자체가 대화식으로 이루어져 있으므로 실제 생활에 가장 근접한 연습인 역할 놀이를 통한 학습지도가 용이하다. 이와 같은 장점을 살려 구어체 청취를 위한 읽기 지도를 하기 위해서는 적절한 대본의 선택이 중요하다.

이에 권수진(1998, 54쪽)은 대본을 사용한 회상기법도 있다고 하였다. 그것은 우선 대본을 제시한 후에 시간제한을 두어 빨리 읽기를 실시하고, 그중에서 중심어구나 주제문을 회상하여 쓰거나, 대본에 표시를 하도록 할수도 있다. 이 중에 회상 기법과 빨리 읽기에 관한 구체적인 적용방안의 예는 〈표 4-1〉, 〈표 4-2〉와 같다.

이상으로 여러 학자들의 교수법과 지도 방안을 살펴보았다. 이를 바탕으로 하여 본 연구에서 사용할 대본 미리 읽기 지도 방안을 설계하고자 한다.

표 4-1. 대본을 사용한 회상기법 적용방안

단계	교수·학습 활동
대본 읽기	① 학습자들에게 대본을 제시한다. ② 학습자 수준에 맞추어 제한시간을 정해준다. ③ 학습자들은 주어진 시간 안에 대본을 읽는다.
회상하기	① 대본을 덮고, 기억나는 단어나 문장을 모두 쓴다. ② 듣기 단계로 넘어간다.

표 4-2. 대본을 활용한 빨리 읽기 적용방안

단계	교수·학습 활동
대본 읽기	① 학습자들에게 대본을 제시한다. ② 학습자 수준에 맞추어, 제한시간을 정해주되 약간 부족하도록 정한다. ③ 학습자들은 주어진 시간 안에 대본을 빨리 읽는다.
중심어구 /주제 찾기	① 중심어구나 주제를 대본을 읽으면서 찾아보도록 한다.
확인	① 학습자들이 찾은 주제문, 또는 중심어구를 발표하도록 하여 어떤 것이 타당한지 서로 토의하도록 한다. ② 듣기 단계로 들어간다.

3) 대본 미리 읽기 지도 방안

대본은 보통 읽기 자료와 달리 특수한 성격을 가지고 있기 때문에 대본 읽기 전에 학생들에게 미리 대본을 읽는 법을 설명해 주어야 한다, 우선 대본 읽기 전에 교사가 학생들에게 대본을 읽는 법을 다음과 같이 설명해 야 한다.

첫째, 말하는 이를 밝혔다.

민기 : 아이구, 세 개 살걸 그랬나? 갑자기 배가 확 고프네.

재경 : 생각보다 배가 크다.

둘째, 화면 전체 상황 설명은 괄호 속에 넣었다. 이 괄호 속의 글은 들여쓰기를 하지 않았다.

(문 앞에 자기 더블백 발견하는 민기)
민기 : 어? 내 가방 왜 여기 있어? (문 쾅쾅 두드리며) 아줌마! 아줌마!
(아줌마 나온다)
아줌마 : 아유! 뭐가 그렇게 시끄러워~? (짜증내면 나오고)

셋째, 등장인물 개인의 행동 표정 등에 대한 해설은 그 인물의 이름 다음에 오는 말 앞에 괄호 안에 넣었다.

민기 : (가방 들이대며 큰소리) 아줌마 이게 뭐예요? 왜 제 가방이 밖에 있어요?

넷째, 인물이 화면에 나오지 않고 말소리만 들릴 때는 이름 다음에 오는 말 앞에 (off)라는 표시를 한다.

홍철 : 교수님 전화! 전화 왔어! (반응 없자) 어? 여보세요?
남 1 : (off) 거기 박희진 교수 사무실이죠? 저 오늘 만나기로 한 박변호산데요.

다섯째, 하나의 대본에 여러 개의 씬이 들어 있다. 주로 장소 변경할 때 변경될 장소 앞에서 씬1, 씬2, 씬3 …… 이라는 식으로 표시된다. 씬에 대한 설명 부분도 잇따라 뒤에서 나온다.

씬 / 1 (민기 자취집 대문앞)

(민기, 재경, 불부는 컵라면 사들고 오는)

이처럼 대본을 읽는 것의 특징을 몇 가지 설명하였다. 따라서 학생들에게 대본을 제시한 후, 교사가 학생들이 낯설어 할 만한 것들을 꼼꼼하게 해석을 해준다. 시트콤 장면에서 사용된 문장을 문법적으로 알려 주기도 하고 의미적으로 좀 번역해 주어 학생들의 관심이 지속되도록 유지시켜 학습한 표현들이 장기 기억으로 옮겨갈 수 있도록 한다.

다음에 앞에서 살펴본 여러 학자들의 의견을 종합해 보면 다음과 같은 구체적인 대본 미리 읽기 지도를 설계해 볼 수 있다.

(1) 첫 번째 단계

첫 번째 단계는 효과적인 청취를 위하여 주로 학생들이 낯설어하는 어휘나 문법 등의 기초적인 언어능력과 배경지식을 제공하는 단계이다. 정리하면 다음과 같다.

① 선행질문

여러 가지 선행 질문을 던지거나 시트콤에 대하여 소개하고 학생들의 배경지식을 동원하고 흥미를 유발하며 집중적으로 이해해야 할 주요 부분에 대해 질문을 한다. 처음에는 전체적인 느낌을 물어보고, 다음으로 내용, 줄거리, 등장인물, 배경, 주제 등으로 조금씩 좁혀 가면서 질문하는 것이 좋다. 이 단계에서 중요한 것은 대본이 가져야 할 기본적인 요소와 형식, 특성 등을 대본 읽기를 통해 대충이라도 이해하게 해야 한다는 점이다. 예를 들면 다음과 같다.

1. 은비 삼남매가 같이 생활하는 모습이 어떤지 주의하여 읽으세요.
2. 민기와 여자 친구가 어쩌다가 헤어졌는지 주의하여 읽으세요.

3. 은비가 어떠한 사고를 쳤기에 언니한테 얻어맞았는지 주의하여 읽으세요.

② 어휘 학습

어휘학습법에는 여러 가지 방법이 있는데, 여기서는 주로 교사가 들어주면서 설명하는 식으로 하였다. 다른 방법 등을 적절하게 개별 수업에 맞게 적용할 수도 있다. 본 연구에서 활용된 것들을 예로 들자면 다음과 같다. 그중에 1~7은 단순한 단어에 대하여 설명할 것이고, 8~16은 시트콤에서 나온 대사들 중에 학생들이 낯설어할 만한 문장들을 선정하여 설명해 주는 것이다.

1. 시샵
2. 옥장판
3. 찝찝하다
4. 패러글라이딩 동호회
5. 단짝 친구
6. 원수지간
7. 얹혀살다
8. 코 골다
9. 궁상떨다.
10. 배포 크다.
11. 저러다가 금방 말아.
12. 욕조에 김이 많이 서려 있더라고.
13. 허옇게 버짐 핀 게 건성이구만 핑계는! 승질머리가 저리니 하룻밤 재워줄 친구도 없었겠지!
14. 너 어제 코 되게 많이 골드라? 너 밤새 아주 드르렁거렸어.
15. 잘 돌아간다. 이놈의 집구석

16. 살라 그러니까 살아 주는 거지, 난 꿀릴 거 없어!

(2) 두 번째 단계

두 번째 단계에서는 본격적인 시트콤 시청을 위한 시트콤 드라마 대본 읽기 단계이다. 대본 미리 읽기 지도에서는 복잡한 구문이나 문법에 대한 지도는 지양하며 어법 위주로 지도하기로 하였다. 또한 교사는 학습자들이 등장인물, 성별, 나이, 장소, 감정, 어투, 주제, 구어체 등에 유의하며 읽도록 지도하였다.

대본 미리 읽기는 세 부분으로 나눌 수 있다. 정리하면 다음과 같다.

① 대본의 내용을 파악하기 위한 읽기

여기서는 빨리 읽기가 중요하다. 모르는 어구나 단어들이 있어도 대충 한번 훑어보고 줄거리부터 파악한다.

② 자세히 읽기

여기서는 처음에 읽었을 때, 부딪힌 낯선 단어나 어구들을 사전을 통해서 찾아보기도 하고 교사에게 물어보기도 하고 몰랐던 것들을 이해하면서 읽는다.

③ 충분한 내용을 파악한 다음에 학습자들이 대화체를 읽으면서 상호 작용적인 읽기를 하였다.

여기서는 첫째, 시트콤의 대화체를 등장인물이나, 성별, 나이, 장소, 감정에 따라 어떻게 달려졌는지, 말투와 주제 등에 유의하며 묵독하였다. 둘째, 읽으면서 교사의 지도 설명이 필요한 부분이나 대사를 교사와 학습자들이 같이 연습하였다. 셋째, 시트콤 드라마 대본을 등장인물, 성별, 나

표 4-3. 지도 설계

제목	대본 미리 읽기 학습	수업 일시	2010.3
학습목표	대본을 읽는 법을 안다. 주제 파악과 내용 파악	담당	왕효성
학습내용	시트콤 드라마 〈레인보우 로망스〉 2회와 3회 대본		
준비물	노트북 준비, 드라마 대본 준비, 전자 사전 준비		

표 4-4. 수업 진행 과정

〈수업 소개〉
1. 시트콤 드라마를 활용한 한국어 학습에 대하여 학생들에게 간단하게 소개한다.
2. 본 연구에 대하여 간단하게 소개한다.

〈대본 읽기〉
1. 대본 배부
2. 대본 읽는 법을 가르친다.
3. 앞에서 설명한 대로 학생들이 스스로 읽어나가며 스토리를 파악하고 모르는 어휘와 이해 안되는 문구를 표시해 놓게 한다.
4. 학생들이 대본을 읽은 다음에 모르는 어구나 단어 등 이해되지 않는 부분을 사전을 찾아보거나 질문한다. (앞에서 설명한 방법대로 실시함.)

〈시트콤 시청하기〉
1. 읽은 대본에 해당된 시트콤 드라마를 보여 준다.
2. 보고 나서 듣기 평가 문제 나누어주고 답하게 한다.

이, 장소, 감정, 어투, 주제에 주의하며 다시 한 번 묵독하거나 음독을 할 때, 교사는 학생들에게 의사소통의 목적을 주지시키며 감정이입의 중요성을 충분히 이해시키는 것이 중요하다. 넷째, 시간 여유가 있다면 짝, 또는 동료들과 그룹을 만들고 역할을 분담하여 실제의 대화처럼 감정이입을 한 후, 묵독 또는 음독의 방법을 사용하여 대본을 읽는 것도 좋은 방법이다. 그러나 본 연구에서 주어진 시간이 그리 길지 않으므로 이 부분을 해 보지 못하였다.

한 가지 주의할 점은, 시트콤 대본 읽기의 목적이 한국어 구어체의 특성에 노출되어 실생활에서 자주 사용되는 구어의 청취능력의 향상에 있다는 점이다. 그러므로 대본을 읽을 때 낭독식으로 읽으면 안 된다. 낭독식으로 읽으면 보통 억양이나 강세, 표현 등에 주의를 쏠리지 의미를 생각하지 않는 단순 반복식의 읽기가 되기 쉽기 때문이다. 구체적인 수업 진행과정은 〈표 4-4〉와 같다.

따라서 시트콤 〈레인보우 로망스〉를 선정한 이유는 첫째, 실생활과 무척 가깝고 언어는 어렵지 않으면서도 생동감 넘친다. 둘째, 오락성 있는 프로그램이라 학생들로 하여금 프로그램을 보고자 하는 흥미를 유발시킨다. 셋째, 학생들의 집중력의 한계를 고려해서 20분짜리인 비교적 짧은 시트콤을 선정한 것이다.

본 연구에서 시트콤 대본을 듣기 자료로 채택하여 대본 미리 읽기가 듣기에 미치는 효과를 알아본다. 이를 위해서 대본 없이 그냥 보고 듣는 것과 대본 미리 읽고 보고 듣는 것으로 나누어 실험을 하려고 한다.

5. 연구 방법

1) 연구 문제

한국어 시트콤 드라마를 활용해서 자연스런 한국어 듣기 환경을 제공하였다. 이때 대본 없이 그냥 보는 비교 집단과 대본 미리 읽고 보는 실험 집단으로 나누어 그 결과를 살펴보기로 하였다. 본 연구에서 다루게 될 연구 문제를 다시 말하자면 다음과 같다.

연구문제 : 대본 미리 읽기가 듣기에 어떠한 효과를 미치는가?

세부적으로 나누자면 다음과 같다.

연구 문제 1 : 대본 미리 읽기가 중국인 대학생의 한국어 듣기 능력에 미치는
영향은 어떠한가?
연구 문제 2 : 대본 미리 읽기가 한국어 수준이 높은 중국인 대학생과 한국어
수준이 낮은 중국인 대학생의 듣기 활동에 미치는 영향은 각각
어떠한가?
연구 문제 3 : 대본 미리 읽기가 듣기 평가 문항 영역별로 미치는 영향은 어떠
한가?

이를 위해 한국 시트콤 〈레인보우 로망스〉 세 편을 선정했다. 이를 도
구로 하여 듣기 평가를 통해 성취도를 대본을 읽고 안 읽고에 따른 점수
변화, 학생 개인적인 수준에 따른 성취도 결과, 듣기 능력 평가 요소에 따
른 결과를 살펴보았다.

2) 연구 대상

본 연구는 대본 미리 읽기가 듣기에 미치는 효과를 알아보기 위하여, 현
재 서울특별시에 거주하며 고려대학교 재학 중인 중국인 대학생 8명을 실
험 대상으로 선정하였다. 그들 중에 한국어 수준이 높은 학생들도 있고 한
국어 수준이 낮은 학생들도 있다.

표 5-1. 듣기 문항의 유형과 횟수

문항	횟수	2회	3회
1	OX문항	3	3
2	OX문항	3	3
3	OX문항	3	3
4	OX문항	3	3
합계		12	12

3) 검사 도구

(1) 사전 검사

레인보우 로망스 1회 듣기 테스트 문항들을 사전 검사 도구를 선정하였다. 이것으로 고려대학교 재학 중인 중국인 유학생 8명에게 사전검사를 실시하였다(부록 1 참고).

(2) 사후 검사

실험 집단과 비교 집단의 듣기 능력을 살펴보기 위하여 사후 검사지를 제작하였다. 먼저 듣기 능력 평가 내용 요소별로 출제 기준을 설정한 다음, 기준에 따라 선정한 시트콤 드라마 〈레인보우 로망스〉의 검사지를 만들었다(부록 1 참고). 따라서 검사지의 타당성을 전문가 3명에게 검토를 받고 수정하였다(부록 2 참고).

① 듣기 평가 문항의 전체 구성과 유형

대본 미리 읽기가 듣기에 미치는 효과를 알아보기 위하여 본 연구에서는 OX문항 유형을 사용하였다. 대본 미리 읽기가 듣기에 어떠한 효과를 미치는지 알아보기 위하여 사용된 검사지의 전체 문항수는 〈표 5-1〉과 같다. 회마다 총 12개 O or X 문항으로 이루어져 있다.

② 듣기 평가 문항을 만드는 기준

여러 연구에서 듣기 평가 문항의 내용은 청자의 이해 처리 능력에 다양한 영향을 미친다는 것이 밝혀졌다. Shohamy · Inbar(1991)는 듣기 이해에 있어서 지문과 질문의 유형의 효과에 관한 연구에서 지문의 대화적인 양상의 정도가 청자의 듣기 이해 평가에 영향을 가져온다고 지적하였다. 검사 도구로써의 듣기 평가 문제 검사지는 그야말로 매우 중요한 역할을 하고 있다.

본 연구에서는 객관식 검사가 채점의 용이성과 신뢰도가 높다는 것을 감안하여 객관식 문항들 중의 하나인 OX항을 택하였다. 듣기 능력을 평가하기 위한 내용 요소의 구체적인 것은 다음과 같다(許灆, 1996, 49쪽).

어휘 의미의 이해 능력을 측정하기 위해서는 평가 지문에 있는 어휘의 문맥적 의미를 파악하는 능력, 평가 지문에 있는 관용적 표현의 의미를 파악할 수 있는 능력 등을 생각해야 한다.

내용의 사실적 이해 능력을 측정하기 위해서는 평가 지문에서 주요 정보를 정확하게 파악하는 능력, 평가 지문에서 정보들 사이의 관계를 파악하는 능력, 평가 지문에서 화자가 말하려고 하는 요지를 파악하는 능력 등을 생각해야 한다.

내용의 추리 상상력 이해 능력을 측정하기 위해서는 들은 내용을 근거로 생략된 내용을 추론하는 능력, 들은 내용을 근거로 드러나지 않은 내용을 추리 상상하는 능력, 들은 내용을 근거로 화자의 의도, 목적, 태도 등을 추리하는 능력 등을 생각해야 한다.

내용의 비판적 이해를 측정하기 위해서는 평가 지문의 내용의 정확성, 타당성을 평가하는 능력, 평가 지문의 조직 및 표현의 적절성을 평가하는 능력, 평가 지문의 논리 전개 방식을 논리적으로 판단하는 교육 등을 고려해야 한다.

이를 기준으로 하여 듣기 평가 문항들을 내용 확인, 내용 이해, 내용 추론, 내용 평가라는 네 가지 영역으로 나누어 각 영역에 문항 세 개씩 만들었다. 이 외에도 다음과 같은 기준들을 만들어 참고하였다.

첫째, 듣기 평가 문항들이 같은 기술이나 성취기준을 평가하는 중복성을 피해야 한다. 즉 한 문항의 정답이 다른 문항의 정답을 도출하는 데 도움을 주거나 영향을 주지 않도록 상호의존적이지 않고 독립성을 유지해야 한다. 다시 말해서 본 연구에서 다루어진 문항들은 서로 중복된 문제나 같은 성취기준을 평가하는 문제가 없도록 하였다. 예를 들면, 〈레인보우 로망스〉 1회 듣기 평가 문항 중에서 내용 확인 영역에서 나온 '은비 삼 남매는 홍보 모델로 뽑혔다'라는 문항과 '은비 삼남매가 홍보모델로 뽑히지 못한 이유는 XXX 때문이다'라는 문항은 동시에 나타나면 안 된다는 것이다. 이 때 한 문항의 정답이 다른 문항의 정답을 도출하는 데 도움을 주거나 영향을 주기 때문이다.

둘째, 듣기 평가 문항의 타당성과 적절한 수준을 유지하고 있는지에 대한 난이도이다. 이런 문제는 국어교육 전문가에게 부탁하여 검토를 받았으며 또한 이 연구에서는 먼저 쉬운 문항부터 어려운 문항으로 제시해 줌으로써 학생들로 하여금 미리 포기하지 않고 수행할 수 있도록 하였다.

③ 듣기 평가 문항의 실례
듣기 평가는 음성 언어를 통해 전달되는 내용을 듣고 이해하는 능력을 측정한다. 텍스트의 의미, 또는 정보의 이해, 내용에 대한 판단 등이 모두

표5-2. 출제구상표의 실례

번호	평가 형태	배점	평가 문항 유형	텍스트 유형
1	OX문항	1		문장
2	OX문항	1	내용 확인	문장
3	OX문항	1		문장
4	OX문항	1		문장
5	OX문항	1	내용 이해	문장
6	OX문항	1		문장
7	OX문항	1		문장
8	OX문항	1	내용 추론	문장
9	OX문항	1		문장
10	OX문항	1		문장
11	OX문항	1	내용 평가	문장
12	OX문항	1		문장

평가 목적	내용 이해도
평가 영역	듣기
평가 형태	지필 시험
평가 문항	12문항
평가 시간	10분

듣기 평가의 범위에 들어간다.

듣기 평가 문항 출제를 위한 절차로는 먼저 테스트의 목적과 평가하고 자 하는 것이 무엇인지를 정확히 아는 것이다(박성경, 2007, 67쪽). 거기에 따라 평가의 목표와 평가의 형태를 결정하게 되는데, 이 때 학습 목표와 학습한 내용을 바탕으로 평가할 내용 및 주제 등을 선정하여 출제구상표를 만들었다(표 5-2).

평가의 형태가 결정되고 나면 평가 유형 및 구체적인 평가 항목을 제시하고 평가의 내용을 명시한다. 그 다음에는 문항 검토와 분석을 통해 수정 작업을 거치고 문항을 배열하여 배점을 정한다. 다음은 시트콤 보고 내용 이해도 평가에 대한 출제구상표의 실례이다. 각 문항 당 점수는 1점이며,

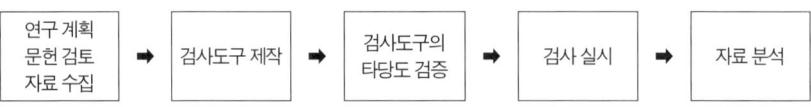

총점은 12점 만점이다. 처치 방법은 인쇄된 문장이다.

OX문항이란 담화문을 듣고 내용을 파악하는 능력을 평가하는 필수적인 유형이다. 답안은 선다형이나 O, X 표하기, T, F 표시하기 등 다양한 형태로 제시될 수 있다. 여기서는 제시돼 있는 문장들이 시트콤의 내용과 같으면 'O' 같지 않으면 'X'에 체크를 하는 문항들로 하였다.

4) 연구 절차

연구의 절차는 크게 다섯 가지 단계로 구성되어 있다. 우선 제2절과 3절, 그리고 4절에서 살핀 바와 같이 문헌을 통해 관련된 이론적 배경을 정리하였고 구체적인 연구 절차는 〈과정 5-1〉를 참고할 수 있다.

제작된 검사 도구는 앞에서 제시한 바와 같이 전문가에 의해 타당성을 검토 받았다. 앞에서도 얘기했듯이 선정한 중국인 유학생 8명을 놓고 실험 집단과 비교 집단으로 각 네 명씩 나누었다. 실험 집단은 학생들로 하여금 시트콤을 시청하기 전에 먼저 대본을 읽게 하는 집단이고 비교 집단은 대본 없이 그냥 보고 듣는 집단이다.

본 연구에서는 실험을 실시하기 전에 사전 검사지와 사후 검사지가 비슷한 수준임을 검증하기 위하여, 실험 집단과 비교 집단이 아닌 다른 한국어 수준 비슷한 학생 두 명을 대상으로 사전 검사지와 사후 검사지를 제시하여 파일럿 테스트를 실시하였다. 실시한 결과는 사전 검사지와 사후 검

표 5-3. 사전 검사지와 사후 검사지 난이도에 대한 유의도 검증

학생 \ 횟수	사전 검사				사후 검사1				사후 검사2			
	①	②	③	④	①	②	③	④	①	②	③	④
가	3	3	2	2	3	2	3	2	3	2	2	1
나	3	2	2	1	2	3	3	1	3	3	2	2
합계	18				19				18			

사지에는 유의한 차이가 없는 것으로 나타났다(표 5-3 참고). 이는 검사지의 난이도가 비슷함을 검증하였다.

자세한 실험 실시 과정은 다음과 같이 정리하였다.

① 파일럿 테스트를 실시한다.

② 사전 검사

시트콤 드라마 〈레인보우 로망스〉 1회 듣기 평가 문항을 선정하여 사전 검사를 실시하였다.

③ 처치

실험 집단 → 시트콤 드라마 〈레인보우 로망스〉의 대본을 미리 읽고 시청한 다음에 듣기 평가 문제 답한다.

자세히 말하자면 다음과 같다.

가. 〈레인보우 로망스〉 2회 대본 읽기 → 읽은 대본에 해당된 시트콤 시청하기 → 듣기 평가 문제 답하기
〈레인보우 로망스〉 3회 대본 읽기 → 읽은 대본에 해당된 시트콤 시청하기 → 듣기 평가 문제 답하기

나. 비교 집단→시트콤 드라마 〈레인보우 로망스〉를 대본 없이 시청
　　한 다음에 듣기 평가 문제 답하기

　　〈레인보우 로망스〉 2회 시청하기 → 듣기 평가 문제 답하기

　　〈레인보우 로망스〉 3회 시청하기 → 듣기 평가 문제 답하기

6. 자료 분석

본 절에서는 제1절에서 언급한 연구문제들을 바탕으로 이루어진 실험
을 통하여 얻게 된 자료를 분석, 논의한다.

본 연구에서는 다음과 같은 연구 가설들을 설정하여 실험을 진행하였다.

　　가설 1. 대본 미리 읽기가 중국인 대학생의 한국어 듣기 능력에 유의한 영향을
　　　　　미칠 것이다.

　　가설 2. 대본 미리 읽기가 한국어 수준이 높은 중국인 대학생보다는 수준이 낮
　　　　　은 중국인 대학생의 듣기 활동에 더 큰 영향을 미칠 것이다.

　　가설 3. 대본 미리 읽기가 쉬운 듣기 문항보다 어려운 듣기 문항에게는 더 큰
　　　　　영향을 미칠 것이다.

이를 위하여 실행하였던 대본 미리 읽기가 듣기에 미치는 효과 연구
의 결과를 바탕으로 분석하고 종합하여 다음과 같은 결과들이 보였다.

표 6-1. 실험 집단 학생들과 비교 집단 학생들의 결과 비교

실험 집단		학생 A			학생 B			학생 C			학생 D			실험집단 total
		A1	A2	A3	B1	B2	B3	C1	C2	C3	D1	D2	D3	
내용 확인	사전	2	2	2	1	2	2	2	1	2	2	2	3	23
	사후1	3	3	3	2	2	3	2	2	3	2	3	2	20
	사후2	3	3	2	3	3	3	3	3	2	3	3	1	32
내용 이해	사전	2	2	2	2	2	3	1	2	1	1	1	1	20
	사후1	3	3	3	2	3	2	2	2	2	2	2	1	26
	사후2	3	3	3	3	3	3	3	3	2	2	3	1	31
내용 추론	사전	2	2	2	2	1	2	2	2	3	1	1	1	22
	사후1	2	3	3	3	3	2	3	3	2	2	2	2	31
	사후2	3	2	3	3	3	3	3	3	3	3	3	1	33
내용 평가	사전	2	2	1	2	1	3	1	1	1	1	1	2	18
	사후1	2	3	2	2	2	2	2	2	1	3	2	2	24
	사후2	3	2	3	3	3	3	3	3	3	3	3	1	33

비교 집단		학생 a			학생 b			학생 c			학생 d			비교집단 total
		a1	a2	a3	b1	b2	b3	c1	c2	c3	d1	d2	d3	
내용 확인	사전	2	2	3	2	1	2	1	2	2	2	1	2	22
	사후1	2	2	2	1	2	2	2	1	1	2	2	2	21
	사후2	2	3	2	2	2	3	2	2	1	2	2	2	25
내용 이해	사전	2	2	2	2	2	3	1	2	1	2	2	2	23
	사후1	2	2	3	2	2	2	1	1	1	2	2	3	23
	사후2	3	2	3	3	2	2	2	2	1	3	2	3	29
내용 추론	사전	2	1	3	2	2	3	1	2	2	2	2	3	25
	사후1	2	2	3	2	2	2	1	2	1	3	2	3	26
	사후2	2	2	1	2	3	2	2	2	2	3	3	3	27
내용 평가	사전	1	2	3	2	2	3	1	2	2	2	2	3	24
	사후1	2	2	3	2	2	3	1	2	1	3	2	3	26
	사후2	2	2	3	3	3	2	2	2	2	3	3	3	30

표 6-2. 실험 집단과 비교 집단의 총체적인 결과 비교

	실험집단 total	비교집단 total
사전	83	94
사후1	111	96
사후2	127	111

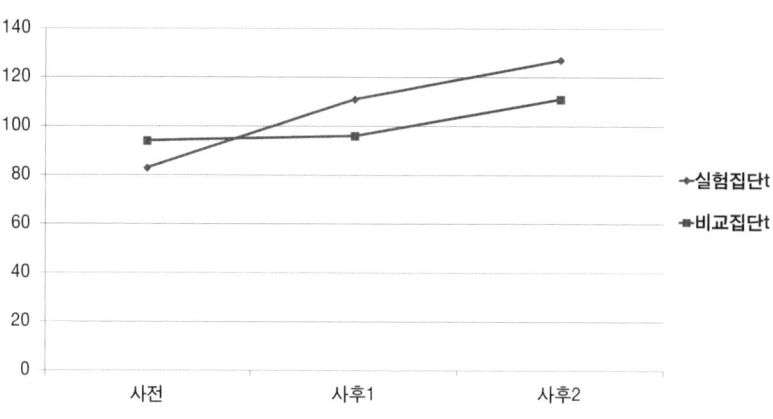

그래프 6-1. 실험 집단과 비교 집단의 결과 비교

1) 실험 집단과 비교 집단의 결과 비교

본 연구에서는 대본 읽고 시트콤을 보는 학습자와 그렇지 않은 학습자 간에 어떤 차이가 나타났는지 알아보고자 하였다. 우선 실험을 실시하기 전에 대본 제시가 듣기 학습에 미치는 영향을 살펴보았다. 실험 집단에게 는 대본을 배부하고 듣기 전에 미리 읽게 하는 데에 비하여, 비교 집단에 게는 대본을 제시하지 않고 그냥 듣게 한 후, 해당된 듣기 평가 문제들을 답하게 하였다.

실험 결과는 〈표 6-1〉에서 볼 수 있듯이 실험 집단과 비교 집단 간의 성 적에는 유의한 차이가 있는 것으로 나타났다. 대본을 제시받은 실험 집단

의 학생들의 듣기 성적이 비교집단 학생들에 비하여 높았음을 알 수 있다. 따라서 채점하는 데 있어서 국어교육과 전문가 세 명에게 맡겨 채점하였으며 각각 1, 2, 3 으로 표시하였다.

〈표 6-1〉에서 제시된 데이터를 참고하여 〈표 6-2〉를 만들어 보았다. 표에서 제시했듯이 대본 처치가 들어간 실험 집단은 사전과 사후에 또렷한 차이가 나타났으나 비교집단은 실험집단에 비하여 그다지 유의한 차이가 없었다는 것을 확인할 수 있다. 실험 집단과 비교 집단의 총체적인 결과 비교는 〈표 6-2〉와 같이 정리를 하였다. 이를 그래프화 하여 더욱 더욱 선명하게 보이게 한 것이 〈그래프 6-1〉이다.

〈그래프 6-1〉에서 보여주듯이 듣기 전에 대본 미리 읽은 실험 집단이 대본 없이 그냥 본 비교 집단이 모두 듣기 능력이 향상된 것으로 나타났으나 대본 읽고 본 실험 집단이 대본 없이 그냥 본 비교 집단보다 사전과 사후에 더 또렷한 차이가 나타났으며 듣기 능력 향상이 더 큰 것으로 나타났다. 이는 시트콤 드라마는 외국어로서의 한국어 학습에 있어서 좋은 학습 도구로 사용될 수 있으며, 시트콤 드라마 대본을 도입하여 학습시키면 더 좋은 결과를 얻을 수 있다는 것을 뒷받침해 주었다.

이를 통하여 알 수 있듯이, 대본 미리 읽기가 학습자의 듣기능력 향상에 유의한 영향을 미칠 수 있음을 알 수 있다. 이러한 결과는 대본제시가 듣기학습에 효과적이라는 Sheerin(1987)의 주장을 뒷받침하고 있다. 그는 듣기 전에 미리 대본을 읽는 것이 학습자들의 학습부담을 줄여주고 전체 정보 이해에 도움을 준다고 하였다(재인용 : 최진일, 2001, 11쪽). 또한, 한국 대학생들을 대상으로 듣기자료대본의 효과를 검증한 Lee(1993)의 선행연구와 마찬가지로 단기간에 실시되는 듣기 학습에 있어서는 듣기자료대본이 효과적임을 알 수 있었다.

가설 1은 대본 미리 읽기가 한국어듣기능력 향상에 유의한 영향을 미칠 것이라고 예상하였다. 이 가설은 본 실험결과에서 보듯이 대본을 미리 읽

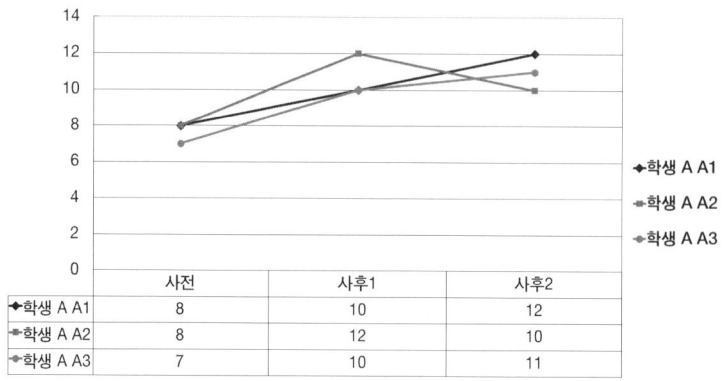

그래프 6-2. 학생 A의 성적 변화

	사전	사후1	사후2
◆학생 A A1	8	10	12
■학생 A A2	8	12	10
▲학생 A A3	7	10	11

는 실험 집단이 그렇지 않은 비교 집단 간의 듣기 능력 향상에 유의한 차이가 보여 검증되었다.

2) 학생 한국어 수준에 따른 결과 변화

가설 2는 대본 미리 읽기가 한국어 수준이 높은 학생보다 한국어 수준이 낮은 학생한테는 더 큰 영향을 미칠 것이라고 예상하였다. 이는 학생의 한국어 듣기 능력과 대본 미리 읽기에 어떠한 관련이 있는지를 알아보기 위한 것이었다. 이를 위하여 실험 집단에 속하는 학생 4명을 각각 어떠한 결과가 나타났는지 자세히 살펴보겠다.

(1) 학생 A

우선 학생 A부터 살펴보겠다. 〈그래프 6-2〉와 같이 채점자 3명에 의해 위에 있는 표에서 제시한 것처럼 점수가 매겨졌다. 〈그래프 6-2〉에서 제

그래프 6-3. 학생 A—듣기 능력 평가 내용 요소별로의 변화

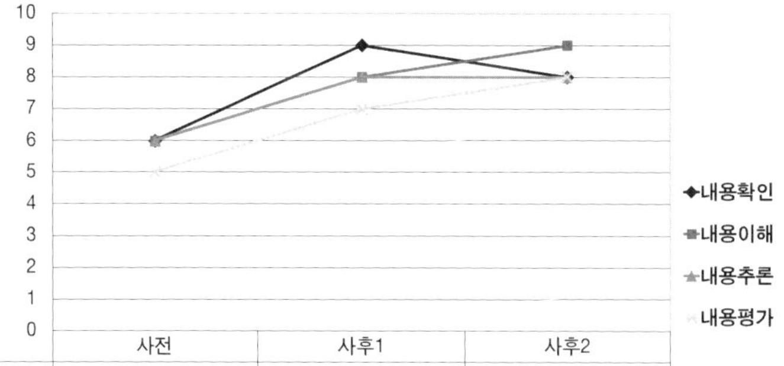

	사전	사후1	사후2
◆내용확인	6	9	8
■내용이해	6	8	9
▲내용추론	6	8	8
내용평가	5	7	8

시했듯이 학생 A는 다른 학생들보다 비교적 한국어 수준이 높은 학생이다. 전체적으로 봤을 때는 듣기 능력에 있어서 뚜렷한 성취도를 얻었고, 다른 학생들보다 나은 성적을 거둔 것으로 나타났다.

이에 대하여 학생 A를 인터뷰 해 보았더니 시트콤을 시청하기 전에 대본을 읽든 안 읽든 간에 크게 차이를 못 느꼈다고 대답하였다. 그러나 대본 없이 그냥 보고 들을 때보다 대본 읽고 보면 좀 더 깊이 있게 내용 이해를 할 수 있었던 것 같고 더욱더 정확하게 이해했던 것 같다고 하였다. 이는 이 학생이 듣기 수준이 높기 때문에 듣기를 통해서 정보를 이해하든, 읽기를 통해서 이해하든 간에 크게 차이가 없는 것으로 추측된다.

다음은 듣기 능력 평가 내용 요소별로 한번 살펴보겠다. 학생 A에게 어떤 영역이 가장 많은 변화가 일어났는지 살펴보자(그래프 6-3 참고). 〈그래프 6-3〉에서 보여주듯이 학생 A에 있어서는 네 가지 영역이 다 어느 정도 성취도를 보였다. 그중에서도 내용 이해 영역과 내용 평가 영역이 가장 많은 향상을 보인 것으로 나타났다.

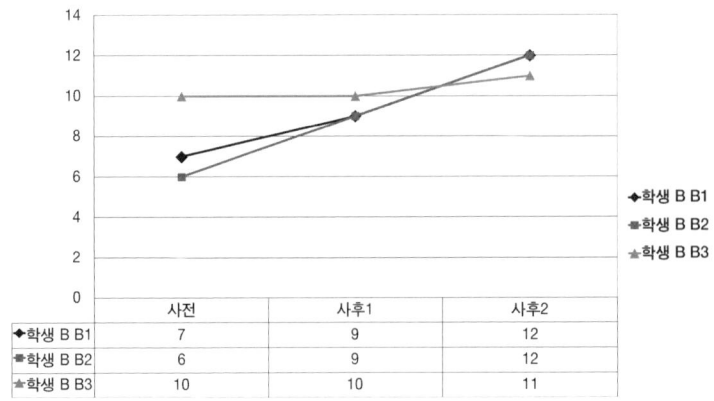

그래프 6-4. 학생 B의 성적 변화

	사전	사후1	사후2
◆학생 B B1	7	9	12
■학생 B B2	6	9	12
▲학생 B B3	10	10	11

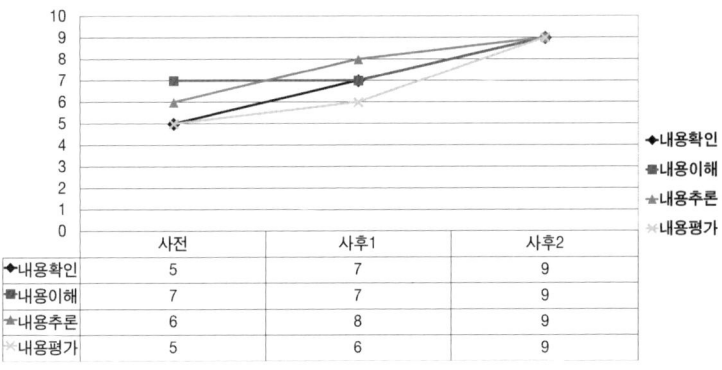

그래프 6-5. 학생 B—듣기 능력 평가 내용 요소별로의 변화

	사전	사후1	사후2
◆내용확인	5	7	9
■내용이해	7	7	9
▲내용추론	6	8	9
✕내용평가	5	6	9

(2) 학생 B

다음은 학생 B를 살펴보겠다. 학생 A와 마찬가지로 채점자 3명에 의해 위에 〈그래프 6-4〉에서 제시한 것처럼 점수가 매겼는데 보다시피 학생 B도 역시 학생 A와 같이 사후 검사했을 때 우수한 성적을 거둔 학생이라고 할 수 있다.

이에 대하여 이 학생에게도 인터뷰를 진행하였다. 그 결과 이 학생이

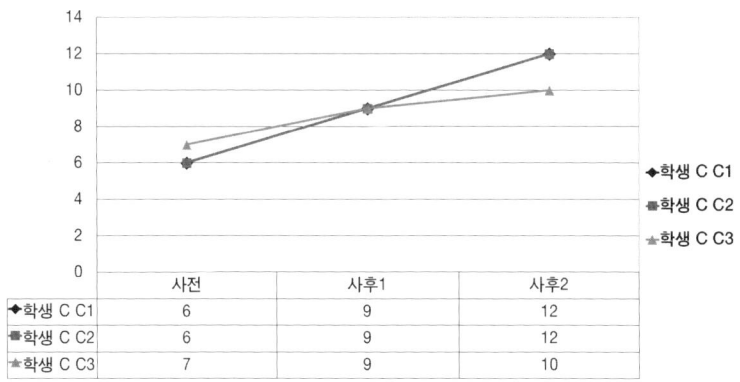

그래프 6-6. 학생 C의 성적 변화

	사전	사후1	사후2
◆학생 C C1	6	9	12
■학생 C C2	6	9	12
▲학생 C C3	7	9	10

평소에도 시트콤 드라마에 대하여 관심이 많고 즐겨보는 편이며, 시트콤 대본을 미리 읽음으로써 전에 모른 채 그냥 흘러 넘어갔던 단어들이나 표현들을 알게 될 뿐만 아니라, 시트콤 전체 스토리와 흐름도 잘 파악해서 전보다 훨씬 더 잘 들렸다고 하였다.

〈그래프 6-5〉는 학생 B에 있어서 듣기 능력 평가 내용별 변화를 보여준다. 학생 B도 네 가지 영역이 다 사전 검사 했을 때보다 높은 성취도를 보였지만, 그중에서도 내용 평가 영역과 내용 확인 영역이 가장 많은 향상을 보인 것으로 나타났다.

(3) 학생 C

학생 C의 성적 변화는 〈그래프 6-6〉을 참고할 수 있다. 학생 C는 가장 높은 향상도를 보인 학생이라 할 수 있다. 사전 검사 했을 때 다른 학생들보다 수준이 떨어졌으나 시트콤 드라마 대본 읽음으로써 듣기 능력이 많이 향상되었다는 것을 확인할 수 있다. 이에 대하여 학생 C에게 인터뷰를 하였다.

학생 C가 대답한 바에 의하면 학생 C가 평소에 한국 시트콤 드라마를

그래프 6-7. 학생 C—듣기 능력 평가 내용 요소별로의 변화

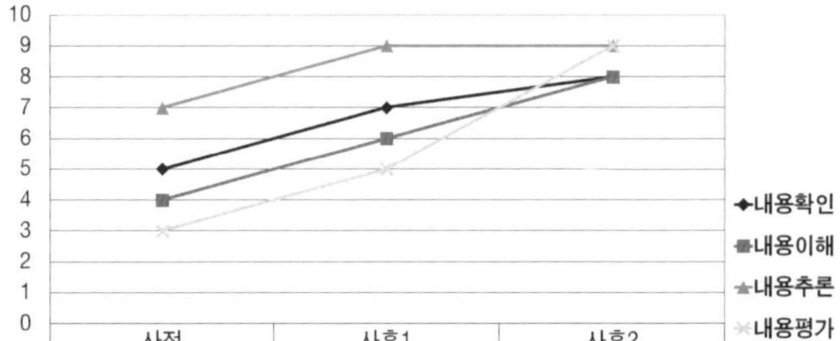

	사전	사후1	사후2
◆내용확인	5	7	8
■내용이해	4	6	8
▲내용추론	7	9	9
✳내용평가	3	5	9

굉장히 좋아하고 한국어에 대해 높은 관심과 흥미도를 보였다. 따라서 시 트콤 대본이 보통 한국어 교재와 달리 매우 재미있고 실생활과 가까운 표 현들도 많이 들어 있다고 하였으며, 읽으면서 시트콤 드라마의 주제나 흐 름, 그리고 스토리를 파악함으로써 듣는 데 많은 도움이 되었다고 하였다. 시트콤 보기 전에 미리 대본 읽고 보는 것과 대본 없이 그냥 보는 것과 얼 마만큼의 차이가 느껴졌느냐 물어보았더니, 대본을 읽고 보는 것이 확실 히 듣는 데 도움이 되고 이해를 돕는다고 대답하였다.

학생 C의 듣기 능력 평가 내용 요소별로의 변화를 보여주는 〈그래프 6-7〉을 통하여 알 수 있듯이, 학생 C는 내용 추론 영역이 가장 높은 성취도를 보였고 내용 평가 영역이 가장 큰 향상을 보였다는 것을 확인할 수 있다.

(4) 학생 D

학생 D의 성적 변화는 〈그래프 6-8〉를 참고할 수 있다. 전체적으로 봤 을 때는 높은 성취도를 보였지만, 한 채점자에 의해 얻은 점수는 사전 검 사 했을 때만은 못한 것으로 나타났다. 학생 D는 다른 학생들보다 수준이 가장 낮은 학생이라 할 수 있다. 그러나 그도 역시 대본을 통하여 높은 향

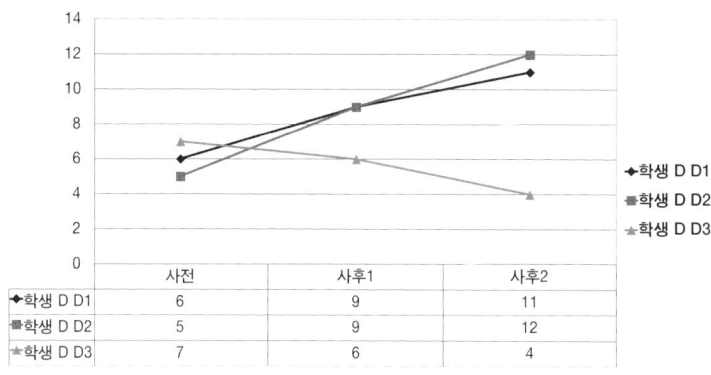

그래프 6-8. 학생 D의 성적 변화

	사전	사후1	사후2
◆학생 D D1	6	9	11
■학생 D D2	5	9	12
▲학생 D D3	7	6	4

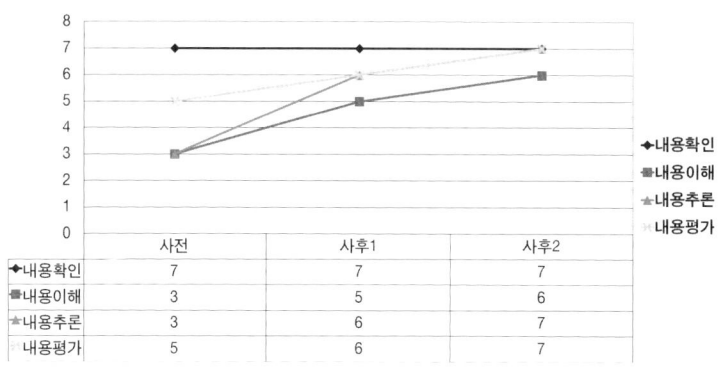

그래프 6-9. 학생 D－듣기 능력 평가 내용 요소별로의 변화

	사전	사후1	사후2
◆내용확인	7	7	7
■내용이해	3	5	6
▲내용추론	3	6	7
내용평가	5	6	7

상을 보였다.

개인적인 인터뷰와 관찰을 통하여, 이 학생 D도 역시 대본이 듣는 데 많은 도움이 되었다고 하였고, 들으면서 얻은 정보보다 대본을 읽으면서 얻은 정보가 더 많았던 것 같다고 하였다. 이것은 바로 수준 낮은 학습자들에게는 듣기 능력보다 읽기 능력이 더 발달되어 있기 때문이다. 그래서 듣고 정보를 이해하는 것보다 읽고 정보를 이해하는 것이 더 나을 수도 있다는 것이다.

학생 D의 듣기 능력 평가 내용 요소별로의 변화를 보여주는 〈그래프 6-9〉를 보면 알 수 있듯이 학생 D는 내용 추론 영역이 가장 큰 향상을 보였다.

위에서 살펴본 바에 따라서 비교적 한국어 수준이 낮은 학습자가 대본 미리 읽기에 더 많은 영향을 받았다는 것을 알 수 있다. 이는 바로 학자 Lund와 Ur의 논점을 뒷받침해 주었다.

Lund(1991)는 듣기 자료 대본의 기능이 학습자의 수준에 따라 다르다고 하였는데, 하위수준의 학습자들은 읽기를 통하여 정보를 이해하는 능력이 듣기를 통해 정보를 이해하는 능력보다 더욱 발달되어 있으므로, 하위수준의 학습자들이 듣기를 통해서 정보를 이해하기 어려울 경우, 듣기를 반복한다 하여도 이해도가 높아지지는 않는다고 하였다. 반면, 중간 수준의 학습자들은 듣기의 반복이 오히려 듣기자료대본을 이용하는 것보다 효과적이다. 상위수준의 학습들에게 있어서 듣기자료대본은 보다 정확한 내용이해를 돕는다고 주장하였다(재인용 : 최진일, 2001, 11쪽).

학습자의 언어능력은 듣기 대본의 효과에 큰 영향을 미치는 것으로써, Lund(1991)를 비롯한 많은 학자들이 듣기자료대본 제시가 특히 하위수준의 학습자들에게 도움을 준다고 하였다. 그러므로 듣기 대본 활용방안도 수준 낮은 학습자들을 위한 것이 많았다.

그 원인에 대하여 Ur(1984)은 하위수준의 학습자들이 듣기학습의 어려움을 겪는 가장 큰 요인은 정보에 대한 선행조직자가 부족하기 때문이라고 하였다. 그러므로 듣기자료대본을 듣기 이전 단계에 제시하여 배경지식을 충분히 형성해주는 것이 중요하다고 하였다.

수준 낮은 학습자뿐만 아니라 수준 높은 학습자들에게는 듣기 이전 단계에서 배경지식을 제공하는 방향으로 듣기 대본을 사용하는 것이 효과적이며, 수준 높은 학습자들은 듣기학습의 정확도를 높이고, 좀 더 심화된 기능의 학습을 위하여 대본을 사용하는 것이 도움이 될 것이라고 본다.

따라서 듣기 능력 평가 내용 요소별로 분석해보니 대부분 학생들은 어

표 6-3. 듣기 능력 평가 내용 요소에 따른 결과

		실험집단 total	비교집단 total
내용확인	사전	23	22
	사후1	30	21
	사후2	32	25
내용이해	사전	20	23
	사후1	26	23
	사후2	31	29
내용추론	사전	22	25
	사후1	31	26
	사후2	33	27
내용평가	사전	18	24
	사후1	24	26
	사후2	33	30

려운 문항일수록 대본 미리 읽기를 통하여 사전 검사보다 사후 검사에서 또렷한 향상도를 보였다. 내용 평가 영역과 내용 추론 영역 특히 그렇다. 이는 어느 정도 가설 3을 뒷받침해 주었다고 할 수 있다. 이는 다음 절에서 더 자세히 논의해 보겠다.

3) 듣기 능력 평가 내용 요소에 따른 결과

내용 확인 영역, 내용 이해 영역, 내용 추론 영역, 내용 평가 영역으로 나누어 각각 대본 미리 읽기에 어떠한 영향을 받았는지 알아보았다. 우선 액셀에다 실험에서 나온 총체적인 데이터를 입력하여 분석해 보았다. 〈표 6-3〉은 바로 듣기 능력 평가 내용 요소에 따른 결과표이다. 〈그래프 6-10〉, 〈그래프 6-11〉는 〈표 6-3〉의 데이터에 따라 실험 집단과 비교 집단이 듣기

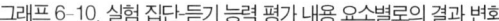

그래프 6-10. 실험 집단-듣기 능력 평가 내용 요소별로의 결과 변화

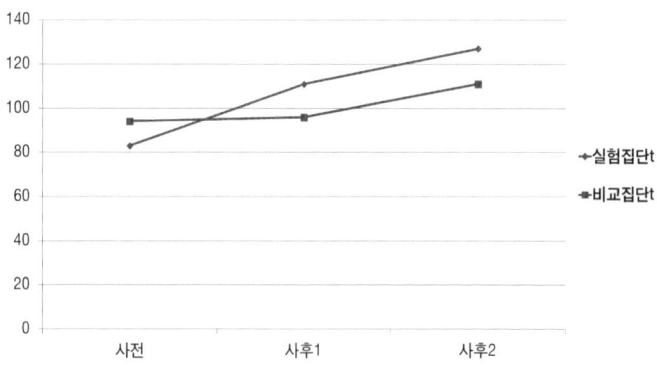

그래프 6-11. 비교 집단-듣기 능력 평가 내용 요소별로의 결과 변화

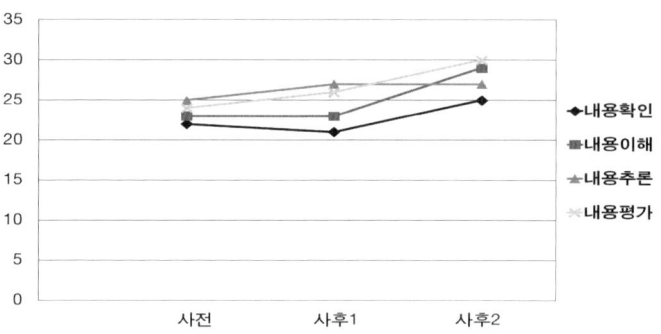

능력 평가 내용의 요소별 결과 변화가 각각 어떠한지 한 눈에 볼 수 있다.

우선 전체적으로 봤을 때는 실험 집단은 내용 확인 영역이든 내용 이해 영역이든 간에, 네 가지 영역이 사전 검사했을 때보다 모두 큰 향상을 보였다. 비교 집단은 다소 향상하긴 했으나 사전 검사와 사후 검사에 크게 차이가 없는 것으로 나타났다. 다음에는 듣기 능력 평가 내용 요소별로 살펴보겠다.

표6-4. 내용 확인 영역—실험 집단

		A			B			C			D			실험집단 total
		A1	A2	A3	B1	B2	B3	C1	C2	C3	D1	D2	D3	
내용 확인	사전	2	2	2	1	2	2	2	1	2	2	2	3	23
	사후1	3	3	3	2	2	3	2	2	3	2	3	2	20
	사후2	3	3	2	3	3	3	3	3	2	3	3	1	32

표6-5. 내용 확인 영역—비교 집단

		a			b			c			d			비교집단 total
		a1	a2	a3	b1	b2	b3	c1	c2	c3	d1	d2	d3	
내용 확인	사전	2	2	3	2	1	2	1	2	2	2	1	2	22
	사후1	2	2	2	1	2	2	2	1	1	2	2	2	21
	사후2	2	3	2	2	2	3	2	2	1	2	2	2	25

표6-6. 내용 확인 영역

		실험집단 total	비교집단 total
내용확인	사전	23	22
	사후1	30	21
	사후2	32	25

(1) 내용 확인

다음은 듣기 평가 문항 중에 첫 번째 문제 유형으로 나온 내용 확인 문제에 대한 학생들의 점수 결과이다. 〈표6-4〉, 〈표6-5〉와 같이 실험 집단과 비교 집단을 따로 나열하여 비교하였다.

〈표 6-4〉와 〈표 6-5〉에서 나온 데이터들을 정리하면 〈표 6-6〉과 같다. 따라서 위에 있는 표에서 나온 데이터를 갖고 두 집단의 차이를 더욱더 선명하게 볼 수 있도록 그래프를 만든 것이 〈그래프 6-12〉이다. 그래프에서 보여주듯이, 내용 확인 영역에 있어서 사전 검사했을 때는 두 집단이 비슷한 성적 양상이 나타났으나, 사후 검사 1과 사후 검사 2를 거

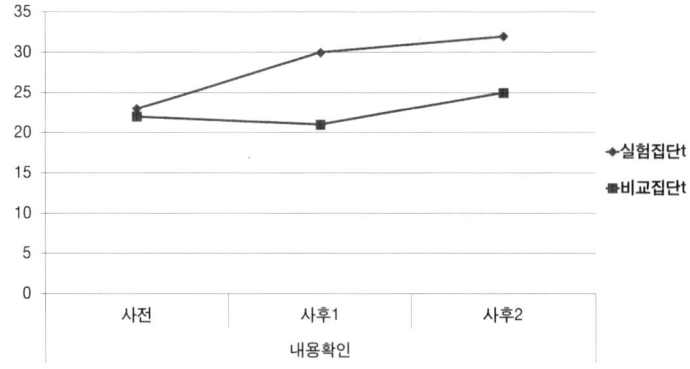

그래프 6-12. 내용 확인 영역 결과 비교

처 결국 또렷한 차이가 나타났다. 실험 집단은 눈에 띄게 듣기 능력이 향상되었고 비교 집단은 사전 사후에 유의한 차이가 별로 없는 것으로 나타났다.

(2) 내용 이해

다음은 듣기 평가 문항 중에 두 번째 문제 유형으로 나온 내용 이해 문제에 대한 학생들의 점수 결과이다. 이것도 역시 다음 〈표 6-7〉, 〈표 6-8〉과 같이 실험 집단과 비교 집단을 따로 나열하여 비교하였다.

그리고 〈표 6-7〉과 〈표 6-8〉의 데이터를 정리하면 〈표 6-9〉와 같다. 〈표 6-9〉에서 나와 있는 데이터를 갖고 두 집단의 차이를 더욱더 선명하게 볼 수 있는 것은 〈그래프 6-13〉이다.

〈그래프 6-13〉에서 제시했듯이, 내용 이해 영역에 있어서 실험 집단과 비교 집단에 또렷한 차이가 없는 것으로 나타났다. 그러나 사전 검사했을 때는 실험 집단보다 비교 집단이 더 나은 성적을 거두었지만, 사후 검사 1과 사후 검사 2에서는 실험 집단이 더 나은 성적을 거두었다는 것을 확인할 수 있다. 이것은 대본 미리 읽기에 영향을 받았다고 볼 수 있다.

표 6-7. 내용 이해 영역—실험 집단

		A			B			C			D			실험집단 total
		A1	A2	A3	B1	B2	B3	C1	C2	C3	D1	D2	D3	
내용 이해	사전	2	2	2	2	2	3	1	2	1	1	1	1	20
	사후1	3	3	2	2	3	2	2	2	2	2	2	1	26
	사후2	3	3	3	3	3	2	3	3	2	2	3	1	31

표 6-8. 내용 이해 영역—비교 집단

		a			b			c			d			비교집단 total
		a1	a2	a3	b1	b2	b3	c1	c2	c3	d1	d2	d3	
내용 이해	사전	2	2	2	2	2	3	1	2	1	2	2	2	23
	사후1	2	2	3	2	2	2	1	1	1	2	2	3	23
	사후2	3	2	3	3	2	3	2	2	1	3	2	3	29

표 6-9. 내용 이해 영역

		실험집단 total	비교집단 total
내용이해	사전	20	23
	사후1	26	23
	사후2	31	29

그래프 6-13. 내용 이해 영역 결과 비교

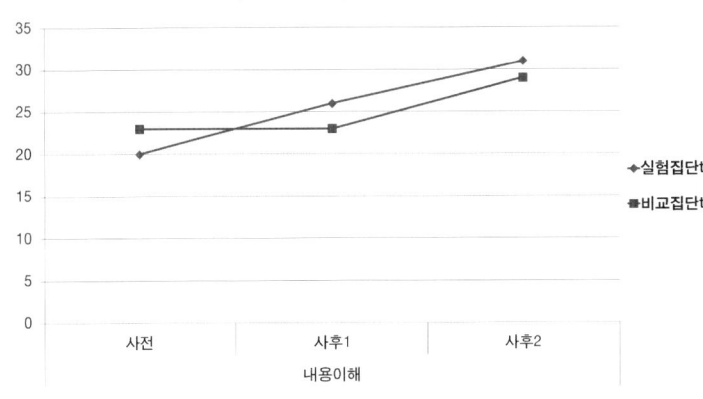

표 6-10. 내용 추론 영역−실험 집단

		A			B			C			D			실험집단 total
		A1	A2	A3	B1	B2	B3	C1	C2	C3	D1	D2	D3	
내용 추론	사전	2	2	2	2	1	2	2	2	3	1	1	1	22
	사후1	2	3	3	3	2	3	3	3	3	2	2	2	31
	사후2	3	2	3	3	3	3	3	3	3	3	3	1	33

표 6-11. 내용 추론 영역−비교집단

		a			b			c			d			비교집단 total
		a1	a2	a3	b1	b2	b3	c1	c2	c3	d1	d2	d3	
내용 추론	사전	2	1	3	2	2	3	1	2	2	2	2	3	25
	사후1	2	2	3	2	2	3	1	2	1	3	2	3	26
	사후2	2	2	1	2	3	2	2	2	2	3	3	3	27

표 6-12. 내용 추론 영역

		실험집단 total	비교집단 total
내용추론	사전	22	25
	사후1	31	26
	사후2	33	27

(3) 내용 추론

다음은 듣기 평가 문항 중에 세 번째 문제 유형으로 나온 내용 추론 문제에 대한 학생들의 점수 결과이다. 〈표 6-10〉과 같이 실험 집단과 비교 집단을 따로 나열하여 비교하였다. 내용 추론 영역도 마찬가지로 〈표 6-12〉로 정리하여 보았다.

내용 추론 영역에서도 또렷한 차이가 나타났다(그래프 6-14 참고). 사전 검사했을 때는 실험 집단보다 비교 집단이 더 나은 성적 양상을 보였지만 사후 검사 1과 사후 검사 2를 거쳐 또렷한 차이가 나타났다. 보다시피 비교 집단은 사전 사후 별다른 차이가 없었으며, 실험 집단은 비교 집

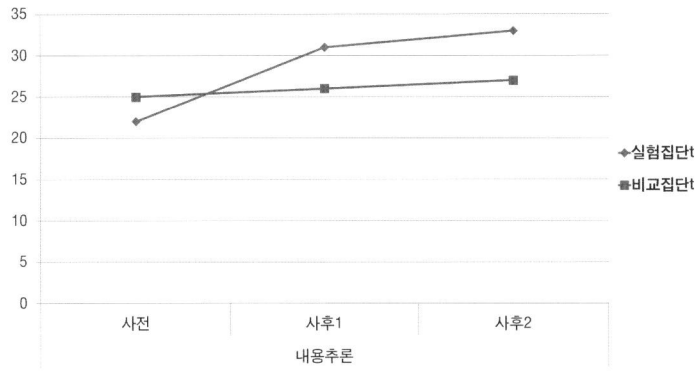

그래프 6-14. 내용 추론 영역 결과 비교

단보다 눈에 띄게 성적이 향상되었다는 것을 확인할 수 있다.

(4) 내용 평가

다음은 듣기 평가 문항 중에 네 번째 문제 유형으로, 즉 가장 어려운 문제 유형으로 나온 내용 평가 문제에 대한 학생들의 점수 결과이다. 〈표 6-13〉과 〈표 6-15〉와 같이 실험 집단과 비교 집단을 따로 나열하여 비교하였다. 이를 정리하면 〈표 6-15〉와 같다. 그리고 〈표 6-15〉에서 나와 있는 데이터를 갖고 두 집단의 차이를 더욱더 선명하게 볼 수 있는 것이 〈그래프 6-15〉이다.

〈그래프 6-15〉에서 제시했듯이 내용 평가 영역에 있어서는 실험 집단에 사전 사후 크게 차이가 나타났다. 사전 검사했을 때는 실험 집단보다 비교 집단이 훨씬 더 좋은 성적 양상을 보였으나, 사후 검사 1과 사후 검사 2를 거쳐 또렷한 차이가 나타났다. 그러나 비교 집단도 사후 1과 사후 2를 거쳐 성적이 향상된 것을 확인할 수 있지만, 실험 집단은 비교 집단보다 훨씬 더 많은 성취도를 보였다. 앞에서 살펴본 바와 비교하여 보면, 내용 평가 영역이 대본 미리 읽기를 통하여 가장 큰 향상을 보인 영역으로 대본

표 6-13. 내용 평가 영역 — 실험집단

| | | A | | | B | | | C | | | D | | | 실험집단 |
		A1	A2	A3	B1	B2	B3	C1	C2	C3	D1	D2	D3	total
내용 평가	사전	2	2	1	2	1	3	1	1	1	2	1	2	18
	사후1	2	3	2	2	2	2	2	2	1	3	2	1	24
	사후2	3	2	3	3	3	3	3	3	3	3	3	1	33

표 6-14. 내용 평가 영역 — 비교집단

| | | a | | | b | | | c | | | d | | | 비교집단 |
		a1	a2	a3	b1	b2	b3	c1	c2	c3	d1	d2	d3	total
내용 평가	사전	1	2	3	2	2	3	1	2	1	2	2	3	24
	사후1	2	2	3	2	2	3	1	2	1	3	2	3	26
	사후2	2	2	3	3	3	2	2	2	2	3	3	3	30

표 6-15. 내용 평가 영역

		실험집단 total	비교집단 total
내용평가	사전	18	24
	사후1	24	26
	사후2	33	30

그래프 6-15. 내용 평가 영역 결과 비교

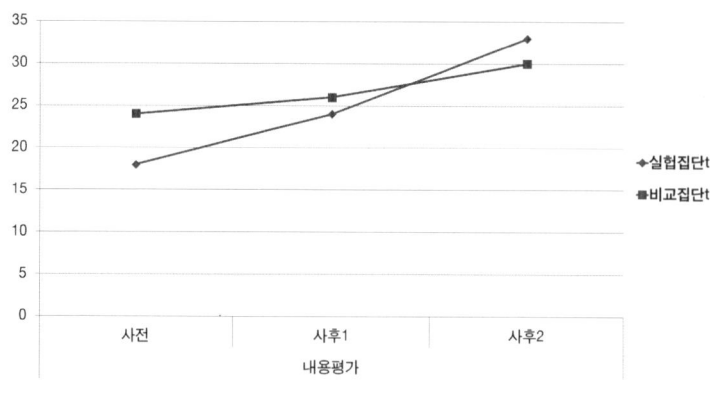

미리 읽기에 가장 많은 영향을 받았다고 볼 수 있다.

가설 3은 대본 미리 읽기가 쉬운 듣기 문항보다 어려운 듣기 문항에게는 더 큰 영향을 미칠 것이라고 예상을 하였다. 앞에서 제시된 자료들을 보고 전체적으로 봤을 때는 대본 미리 읽기가 내용 평가 영역에 가장 많은 영향을 미쳤다고 할 수 있다. 그 다음에 내용 추론 영역도 두 번째로 가장 많은 영향을 받은 영역인 것으로 나타났다. 이는 가설 3도 입증해 주었다고 볼 수 있다.

8. 결론 및 제언

1) 결론

이 연구의 목적은 대본 미리 읽기가 듣기에 미치는 효과를 알아보는 것이다. 이를 위해서 시트콤 드라마를 시청하기 전에 미리 대본을 읽는 실험 집단과 그렇지 않은 비교 집단으로 나누어 실험하여 비교하였다.

이 연구에서는 고려대에 재학 중인 중국인 학생 8명을 대상으로 한국어 듣기 능력 검사를 시행하였다. 이는 시트콤 드라마 〈레인보우 로맹스〉 1회 듣기 평가 문항들을 사용하였다.

본 연구 결과에 의하면 전체 연구 대상자의 다수가 대본 읽기와 시트콤 드라마를 접목한 실험 처치에서 듣기 향상이 이루어진 것으로 나타났다. 이것은 시청각 자료를 접하게 되면 듣기를 향상할 수 있다는 주장을 어느 정도 뒷받침해 준다고 할 수 있다.

이 연구를 통해서 얻은 구체적인 결론은 다음과 같다.

첫째, 듣기 전에 미리 대본을 읽는 실험 집단은 사후 검사 1과 2에서 비교 집단보다 높은 점수를 얻었고 듣기 능력이 향상된 것으로 나타났다. 그러므로 대본 미리 읽기가 듣기에 긍정적인 효과를 미칠 수 있다고 볼 수 있다. 이러한 결과는 대본 미리 읽기에서 얻어진 배경지식에 의해 크게 영향을 받은 것으로 보인다. 따라서 대본 미리 읽기가 학생들의 심리적 부담감을 덜어주고 학생들이 이미 가지고 있었던 배경지식을 동원하여 들은 내용을 추측하게끔 하였기 때문이었다고 할 수 있다. 사전 배경지식이 시트콤 드라마의 줄거리를 이해하는 데 도움이 된다는 것을 말해준다. 다시 말해서 음성 언어를 이해하는 데 있어서 연구 기간에 읽은 대본으로 시트콤에 대한 사전지식이 학생들에게 어느 정도 입력이 된 것으로 생각할 수 있다.

둘째, 학생 개인적인 수준에 따른 결과를 분석해보면, 한국어 듣기 능력이 높은 학생들보다 한국어 듣기 능력이 낮은 학생은 높은 향상을 보였다. 그러므로 대본 미리 읽기가 한국어 듣기 능력이 낮은 학생들에게 더 큰 도움이 되는 것으로 보인다. 이는 Lund, Ur 등의 학자의 주장을 뒷받침해 주었다고 할 수 있다. 즉 듣기 대본 제시가 특히 언어 수준이 낮은 학습자들에게 도움을 준다는 것이다. 따라서 언어 수준이 낮은 학습자들에게는 듣기 전 단계에서 배경지식을 제공하는 방향으로 듣기 대본을 사용하는 것이 효과적이며, 언어 수준이 높은 학습자들은 듣기학습의 정확도를 높이고 좀 더 심화한 기능의 학습을 위하여 대본을 사용하는 것이 도움이 된다.

셋째, 듣기 능력 평가 내용 요소별로 분석하여 본 결과 대본 미리 읽기가 쉬운 듣기 문항보다 어려운 듣기 문항에 더 큰 영향을 미친 것으로 나타났다. 듣기 평가 문항은 난이도 순서에 따라 만들어졌는데 즉, 내용 확인, 내용 이해, 내용 추론, 내용 평가라는 네 가지 영역으로 나누어 문항을 만들었다. 앞에서 살펴본 바와 같이 대본 미리 읽기가 쉬운 듣기 문항보다 어려운 듣기 문항에 더 많은 영향을 미쳤다는 것을 확인할 수 있다.

연구 결과 부분에서 제시됐듯이 듣기 능력이 향상된 이유로 여러 가지 요인을 찾을 수 있는데, 그중에서 주로 대본 미리 읽기에서 얻어진 언어 · 배경지식에 의해 크게 영향을 받은 것으로 보였다. 이것은 시트콤 드라마가 학습자의 듣기 능력을 키우는 데 좋은 방법이 될 수 있고 대본을 활용한 학습 방법도 도움이 될 수 있다는 것을 뒷받침해 주었다.

이런 결과를 통해서 한국어 학습 방법에 몇 가지 시사점을 얻을 수 있는데 정리하면 다음과 같다.

첫째, 듣기가 읽기와 상관이 높고 서로 영향을 준다는 점에서 읽기를 도입한 듣기 교육의 필요성과 중요성을 다시 한 번 확인할 수 있었다.

둘째, 대본 미리 읽기가 듣기에 긍정적인 영향을 미친다는 점에서 듣기 전에 미리 대본을 읽고 배경지식을 어느 정도 습득하게 한 다음에 듣기 단계에 들어가는 것이 중요하다. 따라서 대본을 어떻게 효율적으로 활용할 수 있느냐는 문제에 좀 더 깊은 연구가 필요하다.

셋째, 학생 중에 시트콤 드라마를 좋아하고 많은 관심을 보이는 학생도 있고 그와 반대로 크게 관심을 보이지 않은 학생도 있을 것이다. 이런 점을 고려하여 학생별 교육방안도 한번 생각해볼 필요가 있다.

2) 제언

학생들은 대본을 미리 읽고 나서 시트콤을 실제로 볼 때 시트콤에서의 생생한 느낌이 대본을 통해 읽은 내용과 연결되어 보다 더 정확한 이해가 가능했다. 그렇다고 해서 완벽하게 한국어를 알아들은 것은 아니지만, 그 시트콤에서 인물들의 대사와 행동이 대본과 서로 그물망처럼 서로 연관되어 보다 쉽게 이해할 수 있었고, 등장인물의 감정, 마음도 더 깊이 느낄 수가 있어서 더 오래 기억에 남게 된다. 그냥 한 번만 대본 읽기나 시트콤 보기만 하고 지나갔다면 별로 기억에 남는 것이 많지 않았을 것이다. 그러나 먼저 대본 읽고 시트콤을 시청함으로써 먼저 내용에 대한 확실한 이해와 그것을 시각적으로 확인할 수 있는 과정을 통해서 그 효과를 배로 올릴 수 있다.

본 연구에서 드러난 분석 기준 이외의 결과 중 몇 가지 유의한 사실들을 언급하며, 외국어로서의 한국어 교육에 대본 미리 읽기가 듣기에 미치는 효과 연구 및 후속 연구에 대해 본 연구자는 다음과 같이 제언하고자 한다.

첫째, 대본 미리 읽기가 듣기에 긍정적인 영향을 미치지만, 의사소통은 정해진 틀에 의해서 이루어지는 것이 아니므로 대화내용의 흐름에서 이해할 수 있는 환경을 많이 접해야 한다고 생각된다.

둘째, 본 연구에서 중국인 학생 8명을 실험 대상으로 선정하였지만 좀 더 신뢰 있고 객관적인 결과를 도출하기 위해서는 더 많은 학생이 실험에 참여하면 좋을 것으로 생각한다.

셋째, 앞에서 대본 미리 읽기가 듣기에 미치는 효과를 알아보았는데, 이외에도 학습자의 학습 흥미도, 한국어 학습에 대한 태도, 자신감 등과 같은 정의적 영역들이 듣기에 어떠한 효과를 미치는지도 알아볼 수 있다.

넷째, 이 연구에서 다루어진 듣기가 그냥 듣는 것이 아닌 화면을 보면서 들었기 때문에 학습자들이 등장인물들의 몸짓이나 표정 등과 같은 요소들을 통하여 이해할 수도 있었다는 점도 고려해야 한다.

다섯째, 대본의 구체적 활용에는 듣기 단계별, 학습자 수준별로 알맞게 활용될 때 더욱 큰 효과를 얻을 수 있다. 특히 한국어 수준이 낮은 학습자들에게는 대본 미리 읽기가 듣기 이해와 듣기 학습에 대한 흥미 유발에 효과적일 것으로 보이는데, 이런 점을 고려하여 적절하고 더 구체적인 교육 방안이 필요하다.

본 연구 결과에 의하면 대본 읽기와 영상매체인 시트콤 드라마의 조합은 듣기 능력을 향상할 수 있는 방법의 하나가 될 수 있다는 것을 제시해 주었다. 즉, 학생들 스스로 지속적으로 듣기능력을 신장할 수 있는 한 방법으로 읽기와 그에 관련된 비디오테이프나 드라마를 이용할 수 있다. 이를 위해서는 학습자들이 흥미와 관심을 가지고 읽을 수 있는 다양한 종류의 대본과 그에 관련된 비디오테이프 등이 구비되어야 할 것이다.

학습자들이 자유로이 선택할 수 있는 풍부한 대본과 시청각 자료는 언어 능력을 향상하는 데 매우 중요한 역할을 한다. 특히 외국어로서의 한국어를 배우는 환경에서는 실생활과 더 가까이 접근할 수 있도록 드라마 대본과 비디오 등을 가까이 비치해 두면, 학생들이 언제나 부담 없이 선택해서 보고 듣고 읽으면서 언어를 습득할 수 있는 환경을 마련될 것이다. 학습자들이 스스로 관심을 가지고 선택해서 읽고, 보는 것이 자연스럽게 언어를 습득할 가능성이 높으며 언어능력을 계속해서 발전시키는 계기가 될 수 있을 것이다.

한국어 자료

강현화 · 김미옥 · 김제열 · 우인혜 · 이숙, 『한국어 이해교육론』, 국제한국어 교육학회, 형
    설출판사, 2009.

권수진, 「영어 듣기학습 지도를 위한 듣기 자료 대본 사용 방안에 관한 연구－중학교 초급
    학습자를 중심으로」, 이화여대 석사논문, 1999.

권태훈, 「듣기 전 활동이 듣기에 미치는 영향(예측전략을 중심으로)」, 국민대 석사논문,
    2004.

권현진, 「학생 중심 교육과정 모형에 따른 드라마 활동을 통한 초등영어교육－말하기 · 듣
    기 능력을 중심으로」, 서강대 석사논문, 2008.

김난주, 「중학교 학습자의 영어 청취력에 영향을 미치는 요인 분석 연구－언어적 수정과 선
    험지식을 중심으로」, 이화여대 석사논문, 1994.

김남국, 「실제자료를 이용한 듣기책략 훈련이 듣기이해에 미치는 영향에 관한 연구」, 강원
    대 석사논문, 2007.

김덕자, 「영어자막을 이용한 수업이 한국 대학생의 영어 청취력 향상에 미치는 영향」, 『영
    어교육』 53(4), 1995.

김도남, 「미디어 문식성 교육 내용 탐색」, 『한국어문교육』 13, 2004.

김동규, 「실제적 영어 듣기 및 읽기 자료가 EFL 학습자들에게 미치는 영향」, 『Multimedia-Assisted
    Language Learning(멀티미디어 언어교육)』 11(1), 한국멀티미디어언어교육학회, 2005.

김동일 · 이일화, 「읽기 유창성과 독해력 수준과의 관계 : 초등학교 저학년 학생을 중심으
    로」, 『교육심리연구』 17(4), 2003.

김명은, 「대본쓰기 및 교실연극 활동이 듣기와 말하기 및 정의적 영역에 미치는 효과」, 위산
    대 석사논문, 2004.

김상섭, 「멀티미디어를 이용한 청취력 향상에 관한 연구」, 영남대 석사논문, 2003.

김서인, 「시트콤을 활용한 영어듣기 수업」, 단국대 석사논문, 2006.

김선영, 「고등학교에서 시트콤을 영어 듣기 자료로 활용하는 방안」, 경상대 석사논문, 2007.

김안나, 「교육방송 영어 드라마 시청활동이 초등학생들의 영어 능력 향상에 미치는 효과」, 진주교대 석사논문, 2008.

김영숙, 『(영어 듣기 지도)현대영어교육의 이해와 전망』, 서울대 출판부, 2000.

김원길, 「시트콤을 이용한 영어듣기 향상 방안」, 고려대 석사논문, 2003.

김지현, 「TV 뉴스를 활용한 한국어 듣기 교육 방안 연구」, 고려대 석사논문, 2004.

김향미, 「한국어 교육 읽기 자료 개발에 관한 연구 : 중급 단계를 중심으로」, 경희대 석사논문, 2003.

김현주, 「TV드라마를 활용한 웹기반 듣기 수업모형─미국 TV드라마 'Friends'를 중심으로」, 중앙대 석사논문, 2004.

김혜경, 「이야기책을 활용한 초등 영어 읽기 듣기 통합 교육의 효과」, 『Studies in English Education』 9(1), 글로벌영어교육학회, 2004.

노명완, 「읽기의 개념과 읽기 지도의 문제점」, 『교육한글』 3, 한글학회, 1990.

_____, 「국어교육론 강의 자료집」, 고려대 사범대학, 2007.

두웨이, 「한류 미디어 콘텐츠를 활용한 한국어 교육 방법 : 중국 중급 학습자를 대상으로」, 신라대 석사논문, 2007.

마쓰자키 마히루, 「실제 대화 분석을 통한 한국어 청취교육 연구」, 경희대 석사논문, 2003.

박기표, 「언어능력, 배경지식, 문제의 종류가 영어 청해 능력에 미치는 영향」, 『영어교육』 56(2), 2001.

박기표, 「언어능력, 듣기, 읽기의 상관관계와 이론적 시사점」, 『영어교육연구』 20(1), 2008.

박기표・김상문, 「영어지식과 듣기전략의 사용이 영어 듣기능력에 미치는 영향」, 『영어교육연구』 14(1), 2002.

박성경, 「한국어 듣기・말하기 능력 평가 유형 개발 연구」, 부산외대 석사논문, 2007.

박인웅, 「A study of interactive processing in listening comprehension」, 동국대 박사논문(미간행), 1993.

백승주, 「언어학습 교재의 시각디자인에 대한 기호학적 분석 : 한국어 교재 '말이 트이는 한국어'와 독일어 교재 'Themen'의 분석을 중심으로」, 연세대 석사논문, 2003.

삼상민, 「외국인을 위한 한국어 교육 : 외국어로서의 한국어 읽기 교수, 학습 방안 연구」, 『우리어문연구』 17, 2001.

송은미, 「시트콤을 활용한 영어청취 이해력 향상방안」, 대구교대 석사논문, 2007.

신길호, 「선험지식구조론과 영어 듣기・읽기 교육」, 『강원인문논집』 6, 1998.

안수옥, 「비디오 활동수업이 영어듣기, 이해도, 흥미도, 전략사용에 미치는 영향」, 한국외대 석사논문, 2006.

양기순, 「듣기대본이 듣기능력 개발에 미치는 영향에 관한 연구―듣기대본이 듣기능력 향상에 미치는 영향에 관해서」, 서남대 석사논문, 2001.

양수열, 「컴퓨터 CD-ROM을 활용한 영어 교육이 듣기 평가에 미치는 영향」, 경희대 석사논문, 1999.

양유민, 「원어민 영어 읽기 지도가 읽기 및 듣기 능력 향상에 미치는 영향에 대한 연구」, 순천대 석사논문, 2007.

오선경, 「대학 수학 목적의 한국어 듣기 교육 방안 연구―강의 담화의 특질과 듣기 전략 적용을 중심으로」, 고려대 석사논문, 2005.

윤아인, 「읽기 능력과 듣기 능력의 상관관계」, 한양대 석사논문, 2005.

이명관, 「영어 수행 평가 모형 개발 연구」, 중앙대 석사논문, 2000.

이미숙, 「영어 듣기활동 중 문자언어 제시가 듣기・읽기능력 및 정의적 영역에 미치는 영향」, 부산교대 석사논문, 2005.

이성은, 「실체와 매체로서의 한국어 교육」, 『이중언어학』 24, 이중언어학회, 2004.

이재승, 「듣기 기능과 읽기 기능의 관련성에 관한 연구」, 한국교원대 석사논문, 1992.

이해영, 「한국어 듣기 교육의 원리와 수업 구성」, 『한국어 교육』 10, 국제한국어 교육학회, 1999.

임현빈, 「영어듣기와 읽기의 상관관계에 대한 연구」, 고려대 석사논문, 2004.

전병만・박기표, 「최근의 영어 듣기 연구에 관한 고찰」, 『Foreign Languages Education』, 8(1), 한국외국어교육학회, 2001.

전지수, 「드라마를 이용한 한국어 교육방법 연구」, 선문대 석사논문, 2006.

정수아, 「영어 교육에서의 드라마 텍스트 활용 방안」, 건국대 석사논문, 2000.

정승영・박해선, 「드라마 기법을 통한 영어 말하기・듣기 능력 향상」, 『교육이론과 실천』 12(3), 2003.

정유진, 「듣기 평가에서 선험지식 구조 유형과 질문 유형에 따른 영어 듣기 이해 처리방식 분석」, 숙명여대 석사논문, 2005.

조경숙・김용출, 「대학생들의 영어책 읽기를 통한 듣기능력 향상 방안」, 『새한영어영문학』 41(2), 1999.

조순범, 「한국어 고급 듣기 과정에서의 TV 뉴스 듣기 교수 학습 방안」, 한양대 석사논문, 2007.

조항록, 「외국어로서의 한국어 듣기 교육에 관한 일 고찰」, 『외국어로서의 한국어 교육』, 1993.

지순정・이상도, 「토익 점수분석에 따른 청해력과 독해력의 상관관계」, 『언어과학』,

16(1), 2008.

진교어, 「영화·드라마를 활용한 과정 중심 한국어 듣기 수업모형 연구 : 중국 대학에서의 한국어 전공자를 대상으로」, 배재대 석사논문, 2008.

차경환·이경민, 「영어 청취력 단계별 문항연구」, 『한국교육문제연구』 9, 1994.

채주엽, 「TV시트콤의 특성과 분장사례연구 : TV 주간시트콤 〈안녕 프란체스카〉를 중심으로」, 서울대 석사논문, 2007.

최인자, 「대중매체를 활용한 한국어 교육 방법 : 텔레비전 드라마 중심으로」, 『어문학교육』 28, 2004.

최진일, 「듣기 대본이 듣기 능력 향상에 미치는 영향 연구―중학교 2학년을 중심으로」, 국민대 석사논문, 2001.

최혜정, 「특수아동의 읽기 쓰기 및 학습 태도의 향상을 위한 멀티미디어 자료 개발과 적용」, 가톨릭대 석사논문, 2003.

하여진, 「효율적인 영어 듣기 향상을 위한 시트콤의 활용 방안」, 대구대 석사논문, 2006.

허　단, 「듣기 지도와 듣기 능력 평가에 관한 연구」, 경기대 석사논문, 1996.

영어 자료

Anderson, A & Lynch, T, *Listening. New York*, Oxford University Press, 1988.

Asher, J., 'Thetotal physical response approach to second language learning', *Modern Language Journal,* 53(1), 1969.

Bloomfield, L., *Language*, New York : Holt Rinehart and Winston, 1961.

Brown, G., *Listening to t he Spoken English Harlow*, Essex : Longman, 1977.

Brown, H. D., *Principles of language learning and teaching*, NJ : Prentice Hall Regents, 1994.

Brown, H. D., *Teaching by principles*, NY : Addison Wesley Longman, 2001.

Brown, H. Douglas, *Principles of Language Learning and Teaching,* 1980a. (신성철 역, 『외국어 교수·학습의 원리』, 한신문화사, 1996)

Fahmy, M., *An investigation of the effectiveness of extensive listening and reading practice on student' ability to read English. Unpublished master's thesis*, American Universtiy, 1979.

Farrell, T., 'Listening comprehension and television', *Duksung womens' university journal*, Vol. 16, 1987.

Heaton, J. B., *Classroom testing*, London : Longman, 1990.

Herbert, D., *A study of the Influence of Reading a Tapescript To Help Prepare and Develop the*

Acquisition of Listening Comprehension in English as a Second Language When Using Authentic Video Material with Intermediate Students at the CEGEP Level, Québec : Centre international de recherche en aménagement linguistique, 1991.

James, C. J., 'Listening and Learning : Protocols and Processes', In B. Snyder(Ed.), *Second Language Acquisition : Preparing for Tomorrow*, Lincolnwood, IL : National Textbook. 1986.

Joiner, E. G., 'Authentic Texts in the Foreign Language Classroom : Focus on Listening and Reading', ACTFL Master Lecture Series, *ERIC Document Reproduction Service* No. ED274153, 1984.

Krashen, S. D., *Foreign Language Education* : The Easy Way, CA, Language Education Associates, 1997.

Lebauer, R. S., 'Using Lecture Transcripts in EAP Lecture Comprehension', *TESOL Quaterly*, 18(1), 1984.

Lee, H. J., 'Parallelism between listening and reading implications on the improvement comprehension', 『순천대학교 어학연구』 3, 1991.

Lund, R. J., A Taxonomy for Teaching Second Language Listening, *Foreign Language Annals*, 23(2), 1990.

Lundsteen, S. W., *Listening* : Its Impact on Reading and The Other Language Arts. Urbana, IL : Education Resources Information Center, 1971.

Lynch, A. J., 'A Programme to Develop the Integration of Comprehension Skills' *ELT Journal*, 37(1), 1983.

Morley, J., '*Listening comprehension is second/foreign language instruction*', Teaching English as a second or foreign language, Boston, MA : Heinle & Heinle Publishers, 1991.

Nunan, D. & Miller, L., '*New ways in teaching listening*', Illinios : Teachers of English to speakers of other languages, Inc, 2002.

Paulston, C. & Bruder, M., *Grammar*, Teaching English as a Second Language Teachnique and Procedures, Mass : Winthrop Publisher, 1976.

Postovsky, V., 'Effect of delay in oral practice at the beginning of second language learning', *Modern Language Journal*, 58, 1974.

Rivers, M., '*Teaching foreign language skills (2nd ed.)*', Chicago : The University of Chicago Press, 1981.

Rober E. Stake, *The Art Of Case Study Research*, Sage Publications, Inc, 1995.

Shohomy, E. & Inbar, O., Validation of listening comprehension tests : The effect of text and question type, *Language Testing*, 8(1), 1991.

Smith, J. J., 'Closed-Caption Television and Adult Students of English as a Second Language', ERIC Document Reproduction Service No. ED 339 250, 1990.

Stauffer, G. R., *Directing reading maturity as cognitive process*, New York : Harper and Row, 1967.

Taylor, H. M., '*Teaching reading and teaching listening*', English teaching 24, 1981.

Taylor, S, '*Listening : What Reseach Says to the Teacher*', Washington, D.C. : National Education Association, 1973.

Underwood, M., *Teaching listening*, NY : Longman, 1990.

1. 사전 검사지

〈레인보우 로망스〉 1회 테스트

이름:_____ 점수:_____

다음 문장을 읽고 그 내용이 시트콤 내용과 같으면 'O', 같지 않으면 'X'에 표시를 하시오.

1. ① 은비 삼 남매의 아빠는 교통사고로 세상을 떠났다. (O, X)
   ② 은비 삼 남매는 학교 홍보 모델로 뽑혔다. (O, X)
   ③ 은비가 언니오빠한테 무용복을 사 달라고 하였다. (O, X)

2. ① 불량소녀였던 은경이 갑자기 변한 이유는 실연을 당했기 때문이다. (O, X)
   ② 은경과 재경이 아르바이트를 열심히 하는 것은 은비의 등록금을 마련하기 위해서이다. (O, X)
   ③ 민기가 돈이 없어서 여자 친구가 헤어지자고 한 것이다. (O, X)

3. ① 민기가 헤어진 여자 친구에 대해 미련이 남아 있는 듯 보였다. (O, X)
   ② 은비 삼 남매네 집은 형편이 좋아 보였다. (O, X)
   ③ 박희진 교수는 아직 결혼 안한 듯 보였다. (O, X)

4. ① 은비는 언니와 오빠의 고생을 잘 알아주는 착한 동생이다. (O, X)
   ② 민기는 자존심이 무지 세다. (O, X)
   ③ 은경은 성격이 매우 거칠지만 동생 은비에 대한 사랑이 지극하다. (O, X)

---

2. 사후 검사지

〈레인보우 로망스〉 2회 테스트

이름:_____ 점수:_____

다음 문장을 읽고 그 내용이 시트콤 내용과 같으면 'O', 같지 않으면 'X'에 표시를 하시오.

1. ① 민기는 찜질방에서 아르바이트를 했다. (O, X)
   ② 은비가 민기를 집에서 쫓아냈다. (O, X)
   ③ 민기와 기범은 한때는 좋은 친구였다. (O, X)

2. ① 민기는 하숙집 월세가 많이 밀렸기 때문에 아줌마한테 쫓겨났다. (O, X)
   ② 민기와 기범은 서로에 대한 오해로 인해 사이가 틀어진 것이다. (O, X)

---

③ 재경이 민기한테 하숙비 뜯어내려고 민기 하숙을 들인 것이다. (O, X)

3. ① 박희진 교수는 오랫동안 연애를 안 한 듯하다. (O, X)
② 예전에 민기는 전학 간다는 것을 기범이에게 얘기를 안 한 듯 보였다. (O, X)
③ 재경이 살림을 매우 알뜰하게 한 듯 보였다. (O, X)

4. ① 2회는 주로 박희진 교수의 연애스토리에 관한 이야기를 중심으로 하였다. (O, X)
② 민기가 재경이네 집에서 하숙하지 않았다면 은비 삼남매 사이에서 갈등이 그렇게 많지 않았을 것이다. (O, X)
③ 민기와 기범은 서로에 대한 오해가 없었다면 계속 좋은 친구로 남아 있었을 것이다. (O, X)

〈레인보우 로망스〉 3회 테스트

이름:_____ 점수:_____

다음 문장을 읽고 그 내용이 시트콤 내용과 같으면 'O', 같지 않으면 'X'에 표시를 하시오.

1. ① 민기가 술에 취한 채 기범의 집으로 들어갔다. (O, X)
② 은경은 운동을 잘 못하고 재경은 계산을 잘 못한다. (O, X)
③ 민기와 기범은 결국은 화해했다. (O, X)

2. ① 민기는 괴로워서 술을 많이 마셨다. (O, X)
② 기범이 일부러 민기 전화를 안 전해 준 것은 아니다. (O, X)
③ 재경이 운동을 못하게 된 이유는 은경 때문이다. (O, X)

3. ① 민기가 박희진 교수에게 알바 자리를 알아봐 달라고 부탁한 듯하였다. (O, X)
② 재경과 은경의 거짓말에 친구들이 속아 넘어가지 않은 듯 보였다. (O, X)
③ 민기와 기범은 서로 성격이 안 맞은 듯하다. (O, X)

4. ① 은경과 재경은 자주 싸우지만 정이 매우 돈독한 남매이다. (O, X)
② 민기와 기범은 서로에게 조금이라도 양보를 했다면 싸우지 않았을 수도 있다. (O, X)
③ 비록 아빠가 없어도 은비 삼남매는 매우 씩씩하게 잘 지내고 있다. (O, X)

1. 검사지 평가 설문지 1

〈레인보우 로맨스〉 1회 테스트 타당성 검사지

			평가 문항	타당성 (낮음→높음)				
				1	2	3	4	5
1 내용 확인	①		은비 삼 남매의 아빠는 교통사고로 세상을 떠났다.					
	②		은비 삼 남매는 학교 홍보 모델로 뽑혔다.					
	③		은비가 언니오빠한테 무용복을 사 달라고 하였다.					
2 내용 이해	①		불량소녀였던 은경이 갑자기 변한 이유는 실연을 당했기 때문이다.					
	②		은경과 재경이 아르바이트를 열심히 하는 것은 은비의 등록금을 마련하기 위해서이다.					
	③		민기가 돈이 없어서 여자 친구가 헤어지자고 한 것이다.					
3 내용 추론	①		민기가 헤어진 여자 친구에 대해 미련이 남아 있는 듯 보였다.					
	②		은비 삼 남매네 집은 형편이 좋아 보였다.					
	③		박희진 교수는 아직 결혼 안한 듯 보였다.					
4 내용 평가	①		은비는 언니와 오빠의 고생을 잘 알아주는 착한 동생이다.					
	②		민기는 자존심이 무지 세다.					
	③		은경은 성격이 매우 거칠지만 동생 은비에 대한 사랑이 지극하다.					

2. 검사지 평가 설문지 2

〈레인보우 로맨스〉 2회 테스트 타당성 검사지

			평가 문항	타당성 (낮음→높음)				
				1	2	3	4	5
1 내용 확인	①		민기는 찜질방에서 아르바이트를 했다.					
	②		은비가 민기를 집에서 쫓아냈다.					
	③		민기와 기범은 한때는 좋은 친구였다.					
2 내용 이해	①		민기는 하숙집 월세가 많이 밀렸기 때문에 아줌마한테 쫓겨났다.					
	②		민기와 기범은 서로에 대한 오해로 인해 사이가 틀어진 것이다.					
	③		재경이 민기한테 하숙비 뜯어내려고 민기 하숙을 들인 것이다.					
3 내용 추론	①		박희진 교수는 오랫동안 연애 안한 듯하다.					

		평가 문항					
	②	예전에 민기는 전학간다는 것을 기범에게 애기를 안한 듯 보였다.					
	③	재경이 살림을 매우 알뜰하게 한 듯 보였다.					
4 내용 평가	①	2회는 주로 박희진 교수의 연애스토리에 관한 이야기를 중심으로 하였다.					
	②	민기가 재경이네 집에서 하숙하지 않았다면 은비 삼남매 사이에서 갈등이 그렇게 많지 않았을 것이다.					
	③	민기와 기범은 서로에 대한 오해가 없었다면 계속 좋은 친구로 남아 있었을 것이다.					

3. 검사지 평가 설문지 3

〈레인보우 로망스〉 3회 테스트 타당성 검사지

		평가 문항	타당성(낮음→높음)				
			1	2	3	4	5
1 내용 확인	①	민기가 술에 취한 채 기범의 집으로 들어갔다.					
	②	은경은 운동을 잘 못하고 재경은 계산을 잘 못한다.					
	③	민기와 기범은 결국은 화해했다.					
2 내용 이해	①	민기는 괴로워서 술을 많이 마셨다.					
	②	기범이 일부러 민기 전화를 안 전해 준 것은 아니다.					
	③	재경이 운동을 못하게 된 이유는 은경 때문이다.					
3 내용 추론	①	민기가 박희진 교수에게 알바 자리를 알아봐 달라고 부탁한 듯하였다.					
	②	재경과 은경의 거짓말에 친구들이 속아 넘어가지 않은 듯 보였다.					
	③	민기와 기범은 서로 성격이 안 맞는 듯하다.					
4 내용 평가	①	은경과 재경은 자주 싸우지만 정이 매우 돈독한 남매이다.					
	②	민기와 기범은 서로에게 조금이라도 양보를 했다면 싸우지 않았을 수도 있다.					
	③	비록 아빠가 없어도 은비 삼남매는 매우 씩씩하게 잘 지내고 있다.					

〈레인보우 로망스〉 1회 텍스트

이름:_____ 점수:_____

1. 다음 문장을 읽고 그 내용이 시트콤 내용과 같으면 'T', 같지 않으면 'F'에 ○ 표시를 하시오. (6점)
   1) 사건의 배경
      은비의 언니 은경은 한때 불량 소녀였다. (T or F)
   2) 사건의 과정
      은비 삼 남매는 홍보 모델로 뽑혔다. (T or F)
   3) 추론 내용
      박희진교수는 제자에 대한 사랑이 지극한 분으로 유명하다. (T or F)
   4) 사건 결과
      민기와 헤어진 여자친구는 다시 만나기로 했다. (T or F)

2. 다음 물음에 간단하게 답하시오. (4점)
   1) 사건의 배경
      은비가 다니는 학과가 뭐에요?
   2) 사건의 과정
      은비가 언니와 오빠한테 무엇을 사 달라고 했어요?
   3) 사건의 결과
      결국 홍보모델로 뽑힌 사람은?
   4) 사건의 배경
      꽃미남 3인방은 어디로 이사 왔어요?

3. 다음 물음에 대한 답을 쓰시오. (2점)
   1) 사건의 과정
      민기와 여자 친구는 무슨 이유로 헤어졌어요?
   2) 사건의 과정
      마지막 은경이 왜 은비한테 화냈어요?

⇓

〈레인보우 로망스〉 1회 테스트

이름:_____ 점수:_____

다음 문장을 읽고 그 내용이 시트콤 내용과 같으면 'O', 같지 않으면 'X'에 표시를 하시오.

1. 1) 은비 삼 남매의 아빠는 교통사고로 세상을 떠났다. (O, X)
   2) 은비 삼 남매는 학교 홍보 모델로 뽑혔다. (O, X)
   3) 은비가 언니오빠한테 무용복을 사 달라고 하였다. (O, X)

2. 1) 불량소녀였던 은경이 갑자기 변한 이유는 실연을 당했기 때문이다. (O, X)

2) 은경과 재경이 아르바이트를 열심히 하는 것은 은비의 등록금을 마련하기 위해서이다. (O, X)
3) 민기가 돈이 없어서 여자 친구가 헤어지자고 한 것이다. (O, X)

3. 1) 민기가 헤어진 여자 친구에 대해 미련이 남아 있는 듯 보였다. (O, X)
   2) 은비 삼 남매네 집은 형편이 좋아 보였다. (O, X)
   3) 박희진 교수는 아직 결혼 안한 듯 보였다. (O, X)

4. 1) 은비는 언니와 오빠의 고생을 잘 알아주는 착한 동생이다. (O, X)
   2) 민기는 자존심이 무지 세다. (O, X)
   3) 은경은 성격이 매우 거칠지만 동생 은비에 대한 사랑이 지극하다. (O, X)

⇓

<레인보우 로맨스> 1회 테스트

이름:_____ 점수:_____

1. 다음 문장을 읽고 그 내용이 시트콤 내용과 같으면 'T', 같지 않으면 'F'에 ○ 표시를 하시오. (6점)
   1) 1회에는 주로 은비 주변의 사람들이 등장했다. (T or F)
   2) 은비의 언니와 오빠가 아르바이트하는 것을 중심으로 내용이 전개되었다. (T or F)
   3) 민기가 헤어진 여자 친구에 대해 미련이 남아 있다. (T or F)
   4) 은비 삼 남매는 홍보 모델로 뽑혔다. (T or F)
   5) 박희진 교수는 제자에 대한 사랑이 지극한 분으로 유명하다. (T or F)
   6) 민기와 헤어진 여자친구는 다시 만나기로 했다. (T or F)

2. 다음 물음에 간단하게 답하시오. (4점)
   1) 은경과 재경은 무엇 때문에 열심히 아르바이트를 하는 거예요?
   2) 은비는 무슨 학과를 다녀요?
   3) 은비가 언니와 오빠한테 무엇을 사 달라고 했어요?
   4) 꽃미남 3인방은 어디로 이사 왔어요?

3. 다음 물음에 대한 답을 쓰시오. (2점)
   1) 민기와 여자 친구는 무슨 이유로 헤어졌어요?
   2) 마지막에 은경이 왜 은비한테 화냈어요?

1. 말하는 이를 밝혔다.
   민기 : 아이구, 세 개 살걸 그랬나? 갑자기 배가 확 고프네.
   재경 : 생각보다 배가 크다.

2. 화면 전체 상황 설명은 ( ) 속에 넣었다. 이 ( ) 속 글은 들여쓰기를 하지 않았다.
   (문 앞에 자기 가방을 발견하는 민기)
   민기 : 어? 내 가방 왜 여기 있어?(문 쾅쾅 두드리며)아줌마! 아줌마!

3. 등장인물 개인의 행동 표정 등에 대한 해설은 그 인물의 이름 다음에 오는 말 앞 ( ) 속에 넣었다.
   민기 : (가방 들이대며 큰소리) 아줌마 이게 뭐예요? 왜 제 가방이 밖에 있어요?

4. 인물이 화면에 나오지 않고 말소리만 들릴 때는 이름 다음에 오는 말 앞에 (off)라는 표시를 한다.
   홍철 : 교수님 전화! 전화 왔어! (반응 없자) 어? 여보세요?
   남 1 : (off)거기 박희진 교수 사무실이죠? 저 오늘 만나기로 한 박변호산데요.

5. 하나의 대본에 여러 개의 씬이 들어 있다. 주로 장소 변경할 때 변경될 장소 앞에서 씬1, 씬2, 씬3……이라는
   식으로 표시된다. 씬에 대한 설명 부분도 잇따라 뒤에서 나온다.
   씬/1
   (민기 자취집 대문앞)
   (민기, 재경, 불부는 컵라면 사들고 오는)

현대 한국어와 중국어의 시제 대비연구

1. 서론

1) 연구대상

시제(tense)란 시간상의 특정 시점을 기준으로 하여 상황의 시간적 위치를 나타내는 문법 범주를 말한다(Lyons, 1968, 305쪽; Comrie, 1976, 5쪽). 시간이라는 것은 추상적인 개념이지만 시제는 이러한 추상적인 시간을 문법 안에서 구체화시키는 문법적인 도구이다. 즉, 시제는 심리적으로 인식하는 시간을 언어 세계에 대한 구체적인 표현인 문장 안에서 어떻게 표현하는가 하는 문법 범주이다. 사건의 발생 시점과 기준 시점이 선후 관계가 있는 한 이것은 언어에 반영되기 마련이다. 언어에 따라서 어휘 수단으로 반영되기도 하고 문법 수단으로 반영되기도 한다. 물론 '어휘＋문법'의 수단으로 반영되는 경우도 많이 있다. 한국어와 중국어에 이런 시간 관계를 표현하는 문법 수단을 다 가지고 있다. 본 논문의 연구 대상이 바로 한국어와 중국어의 시제 체계, 즉 사건시와 기준시의 시간 관계를 표현하는 문법 범주이다.

한편, 상(aspect)이란 개념은 시제와 밀접한 관계가 있다. 두 개념은 상황의 시간적 특성을 표현한다는 점에서 공통적이며, 실현 양상도 서로 밀접하게 관련되어 있는 경우가 많다. 때로는 한 형태소가 동시에 두 범주에 관련될 수 있으므로 어느 의미가 더 기본적이고 어느 의미가 부차적인 것인지를 구별해야 하는데 이에 대한 판단이 쉽지 않을 수도 있다(Lyons, 1968, 317쪽; Givon, 1984, 272쪽). 한국어와 중국어의 경우도 마찬가지이다. 한국어의 '-었-', '-었었-', '-더-', '-는-', '-겠-' 등 형태소들과 중국어의 '了', '過', '的', '來着' 등 형태소들이 학자에 따라서 시제 형태소로 간주되기도 하고 상 형태소로 간주되기도 한다. 본 논문에서 이들 형태소들에 대해서 구체적으로 논의하고자 한다. 기존의 연구에서 중국어에 시제가 존재하지 않는다는 것이 지배적인 입장이었지만 본고는 중국어에 시제가 존재한다는 관점에서 주로 개별 시제 형태소를 논문의 주요 대상으로 삼아 논의하겠다.

본 논문은 먼저 제2절에서 한국어와 중국어의 시제 체계를 다 이분으로 설립하며 그 이유를 밝히고자 한다. 이를 위해서 흔히 미래 시제 형태소로 보는 '-겠-'과 현재 시제 형태소로 보는 '-는-'에 대해 구체적으로 논의하고자 한다. 이 부분을 통해 한국어와 중국어 시제 대비의 틀을 마련하고자 한다.

제3절에서 한국어 과거 시제 형태소인 '-었-'에 대해 논의할 것이다. 이 부분에서 '-었-'이 상 요소가 아니라는 이유를 밝히며 동사의 특성이 '-었-'에 주는 영향을 구체적으로 논의하고자 한다. 그 다음에 과거 시제와 관련된 '-었었-'과 '-더-'도 논의하고자 한다. 이 부분을 통해서 한국어 과거 시제 형태소로서의 '-었-'을 구체적으로 파악하고자 한다.

제4절에서는 중국어 과거 시제 체계를 논의하겠다. 이 부분에서 중국어의 시제를 나타낼 수 있는 문법 형태소인 '了', '的', '過' 등에 대해 구체적

으로 논의하고자 한다. 그리고 일부 학자에 의해 과거 시제 형태소로 보이는 '來着'에 대해서도 논의할 것이다. 이 부분을 통해서 중국어 과거 시제 형태소들을 구체적으로 논의하고자 한다.

제5절에서는 한국어와 중국어의 시제 체계에 대해 대비하고자 한다. 먼저 한국어와 중국어의 이분 체계에 대해 대비하고 '과거'와 '비과거'로 나누어 각각 대비하고자 한다. '비과거' 부분에서는 두 언어를 모두 '현재 상황'과 '미래상황'으로 나누어 대비하며 과거 부분에서는 한국어의 과거 시제 형태소인 '-었-'과 중국어의 과거 시제 형태소인 '了1', '的1', '過1'에 대해서 같이 대비하고 한국어를 중국어로 번역할 때와 중국어를 한국어로 번역할 때 과거 시제 형태소 간의 관계를 논의할 것이다. 이 부분을 통해서 한국어와 중국어의 시제 체계를 구체적으로 대비해서 중국인 학습자가 한국어를 공부하는 과정에 시제 표현을 문법적, 의미적으로 잘 이해하고 잘 파악할 수 있고자 한다.

2) 연구 목적

본 논문은 중국인 학습자를 대상으로 실시하는 외국어로서의 한국어 교육을 위하여 한국어와 중국어의 시제 대비를 통해서 그 공통점과 차이점을 살펴보고 중국인 학습자가 더 쉽게 한국어를 공부할 수 있도록 하는 것을 주요 목적으로 한다.

중국인 학습자가 한국어를 배우는 데 어려운 점이 여러 가지가 있다. 그 이유는 한국어와 중국어의 차이에서 비롯된다. 한국어와 중국어의 차이는 여러 가지가 있겠지만 그중 가장 두드러진 것은 형태면의 차이이다. 한국어는 교착어(교착어)인데 어기(語基)에 어미와 같은 문법 형태소들이 결합되어 문법 관계를 표시한다. 반면에 중국어는 고립어(孤立語)인데 풍부한 형태 변화가 없고 주로 어순과 허사(虛詞)에 의해 문법적 기능을 나타낸다. 시제의 경우도 마찬가지이다. 한국어의 시제는 주로 어미의 변화로 표시되고 중국어보다 형태적 변화가 명확하다. 반면에 중국어는 문법적 요소(허사 등)와 어휘적 요소(시간어 등)들이 각각 쓰이기도 하고 함께 쓰이기도 한다. 즉 중국어는 어휘만으로 시제를 표현할 수 있는 반면에 한국어는 시제를 나타내는 문법 형태소가 꼭 필요한 것이다. 심지어 중국어에는 시제가 없다고 주장하는 학자도 많이 있다. 그러므로 중국인 학습자들이 한국어를 배우는 과정에서 중국어에 없는 복잡한 형태 변화를 어려워하기 마련이다. 특히 형태에 의한 표현된 시제 부분을 많이 어려워한다.

한국어와 중국어의 시제 표현은 형태면에는 차이점이 많이 있지만 의미 면에는 공통점이 많이 있다. 먼저 시제의 대립 체계는 한국어와 중국어는 다 이분법으로 나누어질 수 있다. 즉 시제의 표현은 다 '과거 대 비과거'의 이분 체계로 되어 있다. 이 기초 위에 비과거 시제를 표현하는 문법 형태소가 다 없고 과거 시제를 나타내는 형태소만 가지고 있다. 그러므로 본 논문은 한국어와 중국어에 과거 시제를 나타내는 형태소들을 가지고 그들의 차이점과 공통점을 밝힘으로써 중국인 학습자가 한국어를 더 쉽게 배우는 데 기여하고자 한다.

한편, 두 언어의 시제 체계를 연구하는 데 어려운 문제가 많이 있다. 예를 들면 두 언어의 시제 체계를 어떻게 분류하는가? 이런 분류 면에 공통점이 있는가? 시제와 자연적인 시간이 무슨 관계인가? 한국어의 시제를 나타내는 형태소로서 무엇들이 있는가? 중국어에 시제를 나타내는 문법 형태소가 있는가? 있다면 무엇들이 있는가? 두 언어의 시제 형태소 간의 관계가 어떤가? 서로 번역할 때 의사 전달이 잘 될 수 있는가? 등이 있다. 이런 문제들을 연구함을 통해 두 언어의 시제 체계를 더 명확히 파악할 수 있으며 두 언어 중에 시간과 관련된 문법 형태소들을 더 잘 이해할 수 있

게 될 것이다. 다음 절에서도 언급하겠지만 한국어와 중국어의 시제 연구
는 아직 부족하다. 특히 중국어의 시제에 관한 연구와 한·중 시제의 대비
에 관한 연구는 더욱 그러하다. 그러므로 상술 문제들을 잘 파악함으로써
두 언어의 시제 연구에 기여하고자 한다.

3) 선행 연구

한국어의 시제 연구는 일찍이 19세기 후반부터 이미 시작하였다. 중국
어의 시제 연구도 최초로 1924년부터 다루어지기 시작하였다. 이 부분에
서 각 언어의 문법 연구시기—즉 전통문법 시기,[1] 구조문법 시기, 변형생
성문법 시기—의 순서대로 한국어 시제 연구의 역사를 살펴보고자 한다.

(1) 한국어 시제에 대한 선행 연구
① 전통문법 시기[2]
현대 한국어의 시제 연구는 처음으로19세기 후반 서양 문법체계의 모
방에서 시작하였다. 1890년에 Underwood는 『韓英文法』에서 한국어의 시
제를 크게 indicative mood와 relative participle로 나누었다.

그 후 최광옥(1908)에서부터 시제가 다루어지기 시작하여 그 이후 별 큰
변동 없이 비슷한 테두리 안에서 시제가 다루어져 왔다. 최광옥(1908)에서
시제를 현재, 과거, 대과거, 미래로 나누었다.

주시경(1910)에서는 국어의 시제를 '이때, 간 때, 올 때'라고 하여 현재,
과거, 미래로 나누어 보았지만 '-었었-'을 '-었-'의 복합으로 보고 '대과

1　주로 구조문법와 변형생성문법 이전의 문법 연구시기를 말한다.
2　1950년대 말까지의 국어학 연구시기를 가리킨다.

거'라고 하며 '-었겠-'을 '-었-'과 '-겠-'의 복합으로 보고 '과거장래' 혹은 '과거 가상시'라 할 수 있다고 하였다. 그리고 '-었-'은 '이때 맞음, 앞아 잇음(현재완료)'으로 설명하고 '-었었-'은 '간 때 맞음, 맞아 지남(과거완료)'으로 설명함으로써 시제 의미를 상의 속성으로 풀이한다.

박승빈(1935)에서는 시제와 상을 구분할 수 없다고 하여 現在時相, 過去時相, 未來時相으로 나누었다. '-었-'이 경우에 따라 현재완료를 표시하는 데도 사용되면 '-었었-'도 '대과거'와 '과거완료'가 있다고 함으로써 시제가 상 의미를 함께 가지는 것으로 보았다.

최현배(1937)에서는 시제에 대한 본격적인 연구가 시작되었다. 시제의 2원적인 구성을 도입하여 절대시제와 상대시제의 다른 점을 언급하는 한편 실제시제(참때매김)와 가상시제(거짓때매김)로 나누고 '-더-'의 유무에 따라 직접시제(바로 때매김)과 회상시제(도로생각 때매김)의 두 가지로 크게 나누었으며 동사, 형용사, 지정사로 나누어 시제처리를 하였다. 이것은 과거, 현재, 미래의 3시제 체계를 따랐으며 완료도 3시제에 포함시켰다. 진행상은 '-고 있-'과 '-ㄴ(는)다'로 표시되고, 완료상은 과거 표시와 같은 꼴의 '-었-'에 의해 표시된다고 하였다.

정렬모(1946)는 모두 12개의 시제 형태가 있다고 하고 '-는다'는 현재진행, '-었다'는 완료, '-었었다'는 과거완료, '-겠다'는 미래의 의미가 있다고 하였다.

1960년대 이전에는 주로 라틴문법에서 사용된 시제를 한국어의 시제에 적용시키려고 노력했던 모방의 시대였다고 할 수 있다. 이 시기는 한국어 시제 연구의 전기라고 할 수 있다. 이 시기에는 한국어 시제의 범주에 상 범주가 들어 있었다. 시제와 상의 개념이 아직 구분되지 못한 상태이었다. 그리고 일반적으로 서양의 삼분법적인 분류에 따라 한국어의 시제 체계를 설립하였다. 이는 '현재완료'나 '과거완료'와 같은 시제와 상이 어우러져 나타나는 서구 문법의 복합시제의 영향을 받은 결과로 보인다. 따라서 시제 형식의 의미에는 시제적 의미 외에 완료와 같은 상적 의미가 병기되는 것을 흔히 발견하게 된다. 한국어에서 시제가 상의 기능도 함께 갖는다거나 상이 시제의 의미도 함께 갖는다는 등의 의견이 있었다.

② 구조문법 시기[3]

전통문법 시기의 학자들이 시제를 과거, 현재, 미래로 삼분화하는 경향이 있었지만 구조문법 시기에 들어와서는 대체로 시제의 이분화를 주장하기 시작했다. 그들의 이분법적인 분류는 아직까지도 그 타당성을 인정받고 있다. 그리고 1960년대에 들어와서 구조문법에 대한 도입에 따라 한국에서 형태소에 대한 연구를 중요시하기 시작했고 시제와 상의 분리 연구를 시도하였다.

이숭녕(1961)은 '-고 있-'은 진행상, 끝남의 의미를 가지는 '-었-, -ㄴ-'은 완료상, '-더-'는 지난적을 표현하는 것으로 구분했다.

박창해(1964)는 한국어의 시제는 단지 현재 시제 한 가지만 있을 뿐이고 '-았/었-'이나 '-겠-'은 각각 완료와 추정을 나타내는 상이라고 하였다. 따라서 '-었었-'은 완료의 완료, '-었겠-'은 완료추정, '-겠었-'은 추정완료라고 하였다.

이종철(1964)에서는 전통문법에서 시제로 처리되어 오던 형태소들을 동작상으로 해석하여 기존에 과거 시제의 형태소로 보았던 '-었-'을 완료상으로 처리하였다. 동일한 언어 현상이 방법론에 따라 시제로도 해석될 수 있고 동작상으로도 해석될 수 있다고 하고 이에 따라 '-었-'은 시제로는 과거이면서 동작상으로는 '완료'로 해석된다고 하였다.

고영근(1965)에서는 시제 형식을 시제나 상이 아닌 양태 범주로 다루어 한국어에 양태라는 문법범주를 설정하였다. 양태를 부차 양태와 기본 양

---

3   1960년대 후반까지의 국어학 연구시대를 가리킨다.

태로 나누고 기본 양태 아래에 부정법의 '-ㄴ', 직설법의 '-느-', 회상법의 '-더-', 추측법의 '-겠-', 추측 회상법의 '-ㄹ'을 다루었다.

③ 변형생성문법 시기[4]

1970년대에 와서 생성의미론의 영향을 받아 시제를 통사론의 관점에 의미론과 화용론을 더해서 장면의존적인 측면에서 시제를 파악하기 시작하였다. 이 시기의 연구는 동사의 형태에만 국한되던 기존의 틀에서 벗어나 동사의 의미차원과 선후의 맥락, 문장이 발화되는 시간과 장소 등의 여러 측면을 고려하여 시제를 상황의 시간과 발화하는 시간 사이의 지시관계로 보았다. 이 시기의 학자들은 좀 더 종합적인 차원에서 시제의 정의를 내리고 이전의 연구에 비해 한층 더 논리적이고 체계적인 결과를 제시하였다.

가. 시제와 상의 복합 범주

나진석(1971)은 한국어의 시제는 '상의 범주', '서법의 범주' 및 '때매김 범주'의 세 가지 하위 범주로 형성된 3원적 구조인데 이들은 '상+서법+때'의 순서로 배열된다고 하고 8 가지의 시제를 설정하였다. 그리고 한국어 상에는 '나아감'과 '끝남'이 있는데, '끝남'은 '-었-' 또는 '-ㄴ'이 쓰이고 '나아감'은 이들의 결여에 의한 소극적인 방법으로 표시된다고 하였다.

김석득(1974)은 한국어의 시제 형태소들이 시제만을 이르거나 상만을 이르거나 하는 것이 아니라 시제와 상이 미분화된 혼합체라고 하였다.

서정수(1976)는 시상 형태는 시제나 상의 범주를 따로 표시하지 않고 여러 가지 시상적 의미를 같이 나타내므로, 시제나 상이 아닌 시상(tense-aspect) 범주가 설정되어야 한다고 주장하였다.

---

4 1960년대 후반부터의 국어학 연구시대를 가리킨다. 1965년에 이맹성이 언어교육 (1965.2)에서 『변형분석론』을 간행하였다. 이것은 최초로 변형생성문법을 한국으로 소개한 글이다.

안동환(1981)은 시제, 양태와 동작상의 개념을 파악하여 생성의미론의 틀 안에서 한국어의 시제를 정립하였고 남기심의 의견에 반대하여 과거와 비과거로 시제를 나누었다.

이기동(1981)은 langaker의 관점에 따라 시제, 동작상, 양태의 전면적인 체계화를 시도하였고, 현실시제와 원격시제로 시제를 나누었다.

이지양(1982)은 '-었-'은 완결, 과거, 과거완료라는 세 가지 의미를 가지는데 이들 의미 사이에는 교집합이 있는 것으로 파악했다.

나. 상 범주

상술한 경향 외에 1970년대를 전후해 상 범주 위주로 파악하는 경향이 대두된다. 심지어 한국어에 시제는 없고 상 범주만 존재한다는 파격적인 주장도 있었다.

남기심(1972)에서 '-었-'은 완료, '-었었-'은 단속, '-겠-'은 미확인법, '-더-'는 회상법으로서 문장 종결형에 있어서 '-었-'이나 '-겠-'이 시간적으로 과거 혹은 미래를 보이기도 하는 것은 '완료'나 '미확인'의 상이 갖는 잉여적 현상이라 하였다. 이용주(1985)와 서태룡(1988)도 '-었-'을 '완결 상태의 존재'를 나타낸다고 함으로써 상과 유관한 범주임을 인정한다.

다. 서법 범주

시제 형식을 시제나 상이 아닌 서법 범주로 다룬 견해도 있었다. 성기철(1974)은 '-었었-'을 '-었1-'과 '-었2-'의 복합형태로 보고 '-었1-'은 과거, '-었2-'는 주체경험을 보이는 것이라고 하고 이것은 문법적으로 시제나 상이 아닌 서법의 형태라고 하였다.

고영근(1981)은 서법을 부차 서법과 기본 서법으로 나누고 기본 서법 아래에 부정법의 '-ㄴ', 직설법의 '-느-', 회상법의 '-더-', 추측법의 '-겠-', 추측 회상법의 '-ㄹ'을 두었다.

허웅(1987)은 '-었-'에 대해 이미 끝난 일, 또는 끝난 상태를 유지하고 있는 일을 나타내는 '완결법'을 나타낸다고 하고 '-ø-'는 현실법으로 두었다.

한현종(1990)은 화자가 상황에 대한 인식이 이루어진 뒤 그 인식을 언급하는 것이 화자의 발화 의도라는 전제를 두고 시제 범주 역시 상황에 대한 화자의 인식 태도 아래 놓여 있다는 점에서 독자적인 시제 범주는 성립될 수 없고 서법이라는 기본 의미 아래에서 시제성이나 상적이 부차적으로 획득된다고 보았다.

고영근(2007)은 시제, 동작상, 서법을 나누어서 논의하였다. 그리고 시제는 원칙적으로 서법체계를 기반으로 성립된다고 보았다. 그는 서법을 직설법, 회상법, 추측법, 원칙법, 확인법 등으로 나누어 시제와의 관계를 구체적으로 논의하였다. 그리고 현재 시제의 형태에는 '-는/ㄴ-, -는-'과 무표적인 'ø'가 있고 과거 시제의 형태에는 '-었-'이 있으며 미래 시제의 형태에는 '-겠-'이 있다고 하며 복합형태로는 과거 시제의 복합형인 '-었었-'이 있고 과거와 미래 시제의 복합형인 '-었겠-'이 있다고 밝혔다.

라. 시제 형식의 부차적 의미

시제가 기본적으로 상의 의미를 내포하며 상적 의미는 시제 형식이 가지는 부차적 의미로 보는 견해도 있다.

이익섭·임홍빈(1983)은 시제가 일부 시제 의미로 설명할 수 없는 쓰임이 있다 할지라도 이는 시제 형식이 가지는 부차적 의미로 다룰 수 있다고 하며 시제를 과거 시제와 비과거 시제로 나누었다.

한동완(1984, 1996)은 '-느-'가 미래적 상황에도 결합하는 데 대해 그 미래적 상황이 화자의 인식 세계에서 더 이상 미래적 상황이 아닐 때 '-느-'가 선택되는 것으로 설명하고 '과거 대 현재'의 대립 체계로 파악하였다. 그리고 과거 시제는 확정성, 실현성, 기정성, 불변성 등의 양상적 의미를 산출할 수 있는 것으로 보았다.

문숙영(2005)은 시제의 개념과 종류를 밝힌 후에 '근문(根文)의 시제', '접속문의 시제'와 '내포문의 시제'를 각각 논의하였다. 상황시는 상황이 실제 점유하는 전체 시구간을 지시하는 개념이 아니라 단순히 상황의 위치한 시간을 지시하는 개념으로 이해해야 한다고 주장함으로써 시제의 범주를 더 구체화시켰다.

지금까지 전통문법 시기부터 변형생성문법 시기까지의 한국어 시제 연구의 역사를 살펴보았다. 매우 많은 학자에 의하여 여러 가지의 관점에서 다양한 연구가 활발하게 진행되었음에도 불구하고 어떤 결론에 도달하고 있지 못하는 사실을 알 수 있었다. 그것은 어떤 이론이 정설에 이를 만큼 일반화되어 있지 못한데도 원인이 있겠지만 그보다는 모든 학자들의 주장을 만족시켜줄 만한 결론에 도달하지 못했기 때문으로 보인다.

(2) 중국어 시제에 대한 선행 연구

시제 문제는 일반언어학 연구 중에서 가장 중요한 문제 중의 하나이다. 특히 인도-유럽어족 등 형태 변화가 발달한 언어들은 시제 연구를 많이 하고 있다. 그 반면에 중국어의 시제 연구는 아주 부족한 편인 것으로 알고 있다. 최근 20여 년 동안에 학자들이 중국어의 시제 문제에 대해 새로운 인식을 가지게 되었으며 많은 연구가 이루어졌으므로 시제 문제는 중국어 연구의 초점 문제가 되었다. 이 부분에서도 전통문법 시기[5] 구조문법 시기,[6] 변형생성문법 시기[7]의 순서대로 중국어 시제 연구의 역사를 살펴보고자 한다.

---

5 1950년대 이전의 중국어 연구시기를 가리킨다.
6 1950년대 이후의 중국어 연구시기를 가리킨다. 1952년에 丁樹聲, 呂叔湘 등이 『現代漢語語法講話』에서 구조주의문법의 이론과 방법으로 전면적으로 중국어의 문법현상을 분석하였다. 이것은 중국어 구조문법 시기의 시작으로 볼 수 있다.
7 1978년 후의 중국어 연구시기를 가리킨다. 1978년에 方立의 『談轉換生成語法』이 출판되었다. 이것은 중국에서 처음으로 변형생성문법을 소개하는 저서이다.

① 전통문법 시기

전통문법 시기에 시제 문제는 체계적으로 논술된 일이 거의 없었지만 시제와 관련된 내용이 적지 않았다.

黎錦熙의『新著國語文法』(1924)에서 시제와 관련된 내용이 많이 보일 수 있다. 그는 영어 문법을 기초로 하여 중국어는 '時間副詞'와 '助動詞'를 통해서 동사의 '時制' 변화를 표현한다고 하며 중국어의 시제는 '과거 시제', '현재 시제', '미래 시제'와 '不定시제' 네 가지로 나누었다.

高名凱(1948)는 중국어의 동사가 시간 표현 면에 문법 형식의 변화가 없기 때문에 중국어에 시제 범주가 있다는 관점을 반대하였다.

王力의『中國語法理論』(1944)에서도 중국어에 '상'은 독립적인 범주이고 시제 범주가 없다고 밝혔다.

呂叔湘의『中國文法要略』(1942)에서 중국어의 시제 문제를 전면적으로 논의하고 시간 표현과 관련된 여러 가지 문제를 언급하였으며 '三時' 체계를 설립하였다. 그는 중국어에 동사가 형태 변화가 없다고 시제가 없다는 주장을 비판하였다.

이 시기는 중국어 시제의 삼분 체계를 주장하는 견해와 중국어에 시제가 없다고 주장하는 견해가 병존한 시대이다. 이들은 대개 서양의 이론을 받아들여 시제와 상을 논의하였는데 이를 중국어에 적용시키는 과정에서 우선 시제와 상에 대한 명확한 정의 설정에도 불구하고 실제 분류 상황에서는 혼돈된 모습을 보이기도 했다. 문법적인 범주(grammatical category)보다는 어휘적인 범주(lexical category)에 의존하고 있었다. 때문에 체계화된 시제 범주와 상 범주를 설립하지 못하였다.

② 구조문법 시기

구조 문법 시기에는 서양 언어학계에서 시제에 대한 연구 성과가 아주 풍부한데도 불구하고 중국에서 시제에 관한 연구가 드물었다. 丁聲樹

(1961)는 잠깐 시간사를 언급했을 정도이고 그것이 시제나 상과는 연결되지 않았다. 다만 王力(1954)과 王惠麗(1957)는 중국어에는 시제(tense)가 없으며 상(aspect)만이 존재한다고 보았다.

張秀(1957)는 시제와 상을 같이 연구하였다. 중국어에 절대시제가 없고 관계 시제(상대시제)만 있다고 주장하며 관계 시제는 '不定時', '決定時', '進行時' 등 세 가지 종류가 있다고 했다.

이 시기는 지난 시기보다 시제 연구가 명확한 진전을 거두지 못하였다. 그리고 중국어에 시제가 없다는 주장은 주류를 이루었다.

③ 생성의미론 시기

생성의미론 시기는 시제와 상이 다양한 각도에서 연구된 시기로 연구 결과 면에서나 방법 면에서 발전을 거듭하였다. 1980년대 이후 중국에서 시제와 관련된 논문과 서적이 많이 나타났다.

王松茂(1981)는 중국어에 時態(tense) 범주가 있다고 주장하며 중국어 시태를 '過去時', '近過去時', '現在時', '近將來時', '將來時' 다섯 가지로 분류하였다.

呂叔湘(1982)은 '三時'란 개념을 설립하였다. 즉 '三時'는 '現在時, 過去時, 將來時'로 하지 말고 '基点時, 基点前時, 基点後時'로 하란 것이다. 동시에 '기점시'에 말하는 시각이 포함되면 '절대 기점'이며 포함되지 않으면 '상대 기점'이라고 하였다. 여기의 '절대 기점'과 '상대 기점'이 바로 '절대시제'와 '상대시제'이다.

陸儉明(1985)은 시간부사를 27개의 절대시간부사와 104개의 상대시간부사로 나누고 시제와 상을 대립시켜서 설명하였으며, 高名凱(1986)는 중국어에 시간을 표현하는 문법 요소가 없어서 시제 범주가 없다고 단언하였다.

陳平(1988)은 중국어 시제 연구의 중요성을 강조하며 상과 분리해서 연구하는 필요성과 가능성을 논술하였다. 그는 중국어 시간 표현의 '三元' 구조를 전면적으로 논의하였는데 중국어에 시제가 있고 시제와 상은 밀접

표 1-1. 생성의미론 시기의 시제연구

상만 있고 시제가 없음	高名凱(1986), 戴耀晶(1997), 龔千炎(1995)
시제와 상의 혼합	張濟卿(1996, 1998), 金立鑫(1998), 陳立民(2002)
시제와 상의 분리	呂叔湘(1982), 陳平(1988), 李臨定(1990), 王松茂(1981), 陸檢明(1985), 李鐵根(1999, 2002)

한 관계가 있다고 밝혔다.

李臨定(1990)은 중국어의 시제와 상을 체계적으로 고찰하였다. 우선 그는 중국어에 시제가 없다는 제 설에 반대하고 중국어에는 시제가 존재하여 어휘적인 범주뿐만 아니라 문법적인 범주도 존재한다고 보았다. 시간부사와 조사[8] 등이 모두 시제를 나타낸다는 이원적인 입장을 취급하고 있다. 그리고 중국어에 '절대적인 三時 체계'가 있을 뿐만 아니라 '상대적인 三時 체계'도 존재한다고 주장하였다.

龔千炎(1995)은 중국어에 시제를 나타내는 문법 요소가 없고 어휘를 통해서 시제를 표현한다고 보았다. 그리고 절대시제와 상대시제에 대해서 구분하였다.

戴耀晶(1997)은 '了'를 상 표지로 보고 중국어의 시제범주를 부정하였고, 張濟卿(1996)은 중국어의 시제와 상의 문제를 논의하였다. 중국어에 절대시제와 상대시제가 있다고 주장하였다. 李鐵根(1999)은 시제와 양태의 구분을 명확히 두었으며 절대시제와 상대시제의 문제를 논의하였다. 그는 중국어의 시제조사인 '了', '着', '過'의 기능을 종합적으로 고찰하였다. 陳立民(2002)은 '了, 着, 過, 在, 將' 등이 시상범주에 속하며 상 의미를 표현할 뿐만 아니라 시제 의미도 표현한다고 주장하였다.

---

8 중국어에서의 조사는 한국어에서의 조사와 달리 단어, 구, 문장의 앞이나 뒤에 붙어서 구조관계나 부가적인 의미를 나타내는 허사이다. 조사에는 동사의 뒤에 위치하여 동작의 완료나 상태, 지속, 경험 등을 나타내는 동태조사, 문장 끝에 위치하여 감정이나 느낌을 나타내는 어기조사 등이 있다.

이 시기의 시제 연구는 〈표 1-1〉과 같은 세 가지로 나누어 볼 수 있다.

1. 중국어에 상만 있고 시제가 없다고 주장하는 학자들은 중국어에 시간을 표현하는 문법 요소가 없어서 시제 범주가 없다고 본다.
2. 시제와 상의 혼합론을 주장하는 학자들은 중국어에 시제 표지가 있다고 주장하는데 '了', '着', '過' 등 형태소가 상 표지이면서 시제 표지이라고 보았다.
3. 시제와 상의 분리론을 주장하는 학자들은 시제와 상이 서로 다른 문법 범주로 보고 서로 분리해서 처리할 필요성을 인식하였다. 그리고 시제와 상의 구분을 명확히 두고 중국어의 시제 문제를 연구하였다.

이상에서 한국어와 중국어의 시제에 대한 연구 역사를 간략하게 종합하여 대조해 보면 아래와 같다.

첫째, 한국어의 시제연구는 19세기 후반 서양선교사들의 문법서에서 다루어지기 시작하여 전통문법 시기에는 현재, 과거, 미래로 삼분화 시켰다. 한편 이 시기 중국어의 시제연구는 시제와 상을 논의하였는데 단문에서의 시제를 과거, 현재, 미래로 삼분화하고, 복문에서의 시제는 기준시가 있어야 한다는 주장을 하였으므로 문법적인 범주보다는 어휘적인 범주에 의존하고 있었다.

둘째, 구조문법 시기에 들어오면서부터 한국어의 시제 범주에는 상의 개념이 도입되어 1964년 이종철은 전통문법에서 시제로 처리되어 오던 형태소들을 동작상으로 해석하여 기존에 과거 시제의 형태소로 보았던 '-었-'을 완료상으로 처리하였다. 뿐만 아니라 1965년에는 고영근에 의하여 시제 형식을 시제나 상이 아닌 양태 범주로 다루어 한국어에 양태라는 문법범주가 설정되었다. 한편 이 시기 중국에서의 시제에 관한 연구는 거의 드물었으므로 앞 시기에 비하여 특이한 점이 없었다.

셋째, 생성의미론이 도입되면서 시제, 상, 양태의 수준을 넘어서 문법 범주를 문장 내지 문법적 범주에까지 끌어올리는 연구도 활발히 전행되었다. 한편 중국에서의 연구는 시제와 상이 다양한 각도에서 연구된 시기로 형식면에서는 시간사의 분류와 통사상의 기능을 한데 묶어 진행하였다.

(3) 한국어와 중국어의 시제 대비에 대한 선행 연구

송화연(2001)에서는 과거 대 비과거의 이분법에 따라서 중국어의 시제 체계를 살펴보았다. 그는 중국어에 시제가 없다는 견해를 반박하여 중국어는 어휘와 문법의 수단으로 과거 시제를 표시하며 문법 표지가 없이 어휘 수단만으로 비과거 시제(현재나 미래)를 표현한다고 주장한다. 그는 중국어에 과거 시제를 나타내는 문법 표지로서 시태조사인 '了', '過', '的과 語氣詞인 '來着' 등이 있다고 밝혔다. 중국어 시제 체계에 대한 연구를 주요 목적으로 한 논문으로서 단지 논문의 마지막 부분에서 한국어와 중국어의 시제를 간단하게 대조하였다.

羅遠惠(2001)는 중국어의 '了'는 과거 시제, 완료상 그리고 지속상을 나타내는 형태소로 보고 '了'를 중심으로 한국어와의 대응관계를 논의했다. 그는 '了'는 용언의 제약을 받고 있으며 '-었-'은 이 제약을 받지 않기 때문에 '了' 문장이 '-었'에 포함된다고 볼 수 있다고 주장하였다. 마지막에 '了'와 한국어의 번역 대응 관계만 살펴봤으며 두 언어 시제에 관해 전면적으로 분석하지 않았다.

조영화(2002)는 한국어 시상과 중국어 시상을 개론적으로 각각 논의하였다. 그는 한국어의 '-는-'은 미래지속상과 현재지속상을 나타내고 '-었-'은 과거완료상, 과거지속상, 현재완료상, 현재지속상, 미래확정을 나타내며 '-겠-'은 추정, 의도와 가능 등 서법 기능을 나타낸다고 밝혔다. 그리고 중국어의 '了'는 완료, 가까운 미래, 지속을 나타내고 '着'은 상 표지로서 시제 의미가 없으며 '過'는 시제 의미가 있고 먼 과거를 나타낸다고 주장하였다. 논문의 마지막 부분에서만 간단하게 두 언어 시상의 공통점과 차이점을 대조하였다.

마홍엽(2004)은 한국어를 중심으로 한국어와 중국어의 시간 표현 요소에 대해 대조연구를 진행하였다. 그는 각각 단순문, 내포문, 접속문에서 시간 요소로서의 '-었-', '-었었-', '-겠-'에 대해서 살펴봤다. 그는 이 세 가지 형태소와 관련된 모든 문장 형식을 나열하고 중국어에서는 문법적 요소 또는 시간 부사 또는 동사로까지 대응하는 양상을 기술하였을 뿐이고 전체 시제의 범주에서 중국어와의 대조는 많이 미약하였다.

왕방(2006)은 한국어와 중국어의 시제를 '과거, 현재, 미래'의 전통적인 삼분법으로 대립시켰다. 그는 현재 시제의 범주 안에서 선어말어미 '-는-'과 중국어 현재표현 형태, 관형사형 어미 '는/-(으)ㄴ'와 중국어의 '的1'를 대조하고 과거 시제 범주 안에서 선어말어미 '-었-'과 중국어 과거표현 형태, '-더-'와 중국어의 '來着, 過2', 관형사형 어미 '-(으)ㄴ'와 중국어의 '的1'를 대조하면 미래 시제의 범주 안에서 선어말어미 '-겠-'과 중국어 미래표현 형태, 관형사형 어미 '-(으)ㄹ'와 중국어의 '的1'을 대조하였다.

지성녀(2006)는 한국어와 중국어의 시제를 다 '과거 대 비과거'의 이분법으로 나누었으며 한국어 과거 시제 형태소로서의 '-었-'을 중심으로 한국어와 중국어의 시제를 상세하게 대비 연구하였다. 그는 '-었-'은 상 요소가 아니라 과거 시제 요소로 보며 중국어의 '了'는 완료상인 동시에 과거 시제이고, '着'은 지속상인 동시에 현재 시제이고, '過'는 경험상인 동시에 과거 시제임을 주장하였다. 그리고 동사의 상적 자질의 영향을 받아 동사와 결합하는 '-었-'은 중국어의 '了', '着', '過', 시간명사, 시간 부사로 다양하게 나타나는 것을 밝혔다.

김홍실(2008)은 한국어의 '-었-'과 중국어의 '了'의 대해 대조연구를 진행하였다. 그는 '-었-'과 '了'를 모두 과거 시제와 완료상을 나타내는 형태소로 보고 시상 혼합설의 기초 위에서 두 형태소를 살펴보았다. 그리고

표 1-2. 한국어와 중국어의 시제에 대한 상술한 대비 연구

연구자	연구방법	시제와 상의 관계	주요내용
송화연(2001)	이분법	시제와 상의 분리	중국어의 시제 체계
羅遠惠(2001)	삼분법	시제와 상의 혼합	'了'과 '-었-'의 대응관계
조영화(2002)	삼분법	시제와 상의 혼합	'-었-', '-는-', '-겠-'과 '了', '着', '過'
마홍염(2004)	삼분법	시제와 상의 혼합	'-었', '-었었', '-겠'과 중국어 시상표현의 대응관계
왕 방(2006)	삼분법	시제와 상의 분리	'-는' '-었-', '-더-', '-겠-' 등과 '的', '來着', '過2'의 대응관계
지성녀(2006)	이분법	시제와 상의 분리	'-었'과 중국어 과거 시제 표현의 대응관계
김홍실(2008)	삼분법	시제와 상의 혼합	'-었' 과 '了'의 대응관계

'-었-'과 '了'가 모두 과거, 현재, 미래 등의 의미를 지니고 있다고 주장하며 또 상적인 의미에 의하여 다시 '과거완료', '과거지속', '과거반복', '현재완료', '현재지속', '미래완료', '미래확정', '미래진행' 등 8가지 하위 분류를 하여 '-었-'과 '了'의 대응 관계를 살펴봤다.

한국어와 중국어의 시제에 대한 상술한 대비 연구를 정리하여 〈표 1-2〉와 같다. 〈표 1-2〉에서 볼 수 있듯이 삼분법(三分法)으로 진행하는 연구는 대부분(7편 중 5편)이지만 그중에 한국어의 시제와 상을 분리하지 않는 것은 절대다수(5편 중 4편)이다. 그리고 주로 형태소들 간의 대응 관계를 살펴보는 내용이다. 이분법(二分法)으로 진행하는 연구들은 이분법을 설립하는 이유를 구체적으로 밝히지 않고 있다. 그리고 한 편은 중국어의 시제를 주요 내용으로 연구를 진행하고, 또 한 편은 '-었-'을 중심으로 두 언어의 과거 시제를 대비하였다. 본 논문은 이분법에 따르고 이분법을 설립하는 이유를 구체적으로 논의할 것이다. 그리고 이분법의 틀에서 두 언어의 시제 체계를 전체적으로 대비하고자 한다.

4) 연구 방법

시제 범주는 일반적으로 '과거, 현재, 미래'의 삼분 체계로 되어 있거나 '과거 대 비과거'의 이분 체계로 이루어진다. 본 논문은 기본적으로 한국어와 중국어의 시제 체계를 모두 '과거'와 '비과거'가 대립되는 이분 체계로 논의한다. 그리고 제2절에서는 그 이유를 밝히고자 한다.

시제의 대립 체계를 나눌 때 기준이 되는 시점을 '기준시(reference point)'라고 한다. 발화시가 기준시가 되는 경우가 대부분이지만 다른 시점이 기준시가 될 수도 있다. 전자를 '절대시제(absolute tense)'라고 하며 후자를 '상대시제(relative tense)'라고 부른다. 본 논문은 주로 절대시제를 논의의 대상으로 한다.

한국어 시제에 대한 검토는 '종결형', '접속형', '관형절형'으로 구분하여 진행할 수 있다. 이처럼 통사적 환경에 따라 구분하여 논의하는 것은 한국어의 시간 개념을 표현하는 방법이 통사적 환경에 따라 다르다는 점을 고려한 것이다.[9] 중국어도 마찬가지로 '單句(단문)', '複句(복합문)', '定語句(관형어문)'에 따라 시제를 검토할 필요가 있다. 본 논문은 주로 종결형(중국어의 단문)의 시제를 대상으로 한다.

한국어의 시제 형태소는 동사뿐만 아니라 형용사나 지정사에도 쓰인다. 그 반면에 중국어의 시제 형태소는 동사에만 쓰인다. 동사는 시제 연구의 기초라고 볼 수 있다. 형용사와 지정사는 동사의 경우에 포함될 수도 있다. 그러므로 본 논문에서 한국어와 중국어의 동사와 결합된 시제 문제만 논의할 것이다.

---

9 통사적 환경에 따라 구분하여 한국어의 시제, 상을 검토하는 전통은 일찍 최현배(1955; 1983), 나진석(1971) 등에서부터 이루어졌으며, 이익섭·임홍빈(1983)에서는 '관형형어미를 선어말어미나 문말어미와 관련지어 인식할 것인지, 독자적인 체계를 가지는 것으로 인식하여야 할 것인지가 앞으로의 큰 과제로 보인다'고 밝힌 바 있다.

한편, 본 논문은 공시론적인 입장에서 논하는 것이므로 통시론적인 사실에 대해서는 언급하지 않겠다.

시제는 추상적인 시간을 구체화시키는 문법적인 도구이다. 그러므로 시제를 연구하는 것은 주로 시간과 관련된 문법적인 형태소들을 살펴보는 것이다. 본 논문에서 한국어에 시간과 관련된 문법 형태소들로서의 '−겠', '−는−', '−었−', '−었었−' '−더−'와 중국어에 시간과 관련된 문법 형태소들로서의 '了1', '過1', '的1', '來着' 등을 구체적으로 살펴보고자 한다. 시간과 관련된 문법 형태소라 꼭 시제형태소인 것이 아니다. 이들 형태소들에 대한 고찰을 통해서 한국어의 시제형태소로서 '−었−'밖에 없으며 중국어의 시제형태소로서 '了1', '過1', '的1' 등만 있다는 결론을 내릴 것이다. 따라서 두 언어의 시제 체계를 대비할 때 한국어의 '−었−'과 중국어의 '了1', '過1', '的1'에 대해 대비 연구할 것이다.

2. 시제의 이분법 체계

전통문법이 희랍어나 라틴어에 과거, 현재, 미래의 삼분적 대립이 있는 것으로 인식한 데서 문법 범주로서 등장한 것이다. 희랍어나 라틴어에 이러한 세 가지 시간적인 인식이 있다는 것이 종국에 세계 모든 언어에는 이와 같은 삼분적 시제 체계가 있는 것으로 인식하기에 이른 것이다. 그러나 실제로는 그렇지 않다. 언어에 있어서 과거, 현재, 미래의 대립은 사실상 단순하게 자연적인 시간상의 문제가 아니다(남기심, 1978, 2쪽). 자연 시간은 흔히 현재, 과거, 미래로 삼분하여 인식하는 것이 보통이다. 상황을 과거, 현재, 미래 상황으로 나누어 보는 삼분적 인식은 우리의 인식 세계가 연속적인 시간을 과거, 현재, 미래로 나누어 보는 삼분적 사고와 맥을 같이 한다. 그러나 이러한 자연 시간의 삼분법이 곧 그대로 문법에 반영되는 것은 아니다. 자연 세계의 시간에서는 현재, 과거, 미래의 구분이 어느 사회에서나 다름이 없지만 이것이 언어에서 어떤 형식으로 구별되어 나타나지 않는 한 시제 범주로서 인정할 수 없으므로 시제의 체계는 언어마다 같지 않다.(이익섭·채완, 1999, 267~268쪽) 시제의 체계에 있어서 '현재 대 비현재', 혹은 '과거 대 비과거' 등의 체계도 가능하다.

한국어와 중국어의 문법 연구에 있어 시제를 삼분적으로 나누는 견해도 있고 이분적으로 나누는 견해도 있다. 특히 전통문법 시기에는 시제를 삼분적으로 보는 견해가 압도적이었다. 구조문법 시기에 들어오면서 시제를 이분적으로 나누는 견해가 점점 늘어나고 있다. 많은 학자들은 한국어의 시제와 중국어의 시제를 이분법으로 연구하는 것이 더 적당하다고 인식하기 시작하였다. 물론 지금도 시제를 삼분적으로 나누는 한국어 학자와 중국어 학자도 많이 있지만 본 논문에서 한국어의 시제와 중국어의 시제를 다 이분적으로 분류한다. 이 부분에서 한국어 시제의 이분법 체계와 중국어 시제의 이분법 체계를 설립하는 이유를 밝히고자 한다.

1) 한국어 시제의 이분법 체계

(1) 한국어 시제의 삼분법과 이분법 문제

한국어 시제 체계에 대한 그간의 대표적인 견해는 크게 〈표 2-1〉과 같이 나눌 수 있다.

지금도 삼분적 시제 인식을 바탕으로의 한국어 시제 연구도 드물지 않게 이루어지고 있다. 최근의 시제 연구에서는 이러한 삼분적 시제 인식이

표 2-1. 한국어 시제 체계에 대한 그간의 대표적인 견해

삼분 체계	과거 : 현재 : 미래	최광옥(1908), 주시경(1910), 박승빈(1935), 최현배(1937), 홍기문(1947), 나진석(1971), 남기심·고영근(1990), 고영근(2007)
이분 체계	과거 : 비과거	이남순(1981), 안동환(1981), 이익섭·임홍빈(1983), 신성옥(1991), 최동주(1995), 이재성(2001), 문숙영(2005)
	과거 : 현재	한동완(1984/1996), 이익섭(2005)[10]

가지는 문제점들을 인식하고 한국어의 시제 체계를 과거 대 비과거의 이원적 대립으로 보는 경향이 주류를 이룬다.

남기심(1972)은 '-겠-'이 시제가 아니라 양태 범주임이 주장되면서 '-겠-'은 시제 체계에서 점차 배제되기 시작하고 이로써 한국어 시제는 '-었-'의 유무에 의한 '과거 대 비과거'의 이분 체계라는 주장이 자연스럽게 대두되게 된다. 본 논문에서도 '-겠-'은 미래 시제의 문법 기능을 하는 어미가 아님을 인정하고 한국어의 시제 체계가 과거 대 비과거의 이분 체계를 받아들인다. 이러한 이분 체계를 설립하기 위하여 먼저 미래 시제 형태소로 여기 왔던 '-겠-'과 현재 시제 형태소로 여기 왔던 '-는-'의 의미를 밝히고자 한다.

① '-겠-'의 의미

현재라고 불리는 순간 이후의 시간은 구체적으로 존재하지 않는다. 다만 우리의 관념에 의해 인식될 뿐이다. 현재 이후의 시간, 곧 미래에 일어날 일은 우리의 관념에 의해 존재한다고 생각되는 미래의 어느 시점에 위치시킬 수는 있다. 그러나 미래 상황은 관념적 존재로 시간의 흐름 위에서 실제로 발생하는 것이 아니므로 시간 선상에서 구체적으로 전개되지 못

---

10 이익섭(2005, 237~239쪽)에서는 '과거 대 현재'로 나누었지만 실제로 과거 시제와 비과거 시제의 이분 체계라 할 수도 있다고 밝힌 바가 있다.

한다. 미래 상황이 과거 상황이나 현재 상황과는 달리 일어나지 않은 일인데도 우리가 인식할 수 있는 것은 그 일이 일어날 것이라는 현재의 추정 내지 확신이 있기 때문이다. 즉, 미래 상황은 미래에 실제로 발생하는 상황을 나타내는 것이 아니라, 미래의 일에 대한 화자의 현재의 추정 내지는 확신이다. 이렇듯 상황에 대한 화자의 추정이나 확신은 시제 범주에서 다루어질 부분이 아니다. 미래란 기본적으로 가능 세계에 대한 것이기 때문에 본질적으로 양태적인 의미를 가지기 마련이다(문숙영, 2005, 80쪽). 그럼에도 시제를 과거 대 현재로 나누지 않고 과거 대 비과거로 나누는 것은 우리의 관념 속에 미래가 존재하며 미래에 일어날 일을 그 관념적인 시간 위에 위치시킬 수 있기 때문이다. 시제는 우리가 인식하는 심리적 시간을 언어 세계에 표현하게 하는 문법적 도구이기 때문이라고 이재성(2001)에서 지적한 바 있다.

  '-겠-'의 의미 기능을 미래 시제로 보는 견해는 한국어 문법 연구의 초기에 제기되었다. 1970년 이전의 대부분의 시제 연구에서는 '-겠-'을 미래 시제를 나타내는 선어말 어미로 보았으며 지금도 선어말 어미 '-겠-'을 미래를 나타내는 형태소로 인식하여 미래 시제를 설정하는 일이 흔히 있다. 그러나 '-겠-'을 완전히 시제 범주로 다루는 견해는 거의 찾아보기 힘들다. '-겠-'에 미래 시제성을 부여하였다 하더라도 '추정, 의도, 가능성, 습관' 등의 의미를 동시에 인정하고 있기 때문이다. 1970년 이후의 여러 시제 연구에서는 선어말 어미 '-겠-'의 미래 시제 기능을 부정하고 대부분의 논의에서 '-겠-'을 양태 범주로 설명하는 경향을 보이고 있다.

  '-겠-'은 어떤 분포에서든 '추정'의 의미만을 갖는 셈이므로 이 의미가 그것의 기본적 의미란 하는 것이 타당한 논리일 것이다. 곧 '-겠-'은 추정의 기본 의미를 가지며 그것이 미래 시제로 해석되는 것은 '-었-'의 부재[11]에 의한 것이라고 할 수 있다는 것이다.

1. (가) 철수가 어제 출장 갔다.

   (나) 철수가 내일 출장 가겠다.

   (다) 철수가 내일 출장 간다.

예문 1의 (가)는 '-었-'이 있어서 과거 시제며 (나)는 '-겠-'이 있어서 미래 시제라고 할 수 없다. (다)는 '-겠-'이 없어도 '내일'과 같이 나타날 수 있다. 즉, '-겠-'이 나타나지 않은 문장에서도 '미래'라는 시제 의미를 찾을 수 있으며 '-겠-'이 나타나는 문장과 그렇지 않은 문장을 대비할 때 두 문장에서 공통으로 나타나는 '미래'라는 의미 이외에 '-겠-'이 나타나는 문장에서는 추정, 의도, 능력 등의 다른 문법 의미가 더해짐을 볼 수 있다. 그러므로 '미래'라는 의미가 '-겠-'에 의하여 나타나는 것이 아니며 '-겠-'은 추정, 의도, 능력 등의 문법 의미를 가지는 다른 범주의 선어말 어미로 미래 시제의 문법 기능을 하는 어미가 아님을 알 수 있다. 그리고 미래가 반드시 '-겠-'에 의해 표현되는 것은 아니라는 것도 알 수 있다. 즉 '-겠-'이 미래 지시의 필요조건은 아니다.

그리고 아래 예문에서 볼 수 있듯이 '-겠-'은 미래의 일뿐만 아니라 현재의 일에도 쓰이고 심지어 과거의 일에도 쓰인다.

2. (가) 철수가 지금 무척 기쁘겠다.

   (나) 철수가 어제 이미 부산에 도착했겠다.

예문 2의 (가)는 부사어 '지금'이 쓰인 것으로 보아서도 알 수 있듯이 현재의 일에 관한 것이며, (나)는 '어제'가 나타내 주듯이 과거의 일에 관한 것으로서 이 두 문장에 쓰인 '-겠-'이 미래를 나타낸다고 할 수 없다. 이

---

11 본 논문의 3.1에서 '-었-'의 의미를 구체적으로 논의하며 2의 마지막 부분에서 '-었-'이 있으면 과거 시제고 '-었-'이 없으면 비과거 시제라는 결론을 내릴 것이다.

것은 '-겠-'이 미래 시제 표시의 형태소가 아니라는 것을 뜻한다. 이 때의 '-겠-'은 다만 추측을 표현할 뿐이다. 이렇듯 현재 상황이나 미래 상황에 '-겠-'이 결합되는 일이 흔하다. 즉 '-겠-'이 미래 지시의 충분조건이 아니라는 것이다.

'-겠-'은 물론 미래의 일에도 쓰이지만 그것은 미래라서가 아니라 추측하는 일이기 때문이다. 그리고 예문 2에서 보듯이 현재의 일이든 과거의 일이든 추측으로 하는 말이면 바로 그 점을 드러내 주기 위해 '-겠-'이 쓰인다. 그래서 '-겠-'은 추측을 나타낼 뿐 시제에는 아무 영향을 미치지 못한다. '-겠-'을 미래 표시의 형태소로 규정하는 것은 상당히 무리한 일이다(남기심, 2001, 338쪽).

추측은 확인되지 않은 것이므로 현재뿐 아니라 미래에도 사용되기도 한다. 미래의 일은 확인되지 않은 것이므로 추측은 자연히 미래성을 포용하게 된다. 추측은 주어의 인칭에 따라 의지를 나타내기도 한다. '-겠-'은 '과거'와 같은 확실한 시제에 비하면 그렇다 할 만한 시제의 역할을 하지 않는다. 추측이 미래성을 나타낸다는 기술이 가능하기 때문에 '미래'를 따로 설정할 필요가 없다. '-겠-'의 가장 두드러진 의미는 '추측, 의지'이다. '미래'에서 '의지'가 파생된다기보다 '의지'에서 '미래'가 파생된다고 보기가 쉽다(문숙영, 2005, 80쪽).

따라서 '-겠-'은 미래 지시의 충분조건도 아니고 필요조건도 아니기 때문에 한국어에 미래 시제를 설정할 근거는 어디에서든 찾기 어렵다. 결국 한국어에는 미래 시제가 없다고 보는 것이 가능하다.

② '-는-'의 의미
고영근(2007)의 주장에 의하면 종결형의 현재 시제는 직설법과 회상법에서 표현된다고 한다(고영근, 2007, 236~240쪽). 종결형에서 시제 형태가 모습을 제대로 갖춘 것은 해라체의 동사의 직설설명법과 해라, 하게, 하오

표 2-2. '-는-'에 대해 1980년 이후의 주요 견해들

단일 형태소	김차균(1980), 서태룡(1988), 남기심·고영근(1990), 김종태(1991), 최동주(1995), 한동완(1996), 문숙영(2005), 고영근(2007)
'-는다'의 일부	남기심(1982/2001), 서정수(1994), 이익섭·채완(1999), 이익섭(2005)

체의 직설감탄법이다. 구체적인 설명은 다음과 같다.

    3. (가) 나는 지금 책을 읽는다.
       (나) 버스가 온다.

예문 3의 (가)는 책을 읽는 동작은 발화시와 일치하기 때문에 전형적인 현재 시제라고 할 수 있다. (나)는 버스가 오는 모습을 보고 하는 말이니 버스가 오고 있는 것을 눈으로 목격하는 상황은 발화시와 일치하므로 현재 시제라고 할 수도 있다. 그리고 '읽는다. 온다'는 '읽었다, 읽겠다', '왔다, 오겠다'와 계열관계를 이룰 수 있으니 현재 시제가 분명하다.

상술한 바와 같이 흔히 현재의 일을 표현하는 동사의 활용형 '-는/ㄴ-'을 현재시간을 나타내는 형태소로 분석한다. 그러한 분석의 근거는 다음과 같다.

    4. (가) 철수가 밥을 먹는다.
       (나) 철수가 밥을 먹었다.
       (다) 철수가 밥을 먹겠다.

위의 세 문장의 의미의 차이, 곧 (가)는 현재의 일을, (나)는 과거의 일을, 그리고 (다)는 미래의 일을 나타내는 것이라고 보고, 그러한 의미의 차이는 서로 배타적 분포를 보이는 '-는-', '-었-', '-겠-'으로 인한 것이라

고 판단하여 이들을 각각 현재, 과거, 미래의 어미로 분석을 하는 것이다.

그러나 위에서 논의했듯이 '-겠-'은 미래 시제의 어미가 아니고 한국어에 미래 시제는 문법 표지가 없다. 그리고 '-는-'을 단일 형태소로 보는 것이 무리라고 '-는다'를 한 덩어리로 보는 견해도 있다. 1980년 이후에 '-는-'을 단일 형태소로 보는 견해와 '-는-'을 '-는다'의 일부로 보는 견해는 〈표 2-2〉와 같다.

본 논문은 남기심(2001, 343~344쪽)의 주장을 기본적으로 동의하며 '-는-'은 단일 형태소가 아니고 한국어의 현재 시제는 문법 표지가 없다고 생각한다.

예문 4의 (가)와 (나)를 나란히 놓고, 이 둘이 서로 대립적으로, 배타적으로 쓰였다고 생각하는 것은 잘못이다. 즉 '-는-'을 '-었-'과 대립적인 관계에 있는 것으로 보고 '-는-'이 자동적으로 분석되는 것으로 생각하는 것 옳지 않다. 만약, 예문 4의 (가) '철수가 밥을 먹는다'가 '현재'의 일을 표현한 것이라면 '철수가 밥을 먹습니다 / 먹어요 / 먹지 / 먹네 / 먹니' 등도 똑같이 '현재'의 일을 나타내는데 '-는-'이 없다. 그리고 만약 4(가)에서 '-는-'을 분석해 낸다면 그 '-는-'은 오직 '-다' 앞에서만 나타나는 것이다. 다시 말하면 항상 '-는 / ㄴ-+-다'로만 나타난다. '-는 / ㄴ-'이 오직 '-다'와 결합해서만 나타난다는 것은 '-는 / ㄴ-'과 '-다'가 한 덩어리라는 뜻이다. 만약 '-는-'을 한 개의 형태소로 분석하면 그것은 '-는다'를 한 개의 형태소로 분석하는 경우에 비해 '-는-'은 반드시 '-다' 앞에 연결된다는 규칙이 하나 더 있어야 하기 때문에 문법은 그만큼 더 복잡해지는 결과가 된다. '-는 / ㄴ-'을 분석해 떼어내지 말고 '-는 / ㄴ다'를 하나의 어미로 보는 것이 옳다. '-는-'이 다른 경우에도 있다면 모르지만 예컨대 '-는구나, -는데……' 등의 '-는-'은 홀소리 아래서 변이형태 '-ㄴ-'을 갖지 않으므로 같은 종류의 것이 아니다.

그러면 이른바 '현재'의 일은 어떻게 나타내는가? '먹습니다'의 '먹-'과

'-습니다' 사이에, 또는 '먹어'의 '먹-'과 '-어' 사이에, '먹지'의 '먹-'과 '-지' 사이에, '먹네'의 '먹-'과 '-네' 사이에, '먹니'의 '먹-'과 '-니' 사이에, 시간을 나타내는 아무 형태소도 없이 '현재'를 나타내고 있다. 이렇게 하면 '먹습니다, 먹어, 먹지, 먹네, 먹니……' 등의 '-습니다, -어, -지, -네, -니……' 앞에 '-는-'의 이형태로 '-ø-'를 설정하지 않을 수 없으니 여기에서도 '-는-'과 '-ø-'를 한데 묶는 또 하나의 규칙이 더 필요하게 된다. 그러므로 가능하면 '-는다'를 단일 형태소로 분석하는 것이 문법이 간결해진다는 점에서 유리하다.

또 예문 4의 (가)의 '먹는다'도 '먹-'과 '-는다'로 분석한다면 그 사이에 역시 아무 어미가 없이 '현재'를 나타내는 것이 된다. 그러니까 현재 상황은 특별한 문법 표지가 없이 '-었-'이 나타나지 않으면 현재 상황을 표시한다는 것이라 해야 할 것이다.

이로 보면 '-는다'가 하나의 덩어리이고 '-는-'은 단일 형태소가 아니므로 당연히 현재 시제의 문법 표지가 될 수 없다. 따라서 한국어에는 미래 시제를 나타내는 형태소가 없다. 즉 한국어의 시제 체계에는 미래 시제가 없다는 뜻이다.

(2) 비과거 시제의 설립

(1)의 ① '-겠-'의 기본 의미는 '추측, 의지'이며 미래 시제의 역할을 하지 않는다. 그러므로 한국어의 시제 체계에는 미래 시제를 나타내는 문법 장치가 없다. 미래 시제를 나타내는 문법 표지가 없다는 것은 시제 체계에 미래 시제가 존재하지 않는다는 것을 의미한다.

(1)의 ② '-는-'의 의미에서 보듯이 현재 시제 형태소로 여겨 왔던 '-는-'은 독립적인 단일 형태소로 분석되기 어렵고 '-는/ㄴ다'를 하나의 어미로 보는 것이 적당하다. 그러니까 현재 상황은 특별한 문법 표지가 없이 '-었-'이 나타나지 않으면 현재 상황을 표시한다는 것이다. 다시 말하

표 2-3. 시간선상에서 일어나는 상황에 대한 인식과 시제와의 관계

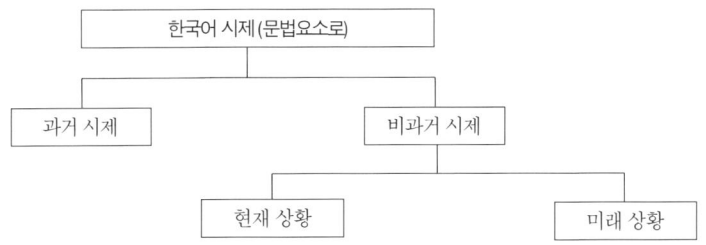

면 한국어에는 현재 시제를 나타내는 문법 표지도 없기 때문에 한국의 시제 체계에 현재 시제도 존재하지 않는다는 뜻이다.

우리의 인식에는 미래 상황이 존재하므로 한국어의 시제 체계를 과거 시제와 현재 시제로 구분할 수는 없다.[12] 일반적으로 현재 시재라는 용어로 미래 상황을 함의할 수는 없기 때문이다. 게다가 한국어의 시제 체계에는 현재 상황과 미래 상황을 표시하는 문법 형태소가 다 없기 때문에 현재 상황과 미래 상황을 합쳐서 과거 시제와 대립되는 '비과거 시제'를 설립하는 것이 적당하다. 즉, 한국어에는 과거 시제와 비과거 시제의 이분적 체계만이 가능하다.

상술한 논의를 바탕으로 시간선상에서 일어나는 상황에 대한 인식과 이를 문장으로 나타낼 때 표현하는 문법 범주인 시제와의 관계를 표로 보면 〈표 2-3〉과 같다

시간선상에서 인식되는 상황은 반드시 시간 위치를 가진다. 한국어의 경우 인식된 상황의 시간 위치는 문장에서 과거 시제나 비과거 시제의 시제 범주로 나타난다. 상술 표에서 보듯이 과거 상황은 과거 시제로, 현재

---

12 이익섭(2005, 237~239쪽)에서 "한국어의 시제는 기본적으로 현재 시제와 과거 시제로 이루어져 있다"고 현재 시제는 현재의 일은 물론 미래의 일에도 쓰인다고 본다. 그리고 "현재 시제가 이렇게 미래의 일까지 포괄하기 때문에 엄격히 보면 '현재'라는 용어는 적합하지 않은 면이 있다. 그래서 비과거 시제라는 용어를 쓰기도 한다. 한국어 시제의 기본틀은 과거 시제와 비과거 시제의 이분 체계라 할 수 있다"고 언급한 바 있다.

상황이나 미래 상황은 비과거 시제로 표현된다.

제3절에서도 논의하겠지만 한국어의 과거 시제는 '-었-'에 의하여 표시된다. 앞에서 언급했듯이 한국어의 현재 상황이나 미래 상황, 즉 비과거 시제를 나타내는 문법 형태소가 없다. 즉 한국어 문장에는 '-었-'이 쓰이면 과거 시제(유표적으로), '-었-'이 쓰이지 않으면 비과거 시제(무표적으로 인식된다)이다. 다시 말해서 한국어의 시제 체계는 '-었-'의 유무에 따라서 과거 시제와 비과거 시제가 구별된다.

2) 중국어 시제의 이분법 체계

(1) 중국어 시제의 삼분법과 이분법 문제

전통문법 시기에 서양의 시제 연구는 거의 다 '과거, 현재, 미래'의 삼분법의 기초 위에서 거두었다. 이런 연구 경향이 중국 언어학계에 영향을 많이 미쳤다. 따라서 중국학자들도 삼분법의 분류 방법으로 중국어의 시제 문제를 연구하였다. 구조주의 문법과 생성의미론 문법 시기에 들어오면서 서양에서 시제 연구법은 삼분법에서 점점 이분법으로 대체되었다. 중국에서도 이분법으로 시제를 연구하는 학자가 나타나기 시작하였다.

張濟卿(1996)은 중국어의 시제 체계를 이분법으로 나누었지만 '미래 : 비미래'로 나누었다. '將', '會', '要' 등 형태소를 미래 시제의 표지로 보고 이런 형태소들이 나타나지 않은 문장은 다 비미래 시제로 보았다. 그는 중국어에 과거와 현재를 표현하는 문법 표지뿐만 아니라 어휘 표지도 없다고 주장하였다. 그러므로 과거시와 현재시는 다 무표적이며 유표적인 미래 시제와 대립된 비미래 시제로 규정하였다.

李鐵根(1999, 2002)에서도 중국어의 시제를 이분법 체계로 규정하였다.

표 2-4. 중국어의 시간 체계

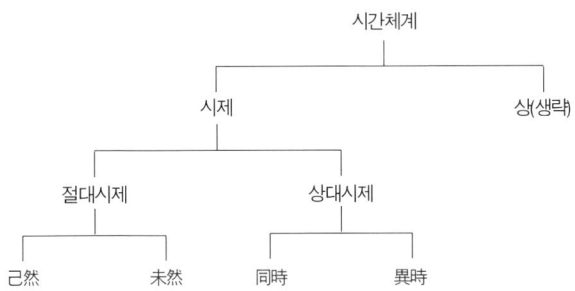

그는 먼저 중국어의 시간 체계를 시제와 상으로 나누며 시제 부분을 또 절대시제와 상대시제로 나누었다. 그리고 절대시제를 '己然(이미 사실이 되었다)'과 '未然(아직 사실이 되지 않았다)'으로 나누며 상대시제를 '同時'와 '異時'로 나누고 '異時'를 또 '前時'와 '後時'로 나누었다. 도표로 표시하면 〈표 2-4〉와 같다.

李鐵根은 먼저 절대시제와 상대시제를 대립시키고 각자의 하위 시제를 설립하였다. 절대시제 밑의 '己然'은 과거시와 현재시를 포함한다고 인식하며 '未然'는 미래 시제라고 인식하였다. 상대시제 밑의 '同時'는 현재 시제며 '異時'에는 '前時' ― 즉 과거시, '後時' ― 즉 미래시를 포함시켰다. 다시 말하면 절대시제는 '미래 : 비미래'의 이분 체계이며 상대시제는 '현대 : 비현재'의 이분 체계이다.

李小凡(1998)은 '己然時制'와 '未然時制'로 중국어의 시제를 구분하였는데 이는 과거와 비과거의 개념으로 받아들일 수 있으며 '了'는 과거에 해당되고 無標記형식이 비과거에 해당된다.

(2) 비과거 시제의 설립

본문에서 중국어의 시제를 이분법으로 논의할 것이다. 과거 시제는 유표적이고 비과거 시제는 무표적이다. 다음의 예를 보자.

5. (가) *哲洙剛才吃飯。

   (나) 哲洙剛才吃飯了。

   　　철수는 아까 밥을 먹었다.

6. (가) 哲洙現在吃飯。

   (나) *哲洙現在吃飯了。

   　　철수는 지금 밥을 먹는다.

7. (가) 哲洙明天吃飯。

   (나) *哲洙明天吃飯了。

   　　철수는 내일 밥을 먹는다.

　　위에서 보는 것처럼 중국어에는 '어휘＋문법'의 방식으로 시간 범주를 표현한다. 예문 5의 (나), 6의 (가), 7의 (가)는 '아까', '지금', '내일'과 같은 시간을 표현하는 어휘로 의해서 각기 과거, 현재, 미래의 상황을 표현한다. 상황 발생의 기간 경계가 명확하고 또한 각 사건이 모두 일정 시간 폭을 차지한다. 5의 (가)는 문법 표지 '了'가 나타나지 않아서 과거 시제가 될 수 없다. 그러므로 이런 무표지의 동사인 '吃'는 과거 시제를 표현하는 시간 부사 '剛才'와 같이 나타나면 비문이 된다. 6의 (나), 7의 (나)는 비과거 시제이므로 '了'가 나타나면 비문이 된다.

　　예문 6의 (가)와 7의(가)처럼 동사의 무표지 형식이 '현재'와 '미래' 두 가지 상황의 의미를 표현하고 있다. 어휘의 보조 작용으로 다른 두 가지 시간 의미가 구분된다. 그리고 과거를 표현하는 어떠한 어휘나 문법 형태소가 없으므로 이들은 결코 과거 상황으로 오인되지 않는다.

　　과거 시제를 나타내는 문법 형태소는 '了'를 제외하면 또 두 가지가 있다.

8. (가) 哲洙剛才吃過飯。

  철수는 아까 밥을 먹었다.

  (나) 哲洙12点吃的飯。

  철수는 12시에 밥을 먹었다.

위에서처럼 중국어 시제 의미는 명확하게 어휘를 사용하여 표현하는 것 외에, 과거 시제는 또한 문법 형태소 '了, 過, 的' 등을 써서 표현하기도 한다.[13] 그리고 어휘 형식에 의하지 않고 문법 형태소만 이용해서 과거 시제를 표현할 수 있다.

9. (가) 從北京來了一位客人。

  북경에서 손님이 왔다.

  (나) 我看過這本書。

  내가 이 책을 봤다. / 내가 이 책을 본 적이 있다.

  (다) 他坐飛機來的.

  그는 비행기를 타고 왔다. / 그는 비행기를 타고 온 것이다.

다시 말하면 어휘 방법이 없이 '了', '的', '過' 등 문법 표지만으로도 과거 시제를 표현할 수 있다. 그 반면에 비과거 시제(현재 상황 및 미래 상황)는 어휘 형식으로 표현되며 전문적인 문법 표지가 없다.

상술한 바와 같이 본 논문에서 중국어의 시제는 '了', '的', '過' 등 문법 형태소에 의해 나타나는 과거 시제와 문법 요소가 없고 무표지 형식에 의하여 나타나는 비과거 시제로 나눠진다. 또 비과거 시제는 어휘나 문맥의 보조 작용으로 현재와 미래의 의미가 구분되는 것을 받아들인다(표2-5 참고).

---

13 Ⅳ장에서 '了, 過, 的의 의미를 구체적으로 논의할 것이다.

표 2-5. 중국어의 시제

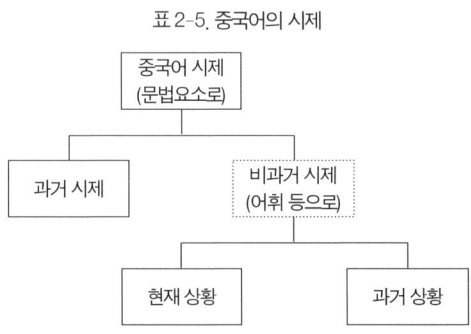

3. 한국어 과거 시제 형태소

제2절에서 한국어의 시제 체계는 '–었–'의 유무에 따라 과거 시제와 비과거 시제가 구별된다. 다시 언급하자면 한국어의 비과거 시제를 표현하는 문법 형태소가 없으므로 한국어의 시제 체계를 논의하려면 주로 과거 시제 형태소를 대상으로 해야 한다.

본 절은 먼저 제1항에서 한국어 과거 시제 형태소로서의 '–었–'에 대한 구체적으로 논의할 것이다. 이 부분에서 주로 '–었–'은 상 요소가 아니라 시제 요소라는 이유를 밝히고자 한다. 이를 위해서 동사의 특성이 '–었–'의 사용에 주는 영향도 논의할 것이다.

제2항과 3항에서 흔히 과거 시제 형태소로 보이는 '–었었–'과 '–더–'에 대해 살펴보고자 한다. 이 부분을 통해서 한국어의 과거 시제 형태소로서 '–었–' 밖에 없다는 것을 증명할 것이다.

표 3-1. '-었-'의 범주에 관한 지금까지의 연구 성과

과거 시제 설	이수득(1988), 최동주(1995), 한동완(1984/1996), 고영근(2007)
완료상 설	남기심(1972, 1983), 서태룡(1998), 이용주(1985)
시제와 상의 복합범주 설	주시경(1910), 최현배(1937), 이지양(1982), 이상국(1994), 서정수(1976, 1996), 이재성(2001), 이익섭(2005), 문숙영(2005)
시제와 상의 별개의 형태소	최현배(1955), 나진석(1971)
양태 설	한현종(1990), 임홍빈(1982/1993)

1) '-었-'의 기능

(1) '-었-'에 대한 선행 연구

'-었-'의 범주에 관한 지금까지의 연구 성과를 정리하여 여러 가지 설을 분류하면 〈표 3-1〉과 같다.

지금까지 '-었-'에 대한 연구는 주로 그 의미를 '과거' 또는 '완료'로 해석한 시제와 상의 문법 범주에서 다루어 왔다. 이 두 문법 범주가 모두 시간 개념 속에서 밀접한 관계를 맺고 있는 것으로 파악되기 때문에 개념상의 혼란을 일으킨다. 이렇게 '-었-'이라는 하나의 형태소가 다양한 의미를 나타낸다는 것은 언어 사용에 혼란을 가중시킬 우려가 있을 뿐만 아니라 학습에도 큰 혼란을 가져다 줄 수 있다. 시제 형식이 하나의 의미 안에 포괄되기 어려운 용법을 가지는 일은 언어학에 일반적인 형상이다. 범언어적으로 과거는 문법적으로 표현되는 가장 빈도 높은 시간 개념이지만 대개 과거 외의 다른 용법을 함께 가지고 있는 경우가 많다. 어떤 문법 형태소가 순수하게 과거만을 나타낸다고 하기 어렵다(Bybee, 1994, 81쪽, 재인용 : 문숙영, 2005, 89쪽). 한국어의 '-었-'도 마찬가지로 과거를 나타내는 동

시에 '완료' 등의 상 의미도 포함한다고 할 수 있다. 그런데 하나의 '-었-'은 두 가지의 형태소로 분석하는 견해(예를 들면 '-었-1'과 '-었-2'로 나누어서 '-었-1'은 시제 요소서 '과거', '-었-2'는 상 요소로서 '완료'를 나타낸다는 견해)를 동의하지 않는다. 과거를 나타내든지 완료를 나타내든지 하나의 '-었-'의 의미 안에 포함되어 있다. 어느 의미가 기본 의미이고 어느 의미가 부차 의미인지 파악하는 것은 중요한 문제이다. 본 논문에서는 '-었-'의 기본 의미가 과거 시제임을 알아보고자 한다. 다음에 '-었-'의 기본 의미가 과거 시제 요소이며 완료상 요소가 아닌 이유를 밝히고자 한다.

(2) '-었-'의 기본 의미―과거 시제 요소

하나의 상황은 시간의 흐름 위에 시간 위치가 정해진다. 문장에서는 이 상황이 위치하는 시점, 즉 사건시 와 기준이 되는 시점 ― 일반적으로 발화시 사이의 시간적 선후 관계에 의해 시제가 결정된다. 사건시가 발화시에 앞설 때 우리는 이를 과거 시제라고 하고 선어말 어미 '-었-'으로 나타낸다.

10. (가) 철수가 밥을 먹는다.
    (나) 철수가 밥을 먹었다.

예문 10(가)과 10(나)의 의미 차이는 '-었-'이라는 형태소의 유무에 의해 드러난다. 예문 10(가)는 밥을 먹는 행위가 발화시와 일치하고 있으며 10(나)는 밥을 먹은 행위가 발화시 이전에, 즉 과거 시간에 이루어졌다는 의미로 해석될 수 있다. 즉 '-었-'은 단순히 과거를 나타낸다고 할 수 있다.
예문 10에 과거를 나타내는 시간 부사어를 결합시키면 다음과 같다.

11. (가) *아까 철수가 밥을 먹는다.
    (나) 아까 철수가 밥을 먹었다.

예문 10(나)에 과거를 나타내는 시간 부사어를 결합시켜 보면 예문 11(나)과 같이 사건이 발화시보다 이전에 일어났음이 더욱 분명해진다. 반면에 예문 11(가)처럼 원래 '-었-'이 쓰이지 않은 문장에 과거를 나타내는 시간 부사어가 결합하면 비문이 된다. 한편, 예문 10(나)처럼 과거를 나타내는 시간 부사어와 결합하지 않고 '-었-'이 쓰일 경우 11(나)와 마찬가지로 과거 상황을 나타낸다. 이런 예들을 통해서 한국어의 과거 시제는 '-었-'에 의해서 나타낸다는 것을 알 수 있다.

반면에 '-었-'이 다음과 같은 경우에 쓰일 수 없다.

12. *내일 철수가 밥을 먹었다.

예문 12는 과거에 발생한 상황이 아니라서 과거 시제를 표시하는 '-었-'이 쓰일 수 없다. 또 다음과 같은 예를 보자.

13. (가) *철수야! 밥을 먹었어라.
    (나) *철수야! 밥을 먹었자.

예문 13(가)와 13(나)는 각각 명령문과 청유문이다. 여기에 '-었-'이 쓰일 수 없다. 이것은 명령과 청유는 화자 혹은 청자의 행동의 변화를 발화시 현재에 요구하는 것이기 때문이다. '-었-'은 발화시보다 이전에 일어난 상황을 나타내기 때문에 예문 12, 13과 같은 비과거의 경우에 나타날 수 없다.

3) '–었–'의 기본 의미가 상 요소가 아닌 이유

시제는 상황이 위치되어진 시점(사건시)과 기준이 되는 시점 사이의 시간적 선후관계를 나타내는 것인데 반해 상은 술어 동사가 어떻게 움직이느냐 하는 것을 나타낸다. 즉 상은 시간의 선후관계와 무관하게 술어 동사 자체의 상적 자질과 밀접한 관계를 가진다.

아직까지도 '–었–'이 완료상임을 주장하는 논의들이 나오고 있다. 이 부분에서 '–었–'의 기본 의미가 완료상으로 보기 어려운 이유를 밝히고자 한다.

첫째, '–었–'이 다른 상 요소와 같이 나타날 수 있다.

상은 상황의 시간 내적 구성을 표현함으로써 크게 '진행'과 '완료' 두 가지가 있다. 하나의 문장은 하나의 상황을 나타내므로 상황의 전개 모습을 나타내는 상은 하나의 문장에서 하나만 나타날 수 있다. '–었–'을 상 요소로 보면 다음과 같은 예문이 비문이 될 것이다.

14. 철수가 방금 밥을 먹고 있었다.

예문 14의 '먹고 있었다' 중의 '–고 있–'은 진행상을 나타낸다. 그 뒤에 붙인 '–었–'을 상 요소로 보면 하나의 문장에 두 개의 상이 나타나게 된다. 이렇게 하면 의미적 충돌을 일으켜서 비문이 될 것이다. 그러나 예문 14는 비문이 아니고 자연스러운 정문이다. '–고 있–'의 상 의미는 분명하므로 예문 14 중의 '–었–'은 '완료'라는 상의 기능을 할 수 없다. '–고 있–'와 '–었–'이 결합된 '–고 있었–'은 '과거진행상'이라고 할 수 있는데 그중에 '과거'가 '–었–'에 의해 나타나고 시제 범주에 속하며 '진행'이 '–고 있–'에 의해 나타나고 상 범주에 속한다. 예문 14에서 상황은 발화시를 기준으로 과거에 일어났기에 '-었-'은 상황의 시간 위치가 과거라는 것을 나타내는 과거 시제의 문법 의미임을 알 수 있다.

둘째, 상황의 끝점이 확인되지 않은 상황에도 '-었-'이 쓰일 수 있다. '-었-'의 기본 의미는 완료이면 '-었-'과 결합되는 상황이 반드시 이미 끝난 상황이어야 한다. 그런데 '-었-'은 아직 지속된 상황에도 쓰일 수 있다.

15. (가) 치마를 입었다.

(나) 꽃이 피었다.

예문 15(가)의 '치마를 입고 있는'상황과 15(나)의 '꽃이 피어 있는' 상황이 다 끝나지 않은 상황이다. 따라서 '-었-'의 기본 의미는 완료일 수 없다. 그리고 앞에서 살펴본 '밥을 먹고 있었다'처럼 끝나지 않은 상황에도 결합될 수 있다는 점에서 '-었-'은 완료상이 될 수 없다. '-었-'이 어떤 동사와 결합될 때 완료의 의미를 나타내는 것은 '-었-'에 의해서가 아니라 동사의 특성에 의해서 표현되는 것이다. '-었-'의 기본 의미는 과거일 뿐이다. 물론 이런 예문을 가지고 '-었-'은 '현재지속' 등과 같은 상적 의미를 나타낸다고 주장하는 학자도 있다. 사실은 이것도 '-었-'이 자체의 의미가 아니라 동사의 특성이 가져온 의미이다.[14]

---

[14] 이 부분에 대해서 다음 절에서 구체적으로 논의할 것이다. 그리고 종래 '-었-'의 의미로 주목되었던 과거 완결, 과거 완결 상태, 과거진행, 과거반복, 과거 확정, 기정, 현재 상태, 현재지속, 현재 완결 상태, 미래 완결, 완료, 완결, 단속 등의 상적인 의미는 모두 '-었-' 자체의 의미라기보다는 '-었-'과 통합된 문장의 전후 맥락이 어떠한가, 특히 용언의 성격이 무엇인가에 따라서 산출되는 의미에 불과하다는 것이라고 한동완(1996, 43쪽)에서 지적한 바 있다.

4) 동사의 특성이 '-었-'에 주는 영향

'−었−'의 기능은 '완료'라고 하고 '상'의 범주에 넣어주거나 '과거'와 '완료' 두 가지 기능이 있고 '시제'와 '상'의 복합 범주에 속한다고 주장하는 학자는 늘 다음과 같은 예문을 든다.

16. 철수는 지금 의자에 앉았다.

예문 16은 철수가 의자에 앉아서 그 앉은 상태가 발화시점에도 지속되고 있음을 뜻한다. 이처럼 '−었−'이 과거의 상황을 뜻할 뿐만 아니라 현재의 결과상태를 나타낼 수도 있다는 사실은 큰 논란을 불러일으켰다. 이와 관련하여 '−었−'은 '과거'와 '완료' 두 가지 기능을 갖는다고 주장하는 견해도 있으며 '과거'의 기능을 갖는 '−었−'과 '완료'의 기능을 갖는 '−었−'을 별개의 형태소로 간주하는 견해도 있다. 사실은 이러한 '−었−'의 의미 차이가 동사의 특성으로 인한다.

동사의 특성이 '−었−'의 의미에 주는 영향을 설명하기 위해서 먼저 동사의 특성에 대해 분류를 해야 된다. 동사의 전개 모습(시작, 진행, 완료, 완료지속, 등)을 인식하는 방식에 따라 동사 특성의 종류와 분류 기준은 학자마다 다르다.[15] 분류 기준 중에서 제일 중요한 것은 지속의 여부와 완료점의 유무이다. 완료점은 동작이 완료되어 동적인 움직임이 정적인 상태로 바뀌는 전환점이다. 완료점이 없는 동사는 동작이 시작된 후부터 그 동작이 지속됨을 의미한다. 그러므로 완료의 의미를 가지지 않는다. 반면에

---

15 동사의 분류 기준을 살펴보면 油谷幸利(1978)에서는 상태성, 결과성, 순간성으로 보았고, 이남순(1981)에서는 동적, 정적, 국시적으로 보았으며, 이지양(1982)에서는 일점성, 동적, 완성점으로 분류하고 옥태권(1986)에서는 상태성, 순간성, 결과성으로 분류하였다.

완료점을 가지는 동사는 완료될 수 있으므로 완료의 의미를 나타낸다. 그리고 이 동작은 자체가 지속하는가, 완료된 후부터 그 상태가 지속하는가에 따라 동사를 분류할 수 있다.

동작이나 상태의 지속성은 →로 표시하며 완료점은 '●'로 표시한다. 상술 속성이 없으면 모두 'X'로 표시한다.

① 순간완료(X ● X)

순간완료에 속하는 동사들로는 '죽다, 빌리다' 등이 있다. 이런 동사들은 동작의 시작점과 완료점 사이에 시간 폭이 거의 없다. 순간적으로 끝나고 지속될 수 없다. 그래서 순간완료라고 한다. 이런 동작들이 과거에 발생하면 시간축에서 표시하면 다음과 같다.

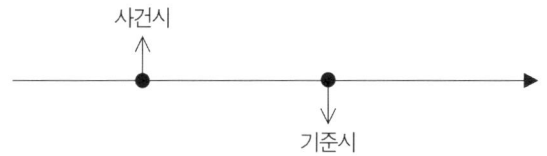

이런 동사들이 '−었−'과 결합되어서 과거를 나타내는 동시에 사건이 이미 과거에 끝났기 때문에 자연히 완료의 의미도 나타낸다. 그러므로 완료란 의미는 '−었−'에 의해서 표현되는 것이 아니라 동사 자체의 특성에 의해서이다.

② 지속−완료(→ ● X)

지속−완료 속하는 동사들로는 '마시다, 만나다' 등이 있다. 이런 동사들은 동작의 시작점과 완료점 사이에 일정한 시간 폭이 있다. 즉, 일정 시간 안에 지속될 수 있다. 이런 동작들이 과거에 발생하면 시간축으로 표시하면 다음과 같다.

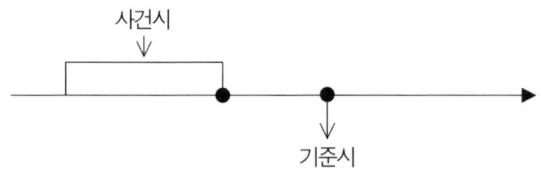

　이런 동사들이 '–었–'과 결합되면 기준시 전에 이미 끝났음을 나타낸다. 즉 완료점이 기준시 전에 위치한다는 뜻이다. 그러므로 이럴 때는 완료의 의미도 동반된다.

③ 지속–완료–지속(→ ● →)
　지속–완료–지속에 속하는 동사들로는 '앉다, 눕다, 서다, 입다' 등이 있다. 이런 동사들은 동작의 시작점과 완료점 사이에 일정한 시간 폭이 있다. 그리고 구체적인 동작이 끝난 후에도 그 상태가 일정 시간 동안 지속된다. 이런 동작들이 과거에 발생하면 시간축으로 표시하면 다음과 같다.

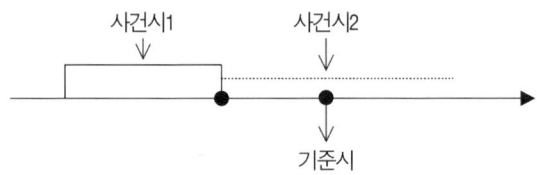

　이런 동작들에 대해 서술할 때 동작 자체를 보느냐, 지속되는 상태를 보느냐에 따라 두 가지 서술 형식이 있다.

　　17. (가) 치마를 입었다.

(나) 치마를 입고 있다.

예문 17의 (가)는 이런 동사들과 '-었-'이 같이 나타나는 일례이다. 많은 학자들이 이와 같은 예문을 가지고 '-었-'이 현재의 상황에도 쓰일 수 있다고 주장한다. 그 이유는 그 '치마'를 지금도 '입고 있다'는 것이다. '-었-'이 시제가 아니라 상 범주임을 주장해 온 논의의 대부분은 이 '-었-'이 '옷을 입었다'나 '꽃이 피었다'처럼 과거에 국한되지 않고 현재에도 지속되는 상황에 결합되는 경우를 그 근거로 들어 온 것이 사실이며, 과거 시제의 '-었-'과 완료상의 '-었-'으로 나눈 논의도 일부는 현재 지속되는 상황에 '-었-'이 결합되는 것이 이유가 되기도 했다. '-었-'이 사건 전체 시구간만을 대상으로 그 위치를 한정하는 것이 아니라 사건이 벌어지는 내부 어떤 시점에 대해서도 자유롭게 결합된다(문숙영, 2005, 20쪽). 사실 이 문장은 '치마를 입다'라는 구체적인 동작을 대상으로 서술하는 것이다. 동작이 시작점과 완료점이 다 과거에 위치하기 때문에 당연히 현재 시제가 아니라 과거 시제다.

그러나 이 동작이 끝난 후에 그 상태가 지금까지 지속될 수 있다. 이 지속되는 상태를 대상으로 서술하면 보통 예문 (나)와 같이 '-고 있-'이나 '-어 있-'을 이용한다.

④ 지속(→ X X)
지속에 속하는 동사들로는 '사랑하다, 믿다' 등이 있고 거의 다 심리동사이다. 이런 동사들은 동작이 처음부터 구체적인 동작이 없고 일단 시작하면 완료점이 없이[16] 계속 지속될 것이다. 이런 동작들이 과거에 발생하

---

16 이런 동사들은 완료점이 없다는 것은 그 상태가 영원히 끝나지 않는다는 뜻이 아니다. 이런 동사는 완료점이 없지만 상태 바뀐 점이 있다. 다시 말해서 '사랑하고 났다'라고 할 수 없지만 '사랑하다가 사랑하지 않게 되었다'라고 할 수 있다.

면 시간축으로 표시하면 다음과 같다.

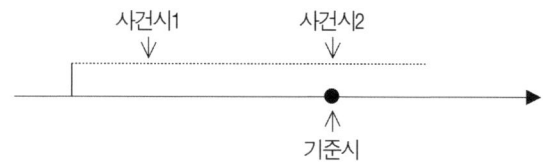

18. (가) 그를 사랑한다.

(나) 그를 사랑했다.

예문 18의 (나)는 항상 '-었-'의 시제설에 대한 반례로 이용된다. '-었-'이 과거 시제라면 원칙적으로 '-었-'이 결합된 상황은 과거에 이미 끝난 상황이라고 생각되기 때문이다. 그런데 이 문장의 '그를 사랑했다'는 상황이 과거에 끝나지 않고 아직 계속되고 있을 수도 있다.

과거 시제는 반드시 이미 끝난 상황에 결합되어야 하는 것이 아니다. 이에 대해 문숙영(2005)은 끝나지 않은 상황에 '-었-'이 결합되는 경우는 상당히 흔하며 이들 예의 '-었-'은 보통의 '-었-'에 비해 별로 특별할 것이 없다고 하였다. 과거 시제의 사용은 반드시 사건의 완료점이 과거에 있다는 것을 전제하지 않는다. '상황시의 위치 지시'라는 시제 정의에 대해 해당 시점에 해당 상황이 위치한다는 사실만을 약정할 뿐, 상황시의 시간 경계에 대해서는 전제하는 바가 없다고 문숙영(2009)이 지적한 바 있다. 그러므로 예문 18의 (나)는 과거의 어느 시점에 '그를 사랑한다'는 상황이 있었다고 하는 것이다. 즉 예문 18의 (나)는 '과거의 어느 시점'을 사건시(사건시1)로 하며 18의 (가)는 '지금의 시점, 즉 발화시'를 사건시(사건시2)로 하는 것이다. 즉, 화자가 자기가 말하고자 하는 시간(이렇게 화자가 말하고자 하는 시간에 대해 문숙영(2009, 10~14쪽)은 '화제시'라고 정의하고 또한 인식시가 화

제시가 될 때도 있고 경험시가 화제시가 될 때도 있으며 단순히 어떤 시간이 화지시가
될 때도 있다고 지적한 바 있다)에 따라서 시제를 선택할 수 있다.

⑤ 완료−지속(X ● →)

완료−지속에 속하는 동사들로는 '켜다, 끄다, 놓다, 걸다' 등이 있다. 이
런 동사들은 동작의 시작점과 완료점 사이에 시간 폭이 거의 없지만 이 동
작이 끝난 후의 상태가 일정 시간 동안 지속될 수 있다. 이런 동작들이 과
거에 발생하면 시간축으로 표시하면 다음과 같다.

이런 동사들은 앞의 ③ 지속−완성−지속(→ ● →)의 동사들과 시제 표
현이 비슷하다.

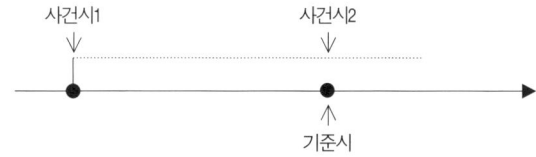

19. (가) 불을 켰다.

　　(나) 불이 켜졌다.

　　(다) 불이 켜져 있다.

동작 자체만 보면 과거 시제, 지속되는 상태를 보면 비과거 시제를 쓴
다. 여기의 상태는 동작을 주는 사람이 아니라 동작을 받는 물체의 상태일
때 그 물체의 각도에서 서술해야 된다. 즉, 물체의 상태를 서술할 때 보통
예문 (다)처럼 이 동사의 피동형을 이용해야 된다.

한편, '−었−'은 미래의 일에 쓰이는 특이한 용법도 있다.

20. (가) 너 죽었다.

   (나) 내일 밥은 다 먹었다.

예문 20에서 보듯이 '-었-'은 아직 발생하지 않은 일을 이미 끝난 일처럼 말하는 용법으로 쓰일 수도 있다. 이를 대해서 이익섭(2005)은 '가상의 미래'라고 하며 '가상 세계에서의 과거 시제를 나타내는 기능이라 할 수 있을 것이다'라고 말한 바가 있다. 이런 예문들을 가지고 '-었-'이 과거 시제설을 반대하는 학자도 있다. 사실은 이것도 화자가 자기가 선택한 시제 표현이다. 말하는 이가 아직 발생하지 않은 일을 이미 발생한 것처럼 생각하고 매우 확신 있게 서술하는 것이다. 즉 발화 시점 이후의 상황이지만 과거 시제를 사용하여 이미 이루어진 것으로 나타냄으로써 '화자의 확신, 결단' 등을 표현한 것이라고 할 수 있는 것이다(한동완, 1996, 53~57쪽). '-었-'은 과거 시제를 나타내는 선어말어미라고 보는 것이 가장 합리적이라고 하겠다. 다른 표현이 가능한 것도 '-었-'의 기능이 과거이기 때문이라고 할 수 있는 것이다(최동주, 1998, 232쪽). 게다가 이런 경우는 극히 드물고 제한된 일이다. 그러므로 이런 문장은 '-었-'이 비과거 시제에 쓰일 수도 있는 이유가 될 수 없다.

이상은 한국어의 과거 시제 형태소인 '-었-'에 대해서 구체적으로 논의하였다. '-었-'의 유무에 따라 과거 시제와 비과거 시제가 구분된다. '-었-'의 기본 의미는 과거 시제 요소이고 상 요소가 아니다. -었-'이 있는 문장은 과거완료, 현재지속 등과 같은 의미도 나타낼 수 있지만 이것은 '-었-'에 의해서가 아니라 동사의 특성에 의해 표현된다.

표 3-2. '−었었−' 형성에 관한 연구

단일 형태	이남순(1981), 남기심(1972, 1978, 1985), 이익섭 · 임홍빈(1983)
각각 별도의 기능	성기철(1974), 한현종(1990), 이상국(1994), 임홍빈 · 장소원(1995), 이재성(2001), 고영근(2007)
동일한 형태소의 반복	서태룡(1988), 한동완(1996), 최동주(1995), 문숙영(2003, 2005), 이익섭(2005)

표 3-3. '−었었−' 의미에 대한 연구

대과거	박승빈(1935), 김윤경(1957), 이희승(1965), 허웅(1968), 이익섭(1970), 문숙영(2000, 2003, 2005)
과거완료	주시경(1910), 박승빈(1935), 최현배(1937)
단속상	남기심(1972, 1978, 1985), 이정민(1985)

2) '−었었−'의 기능

'−었었−'의 형성에 관한 지금까지의 연구 성과를 정리하여 분류하면 〈표 3-2〉와 같다. 그리고 '−었었−'의 의미에 대한 지금까지의 연구 성과를 정리하여 분류하면 〈표 3-3〉과 같다.

먼저 '−었었−'은 '대과거(지난적의 지난적, 과거의 과거, 중과거라고도 불린다)'로 보는 견해가 많이 있다.

21. 어제 내가 회사에 도착했을 때 철수는 이미 갔었어요.

예문 21은 '철수는 이미 간' 것은 과거의 사건인 '내가 회사에 도착한' 사건 이전에 있었음을 뜻한다. 다시 말하면 '−었었−'은 과거의 일이되 그 다음에 그것과 관련되는 일이 하나 더 일어났다는 점을 함축한다는 점에서 '−었−'과 구별된다. 이처럼 '과거의 과거로' 해석되는 '−었었−'의 용법은 흔히 '대과거'라고 불리어 왔다. 과거 시제보다 한 단계 앞의 과거를 나타내 주는 시제라는 뜻이다.

'-었었-'의 해석도 동사의 특성이나 문맥과 밀접하게 관련되어 있다.

22. (가) 그도 부산에 갔었다. (남기심, 1972, 1981, 12쪽)

　　(나) 그는 참 착했었다. (남기심, 1972, 1981, 13쪽)

예문 22의 (가)는 여러 가지의 해석이 가능하다. 첫째, 과거 어느 시점에서 '부산에 가고 없었다'는 의미로 해석될 수 있다. 이때의 '-었었-'은 과거 어느 시점에서의 '결과상태'를 의미하는 것으로 '과거의 과거'라고 할 수 있다. 둘째, '부산에 갔다가 돌아왔다'는 뜻으로 해석할 수도 있는데, 이 경우는 '단속'의 의미를 갖는다고 할 수 있다(남기심, 1972, 1981, 12쪽). 셋째, 단순히 '그는 부산에 간 사실이 있었음'에 초점이 주어질 수도 있다. 22의 (나)는 서술어가 형용사인 문장의 예이다. 남기심(1978, 1981)에서는 이에 대하여 이때의 '-었었-'은 '말하는 이의 심리적 간격 의식이 먼저의 사건(혹은 상태)과 현재의 상황 사이를 일단 단절된 것으로 표현'하는 것이라고 설명한 바 있다.

'-었었-'의 기능은 이렇게 많은 해석이 되는 현상은 '-었었-'을 '-었-'의 복합형으로 봄으로써 설명이 가능하다고 본다. 이익섭·임홍빈(1983)은 '-었었-'이 쓰인 문장은 '-었-'으로 표현될 상황이 내재해 있으면서 그것이 표면으로 드러나지 않는 것을 그 특징으로 한다고 하였다. 즉 뒤의 '-었-'이 지시하는 상황이 문장에 제시되거나 문맥적으로 명확한 경우에는 '과거의 과거'의 의미를 갖기도 하지만 때로 드러나지 않음으로써 언급되는 상황 이후에 어떤 변화라든가 다른 일이 있었을 가능성을 암시할 수도 있으며, 혹은 실제로는 존재하지 않아서 단지 심리적 거리감만을 전달하기도 한다고 볼 수 있는 것이다(최동주, 1995, 208쪽). 이익섭(2005)

은 '-었었-'은 전체적으로 하나의 독자적인 시제라고 하기에는 그 체계가 허술한 면이 있고 '과거 시제의 한 변종'이라고 언급한 바가 있다.

본 논문에서 '-었었-'을 하나의 형태소로 보지 않고 김차균(1980), 이익섭·임홍빈(1983)과 문숙영(2000, 2003, 2005)의 견해를 참고로 해서 '-었었-'을 과거 시제 형태소인 '-었-'의 반복형으로 보고 두 '-었-'은 다 과거 시제를 표현한다고 본다.

(1) '-었었-'의 형성

먼저 '-었었-'은 단일 형태소가 아닌 이유를 밝히고자 한다. 문숙영(2005)은 '-었었-'이 단일 형태소가 아니라고 설명하기 위해서 다음과 같은 예문을 들었다.

23. 가출한 학생을 찾으러 나는 학원가로 갔고, 김선생님은 극장가로 갔었어.

만약 '-었었-'은 단일 형태소이라면 이 문장이 다음과 같은 구조로 될 것이다.

24. (가) [나는 학원가로 갔고, 김선생님은 극장가로 가-]-았었-어

　　(나) [나는 학원가로 갔고, 김선생님은 극장가로 가- -았었] -어

그런데 예문 23의 선행절과 후행절의 사건은 다 같은 과거에 있기 때문에 하나는 '갔'으로 표현하고 하나는 '가'나 '갔었'로 표현하면 비문이 된다. 그러므로 이 문장은 다음과 같이 분석해야 된다.

25. [나는 학원가로 갔고, 김선생님은 극장가로 갔-었-어

이렇게 하면 같은 시간에 발생한 사건을 다 '갔'으로 표현해서 자연스럽다. 이런 분석을 통해서 '-었었-'은 단일 형태소가 아니라 '-었-'+'-었-'로 형성된 것이라는 것을 알 수 있다.

다음 문제로서 이 두 '-었-'은 같은 형태소인가 하는 것이다. 예문 25에서 보듯이 앞의 '-었-'은 '가-'의 뒤에 붙어서 과거 시제를 나타내며 뒤의 '-었-'은 선행절과 후행절의 뒤에 붙어서 과거 시제를 나타낸다. 그러므로 이 두 '-었-'은 같은 과거 시제 형태소일 수밖에 없다. 그리고 앞에서도 언급했듯이 '-었-'의 기본 의미는 과거 시제 요소이므로 여기에서 '-었-'의 의미를 따로 설정하지 않겠다.

따라서 '-었었-'은 '-었-'의 반복이며 '-었-'은 역시 과거 시제 형태소이다.

(2) '-었었-'의 기능

이 부분에서 '-었었-'은 '-었-'의 반복으로서 그 구체적인 의미가 무엇인지를 밝히고자 한다. 즉, 한 사건에 과거 시제 형태소인 '-었-'을 왜 두 번 쓰는가 하는 문제를 밝히고자 한다. 기본적으로 앞의 '-었-'은 사건을 과거에 위치시키며 뒤의 '-었-'은 앞의 '과거 사건 구조(사건+앞의 '-었-')'를 다시 과거에 위치시킨다고 본다. 다시 말해서 앞의 '-었-'은 사건을 어떤 기준시의 앞에 위치시키며 뒤의 '-었-'은 이 사건과 이 기준시로 형성된 구조를 또 새로운 기준시(보통 발화시)의 앞에 위치시킨다. 이것은 '과거 속의 과거'나 '과거의 과거'로 파악해 온 대과거 설과 비슷하다.

기준시 2는 보통 발화시이니까 특별히 설명할 필요가 없다. 다음에 기준시 1은 무엇인지 확인할 것이다. 먼저 선행절에서 기준시 1을 제시하는 경우가 많다.

26. 내가 집에 도착했을 때 그는 이미 떠났었다.

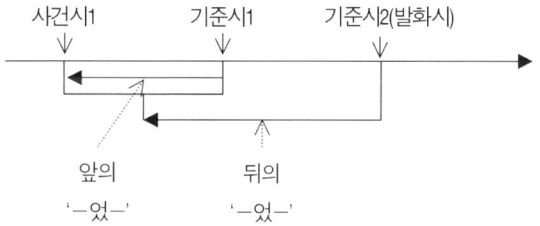

앞의   뒤의
'-었-'   '-었-'

예문 26의 기준시 1은 '내가 집에 도착했을 때'이다. 먼저 '떠나'의 뒤에 앞의 '-었-'을 붙임으로써 '떠난'다는 사건을 기준시 1인 '내가 집에 도착했을 때' 전에 위치시켰다. 그 다음에 "떠나+앞의 '-었-' 떠났"의 뒤에 뒤의 '-었-'을 붙임으로써 이미 '떠났'다는 과거 사건 구조를 또 기준시 2인 발화시 전에 위치시켰다. 그렇다면 이 문장의 사건(그는 떠난다)이 과거의 어떤 사건(내가 집에 도착한다는 것) 전에 발생하므로 예로부터 '-었었-'은 '대과거'나 '과거의 과거'라고 불려 왔다.

한편, 선행절이 없는 경우에 기준시 1은 무엇인지 겉으로 제시되지 않는다. 이럴 때는 기준시 1을 문맥에서 찾아내야 하거나 아예 제시되지 않는 일이 흔하다고 할 수 있다(문숙영, 2005, 122쪽). 이 경우의 기준시 1을 살펴보고자 한다.

보통 상태지속형 동사, 즉 앞에서 언급했던 '지속', '지속-완료-지속'과 '완료-지속' 형 동사는 '-었었-'과 결합되면 그 기준시 1을 쉽게 판단할 수 있다. 이런 경우의 기준시 1은 보통 지속 상태가 끝날 때이다.

27. (가) 철수를 사랑했었다.

　　(나) 의자에 앉았었다.

　　(다) 불을 켰었다.

예문 27(가)는 '지속'형 동사인 '사랑하다'가 '-었-'과 결합된 예이다. 이 문장의 기준시 1은 '사랑하다'란 상태가 끝날 때이다. 다시 말해서 '사랑하지 않기 시작할 때'를 기준시 1로 해서 그 전에 '사랑하다'란 사실을 말하는 것이다. 예문 (나)는 '지속-완료-지속'형 동사인 '앉다'가 '-었-'과 결합된 예이다. 이 문장의 기준시 1은 '앉아 있다'란 상태가 끝날 때이다. 다시 말해서 '앉아 있지 않기 시작할 때(일어날 때)'를 기준시 1로 해서 그 전에 '앉다'란 사실을 말하는 것이다. 예문 (다)는 '완료-지속'형 동사인 '켜다'가 '-었-'과 결합된 예이다. 이 문장의 기준시 1은 '불이 켜져 있다'란 상태가 끝날 때이다. 다시 말해서 '불이 켜져 있지 않기 시작할 때(불이 꺼질 때)'를 기준시 1로 해서 그 전에 '켜다'란 사실을 말하는 것이다.

'지속'형 동사가 아닌 다른 동사, 즉 앞에서 언급했던 '순간 완료'와 '지속-완료'형 동사는 '-었었-'과 결합될 때 기준시 1을 쉽게 판단할 수 없다. 이런 경우에 화자가 과거의 어떤 변화나 어떤 일의 발생 시점을 기준시 1로 하며 혹은 실제로는 존재하지 않아서 단지 화자가 심리적으로 과거의 어떤 시점을 기준시 1로 설정하는 것이다. 따라서 이런 문장에 대해서 듣는 이가 기준시 1을 파악할 수 없는 경우도 많이 있다.

28. 철수가 어제 김치를 먹었었다.

예문 28의 기준시 1로서 오늘 철수가 김치를 먹을 때(오늘 이미 먹었다)일 수도 있고 어제 화자가 철수를 만날 때일 수도 있으며 혹은 화자가 생각하는 다른 어떤 시점일 수도 있다.

이상은 '-었었-'에 대해서 논의하였다. '-었었-'은 단일 형태소가 아니라 '-었-'의 복합형이다. '-었었-'에 대해 의미를 따로 설정할 필요가 없고 과거 시제 형태소인 '-었-'이 두 번 쓰이는 것으로 본다. 앞의 '-었-'은 사건을 어떤 기준시의 앞에 위치시키며 뒤의 '-었-'은 이 사건과 이

기준시로 형성된 구조를 또 새로운 기준시(보통 발화시)의 앞에 위치시킨다. 이 견해가 기존에 있는 '과거 속의 과거'나 '과거의 과거'설과 비슷하다.

3) '-더-'의 기능

한국어의 시제와 관련된 또 하나의 중요한 선어말어미는 '-더-'다. '-더-'는 흔히 '회상시제'[17]나 '과거 시제'[18]의 형태소로 불려 왔다. 즉 '-더-'는 화자가 직접 경험하고 확인하고 체득한 상황을 회상하고 전달 보고하는 기능을 가진 시제의 형태소이다. 그런데 이런 관점으로 다음과 같은 예문들을 해석할 수 없다.

29. (가) 철수가 식당에서 밥을 먹더냐?
    (나) 계획표를 보니까 철수가 내일 출장 가더라.

예문 29의 (가)는 화자가 경험한 상황이라고 하면 청자에게 이 사건에 대해 의문을 제기할 필요가 없다. 예문 29의 (나)는 '내일' 발생할 상황(출장 간다)을 '회상'하는데 비문이 될 것이다. 그런데 예문 29의 (가)와 (나)는 모두 비문이 아니고 정확한 표현이다. 그러므로 '-더-'에 대한 상술한 정의는 문제가 있다고 할 수 있다.

예로부터 '-더-'를 '과거 시제'나 '회상시제'로 보는 견해가 흔히 있다.

---

17 최현배(1937, 1959), 김차균(1980), 유동석(1981), 고영근(1981) 등에서 '-더-'를 회상시제로 본다.

18 박승빈(1935), 정열모(1946), 나진석(1971), 서정수(1979), 안동환(1980)에서 '-더-'를 과거 시제로 본다.

다음 예문을 보자.

> 30. (가) 철수는 지금 식당에서 밥을 먹는다.
> (나) 철수는 아까 식당에서 밥을 먹더라.
> (다) 철수는 아까 식당에서 밥을 먹었다.

예문 30의 (가)와 (나)는 각각 현재와 과거의 상황을 가리키고 있다. 언뜻 보아 '-더-'가 과거의 상황을 지시하는 듯이 보인다. 과거의 상황은 예문 30의 (다)에서 볼 수 있듯이 '-었-'에 의해서도 표현된다. 그래서 기존의 연구에서 '-더-'를 '-었-'과 같이 과거 시제를 나타내는 형태소로 보는 견해가 많이 있다.

> 31. (가) 계획표를 보니까 철수가 내일 출장 가더라.
> (나) 철수는 꼭 화나겠더라.

예문 31의 (가)에서 '출장 가'는 것은 과거의 일이 아니라 미래의 일이다. 즉, '-더-'는 상황의 시점을 과거에 위치시키는 것이 아니다. 예문 31의 (가)는 발화시점 이전에 내일 '철수는 출장간다'는 사실을 알았다는 것을 뜻하며 그 사실을 확인한 시점에서의 미래 상황을 나타내고 있다. 여기에서 주목해야 될 것은 예문 31의 (가)의 미래가 발화시점 기준의 미래가 아니라 그 상황을 알게 된 시점을 기준으로 하는 미래라는 것이다. 예문 31의 (나)도 마찬가지로 발화시 이전의 어느 시점에서의 추측한 사실을 가리킨다. 이 상황을 화자가 직접 목격하였거나 아니면 누구한테 들은 경우일 터인데 '-더-'와 어울린 문장의 내용은 이처럼 화자가 직접 겪은 일이든 누구한테 들은 것이든 화자 스스로 지각하고 인식한 일들이다. '내가 봐서 아는데', '내가 깨달은 사실인데', '알고 보니'와 같은 뜻이 함축되어 있는 이야기인 것이다. 상술한 바와 같이 '–더–'는 과거의 어떤 상황을 알게 된 시점을 기준 시점으로 한다. 본 논문에서 최동주(1994)의 견해를 받아들여 그 시점을 '인식시'[19]라고 부르고 '–더–'를 '기준시점의 이동 도구'라고 보기로 한다.

예문 30의 (가), (나), (다)를 도표로 표시하면 각각 다음과 같다.

(가) 철수는 지금 식당에서 밥을 먹는다.

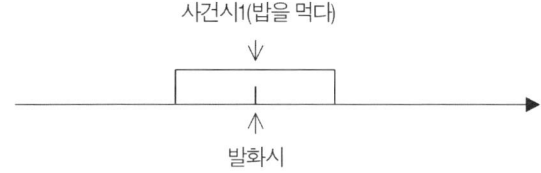

(나) 철수는 어제 식당에서 밥을 먹더라.

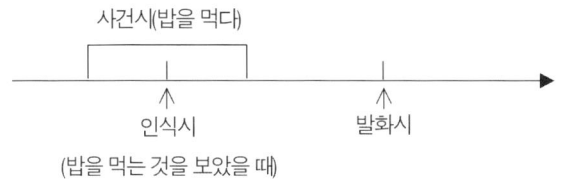

(다) 철수는 어제 식당에서 밥을 먹었다.

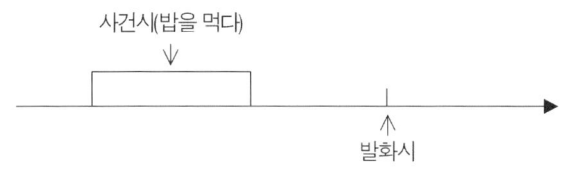

---

19 한동완(1996)에서 이런 시점을 상황 인식시(줄여서 인식시)라고 불렀다(22~23쪽).

예문 31(가), (나)를 도표로 표시하면 각각 다음과 같다.

(가) 계획표를 보니까 철수가 내일 출장 가더라.

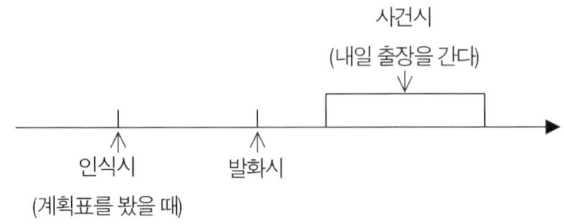

(나) 철수는 꼭 화나겠더라.

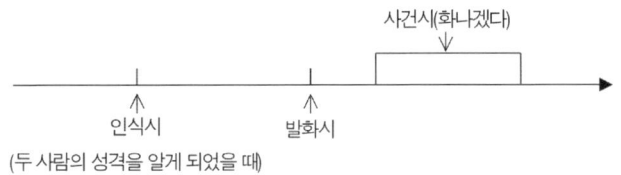

　여기서 '–더–'에 발화시 이전의 어떤 상황을 알게 된 시점을 기준시점으로 하여 표현하는 기능이 있음을 알 수 있다. 즉 예문 30의 (나)는 '–더–'에 의해 '철수는 밥을 먹는'다는 상황을 알게 된 시점이 기준시가 되고 그 시점에서의 현재상황이다. 다만 발화시를 기준시점으로 볼 때 과거가 되는 것이다.

　상술 예문을 통해서 '–더–'는 '과거 시제'가 아니라는 것을 알 수 있다. 그런데 '–더–'는 과연 과거 시제 형태소인 '–었–'과 무슨 관련이 있느냐에 대해서 다음 예문을 통해 살펴보자.

32. (가) 철수는 아까 식당에서 밥을 먹더라.
　　(나) 철수는 아까 식당에서 밥을 먹었더라.

예문 32의 (가)는 말하는 이가 발화시 이전의 어느 시점에서 철수가 밥을 먹는 것을 보았다는 의미이다. 즉 인식시가 바로 철수가 밥을 먹는 때이었다. 예문 32의 (나)는 철수가 이미 인식시 이전에 식당에서 떠나서 말하는 이가 다른 경로(철수가 먹고 남은 흔적)를 통해 철수가 식당에서 먹었다는 사실을 인식시에 알게 되었다는 의미이다. 즉, 예문 32의 (가)는 인식시 기준의 현재이며 예문 32의 (나)는 인식시 기준의 과거이다. 여기서 주의해야 될 것은 (나)의 '과거'라는 시제는 '-더-'에 의해 실현되는 것이 아니라 '-더-' 앞에 있는 '-었-'에 의해 실현된다는 것이다. 즉, '-더-'는 과거 시제 형태소가 아니고 '-었-'이야말로 과거 시제 형태소이다. 그리고 만약 '철수가 식당에서 밥을 먹는' 것을 화자가 직접 보면 예문 32의 (나)처럼 말할 수 없다. 먹는 것을 직접 보았다면 인식시의 현재 시제가 되어 '-었-'이 나타날 수 없기 때문이다.

예문 32를 도표로 표시하면 다음과 같다.

(가) 철수는 아까 식당에서 밥을 먹더라.

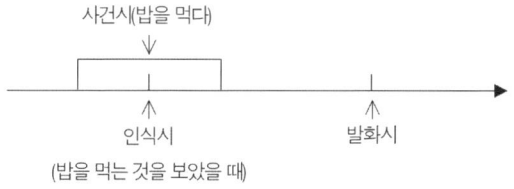

(나) 철수는 아까 식당에서 밥을 먹었더라.

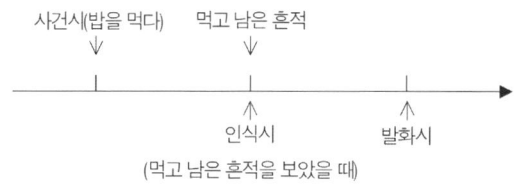

예문 31과 32에서 보듯이 '−더−'의 앞에 '−었−'이 있을 때 인식시의 과거라고 할 수 있으며 '−더−'의 앞에 '−었−'이 없을 때 인식시의 현재나 미래의 상황을 나타낸다. 본고는 2.1에서 한국어의 시제 대립을 과거 대비과거의 대립으로 파악한 바 있었다. 그래서 '−더−'의 앞에서의 시제대립은 '−었−'의 유무에 의하여 인식시 기준의 '과거 대 비과거'의 대립으로 된다. '−더−'가 쓰인 문장은 마치 과거의 어떤 시점(인식시)에 돌아가서 그 시점에 있듯이 사건을 서술하는 것이다. 그러므로 이 문장의 시제는 발화시를 기준으로 하는 것이 아니라 과거의 그 시점을 기준으로 한다. 그리고 이 문장의 이런 인식시 기준의 시제 표현은 '−더−'에 의해서가 아니라 '−었−'과 같은 시제 요소에 의해서 실현된다.

앞에서 살펴본 사실로 미루어 볼 때 '−더−'는 사건의 시간 위치를 나타내는 시제 의미를 지가지 않는다. '−더−'가 쓰인 문장에서 인식시를 기준시로 하여 사건의 시간 위치를 나타내는 시제 요소가 따로 있다. 다시 말하면 '−더−'가 어느 시제하고도 어울릴 수 있다. 이는 '−더−'가 일반 시제와 층위를 달리하는 별도의 체계를 이루고 있음을 뜻하다. 그러므로 '−더−'는 한국어 시제 형태소가 아니고 기준시를 인식시에 이동시키는 도구라는 결론을 내릴 수 있다.[20]

---

20 최현배(1937; 1959), 김윤경(1948), 이익섭(1978), 이남순(1981)에서 '−더−'를 기준 시점의 이동이나 상대시제로 본다. 이익섭(2005, 249쪽)에서 '자리 옮김'이라고 한 바가 있다. 즉, 현장에서 현재의 일로 지각한 일인데 그것을 다른 자리에 와 말함으로써 과거의 사실로 말하게 된 것이다.

4. 중국어 과거 시제 형태소

중국어의 시제 문제는 아주 복잡하다고 할 수 있다. 중국어는 예로부터 시제보다 상이 더 발달한 언어로 간주하여 왔다. 일반적으로 중국어에는 영어와 달리 시제를 나타내는 형태소가 없다고 여겨져 왔기 때문에 중국어에 시제가 없고 상만 있다고 주장하는 학자들이 많이 있다. 흔히 중국어의 상 표지로 논의되는 것으로는 '완료상'을 나타낸다고 알려진 '了'와 '지속상'을 나타낸다고 하는 '着', '진행상'을 나타낸다는 '在', '경험상'을 나타낸다고 하는 '過' 등이 있다.

중국어에 시제가 없다고 주장하는 학자들의 주요 이유는 다음과 같다.

첫째, 중국어는 시제 의미를 나타내는 형태 변화가 없다. 중국어는 인도 · 유럽 어조에서 쉽게 찾아볼 수 있는 '굴절형태소'가 없다. 그래서 중국어에 문법 의미를 표현하는 형식이 없다고 할 수 있다. 더 나아가 시제를 표현하는 형태 변화가 없어서 중국어에 시제가 없다는 것이다. 그러나 형식은 단어의 형태 변화만을 의지하지는 않는다. 중국어에는 인도 · 유럽 어조의 형태 변화가 없지만 문법 의미를 나타내는 형식이 없는 것이 아니다. 중국어에 시제를 연구하려면 먼저 중국어의 특징을 고려해서 이 특징을 기초로 해서 연구를 진행하여야 한다. 중국어에 형태변화가 없다고 해서 중국어에 시제 체계도 없다고 주장하면 안 된다.

둘째, '了', '着', '過' 등이 상을 나타내는 문법 요소라는 것이 이미 증명되었기 때문에 상과 시제를 동시에 표현할 수 없다. 사실이 증명하듯이 대부분의 중국어 문법 형식들은 여러 가지 의미를 나타낼 수 있다. 그리고 하나의 의미는 여러 가지 문법 형식으로 표현될 수도 있다. 중국어뿐만 아니라 형태 변화가 많은 인도 · 유럽 어조의 언어들도 이런 현상이 존재한다. 기존의 상 개념으로만 파악한 조사들은 다른 각도에서 고찰해 보면 다른 의미와 문법 기능을 찾을 수 있는 법이다. 그러므로 중국어의 시제를 파악하기 위해서 다각적인 고찰이 필요하다.

중국어 학계에서는 시제가 존재하지 않는다는 절대적인 입장에서 1980년대에 들어와서 상 표지와 시제표지의 기능이 공존하고 있다는 의견이 나오고 있다. 그리고 중국어는 풍부한 형태 변화가 없지만 시제를 나타내는 방법이 있다고들 본다. 중국어는 어휘와 허사를 통해서 시제를 나타낸다. 허사는 실제 의미가 없고 문법 기능만 하는 문법 요소이다. 따라서 중국어는 어휘와 문법 수단으로 시제를 표현한다고 할 수 있다. 본 논문에서 중국어에 시제 체계가 있다는 것을 긍정적으로 받아들이고 중국어 시제 체계의 문법 형태소들을 구체적으로 살펴보고자 한다. 2절에서 이미 언급했듯이 중국어의 시제 체계는 '과거 대 비과거'의 이분법으로 나뉘어 있으며 '了', '的', '過' 등 문법 요소로 과거 시제를 표현할 수 있다. 그 반면에 비과거 시제는 어휘형식으로 표현되며 전문적인 문법 표지가 없다. 그러므로 다음에 중국어 시제 체계의 과거 시제 형태소들, 즉 '了, 過, 的'에 대해서 구체적으로 살펴보고자 한다.

1) '了'의 기능

(1) '了'에 대한 선행 연구

중국어의 시제와 상에 대한 연구 중에서 '了'에 대한 연구가 제일 많다. 일찍이 王力(1946)은 '了'는 시간과 관련 없는 완성이라고 보았다. 高名凱(1986)는 '了'는 완성상과 완료상을 나타내는 문법요소로 보았다. 竟成(1993)은 '了'의 시제 의미와 상적 의미를 통합시켜 봐야 한다고 주장하였다. 李鐵根(1999)에서 현대 중국어의 '了, 着, 過'에 대해 새로운 시제 분류 방법을 제시하였는데 절대시제 표지로서의 '了'는 '이미 지나감'을 표시하고 상대시제 표지로 쓰일 때의 '了'는 '다른 시간대'를 표시한다고 하였다. 1990년대 이전에 주류를 이룬 견해는 '了'의 용법이 두 가지가 있다는 것이었다. 하나는 동사 뒤에 쓰이는 것, 또 하나는 문말에 쓰이는 것이다. 1990년대 이후에 들어와서 '了1'과 '了2'의 기초 위에 더 구체적으로 나누어서 '了3'과 '了4'를 분리시킨 학자도 나타났다.

(2) '了1'은 상 요소이며 시제 요소이다

본 논문에서 기본적으로 중국어에 '了'의 용법은 크게 두 가지가 있다고 인정한다. 첫째는 서술어 뒤에 쓰이고[21] 동작 혹 상태의 완성, 실현 등을 나타내는 시태조사(時態助詞)다. 둘째는 문말에서 나와서 語氣助詞로 화자의 확정 태도를 표현한다. 전자는 '了1'로 표지하고 후자는 '了2'로 표지하기로 한다.

33. (가) 昨天洗了衣服。

　　　 어제 빨래를 했다.

　(나) 好极了。

　　　 정말 좋다.

예문 33(가)의 '了'는 완성을 나타내고 '了1'이며 33의 (나) 중의 '了'는 확정 태도를 나타내고 '了2'이다.

'了2'는 시간 범주와 아무 관계가 없기 때문에 본 논문에서 주로 '了1'를

---

21 중국어의 어순은 일반적으로 서술어가 앞에 있고 목적어가 뒤에 있는 것이다. 그러므로 서술어 뒤에 경우에 따라서 목적어가 나타날 수도 있다. 목적어가 있는 문장일 경우 서술어 뒤에 쓰이는 '了'는 목적어의 앞에 있는지 뒤에 있는지 하는 문제는 뒤에서 논의할 것이다.

논의하고자 한다. 중국어에 상만 있고 시제가 없다고 주장하는 학자들의 관점에 의해서 '了1'은 완성 상태만 나타나고 동작이 발생한 시간과 상관없다고 하였다. 왜냐 하면 '了'는 과거의 사건뿐만 아니라 미래에 발생할 일에도 쓰일 수 있기 때문이다(朱德熙, 1982, 69쪽). 다음과 같은 예문을 보자.

> 34. (가) 下了課就上圖書舘去了。
>
> 　　수업이 끝나고 바로 도서관에 갔다.
>
> 　　(나) 下了課再去。
>
> 　　수업이 끝나고 갈 것이다.

예문 34(가)의 '수업이 끝나다'는 과거의 사건이며 34(나)가 '수업이 끝나다'는 미래에 발생할 사건이다. 그래서 '了1'은 미래 상황에도 쓰일 수 있다는 것이다. 그러나 이것은 상대시제를 절대시제로 간주하는 잘못된 주장이다. 예문 34(나)의 '수업이 끝나다'는 기준시인 '가다'에 비하면 역시 과거의 일이다.

상대 시제를 고려하면 '了1'이 쓰이는 문장은 반드시 과거와 관련된다. 즉, '了1'의 존재를 통해서 사건의 발생 시간을 과거로 위치시킬 수 있다. 그러므로 본 논문에서 '了1'은 완성상을 나타내는 동시에 과거 시제도 표현한다고 보고 '了1'를 중국어 과거 시제의 형태소로 간주한다.

(3) 동사의 특성이 '了1'에 주는 영향

'了1'은 '과거'와 '완성' 두 가지 기능을 갖는다고 앞에서 이미 논의하였다. 이러한 '了1'은 동사 특성의 영향을 받는 법이다. 다음에 3.1의 동사 분류에 따라서 동사 특성이 '了1'의 사용에 주는 영향을 논의할 것이다.

앞에서와 똑같은 표지로 동작이나 상태의 지속성은 → 로 표시하며 완료점은 ● 로 표시한다. 상술 속성이 없으면 모두 X로 표시하기로 한다. 한국어의 경우와 대조하기 위해서 각 분류에 속하는 동사도 되도록 같은 것으로 선택할 것이다.

① 순간완료(X ● X)
순간완료에 속하는 동사들로는 '死(죽다), 借(빌리다)' 등이 있다. 이런 동사들은 동작의 시작점과 완료점 사이에 시간 폭이 거의 없다. 순간적으로 끝나고 지속될 수 없다. 그래서 순간완료라고 한다. 이런 동작들이 과거에 발생하면 시간축에서 표시하면 다음과 같다.

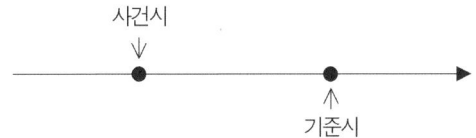

이런 동사들이 '了1'과 결합되어서 사건이 이미 과거에 끝났다는 것을 나타내는 동시에 이 사건을 과거에 위치시켰다.

② 지속-완료(→ ● X)
지속-완료에 속하는 동사들로는 '喝(마시다), 見(만나다)' 등이 있다. 이런 동사들은 동작의 시작점과 완료점 사이에 일정한 시간 폭이 있다. 즉, 일정 시간 안에 지속될 수 있다. 이런 동작들이 과거에 발생하면 시간축으로 표시하면 다음과 같다.

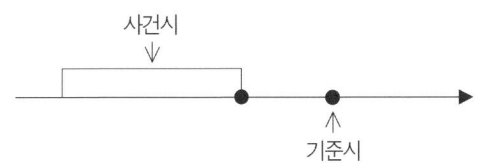

이런 동사들이 '了1'과 결합되면 기준시 전에 이미 끝났음을 나타낸다. 즉 완료점이 기준시 전에 위치한다는 뜻이다.

③ 지속−완료−지속(→●→)

지속−완료−지속에 속하는 동사들로는 '坐(앉다), 躺(눕다), 站(서다), 穿(입다)' 등이 있다. 이런 동사들은 동작의 시작점과 완료점 사이에 일정한 시간 폭이 있다. 그리고 구체적인 동작이 끝난 후에도 그 상태가 일정 시간 동안 지속된다. 이런 동작들이 과거에 발생하면 시간축으로 표시하면 다음과 같다.

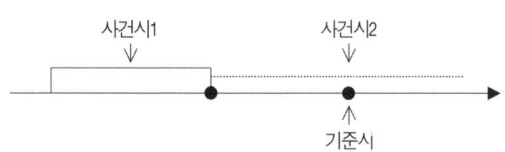

이런 동작들에 대해 서술할 때 동작 자체를 보느냐, 지속되는 상태를 보느냐에 따라 두 가지 서술 형식이 있다.

35. (가) 穿了裙子。

　　　치마를 입었다.

　　(나) 穿着裙子。

　　　치마를 입고 있다.

예문 35의 (가)는 한국어 과거 시제 형태소인 '−었−'과 똑 같다고 볼 수 있다. 즉 치마를 지금도 입고 있기 때문에 '了1'이 현재의 상황에도 쓰일 수 있다는 것이다. 사실은 '了1'은 '穿(입다)'의 뒤에 있다고 해서 전체 '穿(입다)

의 동작과 결과 상태를 다 한정한다고 할 수 없다. 다시 말해서 '了1'은 '穿(입다)'의 동작이 이미 완성했다는 뜻만 나타낸다. 화자가 사건시 1을 선택하면 동작을 주시하는 것으로 그 동작이 이미 과거에 완성했기 때문에 '了1'를 쓰는 것이다. 그러나 이 동작이 끝난 후에 그 상태가 지금까지 지속될 수 있다. 화자가 사건시 2를 선택하면 이 지속되는 상태를 대상으로 서술하는 것으로 보통 예문 (나)와 같이 진행상인 '着'을 이용한다.

④ 지속(→ X X)

지속에 속하는 동사들로는 '愛(사랑하다), 相信(믿다)' 등이 있고 거의 다 심리동사이다. 이런 동사들은 구체적인 동작이 없고 일단 시작하면 완료점이 없이 계속 지속될 것이다. 이런 동작들이 과거에 발생하면 시간축으로 표시하면 다음과 같다.

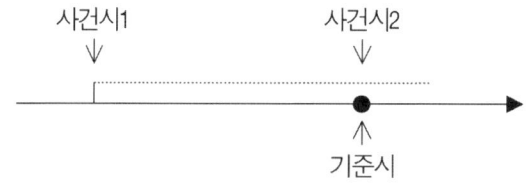

36. (가) 我相信他。

　　그를 믿는다.

　(나) 我相信他了。 / 我相信了他。

　　그를 믿게 됐다.

예문 36로 보면 이런 동사들은 완료점이 없지만 완성상을 나타내는 '了1'과 결합될 수 있다. 그래서 '완료'와 '완성'은 똑같은 개념이 아니라고 할 수 있다. 그리고 앞에서 언급했듯 이런 동사들은 완료점이 없지만 상태 바낀 점이 있다. 그런데 예문 36(나) 중에 '相信(믿다)'이 '了1'과 결합됨으로써 과거에 어떤 시점에 그를 믿었다는 뜻도 아니고 지금 그 상태가 바뀌어서 믿지 않았다는 뜻도 아니라, '원래는 믿지 않았다'란 상태에서부터 '지금 믿게 되었다'란 상태까지의 상태 전환은 완성했다는 의미를 나타낸다. 위에서 말한 '상태가 바뀌어서 믿지 않았다'는 뜻을 나타내려면 '我不相信他了(그를 안 믿게 됐다)'라고 할 수 있다. 다시 말해서 '了1'은 '相信(믿다)'의 뒤에 쓰이면 '相信(믿다)'란 상태의 실현[22]은 완성되었으며 '不相信(안 믿다)'의 뒤에 쓰이면 '不相信(안 믿다)'란 상태의 실현이 완성되었음을 뜻한다. 따라서 '了1'은 완성이란 상적 의미를 나타내는 동시에 이런 완성이 과거에 발생하기 때문에 과거란 시제 의미도 나타낸다.

⑤ 완료―지속(X ●→)

⑤에 속하는 동사들로는 '開(켜다), 關(끄다), 放(놓다), 掛(걸다)' 등이 있다. 이런 동사들은 동작의 시작점과 완료점 사이에 시간 폭이 거의 없지만 이 동작이 끝난 후의 상태가 일정 시간 동안 지속될 수 있다. 이런 동작들이 과거에 발생하면 시간축으로 표시하면 다음과 같다.

이런 동사들은 앞의 ③지속―완성―지속(→ ●→)의 동사들과 시제 표

---

22 '了1'의 의미를 더 구체적으로 '완성', '변화', '실현' 등으로 나누어서 '了3' '了4' 등 분류를 하는 견해도 있지만 이 세가지 의미가 실제로 일치적이라고 주장하는 견해도 있다. 본 논문에서 '완성', '변화', '실현' 등 의미는 같은 의미로 간주해서 '了1'만 있다는 견해를 받아들인다.

현이 비슷하다.

37. (가) 開了燈。

    불을 켰다.

   (나) 燈(被)開了。

    불이 켜졌다.

   (다) 燈(被)開著。

    불이 켜져 있다.

동작 자체를 주시하면 과거 시제, 지속되는 상태를 주시하면 비과거 시제를 선택한다. 한국어의 이런 동사들과 같이 여기의 상태는 동작을 주는 사람이 아니라 동작을 받는 물체의 상태일 때 이 동사의 피동형을 이용할 경우가 많다. 단지 중국어의 피동형의 표지인 '被'가 생략된 현상이 많이 있을 뿐이다.

'了'는 미래 상황에 쓰일 경우도 없는 것이 아니다.

38. (가) 明天你死定了。

    내일 너 죽었어.

   (나) 火車要開了。

    기차가 곧 떠나겠다.

예문 38(가), (나)는 다 '了'는 아직 발생하지 않은 미래의 상황에 쓰이는 예문이다. 그런데 이것은 '了'는 미래 의미도 표현할 수 있다는 증거가 될 수 없다. 사실은 이것도 '了'의 완성 의미에서 비롯된다. 38(가)는 확정 의미를 나타내는 '定'이 있는데 '了'는 내일 꼭 죽겠다는 사실이 이미 확정되었다는 의미를 표현한다. 그러므로 여기의 '了'는 역시 미래를 나타내는 것이 아니라 완성+과거의 의미를 나타낸다. 예문 38(나)는 추측 의미를 나타내는 '要'가 있는데 '了'는 기차가 곧 떠나겠다는 사실이 이미 상상에서 완성되었다는 뜻을 표현한다. 이것도 '가상의 미래'라고 할 수 있다.

이상은 중국어의 과거 시제 형태소인 '了1'에 대해서 구체적으로 논의하였다. '了1'은 완성상의 의미를 나타내며 과거 시제의 의미를 나타낸다. 그래서 '了1'은 중국어 과거 시제 형태소로 볼 수 있다. '了1'은 서술어 뒤에 위치하되 목적어의 앞에 위치할 수도 있고 목적어의 뒤에 위치할 수도 있으며 목적어의 앞과 뒤에다 있을 수도 있다. 이러한 세 가지경우가 일반적으로 의미차이가 없지만 문장에 양적 한정이 있을 때 의미 차이가 있다. 한편 동사의 특성이 '了1'의 사용에 영향을 주지만 '了1'의 기본의미는 '완성+과거'이다.

2) '過'의 기능

'過'는 '了'와는 달리 아직 동사의 성질이 보조되어 있다. 그런데 본 논문에서 시제와 관련한 허사인 '過'만을 고찰하기로 한다. 허사로서의 '過'는 두 가지 의미가 있다.

39. (가) 去過上海。

　　　상하이에 간 적이 있다.

　　(나) 吃過飯了。

　　　밥을 먹고 났다.

예문 39(가) 중의 '過'는 과거에 발생한 적이 있다는 뜻이며 39(나) 중의 '過'는 사건이 이미 끝났다는 뜻이다. 전자를 '過1'로 하고 후자를 '過2'로 표지하고자 한다. '過1'이든 '過2'든 서술어와 목적어 사이에 위치할 수밖에 없다. '過1'은 과거 경험을 나타내는 상 요소로서 그 사건이 반드시 과거에 위치하기 때문에 과거 시제 형태소로 볼 수 있다. '過1'은 경험상을 표현하는 동시에 과거 시제도 표현할 수 있다. '過2'는 완료상만 표현하고 시제와 관계가 없다. '過1'과 '過2'의 구체적인 차이는 다음과 같은 몇 가지가 있다.

첫째, 과거 시제를 표현하는 '過1'이 과거 시제를 표현하는 시태조사인 '了1'과 같이 나타날 수 없다. 반면에 완료를 표현하는 '過2'는 '了1'와 같이 나타날 수 있다.

40. (가) 我去過北京。

　　　　내가 북경에 간 적이 있다.

(나) 我去過北京了。

　　　　내가 북경에 간 적이 있다.

(다) *我去過了北京。

(라) 我吃過飯了。

　　　　내가 밥을 먹고 났다.

(마) ? 我吃過飯。

　　　　? 내가 밥을 먹은 적이 있다.

예문 40(가) 중의 '過'는 '過1'이고 경험과 과거를 표현한다. 예문 40(나) 중의 '過'도 '過1'이고 문말에 있는 '了'는 '了1'이 아니고 확정 어기를 나타내는 '了2'이다. 예문 40(다) 중의 '了'는 문말에 없어서 '了1'이기 마련이다. 과거 시제를 표현하는 '過1'과 같이 나타나서 비문이 될 수밖에 없다. 예문

40(라) 중의 '過'는 '過2'이고 동작의 완료를 나타낸다. 그리고 문말에 '了1'이 있다. 사실은 단문에서 완료된 일이 반드시 과거에 위치해야 되기 때문에 단문에서 완료를 나타내는 '過2'가 쓰이면 과거를 나타내는 '了1'과 같이 나타나야 된다. 예문 40(마)는 '過1'인지 '過2'인지 판단할 수도 없고 의미도 이상한 문장이다. '過2'라고 하면 뒤에 '了1'이 없어서 비문이 되기 마련이다. '過1'이라고 하면 그 이유가 뒤에 있으므로 의미(내가 밥을 먹은 적이 있다)가 이상하다.

둘째, '過1'을 붙인 서술어 앞에 부사인 '曾經'이 나타날 수 있으며 '過2'를 붙인 서술어 앞에 부사인 '已經'이 나타날 수 있다.

41. (가) 我曾經去過北京。

　　　　　내가 북경에 간 적이 있다.

　　(나) 我已經吃過飯了。

　　　　　내가 이미 밥을 먹고 났다.

　　(라) ? 我曾經吃過飯

예문 41(가)는 경험을 표현하고 '過1'과 '曾經'이 같이 나타날 수 있다. 41(나)는 동작의 완료를 표현하고 '過2'과 '已經'이 같이 나타날 수 있지만 '曾經'과 같이 나타날 수 없다.

셋째, 반복성 동사[23] 후에 '過1'과 '過2'가 다 붙을 수 있다. 예를 들면 예문 42와 같다.

---

23 반복적으로 발생할 수 있는 동사. 예를 들면 '看(보다)', '參觀(구경하다)', '讀(읽다)' 등. 대부분의 동사가 반복성 동사이다.

42. (가) 他看過這報紙。

　　그는 이 신문을 본 적이 있다.

　　(나) 他看過這份報紙了。

　　그는 이 신문을 다 보았다.

그런데 반복성 동사 중의 일상성 동사[24]는 '過1'를 붙이면 이상한 문장이 될 수 있다. 예를 들면 다음과 같다.

43. (가) 他吃過飯。

　　그는 밥을 먹은 적이 있다.

　　(나) 他洗過臉。

　　그는 세수한 적이 있다.

예문 43 중의 동사는 일상성 동사로서 사람들이 매일 하는 동작이기 때문에 예문 43은 누구나 다 잘 알고 있는 사실일 수밖에 없다. 아무 새로운 정보가 포함되어 있지 않은 무의미한 문장이란 뜻이다. 반면에 이런 일상성 동사는 '過2'와 같이 나타날 수 있다.

44. (가) 他吃過飯了。

　　그는 밥을 먹고 났다.

　　(나) 他洗過臉了。

　　그는 세수하고 났다.

'過1'은 일상성 동사와 같이 나타날 수 없지만 이 동사를 수식하는 수식

---

24 사람들이 거의 매일, 또는 자주 하는 동작. 예를 들어서 '吃飯(밥을 먹다)', '洗臉(세수하다)', '理髮(이발하다)' 등이 있다.

어가 있는 경우에 같이 나타날 수 있다.

> 45. (가) 他在那家餐館吃過飯。
>
>> 그는 그 식당에서 밥을 먹은 적이 있다.
>
> (나) 他用牛奶洗過臉。
>
>> 그는 우유로 세수한 적이 있다.

일상성 동사는 일단 수식이나 한정을 받으면 원래의 일상성을 잃을 것이다. 다시 말하면 이런 경우에 서술어가 된 동작은 사람들이 매일 하는 동작이 더 이상 아니게 되었다. 이럴 때 경험을 표현하는 '過1'과 같이 나타날 수 있다. 본 논문에서 특별한 설명이 없을 때 말하는 '일상성 동사'는 수식어가 없는 것을 가리킨다.

넷째, 정태 동사[25]는 일반적으로 '過1'만 붙일 수 있고 '過2'와 같이 나타날 수 없다.

> 10. (가) 我曾經相信過他。
>
>> 내가 그를 믿은 적이 있다.
>
> (나) *我已經相信過他了。
>
>> *내가 이미 그를 믿고 났다.

정태 동사는 바로 앞에서 언급했던 '지속'형 동사인데 완료점이 없기 때문에 완료상을 표현하는 '過2'와 같이 나타날 수 없다.
'過1'과 '過2'의 차이는 〈표 4-1〉를 참고한다.

---

25 주로 심리상태를 표현하는 동사들이다. 예를 들면 "感動(감동하다)", "喜歡(좋아하다)", "相信(믿다)" 등이 있다. 이런 동사들은 형용사처럼 정도부사의 수식을 받을 수 있다.

표 4-1. '過1'과 '過2'의 차이

	기능	了1	曾經	일상성 동사	정태 동사
過1	경험/과거 시제	−	+	−	+
過2	완료상	+	−	+	−

'過1'와 '了1'은 다 과거 시제를 표현할 수 있지만 서로 차이가 있다.

첫째, '了1'은 완료를 표현하고 '過1'은 경험을 표현한다.

47. (가) 去年我去了上海。

　　　작년에 내가 상하이에 갔다왔다.

　(나) 去年我去過上海。

　　　작년에 내가 상하이에 간 적이 있다.

예문 47(가)는 '了1'에 의해서 사건의 시간을 과거에 위치시키면서 동작의 완료도 표현한다. 예문 47(나)는 '過1'에 의해서 사건의 시간을 과거에 위치시키면서 그런 경험이 있다고 강조한다.

둘째, '了1'과 '過1'은 다 서술어 뒤에 놓이되 목적어가 있는 경우에 '了1'은 '서술어+목적어'의 뒤에나 서술어와 목적어의 사이에 다 놓일 수 있는 반면에 '過1'은 반드시 서술어와 목적어의 사이에 놓인다.

48. (가) 我吃了泡菜。

　　　내가 김치를 먹었다.

　(나) 我吃泡菜了。

　　　내가 김치를 먹었다.

(다) 我吃過泡菜。

　　　내가 김치를 먹은 적이 있다.

(라) *我吃泡菜過。

셋째, '了1'은 모든 동사와 결합할 수 있다. '過1'은 일부 동사와만 결합할 수 있다.

위에서도 언급했듯이 '過1'은 일상성 동사와 같이 나타날 수 없다. '了1' 은 동사와 결합에는 아무 제한이 없다.

3) '的'의 기능

중국어의 '的'은 크게 두 가지가 있다. 하나는 서술어 뒤에 붙여서 과거 시제를 표현하는 시태조사이다. 또 하나는 수식어와 수식을 받는 명사 사 이에 놓이는 구조조사이다. 전자는 '的1'로 표지하고 후자는 '的2'로 표지 하기로 한다.

49. (가) 他昨天來的。/ 他是昨天來的。(시태조사인 '的1')

　　　그는 어제 왔다. / 그는 어제 온 것이다.

(나) 她是个漂亮的女孩。(구조조사인 '的2')

　　　그는 예쁜 아가씨이다.

'的1'이 있는 문장은 '的1'에 의해서 과거 시제를 표현하다. 이 문장 중의 '的1'을 빼 버리면 비문이 되거나 비과거 시제의 문장이 된다.

50. (가) 他昨天來的。/ 他是昨天來的。(과거 시제)

그는 어제 왔다. / 그는 어제 온 것이다.

(나) *他是昨天來。

(다) *他昨天來。

51. (가) 他什麼時候來的? / 他是什麼時候來的? (과거 시제)

그는 언제 왔는가? / 그는 언제 온 것인가?

(나) *他是什麼時候來?

(다) 他什麼時候來? (비과거 시제)

그는 언제 오는가?

예문 50과 51을 통해서 '的1'은 과거 시제를 표현하는 형태소인 것을 증명할 수 있다. 그리고 '的1'은 비과거 시간을 표현하는 어휘와 같이 나타날 수 없는 것도 이 점을 증명할 수 있다. 예를 들면 예문 52와 같다.

52. (가) 昨天他是什麼候來的?

어제 그는 언제 온 것인가?

(나) *明天他是什麼候來的?

(다) *他正在來的。

'的1'과 '了1'은 다 과거 시제를 표현하는 형태소이지만 한 문장에 같이 나타날 수 없다.

53. (가) *他是昨天來的了。

(나) *他是昨天來了的。

그리고 다 같이 과거 시제를 표현하는 형태소로서 '的1'과 '了1'은 다음과 같은 몇 가지 차이가 있다.

첫째, '的1'은 단순히 과거 시제를 표현하고 '了1'은 완료와 과거 시제를 동시에 표현한다. 그러므로 '的1'이 쓰인 동작이 반드시 이미 끝난 일인 것이 아니다.

> 54. (가) 昨天我是在那家餐館吃的飯。(다 먹지 않았을 수도 있다)
>   어제 내가 그 식당에서 밥을 먹은 것이다.
>   (나) 昨天我在那家餐館吃了飯。(다 먹었다)
>   어제 내가 그 식당에서 밥을 먹었다.

54(가) 뒤에 '可是沒吃完就走了(그런데 다 먹기 전에 떠났다)'라는 문장이 따를 수 있지만 54(나) 뒤에 이 문장이 나타나면 아주 어색해 보인다.

둘째, '的1'은 과거 시제를 표현하는 동시에 문장의 어떤 성분을 강조하고 있다. 특히 '是……的'의 구조로 나타나면 강조의 느낌이 더 강하다. '了1'은 이런 기능이 없다.

> 55. (가) 我告訴他的。/ 是我告訴他的。(주어 강조)
>   내가 그에게 알렸다. / 내가 그에게 알린 것이다.
>   (나) 剛才我吃的方便麵。/ 剛才我吃的是方便麵。(목적어 강조)
>   아까 내가 라면을 먹었다. / 아까 내가 먹은 것은 라면이다.
>   (다) 我昨天三點睡的。/ 我昨天是三點睡的。(시간 부사어 강조)
>   내가 어제 3시에 잤다. / 내가 어제 3시에 잔 것이다.
>   (라) 我在那家餐館吃的飯。/ 我是在那家餐館吃的飯。(장소 부사어 강조)

내가 그 식당에서 밥을 먹었다. / 내가 그 식당에서 밥을 먹은 것이다.

(마) 我用優惠券買的。/ 我是用優惠券買的。(방식 부사어 강조)

내가 쿠폰으로 샀다. / 내가 쿠폰으로 산 것이다.

상술과 같이 예문 55는 각각 주어, 목적어, 시간 부사어, 장소 부사어와 방식 부사어를 강조하고 있다. '是'가 없는 문장은 주로 문장의 의미로 강조된 부분을 확인한다. '是'가 있는 문장은 '是'의 바로 뒤에 붙이는 성분이 강조된 부분이다. 즉, 예문 55(가)의 '我(나)', 예문 55(나)의 '方便面(라면)', 예문 55(다)의 '三點(3시에)', 예문 55(라)의 '在那家餐館(그 식당에서)'와 55(마)의 '用優惠券(쿠폰으로)' 등이다. 그중에 조금 특수한 것은 예문 55(나)이다. 이 문장은 목적어를 강조하기 위하여 목적어로서의 '라면' 앞에 '是'를 붙이고 있다. 그러나 중국어의 목적어는 늘 문장의 맨 뒤에 있기 때문에 '是'가 '的'의 뒤에 위치하게 되었다. 그러므로 이 문장은 '是……的'의 구조가 아니라 '的……是'의 구조가 되었다. 여기의 '的'은 구조조사로 보아도 된다. 다시 말해서 '剛才我吃的是方便麵'란 문장은 '剛才我吃的(東西)是方便麵'란 문장과 같은 구조일 수도 있다.

셋째, '的1'은 문장의 어떤 성분을 강조하기 때문에 의문사로 이 성분에 대해서 질문을 할 때 '了1'보다 일반적으로 '的1'를 사용한다.

56. (가) 誰告訴他的? / 是誰告訴他的? (주어에 대한 질문)

누가 그에게 알렸나? / 누가 그에게 알린 것인가?

(나) 剛才我吃的什麼? / 剛才我吃的是什麼? (목적어에 대한 질문)

아까 내가 무엇을 먹었나? / 아까 내가 먹은 것은 무엇인가?

(다) 昨天幾點(什麼時候)睡的? / 昨天是幾點(什麼候時候)睡的?

표 4-2. '了1', '過1', '的1'의 차이

	기능	了1	過1	的1
了1	완료과거 시제	+	−	−
過1	경험과거 시제	−	+	−
的1	강조과거 시제	−	−	+

(시간 부사어에 대한 질문)

어제 몇 시에(언제) 잤나? / 어제 3시에(언제) 잔 것인가?

(라) 在哪家餐館(在哪裡)吃的飯? / 是在哪家餐館(在哪裡)吃的飯?

(장소 부사어에 대한 질문)

어느 식당에서(어디에서) 밥을 먹었나? / 어느 식당에서(어디에서) 밥을 먹은 것인가?

(마) 用什麼怎么買的? / 是用什麼是怎么買的? (방식 부사어에 대한 질문)

무엇으로(어떻게) 샀나? / 무엇으로(어떻게) 산 것인가?

이상은 본 논문에서 과거 시제 형태소로 취급한 '了1', '過1'과 '的1'에 대해서 논의하였다. 이 세 가지 형태소는 과거를 지시하는 동시에 각각 '완료', '경험' 등 상적 의미와 강조적인 태도를 표현한다. '了1', '過1'과 '的1'은 다 과거 시제 형태소로서 서로 배타적이다. 즉 하나의 단문에서 '了1', '過1'과 '的1'은 하나 이상이 나타나면 비문이 된다. 이 차이를 도표로 표시하면 〈표 4-2〉와 같다.

4) '來着'의 기능

중국에서 '來着'의 의미와 기능에 대한 견해가 많이 있다. '來着'을 상을 표현하는 형태소로 보는 견해가 주로 다음과 같다. 呂叔湘(1942)은 '來着'을 '동작이 전에 이미 나타났다'는 것을 표현하는 動相詞라고 본다. 王力(1985)은 '來着'을 근과 거상을 표현하는 형태소로 본다.

중국어 시제에 대한 연구가 진행됨에 따라 '來着'을 시제 형태소로 보는 견해가 점점 많아지고 있다. 宋玉柱(1981)는 '來着'을 '的'과 같이 시간 조사로 보고 '來着'을 시간 조사와 어기 조사 두 가지 용법으로 나누었다. 張誼生(2000)은 '來着'을 시제조사로 보고 '的'과 대비하였다.

그 외에 呂朋林(1987)은 '來着'을 近過去時를 표현하는 시간조사라는 기존의 견해들을 비판하고 '회상'을 표현하는 어기조사로 본다. 서술문의 경우에 화자가 자신의 회상에 의해서 청자에게 해석하며 의문문의 경우에 청자의 회상을 요구하거나 자신의 회상에 의해서 청자에게 질문한다고 하였다. 王芳(2006)도 '來着'을 '회상'을 표현하는 시제 형태소로 보고 한국어의 '더'와 대비하였다.

본 논문에서도 중국어의 '來着'은 한국어의 '-더-'와 비슷한 형태소로 본다. 그러나 2.4에서 이미 논의했듯이 '더'는 회상시제나 과거 시제를 표현하는 형태소가 아니라 기준시의 이동 도구이다. 중국어의 '來着'도 비슷한 기능을 가지고 있다.

기존의 연구는 거의 다 '來着'을 과거나 회상을 표현하는 형태소로 보아왔다. 그러나 '來着'은 미래의 일에도 쓰일 수 있다. 예를 들면:

57. (가) 他明天要去上海來着。

　　　그는 내일 상하이에 가겠더라.

(나) 他明天什麼時候走來着?

　　그는 내일 언제 가더냐?

　　예문 57은 과거가 아닌 미래의 일이다. 그중에 예문 57(가)가 서술문이고 56(나)는 의문문이다. '來着'은 화자의 회상을 나타낸다면 상대방에게 물어볼 필요가 없다. 그러므로 '來着'을 단지 과거나 회상으로 해석하면 안 된다. 실제로 예문 57(가)는 전에 이미 '그는 내일 상하이에 가겠다'는 소식을 알게 되었다. '來着'을 붙여서 문장의 기준시를 그 소식을 알게 된 시점으로 이동시켰다. 예문 56(나)는 전에 이미 '그는 내일 어떤 때에 가겠다'는 소식을 알게 되었지만 그 구체적인 시각을 잊어버렸다. '來着'을 붙여서 문장의 기준시를 그 소식을 알게 된 시점으로 이동시켜서 청자에게 묻는 것이다.

　　상술과 같이 '來着'은 반드시 과거의 상황에만 쓰이는 것이 아니다. 그래서 '來着'은 시제와 상관없이 문장의 기준시를 사건의 인식시로 이동시키는 형태소이다. 이 인식시는 과거에 위치하지만 문장의 시제는 사건시와 인식시의 선후 관계로 결정된다.

　　58. (가) 他剛才看了場電影來着。

　　　　아까 그는 영화를 봤더라.

　　(나) 他剛才在看電影來着。

　　　　아까 그는 영화를 보고 있더라.

　　(다) 他明天要去看電影來着。

　　　　그는 내일 영화를 보겠더라.

　　예문 58의 기준시는 다 영화를 보는 것을 알게 된 시각이다. 58(가)는 기준시가 영화를 다 본 후이라서 과거 상황이며 58(나)는 기준시가 영화를 보는 과정에 있어서 현재 상황이고 58(다)는 기준시가 영화를 보기 전이라서 미래 상황이다. 그리고 58(가)에는 과거 시제 형태소인 '了1'이 있어서 과거 시제고 58(나)와 58(다)에는 '了1'이 없어서 비과거 시제다.

'來着'은 서술문 외에 의문문에도 쓰일 수 있다. 이럴 때 문장의 기준시는 반드시 서술문과 같이 화자의 인식시가 아닐 수도 있다. 다음과 같은 세 가지 경우가 있다.

① 화자만의 인식시

사건에 대해서 청자가 모르고 화자만 알고 있는 경우이다. 이런 경우에 보통 화자가 그 사건에 대한 기억이 잘 안 나서 질문하는 것이다. 이럴 때 청자에게 질문한다기보다 화자가 자신에게 질문하는 느낌이 더 강하다.

59. (가) 我昨天幾點睡的來着?

　　　　내가 어제 몇 시에 자더냐?

　　(나) 昨天會議幾點開始的來着?

　　　　어제 회의가 몇 시에 시작하더냐?

예문 59(가)에서 청자는 화자가 어제 몇 시에 잤는지 모르고 있다. 청자는 원래 분명히 알았지만 지금 기억이 안 나는 상태이었다. 59(나)도 마찬가지로 청자는 어제의 회의에 참석하지 않아서 그런지 몇 시에 시작했는지 모른다. 청자는 회의에 참석했는데 언제 시작했는지 당연히 알았었다. 그러나 지금 그 사건을 잊어버렸거나 기억이 안 나서 질문을 하고 있다. 이런 질문을 통해서 사실은 화자는 인식시에 돌아가서 자신의 기억을 되찾기 위해서이다. 이런 경우에 청자는 늘 '幹嗎問我啊?(왜 나한테 물어봐?)', '我哪儿知道啊?(내가 어떻게 알아?)'라고 대답하는 것이다.

화자가 청자에게 이렇게 질문하는 것은 일종의 비문이라고 할 수도 있다. 그런데 이런 문장은 일상생활에서 흔히 들을 수 있다. 그러므로 이런 경우에 사실은 화자가 청자이기도 하다고 본다. 화자는 자신한테 질문하고 있지만 소리를 내서 다른 사람에게 들림으로써 자기가 이 일을 생각하고 있다는 것을 알리는 것이다. 이렇게 하면 첫 번째 경우는 실제로 다음과 같은 두 번째 경우와 같기도 하다.

② 청자만의 인식시

사건에 대해서 화자가 모르고 청자만 알고 있는 경우이다. 이럴 때 청자가 그 사건을 알고 있다는 것을 화자는 반드시 알고 있어야 질문할 수 있다. 이런 문장의 인식시는 청자가 그 사건을 알게 된 시점이다.

> 60. (가) 你昨天跟誰見面來着?
>
>   어제 누구와 만나더냐?
>
> (나) 你昨天几点下班來着?
>
>   어제 몇 시에 퇴근하더냐?
>
> (다) ?昨天小王幾點下班來着?
>
>   어제 왕 씨가 몇 시에 퇴근하더냐?

60(가)에서 화자는 청자가 어제 누군가와 만난 것만 알고 구체적으로 누구와 만났는지 모르고 있다. 그런데 그 사람이 누군지 청자가 당연히 알고 있다는 것을 화자는 알고 있다. 그래서 화자는 청자에게 물어보는 것이다. 60(나)에서도 청자는 화자가 어제 몇 시에 퇴근했는지 화자가 당연히 알고 있다고 생각해서 물어보는 것이다. 60(다)에서 만약 어제 왕 씨의 퇴근 시간을 청자가 아는지 모르는지를 화자는 확인할 수 없거나 청자가 그 시간을 모르고 있는 것을 화자는 알고 있으면 이렇게 질문할 수 없다.

③ 화자와 청자의 공동의 인식시

사건에 대해서 화자와 청자는 다 알고 있는 경우이다. 이런 경우에 '來着'이 쓰이면 두 가지 의미가 있다.

첫째, 전에 알다가 잊어버린 일에 대해 다시 질문한다.

> 61. (가) 昨天看的電影叫什麼名字來着?
>   어제 본 영화의 이름이 무엇이더냐?
>   (나) 明天幾點開會來着?
>   내일 몇 시에 회의를 하더냐?

61(가)에서 화자가 어제 영화를 보았으니까 볼 때 영화 제목을 당연히 알고 있었다. 단지 그 후에 영화 이름을 잊어버렸거나 지금 잠깐 기억이 안 날 뿐이다. 그러므로 같이 영화를 본 청자에게 다시 묻는 것이다. 이럴 때 문장의 기준시는 청자가 어제 영화를 볼 때이다. 만약 청자가 같이 영화를 못 보았다면 화자가 이런 질문을 할 수 없다. 적어도 화자가 청자에게 영화를 봤다는 정보(시간, 이름 등)를 알려 줬어야 이 문장은 정문이 될 수 있다. 이럴 때 기준시는 청자가 화자에게서 정보를 들을 때이다.

예문 61(나)에서 화자가 원래 내일 회의의 구체적인 시간을 알고 있었다. 지금 잊어버렸거나 잠깐 기억이 안 난다. 그러므로 같이 회의 통지를 받은 청자에게 다시 묻는 것이다. 만약 청자가 회의 통지를 못 받았거나 받았지만 화자가 그 사실(화자가 통지를 받은 것)을 모르면 이 질문을 할 수 없다. 이 문장의 기준시는 청자가 회의 통지를 받고 회의 시간을 알게 된 시각(이 시각은 화자가 회의 시간을 알게 된 시각과 다를 수도 있다)이다.

둘째, 화자와 청자가 다 알고 있는 일에 대해 청자의 회상을 일으키려고 질문한다.

62. (가) 地理老師 : 美國的首都是哪儿來着?

　　　지리 선생님 : 미국의 수도는 어디더냐?

　　(나) 我昨天跟你說什麽來着?(!)

　　　내가 어제 너한테 뭐라고 하더냐?

　　예문 62(가)에서 화자로서의 선생님은 전에 청자로서의 학생들에게 미국의 수도가 어디인지 가르쳐 준 적이 있다. 지금 학생들의 회상을 일으키기 위해서 알면서 일부러 묻는 것이다. 만약 선생님이 학생들에게 이 지식을 전달한 적이 없으면 이 질문을 할 수 없다. 이 문장의 기준시는 화자(선생님)가 이 지식을 알게 된 시각(아마 선생님이 학생이었을 때)이 아니라 청자(학생들)가 이 지식을 알게 된 시각이다.

　　예문 62(나)에서 화자는 청자에게 어제 무슨 말을 했는지 잘 알고 있다. 지금 청자의 회상을 일으키거나 주의를 시키는 것이다. 만약 어제 청자에게 말을 하지 않았거나 그 말을 청자에게 한 것이 아니었으면 이 질문을 할 수 없다. 실제로 화자는 자기의 말을 잊어버렸거나 그 말을 잘 듣지 않았다고 화자를 책할 때 이 문장을 자주 쓴다.

　　상술 분석을 통해서 이 경우의 기준시도 사실은 청자의 인식시인 것을 알 수 있다. 따라서 '來着'은 의문문에 쓰이려면 반드시 다음과 같은 세 가지 조건에 만족해야 한다.

1. 청자가 사건을 알고 있었다(이미 잊어버렸을 수도 있다).
2. 청자가 사건을 알고 있었다는 것을 청자는 알고 있다.
3. 화자가 청자의 인식시를 기준시로 해서 질문하다.

5. 한국어와 중국어의 시제 대비

제2절에서 한국어와 중국어의 시제는 다 과거 대 비과거의 이분 체계로 설립하며 제3절, 4절에서 각각 한국어와 중국어의 과거 시제 체계를 살펴보았다. 여기에서는 한국어와 중국어의 이런 이분 체계를 대비하고 과거 시제 형태소들을 서로 대비하고자 한다.

먼저 한국어와 중국어의 이분법 체계에 대해 대비할 것이다. 제2항에서 두 언어의 비과거 시제에 대해 대비할 것이다. 그중에서도 현재 상황과 미래 상황으로 나누어서 서로 대비하고자 한다. 제3항에서는 한국어와 중국어의 과거 시제를 대비할 것이다. 앞에서 이미 언급했듯이 한국어에는 과거 시제 형태소 '-었-'만 있고 중국어에는 과거 시제 형태소 '了1', '過1', '的1'만 있다. 따라서 두 언어의 시제를 대비하려면 주로 상술 과거 시제 형태소들에 대해 대비하는 것이다. 이 부분에서 형태면과 의미면을 통해서 대비를 진행할 것이다. 특히 의미면에서 동사의 특성에 따라서 두 언어 과거 시제 형태소의 관계를 밝히고자 한다.

1) 이분법 체계에 대한 대비

제2절에서 언급했듯이 언어에 있어서 과거, 현재, 미래의 대립은 사실상 단순한 시간(자연 시간)상의 문제가 아니다. 자연 시간의 삼분법이 곧 그대로 문법에 반영되는 것은 아니다. 언어의 체계에 있어서 '현재 대 비(非)현재', 혹은 '과거 대 비(非)과거' 등의 체계도 가능하다. 구조문법 시기에 들어오면서 한국어와 중국어의 언어학계에서 시제를 이분적으로 나

누는 견해가 점점 늘어나고 있다. 본 논문에서 한국어의 시제와 중국어의 시제를 다 이분적으로 분류하였다. 그 다음에 이러한 이분법 체계를 대해서 대비하고자 한다.

2.1에서 한국어 시제의 이분 체계를 살펴보았다. 한국어의 시제 체계에서 시제를 표현하는 문법 표지로서 '−었−'밖에 없다는 결론을 내리었다. 그리고 '−었−'의 유무에 따라서 과거 대 비과거의 이분 체계를 설립하였다.

2.2에서 중국어 시제의 이분 체계를 살펴보았다. 중국어 시제의 문법 표지로서 '了1', '過1', '的1' 등은 과거 시제를 표현한다. 그러므로 이 세 가지 문법 형태소의 유무에 따라서 중국어 시제의 과거 대 비과거의 이분 체계를 설립하였다.

그러므로 한국어와 중국어의 시제는 다 과거 대 비과거의 이분 체계로 되어 있다. 과거 시제는 다 유표적이며 비과거 시제는 다 무표적이고 시간상으로 자연적으로 현재 상황과 미래 상황으로 나누어져 있다. 한국어의 과거 시제 형태소로서 '−었−' 하나만 있으며 중국어의 과거 시제 형태소로서 '了1', '過1', '的1' 세 가지가 있다.

2) 비과거 시제에 대한 대비

제2절에서 한국어와 중국어의 시제는 다 과거 대 비과거의 이분 체계로 설립하였다. 이것은 사람들이 언어로 자연 시간을 표현하는 특징을 반영하였다. 시간축에는 과거에 발생한 일은 구체적인 시간점이나 시간폭이 있다. 그러나 현재에 발생하는 일과 미래에 발생할 일은 그렇지 않다. 따라서 이러한 시간관념을 언어 체계에 반영시킬 때 현재 상황과 미래 상황을 표현하는 데 문법 표지가 없는 것은 이상한 일이 아니다. 앞에서 이미

증명했듯이 한국어와 중국어에는 현재 상황과 미래 상황을 나타내는 문법 표지가 다 없다. 그러므로 문법적으로 과거 시제와 대립하기 위해서 비과거 시제를 설립하였다. 다음에 한국어와 중국어의 비과거 시제에 대해 대비하고자 한다.

한국어와 중국어의 현재 시제와 미래 시제를 나타내는 문법 표지가 없다고 해서 현재 상황과 미래 상황은 없는 것이 아니다. 따라서 한국어와 중국어의 비과거 시제를 대비할 때 자연적인 시간에 따라서 현재 상황과 미래 상황으로 나누어서 진행할 것이다.

(1) 현재 상황

현재에 발생하는 일은 당연히 아직 끝나지 않았다(끝났으면 과거 시제가 된다). 즉, 미래까지 지속되기 마련이다. 그리고 말하는 시간과 똑 같이 발생할 수도 없다. 그러므로 순수한 현재 시제가 없다고 할 수도 있다. 이런 인식이 사람들의 언어에 반영된다면 현재 의미를 표현하는 문법 형태소가 없는 것은 쉽게 이해할 수 있다. 이와 관련해서 현대 한국어와 중국어에는 지금 발생하고 있는 사건, 즉 현재 시제를 표현하는 문법 형태소가 없다. 다시 말하면 현재 상황은 무표적이다.

63. 他現在在學習。

　　그는 지금 공부하고 있다.

예문 63은 현재에 발생하는 일이다. 그런데 문장 중에 현재를 나타내는 문법 형태소가 없다. 중국어의 '在', '着' 등과 한국어의 '고 있다'는 진행상을 표현하는 형태소이고 과거 시제에도 쓰인다.

64. 他剛才在學習。

그는 아까 공부하고 있었다.

그러므로 중국어의 '在', '著' 등과 한국어의 '고 있다'는 현재 시제를 나타내는 문법 형태소가 아니다. 현재 상황을 나타내기 위해서 시간 부사어를 쓰는 경우가 많다. 예문 63 중의 '現在 / 지금'은 바로 그것이다. 그리고 한국어와 중국어의 현재 상황은 의미 표현 면에도 비슷한데 다음과 같은 세 가지 의미가 있다.

① 지금 발생하고 있는 일

65. (가) 他在看電視。

그는 TV를 보고 있다.

(나) 他吃著飯呢。

그는 밥을 먹고 있다.

(다) 他學習呢。

그는 공부하고 있다.

이런 경우에 늘 과거 시제 표지가 없는 진행상 표지로 나타낸다. 한국어와 중국어의 비과거 시제, 즉 현재 상황과 미래 상황을 다 무표적으로 나타내지만 이런 문장은 미래를 나타내는 시간 부사어가 없으므로 미래 상황으로 오인되지 않을 것이다. 다시 말해서 시간과 관련된 어휘와 문법 표지가 다 없을 때 진행상은 일반적으로 현재 상황을 나타낸다. 그런데 이것은 진행상은 현재시제를 독립적으로 나타낼 수 있는 증거가 될 수 없다. 이런 현상은 문법적인 현상이 아니라 사람들이 언어에 대한 습관된 인식이다.[26] 게다가 현재 상황은 지금 발생하고 있는 일만 나타내는 것이 아니라 다음과 같은 경우들도 있다.

② 매일 하는 일이나 자주 하는 일

66. (가) 他早上7點鐘起床。

그는 아침 7시에 일어난다.

(나) 他平常坐公交車上下班。

그는 평일에 버스를 타고 출퇴근한다.

(다) 他常常去那家餐館吃飯。

그는 항상 그 식당에 가서 식사한다.

이런 경우에 한국어와 중국어에 다 무표적으로 표현한다. 그리고 상 표
지도 없다. 이럴 때 일상성을 나타내는 부사어, 즉 平常 / 평일에, 常常 / 항
상, 總是 / 늘 등이 나타내는 경우가 많이 있다. 시간과 관련된 부사어가 없
는 경우에 미래 상황과 혼동될 가능성이 있다. 예문 66(가)는 '他每天早上都
7點鐘起床 / 그는 매일 아침 7시에 일어난다'와 '他明天早上7點鐘起床 / 그는
내일 아침 7시에 일어난다' 등 두 가지 의미로 이해할 수 있다. 이것은 한
국어와 중국어의 현재 상황과 미래 상황이 다 무표적이라는 점에서 비롯
된다. 그러므로 시간과 관련된 부사어가 없는 경우에 이런 문장은 전체 텍
스트의 의미에 의해서 현재 상황인지 미래 상황인지 판단할 수밖에 없다.

③ 객관적인 진리와 사실

67. (가) 太陽從東升起。

태양이 동방에서 떠오른다.

(나) 伊斯蘭教徒不吃猪肉。

---

26 본 논문은 시제를 논의하는 것을 주요 목적으로 하므로 상과 관련된 내용을 많이 논의하
지 않겠다.

이슬람 신도들이 돼지고기를 먹지 않는다.

(다) 韓國位於亞洲大陸的東北端。

한국이 아시아 대륙의 동북쪽에 위치한다.

이런 문장들이 언제나 사실이거나 매일 발생하는 변하지 않는 일이다. 이런 문장들을 한국어와 중국어는 모두 무표적으로 나타낸다.

'② 매일 하는 일이나 자주 하는 일'과 '③ 객관적인 진리와 사실'은 과거에도 발생하고 지금에도 발생하며 미래에도 발생하는 일이라서 절대적인 시간 위치가 없기 때문에 이런 문장을 泛時句라고 부르는 연구도 있다(宋和妍, 2001, 39~40쪽). 본 논문에서 이런 문장은 지금 계속 발생하는 사건이라고 보고 현재 상황의 범위 안에 포함시킨다.

이상은 한국어와 중국어의 현재 상황을 살펴보았다. 한국어와 중국어의 현재 상황은 다 무표적이고 현재 시간과 관련된 부사어로 표현하는 경우가 많다. 그리고 '①지금 발생하고 있는 일', '②매일 하는 일이나 자주 하는 일', '③객관적인 진리와 사실' 등을 나타낼 수 있다. 그중에 지금 발생하고 있는 일을 나타낼 때 늘 진행상을 사용하며 매일 하는 일이나 자주 하는 일을 나타낼 때 시간 부사어가 없으면 미래 상황으로 오인될 수도 있다.

(2) 미래 상황

미래에 발생할 일은 단지 사람들의 머릿속에만 존재하고 있을 뿐이다. 시간 선상에는 실제적인 위치가 없다. 시간 명사나 시간 부사에 의해서 사건의 발생 시간을 미래에 지정하더라도 실제적으로 발생하지 않아서 단지 화자의 머릿속에 존재하고 있을 뿐이다. 그러므로 과거, 현재, 미래라는 삼분적 시간 체계는 사람들의 관념 속에 존재하고 있지만 언어에 그대로 옮겨지지 않을 수도 있다. 사람들이 미래에 발생할 사건을 말할 때 늘 추측의 말투로 한다. 아니면 자기의 의지나 작정을 표현하는 태도로 한다. 한국어와 중국어는 다 이런 현상이 있다. 한국어의 '–겠–'과 중국어의 '將, 要, 會' 등은 바로 이런 말투나 태도를 나타내는 것이다. 이런 형태소들이 미래의 상황뿐만 아니라 과거에도 쓰일 수 있다. 그러므로 한국어와 중국어에는 미래 시제를 표현하는 시제 형태소가 없다. 즉, 미래에 발생할 사건을 말할 때 무표적으로 표현한다.

68. (가) 他明天去首爾。

　　　그는 내일 서울에 간다.

　(나) 他明年結婚。

　　　그는 내년에 결혼한다.

　(다) 他坐飛機去首爾。

　　　그는 비행기를 타고 서울에 간다.

　　예문 68(가)와 68(나)는 미래에 발생할 일이지만 문장 중에 미래를 나타내는 문법 형태소가 없다. 단지 '明天 / 내일'과 '明年 / 내년에' 등 미래를 나타내는 시간 부사어가 있다. 68(다)에는 시간 부사어도 없이 미래 상황을 나타내는 문장이다. 앞에서 논의했듯이 이런 경우에 현재 상황과 혼동될 수도 있다고 하지만 이 문장은 매일 하는 일이 될 수 없어서[27] 미래 상황일 수밖에 없다.

　　앞에서 여러 번 언급했듯이 미래에 발생할 일은 실제적으로 발생하지 않고 단지 사람들의 머릿속에 존재하고 있을 뿐이다. 그러므로 이런 생각에만 있는 일을 표현하려면 사람들이 추측이나 의지를 나타내는 문법 형태소나 어휘들을 많이 쓴다. 한국어에는 주로 '겠'을 쓰며 중국어에는 주

27　매일 비행기를 타고 서울에 가는 사람은 그다지 많지 않다고 본다.

로 '將', '要', '曾' 등을 쓴다.[28]

69. (가) 他明天將去首爾。

그는 내일 서울에 가겠다.

(나) 他明年要結婚。

그는 내년에 결혼하겠다.

(다) 他曾告訴你。

그는 너한테 알려주겠다.

예문 69(가)와 69(나)는 미래를 나타내는 시간 부사어인 '明天 / 내일'과 '明年 / 내년에', 추측 의미를 나타내는 형태소나 어휘인 '-겠-'과 '將', '要', '曾' 등을 같이 쓰는 예이다. 예문 68(가)와 68(나)에서 볼 수 있듯이 '-겠-'과 '將', '要', '曾' 등을 쓰지 않아도 미래 상황을 나타낼 수 있다. 그래서 그들은 미래 상황을 표시하는 시제 요소가 아니다. 예문 69(다)는 미래를 나타내는 시간 부사어가 없지만 이 문장은 미래 상황인 것을 알 수 있다. 그런데 이것은 '曾'가 있는 것을 통해서 아는 것이 아니라 과거 시제 형태소의 부재로 인해 알게 된다. 과거 시제 형태소가 없는 문장은 현재 상황일 수도 있고 미래 상황일 수도 있지만 추측을 나타내는 '曾'가 있으므로 '지금 너한테 알려주고 있다'로 추출할 리가 없기 때문에 이 문장은 미래의 상황일 수밖에 없다. 따라서 한국어의 '-겠-'과 중국어의 '將', '要', '曾' 등은 미래 시제를 나타내는 문법 요소가 아니고 미래 상황을 나타내는 보조 요소이다.

이상은 한국어와 중국어의 미래 상황을 살펴보았다. 한국어와 중국어의 미래 상황은 다 무표적이고 미래 시간과 관련된 부사어로 표현하는 경

---

28 한국어의 '-겠-'은 추측을 나타내는 서법 요소로서 문법 형태소에 속하고 중국어의 '將', '要', '曾'는 추측을 나타내는 시간 부사로서 어휘에 속한다.

우가 많다. 그리고 '−겠−'과 '將', '要', '曾' 등 추측을 나타내는 요소들을 씀으로써 보조적으로 미래 상황을 나타내는 경우도 많이 있다.

3) 과거 시제에 대한 대비

한국어와 중국어는 시제를 나타내는 문법 형태소로서 과거 시제 형태소밖에 없다. 한국어는 '−었−'으로 과거 시제를 표현하고 중국어는 '了1', '過1', '的1'을 통해서 과거 시제를 나타낸다. 다시 말해서 한국어와 중국어의 시제 체계에는 문법 표지로서 '−었−'과 '了1', '過1', '的1' 밖에 없다. 그렇기 때문에 한국어와 중국어의 시제 체계에 대해 대비 연구를 하려면 주로 상술한 네 가지 형태소에 대해 진행해야 한다. 이 부분에서 형태면과 의미면에서 한국어와 중국어의 과거 시제 형태소들에 대해서 대비하고자 한다.

(1) 형태면
① 형태소의 생략
한국어와 중국어는 어휘와 문법으로 과거 시제를 표현한다. 그런데 중국어는 어휘만으로 과거 시제를 표현할 수 있다. 즉 과거 시제 형태소가 없이 과거를 나타내는 시간 부사어에 의해서만 과거 상황을 나타낼 수 있다. 그 반면에 한국어는 과거 시제 형태소인 '−었−'이 필수적이다.

70. (가) 昨天他給了我一本書。

어제 그는 나에게 책을 한 권 주었다.

(나) 昨天他給我一本書。

어제 그는 나에게 책을 한 권 주었다.

표 5-1. 한국어와 중국어의 과거 시제의 표현 방식

	어휘+문법으로	어휘만으로	문법만으로
한국어	+	−	+
중국어	+	+	+

예문 70(가)에 비해서 70(나)는 과거의 상황이면서 과거 시제 형태소가 없다. 즉 어휘만으로 과거 시제를 표현하는 것으로 볼 수 있다. 어휘만으로 과거 시제를 표현하는 것은 사건의 발생 시간이 명확할 때(과거에 있음) 과거 시제 문법 형태소가 생략된 현상으로 보고자 한다. 이렇게 중국어의 과거 시제 형태소가 생략될 수 있는 반면에 예문 70(가)와 70(나)의 한국어 번역문에서 볼 수 있듯이 한국어의 경우에 '-었-'이 생략되어서는 안 된다.

즉, 한국어와 중국어의 과거 시제의 표현 방식은 〈표 5-1〉과 같다.

본 논문에서 특별한 설명이 없는 한 중국어의 과거 시제 문장은 다 생략되지 않는 문장들이다. 따라서 이런 생략 현상을 제외하고 다음에 한국어의 과거 시제 형태소인 '-었-'과 중국어의 과거 시제 형태소인 '了1', '過1', '的1' 등에 대해서 대비하고자 한다.

② 형태의 변화

중국어는 고립어이고 글자가 뜻글자이라서 풍부한 형태 변화가 없다. 반면에 한국어는 교착어고 글자가 소리글자이라서 형태 변화가 많이 있다. 한국어 과거 시제 형태소로서의 '-었-'도 형태 변화가 있다.

71. (가) 받다 → 받았다
　　(나) 먹다 → 먹었다
　　(다) 하다 → 하였다
　　(라) 가다 → 갔다

(마) 주다 → 줬다

(바) 하다 → 했다

'-었-'은 동사 어간에 따라서 각각 '-았-', '-었-', '-였-' 등 이형태를 취한다. 즉 어간의 끝 모음이 양성 모음이면 '-았-'을(가), 음성 모음이면 '-었-'을 쓴다(나). "하-" 뒤에 '-였-'을 쓴다(다). 그리고 어간 마지막 글자가 받침이 없을 때 끝 모음과 '-았-', '-었-', '-였-' 등이 항상 결합 현상(라, 마, 바)을 나타낸다. 이와 반면에 중국어의 '了1', '過1', '的1'은 언제나 형태가 변하지 않는다.

③ 위치의 변화

형태 변화뿐만 아니라 한국어와 중국어의 과거 시제 형태소들은 문장 중에서 나타나는 위치도 다른 바가 있다. 한국어와 중국어의 과거 시제 형태소들은 다 서술어로 되는 동사의 뒤에 쓰이지만 목적어의 영향을 받을 수 있다. 그 다음에 구체적으로 살펴보고자 한다.

한국어 과거 시제 형태소인 '-었-'은 반드시 동사의 어간이나 '어간+(으)시'의 뒤에 붙어야 한다. 한국어의 어순에 따라 목적어가 서술어의 앞에 위치하기 때문에 목적어와 '-었-'은 서로 영향을 안 준다. 그 반면에 중국어 과거 시제 형태소인 '了1', '過1', '的1'은 동사의 뒤에 붙는 것이 원칙이지만 중국어의 어순에 따라 문장의 목적어도 동사(서술어)의 뒤에 있기 때문에 과거 시제 형태소의 위치는 좀 복잡한 편으로 보인다.

먼저 '了1'의 위치에 대해서 살펴본다. '了1'이 쓰이는 위치는 다음과 같은 몇 가지 경우가 있다.

가. 서술어+'了1'

72. (가) 知道了。

　　　알았다.

　　(나) 昨天運動了。

　　　어제 운동했다.

　　'了1'의 위치가 반드시 서술어 뒤에 있다는 것은 앞에서 이미 언급하였다. 따라서 문장에 목적어가 없는 경우에 '了1'은 서술어의 바로 뒤에 위치할 수밖에 없다. 반면에 문장에 목적어 있는 경우에 '了1'은 서술어 뒤에 위치하되 목적어의 앞에 위치할 수도 있고 목적어의 뒤에 위치할 수도 있다. 두 가지 경우는 다음과 같다.

　나. 서술어＋목적어＋'了1'

73. (가) 剛才吃飯了。

　　　아까 밥을 먹었다.

　　(나) 昨天看電影了。

　　　어제 영화를 봤다.

　다. 서술어＋'了1'＋목적어

74. (가) 剛才吃了飯。

　　　아까 밥을 먹었다.

　　(나) 昨天看了電影。

　　　어제 영화를 보았다.

　예문 74과 예문 73은 의미상의 차이가 없다. 다시 말해서 문장에 목적어가 있을 때 '了1'은 목적어 앞에 있든지 뒤에 있든지 의미 변화를 야기하지 않는다. 그리고 '了1'이 서술어와 목적어의 사이에 있는 문장은 목적어 뒤에 '了'를 하나 더 붙일 수 있다.

75. (가) 剛才吃了飯了。

아까 밥을 먹었다.

(나) 昨天看了電影了。

어제 영화를 보았다.

위에서 본 바와 같이 '了1'이 서술어와 목적어의 뒤에 놓든가 서술어와 목적어의 사이에 놓든가 의미상의 차이가 없다. 그러나 서술어의 뒤에 수사와 양사가 있으면 경우가 다르다.

76. (가) 吃了三碗。

세 그릇을 먹었다(식사가 이미 끝났다).

(나) 吃三碗了。

이미 세 그릇을 먹었다(아직 먹고 있다).

(다) 吃了三碗了。

이미 세 그릇을 먹었다(아직 먹고 있다).

예문 76(가)는 '了1'이 서술어와 수량사 목적어 사이에 있고 동작이 다 끝났다는 뜻이 전달된다. 76(나)는 '了1'이 서술어와 수량사 목적어의 뒤에 있으며 동작이 아직 끝나지 않았다는 뜻이 전달된다. 76(다)는 '了1'이 76(가)처럼 서술어와 수량사 목적어 사이에 있지만 문말에도 '了'('了1'인지 '了2'인지 뒤에 거론하고자 한다)이 또 하나가 있으며 76(나)처럼 동작이 아직 끝나지 않았다는 뜻이 전달된다. 이렇게 보면 '了1'은 완료상이나 과거 시제를 표현하지 않다고 할 수도 있고(예문 76(나)), 의미 표현이 불확실하다고 할 수도 있는 것 같다. 사실은 '了1'이 어느 문장 성분의 뒤에 붙이는 것에 따라 그 의미와 기능을 지정할 수 있다. 예문 76(가) 중의 '了1'은 서술어인 '먹다'뒤에만 있어서 '먹다'만 한정시킨다. 다시 말하면 여기의 '了1'은 '먹다'란 동작이 이미 끝나고 과거에 위치하는 것만 나타내며 뒤에 나타난 '먹다'의 정도 – '세 그릇'과 상관없다. 뒤의 '세 그릇'은 단지 '먹다'의 보충 설명일 뿐이다. 예문 76(나) 중의 '了1'은 '세 그릇' 뒤에만 있어서 '세 그릇'만 한정시킨다. 다시 말하면 여기의 '了1'은 '세 그릇'을 이미 '먹었다'란 것만 표현하며 전체 동작인 '먹다'와 상관없다. 이 문장은 '세 그릇'을 이미 먹었지만 전체 먹는 행동이 아직 끝나지 않았다는 함축적인 의미를 나타낸다. 예문 76(다) 중에 '了'는 두 개 있는데 하나는 동작인 '먹다'의 뒤에 있으며 하나는 동작의 정도인 '세 그릇'의 뒤에 있다. 이 두개의 '了'는 다 '了1'이다. 전자는 '먹다'는 동작이 이미 끝났다고 말하지만 이 동작이 동시에 뒤에 '세 그릇'의 제한을 받는다. 다시 말하면 '세 그릇' 뒤에 '了1'이 있으므로 앞의 '먹다'는 그냥 '세 그릇'만 '먹다'는 동작이다. 그리고 이렇게 볼 수도 있다. '먹다'와 '세 그릇'의 뒤에 다 '了1'이 있으므로 '세 그릇을 먹다'는 한 덩어리로 제한 받는다. 다시 말하면 예문 76(다) 중의 두 개 '了1'은 '세 그릇'을 '먹다'는 것은 이미 끝났다는 뜻을 표현하지만 전체 '먹다'와 상관없다. 이럴 때 예문 76(나)와 같은 의미의 문장이 되었다.

다음에 '過1', '的1'의 위치를 살펴본다.

77. (가) 他去過首爾。 / *他去首爾過。

　　　그는 서울에 가 봤다.

　　(나) 他剛才看的電影。 / *他剛才看電影的。

　　　그는 아까 영화를 봤다.

표 5-2. 중국어 과거 시제 형태소의 위치

	목적어 앞에 (동사 바로 뒤에)	목적어 뒤에 (동사＋목적어 뒤에)
了1	＋	＋
過1	＋	－
的1	＋	－

77(가)와 77(나)에서 볼 수 있듯이 중국어의 '過1', '的1'은 목적어 뒤에 나타날 수 없어서 위치가 상대적으로 고정적이다. 중국어 과거 시제 형태소의 위치를 도표로 표시하면 〈표 5-2〉와 같다.

따라서 한국어 과거 시제 형태소인 '-었-'은 형태 변화가 있지만 위치 변화가 없다. 반면에 중국어 과거 시제 형태소인 '了1'은 형태 변화가 없지만 위치 변화가 있다.

(2) 의미면

상술한 바와 같이 한국어의 과거 시제 형태소와 중국어의 과거 시제 형태소는 형태면에 차이가 많이 있다. 의미면에도 차이가 있지만 공통점도 많이 있다. 다음에 의미면에서 두 언어의 과거 시제 형태소에 대한 대비할 것이다. 의미로 대비하려면 서로 번역할 때의 대응 관계를 통해서 하는 것이 좋다고 생각한다. 그렇기 때문에 이 부분에서 '중국어 과거 시제 문장의 한국어 번역 방법'과 '한국어 과거 시제 문장의 중국어 번역 방법' 두 가지 면에서 논의하고자 한다.

① 중국어 과거 시제 문장의 한국어 번역 방법

중국어 시제 형태소들은 문장의 시간성을 지시할 뿐만 아니라 상적 의미도 나타낸다. 구체적으로는 '了1'은 '완성'을, '過1'은 '경험'을, '的1'은 강조를 표현한다. 그렇기 때문에 중국어의 과거 시제 문장은 한국어로 번역할 때 항상 두 가지 방법이 있다. 먼저 '了1'의 경우를 살펴보고자 한다.

가. '了1' 문장의 한국어 번역 방법

중국어 과거 시제 형태소인 '了1'은 과거를 지시하는 동시에 완성의 의미도 나타낸다. 그러므로 한국어로 번역할 때 단순히 과거만 지시하는 '-었-'과 대응하지 않을 수도 있다. 완성의 의미를 나타내는 표현을 이용하는 경우도 있다. '了1'의 의미는 동사 특성의 영향을 많이 받는다는 것을 앞에서 이미 언급하였다. 그러므로 이 부분에서 3.1의 동사 분류에 따라서 '了1'이 나타난 중국어 문장의 한국어 번역 방법을 살펴보고자 한다.

가) 순간완료(x ● x)

78. (가) 他去年死了。
   (나) 그는 작년에 죽었다.
   (다) *그는 작년에 죽고 났다.

순간완료 동사는 시작하는 순간 동작이 바로 끝났다. 따라서 일단 발생하면 꼭 완성한다. 이런 동사들이 '了1'과 결합하는 문장은 완성의 의미는 '了1'에 의해서 나타난다기보다 동사에 의해서 나타난다고 하는 편이 더 낫다. 그러므로 한국어로 번역할 때 '-었-'이 충분하고 굳이 완성의 의미를 나타내는 표현을 이용할 필요가 없다. 어떤 때는 그런 표현을 쓰는 것이 오히려 이상해 보인다. 예문 78의 경우에 '-었-'만 이용해서 번역하는 것은 아주 정확한 표현이며 완성의 의미를 나타내는 '-고 나다'로 번역하는 것은 오히려 비문이 되었다.

나) 지속-완료(→ ● x)

79. (가) 他剛才吃了飯。

(나) 그는 아까 밥을 먹었다. (단순 과거)

(다) 그는 아까 밥을 먹고 났다. (과거+완성)

이런 동사들은 시작점과 완료점 사이에 일정한 시간 폭이 있다. 사건이 과거에 발생하면 동작이 시작하되 꼭 완성하지는 않을 수도 있다. 그런데 중국어의 '了1'은 완성의 의미를 포함하기 때문에 이런 동사와 결합되면 꼭 완성했다는 의미를 나타낸다. 그러므로 한국어로 번역할 때 과거를 지시하는 '−었−' 외에 완성의 의미를 나타내는 표현도 이용하는 것이 좋은 것 같다. 그런데 '−었−'은 이런 동사와 결합될 때 이 동작이 완성하지 않았다고 설명하는 후속 문장이 없거나 그런 의미의 언어 환경이 없는 한 일반적으로 동작이 이미 과거에 끝났다는 의미로 본다. 그러므로 일반적으로 '−었−'만으로 번역해도 의미가 충분하다. 예문 79의 두 가지 번역 방법 중에 (나)는 과거의 시제성을 표현하고 (다)는 과거(−었−)와 완료(−고 나−)를 다 표현했다. 그런데 특별한 설명이 없으면 예문 (나)도 완성의 의미를 포함해서 (가)의 정확한 번역문이라고 할 수 있다.

다) 지속−완료−지속(→ ● →)

80. (가) 今天穿了件紅裙子。

(나) 오늘 빨간 치마를 입었다.

이런 동사들이 과거 시제 형태소와 결합되면 일반적으로 동작이 과거에 발생하고 완성한 후에 현재까지 지속된다는 의미를 나타내는 것은 중국어와 한국어는 다 마찬가지이다. 따라서 한국어로 번역할 때 완성의 의미를 나타내는 표현을 보통 안 쓴다. 그러므로 이런 경우에 중국어의 '了1'

과 한국어의 '-었-'과 대응할 수 있다. 그런데 동작이 끝난 후의 상태는 현재까지 지속되지 못하고 과거에 끝났으면 경우가 다르다.

81. (가) 昨天穿了件紅裙子。

    (나) *어제 빨간 치마를 입었다.

    (다) 어제 빨간 치마를 입었었다.

이런 경우에 중국어는 역시 '了1'로 표현할 수 있다. 반면에 한국어는 81(나)와 같이 '-었-'을 하나만 이용하면 안 되고 '-었-'의 복합형인 '-었었-'으로 표현해야 한다. 그러므로 '了1'은 동작이 끝난 후의 지속 상태가 언제까지 지속되는 것과 상관없다. 반면에 '-었-'은 나타내는 동작의 상태는 반드시 현재까지 아직 지속되고 있어야 한다. 이것은 '了1'은 완성의 의미를 나타내기 때문에 지속 상태의 완성도 표현할 수 있지만 '-었-'은 완성의 의미가 없는 것에서 비롯된다고 본다.

라) 지속(→ X X)

82. (가) 相信他了。

    (나) ?그를 믿었다.

    (다) *그를 믿고 났다.

    (라) 그를 믿게 되었다.

4.1에서 논의했듯이 이런 동사들이 완료점이 없고 상태 바뀐 점이 있다. 예문 82(가)는 과거에 어떤 시점에 그를 믿었다는 뜻도 아니고 지금 그 상태가 바뀌어서 믿지 않았다는 뜻도 아니라, '원래는 믿지 않았다'란 상태에서부터 '지금 믿게 되었다'란 상태까지의 상태 전환은 완성했다는 의

미를 나타낸다. 그러므로 '-었-'만으로 표현하는 번역문과 '-완성-'의 미의 번역문이 다 정확한 표현이 아니고, 변화를 나타내는 '-게 되-'와 같은 표현을 이용해야 한다.

마) 완료-지속(X ● →)

83. (가) 開燈了。
　　　(나) 불을 켰다.

이런 동사들도 '가. 순간완료'형 동사와 같이 시작하는 순간 동작이 바로 끝났다. 따라서 일단 발생하면 꼭 완성한다. 그리고 '다. 지속-완료-지속'형 동사와 같이 동작이 끝난 후에 그 상태가 일정 시간에 지속된다. 그러므로 이런 동사의 '了1' 문장은 일반적으로 '-었-'과 대응할 수 있다. 그런데 동작이 끝난 후에 그 상태가 현재까지 지속되지 못했으면 한국어로 번역할 때 '-었었-'을 이용해야 된다는 점도 '다. 지속-완료-지속'형 동사와 마찬가지이다.

84. (가) 昨天晚上開燈了。
　　　(나) *어제 밤에 불을 켰다.
　　　(다) 어제 밤에 불을 켰었다.

이상은 동사의 특성에 따라서 중국어 '了1' 문장의 한국어 번역 방법을 살펴보았다. '過1'과 '的1'에 비해서 '了1'은 과거 외에 완성의 뜻만 포함하기 때문에 한국어의 '-었-'의 의미와 제일 가깝다. '過1'과 '的1'은 과거 외에 각가 경험이나 강조의 의미도 나타낸다. 따라서 한국어로 번역할 때 '-었-' 외에 경험이나 강조의 의미를 나타내는 표현도 요구하는 경우가 많이 있다. 다음에 먼저 '過1'의 경우를 살펴보고자 한다.

나. '過1' 문장의 한국어 번역 방법

85. (가) 去過首爾。
(나) 서울에 갔다.
(다) 서울에 가 봤다.
(라) 서울에 가 본 적이 있다.

예문 85는 중국어 '過1'의 세 가지 번역 방법이다. (나)는 과거성을 지시하지만 경험성을 나타내지 않기 때문에 (가)의 정확한 번역문이 아니라고 해도 과언이 아니다. (다)와 (라)는 과거(−었−, −ㄴ)와 경험(−아 보다/ −ㄴ 적이 있다)을 다 표현하므로 적합한 번역문이다.

한국어의 '−었−'은 경우에 따라서 경험을 나타낼 수도 있다. 앞에서 언급했듯이 '−었−'은 동사의 특성의 영향을 받는다. '−었−'은 '지속'형 동사와 결합될 때 경험을 나타낼 수 있다.

86. (가) 그를 사랑했다.
愛過他。
(나) 그를 믿었다.
相信過他。

이런 동사들은 과거 시제 형태소와 결합되면 그 상태가 지금 이미 바뀌었다는 뜻을 나타낼 수 있다. 즉 지금 그렇지 않다는 뜻이다. 그런데 앞으로 또 다시 그렇게 할 수 있다. 이렇게 하면 '−었−'과 결합된 그 당시의 상태는 한 번의 경험이라고 할 수 있다. 예문 86을 보면 그를 사랑하는 행위나 그를 믿는 행위는 전에 한번 했지만 지금 그렇게 하지 않고 있다. 그렇지만 앞으로 또 다시 그를 사랑하거나 믿을 수 있다. 이런 행위는 경험이라고 할 수 있다. 그러므로 이런 '지속'형 동사가 서술어가 되는 문장은 '-었-'을 씀으로써 중국어의 '過1'로 나타내는 문장의 적합한 번역문이 될 수 있다.

다음에 '的1'의 경우를 살펴보고자 한다.

다. '的1' 문장의 한국어 번역 방법

87. (가) (是)昨天去的圖書館。
    (나) 어제 도서관에 갔다.
    (다) 어제는 도서관에 갔다.
    (라) 도서관에 어제 간 것이다.

예문 87은 중국어 '的1'의 세 가지 번역 방법이다. 이 문장은 '昨天(어제)'에 대한 강조의 의미가 포함된다. (나)는 과거성만 지시하고 아무 성분도 강조하지 못한다. (다)와 (라)는 과거(-었-, -ㄴ)와 '어제'에 대한 강조(-는, -ㄴ 것이다)를 다 나타내기 때문에 (가)의 적합한 번역문이다.

제4절에서 언급했듯이 '的1'은 서술어 뒤에 붙여서 과거 시제를 표현하는 시태조사이며 '的2'는 수식어와 수식을 받는 명사 사이에 놓이는 구조조사이다. '的1과 '的2'은 서로 혼동되기가 쉽기 때문에 한국어로 번역할 때 그 차이점을 주의해야 한다. '的1과 '的2'는 다음과 같은 두 가지 경우에 혼동하기가 쉽다.

① '的1' 이 서술어와 목적어 사이에 있는 경우

'的1'은 서술어 뒤에 붙일 수 있되 그 뒤에 또 목적어를 붙일 수 있다.

> 88. 我是在東大門市場買的褲子。
>
> 내가 동대문 시장에서 바지를 샀다.
>
> / 내가 동대문 시장에서 바지를 산 것이다.

이렇게 서술어와 목적어 사이에 놓이는 '的1'은 수식어와 수식을 받는 명사 사이에 놓이는 '的2'와 위치가 같기 때문에 혼동하기가 쉽다.

> 89. (가) 我是在東大門市場買的褲子。
>
> 내가 동대문 시장에서 바지를 샀다.
>
> / 내가 동대문 시장에서 바지를 산 것이다.
>
> (나) 這是在東大門市場買的褲子。
>
> 이것은 동대문 시장에서 산 바지이다.
>
> / 이 바지는 동대문 시장에서 산 것이다.

예문 89(가)와 89(나)는 얼핏 보면 똑같은 구조이다. 실제로 그렇지 않다. 45(나)의 수식어 부분을 빼버리고 남은 문장이 정문이다.

> 89. (나) 這是(在東大門市場買的)褲子。這是褲子。
>
> 이것은 (동대문 시장에서 산) 바지이다. 이것은 바지이다.

그렇지만 89(가)는 똑같은 부분을 빼버리면 비문이 된다.

> 89. (가) 我是(在東大門市場買的)褲子。*我是褲子。

내가 동대문 시장에서 바지를 샀다. *내가 바지이다.

수식어는 수식을 받는 명사의 보충 설명이나 한정 설명으로서 없어도 큰 문제가 없다. 적어도 전체 문장의 문법 구조가 변하지 않는다. 그러므로 빼버릴 수 있는 부분은 수식어이기 때문에 이분에 붙인 '的'은 구조조사로서의 '的2'이다. 반면에 시태조사로서의 '的1'은 서술어 뒤에 붙이기 때문에 앞의 부분을 빼버리면 서술어가 없는 문장, 즉 비문이 될 수밖에 없다. 이것으로 문장 중의 '的'은 '的1'인지 '的2'인지 판별할 수 있다.

90. 這是我明天吃的飯。

　　　이것은 내가 내일 먹을 밥이다.

이 문장 중의 '的'은 만약 '的1'라고 보면 '的1'이 비과거 시제도 표현할 수 있다는 증거가 될 것이다. 그러나 이 문장 중의 수식어 성분을 빼버릴 수 있다. 즉 '這是(我明天吃的)飯 → 這是飯'이다. 그러므로 여기의 '的'은 구조조사로서의 '的2'이다.

② 구조조사로서의 '的2' 뒤에 수식을 받는 명사가 생략된 경우

중국어에서 수식어와 구조조사 뒤에 수식을 받는 명사가 생략될 수 있다(생략될 수 있는 조건이 몇 가지가 있지만 이 논문에서 거론하지 않겠다). 예를 들면 다음과 같다.

91. (가) 他是偉大的(他是偉大的人)。

　　　그는 위대한 사람이다.

　　(나) 他是教書的(他是教書的先生)。

　　　그는 학생을 가르치는 선생님이다.

(다) 他是新來的(他是新來的學生)。

그는 새로 온 학생이다.

이런 경우에 '的1' 뒤에 목적어 없거나 '的1'이 서술어와 목적어의 뒤에 있을 때와 혼동하기가 쉽다. 예를 들면 다음과 같다.

92. (가) 我是用優惠券買的。(的1)

내가 쿠폰으로 샀다 / 내가 쿠폰으로 산 것이다.

(나) 這本書是用優惠券買的。(的2)

이 책은 쿠폰으로 산 것이다 / 이 책은 쿠폰으로 사는 것이다.

이런 경우에 문장의 주어가 서술어의 수식을 받을 수 있느냐에 따라서 '的'의 의미를 판단할 수 있다. 예문 92(가)는 주어인 '나'가 서술어인 '사다'의 수식을 받을 수 없기 때문에 '사다' 뒤에 수식을 받는 성분이 원래 없다고 볼 수 있다. 다시 말하면 여기의 '的'은 수식어 뒤에 붙이는 '的2'가 아니라 단순히 과거를 표현하는 '的1'이다. 예문 92(나)는 주어인 '책'이 서술어인 '사다'의 수식을 받을 수 있을뿐더러 '책'을 뒤에 붙여도 문장의 의미가 변화하지 않기 때문에 '사다' 뒤에 수식을 받는 성분인 '책'이 생략되었다고 볼 수 있다. 다시 말하면 여기의 '的'은 수식어 뒤에 붙이는 '的2'이다.

이상은 중국어 과거 시제 문장의 한국어 번역 방법을 논의하였다. 중국어의 '過1'과 '的1'이 나타나는 문장을 한국어로 번역할 때 과거 시제를 나타낼 뿐만 아니라 각각 경험과 강조의 의미도 나타내야 한다. '了1'은 '완성'의 의미도 포함하기 때문에 '-었-'과의 대응 관계는 복잡할 수밖에 없다. 다음에 '-었-'과 '了1'을 중심으로 한국어 과거 시제 문장의 중국어 번역 방법을 살펴보고자 한다.

② 한국어 과거 시제 문장의 중국어 번역 방법

‘過1’과 ‘的1’은 ‘과거’ 외에 다른 의미도 부착되어 있다. 그러므로 한국어의 문장은 상 요소가 없고 ‘−었−’만 있을 때 중국어의 ‘過1’과 ‘的1’로 번역될 경우가 그다지 많지 않다. 단지 ‘지속’형 동사와 결합될 때 ‘過1’로 번역할 수 있다는 것을 이미 논의하였다. 한편, ‘了1은 ‘과거’ 외에 ‘완성’의 의미도 부착되어 있기 때문에 ‘−었−’의 의미와 제일 비슷하다. 다음에 한국어 과거 시제 문장을 대상으로 ‘−었−’과 ‘了1’을 중심으로 동사의 분류에 따라서 대비하고자 한다.

가. 순간완료(X ● X)

93. (가) 그는 죽었다.
    (나) 他死了。

순간완료 동사는 일단 시작하면 바로 완성한다. 즉 동사 차체는 완성의 의미를 포함한다. 따라서 순간완료 동사의 과거 시제 문장은 중국어로 번역될 때 과거와 완성의 의미를 같이 포함하는 ‘了1’과 대응할 수 있다.

문장 중에 강조된 부분이 있으면 ‘的1’로 번역할 수도 있다.

94. (가) 그는 어제는 죽었다.
    (나) 他是昨天死的。 (시간 부사어 강조)

95. (가) 그는 미국에서는 죽었다.
    (나) 他是在美國死的。 (장소 부사어 강조)

96. (가) 그는 암으로는 죽었다.

(나) 他是患癌癒死的。(방식 부사어 강조)

강조된 부분이 동사나 '-었-'과 직접 관계가 없으므로 다음 몇 가지 동사 분류를 논의할 때 '的1'과의 대응 관계는 여기와 거의 똑같으니까 더 이상 '的1'을 거론하지 않겠다.

나. 지속－완료(→ ● X)

97. (가) 밥을 먹었다.

　　(나) 吃了飯 / 吃飯了。

이런 동사들은 시작한 후에 일정한 시간 폭을 차지하기 때문에 과거에 발생했더라도 끝까지 지속되어 완성하지 못할 수도 있지만 동작이 완성하지 않았다고 설명하는 후속 문장이 없거나 그런 의미의 언어 환경이 없는 한 일반적으로 동작이 이미 과거에 끝났다는 의미로 본다는 것을 앞에서 언급한 적이 있다. 그러므로 '밥을 먹기는 먹었지만 다 먹지 않았다'와 비슷한 문장이 아닌 한 중국어의 '了1'로 번역할 수 있다.[29]

다. 지속－완료－지속(→ ● →)

98. (가) 치마를 입었다.

　　(나) 穿了裙子。

이런 경우에 동작이 과거에 발생하고 완성한 후에 현재까지 지속된다

---

29 본 논문에서 접속형과 복합문의 시제를 논의하지 않기 때문에, 이러한 후속 문이 있는 문장을 거론하지 않겠다.

는 의미를 나타낸다. 다시 말하면 상태가 아직 지속되고 있지만 구체적인 동작이 반드시 이미 완성했다. 동작이 완성하지 못했으면 지속될 수 없기 때문이다. 그리고 중국어의 '了1'은 동작의 지속 상태와 상관없이 동작의 완성을 나타낼 수 있기 때문에 이런 문장을 중국어로 번역할 때 완성을 나타내는 표현이 필요 없이 '了1'과 대응한다.

　라. 지속(→XX)

　　99. (가) 그를 믿었다.
　　　　(나) ?相信他了。 / 相信了他。
　　　　(다) 那時候相信他。 / 那時候相信了他。
　　　　(라) 相信過他。

　앞에서도 언급했듯이 이 부분에 속하는 동사들은 완료점이 없다. 그러므로 이런 동사들과 '-었-'이 같이 나타난 문장을 중국어로 번역할 때 단순히 과거를 나타내는 '-었-'을 '완성' 의미를 가진 '了1'로 번역할 수 없다.
　예문 99(가)는 경우에 따라서 두 가지 의미가 있다. 하나는 '그를 믿는다'란 상황이 단순히 과거에 위치한다는 뜻이며 하나는 이 상황이 이미 끝났고 지금 '그를 믿'지 않는다는 뜻이다. 그러나 어느 뜻이든 중국어로 번역할 때 '了1'과 대응될 수 없다. 예문 (나)는 '相信(믿다)'와 '了1'의 결합으로서 비문이 아니지만 (가)의 번역문이 아니라 '그를 믿게 되었다'의 번역문이라는 것을 앞에서 이미 논의하였다. 경우에 따라서 예문 (가)의 중국어 번역문은 (다)의 '那時候相信(了)他(그때 그를 믿었다(지금은 믿는지 안 믿는지와 상관없다))' 혹은 (라)의 '相信過他(이전에 그를 믿었지만 지금 안 믿는다)'이다. 99 (다)는 '了1'이 없이 과거를 나타내는 시간 부사어인 '那時候(그때)'로 사건의 과거성을 지시할 수도 있다. 이것은 '了1'과 과거 시간 부사어가 한 문장에 같이 나타나면 지속된 상태도 이미 끝났다고 오인될 수 있기 때문에[30] '了1'을 생략한 문장이라고 할 수 있다.[31] 한편 99(라)와 같이 '過1'로 번역하는 것은 이런 동사들이 −었−'과 결합되면 그 당시의 상태는 한 번의 경험이라고 할 수 있기 때문이다.[32]

마. 완료−지속(X ● →)

100. (가) 불을 컸다.

(나) 開了燈 / 開燈了。

101. (가) 불이 켜졌다.

(나) 燈(被)開了。

이런 동사들은 시작하는 순간 동작이 바로 완성하고 그 상태가 일정 시간에 지속된다. 그러므로 'ⓒ 지속−완료−지속'형 동사와 같이 완성을 나타내는 표현이 필요 없이 '了1'로 번역할 수 있다. 단지 동작을 받는 물체의 상태가 지속되는 경우에 그 물체의 각도에서 서술할 수도 있다. 즉, 101(가)처럼 이 동사의 피동형을 이용한다. 그러나 중국어의 피동문은 피동 표지로서의 '被'가 생략된 현상이 많이 있다. 특히 101(나)와 같이 동작을 하는 이가 누군지를 모를 때나 밝힐 필요가 없을 때에는 '被' 자가 일반적으로 반드시 생략된다. 이럴 때의 중국어 번역문은 서술어와 목적어의 순서 바뀜 현상이 나타날 수 있다. 즉 주동문의 번역문은 '開燈了'이고 피동

---

30 이것도 '了1'은 완성의 의미를 포함하는 점에서 비롯되었다.
31 '了1'을 생략하지 않고 과거 시간 부사어를 생략하면 또 99(가)와 같은 문장이 될 것이다.
32 3.2.1 참고

문의 번역문은 '燈開了'이다. 또 다른 예를 보자.

102. (가) 불을 껐다. ― 불이 꺼졌다.
   (나) 關燈了。― 燈關了。

103. (가) 문을 열었다. ― 문이 열렸다.
   (나) 開門了。― 門開了。

104. (가) 문을 닫았다. ― 문이 닫혔다.
   (나) 關門了。― 門關了。

한편, 이런 지속된 상태는 어떤 장소에서 발생하면 주동문의 경우 중국어 번역문은 항상 把字句[33]의 형태로 나타낸다.

105. (가) 옷을 벽에 걸었다.
   (나) 把衣服掛墻上了。

106. (가) 책을 책상에 놓았다.
   (나) 把書放桌子上了。

---

33 '把'를 이용해서 구성한 중국어 문장. '把'를 통해서 목적어를 서술어 앞에 놓일 수 있다.

6. 결론

한국어를 공부하는 중국인 학습자는 복잡한 형태 변화를 어려워하기 때문에 한국어의 시제 의미도 몹시 어렵다고 생각한다. 사실은 한국어와 중국어의 시제 체계는 형식 면에는 차이점이 많이 있지만 의미 면에는 비슷한 점이 많이 있다. 두 언어의 시제 체계에 대한 대비를 통해서 그 공통점과 차이점을 살펴보고 중국인 학습자가 더 쉽게 한국어를 공부할 수 있도록 하는 것을 주요 목적으로 한다.

제2절에서 한국어와 중국어의 시제 체계를 다 과거와 비과거의 이분법으로 분류하고 시제 체계를 설립하며 그 이유를 밝혔다.

제1항에서 한국어 시제의 이분법 체계를 먼저 살펴봤다. 이를 위해서 흔히 미래 시제 형태소로 보는 '-겠-'과 현재 시제 형태소로 보는 '-는-'에 대해 구체적으로 논의하였다. '-겠-'은 미래의 상황뿐만 아니라 과거 상황, 현재 상황에도 쓰일 수 있다. 그리고 미래 상황을 나타내려면 꼭 '-겠-'은 쓰는 것도 아니다. '-겠-'은 물론 미래의 일에도 쓰이지만 그것은 '-겠-'이 미래 시제 형태소라서가 아니라 추측하는 일에 쓰이기 때문이다. '-겠-'은 미래 시제 형태소가 아니라 추측이나 의지를 나타내는 요소라고 본다. 따라서 한국어에는 미래 시제를 나타내는 문법 표지가 없다고 주장한다. '-는-'은 오직 '-다' 앞에서만 나타나기 때문에 하나의 단일 형태소로 보는 것이 무리하고 '-는다'를 하나의 어미로 보는 것이 적당하다. 따라서 한국어에는 현재 시제를 나타내는 문법 표지도 없다고 주장한다. 미래 시제와 현재 시제를 나타내는 문법 표지가 없으므로 현재 상황과 미래 상황을 합쳐서 과거 시제와 대립하는 '비과거 시제'를 설립하였다. 즉, 한국어에는 과거 시제와 비과거 시제의 이분적 체계를 설립하였다.

제2항에서 중국어 시제의 이분법 체계를 살펴봤다. 중국어 동사의 무

표지 형식이 현재와 미래 두 가지의 의미를 표현하고 현재 상황과 미래 상황은 전문적인 문법 표지가 없다. 그러므로 이 두 가지 상황을 합쳐서 과거 시제와 대립하는 '비과거 시제'를 설립하였다. 비과거 시제는 또 어휘나 문맥의 보조 역할로 현재와 미래의 의미가 구분된다. 이렇게 하면 한국어와 중국어의 시제 체계는 다 과거 대 비과거의 이분 체계로 설립하였다.

제3절에서는 한국어 과거 시제 형태소에 대해 구체적으로 논의하였다.

제1항에서 '-었-'에 대해 살펴보았다. 과거 상황을 나타낼 때 반드시 '-었-'으로 나타내며 비과거 상황, 즉 현재 상황과 미래 상황에 '-었-'이 쓰일 수 없다. '-었-'의 유무에 따라 과거 시제와 비과거 시제가 구분된다. 그러므로 '-었-'은 한국어의 과거 시제 형태소임을 알 수 있다. 한편, '-었-'이 진행상, 완료상 등 다른 상 요소와 같이 나타날 수 있고 상황의 끝점이 확인되지 않은 상황에도 쓰일 수 있는 것은 상 요소로서의 조건에 부합하지 않기 때문에 '-었-'은 상 요소가 아니고 단순히 과거 시제 형태소인 것을 알 수 있다. '-었-'이 있는 문장은 과거완료, 현재 지속 등과 같은 의미도 나타낼 수 있지만 이것은 '-었-'에 의해서가 아니라 동사의 특성에 의해 표현된다.

제2항에서 '-었었-'에 대해 살펴보았다. '-었었-'은 단일 형태소가 아니라 '-었-'+'-었-'으로 형성된 '-었-'의 복합형이다. 그래서 '-었었-'에 대해 의미를 따로 설정할 필요가 없고 과거 시제 형태소인 '-었-'이 두 번 쓰이는 것으로 본다. 앞의 '-었-'은 사건을 어떤 기준시의 앞에 위치시키며 뒤의 '-었-'은 이 사건과 이 기준시로 형성된 구조를 또 새로운 기준시(보통 발화시)의 앞에 위치시킨다. 이 견해가 기존에 있는 '과거 속의 과거'나 '과거의 과거'설과 비슷하다.

제3항에서 흔히 회상 시제나 과거 시제 형태소로 불려 왔던 '-더-'에 대해 살펴보았다. '-더-'는 청자에게 질문하는 문장에도 쓰일 수 있기 때문에 단순히 화자의 회상이 아닐 수도 있다. 또 '-더-'가 쓰인 문장에서

인식시를 기준시로 하여 사건의 시간 위치를 나타내는 시제 요소가 따로 있다. 다시 말하면 '-더-'가 어느 시제하고도 어울릴 수 있다. 그러므로 '-더-'는 한국어 시제 형태소가 아니고 기준시를 인식시에 이동시키는 도구이다.

제4절에서는 중국어 과거 시제 형태소에 대해 구체적으로 논의하였다.

제1항에서 먼저 '了'를 살펴보았다. 중국어의 '了'는 크게 두 가지가 있다. 하나는 서술어 뒤에 쓰이고 완성을 나타내는 시태조사 '了1'이며 또 하나는 문말에서 나와서 화자의 확정 태도를 표현하는 語氣助詞 '了2'이다. '了1'이 쓰이는 문장은 반드시 과거와 관련된다. 즉, '了1'의 존재를 통해서 사건의 발생 시간을 과거로 위치시킬 수 있다. 그러므로 '了1'은 완성의 상적 의미를 나타내는 동시에 과거의 시제 의미도 표현한다. '了1'은 서술어 뒤에 위치하되 목적어 있는 경우에 목적어의 앞이나 뒤에 다 위치할 수 있으며 앞과 뒤에 같이 위치할 수도 있다. 이러한 세 가지 경우가 일반적으로 의미 차이가 없지만 문장에 양적 한정이 있을 때 의미 차이가 난다. 한편, '-었-'은 과거 시제 형태소로서 동사와 결합할 때 동사 특성의 영향을 받지만 그 기본 의미는 '완성+과거'이다.

제2항에서 '過'를 살펴보았다. 허사로서의 '過'는 두 가지로 나눌 수 있다. 하나는 과거 경험을 나타내는 '過1'이고 하나는 완료를 나타내는 '過2'이다. 두 가지 '過'의 차이로는 '過1'은 경험상을 표현하는 동시에 과거 시제도 표현할 수 있다. '過2'는 완료상만 표현하고 시제와 관계가 없다. '過1'이 '了1'와 같이 나타날 수 없지만 '過2'는 '了1'와 같이 나타날 수 있다. 그리고 매일 하는 일이나 자주 하는 일을 나타내는 일상성 동사에는 '過2'만 쓰일 수 있으며 주로 심리 상태를 나타내는 정태 동사에는 '過1'만 쓰일 수 있다. 한편, '過1'은 서술어 뒤에 위치하되 목적어가 있는 경우에 반드시 서술어와 목적어의 사이에 놓인다.

제3항에서 '的'를 살펴보았다. 중국어의 '的'은 크게 두 가지가 있다. 하

나는 서술어 뒤에 붙여서 과거 시제를 표현하는 시태조사 '的1'이며 또 하나는 수식어와 수식을 받는 명사 사이에 놓이는 구조조사 '的2'이다. '的1'이 있는 문장은 과거 시제를 표현하고 '的1'을 빼 버리면 비문이 되거나 비과거 시제의 문장이 된다. 그리고 '的1'은 비과거 시간을 표현하는 어휘와 같이 나타날 수 없다. 따라서 '的1'은 중국어의 과거 시제 형태소이다. '的1'은 과거 시제를 표현하는 동시에 늘 문장의 어떤 성분을 강조하고 있다.

중국어의 과거 시제 형태소로서 '了1', '過1', '的1' 세 가지 형태소는 과거를 지시하는 동시에 각각 '완료', '경험' '강조'의 의미도 표현한다. '了1', '過1'과 '的1'은 다 과거 시제 형태소로서 서로 배타적이다. 즉 하나의 단문에서 '了1', '過1'과 '的1'은 하나 이상이 나타나면 비문이 된다. 이 세 가지 형태소는 다 서술어 뒤에 위치하되 목적어와의 선후 관계에 차이가 있다. '了1'은 목적어 앞이나 뒤에 다 위치할 수 있지만 '過1'과 '的1'은 목적어 뒤에 나타날 수 없다.

제4항에서 흔히 과거나 회상을 표현하는 형태소로 보여 왔던 '來着'을 살펴봤다. 중국어의 '來着'은 한국어의 '-더-'와 비슷하게 회상시제나 과거 시제를 표현하는 형태소가 아니라 기준시의 이동 도구이다. '來着'은 서술문에 쓰일 경우 화자의 인식시를 기준시로 하지만 의문문에 쓰일 경우 청자의 인식시를 기준시로 해서 질문하는 것이다.

제5절에서는 한국어와 중국어의 시제 체계에 대해 대비하였다.

제1항에서 먼저 한국어와 중국어의 이분 체계에 대해 대비하였다. 자연 시간의 삼분법이 곧 그대로 문법에 반영되는 것은 아니다. 언어의 체계에 있어서 '현재 대 비현재', 혹은 '과거 대 비과거' 등의 체계도 가능하다. 한국어는 '-었-'의 유무에 따라서 과거 대 비과거의 이분 체계가 설립되었으며 중국어는 '了1', '過1', '的1' 등 문법 형태소의 유무에 따라서 과거 대 비과거의 이분 체계가 설립되었다.

제2항에서 한국어와 중국어의 비과거 시제에 대해 대비하였다. 두 언

어의 비과거 시제에는 문법 표지가 없고 자연적인 시간에 따라서 현재 상황과 미래 상황으로 나뉜다. 한국어와 중국어의 현재 상황은 다 무표적이고 현재 시간과 관련된 부사어로 표현하는 경우가 많다. 그리고 모두 '① 지금 발생하고 있는 일', '② 매일 하는 일이나 자주 하는 일', '③ 객관적인 진리와 사실' 등을 나타낼 수 있다. 그중에 지금 발생하고 있는 일을 나타낼 때 늘 진행상을 사용하며 매일 하는 일이나 자주 하는 일을 나타낼 때 시간 부사어가 없으면 미래 상황으로 오인될 수도 있다. 또 한국어와 중국어의 미래 상황은 다 무표적이고 미래 시간과 관련된 부사어로 표현하는 경우가 많다. 그리고 '-겠-'과 '將', '要', '會' 등 추측을 나타내는 요소들을 씀으로써 보조적으로 미래 상황을 나타내는 경우도 많이 있다.

제3항에서 한국어와 중국어의 과거 시제에 대해 대비하였다. 한국어와 중국어는 시제를 나타내는 문법 형태소로서 과거 시제 형태소밖에 없다. 한국어는 '-었-'으로 과거 시제를 표현하고 중국어는 '了1', '過1', '的1'을 통해서 과거 시제를 나타낸다. 이 부분에서 형태면과 의미 면에서 한국어와 중국어의 과거 시제 형태소들에 대해서 대비하였다.

형태 면에는 중국어는 풍부한 형태 변화가 없는 반면에 한국어는 형태 변화가 많이 있다. 한국어 과거 시제 형태소로서의 '-었-'은 형태 변화가 많이 있다. 또 '-었-'은 반드시 동사의 어간이나 '어간+(으)시'의 뒤에 붙어야 하는 반면에 '了1'은 서술어 뒤에 위치하되 목적어의 앞이나 뒤에 다 나타날 수 있을 뿐만 아니라 목적어의 앞과 뒤에 2번(동시에) 나타날 수도 있다. 다시 말해서 한국어 과거 시제 형태소인 '-었-'은 형태 변화가 있지만 위치 변화가 없다. 반면에 중국어 과거 시제 형태소인 '了1'은 형태 변화가 없지만 위치 변화가 있다.

의미 면에서 '중국어 과거 시제 문장의 한국어 번역 방법'과 '한국어 과거 시제 문장의 중국어 번역 방법' 두 가지 면에서 논의하였다.

'了1'은 과거를 지시하는 동시에 완성의 의미도 나타낸다. 그러므로 한국어로 번역할 때 단순히 과거만 지시하는 '-었-'과 대응하지 않을 수도 있다. 완성의 의미를 나타내는 표현을 이용하는 경우도 있다. '순간완료' 형 동사와 결합할 때 완성 의미를 나타내는 요소가 필요없이 '-었-'으로 번역할 수 있다. '지속-완료'형 동사와 결합할 때 '-었-'으로 번역하되 경우에 따라서 완성 의미를 나타내는 요소가 필요할 때도 있고 필요 없을 때도 있다. '지속-완료-지속'형 동사나 '완료지속'형 동사와 결합할 때 일반적으로 '-었-'과 대응할 수 있다. 그런데 동작이 끝난 후의 상태가 현재까지 지속하지 못하고 과거에 끝났으면 '-었-'의 복합형인 '-었었 -'으로 표현해야 한다. '지속'형 동사와 결합할 때 상태의 완료를 나타내 는 것이 아니라 상태 변화의 완성을 나타내기 때문에 '-었-'과 대응할 수 없다.

'過1'은 과거 외에 경험 의미도 나타낸다. 따라서 한국어로 번역할 때 '-었-' 외에 '-아 보다', '-ㄴ 적이 있다' 등과 같은 경험을 나타내는 표현을 요구하는 경우가 많이 있다. 그런데 '지속'형 동사와 결합될 때 '-었-'만 으로도 경험의 의미를 나타낼 수 있다.

'的1'은 과거 외에 강조의 의미도 나타낸다. 그러므로 한국어로 번역할 때 '-었-' 외에 강조의 의미를 나타내는 표현을 요구하는 경우가 많이 있 다. 단순히 '-었-'과 대응할 경우가 그다지 많지 않다

'-었-'은 한국어 과거 시제 형태소로서 그가 나타나는 문장은 동사 특 성의 영향을 많이 받는다. 중국어로 번역할 때 이런 영향을 고려해야 한 다. '순간완료'형 동사와 결합할 때 '了1'로 번역할 수 있다. '지속-완료'형 동사와 결합할 때 동작이 완성하지 않았다고 설명하는 후속 문장이 없거 나 그런 의미의 언어 환경이 없는 한 일반적으로 '了1'로 번역할 수 있다. '지속-완료-지속'형 동사나 '완료-지속'형 동사와 결합할 때 완성을 나 타내는 표현이 필요 없이 '了1'과 대응한다. '지속'형 동사와 결합할 때 '了1' 로 번역할 수 없다. 이런 문장은 단순히 상황이 과거에 위치한다고 뜻하는

경우 '了1'이 없이 과거를 나타내는 시간 부사어로 사건의 과거성을 지시할 수 있다. 또 이런 문장은 상황이 이미 끝났고 지금은 그렇지 않다고 뜻하는 경우 그 당시의 상태는 한 번의 경험이라고 할 수 있기 때문에 경험 의미를 나타내는 '過1'로 번역할 수 있다. 한편, 동사의 특성과 상관없이 한국어의 과거 시제 문장 중에 강조된 부분이 있으면 '的1'로 번역할 수 있다.

본고에서는 한국어와 중국어의 시제 체계를 대비하여 중국인 한국어 학습자가 더 쉽게 이해할 수 있도록 두 언어의 시제와 관한 문제점들과 유사점 및 차이점을 정리하여 한국어와 중국어 과거 시제 문장의 번역 방법을 보여주었다. 이 글을 통해서 중국인 한국어 학습자들이 두 언어의 시제를 표시하는 것을 문법적, 의미적으로 잘 이해하고 잘 파악할 수 있도록 제시하는 연구가 되기를 기대해 본다.

필자의 능력 제한으로 이 논문에서 한국어와 중국어 시제 체계 중의 종결형(단문)의 시제만 논의하였다. 접속형(복합문)과 관형절형(광형어문)의 시제를 거론하지 못하였다. 그리고 동사를 대상으로 두 언어의 시제 체계를 대비하였지만 형용사와 지정사의 상황을 살펴보지 않았다. 앞으로 본 논문에서 얻은 결과를 바탕으로 하여 상술 문제들에 대한 연구를 추진해 나갈 필요가 있다고 생각한다.

한국어 저서

고영근, 『중세 국어의 시상과 서법』, 탑출판사, 1981.

_____, 『한국어의 시제 서법 동작상(보정판)』, 태학사, 2007.

김차균, 『우리말의 시제 구조와 상 인식』, 태학사, 1999.

김용경, 『국어의 때매김법 연구』, 서광학술자료사, 1994.

권재일, 『한국어 통사론』, 민음사, 2000.

나진석, 『우리말의 때매김 연구』, 과학사, 1971.

남기심, 『현대 국어 통사론』, 태학사, 2001.

_____, 「국어문법의 시제문제에 관한 연구」, 『국어학 연구선서』 6, 탑출판사, 1978.

남기심 · 고영근, 『표준 국어문법론』, 탑출판사, 1990.

박승빈, 『조선어학』, 조선어학연구회, 1935.

박창해, 『한국어 구조론 연구』, 탑출판사, 1964 · 1990.

서태룡, 「국어 활용어미의 형태와 의미」, 『국어학 총서』 13, 태학사, 1988.

서태룡 외, 『문법 연구와 자료』, 태학사, 1998.

이기용, 『시제와 양상 : 가능 세계 의미론』, 태학사, 1998.

이숭녕, 『중세국어문법』, 을유문화사, 1961.

이익섭, 『한국어 문법』, 서울대 출판부, 2005.

이익섭 · 임홍빈, 『국어문법론』, 학연사, 1983.

이익섭 · 채완, 『국어문법론강의』, 학연사, 1999.

이재성, 『한국어의 시제와 상』, 국학자료원, 2001.

임홍빈, 『국어 문법의 심층 1 － 문장 범주와 굴절』, 태학사, 1998.

이희승, 『새고등문법』, 일조각, 1965.

정렬모, 『신편고등국어문법』, 한글문화사, 1946.

주시경, 『국어문법』, 박문서관, 1910.

최광옥, 『대한문전』, 안악면학회, 1908.

최현배, 『우리말본』, 정음사, 1937 · 1955.

한동완, 『국어의 시제 연구』, 태학사, 1996.

허 웅, 『국어 때매김법의 변천사』, 샘문화사, 1987.

홍기문, 『조선문법연구』, 서울신문사, 1947.

한국어 논문

고영근, 「현대국어의 서법 체계에 대한 연구」, 『국어연구』 15, 국어연구회, 1965.

김민명, 「한국어 접속문의 시제 해석」, 『한국어학』 43, 한국어학회, 2009.

김석득, 「한국어 시간과 시상」, 『한불연구』 1, 연세대 한불문화연구소, 1974.

김차균, 「국어 시제의 기본 의미」, 『장암장지영 선생 고희 기념 논총』, 1980.

김홍실, 「한국어의 '-었-'과 중국어의 '了'의 대조연구」, 『이중언어학』 38, 이중언어학회, 2008.

남기심, 「현대국어 시제에 관한 문제」, 『국어국문학』 55 · 57(합병호), 국어국문학회, 1972.

마홍염, 「한국어와 중국어의 시간 표현 요소 대조연구」, 연세대 석사논문, 2004.

문숙영, 「한국어 시제 범주 연구」, 서울대 박사논문, 2005.

_____, 「시제의 의미 및 사용과 관련된 몇 문제」, 『한국어학』 43, 한국어학회, 2009.

박창해, 「국어구조론연구(3)」, 『연세대학교 80주년 기념논문집 : 인문과학편』, 연세대학교, 1964.

서정수, 「국어 시상 형태소의 의미분석 연구」, 『문법연구』 3, 문법연구회, 1976.

성기철, 「경험의 형태 (었)에 대하여」, 『문법연구』 1, 문법연구회, 1974.

안동환, 「우리말 관형사형에서의 '-었-'과 '-ø-'의 시제 표시 기능」, 『한글』 171, 한글학회, 1981.

왕 방, 「한국어와 중국어 시제의 대조연구」, 상지대 석사논문, 2006.

이남순, 「현대국어의 시제와 상에 대한 연구」, 서울대 석사논문, 1981.

이용주, 「'V-는다, V-었다, V-겠다'의 의미」, 『사대논총』 31, 서울대 사범대학, 1985.

이종철, 「현대국어 시제와 상의 연구」, 서울대 석사논문, 1964.

이재성, 「시간 현상 관련 문법 범주 정립을 위한 몇 가지 개념에 대한 고찰」, 『한국어학』 43, 한국어학회, 2009.

이지양, 「현대국어의 시상형태에 대한 연구 : '-었-', '-고 있-', '-어 있-'을 중심으로」, 『국어연구』 51, 국어연구회, 1982.

조영화, 「현대 한국어와 현대 중국어의 시상에 관한 대조연구」, 상명대 석사논문, 2002.

지성녀, 「한 · 중 시제 대조연구―'―었'을 중심으로」, 국민대 석사논문, 2006.

이기동, 「A Tense-Aspect-Modality System in Korean」, 『애산학보』 1, 애산학회, 1981.

최동주, 「국어 시상체계의 통시적 변화에 관한 연구」, 서울대 박사논문, 1995.

_____, 「현대국어 선어말 '―더―'의 의미에 대하여 : 마침법의 경우」, 『어학연구』 30(1),
　　　　서울대 어학연구소, 1994.

_____, 「동적 관점에서의 시제 연구」, 『한국어학』 43, 한국어학회, 2009.

한현종, 「현대국어의 시제체계의 수립과 그 제약조건」, 『국어연구』 99, 국어연구회, 1990.

중국어 저서

丁聲樹, 『現代漢語語法講話』, 商務印書館, 1961.

高名凱, 『漢語語法論』, 上海開明書店, 1948/1986.

龔千炎, 『漢語的時相時制時態』, 商務印書館, 1995.

黎錦熙, 『新著國語文法』, 商務印書館, 1924.

李鐵根, 『現代漢語時制研』, 遼寧大學出版社, 1999.

陸儉明 · 馬真, 『現代漢語』, 1985.

呂叔湘, 『中國文法要略』, 商務印書館, 1942 · 1982.

王　力, 『中國語法理論』, 商務印書館, 1944.

_____, 『中國現代語法』, 商務印書館, 1954 · 1985.

朱德熙, 『語法講義』, 商務印書館, 1982.

중국어 논문

陳國良, 「現代漢語時制表達及相關問題」, 東北師范大學碩士學位論文, 2005.

陳立民, 「漢語的時態和時態成分」, 『語言研究』 第3期, 2002.

戴耀晶, 「現代汉语时体统研究」, 復旦大学博士学位論文, 1997.

韓容洙, 「漢語時制分析的新突破」, 『漢語學習』 第6期, 1999.

金立鑫, 「現代漢語'了'研究中語義第一動力'的局限」, 『漢語學習』 第5期, 1999.

竟　成, 「關於動態助詞'了'的語法意義問題」, 『語言研究』 35, 서울대 어학연구소, 1993.

孔令達, 「動態助詞'過'和動詞的類」, 『安徽師大學報(哲學社會科學版)』 第3期, 1985.

_____, 「關於動態助詞'過1'和'過2'」, 『中國語文』 第4期, 1986.

李鐵根, 「'了', '着', '過'與漢語時制的表達」, 『語文研究』 第3期, 2002.

劉義青・勞麗蕊, 「句末助詞'來(來着)'研究綜述」, 『Ceramic Research and Vocational Education』No. 1, 2004.

羅遠惠, 「現代漢語'了'在韓國語中的對應」, 北京語言文化大學, 2001.

呂朋林, 「也談'來着'」, 『漢語學習』第3期, 1987.

帥志嵩, 「八十年代以來漢語研究的新進展」, 北京語言文化大學對外漢語研究中心, 『漢語學習』第4期, 2007.

宋和妍, 「現代漢語時制研究」, 復旦大學中國語言文字學研究所博士學位論文, 2001.

宋玉柱, 「關於時間助詞的'的'和'來着'」, 『中國語文』, 1981.

王惠麗, 「漢語'時態'的表達形式」, 『語文學習』, 1957.

王松茂, 「漢語時體範疇論」, 『齊齊哈爾大學學報』, 1981.

張濟卿, 「漢語并非没有時制語法範」, 『語文研究』第4期, 1996.

_____, 「對漢語時間系統三元結構的一點看法」, 『漢語學習』第5期, 1998.

_____, 「論現代漢語的時制與體結構(上)」, 『語文研究』第3期, 1998.

_____, 「論現代漢語的時制與體結構(下)」, 『語文研究』第4期, 1998.

張麟聲, 「關於漢語動詞的分類」, 『山西大學師范學院學報』第4期, 1991.

張　秀, 「漢語動詞的'體'和'時制'系統」, 『語法論集第一集』, 1957.

張誼生, 「略論時制助詞'來着'」, 上海師範大學語言研究所, 『大理師專學報』第4期, 2000.

기타 참고 문헌

Lyons, J, *Introduction to Theoretical Linguistics*, Cambridge University Press, 1968.

Bybee, J. L., R. Perkins, & W. Pagliuca, *The Evolution of Grammar*, The university of Chicago press, 1994.

Comrie, B, *Aspect*, Cambridge University Press, 1976.

Givon, T, *Syntax Volume I-a Functional-typological Introduction*, Amsterdam/Philadelphia : John Benjamins Publishing Company, 1984.

한 · 중 능원표현법 대조연구

1.서론

어떠한 민족의 언어든지 그 민족의 경제, 사회, 정치, 역사, 풍속 습관, 종교, 사유방식과 밀접하게 관련되어 있다. 언어마다 음운, 단어와 문장의 구성, 표현과 활용의 독특한 특성이 있다. 고립어로서의 중국어와 교착어로서의 한국어는 형태와 구조의 다른 양상을 보이면서 비슷한 점도 많이 보이고 있다. 이와 같은 차이점과 공통점을 제대로 파악하고 학습하는 것은 외국어로서 중국어나 한국어를 공부하는 데에 큰 도움이 되리라고 생각한다.

지금까지 한 · 중 문법에 관하여 대조연구를 해 온 학자들이 많으나 한 · 중 능원표현법에 관한 대조연구는 그리 많지 않다. 중국어 문법 중에 '능원동사(能愿動詞)'라는 문법 요소가 있다. 한국어 문법에는 이런 문법 요소가 없으나 중국어 능원동사에 해당하는 표현법이 여러 가지가 있다. 중국어의 능원동사나 한국어에 이에 해당하는 능원표현법이 언어생활에서 중요한 자리를 잡고 있다. 또한 이런 용법 때문에 중국인이나 한국인 학습자가 외국어로서 한국어나 중국어를 학습하는 데에 어려움을 부딪치게 된다. 이 연구는 코퍼스와 문학 작품 자료를 바탕으로 하여 한·중 능원표현법 문법 특징의 공통점과 차이점을 살펴보고 한·중 능원 표현법의 의미에 관한 대조연구를 통해서 흔히 사용되고 대응되는 한·중 능원표현법이 어떤 것이 있는지, 중국어 능원동사의 의미 유형에 따라 대표적인 한국어 능원표현법이 어떤 것이 있는지를 알아보고자 한다. 또한 한·중 능원표현법의 부정문에 대해서도 분석하여 공통점과 차이점을 알아내고 부정문에 흔히 사용되는 능원표현법이 어떤 것이 있는지를 알아보고자 한다.

중국어 능원표현법은 주로 능원동사에 의하여 이루어진다. 중국어 문법서나 교과서에서는 능원동사를 조동사(助動詞)라고 부르는 경우가 많다. 현재 이 두 가지 명칭은 널리 사용되고 있다. 조동사 외에 능원동사를 능사(能詞), 형사(衡詞), 실의-공능사(實義-功能詞)라고 부르기도 한다. 또한 영어 modal verb와 비교하면서 능원동사를 정태동사(情態動詞)라고 하기도 한다. 이 연구에서는 '능원동사'의 명칭을 쓰고자 하며 가능성을 표현하는 '能, 能夠, 會, 可以, 可能, 得(de)', 염원을 표현하는 '敢, 肯, 願意, 願, 要1', 당위성을 표현하는 '應, 該, 應該, 應當, 要2, 得(dei)' 등 17개의 능원동사를 대상으로 연구한다. 이에 대응되는 한국어에서 자주 쓰이는 능원표현법은 주로 다음과 같은 몇 가지가 있다. 가능성을 표현하는 능원표현법은 '-(으)ㄹ 수 있다', '-(으)ㄹ 것 같다', '-(으)ㄹ 줄 알다', '-(으)ㄹ 것이다', '-(으)ㄹ 지도 모르다', '-겠-' 등이 있고 염원을 표현하는 능원표현법은 '-고 싶다', '-(으)려고 하다', '-기를 좋아하다', '-(으)ㄹ 것 같다' 등이 있으며 당위성을 표현하는 능원표현법은 '-아/어/여야 하다', '-(으)ㄹ 것이다', '-겠-' 등이 있다.

이 연구는 대조언어학과 외국어로서의 언어 교육에 관한 이론을 활용하여 코퍼스 자료와 문학 작품 등 언어 자료를 바탕으로 대조연구를 거쳐

한·중 능원표현법의 문법적 특징, 의미, 부정형 등 측면의 공통점과 차이점, 대응관계를 살펴보고자 한다. 이 연구에서 사용된 언어자료는 주로 북경대학 중국언어학연구센터(北京大學中國語言學研究中心) 코퍼스에 제시된 것이다. 이 밖에도 황순원의 소설「소나기」(崔成德 역), 김동리의 소설「바위」(高岱 역), 이청준의 소설「해변 아리랑」(方培仁 역), 이문열의 소설『우리들의 일그러진 영웅』(金英수 역), 이문열의 소설「필론의 돼지」(金英수 역) 등 약 17만 7천 자의 언어자료를 사용하였다. 또한 기존 중국어 능원동사에 대한 분석 연구와 한국어 능원표현법과 관련된 연구에서 나온 예문, 사전에서 나온 예문도 참고하였다.

국내외 많은 학자가 중국어 능원동사에 대해 연구해 왔다. 중국어 능원동사와 영어, 일어 조사를 대조연구해 온 학자들이 많다. 20세기 1950·1960년대에 능원동사에 관한 연구가 활발히 진행되었다. 이때의 연구는 주로 능원동사의 외부관계를 고찰하고 능원동사에 관한 품사 분류 및 분류 기준, '능원동사+동사 / 동사 단어 조합(組合)'의 성질을 분석하였다. 20세기 1980년대에 학자들이 새로운 이론으로 능원동사의 형식적인 특징, 의미 특징 등을 탐구하려고 시도하였다. 중국 국내 학자들뿐만 아니라 중국어에 관심을 가지고 있는 많은 외국 학자들도 중국 능원동사에 관하여 많은 연구를 해 왔다. 한국의 학자로는 박종한(1993), 김병권(1996), 박영록(2005), 김정필(2004), 김채영(2004) 등은 중국어 능원동사의 범위, 기능, 의미 등 측면에 대해서 연구하였다.

영어 중의 modal verb는 중국어 능원동사와 비슷한 점이 많아 지금까지 학자들이 많이 연구해 왔지만 한·중 능원표현법에 관한 연구는 그리 많지 않다. 한국어에서는 능원표현법이라는 용어가 안 쓰이며 중국어 능원동사와 대응되는 능원표현법 전체를 대상으로 하는 연구가 많지 않다. 이와 관련된 연구는 주로 서법이나 양상, 시제에 관한 연구이거나 어느 특정한 형태소나 단어에 관한 연구이다. 중국어와 한국어는 어순과 표현 방식이 다르므로 중국어 능원동사와 대응되는 한국어 동사를 찾기 어렵다. 그러나 같은 뜻을 표현하는 데 사용되는 능원표현법은 비교해 볼 가치가 있다고 본다. 이와 같은 대조연구는 중국 학생과 한국 학생들이 한·중 두 가지 언어를 학습하는 데에 도움이 되리라고 생각한다.

2. 문법 측면의 대조연구

이 절에서는 문법서 이론과 학자들의 주장을 바탕으로 하여 중국어 능원동사의 범주와 분류, 한국어 능원표현법의 구성을 살펴보고 관련 문법 특징의 이동점(異同點)을 밝히고자 한다.

1) 중국어 능원동사의 범주와 분류

서론 부분에서 언급하였듯이 능원동사의 명칭에 관한 논쟁이 있으며 이외에도 능원동사를 어떤 품사로 보아야 하는지, 범주가 어떻게 되는지, 어떻게 분류하는지에 관한 논쟁도 많다.[34] 이 절에서는 학자들의 주장을 살펴보고 이를 바탕으로 하여 이 연구에서 구체적으로 다루려는 능원동사의 범주와 분류를 제시하고자 한다.

---

34 학자들의 논쟁 중에 능원동사를 조동사 등 다른 명칭으로 쓰는 경우에 여기서 모두 능원동사로 하여 설명한다.

(1) 능원동사의 범주

능원동사의 범주를 다루기 전에 능원동사가 어떤 품사에 속하는지에 대해서 알아볼 필요가 있다. 능원동사를 부사에 속한다고 주장하는 학자가 있으며 동사에 속한다고 주장하는 학자도 있고 독립적인 한 가지 품사로 다루어야 한다는 주장도 있다. 능원동사는 부사와 구별하기 어려운 데가 두 가지가 있다. 하나는 의미를 구별하기가 어려운 것이다. 다른 하나는 문법 위치를 구별하기가 어려운 것이다. 중국어는 형태 변화가 없으므로 품사를 분류함에 있어서 기능에 의해 분류하는 것이 중요하다. 능원동사와 부사에 대한 구별 연구는 1960년대 말까지 진행되었다.

능원동사나 조동사라는 명칭이 보여주듯이 많은 학자들이 이를 동사로 본다. 세부적으로 살펴보면 다음과 같은 몇 가지 주장이 있다.

① 特殊동사설

丁聲樹(1999), 黃柏榮·廖序東(1997), 黎錦熙(2000) 등은 능원동사를 특수한 동사이며 동사에 속한다고 주장하였다. 이 학자들은 능원동사가 동사 기능을 도우면서도 동사의 일부로 사용되는 특수한 동사라고 주장하였다.

② 及物동사설

趙元任(1979)과 朱德熙(1982) 등은 구조주의 이론을 바탕으로 문법 기능에 따라 동사의 범주를 설정하였다. 동사 뒤에 목적어가 동반하는 경우에 따라 능원동사가 동사 중에 술어 목적어만 동반할 수 있는 동사라고 주장하였다. 朱德熙는 능원동사를 '眞謂賓動詞'의 한 가지로 보았다.

③ 屬性동사설

王振來(2002)에서 능원동사는 동사의 직속 하위 부류가 아니라고 주장하였다. 동사는 自主동사와 非自主동사로 나눌 수 있고 非自主동사는 變化

동사와 屬性동사로 나눌 수 있다. 능원동사는 非自主동사의 하위 부류 屬性동사에 속한다고 주장하였다.[35]

이와 같이 능원동사를 동사로 보는 데에 세부적인 논쟁이 있다. 능원동사를 동사 내부의 한 갈래로 보는 趙元任(1979), 朱德熙(1982), 黎錦熙(2000) 등이 있으며 동사의 부류(附類)로 보는 劉堅(1960), 胡裕樹(1981), 丁聲樹(1999) 등이 있다. 또한 능원동사를 한 가지의 품사로 보는 경우도 있다. 陳望道(1978)는 능원동사를 '衡詞'로 삼았다. 또한 능원동사를 '能願詞'와 '能詞'로 삼은 학자도 있다. 능원동사는 독특한 특징이 있으나 명사, 동사, 형용사와 같이 문법 체계에서 한 가지의 품사로 삼아야 하는지에 대해서 앞으로 더 많은 연구가 필요하다. 지금 많은 학자들은 능원동사를 동사 내부의 한 갈래로 보고 있어 이 연구에서도 이 주장을 따른다.

능원동사의 범주에 관하여 馬慶株(2005, 44쪽)에서 다음과 같이 주장한 바가 있다.

1. 우리는 능원동사는 술어 성분만 그 뒤에 붙어 쓰일 수 있는 비자주(非自主)동사라고 본다. 첫째, 능원동사는 비자주동사이어 긍정(肯定)형 명령문을 자유롭게 이루지 못하므로 '準備, 預備, 開始, 繼續, 放心' 등을 능원동사의 범주에서 제외시킬 수 있다. 둘째, 능원동사 뒤에 술어성분만 올 수 있다. 따라서 같은 의미 항목 아래에 명사성(名詞性) 목적어를 가질 수 있는 동사, 예를 들어, '打算, 放心, 開始, 怕, 喜歡, 捨得, 捨不得, 忍得住, 忍不住, 用得著, 用不著, 需要, 準備' 등은 능원동사의 범주에서 제외시킨다.[36]

---

35 馬慶株(2005, 44쪽)에서 능원동사는 술어 성분만 동반할 수 있는 非自主동사라고 주장하였다.

36 원작은 다음과 같다 : 我們認爲, 能願動詞是只能後加謂詞性成分的非自主動詞, 第一, 能願動詞屬於非自主動詞, 不能自由構成肯定祈使句, 據此可以把 "準備、預備、開始、繼續、放心"等排除出能願動詞的範圍之外, 第二, 能願動詞後面只能加上謂詞性成分. 據此凡是能在同一義項下帶名詞性賓語的動詞, 如 "打算、放心、開始、怕、喜歡、捨得、捨不得、忍得住、忍不住、用得著、用不著、需要、準備"等要排除在能願動詞的範圍之外.

위의 '怕, 喜歡' 등은 심리동사에 속한다. 심리동사를 능원동사의 범주에서 제외시켜야 하여 능원동사와 심리동사를 구별할 수 있도록 심리동사의 특징을 알아보고자 한다.

심리동사는 사람의 심리활동을 표현하는 동사이다. 정서 심리동사(情緒心理動詞)와 감지 심리동사(感知心理動詞) 두 가지가 있다. 정서 심리동사는 긍정적이거나 부정적인 정서가 들어 있다. 예를 들어, '愛, 恨, 喜歡, 討厭, 羨慕, 佩服' 등이 있다. 감지 심리동사는 긍정적이거나 부정적인 정서가 없다. 예를 들어, '猜, 料, 感到, 覺得, 認爲, 知道' 등이 있다.

심리동사의 중요한 특징은 두 가지가 있다.[37] 하나는 술어성(謂詞性)[38] 목적어가 동반할 수 있다는 특징이다.

> 2. ㄱ. 愛笑
>
>   웃기를 사랑하다(잘 웃다)
>
>   ㄴ. 喜歡清靜
>
>   조용함을 좋아하다
>
>   ㄷ. 覺得可以幹
>
>   할 수 있다고 생각하다
>
>   ㄹ. 認爲他很好
>
>   그가 아주 좋다고 생각하다

ㄱ은 직역하면 '웃기를 사랑하다'는 뜻이고 '잘 웃다'는 의미이다. '笑(웃다)'는 동사이고, '愛(사랑하다)'의 목적어로 쓰이며 ㄴ의 '清靜(조용하다)'은 형용사이고 문장에서 술어로 쓰일 수 있으며 여기서 '喜歡(좋아하다)'의 목

---

37 邢福義,『漢語語法學』, 長春 : 東北師範大學出版社, 2000, 168~173쪽.
38 중국어 '謂詞'의 개념은 한국어 '용언'과 비슷하다. 여기서 '謂詞性'은 해당 구성요소가 '용언'에 비해 문장에서 술어 역할을 할 수 있다는 점을 더 강조한다고 보아 한국어로 표현할 때 '술어성'으로 표현한다.

적어로 쓰인다. 또한 ㄷ의 '可以幹(할 수 있다)'은 능원동사 '可以(－ㄹ 수 있다)'
와 일반 동사 '幹(하다)'의 조합이고 '覺得(느끼다, 생각하다)'의 목적어로 쓰여
있으며 ㄹ의 '他很好(그가 아주 좋다)'는 주어와 술어가 갖춰진 단문으로 '認
爲(여기다, 생각하다)'의 목적어 역할을 한다. 위의 '愛, 喜歡, 覺得, 認爲' 등은
모두 심리동사이다.

물론 심리동사 뒤에 술어성(謂詞性) 목적어만 동반할 수 있다는 것이 아
니고 일부 심리동사 뒤에 명사성(名詞性) 목적어도 동반할 수 있다.

　3. ㄱ. 愛花

　　　　꽃을 사랑하다

　　ㄴ. 喜歡文學

　　　　문학을 좋아하다

　　ㄷ. 討厭酒鬼

　　　　술주정뱅이를 싫어하다

위의 '花(꽃), 文學(문학), 酒鬼(술주정뱅이)'는 모두 명사이고 심리동사 '愛
(사랑하다), 喜歡(좋아하다), 討厭(싫어하다)'의 목적어로 쓰인다.

또한 정서 심리동사는 목적어가 동반할 수 있을 뿐만 아니라 정도(程度)
부사와 같이 쓰일 수 있다는 특징도 있다.

　4. ㄱ. 很愛

　　　　아주 사랑하다

　　ㄴ. 十分討厭

　　　　몹시 싫어하다

　　ㄷ. 特別佩服

　　　　대단히 탄복하다

위의 심리 동사 '愛(사랑하다), 討厭(싫어하다), 佩服(탄복하다)' 등은 정도 부사 '很(아주), 十分(몹시), 特別(대단히)' 등과 같이 쓰인다.

예문 2~4 중의 정서 심리동사 '愛, 喜歡, 討厭, 佩服 등이 있으며 감지 심리동사는 '覺得, 認爲' 등도 있다. 이 밖에도 '以爲, 感到, 曉得, 記得, 忘了, 希望, 渴望, 預期, 預料, 想象, 夢想, 確信, 願意, 樂意, 思考, 思索, 考慮, 沉思, 深思, 琢磨, 揣摩, 尋思, 思慮, 思忖, 思量, 斟酌, 衡量, 著想, 設想 등 중국어 동사와 '사유하다, 사고하다, 사색하다, 궁리하다, 고려하다, 사려하다, 사량하다, 사료하다, 숙고하다, 숙려하다' 등 한국어 동사는 사유나 심리 활동을 표현하는 동사이고 능원동사나 능원표현법에 속하지 않는다.

심리동사의 특징을 알고 있어도 일부 능원동사는 심리동사와 구분하기 어렵다. 왜냐하면 능원동사 중에 염원을 표현하는 일부 능원동사가 있기 때문이다. 염원의 본질은 한 가지 심리 활동이나 심리 상태이다. 다음 예를 보자.

5. ㄱ. 我不願去。

　　나는 안 가고 싶다.

ㄴ. 我願你早去早回。

　　당신이 일찍 다녀오기를 바란다.

ㄷ. 我要喝水。

　　나는 물을 마시겠다.

ㄹ. 我要水。

　　나는 물이 필요하다(나에게 물을 주십시오).

ㄱ과 ㄴ에는 '願', ㄷ과 ㄹ에는 '要'가 쓰여 있다. ㄱ과 ㄷ 중의 '願, 要'는 능원동사이며 ㄴ과 ㄹ 중의 '願, 要'는 심리동사이다. 이런 경우에 능원동사와 심리동사를 구별하는 방법에 관해서 朱成器(2002)는 제시한 바가 있다.

즉, 이런 동사들이 술어로 사용될 때는 일반 동사에 속하고 다른 동사의 앞에 쓰여 가능성, 당위성과 염원을 나타낼 때에는 능원동사에 속한다는 구분 방법을 제시하였다. ㄱ 중의 '去'는 '가다'의 뜻이며 동사이다. '願'은 동사 '去' 앞에 쓰이므로 염원을 나타내는 능원동사이다. ㄴ 중의 '你早去早回(당신이 일찍 다녀오다)'는 문장에서 목적어로 쓰이며 '願'은 문장에서 술어로 쓰이는 심리동사이다. ㄷ 중의 '喝(마시다)'은 술어이고 '水(물)'는 목적어이다. '要'는 술어 앞에 쓰여 염원을 나타내는 능원동사이다. ㄹ 중의 '水'는 목적어이고 '要'는 술어로 쓰여 문장에서 심리동사로 쓰인다.

이와 같이 馬慶株(2005, 44쪽)는 제시한 능원동사의 범주를 바탕으로 심리동사와 구별하여 능원동사의 범주를 설정하고자 한다. 이어서 능원동사 범주 내에서 세부적인 분류를 어떻게 하는지, 어떤 능원동사가 있는지에 대해서 살펴보고자 한다.

(2) 능원동사의 분류

능원동사의 분류에 관해서 학자들은 서로 다른 주장을 보여 주었다. 대부분 학자들은 능원동사를 크게 가능성을 나타내는 능원동사, 염원이나 의지를 나타내는 능원동사, 당위성을 나타내는 능원동사로 분류한다.

馬慶株(2005, 25쪽)는 가능성을 나타내는 능원동사를 A류(可能)와 B류로 세분하고, 염원을 나타내는 능원동사, 당위성을 나타내는 능원동사, 평가동사(估價動詞)와 허가동사(許可動詞)도 제시하고 능원동사를 총 여섯 가지로 분류하였다.[39]

馬景崙(2002, 418쪽)은 가능성, 염원, 당위성을 나타내는 능원동사 외에 '配, 值得' 등 평가를 나타내는 능원동사도 함께 제시하여 총 네 가지로 분

---

39 馬慶株(2005, 25쪽)에서 평가동사(估價動詞)로는 '值得, 配, 便於, 有助於, 難於, 易於, 善於, 適於, 宜於' 등을 제시하고 허가동사(許可動詞)로는 '准, 許, 准許, 許可, 容許, 允許' 등을 제시하였다.

표 2-1. 능원동사의 분류

학자 \ 분류	가능성을 나타내는 능원동사	염원이나 의지를 나타내는 능원동사	당위성을 나타내는 능원동사
李臨定 (1990, 140~148쪽)	能, 能夠, 可以, 會, 可能, 得(de), 得以	願意(願), 情願, 樂意, 要1, 肯, 敢, 想, 打算, 準備	應該(應當, 應), 該, 需要, 配, 値得, 要2, 別, 用(甭), 得(dei)
黃柏榮·廖序東 (1997, 13~15쪽)	能, 能夠, 會, 可能, 可以, 可	願意, 肯, 敢, 要, 願	要, 應, 應該, 應當, 該, 當
丁聲樹 (1999, 89~93쪽)	能, 能夠, 會, 可以, 可能, 得(de)	敢, 肯, 願, 願意, 要, 得(dei)	應, 應該, 應當, 該
邢福義 (2000, 168~173쪽)	能, 會, 能夠, 可能, 可以	願, 願意, 肯, 敢, 要	應, 應該, 應當, 要
馬景侖 (2002, 418쪽)	能夠, 會, 可以, 可能	敢, 肯, 要, 願意	應該, 必須, 得, 該
朱成器 (2002, 10~14쪽)	能, 能夠, 可能, 可以, 會	願, 願意, 肯, 敢, 要, 想	應, 應該, 該, 必須
馬慶株 (2005, 25쪽)	可能, 會, 可, 可以, 能, 能夠, 好, 免不了, 得以, 容易, 來得及	樂意, 願, 願意, 情願, 想, 想要, 要2, 要想, 希望, 企圖, 好意思, 樂得, 高興, 樂於, 肯, 敢, 敢於, 勇於, 甘於, 苦於, 懶得, 忍心	得(dei), 應, 該, 應該, 應當, 須得, 必得, 要1, 犯得著, 犯不著

류하였다. 李臨定(1990, 140~148쪽)은 조동사의 개념을 사용하여 염원, 가
능성, 당위성을 나타내는 조동사와 기타 조동사(예 : 忍心, 好意思) 네 가지
로 분류하였다. 이 외에 趙傑(2001, 261쪽)은 능원동사를 두 가지로 나누었
다. 즉 가능성과 당위성을 나타내는 능원동사를 한 종류로 보고 염원을 나
타내는 능원동사를 다른 한 종류로 보았다.

　학자들이 제시한 가능성을 나타내는 능원동사, 염원이나 의지를 나타
내는 능원동사, 당위성을 나타내는 능원동사를 살펴보면 〈표 2-1〉과 같
다. 〈표 2-1〉에서 볼 수 있듯이 각 유형별로 제시된 능원동사나 능원동사
의 수량이 학자에 따라 다른 양상을 보인다. '願意, 肯, 敢, 要, 願' 등 능원동
사가 염원이나 의지를 나타내는 데, '能, 能夠, 會, 可以, 可能' 등 능원동사가
가능성을 나타내는 데와 '應, 該, 應該, 應當' 등 능원동사가 당위성을 나타
내는 데에 대부분 학자들이 같은 주장을 보여 주었다. 다른 학자에 비하여
李臨定(1990, 140~148쪽)과 馬慶株(2005, 25쪽)에서 유형별로 능원동사를 더

많이 제시하였다. 또한 '要'와 '得'인 경우에 대부분 학자들은 각각 두 가지 유형으로 나누었다. '要'를 대개 염원이나 의지를 나타내는 능원동사와 당위성을 나타내는 능원동사로 나누었다. '得'을 발음에 따라 대개 가능성을 나타내는 능원동사 '得(de)'과 당위성을 나타내는 '得(dei)'으로 나누었다.

이 밖에도 葉南(2005, 45쪽)에서는 黃柏榮의 주장에 따라 '可以, 可, 能夠, 能, 會, 配, 要, 想, 希望, 企圖, 願意, 情願, 願, 樂意, 高興, 樂得, 懶得, 肯, 應該, 應, 該, 敢, 應當, 必須, 得, 不得, 犯得著, 犯不著, 可能, 來得及, 來不及, 免不了, 值得, 好意思, 得以, 准, 許, 准許, 許可, 允許, 容許, 好, 想要, 要想, 忍心, 一定, 不見得' 등 47개의 동사를 능원동사라고 하였으며 그중 자주 사용되는 능원동사 18개를 가능성을 나타내는 '能, 會, 可以, 能夠, 可能, 敢', 염원을 나타내는 '要, 想, 一定, 值得, 願, 願意, 肯', 당위성을 나타내는 '應該, 應當, 得, 應, 該 세 가지로 나누었다.

朱德熙(1982)는 능원동사가 '能, 能夠, 可以, 會, 可能, 得(de), 敢, 肯, 願意, 情願, 樂意, 想, 要, 應, 應該, 應當, 該, 許, 准, 值得, 配, 別, 甭, 好, 難, 容易, 好意思' 등 27개가 있다고 주장하였고, 朱冠明(2005, 19쪽)에서는 朱德熙선생의 주장을 기초로 하여 능원동사가 '能, 能夠, 可以, 會, 可能, 得(de), 敢, 肯, 願意, 情願, 樂意, 想, 要, 應, 應該, 應當, 該, 値得, 配, 別, 甭, 好, 一定, 得(dei), 必須' 등 25개가 있다고 주장하였다.

이 연구에서 여러 학자들의 주장을 바탕으로 하여 자주 사용되는 다음 예문 6과 같은 능원동사 17개를 중심으로 다루고자 한다.[40]

6. 가능성을 나타내는 능원동사 : 能, 能夠, 會, 可以, 可能, 得(de)

  염원이나 의지를 나타내는 능원동사 : 敢, 肯, 願意, 願, 要1

  당위성을 나타내는 능원동사 : 應, 該, 應該, 應當, 要2, 得(dei)

---

40 예문 6에서 제시한 '要1'과 '要2', '得(de)'과 '得(dei)'은 형태가 서로 같으나 나타내는 의미가 다르므로 여기서 각각 두 개의 능원동사로 본다.

표 2-2. 한국어 능원표현법에 쓰이는 의존명사

의존명사	원형적 의미	확장적 의미	선행 환경	어울려 쓰이는 문법 요소
-것	어떤 사물	물건, 일, 사람, 동물, 식물, 소리, 현상, 상태 등	관형사형 전성어미 '-(으)ㄴ, -는, -(으)ㄹ', 명사와 대명사의 관형격형, 관형사	존칭 격조사를 제외한 나머지 격조사, 서술격 조사 '이다'
-수	어떤 방도	방법, 능력, 가능성, 경우, 이치 등	관형사형 전성어미 '-는, -(으)ㄹ'	주격조사, '있다, 없다'
-줄	어떤 방법	어찌하거나 어떠한 사실, 어찌할 방도 등	관형사형 전성어미 '-(으)ㄴ, -는, -(으)ㄹ' 등	목적격 조사, 주격조사, '알다, 모르다'
-듯	어떤 동등성	어떤 행위나 상태의 동등성 등	관형사형 전성어미 '-(으)ㄴ, -는, -(으)ㄹ' 등	보조사 '도', '하다'

2) 한국어 능원표현법의 구성

한국어에 능원동사라는 문법 요소가 없으므로 이 항에서는 중국어 능원동사와 대응되는 한국어 능원표현법이 어떤 요소로 이루어지는지, 또한 이 요소들은 한국어 문법 체계에서 어떤 자리를 잡고 있는지를 살펴보고자 한다. 중국어 능원동사와 대응되는 한국어 능원표현법은 '-(으)ㄹ 수 있다', '-(으)ㄹ 것 같다', '-(으)ㄹ 줄 알다', '-(으)ㄹ 것이다', '-(으)ㄹ 지 모르다', '-고 싶다', '-(으)려고 하다', '-(으)ㄹ 작정이다', '-아/어/여야 하다', '아마 -겠다', '-듯 싶다' 등이 있다. 이를 종합해 보면 한국어 능원 표현법을 구성하는 주요 요소는 '있다, 알다, 모르다, 하다' 등 용언 외에 '-것, -수, -줄, -듯' 등 의존명사, '-(으)ㄹ, -지, -고, -(으)려고, -아/어/여, -기, -겠-' 등 어미, '싶다' 등 보조형용사가 있다. 이를 구체적으로 살펴보면 다음과 같다.

한국어 문법에 홀로 쓰일 수 있는 명사는 자립 명사이고 자립성이 없이 관형어의 선행을 필수적으로 요구하는 명사는 의존명사로 본다. '-것, -

지, −수, −리, −줄' 등은 모두 의존명사이며 관련 원형적 의미, 확장적 의미, 선행 환경과 어울려 쓰일 수 있는 문법 요소를 살펴보면 〈표 2-2〉와 같다.

'−것, −수, −듯, −줄' 등은 원형의미뿐만 아니라 확장적 의미도 여러 가지 가지고 있으며 관형사형 전성어미 등을 선행환경으로 한다. '−것, −줄, −듯'은 '−(으)ㄴ, −는, −(으)ㄹ'을 모두 선행환경으로 할 수 있는 반면에 '−수'는 '−는, −(으)ㄹ'을 선행환경으로 한다.

한국어 능원표현법에 쓰이는 의존명사는 격조사와 흔히 어울려 쓰임을 알 수 있다. 또한 이와 같이 쓰이는 용언도 제약을 받는다. 〈표 2-2〉에서 볼 수 있듯이 '−듯'은 후행 동사 '하다'와만 같이 쓰이고 '−줄'은 인지 동사 '알다, 모르다' 등과만 같이 쓰인다. '−수'는 후행 용언 '있다, 없다'와 같이 쓰일 수 있다.

의존명사 외에 한국어 능원표현법을 구성하는 요소가 '−(으)ㄹ, −지, −고, −(으)려고, −아 / 어 / 여, −기, −겠−' 등 어미가 있다. 어미는 어간에 결합하여 여러 가지 문법적인 의미를 더해 주며 위치에 따라 선어말어미와 어말어미로 나눌 수 있다. 기능에 따라 어말어미는 종결어미와 비종결어미로 나뉘고 비종결어미는 다시 연결어미와 전성어미로 나뉠 수 있다.

선어말어미는 어말어미 앞에 오는 어미이고 시제, 상, 서법, 대우법 등을 실현하는 기능을 한다. 한국어 능원표현법의 구성요소인 '−겠−'은 선어말어미이다. 동사 어간이나 '이다'의 어간에 붙어 미래 시제와 추측, 1인칭 주체의 의지, 가능성 등을 나타낸다.

연결어미는 서술 기능과 더불어 선행절과 후행절을 이어준다. 한국어 능원표현법 구성요소인 '−(으)려고'는 의도를 나타내는 종속적 연결어미이고 화자가 생각하는 주체의 의도 혹은 주체의 어떤 행위가 이루어질 예정을 뜻한다. '−아 / 어 / 여야'는 당위성을 나타내는 종속적 연결어미다. 이와 달리 한국어 능원표현법 구성요소 중에 본용언을 보조용언에 이어주는 구실을 하는 보조적 연결어미 '−아 / 어 / 여, −지, −고' 등이 있다.

이 중에 '-고'는 동사 어간에 붙는 연결어미이며 '-싶다' 앞에서는 동작 (상태)의 욕망을 나타낸다.

전성어미는 주로 서술어의 기능을 하는 동사, 형용사, 서술격 조사를 명사, 관형사, 부사 등이 하는 기능을 하도록 전성시킨다. 기능에 따라 전성어미는 명사형 전성어미, 관형사형 전성어미, 부사형 전성어미 등으로 세분할 수 있다. 한국어 능원표현법 구성요소인 '-기'는 명사형 전성어미에 해당하고 용언의 어간에 결합하여 용언으로 하여금 명사와 같은 기능을 하게 한다. '-(으)ㄹ'은 관형사형 전성어미에 속하고 용언의 어간에 결합하여 용언으로 하여금 관형사와 똑같은 기능을 하게 한다. '-(으)ㄹ'은 추측, 예정, 의지, 가능성 등의 뜻을 지니면서 미래 시제를 나타내기도 하고 시제 관념 없이 추측 또는 가능성만을 나타내기도 한다.

한국어 능원표현법의 구성요소 중에 보조형용사도 있다. 형용사는 기능과 위치에 따라 본형용사와 보조형용사로 나눌 수 있다. 보조형용사는 본형용사나 본동사의 바로 뒤에 놓여 시제, 상, 서법 등을 나타낸다. 보조형용사의 종류는 주로 부정 보조형용사, 불능 보조형용사, 시인 보조형용사, 희망 보조형용사, 상태 보조형용사, 추측 보조형용사 등 여섯 가지가 있다. 한국어 능원표현법 구성요소인 '싶다'는 희망 보조형용사와 추측 보조형용사에 해당한다. 희망 보조형용사는 어떤 동작을 하고 싶음을 뜻하는 것이다. '싶다'는 (어미 '-고' 뒤에 쓰이어) 하고자 하는 마음이 있음을 나타낸다. 추측 보조형용사는 어떤 추측을 의미하는 보조형용사이다. '싶다'는 (어미 '-ㄴ 가 / -은 가 / -는 가 / -ㄹ 까 / -을 까 뒤에 쓰이어) 추측, 또는 근사함을 나타내기도 한다.

종합해 보면 중국어 능원동사와 달리 한국어 능원표현법은 주로 일부 용언과 의존명사, 어미, 보조 형용사 등으로 구성된다.

3) 한·중 능원표현법 문법 특징의 이동점(異同點)

이 항에서는 한·중 능원표현법의 문법 특징을 살펴보고자 한다. 중국어 능원동사와 한국어 능원표현법에 관련된 문법 특징을 따로 제시하지 않고 공통점과 차이점을 제시하면서 알아보고자 한다.

(1) 공통점

한·중 능원표현법은 다음과 같은 여섯 가지 공통점을 가지고 있다.

① 대부분 중국어 능원동사나 한국어 능원표현법은 문장에서 쓰일 때 주로 술어 부분과 결합하여 쓰인다. 중국어 능원동사는 문장에서 주로 술어로 쓰이는 동사나 형용사와 같이 쓰인다. 한국어 능원표현법은 어미, 의존명사, 보조용언 등으로 구성되며 문장에서 술어로 쓰이는 용언과 어울려 쓰인다.

　　7. ㄱ. 你明天能來嗎?

　　　　　　내일 올 수 있니?

　　　ㄴ. 他肯幫忙嗎?

　　　　　　그가 도와주겠니?

위의 '能, 肯'은 동사 '來, 幫忙'과 같이 쓰이며 한국어 중의 '-ㄹ 수 있다, -겠-'도 '오다, 도와주다'와 같이 쓰인다.

② 일반 동사에 비해 중국어 능원동사는 중첩하여 쓰지 못한다. 한국어 능원표현법도 중첩하여 쓰지 못한다.

능원동사는 중첩해 쓸 수 없다는 것은 동사와 능원동사를 나누는 기준이 될 수 있다. 대부분 일반 동사는 중첩할 수 있다. 예를 들면 동작동사 '看看, 硏究硏究' 등과 같이 중첩이 가능하나 능원동사는 '肯肯, 願意願意, 應該應該'처럼 중첩하여 쓸 수가 없다. 한국어 능원표현법도 '-겠 겠-, -고 싶 고 싶-'처럼 쓸 수 없다.

③ 의미가 다른 중국어 능원동사는 연이어 쓸 수 있다. 의미가 다른 한국어 능원표현법도 연이어 쓸 수 있다.

趙元任(1979, 41쪽)은 '능원동사를 연용(連用)하여 사용할 수 있다'라고 하였으며 劉月華(1983, 106쪽)는 '의미상에서만 허락된다면, 능원동사는 연용할 수 있다'라고 하였다. 능원동사의 연용은 두 가지 경우가 있다. 연속연용과 간격연용이 있다. 두 개의 능원동사 간에 다른 문법 요소 없이 연이어 붙어 있으면 연속연용이고 그렇지 않은 경우에 간격연용이다. 연속연용 능원동사는 수식 관계를 가지고 있다. 앞에 쓰이는 능원동사가 뒤에 쓰이는 능원동사를 수식한다. 또한 붙어 쓰이는 이 두 개의 능원동사가 형용사나 동사를 동시에 수식한다. 예를 들어, '可能會, 應該會, 必須要, 應該能' 등이 있다. 간격연용 능원동사는 병렬(並列)관계를 가진다. 간격연용 능원동사는 연사(連詞)나 부사로 연결되어 뒤에 오는 형용사나 동사를 수식한다. 예를 들어, '應該-能夠, 應該-可能' 등이 있다.

8. ㄱ. 明天天氣可能會冷。

　　　내일 날씨가 아마 추울 것이다.

　　ㄴ. 他明天應該可以完成這件事。

　　　그는 내일까지 이 일을 끝낼 수 있을 것 같다.

　　ㄷ. 你可能得住院。

　　　(당신이) 아마 입원하셔야겠다.

ㄹ. 我們應該而且可以辦好這件事。

우리가 이 일을 잘 해내야 하며 잘 해낼 수 있다.

ㄱ, ㄴ, ㄷ은 연속연용 능원동사의 예이다. '可能'과 '會', '應該'와 '可以', '可能'과 '得'이 연이어 사용된다. ㄹ은 '應該'와 '可以'는 '而且'로 연결되어 간격연용 능원동사의 예이다. 이와 대응되는 한국어 능원표현법을 살펴보면 ㄴ 중의 '−ㄹ 수 있다'와 '−을 것 같다'가 연이어 사용되며 ㄷ 중의 '−어야(하다)'가 '−겠−'과 연이어 쓰인다.

④ 능원동사는 정도부사 '很, 十分'의 수식을 받을 수 있다. '很, 十分'을 한국어로 하면 '아주, 매우'이고 한국어 능원표현법도 '아주, 매우'와 어울려 쓸 수 있다.

9. 他很可能會來。

그가 올 가능성이 아주 크다.

위의 중국어 연속연용 능원동사 '可能會'는 '很'의 수식을 받는다. 한국어로 표현할 때는 '아주'로 표현되었다.

능원동사가 모두 정도부사의 수식을 받을 수 있는 것이 아니다. '很, 十分' 등 정도부사의 수식을 받을 수 있는 대부분 능원동사는 주로 능력이나 바람을 나타내는 능원동사이어 한국어로 하면 능원표현법을 안 쓰고 다른 부사나 동사로 표현하는 경우가 많다.

10. 他很會說。

그는 말을 아주 잘한다.

위 예문은 그가 말 재주가 있다는 능력을 밝히는 내용이다. 능력을 표현하는 데는 주로 '-(으)ㄹ 줄 알다'로 표현하나 여기서 '그는 말을 할 줄 아주 안다'로 표현할 수 없다.

⑤ 능원동사는 '不 X 不' 형식의 문장을 구성할 수 있다. 이러한 문장은 중국어에 이중부정문이라고 하며 강조와 완곡한 뜻이 담겨 있다. 한국어 능원표현법은 '不 X 不'처럼 구체적인 형식이 없으나 이중부정문으로 구성된 표현법이 있다. 예문 11은 이정부정문의 예이다.

11. 他不能不來吧。(他應該來)

그가 안 올 리가 없겠지. (그가 오겠지)

모든 능원동사가 이 형식에 사용되는 것이 아니다. 이 형식에 사용되는 능원동사는 주로 '能, 會, 可以, 可能, 得(de), 敢, 肯' 등이 있다. '不能不'은 '只能'이나 '應該'의 뜻이고 '어쩔 수 없이-하다'의 의미를 나타내며 '-할 수 있다'는 의미를 나타내는 '能'의 뜻이 아니다. '不得不'도 '只好(어쩔 수 없이-하다)'의 뜻이며 '不會不'은 '一定會(꼭-될 것이다)'의 뜻을 나타낸다. '不可以不'도 '必須(-아/어/여야 하다)'의 뜻이고 '不敢不'은 '감히 거절할 수 없어 어쩔 수 없이-하다', 즉 '只好'의 뜻이다. '不可能不'은 확정한 추측 의미를 나타내며 '必定(틀림없이-(으)ㄹ 것이다)'의 뜻이다. '不肯不'은 '肯'의 뜻은 아니고 '一定要(꼭-하겠다)'의 뜻이다. 이렇게 쓰이는 능원동사는 의미에 있어 긍정적인 의미를 표현하나 능원동사 원래의 자체 의미와는 다를 수가 있다.

12. ㄱ. 我不能不來 / 아불가이불래 = 我必須得來 ≠ 我能來 / 我可以來

내가 안 오면 안 된다. (내가 꼭 와야 된다)

ㄴ. 你不會不知道 = 你一定知道 ≠ 你會知道

당신이 모를 리가 없다. (당신이 꼭 안다)

ㄷ. 他不可能不是學生 = 他必定是學生 ≠ 他可能是學生

그가 학생이 아닐 수가 없다. (그가 틀림없이 학생이다)

ㄹ. 他不敢不去 = 他只好去 ≠ 他敢去

그가 감히 안 갈 수가 없다. (그가 가야 한다)

ㅁ. 她不肯不來 = 她一定要來 ≠ 她肯來[41]

그녀가 반드시 오려다.

예문 12에서 볼 수 있듯이 '不能不, 不可以不, 不會不, 不可能不, 不敢不, 不肯不'은 문장에서 '能, 可以, 會, 可能, 敢, 肯' 등의 의미를 나타내는 것이 아니다. 또한 예문 12의 중국어와 대응되는 대부분의 한국어 문장도 이중부정문으로 표현할 수 있다.

⑥ 중국어 능원동사 뒤에는 명사가 쓰일 수 없다. 한국어 능원표현법도 주로 어미, 보조형용사, 의존 명사로 구성되어 동사나 형용사 등 용언과 같이 사용되어 문장에서 술어 역할을 하며 명사와 직접 어울려 쓰일 수 없다.

능원동사의 목적어로 단지 동사, 형용사 등 술어성분만 능원동사 뒤에 올 수 있으며 명사는 올 수 없다. 의미 측면을 보면 능원동사는 의지, 소망 또는 어떤 상황이 발생할 가능성과 당위성을 나타내기 때문에 명사를 지배하고 수식하는 것은 불가능하다. 일부 능원동사는 명사를 수식할 수 있으나, 반드시 '的'의 도움을 필요로 한다. 예를 들면, '願意的時候(하고 싶을 때), 應該的事(해야할 일)'를 말할 수 있으나 '願意時候, 應該事'를 말할 수 없다.[42] 그러므로 '능원동사+명사' 구조가 있을 수 없다고 할 수 있다.

---

41 呂叔湘, 『呂叔湘文集』 第五卷, 商務印書館, 1993, 183쪽.
42 施關淦, 『動詞 · 名詞 · 形容詞』, 人民教育出版社, 1990, 61쪽.

13. ㄱ. 你得承認哪, 咱們中國人死了多少啊!

네가 인정해야 되네. 우리 중국 사람이 얼마나 많이 죽었는지!

ㄴ. 能夠進入哈佛的學生, 是精英中的精英。

하버드 대학교에 진학할 수 있는 학생은 엘리트 중의 엘리트다.

예문 13의 '承認'은 '得(dei)'의 목적어, '進入哈佛'은 '能夠'의 목적어 역할을
한다. 이와 대응되는 한국어 능원표현법 '-여야 되다'는 '인정하다'와 어
울려 쓰이며 '-ㄹ 수 있다'는 '진학하다'와 어울려 쓰인다.

(2) 차이점

한 · 중 능원표현법의 차이점도 다음과 같은 여섯 가지가 있다.

① 일부 능원동사는 단독으로 술어로 쓰일 수 있으며 물음에 단독으로
대답할 수 있다. 한국어 능원표현법은 단독으로 술어로 쓰일 수 없고 물음
에 단독으로 대답할 수 없으며 반드시 술어 동사와 결합해 쓰여야 한다.

14. ㄱ. 你明天能不能過來? 能。

내일 올 수 있습니까? 올 수 있습니다.

ㄴ. 你願意來嗎? 願意。

오려고 합니까? 오려고 합니다.

위의 '能, 願意'만으로도 물음의 답이 될 수 있다. 한국어 능원표현법은 '-
ㄹ 수 있다, -려고 하다'는 반드시 '오다'의 술어 동사와 같이 쓰여야 한다.

② 능원동사는 정반의문문(正反疑問句)을 나타낼 수 있다. 능원동사의
긍정형(肯定型)과 부정형(否定型)을 배열하면 정반의문문을 구성할 수 있

다. 한국어 능원표현법은 이런 경우에는 두 개의 의문문으로 질문할 수 있으나 대개 하나의 의문문으로 의미를 표현한다.

15. ㄱ. 你明天能不能參加?

내일 참석할 수 있습니까?

ㄴ. 中國還要不要加入WTO?

중국은 WTO에 가입할 겁니까?

예문 15에서 중국어 능원동사 '能'과 '不能', '要'와 '不要'가 정반의문문을 구성하는 반면에 한국어 능원표현법은 '-ㄹ 수 있다'와 '-ㄹ 것이다'가 쓰이는 의문문 하나로만 표현하는 경우가 많다.

'可以, 應該, 願意, 能夠'와 같은 2음절 능원동사로 구성된 정반의문문인 경우에 능원동사의 긍정부분 중의 두 번째 글자를 생략할 수도 있다.

16. ㄱ. 可(以)不可以抽煙?

담배를 피워도 됩니까?

ㄴ. 我應(該)不應該告訴她?

그녀에게 알려 줘야 됩니까?

ㄷ. 你願(意)不願意回家?

집에 가시겠어요?

ㄹ. 去的話,能(夠)不能夠見到少女呢?

가면 소녀를 보게 될까 어떨까?

예문 16에서 볼 수 있듯이 '可(以)不可以, 應(該)不應該, 願(意)不願意, 能(夠)不能夠' 중의 '以, 該, 意, 夠'는 모두 생략할 수 있다.

③ 중국어 대부분 능원동사의 부정형은 능원동사 앞에 '不'이나 '沒'이 쓰여 이루어진다. 한국어 능원표현법의 부정형은 이와 대응하여 '안', '-지 않다', '못', '-지 못하다'만으로 부정형이 이뤄지기 힘들다. 부정문에 관하여 뒤에서 구체적으로 살펴볼 예정이다.

17. ㄱ. 我能走。

　　내가 갈 수 있다.

　ㄱ'. 我不能走。

　　*내가 안 갈 수 있다.[43]

　　내가 갈 수 없다 / 내가 가면 안 된다.

　ㄴ. 我會游泳。

　　내가 수영할 줄 안다.

　ㄴ'. 我不會游泳。

　　*내가 안 수영할 줄 안다.

　　내가 수영할 줄 모른다.

　ㄷ. 我願意參加。

　　내가 참가하려고 한다.

　ㄷ'. 我不願意參加。

　　내가 참가하고 싶지 않다 / 내가 참가하기가 싫다.

예문 17에서 볼 수 있듯이 '能, 會, 願意'의 부정형은 그의 앞에 '不'이 붙여 이루어지는 반면에 ㄱ', ㄴ' 한국어 능원표현법의 부정형은 '안'을 쓰면 비문이 되며 '-ㄹ 수 없다, -ㄹ 줄 모르다' 등으로 의미를 표현한다. ㄷ'은 '-기 싫다'의 문형으로 부정 의미를 나타낸다.

---

43 *로 표시하는 문장은 비문을 의미한다.

④ 한·중 능원표현법은 문장에서 사용되는 위치가 다르다.

중국어 능원동사가 동사나 형용사 앞에 쓰이며 한국어 능원표현법은 주로 동사나 형용사 등 술어 용언 뒤에 쓰인다.

18. ㄱ. 正要問問他該怎麼辦時, 父親突然發出感慨。

　　　그에게 어떻게 해야 할 지를 물어보려던 참에 아버지께서 갑자기 감개하셨다.

　　ㄴ. 그러나 귀까지는 막을 수 없었다.

　　　但是不能連耳朵也堵上。

ㄱ의 능원동사 '要'는 동사 '問'앞에 쓰이며 ㄴ의 능원표현법 '-ㄹ 수 없다'는 동사 '막다' 뒤에 쓰인다.

⑤ 의문(疑問) 의미를 나타낼 때 중국어 능원동사와 한국어 능원표현법의 용법이 다르다.

중국어 능원동사가 쓰이는 의문문은 주로 '능원동사＋동사(동사구)＋嗎'의 식으로 표현하고 또한 정반의문문(正反疑問句) 식으로도 표현한다. 한국어 능원표현법 의문문은 주로 의문형 종결어미에 의해 이루어진다. 다음은 같은 의미를 나타내는 문장이다.

19. ㄱ. a. 你會說漢語嗎?

　　　b. 你會(說)不會說漢語?

　　　c. 你會說漢語不會?

　　　d. 你會說漢語不?

　　ㄴ. 중국어를 할 줄 압니까?

예문 19, ㄱ의 a~d는 같은 의미를 나타낸다. ㄱa는 능원동사 '會'가 동사구 '說英語', 의문사 '嗎'와 같이 쓰여 이루는 의문문이다. ㄱb~d는 '會(說)不會說'로 이루는 정반의문문이다. ㄴ은 이에 대응되는 한국어 능원표현법이 쓰이는 의문문이고 '-ㄹ 줄 알다'와 의문형 종결어미 '-ㅂ니까'에 의해 표현한다.

⑥ 중국어 능원동사 뒤에 시제를 의미하는 '了, 着, 過' 등이 올 수 없으나 한국어 능원표현법은 뒤에 시제를 표현하는 '-았 / 었 / 였-, -겠-, -ㄹ' 등 문장 구성 요소를 사용하기가 가능하다.

20. ㄱ. ~何況那種美差也不會輪到共的頭上。

　　더구나 생판 무식인 홍에게 그런 보직이 주어질 리도 없었다.

　　ㄴ. 作爲賢者的皮浪想了想自己該做的事兒。

　　필론은 현자인 자기가 거기서 해야 할 일을 생각해 보았다.

위의 중국어 능원동사는 '(不)會'와 '該' 뒤에 시제 표지가 없는 반면에 한국어 능원표현법 '-ㄹ 리도 없다, -여야 하다' 뒤에 '-었-, -ㄹ'가 쓰여 있다.

이상으로 한·중 능원표현법을 문법 측면에서 대조연구를 해 보았다. 먼저 중국어 능원동사의 범주와 분류를 살펴보고 한국어 능원표현법의 구성을 살펴보았다. 이어서 한·중 능원표현법 문법 특징의 공통점과 차이점을 예를 통해서 알아보았다. 다음 장에서 한·중 능원표현법을 의미 측면에서 대조연구하고자 한다.

3. 의미 측면의 대조연구

이 절에서는 중국어 능원동사와 한국어 능원표현법의 의미를 중심으로 하여 대조·분석한다. 앞에서 언급한 바와 같이 여기서 능원동사를 가능성을 나타내는 능원동사 能, 能夠, 會, 可以, 可能, 得(de), 염원이나 의지를 나타내는 능원동사 敢, 肯, 願意, 願, 要1, 당위성을 나타내는 능원동사 應, 該, 應該, 應當, 要2, 得(dei)을 중심으로 하여 코퍼스 자료와 문학 작품 등 언어자료를 바탕으로 해당 능원동사와 대조되는 한국어 능원표현법을 같이 살펴보고자 한다.

분석에 들어가기 전 중국어 능원동사의 사용 상황에 관한 통계 〈표 3-1〉을 참고할 수 있다.[44] 〈표 3-1〉 중 '언어 자료에 나타난 횟수'를 제외하고 나머지 통계자료는 王振來(2002, 18쪽)에서 제시한 「漢語詞彙的統計與分析」 (1984)에 따른 것이다. 〈표 3-1〉을 보면 수집된 언어 자료(한국어 원작, 중국어 역문 소설)는 기존의 통계자료와 거의 일치하며 '要, 能, 會, 可以, 能夠' 등은 높은 사용 빈도로 나타났다. 수집된 언어 자료에 '應該, 該'가 기존 통계자료의 데이터에 비해 더 높은 사용 빈도를 보였다. '敢'의 사용 빈도가 기존 통계자료에 비해 낮으며 '肯, 應當, 願意, 應, 願' 등은 수집된 언어 자료에서 1회만 나타났거나 아예 나타나지 않았다.

역문에서의 능원동사 사용은 역자의 번역 습관에 따라 다를 수 있겠으나 수집된 언어 자료는 이 글에서 한·중 능원표현법 대조연구하는 데에 도움이 되리라고 생각한다. 한·중 능원표현법을 의미별로 살펴보면 다

---

44 기존의 통계자료에는 염원이나 의지를 나타내는 '要1'과 당위성을 나타내는 '要2'를 구별하여 제시하지 않았다. 또한 가능성을 나타내는 능원동사 '得(de)'과 당위성을 나타내는 '得(dei)'도 구별하여 제시하지 않았다. 이에 따라 〈표 3〉에 '要', '得' 각 하나의 능원동사만 제시하였다.

표 3-1. 중국어 능원동사 사용 상황

능원동사	등급	횟수	빈도(%)	사용도	언어자료에 나타난 횟수
要	35	1184	0.31601	1148	74
能	43	983	0.26237	983	53
會	64	662	0.17669	662	18
可以	92	478	0.12758	478	15
能夠	230	160	0.04270	160	13
應該	250	140	0.03737	126	18
得	250	124	0.03470	117	6
敢	265	124	0.03310	111.6	1
可能	276	113	0.03016	90.4	6
該	294	95	0.02536	95	10
肯	317	72	0.01922	64.8	0
應當	335	54	0.01441	37.8	1
願意	352	37	0.00988	29.6	0
應	354	35	0.00934	21	1
願	357	31	0.00827	21.7	0

음과 같다.

1) 가능성을 나타내는 한·중 능원표현법

가능성을 나타내는 중국어 능원동사 '能, 能夠, 會, 可以, 可能, 得(de)'의
의미를 한국어 능원표현법과 대조하여 분석한다.

(1) 能
'能'은 여러 가지 의미를 가지고 있다.

①어떤 일을 할 능력이나 조건이 됨을 나타낸다. 한국어 능원표현법으로 표현하면 '-(으)ㄹ 수 있다'이다.

> 21. 他一分鐘能打九十個字。
> 그는 1분에 90자를 타자할 수 있다.

위의 '能'은 '他(그)'의 타자 능력을 나타내며 한국어에서 능원표현법 '-(으)ㄹ 수 있다'가 동사 '타자하다'와 결합하여 의미를 나타낸다.

②어떤 일을 하는 데 재주가 있다, 혹은 잘한다 앞에 '很, 最, 眞' 등 정도부사(程度副詞)가 흔히 쓰인다. 이 뜻은 한국어 능원표현법으로 표현할 수 없으며 '-(으)ㄹ 잘하다'는 식으로 번역된다.

> 22. 我們三個裏, 他最能寫。
> 우리 세 사람 중에 그가 가장 잘 쓴다.

'能' 앞에 '最(가장)'가 쓰여 '他(그)'가 '寫(쓰기)'에 재주가 있다는 의미를 나타낸다. 이와 대응되는 한국어 능원표현법이 따로 쓰이지 않고 문장의 의미에 따라 '가장 잘 쓰다'로 번역된다.

③어떤 용도가 있음을 나타낸다. 한국어로 표현하면 능원표현법에 의해 표현하지 않는 경우도 많다. 군이 능원표현법으로 표현하려면 주로 '-하는 데 쓸 수 있다'로 표현한다.

> 23. ㄱ. 大蒜能殺菌。
> 마늘은 살균하는 데 쓰인다.

ㄴ. 橘子皮還能做藥。

　　귤껍질은 약에도 쓸 수 있다.

　'大蒜(마늘)'과 '橘子皮(귤껍질)'의 용도, 즉 '殺菌(살균)'하는 데와 '藥(약)'으로 쓰일 수 있음을 나타낸다. ㄱ과 같이 중국어 문장과 대응되는 한국어 문장에는 능원표현법이 쓰여 있지 않다. ㄴ은 능원표현법 '-ㄹ 수 있다'가 쓰여 있다.

　④어떤 일이 있거나 일어날 가능성을 나타낸다. 따라서 한국어 능원표현법으로 표현하면 주로 '-(으)ㄹ 것 같다', '-겠-', '-(으)ㄹ 수 있겠다' 등으로 표현한다.

　24. ㄱ. 天這麼晚了, 他能來嗎?

　　　　날이 이렇게 저물었는데 그가 올 것 같으냐?

　　　　날이 이렇게 저물었는데 그가 올 수 있겠니?

　　ㄴ. 滿天星星, 哪能下雨?

　　　　온 하늘에 별이 가득한데 어찌 비가 오겠니?

　'能'은 그가 올 가능성과 비가 올 가능성을 나타낸다. 이와 대응되는 한국어는 여러 가지 능원표현법으로 표현할 수 있다.

　⑤ 환경 등 요인으로 허락할 수 있음, 없음을 나타낸다. 주로 의문문이나 정반의문문, 부정문에 쓰인다. 한국어로 주로 '-아 / 어 / 여도 좋다', '-아 / 어 / 여도 되다'로 표현한다.

　25. ㄱ. 我們不是發起單位, 這個會能參加嗎?

우리가 발기 기구가 아닌데, 이 회의에 참가해도 될까요?

ㄴ. 這兒能抽煙嗎? / 這兒能不能抽煙?

이곳에서 담배 피워도 될까요?

'우리가 발기 기구가 아니다, 여기'의 환경 아래에 '회의에 참석하기'와 '담배를 피우기'의 허가를 받을 수 있는지를 '能'이 쓰이는 의문문으로 표현한다. 한국어 능원표현법은 '-아 / 어 / 여도 되다'로 표현하고 있다.

또한 허락을 받기 위해 다음과 같은 문장도 쓰인다.

26. ㄱ. 這個會我們不能參加嗎?

이 회의에 우리가 참가하면 안 될까요?

ㄴ. 這兒不能抽煙嗎?

이곳에서 담배를 피우면 안 되나요?

위와 같은 부정의문문을 한국어로 표현하면 능원표현법으로 표현하지 않고 관용표현 '-면 안 될까요 / 되나요'로 표현한다.

종합해 보면 중국어 능원동사 '能'을 한국어로 표현하면 주로 '-(으)ㄹ 수 있다', '-(으)ㄹ 잘하다', '-하는 데 쓸 수 있다', '-(으)ㄹ 것 같다', '-겠-', '-(으)ㄹ 수 있겠다', '-아 / 어 / 여도 좋다 / 되다' 등으로 표현한다.

언어 자료에 나타난 한·중 능원동사와 능원표현법을 살펴보면 역문에 '能'이 쓰인 문장은 모두 43개가 있고 그중에 27개가 원작 중에 한국어 능원표현법도 쓰여 있다. 나머지 26개의 문장은 역문 중에 '能'이 쓰여 있으나 원작 중에 이와 대응되는 능원표현법이 사용되어 있지 않다. 언어 자료 중에 '能'과 대응되는 한국어 능원표현법은 주로 다음과 같은 몇 가지가 있다.

27. ㄱ. -(으)ㄹ 수 있다.

ㄴ. -(으)ㄹ+줄 / 모양 / 듯 / ······

ㄷ. -(으)ㄹ 것이다

ㄹ. -겠-

ㅁ. -았 / 었 / 였으면-하다

각 한국어 능원표현법에 관련된 언어자료에 제시된 예문은 다음과 같이 들 수 있다.

28. ㄱ. 結果, 皮浪唯一能做的事便是學那頭豬了。

결국 필론이 할 수 있었던 것은 그 돼지의 흉내를 내는 것뿐이었다.

ㄴ. 只有行人過溪她才能讓路。

개울을 건너는 사람이 있어야 자리를 비킬 모양이다.

ㄷ. ······ 准能查出嚴石大幹的壞事兒。

······ 그러면 틀림없이 엄석대가 한 나쁜 일들이 쏟아져 나올 것입니다.

ㄹ. 我們一百多號人怎麼能讓他們五個欺負呢?!

우리는 백 명이란 말여. 그런데 다섯 명한테 당해서야 쓰겠(겠)어?!

ㅁ. ······ 心想要是能打聽到父親的消息就好了。

······ 아주 그의 아버지의 소식도 알고 나갔으면 하는 것이었다.

언어 자료 중에 한국어 능원표현법 '-(으)ㄹ 수 있다'가 쓰인 문장은 총 18개, '-(으)ㄹ+줄 / 모양 / 듯 / ······'이 쓰인 문장은 세 개, '-(으)ㄹ 것이다'가 쓰인 문장은 두 개, '-겠-'이 쓰인 문장은 세 개, '-았 / 었 / 였으면 -하다'가 쓰인 문장은 두 개가 있다.[45]

---

45 '-았 / 었 / 였으면-하다'의 능원표현법과 대조되는 중국어 역문에서 나온 '能'은 '若, 要是' 등과 같이 쓰여 있다.

(2) 能夠

'能夠'는 다음과 같은 두 가지 의미를 가지고 있다.

①어떤 능력을 구비하고 있거나 어떤 효과를 얻을 수 있음을 나타낸다. '能'의 첫 번째 의미, 셋 번째 의미와 비슷하다. 따라서 한국어 능원표현법도 '—(으)ㄹ 수 있다'로 표현한다. 다음을 예로 들 수 있다.

29. 能夠完成計劃。

획을 완수할 수 있다.

②조건이나 도리의 허가함을 나타낸다. 한국어로 대개 '—아/어/여도 되다'로 표현한다.

30. ㄱ. 他病好了, 能夠下床了。

그는 병이 다 나아서 침대에서 내려와도 된다.

ㄴ. 明天的晚宴, 家屬也能夠參加。

내일 저녁 만찬에는 가족도 참석할 수 있다.

(내일 저녁 만찬에는 가족이 참석해도 된다.)

위의 '能夠'는 '그가 침대에서 내려오는 것'과 '가족도 참석하는 것'을 허가함을 나타낸다. 이와 대조되는 한국어 능원표현법은 '—아/어/여도 되다'가 쓰일 수 있으며 ㄴ과 같이 '—(으)ㄹ 수 있다'로도 표현할 수 있다.

이와 같이 '能夠'의 두 가지 뜻은 '能'과 같다. 따라서 이런 경우에 '能夠'를 대신하여 '能'으로도 같은 의미를 나타낼 수 있다. '能'을 쓸 수 있는 경우에 '能夠'를 다 쓸 수 있는 것이 아니다. 앞에서 언급한 의미를 제외하고는 '能'의 의미를 '能夠'로 표현하면 비문이 된다.

31. ㄱ. 他病好了, 能夠下床了。= 他病好了, 能下床了。

ㄴ. 明天的晚宴, 家屬也能夠參加。= 明天的晚宴, 家屬也能參加。

ㄷ. 大蒜能殺菌。= 大蒜能夠殺菌。

ㄹ. 我們三個裏, 他最能寫。

*我們三個裏, 他最能夠寫。

ㄱ, ㄴ, ㄷ, ㄹ은 모두 앞에서 제시한 예문이다. 여기서 볼 수 있듯이 ㄱ~ㄷ은 '能'과 '能夠'가 교체하여 쓰일 수 있으나 ㄹ은 '能'이 쓰일 때는 맞는 문장이고 '能夠'로 교체하면 비문이 된다.

'能夠'의 이 두 가지 의미는 '能'과 같고 이와 대응되는 한국어 능원표현법도 같다. 종합해 보면 주로 '-(으)ㄹ 수 있다', '-아 / 어 / 여도 되다'로 표현한다.

언어 자료에서 한 · 중 능원동사와 능원표현법을 살펴보면 역문에 '能夠'가 쓰인 문장은 모두 13개가 있다. 그중의 9개는 원작에서 한국어 능원표현법이 쓰여 있고 나머지 4개는 역문에서만 나타난 것이고 원작의 능원표현법과 대응되는 것이 아니다. 언어 자료 중에 '能夠'와 대응되는 한국어 능원표현법은 주로 다음과 같은 몇 가지가 있다.

㉜ ㄱ. -(으)ㄹ 수 있다

ㄴ. -(으)ㄹ 만하다

ㄷ. -겠-

이 세 가지 한국어 능원표현법과 관련된 언어자료에 제시된 예문은 다음과 같다.

33. ㄱ. 在你回來的時候我甚至還可以痛哭流涕, 如果這能夠讓你解氣。

네가 돌아오면 눈물이라도 흘리며 괴로워해 주마. 그렇게라도 네 양심을 풀 수 있다면.

ㄴ. 那時候我有幾樣自以爲能夠拿得出手的特長。

　그 때 내게는 나름으로 내세울 만한 게 몇 있었다.

ㄷ. 秋天總歸能夠碰見兒子了吧, 結果又是一場空。

　설마 가을 안에야 아들을 만나겠지 한 것이 헛턱이었다.

언어 자료 중에 한국어 능원표현법 '-(으)ㄹ 수 있다'가 쓰인 문장은 다섯 개, '-(으)ㄹ 만하다'가 쓰인 문장은 세 개, '-겠-'이 쓰인 문장은 한 개가 있다.

(3) 會

'會'의 용법은 다음과 같은 세 가지가 있다.

① 어떤 능력이 있음을 나타낸다. (배우거나 연습을 통해서) 능력을 가진다. 한국어 능원표현법으로 하면 '할 수 있다, 할 줄 알다'이다. 따라서 부정문을 한국어 능원표현법으로 하면 대개 '할 줄 모르다'로 표현한다.

34. 我會唱這個歌兒。

　나는 이 노래를 부를 줄 안다.

'나는 이 노래를 부르는 능력을 가지고 있음'을 '會'를 통해서 나타낸다. 한국어에서는 '-(으)ㄹ 줄 알다'를 통해서 표현한다.

처음 배워서 할 수 있는 경우는 '能, 會'를 모두 쓸 수는 있으나 주로 '會'를 쓰고 그러한 능력을 상실했다가 다시 회복하였을 때는 '能'을 써야 한다. 이런 문장은 주로 '會/能+동사+了'식으로 사용된다. 따라서 한국어로 하면 '할 줄 알게 되었다, 할 수 있게 되었다'이며 결과를 표현하는 '-게 되다'와 시제를 표현하는 선어말어미 '-았/었/였-'과 결합시켜 표현한다.

35. ㄱ. 以前他不會游泳, 經過練習, 現在會(能)游了。

　　　이전에 그는 수영을 할 줄 몰랐으나, 연습을 한 후 지금은 할 줄 안다(할 수 있게 되었다).

　　ㄴ. 我病好了, 能勞動了。(*會勞動了。)

　　　병이 다 나아서 일을 할 수 있게 되었다.

ㄱ은 '수영'의 기능은 그가 처음 배워서 할 수 있게 되기 때문에 '能과 '會'가 모두 쓰일 수 있다. ㄴ은 '나'의 일을 하는 능력은 병 때문에 상실했다가 병이 다 나아서 다시 회복되었으므로 '能勞動了'로 쓰이고 '會勞動了'로 쓰이지 않는다.

어떤 능력을 가지고 있음을 나타낼 때는 '能, 會'를 모두 쓸 수 있으나, 그 능력이 어느 구체적인 정도에 이르렀음을 나타낼 때는 '能'을 써야 한다.

36. ㄱ. 他能(會)打字。

　　　그는 타자를 할 줄 안다.

　　ㄴ. 他一小時能打二百個字。

　　　그는 한 시간에 200자를 칠 수 있다.

ㄱ은 그가 타자할 능력을 가지고 있음을 나타낼 때는 '能과 '會'가 모두 쓰이는 반면에 ㄴ은 그의 타자 능력을 구체적으로 표현하는 데에 '會'가 쓰일 수 없으며 '能'을 써야 한다.

② 어떤 것을 잘 한다는 의미를 나타내 데도 쓰인다. 한국어로 하면 능

원표현법으로 하지 않고 관용형 '-ㄹ / 을 잘하다', '-에 뛰어나다' 등으로 표현한다. 이 의미를 나타낼 때 '很, 眞, 最'의 뒤에 흔히 쓰이며, 단독으로 대답에 쓰일 수 없다.

㊲ 會過日子。
　　살림살이를 잘한다.

'會過日子' 중의 '會'는 '잘한다'로 나타낸다. '會'앞에 '很'이 쓰이면 '아주 잘하다'의 의미를 나타낸다. '會過日子嗎?(살림살이를 잘합니까?)'의 대답으로 '會'를 단독으로 쓸 수 없다.

③ 가능성이나 추측을 나타낸다. 한국어 능원표현법으로 표현하면 '-(으)ㄹ 것이다'이다. 다음을 예로 들 수 있다.

㊳ 法律一定會懲罰你們的。
　　법은 당신들을 반드시 찾아갈 것이오.

'會'는 한국어 능원표현법으로 하면 '할 수 있다', '할 줄 알다', '잘하다', '-(으)ㄹ 것이다' 등으로 표현한다. 언어 자료에 쓰인 한·중 능원표현법을 살펴보면 역문에 '會'가 쓰인 문장은 모두 18개가 있다. 그중에 13개가 원작 중에 한국어 능원표현법도 쓰여 있다. 나머지 5개는 역문 중에 '會'가 나타나 있으나 원작 중에 대응된 능원표현법이 사용되어 있지 않다. 언어 자료 중에 '會'와 대응되는 한국어 능원표현법 주로 다음과 같은 몇 가지가 있다.

39. ㄱ. -(으)ㄹ 것이다

ㄴ. -(으)ㄹ 지

ㄷ. -(으)ㄹ 수 있다

ㄹ. -(으)ㄹ 줄 알다

ㅁ. -(으)ㄹ 것 같다

ㅂ. -겠-

ㄱ~ㅂ의 한국어 능원표현법은 언어자료에 제시된 예문을 다음과 같이 제시할 수 있다.

40. ㄱ. 你們也只會等待像我這樣的老師。

너희들은 나 같은 선생님만 기다리고 있게 될 것이다.

ㄴ. 再說到那時誰也不知道會怎麼分班。

또 그때는 반이 어떻게 분반될지 누구도 알 수 없어.

ㄷ. 這兒, 揷這兒, 那樣才會死人或舒舒服服躺他幾個月。

여기야, 여길 찔러. 그래야 죽든지, 몇 개월이라도 편히 누워 지낼 수 있지.

ㄹ. 但是倒也會模仿漢城的孩子們。

그런대로 서울 아이들 흉내는 낼 줄 알았다.

ㅁ. 心想農夫一定會責備他 : 騎小牛犢, 傷了它的脊樑骨怎麼辦?

어린 송아지를 타서 허리가 상하면 어쩌느냐고 꾸지람을 들을 것만 같다.

ㅂ. 你這是行兇, 我也會告你的。

이건 폭행이오, 당신도 고발하겠소.

언어 자료 중에 한국어 능원표현법 '-(으)ㄹ 것이다'가 쓰인 문장은 여섯 개가 있고 '-(으)ㄹ 지, -겠-'이 쓰인 문장은 두 개가 있으며 '-(으)ㄹ

수 있다, −(으)ㄹ 줄 알다, −(으)ㄹ 것 같다'가 쓰인 문장은 각 한 개가 있다.

(4) 可以

'可以'는 다음과 같은 세 가지 의미를 나타낸다.

① 가능성이나 능력을 나타낸다. 한국어로 능원표현법으로 하면 '−(으)ㄹ 수 있다'이다. 이런 경우에 '能'도 같이 쓸 수 있다. '能'은 능력이 있음을 중점적으로 나타내고 '可以'는 가능성이 있음에 치중하여 쓰이긴 하나 능력을 나타내기도 한다. '能'과 달리 '可以'는 어떤 일을 잘한다는 의미로는 쓰이지 못한다.

41. ㄱ. 你明天可以(能)再來一趟嗎?

　　　내일 다시 한 번 더 올 수 있습니까?

　　ㄴ. 一頓可以(能)吃四大碗。

　　　한 끼에 네 사발씩이나 먹을 수 있다.

　　ㄷ. 他很能(*可以) 吃。

　　　그는 아주 잘 먹는다.

ㄱ, ㄴ은 '能'과 '可以'가 모두 쓰일 수 있으나 ㄷ은 '잘 먹는다'의 의미를 나타낼 때 '能'만 쓰이고 '可以'를 쓸 수 없다.

② 환경이나 의리상의 허가 의미를 나타낸다. 이런 경우에 '能'도 쓰일 수 있다. 한국어로 하면 '−아 / 어 / 여도 좋다 / 되다'이다. 다음을 예로 들 수 있다.

42. 我可以(能)跟他談談嗎?

그와 얘기를 해도 될까요?

③ 가치가 있음을 나타낸다. '-할 가치가 있다'는 의미이다. 앞에 '很, 倒가 쓰일 수 있고 뒤에 오는 동사가 중첩될 수 있고, 동량사(動量詞)와 어울려 쓰일 수 있다. 한국어 능원표현법 '-(으)ㄹ 만하다'로 표현한다.

43. ㄱ. 這個問題很可以研究研究。

　　　이 문제는 아주 연구해 볼 만하다.

　　ㄴ. 這個問題可以研究一番。

　　　이 문제는 한 번 연구해 볼 만하다.

'可以' 앞에 '很'이 쓰일 수 있고 뒤에 오는 동사 '研究'가 중첩하여 쓰일 수 있으며 동량사 '研究一番'과 어울려 쓰일 수 있다.

중국어 능원동사 '可以'를 한국어에서는 주로 '할 수 있다', '-아 / 어 / 여도 좋다 / 되다', '-(으)ㄹ 만하다' 등으로 표현한다. 수집된 언어 자료 중에 '可以가 쓰인 문장은 모두 15개가 있다. 그중 10개가 원작에도 한국어 능원표현법이 쓰여 있다. 언어 자료 중에 '可以'와 대응되는 한국어 능원표현법은 주로 다음과 같은 몇 가지가 있다.

44. ㄱ. -(으)ㄹ 수 있다

　　ㄴ. -아도 / 어도 / 여도 되다 / 좋다 / 괜찮다

　　ㄷ. -(으)ㄹ 것이다

수집된 언어자료에 한·중 능원표현법이 쓰인 예문은 다음과 같이 제시할 수 있다.

45. ㄱ. 看他拿出手絹擦拭額頭上的汗, 就可以想見我們挨了怎樣的痛打。

　　손수건을 꺼내 이마에 흐르는 땀을 닦는 것만 보아도 우리가 당한 매질

　　이 얼마나 호된 것이었나를 알 수 있었다.

　　ㄴ. 在這兒說什麼都可以, 不用怕嚴石大。

　　여기서는 무슨 말을 해도 괜찮다. 엄석대를 겁낼 건 없어.

　　ㄷ. 也許在他看來, 我那一天的行爲不只是抵抗, 甚至可以說是一大挑戰。

　　그날의 내 행동은 단순한 저항을 넘어 중대한 도전으로 보이기조차 했

　　을 것이다.

　언어 자료에 한국어 능원표현법 '−(으)ㄹ 수 있다'가 쓰인 문장은 다섯
개가 있고 '−아도/어도/여도 되다/좋다/괜찮다'가 쓰인 문장은 네 개
가 있으며 '−(으)ㄹ 것이다'가 쓰인 문장은 한 개가 있다.[46]

(5) 可能

　'可能'은 객관적인 가능성을 나타낸다. 아직 발생하지 않은 상황에만 쓰
인다. 한국어 능원표현법 '아마 −(으)ㄹ 것이다', '−(으)ㄹ 수 있다'로 표현
할 수 있다. 다음을 예로 들 수 있다.

　46. 他今天可能回來。

　　그가 오늘 아마 돌아올 것이다.

---

46 원작 중에 이중부정문으로 표현되고 역문 중에 '可以'가 쓰여 긍정문으로 표현하는 문장
이 한 개있다.
　예 : 放棄學習領域的爭奪也是可以考慮的出路之一, 但當了近兩年狀元的嚴石大, "全校第一"
的包袱實在是太重了。/ 공부 쪽을 포기하는 것도 생각할 수 없는 길을 아니지만, 그러기
에는 '전교 일 등 엄석대'의 이 년에 가까운 세월의 부담이 너무 컸다 …….
　원작에서는 '−ㄹ 수 없다'와 '아니다'로 이중부정문을 이루었다. 역문 중에서 역자가 '可
以'가 쓰인 긍정문으로 번역해 놓았다. 여기서 '可以'와 대응되는 한국어 능원표현법을
'−(으)ㄹ 수 있다'로 본다.

그가 오늘 돌아올 수 있다.

언어 자료에서 한·중 능원표현법을 살펴보면 역문에 '可能'이 쓰인 문장은 모두 6개가 있다. 이 6개가 원작 중에 한국어 능원표현법이 모두 쓰여 있다. 언어 자료 중에 '可能'과 대응되는 한국어 능원표현법은 주로 다음과 같은 몇 가지가 있다.

47. ㄱ. −(으)ㄹ 수 있다
    ㄴ. −(으)ㄹ 지 모르다
    ㄷ. −듯 싶다

'可能'과 대응되는 한국어 능원표현법이 쓰인 예문은 다음과 같이 제시할 수 있다.

48. ㄱ. 她就總歸有可能再見到兒子, 自己的病也可以根除。
       언제든 그의 아들을 만날 수 있을 것이며 그리고 자기의 병도 어쩌면
       아주 고칠 수 있을는지도 모른다고 생각하였다.
    ㄴ. 你可能會認爲我們太無情了。
       매정하게 생각될지 모르겠지만 …….
    ㄷ. 根據後來的事實判斷, 石大當時可能是被那像襲般的抽打嚇傻了。
       뒷일로 미뤄보면 그때 아마 석대는 기습과도 같은 매질에 잠시 얼이
       빠졌던 듯 싶었다.

수집된 언어자료에 '可能'과 대응되는 한국어 능원표현법 '−(으)ㄹ 수 있다'가 쓰인 문장은 세 개가 있고 '−(으)ㄹ 지 모르다'가 쓰인 문장은 두 개가 있으며 '−듯 싶다'가 쓰인 문장은 한 개가 있다.

표 3-2. 가능성을 나타내는 한·중 능원표현법 대응관계

능원표현법 \ 능원동사	能		能夠		會		可以		可能		得(de)	
−(으)ㄹ 수 있다	+	18	+	5	+	1	+	5	+	3	+	0
−(으)ㄹ 것이다	+	2	−	0	+	6	+	1	+	0	−	0
−아/어/여도 좋다/되다	+	0	+	0	−	0	+	4	−	0	−	0
−겠−	+	2	+	1	+	2	−	0	−	0	−	0
−(으)ㄹ 것 같다	+	0	−	0	+	1	−	0	−	0	−	0
−(으)ㄹ 만하다	−	0	+	3	−	0	−	0	−	0	−	0
−(으)ㄹ 잘하다	+	0	−	0	+	0	−	0	−	0	−	0
−(으)ㄹ 지(모르다)	−	0	−	0	+	2	−	0	+	2	−	0
−(으)ㄹ 줄/모양/듯/……	+	3	−	0	−	0	−	0	−	0	−	0
−았/었/였으면	+	2	−	0	−	0	−	0	−	0	−	0
−듯 싶다	−	0	−	0	−	0	−	0	+	1	−	0
−(으)ㄹ 줄 알다	−	0	−	0	+	1	−	0	−	0	−	0
−하는 데 쓸 수 있다	+	0	−	0	−	0	−	0	−	0	−	0

(6) 得(de)

'得(de)'은 허가를 나타낸다. 주로 법령이나 공문에 많이 쓰인다. 대개 부정문으로 쓰인다. 한국어 능원표현법으로 하면 '−(으)ㄹ 수 있다'이다. 부정문은 '−(으)ㄹ 수 없다'로 많이 표현한다.[47]

49. ㄱ. 不滿十八歲的公民不得參加選擧。

    만 18세가 되지 않은 국민은 선거에 참가할 수 없다.

    ㄴ. 車內不得吸煙。

    차내에서는 담배를 피우지 못한다.

---

47 방언에서 '得(de)'이 주로 이중부정문으로 쓰여 '−(으)ㄹ 것이다', '(충분히)−(으)ㄹ 수 있다'의 의미를 나타내기도 한다.
예 : 這次工程昨天才動手, 沒有三天不得完。
이번 공사는 어제야 시작했으므로 3일이 지나지 않고는 완공할 수 없을 것이다(이번 공사는 어제야 시작했으므로 3일이 지나야 완공할 수 있다).

ㄱ과 ㄴ은 모두 부정문이며 '不得'과 대응되는 한국어는 '−(으)ㄹ 수 없다, −지 못하다'로 표현하고 있다.

수집된 언어 자료가 소설 작품이므로 '得(de)'이 쓰여 있지 않으며 대응되는 한국어 능원표현법도 없다.

위의 분석과 언어 자료를 바탕으로 하여 가능성을 나타내는 한·중 능원표현법의 대응관계는 〈표 3-2〉와 같다.[48] 〈표 3-2〉에서 볼 수 있듯이 가능성을 나타내는 능원동사와 대응되는 한국어 능원표현법 중에 '−(으)ㄹ 수 있다'가 가장 많이 쓰인다. '−(으)ㄹ 수 있다'는 능원동사 '能, 能夠, 會, 可以, 可能, 得(de)'과 모두 대응되며 수집된 언어 자료에도 '得(de)'을 제외한 나머지 능원동사와 대응되는 예문을 다른 능원표현법보다 비교적으로 많이 찾을 수 있다. '−(으)ㄹ 것이다'는 능원동사 '能, 會, 可以, 可能'과 대응되는 관계를 보인다. 언어 자료에 '−(으)ㄹ 것이다'가 쓰여 '會'와 대응되는 문장은 여섯 개가 있다. '−아 / 어 / 여도 좋다 / 되다'는 '能, 能夠, 可以'와 대응되며 언어 자료에 '可以'와 대응되는 문장 네 개가 있다. '−겠−'은 '能, 能夠, 會' 등 세 개의 능원동사와 대응된다. '−(으)ㄹ 것 같다, −(으)ㄹ 만하다, −(으)ㄹ 잘하다, −(으)ㄹ 지 (모르다)'는 각 두 개의 능원동사와 대응되고 '−(으)ㄹ 줄 / 모양 / 듯 /……, −았 / 었 / 였으면, −듯 싶다, −(으)ㄹ 줄 알다, −하는 데 쓸 수 있다'는 각 하나의 능원동사와 대응된다.

종합해 보면 세 개나 세 개 이상의 능원동사와 대응되는 능원표현법은 '−(으)ㄹ 수 있다', '−(으)ㄹ 것이다', '−아 / 어 / 여도 좋다 / 되다', '−겠−' 등이 있다.

---

48 〈표 4~6〉에서 나온 '+'는 중국어 능원동사와 대응되는 한국어 능원표현법이 있다는 의미이고 '−'는 없다는 의미이다. 또한 '+, −' 뒤에 제시한 숫자는 수집된 언어자료 중에 대응되는 해당 한·중 능원표현법이 쓰여 있는 문장의 수이다.

2) 염원이나 의지를 나타내는 한·중 능원표현법

이 항에서는 염원이나 의지를 나타내는 중국어 능원동사 '敢, 肯, 願意, 願, 要1'의 의미를 한국어 능원표현법과 대조하여 분석한다.

(1) 敢

자신감이 있게 판단을 내리거나 무서움이 없이 일을 한다. 이 능원동사는 한국어로 하면 주로 '감히'로 그 뜻을 나타낸다.[49] 예는 다음과 같다.

> 50. ㄱ. 我不敢說他什麼時候來。
>
>   나는 그가 언제 올지 감히 말할 수 없다.
>
> ㄴ. 警察不敢管汽車。
>
>   경관은 자동차를 감히 단속하지 못한다.

수집된 언어 자료에 '敢'이 쓰인 문장은 예문 51과 같은 한 개만 있으며 원작에 이에 대응되는 '감히'가 쓰여 있지 않다.

> 51. 我敢斷言, 在這種年代石大肯定在某個地方又重新當上了班長。
>
>   이런 세상라면 석대는 어디선가 틀림없이 다시 급장이 되었을 것이다.

(2) 肯

'肯'은 다음과 같은 두 가지 의미가 있다.

---

49 중국어에서 '敢'은 '問, 請, 煩과 같이 쓰여 '敢問, 敢請, 敢煩' 등을 겸손어로 쓰이기도 한다. 한국어 '실례합니다……' 등과 비슷하다.

① 어떤 일을 하기 원한다. 기꺼이 한다는 뜻이다. 한국어 능원표현법으로 하면 '-(으)려고 하다', 또한 '-하기를 좋아하다'는 뜻도 있다. 이 뜻을 나타낼 때 앞에 정도 부사 '很'이 올 수 있다.

> 52. ㄱ. 他肯來嗎?
>
>   그가 오려고 하니?
>
> ㄴ. 很肯動腦筋。
>
>   머리 쓰기를 아주 좋아한다.

ㄱ은 한국어에서 '肯'을 '-(으)려고 하다'로 표현하고 있으며 ㄴ은 '肯'은 '很'의 수식을 받고 있다.

② 방언에 '肯'은 어떤 일이 발생하기 쉽다는 뜻도 있다. 한국어로 하면 '곧잘 -하다', '-하기 쉽다'로 표현한다.

> 53. ㄱ. 這幾天肯下雨。
>
>   요 며칠 동안 곧잘 비가 내린다.
>
> ㄴ. 他肯開玩笑。
>
>   그는 곧잘 농담을 한다.

'下雨(비가 내리는 것)'와 '開玩笑(농담을 하는 것)'가 자주 발생한다는 의미로 '肯'이 쓰여 있으며 한국어에서는 '곧잘 -하다'로 표현하고 있다.

이를 종합해 보면 중국어 능원동사 '肯'에 대응하여 한국어에서 대개 '-려고 하다', '-하기를 좋아하다', '곧잘 -하다' 등으로 표현한다.

(3) 願意

주관 의지나 희망을 나타낸다. 한국어 능원표현법으로 하면 '−하기를 바라다(원하다), −고 싶다, −(으)려고 하다'이다. 예는 다음과 같다.

    54. ㄱ. 他願意辦這件事。

        그는 이 일을 하려고 한다.

      ㄴ. 我願意去韓國。

        나는 한국에 가기를 원한다.

        내가 한국에 가고 싶다.

언어 자료 중의 한·중 능원표현법을 살펴보면 역문에 '肯, 願意'가 쓰인 문장이 없다. '−(으)려고 하다', '−고 싶다', '−하기를 바라다', '곧잘 −하다', '−하기를 좋아하다' 등 문장은 중국어 역문에는 능원동사로 표현되지 않고 '希望, 想(打算), 樂意, 動不動就, 喜歡' 등 심리동사나 다른 표현이 쓰여 있다. 수집된 언어 자료 중에 다음과 같은 문장이 많다.

    55. ㄱ. 如果你一定要把石大從班長的位置上拿下來 (…중략…) 想把我們班弄成你
        呆過的漢城那樣的班級……。
        네가 꼭 석대를 급장 자리에서 쫓아내고 (…중략…) 우리 반을 서울에
        서 네가 있던 반처럼 만들고 싶었다면…….

      ㄴ. 所以他想喝酒也不喝……。
        먹고 싶은 술도 늘 참고…….

(4) 願

'願'은 '願意'와 같은 뜻이며 대부분 경우에 '願'과 '願意'를 문장에서 모두 쓸 수 있다. 예문54의 ㄱ, ㄴ은 '願意'를 대신 '願'도 쓸 수 있다. '願意'는 단독

으로 쓸 수 있는 반면에 '願'은 그렇지 못한다.

56. ─你願意去嗎? ─(我)願意。 / *(我)願。

　　─가기 원합니까? ─네. 가기 원합니다.

'願意'는 단독으로 의문문의 답이 될 수 있으나 '願'은 단독으로 의문문의 답이 될 수 없다.

언어 자료에 예문 57과 같은 '不願'이 쓰인 부정문이 있다.

57. 但是不管是兒子不願回來也好, 不能回來也好, 反正兒子最終不想回到那海邊小村是確實無疑的了。

　　한데 고향을 돌아오기가 싫어서든 돌아올 수가 없어서든, 아들은 끝내 그 바닷가 마을로는 돌아오지 않으려는 것이 확실해 지고 있었다.

'不願'과 대응되는 한국어는 '─하기 싫다'로 표현되어 있다. 따라서 '願'과 대응되는 한국어 능원표현법은 '肯'과 같이 '─하기 좋다', '─하기를 좋아하다'로 볼 수 있다. 위의 '不願'을 '不肯'으로 바꿔 써도 문장 의미 변화가 별로 없다.

(5) 要1

앞에서 언급하였듯이 '要'는 염원이나 의지를 나타내는 '要1'과 당위성을 나타내는 '要2'로 나눌 수 있다. 여기서 염원이나 의지를 나타내는 '要1'의 의미를 중심으로 이와 대응되는 한국어 능원표현법을 같이 살펴보고자 한다. '要1'은 다음과 같은 의미가 있다.

①어떤 일에 대한 의지나 염원을 나타낸다. 한국어 능원표현법으로 표

현하면 '–겠–'이다. 일반적으로 '要'로만 대답할 수 없으며 '要'를 동사와 결합시켜 대답한다. '要' 앞에 '想, 打算' 등이 쓰일 수 있다.

58. ㄱ. —你要看嗎? —要看。

　　　—너 보겠니? —보겠다.

　　ㄴ. 他想要來北京參觀。

　　　그는 북경에 와서 구경하고 싶어 한다.

　　ㄷ. 你打算要幹什麼?

　　　너 뭘 할 작정이냐?

ㄱ에서 볼 수 있듯이 '要'는 동사 '看'과 같이 의문문의 답으로 쓰인다. ㄴ과 ㄷ은 '想, 打算'은 '看' 앞에 쓰여 한국어에서는 '–고 싶어 하다, –(으)ㄹ 작정이다'로 표현하고 있다. '想, 打算' 자체는 한국어에서 '–고 싶다, –(으)ㄹ 작정이다'로 표현되기 때문에 이 의미를 나타내는 '要'에 대응된 한국어 능원표현법이 '–겠–'으로 본다.

② 가능성이 있는 현상이나 상황에 짐작을 나타낸다. 한국어 능원표현법으로 하면 '–(으)ㄹ 것 같다', '–하기 마련이다'이다. '要'앞에 '會'가 올 수 있고 문장 끝에 '的'이 쓰일 수 있다. 예문은 다음과 같다.

59. ㄱ. 看樣子(會)要下雨。

　　　보아하니 비가 올 것 같다.

　　ㄴ. 社會總是要前進的。

　　　사회는 진보하기 마련이다.

③ 행동이나 사건이 장차 발생함을 나타낸다. 한국어에서 '–할 것이다'

로 표현한다. '要' 앞에 '快, 就'를 쓸 수 있고, 문장 끝에 항상 '了'가 붙어 쓰인다. 다음을 예로 들 수 있다.

60. 他(快)要回來了。
　　　그가 곧 돌아올 것이다.

④ 비교의 의미가 담겨 있는 문장에서 쓰이어 비교의 뜻을 강조한다. 한국어에서 '훨씬(더욱) —하다'로 표현한다.

61. 他要比我走得快。 / 他比我走得要快。
　　　그는 나보다 훨씬 빨리 걷는다.

'要'는 비교의 대상을 나타내는 '比我' 앞에 쓰이거나 동사 '走'와 조사 '得' 뒤에 쓰여 '훨씬 —하다'의 의미를 나타낸다.

⑤ 습관을 나타낸다. 이런 경우에 한국어로 하면 주로 평서문으로 표현된다.

62. ㄱ. 他每天十點就要睡覺。
　　　　그는 매일 10시에 잔다.
　　ㄴ. 他吃完飯後要喝咖啡。
　　　　그는 식사 후 커피를 마신다.

'睡覺'과 '喝咖啡'는 문장에서 습관적인 행동으로 한국어에서 능원표현법으로 표현하지 않고 평서문으로 나타낸다.
종합해 보면 중국어 능원동사 '要1'은 한국어에서는 주로 '—겠—, —(으)

ㄹ 것 같다, —기 마련이다, —(으)ㄹ 것이다, 훨씬 —하다' 등으로 표현된다.

역문에 '要'가 쓰인 문장은 모두 74개가 있다. 이 중에 34개는 역문 중에 '要'가 쓰여 있으나 원작 중에 대응된 능원표현법이 사용되어 있지 않다. 나머지 40개의 문장은 역문에 '要'가 쓰이고 원작 중에도 한국어 능원표현 법이 쓰여 있다. 그중 29개는 염원이나 의지를 나타내는 '要1'에 해당되고 나머지 11개는 당위성을 나타내는 '要2'에 해당된다. 언어 자료 중 '要1'과 대응된 한국어 능원표현법은 주로 다음과 같은 8가지가 있다.

63. ㄱ. —려

ㄴ. —(으)ㄹ 듯 / 테 / 지

ㄷ. —겠—

ㄹ. —(으)ㄹ 것 같다

ㅁ. —(으)ㄹ 것이다

ㅂ. —(으)ㄹ 게

ㅅ. —리라

ㅇ. —(으)려고

각 한국어 능원표현법과 관련된 예문은 다음과 같다.

64. ㄱ. 我想去有大港口的地方, 要想賺錢就要坐大的船。

큰 항구가 있는 곳으로 갈 거야. 돈을 벌려면 큰 배를 타야하니까.

ㄴ. 班主任像是又要開始抽打似的走近石大發號施令。

담임선생님은 금세라도 모진 매를 다시 시작할 듯 석대에게로 다가가 며 그렇게 명령했다.

ㄷ. 不是兒子回小村而是要帶金山宅去漢城。

아들이 고향으로 돌아올 대신 금산댁을 서울로 데려 가겠다는 것이었다.

ㄹ. 兩條腿沉重得好像當場要栽倒。

　　두 다리는 그 자리에 그냥 거꾸러질 것 같이 무겁고⋯⋯.

ㅁ. 聽說往後日本鬼子要把痲風病人全殺掉。

　　참 일제 왜놈들이 풍병 든 사람들을 다 죽일 게라더군.

ㅂ. 我要趕快去掙錢。

　　내 얼른 돈 벌어 올게.

ㅅ. 與當初無論如何也要在那個學校爭得第一名的雄心壯志相去甚遠⋯⋯。

　　어떻게든 그 학교에서는 일 등을 차지하리라던 전학 초기의 내 장 한
　　결심과는 달리⋯⋯.

ㅇ. 但是眞要離開漢城時還是發現自己囊中羞澁。

　　막상 서울을 떠나려고 보니 주머니 사정이 말이 아니었다.

　수집된 언어자료에 '要1'과 대응되는 '-려'가 쓰인 문장은 7개가 있고
'-(으)ㄹ 듯 / 테 / 지'가 쓰인 문장은 7개가 있으며 '-겠-'이 쓰인 문장은 6
개가 있다. '-(으)ㄹ 것 같다'가 쓰인 문장은 세 개가 있고 '-(으)ㄹ 것이다'가
쓰인 문장은 두 개가 있다. '-(으)ㄹ 게'가 쓰인 문장은 두 개가 있고 '-리라'
가 쓰인 문장은 한 개가 있으며 '-(으)려고'가 쓰인 문장은 한 개가 있다.

　위의 분석과 언어 자료를 바탕으로 하여 염원이나 의지를 나타내는
중국어 능원동사와 한국어 능원표현법의 대응관계는 〈표 3-3〉과 같다.

　〈표 3-3〉을 보면 한국어 능원표현법 중 '-(으)려고 (하다)'는 '肯, 願意, 願,
要' 등 네 개의 능원동사와 대응되고 '-고 싶다'는 '願意, 願' 두 개의 능원동
사와 대응되고 '-기를 좋아하다 / -기가 좋다'는 '肯, 願'과 대응된다. '願,
要1'을 제외하고는 언어자료에서 다른 한 · 중 능원표현법이 대응되는 문
장을 찾아보기 힘들다. '要1'에 대응되는 능원표현법 중에 '-(으)려, -(으)
ㄹ 듯 / 지, -겠-'이 쓰인 문장은 언어자료에 비교적으로 많이 나타났다.

표 3-3. 염원이나 의지를 나타내는 한·중 능원표현법 대응관계

능원표현법 \ 능원동사	敢		肯		願意		願		要1	
-(으)려고(하다)	-	0	+	0	+	0	+	0	+	1
-고 싶다	-	0	-	0	+	0	+	0	-	0
감히	+	0	-	0	-	0	-	0	-	0
-하기를 좋아하다/ -하기가 좋다	-	0	+	0	-	0	+	1	-	0
곧잘 -하다	-	0	+	0	-	0	-	0	-	0
-겠-	-	0	-	0	-	0	-	0	+	6
-(으)ㄹ 것 같다	-	0	-	0	-	0	-	0	+	3
-기 마련이다	-	0	-	0	-	0	-	0	+	0
-(으)ㄹ 것이다	-	0	-	0	-	0	-	0	+	2
훨씬 -하다	-	0	-	0	-	0	-	0	+	0
-(으)려	-	0	-	0	-	0	-	0	+	7
-(으)ㄹ 듯/지	-	0	-	0	-	0	-	0	+	7
-(으)ㄹ 게	-	0	-	0	-	0	-	0	+	2
-리라	-	0	-	0	-	0	-	0	+	1

3) 당위성을 나타내는 한·중 능원표현법

여기서 다루려는 능원동사 '應, 該, 應該, 應當, 要2, 得(dei)'은 모두 의리, 습관이나 사실의 필요성과 당위성을 나타낼 수 있다. 한국어 능원표현법 으로 하면 '-아/어/여야 하다'이고 사용하는 데에 차이점이 있다.

65. ㄱ. 發現錯誤, 應立卽糾正。

　　　잘못이 발견되면 즉시 바로 잡아야 한다.

　　ㄴ. 我該走了。

　　　나는 가야 한다.

　　ㄷ. 應該我去。

반드시 내가 가야 한다.

　ㄹ. 一個人應當只吃適量的食物。

　　　사람은 음식을 적당하게 먹어야 한다.

　ㅁ. 借東西要還。

　　　빌린 물건을 돌려주어야 한다.

　ㅂ. 有錯誤得批評。

　　　틀린 점이 있으면 당연히 비판해야 한다.

　'應, 該, 應該, 應當, 要, 得'이 쓰인 문장은 한국어로 하면 '－아/어/여야 하다'에 대응된다.

　'應'과 '該'는 추측의 의미를 나타내는 데에도 쓸 수 있다. 한국어로 하면 '－겠－, －(으)ㄹ 것이다'이다. '應該'와 '應當'은 이런 용법이 없다. '該'는 '會, (有)多' 앞에 쓰일 수 있고 '又' 뒤에도 쓰일 수 있으나 '應該, 應當'은 쓰일 수 없다.

　66. ㄱ. 一切準備, 應已就緒。

　　　　모든 준비는 이미 다 끝났을 것이다.

　　ㄴ. 你這樣說, 該(*應該)會造成什麼樣的影響呢?

　　　　네가 이렇게 말하면 어떤 영향이 생기겠니?

　　ㄷ. 那樣的話, 該(*應該)有多好啊。

　　　　그렇다면 얼마나 좋겠어.

　　ㄹ. 他要是知道了, 又該(*應該)批評我了。

　　　　그가 알면 또 나를 비평할 것이다.

　'應, 該'는 추측의 의미를 나타낸다. ㄴ～ㄹ 중의 '該'의 자리에 '應該'를 쓰면 비문이 된다.

'應該, 應當'은 단독으로 대답에 쓰일 수 있으나 '應'은 이렇게 쓰일 수 없다. '應當, 應該'는 구어나 문어에 모두 쓰이는 반면에 '應'은 문어에만 쓰인다. '是應該 / 應當的'은 '—하는 것이 당연하다'의 뜻이며 '應/該'는 이 관용 표현에 쓰일 수 없다.

67. ㄱ. —應該/應當去嗎? —應該/應當(*應)。

　　　—가야 합니까? —가야 합니다.

　　ㄴ. 爲了大伙的事, 我多受點累也是應該 / 應當(*應 / 該)的。

　　　전체의 일을 위해서 내가 좀 더 수고를 하는 것은 당연한 것입니다.

ㄱ에서 볼 수 있듯이 '應該, 應當' 만으로도 의문문의 답이 될 수 있다. '應'은 이런 용법이 없다. ㄴ 중의 '是應該 / 應當的'은 '是應 / 該的'으로 바꿔 쓸 수 없다.

'要' 앞에 '應該, 必須, 得(dei)' 등을 넣을 수 있다.

68. 應該提倡節約, 必須要花的錢才花。

　　절약 정신을 제창하고 반드시 써야 할 돈만 써야 한다.

예문 68에서 볼 수 있듯이 '要'앞에는 부사 '必須'가 쓰일 수 있다.

'得(dei)'은 마땅히 그럴 것이라는 추측도 나타낼 수 있으며 구어에 많이 쓰인다. 한국어에서는 '—ㄹ 것이 틀림없다'로 표현한다. 또한 방언에서 '—할 수 있다'의 뜻으로도 쓰인다. 예문은 다음과 같다.

69. ㄱ. 我會猜, 他得說甚麼。

　　　내가 추측한 건데 그는 무언가 말할 것이 틀림없다.

　　ㄴ. 他得敢罵我?

그가 감히 나에게 욕할 수 있겠는가?

언어 자료 중 '應, 該, 應該, 應當, 要2, 得(dei)'과 대응되는 한국어 능원표현법은 주로 다음과 같은 몇 가지가 있다.

70. ㄱ. ―아 / 어 / 여야 하다
　　 ㄴ. ―(으)ㄹ＋명사
　　 ㄷ. ―겠―
　　 ㄹ. ―(으)ㄹ 것이다

ㄱ은 '應, 該, 應該, 應當, 要2, 得(dei)' 등 당위성을 나타내는 능원동사와 대응되는 능원표현법이며 ㄴ, ㄷ은 '該와 대응되는 능원표현법이고 ㄹ은 '應該와 대응되는 능원표현법이다.
각 능원동사와 대응되는 한국어 능원표현법에 관련된 예문은 다음과 같다.

71. ㄱ. a. 但卻因此而認爲更應全身心地投入進去。
　　　　　 그러므로 그 만큼 그 일에 열심히 하여야 한다는 것이었다.
　　　　 b. 這類混蛋該趕盡殺絶。
　　　　　 이런 악종들은 아예 씨를 말려야 해.
　　　　 c. ……也應該去把兒子的靈魂找回來。
　　　　　 …… 아이의 혼백만은 거둬 와야 하였다.
　　　　 d. 孩子們的世界也和大人們的世界一樣有應當遵守的規範……。
　　　　　 어른들이 세계에서와 마찬가지로 아이들의 세계에서도 지켜야 할
　　　　　 규범들은 있기 마련이고…….
　　　　 e. 少女要往下走15公里左右, 少年要往上走10里左右。

여기서 소녀는 아래 켠으로 한 삼 마장쯤, 소년은 위 켠으로 한 십리 가까이 길을 가야 한다.

  f. 媽媽得留下來等著。

  어미가 남아서 그것을 기다리고 있어야 하였다.

ㄴ. 那麼自己該做的事是 (…중략…) 他一時陷入思考之中。

  그렇다면 내가 할 일은 (…중략…) 그는 잠시 생각에 잠겼다.

ㄷ. 你是個下士, 該聽說過白骨島吧?

  너는 하사니 좀 알겠군. 백골섬 들어봤어?

ㄹ. 不過讓我在三十來年後的今天還能淸楚地記得轉學第一天的應該說是我和嚴石大的遭遇。

  하지만 삼십 년이 가까워지는 오늘까지도 그 전학 첫 날을 생생하게 기억하도록 만든 것은 아무래도 엄석대와의 만남이 될 것이다.

역문에 '應'이 쓰인 문장은 한 개가 있고 '該'가 쓰인 문장은 10개가 있다. '應該'가 쓰인 문장은 20개가 있으며 '應當'이 쓰인 문장은 한 개가 있다. 그중에 '應該' 세 개와 '該' 세 개를 제외하고는 나머지 문장은 원작 중에 한국어 능원표현법도 모두 쓰여 있다. '要2'에 대해서 앞에서 언급하였듯이 역문에 '要2'가 쓰이고 원작에도 이에 대응된 능원표현법이 쓰인 문장은 11개가 있다. 역문에 '得'이 쓰인 문장은 모두 6개가 있다. 그중 한 개는 역문 중에 '得'이 쓰여 있으나 원작 중에 대응된 능원표현법이 사용되어 있지 않다.

위의 분석 결과와 언어 자료를 바탕으로 하여 당위성을 나타내는 한·중 능원표현법의 대응관계는 〈표 3-4〉와 같다.

〈표 3-4〉에서 볼 수 있듯이 한국어 능원표현법 '-아/어/여야 하다'가 '應, 該, 應該, 應當, 要2, 得(dei)' 등과 대응되며 언어자료에도 많이 쓰여 있다. '-(으)ㄹ 것이다'는 '應, 該, 應該' 등 세 개의 능원동사와 대응되며 '-겠-'은 '應, 該'와 대응된다. '-(으)ㄹ+명사'는 '該'와만 대응되고 수집된 언어

표 3–4. 당위성을 나타내는 한·중 능원표현법의 대응관계

능원표현법 \ 능원동사	應		該		應該		應當		要2		得(dei)	
-아/어/여야 하다	+	1	+	4	+	14	+	1	+	11	+	5
-(으)ㄹ 것이다	+	0	+	0	+	3	-	0	-	0	-	0
-겠-	+	0	+	1	-	0	-	0	-	0	-	0
-(으)ㄹ+명사	-	0	+	2	-	0	-	0	-	0	-	0
-(으)ㄹ 것 틀림없다	-	0	-	0	-	0	-	0	-	0	+	0
-(으)ㄹ 수 있다	-	0	-	0	-	0	-	0	-	0	+	0

표 3–5. 한·중 능원표현법의 전체적인 대응관계

능원표현법 \ 능원동사	가능성을 나타내는 능원동사		염원이나 의지를 나타내는 능원동사		당위성을 나타내는 능원동사	
-겠-	+	3개/5^{50}	+	1개/6	+	2개/1
-(으)ㄹ 것이다	+	4개/9	+	1개/2	+	3개/3
-(으)ㄹ 수 있다	+	6개/32	-	0개/0	+	1개/0
-(으)려고 (하다)	-	0개/0	+	4개/1	-	0개/0
-아/어/여도 좋다/되다	+	3개/4	-	0개/0	-	0개/0
-아/어/여야 하다	-	0개/0	-	0개/0	+	6개/36

자료에서 두 번 나타났고 '-(으)ㄹ 것 틀림없다, -(으)ㄹ 수 있다'는 '得(dei)'
과만 대응되고 수집된 언어자료에 해당 능원표현법이 쓰여 있지 않다.

앞에서 제시한 〈표 3-2〉~〈표 3-4〉을 종합해 보면 세 개나 세 개 이상의
능원동사와 대응관계를 가지고 있는 한국어 능원표현법을 여섯 개를 추
출할 수 있다. 이는 각 유형별의 능원동사와의 전체적인 대응관계는 다음
〈표 3-5〉와 같다.

---

50 '3개'는 해당 능원표현법이 해당 분류의 능원동사 중에 대응되는 능원동사의 수이고 '5'는
  수집된 역문과 원작에 한·중 능원표현법이 모두 쓰인 문장의 수이다. 즉 '-겠-'은 가
  능성을 나타내는 능원동사 세 개와 대응되며 언어자료에 총 다섯 개의 문장에는 대응된
  한·중 능원표현법이 쓰여 있다. 〈표 3-5〉에서의 '1개/6, 2개/1' 등도 같은 의미이다.

〈표 3-5〉에서 볼 수 있듯이 능원동사 유형에 따라 대응되는 한국어 능원표현법이 있다. '-(으)ㄹ 수 있다'와 대응되는 가능성을 나타내는 능원동사가 6개가 있고 언어자료에도 한·중 능원표현법이 쓰여 있는 문장은 32개가 있다. '-(으)ㄹ 수 있다'는 가능성을 나타내는 능원동사와 대응되는 대표적인 한국어 능원표현법이라고 볼 수 있다. '-아/어/여야 하다'는 당위성을 나타내는 능원표현법이라고 볼 수 있다. 염원이나 의지를 나타내는 능원동사와 대응되는 능원표현법 '-(으)려고 (하다)'가 네 개의 능원동사와 대응되고 언어자료에 한·중 능원표현법이 모두 쓰인 문장은 1개가 있으며 '-겠-'은 한 개의 능원동사와만 대응되나 언어자료에 해당 한·중 능원표현법이 모두 쓰인 문장은 여섯 개가 있다. 이에 따라 '-(으)려고 (하다), -겠-'을 염원이나 의지를 나타내는 능원동사와 대응되는 대표적인 능원표현법으로 볼 수 있다.

〈표 3-5〉에서 볼 수 있듯이 '-겠-'과 '-(으)ㄹ 것이다'는 다른 한국어 능원표현법과 달리 가능성, 염원이나 의지, 당위성을 나타내는 능원동사와 모두 대응관계를 가진다.

이상으로 중국어 능원동사를 유형별로 나누어 한국어 능원표현법과 의미 측면에서 분석해 보았다. 중국어 능원동사와 한국어 능원표현법은 완전히 대응되는 것이 아니다. 이 점을 수집된 언어 자료를 통해서도 확인할 수 있다. 원작에 능원표현법이 사용되어 있으나 역문에 중국어 능원동사가 쓰여 있지 않거나 역문에 중국어 능원동사가 쓰여 있으나 원작에 능원표현법이 사용되어 있지 않는 예문이 적지 않다. 이런 현상은 중국어와 한국어 자체의 특징과 관련되어 있고 언어 환경과 활용의미, 역자의 번역 습관과도 관련된다고 본다.

4. 한 · 중 능원표현법 관련 부정문의 대조연구 [51]

지금까지 분석한 내용에 한 · 중 능원표현법 관련 부정문이 나왔다. 앞의 분석 내용을 통해서도 엿볼 수 있듯이 한 · 중 능원표현법은 긍정문과 부정문에 쓰일 때 다른 양상을 보인다. 이 절에서는 한 · 중 능원표현법 관련 부정문에 대해서 대조연구해 보고자 한다. 먼저 한 · 중 능원표현법 관련 부정문을 살펴보고 관련 부정문의 시제에 대해서 비교해 보고 한 · 중 능원표현법 관련 부정문은 어떤 공통점과 차이점이 있는지를 알아보고자 한다.

1) 중국어 능원동사 관련 부정문

중국어 부정문은 부정사(否定詞)가 꼭 있어야 한다. 중국어 부정사는 주로 '不, 沒, 沒有, 不要, 不用, 未, 無, 非, 別' 등이 있다. 그중 '不, 沒(有)'이 가장 많이 쓰인다. '不要, 不用'은 '不'이 다른 성분 '要, 用'과 결합하여 이루어진 것이고 '非'는 '不是'와 같은 뜻이며 '無, 未'는 '沒有'와 같은 뜻이다. 중국어 부정사는 동사와 부사 특징을 다 가지고 있는 '沒(有)'을 제외하고 나머지는 다 부사이다. 부정사는 대개 주어 뒤, 술어 앞에 쓰인다.

능원동사와 같이 쓰이는 부정사는 주로 '不, 未, 沒' 등이 있다. 예를 들어, '不能, 不可以, 不願, 不會, 不肯, 沒能, 未能' 등이 있다. 평서문에서 모든

---

51 王振來(2002, 18쪽)에서 능원동사의 분포특징을 분석할 때 ① 전(前)부정형 : 不+능원동사, ② 후(後)부정형 : 능원동사+不, ③ 전후부정형 : 不+능원동사+不 세 가지 부정 형식을 제시하였다. 이 연구에서 주로 전부정형을 중심으로 분석한다.

부정사를 다 능원동사와 같이 쓸 수 있는 것이 아니다. '不'은 대부분 능원동사와 같이 쓰일 수 있으나 '沒(有) / 未'는 염원이나 의지를 나타내는 '肯, 敢', 가능성을 나타내는 '能, 能夠' 등 일부 능원동사 앞에서만 쓸 수 있다. 명령문인 경우에 능원동사와 같이 쓰일 수 있는 부정사가 더욱 적다. '沒(有)/未'는 못 쓰고 '不'은 일반적으로 당위성이나 가능성을 나타내는 일부 능원동사 '應該, 該, 應當, 可以, 能夠' 등 앞에서만 쓰일 수 있다.

일부 능원동사가 쓰인 긍정문은 부정문으로 바꿀 때 긍정문에 쓰인 능원동사가 다른 능원동사나 표현으로 바꾸어 부정사와 결합시켜 부정문을 이룬다. 다음과 같은 몇 가지 예를 들 수 있다.

'能'은 어떤 능력을 가지고 있음을 나타낼 수 있다. 능력이 어떤 구체적인 정도에 이르지 않았음을 나타내려면 '不能'으로 부정문을 이루는 것이 아니라 '—不了(liao)'의 표현을 써야 한다.

72. ㄱ. 他一小時能打二百個字。

　　　　그는 한 시간에 200자를 칠 수 있다.

　　ㄴ. 他一小時打不了二百個字。

　　　*他一小時不能打二百個字。

　　　　그는 한 시간에 200자를 못 친다.

ㄴ은 ㄱ의 부정문이다. 한 시간에 200자를 치는 구체적인 능력에 대한 부정일 때 '不能' 대신에 '打不了'를 써야 한다.

'可以'가 가치가 있다는 의미를 나타낼 때에 부정형은 '可以'를 쓰지 않고 '不值得'을 써야 한다. '不可以'는 불허, 금지의 의미를 나타내기 때문이다.

73. ㄱ. 這本書可以看看。

　　　　이 책은 읽을 만하다.

ㄴ. 這本書不值得看。

　　이 책은 읽을 만하지 않다.

ㄷ. 這本書不可以看。

　　이 책은 읽으면 안 된다.

　ㄱ 중의 '可以'는 '―(으)ㄹ 만하다'의 의미를 나타내며 이를 부정할 때 ㄴ 중의 '不值得'을 써야 한다. ㄷ처럼 '不可以'가 쓰이면 '―하면 안 되다'의 의미를 나타낸다.

　'得(dei)'의 부정형은 '不得'으로 하지 않고 '無須, 不用' 등으로 나타낸다.

　74. ㄱ. 你得給他飯錢。

　　　당신이 그에게 밥값을 주어야 한다.

ㄴ. 你不用給他飯錢。

　　당신이 그에게 밥값을 주지 않아도 된다.

ㄷ. 你不得給他飯錢。

　　당신이 그에게 밥값을 주면 안 된다(금지를 나타낸다).

　ㄱ은 당위성을 나타내는 '得(dei)'이 쓰인 긍정문이다. ㄴ은 이에 관련된 부정문이다. ㄷ처럼 '不得'이 쓰인 경우에 금지의 의미를 나타낸다.

　'不要'는 금지의 의미를 나타내며 '―지 말다'의 뜻이므로 어떤 일에 대한 의지나 염원을 나타내는 '要1'의 부정형은 '不要'가 아니라 '不想, 不願意'이다. '要1'은 가능성이 있는 현상이나 상황에 짐작을 나타내는 경우에도 '不要'를 쓰지 않고 '不會'를 쓴다. 당위성을 나타내는 '要2'는 부정할 때 '不用, 不必, 用不著'을 쓰며 '그럴 필요가 없다'는 의미를 나타낸다.

　75. ㄱ. a. 我要進去。

내가 들어가려고 한다.

  b. 我不想進去。

    내가 들어가고 싶지 않다.

 ㄴ. a. 要下雨了。

    비가 오겠다.

  b. 不會下雨。

    비가 오지 않을 것이다.

 ㄷ. a. 明天要交作業。

    내일 숙제를 내야 한다.

  b. 明天不用交作業。

    내일 숙제를 안 내도 된다.

ㄱ~ㄷa의 부정문을 만들 때는 ㄱ~ㄷb처럼 '不要'를 쓰지 않고 '不想, 不會, 不用'을 쓴다.

2) 한국어 능원표현법 관련 부정문

한국어에 부정 의미를 나타내는 문장은 주로 다음과 같은 몇 가지가 있다.

 76. ㄱ. 영희가 학교에 안 갔다.

    영희가 학교에 가지 않았다.

  ㄴ. 철수가 학교에 못 갔다.

    철수가 학교에 가지 못했다.

  ㄷ. 창문을 열지 마십시오.

ㄹ. 나는 학생이 아니다.

부정의 의미를 가지는 부사 '아니(안), 못', 부정서술어 '아니하다(않다), 못하다, 말다, 아니다' 등 부정소(否定素)로 구성된 부정문이다.

부정소가 안 쓰이고 부정의 의미가 담겨 있는 어휘가 쓰인 문장들도 있다.

77. ㄱ. 그는 아직 미성년이다.

　　ㄴ. 지금 나갈 수 없다.

ㄱ은 부정의 접두사 '미—'를 포함한 단어가 쓰인 문장이고 ㄴ은 '없다'의 서술어가 사용된 문장으로 의미상으로 볼 때 이 두 문장은 부정을 표시한다. 고영근 · 구본관(2008, 334쪽)에서 이런 문장들은 부정소의 포함 여부가 명확하지 않아 통사적으로 이들을 부정문에 포함시킬 수 있을지 판단하기 어렵다고 하였다. 중국어의 능원동사와 대응되는 한국어 능원표현법의 부정문은 '—(으)ㄹ 수 없다, —(으)ㄹ 줄 모르다'가 쓰인 경우가 많아 여기서 능원표현법 관련 부정문을 다룰 때 ㄱ처럼 부정의 접두사를 포함한 단어가 쓰인 문장은 부정문에서 제외시켜 ㄴ처럼 '없다, 모르다' 등 서술어가 사용된 문장은 부정문으로 보아 연구한다.[52]

이 밖에도 문장에 부정소나 부정 의미를 나타내는 어휘가 없으나 부정

---

[52] 한 · 중 능원표현법의 문법 특징을 다루었을 때 언급하였듯이 '없다, 모르다'가 부정소와 결합하여 이중부정문을 구성하는 경우도 있다.
예 : ㄱ. ……고향에 돌아오지 않을 수 없게 됐다는 걸 알고 있었다.
　　ㄴ. 그가 모를 리가 없다.
ㄱ은 '—지 않다'와 '—(으)ㄹ 수 없다'로 이중부정문을 이루고 ㄴ은 '모르다'와 '—(으)ㄹ 리 없다'가 같이 쓰여 구성된 이중부정문이다. 이중부정문은 의미상으로는 긍정이다. 한국어 이중부정문은 중국어로 표현할 때 이중부정문으로 표현되는 경우가 있으며 긍정문으로 표현되는 것이 더 적절한 경우가 있으므로 이 절에서는 능원표현법과 관련된 이중부정문을 다루지 않겠다.

의미를 나타내는 문장이 있다.

78. 어찌 그 말을 할 수 있습니까?

예문 78처럼 부정소나 부정 의미를 나타내는 어휘도 쓰여 있지 않으나 부정의 의미를 내포하고 있다. 이는 수사의문문이다. 이 글에서는 한국어 능원표현법 관련 부정문을 다룰 때 이를 다루지 않는다.

한국어 부정문은 단형(短型) 부정문과 장형(長型) 부정문으로 나눌 수 있다. 단형부정문은 부정부사 '아니 / 안, 못'이 술어 동사나 형용사 앞에 쓰여 부정문을 구성하는 부정문이고 장형(長型) 부정문은 연결어미 '−지'와 보조용언 '아니하다 / 않다, 못하다, 말다'와 같이 술어 동사나 형용사 뒤에 쓰여 이루는 부정문이다. 또한 고영근·구본관(2008, 39~343쪽)은 부정문을 의미에 따라 '안 부정문[53]과 '못' 부정문으로 나누고 특별히 명령문이나 청유문에서는 '말다' 부정문이 쓰인다고 하였다. '안' 부정문은 '단순 부정'과 '의도 부정'의 두 가지 것으로 나누어 볼 수 있고 주어진 문장의 서술어가 형용사인 경우 주로 단순 부정으로 해석되고 동사인 경우 단순 부정과 의도 부정 모두로 해석이 가능하고 동작주의 능력을 전제로 하는 행위와 관련되는 서술어를 가진 문장에서는 성립하지 않는다고 하였다. 또한 '못' 부정문은 동작주의 의지가 아닌 그의 능력이 부족하거나 외부의 환경이 적절하지 못해 그 행위가 일어나지 못하는 것을 표현할 때 사용되어 '능력 부정' 혹은 '타의(他意) 부정'이라 불린다고 하였다.

'안' 부정문은 대개 중국어에 '不'로 구성된 부정문과 대응된다. 한국어

---

53 '안' 부정문 중에 부정사 '아니다'로 구성된 부정문은 비교적 특수하다. '체언+이다'의 문장을 부정할 때 '이다' 대신 '아니다'를 써야 한다.
예 : 저는 학생이다. → 저는 학생이 아니다.
여기서 '아니다'는 중국어 '不是'와 비슷하다. 여기서 이에 대해 연구하지 않는다.

능원표현법 관련 '안' 부정문과 대응되는 중국어 능원동사 관련 부정문은 '不'로 이루는 것이 많다. 다음을 예로 들 수 있다.

79. ㄱ. 그가 오려고 하지 않는다.

ㄴ. 他不肯來。

ㄱ과 대응되는 ㄴ은 중국어 능원동사 '肯'이 쓰인 부정문이다.

'못' 부정문은 능력 부정이므로 한·중 능원표현법 관련 부정문의 중요한 구성 부분이다. 의미에 따라 '못' 부정문은 '능력부정, 가능성 부정, 금지나 거절, 기대에 미달하는 부정'으로 나눌 수 있다.

(1) 능력부정

80. ㄱ. 그는 한자를 못 읽는다.

ㄱ'. 그는 한자를 읽을 줄 모른다.

ㄱ". 他不會讀漢字。

ㄱ과 같은 부정문에 쓰인 동사는 지식이나 기능을 배워서 가지는 능력을 나타낸다. 이런 경우에 ㄱ'처럼 '-ㄹ / 을 줄 모르다'로 같은 의미를 나타낼 수 있다. ㄱ"과 같이 능력을 부정할 때 '못' 부정문은 중국어 '不會'가 쓰인 부정문과 대응관계가 있다.

(2) 가능성 부정

81. 나는 내일 급한 일이 있어서 학교에 못 간다.

我明天有急事不能去學校。

'학교에 가다'는 능력을 가지고 있지 않다는 뜻이 아니고 학교에 갈 가능성에 대한 부정이다. '내일 학교에 갈 가능성이 없다'는 뜻이다. 가능성에 대한 부정문에서 사용되는 '못'은 중국어 능원동사 부정문 '不能'과 대응 관계를 가진다. 이럴 때 '못' 대신 '-ㄹ / 을 수 없다'는 쓸 수 있다. 과거 시제일 경우에 능력을 부정할 때, '不'을 쓰지 않고 '沒(有)'을 써야 한다.

> 82. ㄱ. 나는 손이 아파서 더 못 쓰겠다.
> ㄱ'. 나는 손이 아파서 더 쓸 수 없다.
> ㄱ". 手疼,不能再寫了。
> ㄴ. 그는 여자 친구와 헤어진 후 마음에 드는 사람을 마나지 못하였다.
> ㄴ'. 和前女友分手後,他再也沒(有)能找到心儀的女友。

ㄱ과 ㄱ'처럼 '못 쓰겠다'와 '쓸 수 없다'가 같은 부정의 의미를 나타내며 중국어에서 ㄱ"처럼 '不能'으로 같은 의미를 나타낸다. ㄴ은 과거 시제이며 이에 대응된 중국어는 '沒(有)能'이 쓰여 있다.

(3) 금지나 거절

> 83. ㄱ. 미성년자들은 오락 장소에 못 들어간다.
> ㄱ'. 미성년자들은 오락 장소에 들어가면 안 된다.
> ㄱ". 未成年人不得/不可以/不能進入娛樂場所。

금지나 거절을 나타내는 경우에 '못' 대신 '-(하)면 안 되다'를 써도 된다. 이와 대응되는 중국어 능원동사 부정문은 '不得, 不可以, 不能' 등으로 이루어진다.

(4) 기대에 미달하는 부정

> 84. 그 아이가 똑똑하지 못하다.

那個孩子不聰明。

'못'은 화자의 기대에 미달한다는 뜻을 나타낸다. 중국어로 하면 일반 부정문이고 능원동사가 쓰여 있지 않다.

'말다' 부정문을 중국어로 표현하면 '別, 不要' 등이 쓰여 있는 부정문이다. 다음을 예로 들 수 있다.

85. ㄱ. 가지 마십시오.

ㄴ. 別走。/ 不要走。

한국어 부정문 '안 / −지 않다, 못 / −지 못하다' 자체만 쓰일 때 대개 현재 시제를 표시한다. 미래적인 사건이라도 화자가 그에 대하여 확실성 있는 앎을 가지고 있으면 현재시제의 형태가 사용된다.[54] 한국어 부정문에서 과거나 미래 시제를 표현할 때 시제를 나타내는 어미 '−았 / 었 / 였−, −겠−' 등을 부정사와 같이 쓰는 경우가 많다. 중국어에는 부동한 시제를 나타내는 경우에 '不'이나 '沒(有)'과 같이 쓰이는 시제 표지가 없다. 현재 진행하고 있는 동작, 과거 사실이나 미래에 진행할 동작이나 상태를 부정할 때 '不'과 '沒(有)'은 부정사 자체만 쓰이고 시제를 나타내는 다른 외부형식과 같이 쓰이지 않는다. 즉, 중국어 능원동사 관련 부정문은 '不'이나 '沒(有)'에 의해 이루어져 시제를 따로 표현하는 외부 형식이 없다.[55]

86. ㄱ. 昨天我沒能在辦公室喝酒。

어제 나는 사무실에서 술을 못 마셨다.

---

[54] 고영근 · 구본관(2008, 401쪽)을 참고하였다.
[55] 시제 표지에 관해서 앞에서 한 · 중 능원표현법의 문법 특징을 다루었을 때 언급하였다. '不과 沒(有)'은 중국어 능원동사 부정문을 구성하는 핵심요소로 그 자체가 시제 의미가 담겨 있기 때문에 여기서 자세히 다루고자 한다.

ㄴ. 那個孩子今天不肯去學校。

　　그 아이는 오늘 학교에 가려고 하지 않는다.

ㄷ. 老師明天不會來。

　　선생님이 내일 오지 않겠다.

ㄱ은 과거 시제를 나타내는 문장이고 중국어는 '沒能'이 쓰여 있으며 한국어에는 '못'과 '-었-'이 쓰여 있다. ㄴ은 현재시제를 나타내는 문장이고 중국어는 '不肯'이 쓰여 있고 한국어에는 '-려고 하다'와 '-지 않다'가 쓰여 있다. ㄷ은 미래시제를 나타낸다. 중국어 부정문에 부정사 '不'과 능원동사 '會'가 쓰여 있으며 한국어에는 '-지 않다'와 '-겠-'이 쓰여 있다.

'不'과 '沒(有)'은 비록 외부 시제 표지와 같이 쓰이지 않으나 그 자체에 시제 의미가 담겨 있다. '不'은 주로 발생될 동작이나 습관적인 동작을 부정한다. 보통 주관적인 염원을 많이 표현한다. 구어에서는 '可不'이 흔히 '能, 想, 願, 敢, 會' 등 능원동사와 같이 쓰여 미래 사건을 부정한다.[56]

　　87. 下次犯了可不能這麼輕輕的饒了你!

　　　　다음에 다시 이런 일을 저지르면 가만히 안 둘 거다!

'이런 일을 저지르는 것'이 미래 사건이고 중국어에서 '可不能'으로 부정문을 이루었다.

'沒(有)'은 과거에 이미 발생했거나 경험적인 동작이나 행위를 표현할 때 자주 쓰인다. 객관적으로 서술할 때 많이 쓰인다. 한국어 부정소 자체가 시제 의미가 담겨 있지 않기 때문에 대부분 경우에 시제 표지가 요구된다.

---

56 앞에서 언급하였듯이 한국어에도 비슷한 용법이 있다. 예문 87 중의 한국어는 '다음에 다시 이런 일을 저지르면 가만히 안 둔다!'로도 할 수 있다.

3) 한·중 능원표현법 부정문의 비교

앞의 분석을 바탕으로 하여 한·중 능원표현법 부정문은 주로 다음과 같은 공통점과 차이점을 제시할 수 있다.

(1) 공통점

첫째, 부정문은 부정부사에 의해서 부정의 뜻을 나타낼 수 있다. 둘째, 부정 의미를 다 술어 부분에서 나타낸다. 셋째, 한국어 단형부정문에서 부정사는 주어 뒤에, 술어 용언 앞에 쓰이며 중국어 능원동사 부정문에서 쓰이는 부정사의 위치와 같다.

(2) 차이점

첫째, 한국어 장형부정문에서 쓰이는 부정사의 위치가 중국어 능원동사 부정문에서 쓰이는 부정사의 위치와 다르다. 둘째, 중국어 능원동사 부정문에는 시제 표지가 없는 반면에 한국어 능원표현법 부정문에는 시제 표지가 있다.[57] 셋째, 중국어 능원동사 부정문은 부정사에 의해서 이루어지나 한국어 능원표현법 부정문은 부정사나 부정소에 의해서 이루어질 뿐만 아니라 '없다, 모르다' 등 부정 의미가 담겨 있는 어휘에 의해서도 이루어진다.

분석을 통하여 중국어 능원동사 부정문과 대응되는 한국어 능원표현법은 부정 의미에 따라 부동한 형식을 택한다는 것도 알 수 있다. 주로 '안, −지 않다, 못, −지 못하다, −ㄹ 줄 모르다, −ㄹ 수 없다, −면 안 되다' 등이 있다. 이 밖에도 중국어 능원동사 부정문의 의미에 따라 '−ㄹ 리 없다',

---

57 이 특징은 앞에서 한·중 능원표현법의 문법 특징의 비교 결과와 일치하다.

표 4-1. 언어자료에서 쓰인 한 · 중 능원표현법 관련 부정문

(개)능원동사 \ 부정문형		'못' 부정문	'안' 부정문	'말다' 부정문	−ㄹ 수 없다	−ㄹ 리 없다	−기 싫다	합계
能의 부정 문형	沒能	3	1	0	1	0	0	5
	未能	3	0	0	0	0	0	3
	不能	3	3	0	13	1	0	20
沒能夠		1	0	0	1	0	0	2
不可能		0	0	0	0	2	0	2
不會		1	6	0	2	1	0	10
不敢		3	1	0	0	0	0	4
不願		1	0	0	0	0	2	3
不要		0	1	1	0	0	0	2
不應該		0	1	0	0	0	0	1
합계		15	13	1	17	4	2	52

'−ㄹ 필요가 없다', '−고 싶지 않다 / −기 싫다', '−지 말아야 하다' 등 표현도 쓰인다.

언어 자료에서 쓰인 중국어 능원동사 부정문과 이에 대응된 한국어 능원표현법 부정문은 〈표 4-1〉과 같다. 〈표 4-1〉을 보면 수집된 언어 자료에 대응되는 한 · 중 능원표현법 부정문은 총 52개가 있다. 중국어 능원동사 관련 부정문과 대응되는 한국어 능원표현법 관련 부정문은 주로 '−ㄹ 수 없다', '못' 부정문, '안' 부정문이다. 언어 자료에서 '不能'이 쓰인 능원동사 관련 부정문은 가장 많으며, '不會'가 쓰인 능원동사 부정문도 비교적 많다. '不願'에 대응된 한국어 표현은 '−고 싶지 않다'가 아니라 '−기 싫다'이다.

5. 결론

　이 연구는 코퍼스와 문학 작품을 기본 분석 자료를 바탕으로 하여 한·중 능원표현법을 문법 측면, 의미 측면, 관련 부정문 측면에서 대조연구해 보았다.

　먼저 중국어 능원동사의 범주와 분류를 살펴보고 이 연구에서 다루고자 하는 능원동사를 밝혔다. 즉 '能, 能夠, 會, 可以, 可能, 得(de), 敢, 肯, 願意, 願, 要1, 應, 該, 應該, 應當, 要2, 得(dei)' 등 17개의 능원동사이다. 한국어 능원표현법의 구성을 살펴본 다음에 한·중 능원표현법 문법 특징의 공통점과 차이점을 제시하였다.

　의미 측면에서 다룰 때 한·중 능원표현법을 세 가지 유형으로 나누었다. 즉 가능성을 나타내는 능원동사, 염원이나 의지를 나타내는 능원동사, 당위성을 나타내는 능원동사로 나누었다. 유형별로 중국어 능원동사를 한국어 능원표현법과 비교하여 대응되는 한·중 능원표현법을 알아보았다. 또한 각 유형별의 중국어 능원동사와 대응되는 대표적인 한국어 능원표현법을 제시하였다. 가능성을 나타내는 능원동사와 대응되는 대표적인 한국어 능원표현법은 '-(으)ㄹ 수 있다'이고 염원이나 의지를 나타내는 능원동사와 대응하는 대표적인 한국어 능원표현법은 '-(으)려고 (하다), -겠-'이며 당위성을 나타내는 능원동사와 대응되는 대표적인 한국어 능원표현법은 '-아/어/여야 하다'이다. 또한 연구를 통해 '-겠-, -(으)ㄹ 것이다'는 다른 한국어 능원표현법과 달리 세 가지 유형의 능원동사와 모두 대응관계를 가진다는 것을 알 수 있다.

　한·중 능원표현법 부정문에 관한 대조연구 부분에서 중국어 능원동사 관련 부정문과 한국어 능원표현법 관련 부정문의 공통점과 차이점을 제시하고 수집된 자료를 바탕으로 하여 중국어 능원동사 관련 부정문에 대응되는 한국어 능원표현법 부정문형을 알아보았다.

　이 연구는 한·중 능원표현법 관련 부정문을 깊이 다루지 않았다. 앞으로 이 부분에 관해서 따로 연구할 필요가 있다고 생각한다.

웹사이트

고려대학교 민족문화연구원(https://riks.korea.ac.kr)
국립국어원(http://www.korean.go.kr)
네이버 사전(http://dic.naver.com/)
北京大學中國語言學研究中心(http://ccl.pku.edu.cn)

단행본 자료

고영근 · 구본관,『우리말 문법론』, 집문당, 2008.
김병권,「현대한시 능원동사 연구」, 한국외대 석사논문, 1996.
김정필,「능원동사의 〈의미삼위론〉 분석」,『중국학』23, 대한중국학회, 2004.
김채영,「현대 한어 능원동사 연구」, 원광대 석사논문, 2004.
남기심 · 고영근,『표준국어문법론』, 탑출판사, 2002.
두산동아 사서편집국,『동아 새국어사전』, 두산동아, 2002.
박영록,「중국어 조동사의 범위와 기능의 문제」,『중국언어연구』21, 한국중국언어학회,
        2005.
박종한,「중국어 동사분류 연구사 소고」,『중국언어연구』2, 한국중국언어학회, 1993.
이익섭,『국어학 개설』, 학연사, 2002.
이주행,『한국어 문법의 이해』(개정증보판), 월인, 2004.
주취란,「중국어 '가능어미 능원동사'의 의미적 화용적 기능과 교육」,『중국학보』53, 한국
        중국학회, 2006.

陳望道,『文法簡論』, 上海教育出版社, 1978.
崔慧仙,「朝漢擬聲詞」, 延邊大學碩士論文, 2005.
丁聲樹,『現代漢語語法講話』, 商務印書館, 1999.

方立・范莉,「"應該"及其否定句式」,『現代外語』28(4), 現代外國編輯部, 2005.

胡裕樹,『現代漢語』, 上海教育出版社, 1981.

許雲龍,『對比語言學』, 上海外语教育, 2002.

黃伯榮・廖序東,『現代漢語 增訂二版』下冊, 高等教育出版社, 1997.

康寔鎭・南德鉉・李相度・張皓得 編,『最新中韓詞典』, 黑龍江朝鮮民族出版社, 2001.

黎錦熙,『新著國語文法』, 商務印書館, 2000.

李花,「英朝否定句對比」, 延邊大學碩士論文, 2002.

李臨定,『現代漢語動詞』, 中國社會科學出版社, 1990.

劉堅,「論助動詞」,『中國語文』1, 中國語文雜誌編輯部, 1960.

劉龍喜,「英語情態動詞研究」,『河西學院學報』19(3), 河西學院學報雜誌編輯部, 2003.

劉月華 等,「实用现代汉语语法」,『外语教学与研究』, 外語教學與研究出版社, 1983.

魯曉雁,「日本學生漢語能願動詞偏誤研究」, 黑龍江大學碩士論文, 2001.

呂叔湘,『呂叔湘文集』第五卷, 商務印書館, 1993.

呂叔湘,『現代漢語八百詞』, 商務印書館, 1984.

呂兆格,「對外漢語教學中的能願動詞偏誤分析」, 天津師範大學碩士論文, 2003.

馬景侖 主編,『漢語通論』, 江蘇古籍出版社, 2002.

馬慶株,『漢語動詞和動詞結構』, 北京大學出版社, 2005.

南紅花,「韓國語漢字形容詞及與之對應的漢語詞對比」, 延邊大學碩士論文, 2005.

彭利貞,「現代漢語情態研究」, 復旦大學博士論文, 2005.

彭澤潤・李葆嘉,『語言理論』, 中南大學出版社, 2000.

權浩淵・鄭英玉,『實用韓漢詞典』, 安徽科學技術出版社, 進明出版社, 1998.

施關淦,『動詞・名詞・形容詞』, 人民教育出版社, 1990.

蘇崗,「"會"表示可能的分析」,『邢臺學院學報』20(1), 邢臺學院學報雜誌編輯部, 2005.

王德春,『語言學概論』, 上海外語教育出版社, 1997.

王振來,「論能願動詞的語義類別」,『遼寧工學院學報(社會科學版)』4(1), 遼寧工學院學報(社會科學版)雜誌社編輯部, 2002.

王振來, 「能願動詞在語用祈使句中的表達功能初探」, 『錦州師範學院學報(哲學社會科學版)』3, 錦州師範學院學報(哲學社會科學版)編輯部, 1997.

韋旭升・許東振,『韓國語實用語法』, 外語教學與研究出版社, 1995.

邢福義,『漢語語法學』, 東北師範大學出版社, 2000.

徐銀春,『朝漢顏色詞』, 延邊大學碩士論文, 2005.

葉南,「能願動詞的義素結構和跨層次的交際功能」,『樂山師範學院學報』20(10), 樂山師範學院

　　　學報編輯部, 2005.

張秀松,「情態動詞範疇的界限模糊性」,『淮陰工學院學報』13(6), 淮陰工學院學報編輯部, 2004.

張珍華,「漢朝思考類動詞及其對應關係」, 延邊大學碩士論文, 2004.

趙傑,『漢語語言學』, 朝華出版社, 2001.

趙元任,『漢語口語語法』, 商務印書館, 1979.

中國社會科學院語言研究所詞典編輯室 編,『現代漢語詞典』, 商務印書館, 1998.

朱成器,『現代漢語語法教程』, 對外經濟貿易大學出版社, 2002.

朱德熙,『語法講義』, 商務印書館, 1982.

朱冠明,「情態與漢語情態動詞」,『山東外語教學』105, 山東外語教學編輯部, 2005.

한·중 중주어문의 비교연구

1. 서론

1) 연구목적

현재 한·중 양국의 경제 문화 교류에 따라 한국뿐만 아니라 중국에서도 한국어 교육이 활발히 이루어지고 있다. 한국어에서는 성분들 간의 문법적인 관계가 '조사'나 '어미'를 통해 표현되는데 그중 문장성분들 간의 격 관계는 격조사에 의해 표현된다. 현대 한국어 문장의 문장구조에는 중주어라 생각되는 '−이 / −가', '−은 / −는'[1]이 첨가된 문장성분이 단문에 두 번 이상 나타나는 경우가 많다. 한국어에서는 한 문장에 두 개 이상 주어표지가 나타나는 것을 중주어문이라 한다. 문장 성분 간의 격 관계는 격

---

1 '−이'와 '−은'은 '−이 / −가'와 '−은 / −는'이 각각 음운론적인 조건에 의해 '−이' 혹은 '−가', '−은 혹은 '−는'으로 나타나므로 혼잡을 피하기 위해 이하 '−이'와 '−은'을 각각 대표 형태소로 표기한다.

조사에 의해 표시되므로 한국어의 중주어문이란 두 개의 명사성 성분이 주격을 실현하는 경우를 말한다. 한국어에서 이런 중주어문을 안긴문장으로 서술절로 다루고 있다(교육부, 2002).

그리고 중국어에서 주술서술어문이라 하는 문장도 한 문장에 주어가 두 개 이상 나타난다. 주술서술어문은 주술구가 문장의 서술어로 쓰인 문장이다. 주술구조는 주어와 서술어의 두 부분으로 이루어져 있는데 주어는 서술의 대상, 즉 화자가 말하고자 하는 주제이고 서술어는 이 주어에 대한 서술, 즉 주어는 무엇 혹은 어떻다고 설명한다(朱德熙, 1982). 주술구조에서는 주술구조가 서술어로 쓰이기 때문에 주술서술어문이라는 문장 전체의 주어를 보통 대주어, 서술어인 주술구조의 주어를 소주어라고 부른다.

한국어의 중주어문과 중국어의 주술서술어문은 형식이 비슷하지만 한·중 학자들은 이런 문법 현상을 각각 자국어의 독특한 문법현상이라고 기술하고 있다. 그것은 양국 학자들은 이런 문장형식이 없는 인구어를 비교 대상으로 하여 논의하고 있기 때문이다.

한국어에서 이 주어 중복에 대한 기왕의 용어는 '겹주어(김영희, 1978)', '이중주어(서정수, 1971)', '주격중출(임홍빈, 1974)', '주어중출(최재희, 1981)', '중주어(윤만근, 1980)' 등으로 거론되어 왔다(한영목, 1994, 79쪽). 이 연구에서 '중주어'라는 용어를 취하며 주어가 두 번 이상 실현된 문장을 가리킨다.

그렇다면 이 연구에서는 한국어 중주어문과 중국어 주술서술어문이 어떠한 상관성이 있는지, 이러한 상관성을 통해 중국인 학습자들이 한국어 중주어문을 배우는 데 얼마만큼 도움이 될 수 있는지 밝히는 것이 필요하다고 생각하여 논의를 전개하고자 한다. 따라서 이 연구는 중국인 학습자들이 정확하게 한국어 중주어문을 파악하기 위한 방안을 모색하는 데 그 목적이 있다.

2) 연구방법 및 범위

사람이 언어를 습득할 때 크게 두 가지 양상으로 나타난다. 하나는 모국어를 습득하는 것이고, 다른 하나는 모국어를 바탕으로 외국어를 습득하는 것이다. 습득하는 사람에 따라 습득의 대상인 언어는 역시 두 가지 모습을 가지고 있다고 말할 수 있다. 모국어 화자(native speaker)들이 무의식적으로 습득한 언어는 모국어가 되고, 그 밖에 자기 모국어를 통하여 배우는 언어는 외국어가 된다. W. T. Littlewood(1984)에서는 제1언어(First Language)와 제2언어(Second Language)의 개념을 갈라서 사용하여왔다. 제1언어는 모국어로 배우는 것이고 제2언어는 외국어로 배우는 것으로 논의되어 왔다(장광군 2001, 232쪽). 그렇지만, 엄밀한 의미에서 제2언어는 모국어 말고 대상 언어로 생활을 위한 언어로 배우는 것이고, 외국어는 외국어로서 언어를 배우는 것으로 구분하고 있다.

한국어 습득에도 역시 제1언어와 제2언어, 즉 제1한국어와 제2한국어의 두 모습을 가지고 있다. 제1한국어는 모국어로 배우는 한국어이고 제2한국어는 외국어로 삶의 목적으로 배우는 한국어이다.

한국어를 배우는 중국인 학습자들은 제1언어는 중국어이고 제2언어는 한국어라고 할 수 있다. 또한 중국인 학습자들이 생활언어로 배우는 한국어는 외국어로서의 한국어라고 할 수 있다. 물론 제1한국어와 제2한국어 다 같은 한국어이지만 교육방식에서 차이가 있다. 제2한국어 교육이 한국어 사용에서 정확하게 이해하고 응용할 수 있는 것과 오용현상을 줄이는 교육학습이 더 중요하다. 중국인 학습자들이 한국어 중주어문을 습득하려면 중국어 특히 한국어 중주어문과 공통점이 있는 주술서술어문으로부터 한국어 중주어문을 분석하고 연구하면 더 효과적으로 학습이 될 것이다.

표면구조만을 보면, 한국어 중주어문은 주어가 두 번 이상 나타나고, 중국어 주술서술어문은 대주어와 소주어가 존재한다. 그렇다면 한국어 중주어문과 중국어 주술서술어문의 문장 형성조건, 범위, 주어가 나타나는 제약, 분류기준, 문장의 유형, 특히 제2한국어 교육이 제1한국어의 교육과 다르게 이해와 응용이 더 중시되기 때문에 심층구조에서의 공통점과 차이점이 무엇인가 하는 문제를 해결해야 한다. 이러한 문제를 해결하면 중국인 학습자들이 외국어로서의 한국어 중주어문을 습득할 때 큰 도움이 될 수 있다고 생각한다.

이 연구의 서론 부분은 이 글의 연구 목적과 연구 방법, 그리고 한국어 중주어문에 관한 선행 연구를 기술한다.

제2절에서는 한국어 중주어문과 중국어 주술서술어문의 개념, 분류, 유형을 논술하겠다. 문법학계에서의 한국어 중주어문에 대한 논의뿐만 아니라 중국어 주술서술어문에 관한 의견도 제시하겠다. 이 절을 통해 한·중 주어 두 번 이상 나타나는 문장의 형성조건, 범위, 주어가 나타나는 제약, 분류기준, 문장 유형 등의 문제들을 논의할 것이다.

제3절은 한국어 중주어문과 중국어 주술서술어문의 심층구조에서의 비교를 통해 중국인 학습자들을 위한 한국어 중주어문에 대한 학습방법을 모색하기로 한다. 이 부분은 이 연구의 핵심으로 심층구조에서의 관형격, 처소격, 여격, 목적격, 변성격, 주제, 수량사, 완성보문 등 문장유형을 비교하여 한국어 중주어문과 중국어 주술서술어문의 여러 공통점과 차이점을 밝힐 것이다.

제4절은 지금까지 논의한 2, 3절의 결과를 정리하고 결론을 요약하는 부분이다. 심층구조에서 한국어 중주어문을 중국어 주술서술어문으로 다 해석할 수는 없지만 한국어 중주어문과 중국어 주술서술어문의 공통점이 많다는 것을 제시하였다. 따라서 이 연구에서는 외국어로서의 한국어를 학습하고자 하는 중국인을 대상으로 한국어 중주어문과 중국어 주

술서술어문을 비교하였다.

3) 연구사

한국어 중주어문에 대한 연구사와 중국어 주술서술어문에 대한 연구사를 간략하게 살펴보기로 한다.

(1) 한국어 중주어문의 연구사

초창기 한국어 학자들이 한국어 주어표지가 두 번 이상 나타나는 경우를 대소주어 관계로 파악하려 했다. 예를 들면, 유길준(1909)은 '총 주어'라는 개념을 제시하는데 이 '총 주어'는 하나의 서술어에 대한 '중주어'이며, 중문에서는 여러 개의 절에 대한 '총 주어'의 개념으로 쓰인다고 한다.[2] 그 시기 학자들이 이런 문장을 '큰임자'와 '작은 임자'(김윤경, 1946), '대주어'와 '소주어'(홍기문, 1947)의 개념으로 논의하고 있다. 박승빈(1935)에서는 '문주'라는 개념을 도입하고 이런 문장을 '문주＋(주어＋서술어)'의 구조로 파악한다. 정렬모(1946, 1948)에서는 대소 주어설과 박승빈의 문주 개념을 포함하면서도 문장서술어로 파악한다. 이 시기 학자들의 견해가 조금 다르지만 약간의 차이점만이 나타나는 것이다. 이런 대소 주어설로 중주어문을 분석하는 견해를 중국어 주술서술어문에서도 찾을 수 있다(張其春, 1955). 한영목·이금영(1994, 81쪽)에서는 한국어 전통문법에서 중주어문에 관하여 논의한 학자들의 대표적인 예문 1과 같이 제시하였다.

2　유길준(1909)에서 "차이나는 ㅼ가 넓고, 사람이 만흐되"와 "가을은 달이 밝소"의 이 두 문장에서 '차이나'와 '가울'이 모두 '총 주어'라고 하지만, 이 연구에서는 뒤의 경우만 논의한다.

1. a. <u>가을은</u> + <u>달이</u> + <u>밝소</u>
　　　총 주어　　주어　　설명어

(유길준, 1909)

　b. <u>그 사람이</u>　<u>힘이</u>　세다
　　　큰 임자　　작은 임자

(김윤경, 1946)

　c. <u>네가</u>　<u>바둑이</u>　선수다
　　　대주어　　소주어

(홍기문, 1947)

　d. <u>저이가</u>　<u>손이</u>　<u>아귀가</u>　<u>세다</u>
　　도튼임자말　큰임자　작은임자　작은풀이
　　　　　　　　　　　　　└─── 큰풀이 ───┘
　　　　　　　　└─────── 도풀이 ───────┘

(정렬모, 1946 · 1948)

　e. <u>코끼리는</u>　<u>코가</u>　크다
　　　문주　　주어

(박승빈, 1935)[3]

　양인석(1972)에서는 변형생성문법을 적용하여, 한국어의 중주어문에 대하여 통사적 기능과 명사의 의미론적 관계를 대소관계설로 예문 2와 같이 논의하였다.

2.　전체 / 부분　　　순회가 얼굴이 예쁘다
　　부류 / 성원　　　가방이 우주표가 비싸다
　　유형 / 표시　　　개가 짖는 개가 안 무섭다
　　총계 / 수량　　　학생이 한 명이 나에게 왔다

3　박승빈(1935)에서 문주의 개념을 도입하여 주제문의 성격을 보였다. 이러한 논의는 제7차 교육과정의 『고등학교 문법』의 서술절로 안김과 같은 것으로 볼 수 있다.

최현배(1937) 처음으로 중주어문을 'S → NP1＋S1(NP2＋VP)'의 통사구조로 보고 하위문(S1)의 종속절로서 상위문 NP1의 서술어 역할을 하는 복문을 형성한다고 보는데 중국어에서도 주술서술어문을 복문으로 보는 견해가 있다(鄧守信, 1974).

그 밖에 1970년대에 박순함(1970), 서정수(1971), 임홍빈(1972), 성광수(1974), 김윤학(1978), 최재희(1981)등 학자들은 중주어문을 주제화 변형에 의해 유도된 표면구조로 간주한다. 예를 들면, 중주어문 '코끼리가 코가 길다'는 '코끼리의 코가 길다'의 변형된 문장으로 볼 수 있다고 한다. 그러나 중주어문에는 변형으로 유도된 표면구조로만 해석할 수 없는 문장도 있고 기저구조의 의미가 표면구조의 의미와 완전히 일치하지 않는 경우도 있기 때문에 변형설의 타당성이 인정된다.

Li · Thompson(1976)이 한국어를 주어 및 주제어를 중시하는 언어로 분류함에 따라서 학자들은 기저구조 자체에서부터 주제 문제를 연구하기 시작한다. 신창순(1975), 양동휘(1975), 채완(1976), 손호민(1980), 최수영(1984)등은 한국어의 기본구조가 주술구조가 아닌 '주제—평언구조(Topic-Comment Structure)'라고 주장하여 그의 특징이 활발히 논의되어 있다. 이러한 견해는 한국어 개념은 서술어와 통사적으로는 일치현상을 일으키며 또 의미론적으로는 선택제약을 반드시 요구하는데 중주어문의 해명에 있어서 종래의 복문설이나 변형설로는 해결할 수 없는 문제점을 극복하는데 유용하리라 본다(한영목 2004).

(2) 중국어 주술술어문의 연구사

그러면 한국어 중주어문과 유사한 중국어 주술서술어문의 연구사를

---

4 재인용: 한영목 · 이금영, 1994, 81쪽.

살펴보기로 한다.

주술서술어문에 대한 최초의 해석은 문장이 설명어가 될 수 있는 것으로, 즉 문장으로 주어의 설명 서술어를 삼는다는 것이다(陳承澤 1921). 黎錦熙(1924)는 '형용사절이 서술어가 된다', 즉 '주술구가 서술어가 된다'는 관점은 비록 모호하지만 분명히 중국어 안에서 주술서술어문이라는 특수한 문장형식이 존재함을 인정했다.

1950년대에 중국어학계에서는 주어·빈어[5] 토론이 전개됐고 그 과정에서 주술서술어문 논의가 활발히 거론되었다. 何靄人·易剛(1953)은 통사구조를 중심으로 하는 관점에서 수사[6]단어가 문두에 나오는 문장에서 문장형식이 서술어가 되는 주술서술어문이지, '빈어가 도치된 문장'이 아니라고 주장했다. 張其春(1955)에 이르면 주술서술어문을 체계적으로 분류했다. 또한 문장 전체의 주어(S1)를 대주어라고 칭하고 주술구의 주어(S2)를 소주어라고 칭하는 것은 張其春(1955)으로부터 시작되었고 이후 어법연구에서도 보편적으로 사용하게 되었다.

丁聲樹 외(1961)에서는 정식으로 주술서술어문이라는 용어를 제시했다. 丁聲樹 외(1961)는 시사[7]와 수사의 관계에 따라 주술서술어문의 범위를 제약했는데 빈어가 원래의 위치에 돌아올 수 있을 경우 이러한 문장을 빈어가 전치된 문장으로 보고 원래의 위치로 돌아올 수 없는 문장에 한하여 주술서술어문이라고 정의 내렸다.

朱德熙(1982)에서는 주제를 주어로 간주하면서 중국어의 주어의 범위를 지나치게 확장시켰다는 평가를 받고 있다. 그는 빈어가 도치된 문장뿐 아니라 문두에 등장하는 시간명사와 처소명사도 모두 대주어로 보아 이러한 문장을 모두 주술서술어문으로 보았다. 일반적으로 시간명사나 처소

---

5   빈어는 서술어의 대상이 되는 말로, 서술어 뒤에 위치한다.
6   수사(受事) : 즉 수동자를 말한다.
7   시사(施事) : 즉 행위자를 말한다.

명사가 문장 안에서 그 위치에 변동이 있을 수 있으면 상어[8]로 보고 진술의 대상이 될 때만이 주어로 보는 견해이나 朱德熙에 의하면 주술서술어문의 범위가 가장 넓게 확장된다.

鄧守信(1974)에서는 주술서술어문은 주술구를 내포한 문장으로 규정하고 있다. 즉 주술서술어문은 주술구가 서술어가 되는 문장으로 분석하고 있다.

담화상의 용어로 주제를 본격적으로 사용한 Li·Thompson(1981)에서는 주술서술어문을 주제(대주어)와 평언(소주어＋소서술어)으로 나누어 설명하면서 주술서술어문은 주제와 주어가 모두 있는 문장으로 분석했다. 이러한 논의에 힘입어 중국어에도 담화화용상의 주제개념이 제시되면서 주술서술어문에 대한 매우 획기적인 해석이 나타나게 된다. 湯廷池·曹逢甫·申小龍 등의 학자들이 모두 주술서술어문을 '주제―평언'의 문장으로 분석하고 있다. 주술서술어문과 '주제―평언'의 문장이 각각 통사와 활용이라는 다른 층위에서 인정되었고 이에 대한 심화된 이론연구가 진행 중이다(신미섭, 2002 참고).

2. 한국어 중주어문과 중국어 주술서술어문

주제(Topic)는 문장의 서술 대상으로 항상 문두에 오며 화자는 청자가 이미 알고 있다고 생각하는 대상, 즉 구 정부를 주제로 삼는다. 이미 알고 있다는 것은 한정(definiteness)적이거나 총칭(ge-nericness)적임을 뜻하며 일반적으로 의사소통과정에서 주제 뒤에는 휴지가 따른다(Li·Thompson, 1976).

---

8 상어(狀語) : 동사나 형용사를 수식하거나 제약하여 동작의 상태, 방식, 시간, 처소, 정도를 나타낸다. 즉 부사어이다.

일반적으로 모든 문법 연구에서 주어라는 개념을 문장구조의 가장 기본적인 문법관계의 하나로 보지만 일부 언어의 기본적인 문장구조는 '주어—서술어(subject-predicate)'가 아니라 '주제—평언(topic-comment)'이다. 따라서 일부 언어의 문법 연구에서 '주제'라는 개념은 주어라는 개념과 똑같이 중요성을 갖는다. 그리고 어떤 유형의 언어이냐에 따라 문장을 구성하는 방식도 당연히 달라진다. 구체적으로 Li · Thompson(1976)에서는 주어와 주제가 문장 구조에 실현되는 강도에 의거하여 언어 유형을 '주어 중시(subject-prominent) 언어', '주제 중시(topic-prominent) 언어', '주어와 주제 중시 언어' 및 '주어 주제 모두 중시하지 않는 언어' 네 종류로 분류하였다. 따라서 '주어 중시 언어'에서는 '주어—서술어'라는 관계로 문장구조를 설명해야 하며, '주제중시언어'에서는 '주제—평언'이라는 관계로 문장구조를 설명해야 한다는 것이다. 이들의 유형론 입장에서 볼 때, 한국어는 '주어와 주제를 모두 중시하는 언어'에 속하고, 중국어는 '주제를 중시하는 언어'에 속하는 것으로 보고 있다.

통시적인 관점에 볼 때 한 언어는 주어를 중시하는 단계에서 주어와 주제를 모두 중시하는 단계를 거쳐 주제를 중시하는 단계로 넘어가는데 이런 과정에서 결정적인 작용을 하는 문장이 바로 '중주어' 문장이다. '주제중시언어'는 여러 가지 특징이 있는데 그중 하나가 중주어문이다(최봉랑, 2004 참고).

1) 한국어 중주어문의 유형

한국어 중주어문을 유형별로 살펴보면, 전형적인 중주어문, '싶다'로 이루어진 중주어문, '되다'로 이루어진 중주어문, '주제어—주어＋서술어' 구조인 중주어문, 수량사 구성으로 이루어진 중주어문, 감정 표현의 중주어문 등으로 유형화 할 수 있다.

(1) 전형적인 중주어문

3. a. 한가인은 코가 높다.

　　이 옷은 색깔이 예쁘다.

　b. 한국은 현대자동차가 많다.

　　이 산은 뱀이 생존하고 있다.

　c. 환자는 영양이 필요하다.

　　학생은 학습이 중요하다.

위의 예문 3은 중주어문의 NP1이 격어미를 취하면서 관형격이나 부사격, 여격을 이룰 수 있다.

4. a. 한가인의 코가 높다.

　　이 옷의 색깔이 좋다.

　b. 한국에 현대자동차가 많다.

　　이 산에서 뱀이 생존하고 있다.

　c. 환자에게 영양이 필요하다.

　　학생에게 학습이 중요하다.

따라서 NP1이 예문 4(a, b, c)에서 각각 관형격, 부사격의 처소격 '여격을 하다가 주제화에 의해 표면구조 예문 3(a, b, c)에서 주제어가 된 것으로 볼 수 있다. 즉 예문 3과 같은 중주어문은 원래 관형격, 부사격의 처소격, 여격 등의 문장에서 변형된 것으로 볼 수 있다.

(2) '싶다'로 이루어진 중주어문

    5. a. 나는 영화가 보고 싶다.

       b. 나는 피자가 먹고 싶다.

예문 5는 서술어에 심리적 상태를 나타내는 보조동사 '싶다'가 있는 경우이다. 예문 5와 6은 대등한 의미를 갖는다.

    6. a. 나는 영화를 보고 싶다.

       b. 나는 피자를 먹고 싶다.

예문 5와 6를 통하여 목적격을 나타나는 '싶다'는 중주어문을 이룰 수 있다. 예문 5의 서술어는 NP1인 주체가 NP2인 대상에 대한 주관적 판단을 나타내기 때문에 '싶다'는 내적 감정을 묘사하므로 긍정할 때 1인칭일 때만 문법적이고 질문할 때 2인칭만 문법적이다(김윤학, 1978).

    7. a. 나는 영화가 보고 싶다.

        →*나는 영화가 보고 싶니?

       *너는 영화가 보고 싶다.

        →너는 영화가 보고 싶니?

       *그는 영화가 보고 싶다.

        →*그는 영화가 보고 싶니?

      b. 나는 피자가 먹고 싶다.

        →*나는 피자가 먹고 싶니?

       *너는 피자가 먹고 싶다.

        →너는 피자가 먹고 싶니?

*그는 피자가 먹고 싶다.

→*그는 피자가 먹고 싶니?

한국어의 경우 예문 7의 1인칭과 3인칭 의문문에서는 비문이고, 2인칭 의문문에서 문법적이다. 그러나 2인칭과 3인칭의 경우 서술문은 비문이다.

(3) '되다'로 이루어진 중주어문

8. a. 뽕나무밭이 바다가 되었다.

   b. 홍콩은 특별행정구역이 되었다.

   c. 십여 년 간의 노력이 모두 재가 되었다.

   d. 황토가 옥토가 된다.

예문 8에서 '되다' 유형의 중주어문은 'NP1이 NP2로 V'인 예문 9와 동의문을 구성한다.

9. a. 뽕나무밭이 바다로 되었다.

   b. 홍콩은 특별행정구역으로 되었다.

   c. 십여 년 간의 노력이 모두 재로 되었다.

   d. 황토가 옥토로 된다.

(4) '주제어-주어+서술어' 구조인 중주어문

10. a. 그 사람이 나이가 많다.

    b. 서호가 풍경이 아름답다.

    c. 지네가 다리가 많다.

    d. 고향이 공기가 맑다.

이런 문형에서 '주어+서술어'구조가 평언으로서 문두에서 나온 주제어에 대한 서술해 준다. 즉 이런 문장을 '주제어–주어+서술어'구조로 본 것이다. 예를 들면, 예문 10a에서 '나이가 많다'는 주제어 '그 사람'에 대해 서술해 준 것이다. 물론 이런 유형의 문장에서 '이'를 대신 주격표지 조사로 인정된 '은'[9]이 나타날 수 있다.

> 11. a. 그 사람은 나이가 많다.
>   b. 서호는 풍경이 아름답다.
>   c. 지네는 다리가 많다.
>   d. 고향은 공기가 맑다.

한국어를 모국어로 사용하는 모국어 화자(native speaker)들에 대해서 예문 11의 표현이 예문 10 보다 더 자연스럽게 느껴지는 문구조이다.

> 12. a. 내가 그 영화를 보았다.
>   b. 그 영화를 내가 보았다.
>   c. 그 영화는 내가 보았다.
>   d. *그 영화가 내가 보았다.

예문 12a에서의 목적어 '그 영화' 문두로 이동해서 b가 된다. c는 '그 영화'가 주제 역할을 하며 '주제-설명'의 주제구조를 이룬다. d가 비문이 된 것을 보아 주제문의 서술어가 동작동사인 경우는 중주어문을 이루지 못하는 것을 알 수 있다. 이 때 서술어에는 상태동사만이 나타난다. 예를 들면, '예쁘다, 좋다, 튼튼하다, 비싸다, 슬프다, 맵다, 싱겁다' 등(김윤학, 1978).

---

9 임홍빈(1974), 신창순(1975) 등은 '–이'도 주제를 나타내는 경우도 있다고 논의하였다.

(5) 수량사 구성으로 이루어진 중주어문

13. a. 장미가 두 송이가 피었다.

    b. 학생이 열 명이 왔다.

    c. 날자가 5일이 경과했다.

    d. 돈이 천원이 모자란다.

위의 수량사 문장을 중주어문으로 처리할 수 있다.[10] 이익섭(1973)은 '두 NP가 문장 안에서 같은 문장 성분이 된다는 의미로서 동일한 격조사가 연결된 것이 요구된다'고 하였다. 이것은 NP2는 NP1을 다시 반복·구체화하는 동격관계로 볼 수 있다. 예를 들면, 예문 14와 같은 문장이다(재인용 : 김은희, 1982, 374쪽).

14.   <u>장미가</u>   <u>두 송이가</u>   피었다

       (주어)   (주어)

               (주어)

예문 13에서 문두에서 나오는 NP_1은 대상이고 NP_2는 수량이기 때문에 NP_1와 NP_2의 사이에 '피수식 – 수식'의 관계가 존재한다. 이들 수량사 문장은 다음과 같이 NP_1이 무표지로서 NP_2와 결합된 문장에서 주제화로 된 것이다. 한국어에서 수량을 말할 때 격표지는 생략될 수 있는 특성을 지닌다(서정수 1990).

15. a. 장미 ø 두 송이가 피었다.

---

10 이러한 수량사 문장에 대해서 양인석(1972)은 이를 '총계 / 수량'을 나타내는 대소관계로 파악했고, 서정수(1971), 최재희(1981) 등은 심층구조에서 관형어 또는 부사어로 처리했고, 임홍빈(1974), 김윤학(1978) 등에서는 복문구조로 보았다. 정인상(1980)은 수량사 후치라는 통사현상 이 적용되어 유도된 것으로 보았다(한영목, 1994 참고).

b. 학생 ø 열 명이 왔다.

c. 날짜 ø 5일이 경과했다.

d. 돈 ø 천원이 모자란다.

(6) 감정 표현의 중주어문

16. a. 나는 꽃이 좋다.

(임홍빈, 1973)

b. 나는 호랑이가 무섭다.

(김은희, 1982)

한국어에서 예문 16과 같은 문장은 감정을 나타내는 중주어문으로 다룬다. 임홍빈(1973)은 '나의 생각에는 꽃이 좋다'를 예문 16a의 기저문형으로 보고 있다. 김은희(1982)는 '호랑이는 나에게 무서웠다'와 예문 16b의 의미상 변화 없이 제2명사구를 주제화된 문장으로 보아 특수조사 '−은'이 후치됨으로써 격조사 '−에게'가 생략된 부사어임을 간접적으로 입증해 준다. 즉, 예문 16b의 '나는'은 '나에게는'의 격표지 '에게' 생략형으로 간주한다. 김윤학(1978)에서는 김영희(1976)의 단순이행문[11]의 지배를 적용하여 표면구조에서 'NP₁이 NP₂가 V'인 문구조를 심층구조에서 'NP₁이 NP₂가 V하다고 생각하다'인 문구조로 분석하고 있다. 또한 이런 문장을 완형보문이라고 한다.[12] 따라서 김영희(1976)이나 김윤학(1978)에서 예문 16과 17은 등의문으로 논의하고 있다.

---

11 김영희(1976, 183쪽)에서 다음과 같은 예를 들고 있다.
  "나한테는 이 여자 예쁘다" → "나는 이 여자 예쁘다고 본다 / 생각한다"
12 "'생각하다'는 약한 단언 서술어이며 주관 동사이다. 보문의 서술어도 주관동사이므로 한 문장에 주관 동사가 둘이 되어 의미적 잉여적인 상태가 되었다. 그러므로 '생각하다'가 탈락되는 것 같다(김윤학, 1978, 42쪽)."

17. a. 나는 꽃이 좋다고 생각한다.

    b. 나는 호랑이가 무섭다고 생각한다.

2) 중국어 주술서술어문 유형

중국어에서는 주술구조가 서술어로 쓰이는 문장을 독특한 문장이라고 하는데 보통 이런 문장을 주술서술어문이라고 한다. 즉 주술서술어문은 대주어를 설명하는 문장이라고 말할 수 있다. 주술서술어문은 통사적으로 대주어＋대서술어[소주어＋소서술에]로 분석되어진다. 따라서 통사적으로 대주어＋대서술어[소주어＋소서술에]로 분석되는 것은 모두 주술서술어문으로 간주될 수 있다. 그런데 이러한 분석은 어순을 근거로 한 분류로 주술서술어문의 범위를 지나치게 확장한다는 비판을 받을 수도 있다. 중국문법학계에서는 주술서술어문이라는 문형이 존재한다는 자체에는 의견이 없지만 그 범위에 대해서는 의견이 분분하다.

중국어에서 주어에 관한 의견 대립 중 가장 대표적인 것은 주어를 의미적인 성격에 따라 정할 것인가 아니면 위치에 따라 정할 것인가 하는 것이다.

黎錦熙(1924)는 주어는 한 문장의 주체이며 말하여지는 사람이나 일 혹은 사물을 표시하고 흔히 명사나 대명사가 가능하다고 정의하여 주어를 시사범주 내에서 한정 시켰으나 1956년도에는 주어는 주제사물을 표현하거나 진술을 이끌어내는 주제이고, 화자가 마음속으로 어떤 사건이나 사물에 대해 진술하겠다고 확정짓게 되면 그 사건이나 사물이 바로 주어라고 하였다. 의미적인 성격에 따라 주어를 정해야 한다는 학자들은 주어의 의미적인 성질을 행위자로 제약하고 행위자가 아닌 의미성분이 문두에 올 경우 주어로 인정하지 말아야 한다고 주장한다.

반면 위치에 따라 주어를 정해야 한다는 학자들은 문두에 있는 성분이면 그 의미적인 성질이 어떻든 주어로 인정해야 한다고 주장한다. 통사구조의 어순을 중시하는 학자 邢公畹(1955)은 형태표지가 없는 중국어에서 어순이라는 통사구조의 중요성을 강조하며, '주어는 문장의 앞쪽에 위치하는 체언이고, 목적어는 동사 뒤에 위치하는 체언이다'라고 하여 기존의 시수(시사와 수사)관계에 의해 구분되어지던 주어의 개념과는 다른 정의를 내리고 있다(김광호, 2007).

이에 대해 朱德熙(1982)는 통사적인 관계를 기본으로 한 위치를 기준으로 주어를 정해야 한다고 한다. '주어는 반드시 서술어 앞에 놓여야 하며, 그 사이에 휴지를 두거나 어기사(啊 / 呢 / 吧 / 噢)를 더할 수 있으며 주어와 서술어를 구성하는 동사는 여러 가지 — 시사, 수사, 여사,[13] 도구, 시간, 처소 등 — 의미관계를 갖는다. 표현평면에서 화자는 주어를 선택할 자유가 있고 화자가 선택한 주어는 화자가 가장 흥미를 갖는 주제이며 서술어는 선택된 주제에 대한 진술이라고 한다. 화자가 선택한 주제는 일반적으로 화자가 이미 알고 있는 사물이다. 따라서 주어는 이미 알고 있는 사물을 표시하고 목적어는 불확정적인 사물을 표시하는 경향이 강하다'라고 정의한다(김광호, 2007).

朱德熙(1982)는 빈어가 도치된 문장뿐 아니라 문두에 등장하는 시간명사와 처소명사도 모두 대주어로 보아 이러한 문장을 모두 주술서술어문으로 보았다.

중국어에서는 문장구조에서 주어가 그렇게 중요한 개념이 아니며 주제가 더 중요한 역할을 하며 따라서 주제를 주어, 명사구, 동사구와 함께 주요 문장성분이 될 수 있다. 통사, 의미, 활용의 세 층위를 엄격히 구분하기 이전에 주어와 주제의 관계가 혼동되었다. 趙元任(1968)는 주어를 주제

---

13 여사(与事)는 시사와 수사 동작의 상관대상(相關對象)이 아니다. 여(與)는 상관의 뜻이다.

로 설명하면서 주어와 주제를 '동일시'하고 있다. 다시 말하자면 중국어 문장에서 주어와 서술어의 문법적 의미는 '행위자(actor) − 행위(action)'라기 보다는 '주제(topic) − 평언(comment)'관계라 하였다. '행위자 − 행위' 관계는 '주제 − 평언' 관계의 특정한 경우라고 주장하였다.

중국어에서는 보편적으로 주술구조가 서술어로 쓰이는 문장을 중국어 독특한 문장이라고 생각한다. 주어가 어순 상으로 문두에 오며 서술어 앞에 나타나는 것은 누구나 인정하는 것이다. 그런데 주어의 의미유형을 분류하는 기준이 학자들마다 차이를 보인다. 湯廷池(1978)는 주어의 의미유형을 10종류로 나누었고,[14] 朱德熙(1982)는 6종류로,[15] 胡裕樹, 范曉(1985)도 6종류,[16] 錢乃榮(1995) 13종류로,[17] 黃伯榮, 廖序東(1997)은 3종류로 나누고 있다.[18] 이렇게 학자들마다 각기 다른 견해를 가지고 있어 주어의 의미영역을 분류하는 것이 쉽지 않으나 공통적으로 거론되는 것에는 시사, 수사, 도구, 시간, 처소가 있고 유사한 견해를 보이는 것으로 여사와 객체를 덧붙일 수 있다(신미섭, 2002, 31쪽 참고).

한편 빈어의 경우를 살펴보면 통사구조상 서술어 뒤에 위치하고 있으며 의미유형에 있어서도 수사뿐 아니라 시사, 결과, 대상, 도구, 방식, 시간, 처소 등 각종의 의미영역을 가질 수 있다. 그러면 시수관계에 따라 주술서술어문을 유형별로 알아보도록 하자.

(1) '수사＋시사＋동작'의 문장관계

이와 같은 유형은 대주어는 '수사'이고, 소주어는 '시사'로 구성되며, 서술어는 동작동사이다. 전체문장의 어의관계는 '수사＋시사＋동작'이다.

---

14 湯廷池(1978) : 施事, 起因, 工具, 受事, 感受, 客体, 處所, 時間, 事件, 交与.
15 朱德熙(1982) : 施事, 受事, 与事, 客体, 道具, 時間, 處所.
16 胡裕樹・范曉(1985) : 施事, 受事, 客体, 工具, 處所, 時間.
17 錢乃榮(1995) : 施事, 受事, 對象, 致使, 原因, 方式, 結果, 處所, 時間, 价值, 与事.
18 黃伯榮・廖序東(1997) : 施事, 受事, 当事.

18. a. 那个電影我看過。

그 영화는 내가 본 적이 있다.

b. 這些苹果, 你帶回去給孩子吃吧。

이 사과들, 네가 가져가 아이들에게 주어라.

c. 作業我昨天就做好了。

숙제는 어제 이미 다 했다.

d. 什么東西他都能做出來。

그는 무슨 물건이든지 만들 수 있다.

대주어는 원래 서술어의 일부분으로 볼 수 있다. 문장 구조와 표현의 필요에 따라 문두까지 움직여서 전체문장의 주어로 한다. 여기서 대주어 '那个電影'은 타동사 '看'의 수사이며, 소주어 '我'는 시사이다. 전통문법의 견해에서 보면, 이는 분명히 빈어가 전치된 문장이다. 그러나 이러한 문장을 주술서술어문으로 분류하는 가장 큰 이유는 주술서술어문과 주술문 '我看過那个電影'은 나타내어지는 의미에서 차이가 존재하기 때문이다.

(2) '시사+수사+동작'의 문장관계

이와 같은 유형은 대주어는 '시사'이고, 소주어는 '수사'로 구성되며, 서술어는 동사이다. 전체문장의 어의관계는 '시사+수사+동작'이다.

이런 문장의 소주어는 어떤 때는 주변성 단어로 하며 그의 주변성 의미를 강조한다. 뒤에 항상 '都', '也'와 호응하며, 과장하는 의미를 갖는다.

19. a. 他一个漢字也不認識。

그는 한자를 하나도 모른다.

b. 他什么事情都能。

그는 무슨 일이라도 할 수 있겠다.

c. 我一点運動也不能做.

나는 요리를 하나도 하지 못한다。

d. 他什么都不吃。

그는 아무것도 먹지 않는다.

e. 我哪儿都不去。

나는 어디도 가지 않겠다.

f. 我們把所有客人都照顧得十分周到。

우리는 모든 손님들을 주도면밀하게 대접한다.

g. 我們任何困難都可以克服。

어떠한 어려움이라도 우리는 극복할 수 있다。

위의 문장은 수사가 소주어가 된 문장으로 분석할 수 있다. 따라서 의미구조는 '시사＋수사＋동사'의 구조이다. 예를 들면, 소주어 '一个漢字'는 동사 '認識'의 동작을 받는 수사로 의미상으로 빈어가 될 수 있다. 그러나 주덕희(1982)는 '一个漢字'와 같은 주변성주어는 의미상 수사이지만 빈어 위치에 올 수 없으며, 언제나 주어의 위치에 존재하는데, 그 것은 그 어휘가 범칭성[19]을 가지고 있기 때문이라고 설명하고 있다. 이 같은 문장은 수사가 소주어가 되는 대표적인 예라고 할 수 있다. 예문 20과 같이 소주어는 사물을 열거하는 경우도 있다.

20. a. 我窗戶也擦了, 垃圾也倒了.

나는 창문도 닦았고 쓰레기도 버렸다.

b. 他頭髮也理了, 衣服也換了.

그는 머리도 잘랐고 옷도 바꿨다.

---

19 범칭성(泛指性) : 설명할 필요없이 지시의 대상이 광범위하다.

(3) 수사·시사 관계 아닌 문장

대주어와 소주어가 수사관계도 아니고 시사관계도 아닌 다음과 같은 몇 가지 경우가 있다.

① 대주어와 소주어는 광의적 종속관계가 있다.

    21. a. 我肚子疼.

        나는 배가 아프다.

      b. 他心情舒暢.

        그는 기분이 좋다.

      c. 國慶節那天, 天气特別好.

        국경절은 날씨가 특별히 좋다.

      d. 他性格開朗。

        그는 성격이 밝다.

      e. 昆明四季如春。

        쿤밍은 사계절이 봄과 같다.

      f. 老爺子身体很好。

        할아버지는 건강이 매우 좋다.

② 대주어와 서술어 중의 일부분과 중복 지시 관계가 있다.

    22. 這个男人, 我不喜歡他。

      이 남자, 나는 그를 좋아하지 않는다.

빈어 '他'는 대주어의 중복지시 성분으로 보며, 주술구의 주어와 빈어는 동일한 성분으로 한 특수한 임지관계[20]에 있다.

23. 他倆誰也沒看見誰。

　　그 둘은 서로 보지 못했다.

　　여기서 '誰(누구)'는 임지 용법이지만 '지칭(指稱)'의 범위는 대주어 '他倆(그 둘이)'의 제약을 받아 그중의 하나만 가리킨다.

　③ 대주어는 '對, 對于, 關于, 无論, 至于' 등 뜻을 포함한다.

　　대주어와 주술구의 성분과 관계없고 주제만 제출할 뿐이다. 주술구는 이 주제에 대하여 설명을 준다.

24. a. 這种問題你的經驗還不够。

　　　이러한 문제에 대해 너의 경험은 아직 부족하다.

　b. 電腦軟件我是門外漢。

　　　컴퓨터 프로그램에 대해 나는 문외한이다.

　c. 什么事情他都搶在前頭。

　　　그는 모든 일에 나서서 행동한다.

　　위의 문장은 대주어가 서술어 '是'와 아무런 상관관계도 가지고 있지 않은 문장이다. 따라서 시수관계로는 대주어는 주어가 될 수 없는 문장이다. 단지 이러한 문장은 대주어 앞에 '對, 對于, 關于, 无論, 至于'등과 같은 개사[21]가 포함되어 있다고 볼 수 있다.

20　임지(任指) : 지시 대상중의 어떤 것이든지. 지시 대상은 일정한 범위에서 불확실한 경우.

21　중국어에서 '개사'는 단독으로 쓰일 수 없고 명사성 어구와 함께 쓰여 전치사구를 이루어 전체가 문장성분으로 기능한다.

④ '시사+(동작)서술구' 유형

예문 25에서 소주어는 서술구이다. 대주어와 '시사+동작'의 관계를 갖는다.

25. a. 這个人說話不留余地。

   그 사람은 말할 때 여지를 두지 않는다.

   b. 小王待人有礼貌。

   왕군은 사람을 대하는 것이 매우 예의가 있다.

   c. 他辦事太認眞, 又不善應酬。

   그는 일을 처리하는 것이 너무 진지하고 교제에도 능하지 않다.

3. 한·중 중주어문의 심층구조 비교

한국어의 중주어문에서 첫 번째 명사와 두 번째 명사는 각각 종래 주격 조사라고 하는 '-이' 또는 '-은'과 결합되고 있다. 표면구조에서 'NP₁이 NP₂가 V'인 중주어문에 대응하는 심층구조에서의 문장은 중주어문이 아닌 여러 가지의 문장유형으로 분류된다. 김윤학(1978)에 의하면 중주어문 중에는 다음의 표와 같이 심층구조에서 생성되었거나 혹은 그러한 변형이 가능하다고 한다. 이러한 심층구조에서 한국어 중주어문을 분석하며 중국어와 비교하고자 한다.

	심층구조	표면구조
A	NP_1의 NP_2가 V	NP_1이 NP_2가 V
B	NP_1에 / 에서 / 에게 NP_2가 V	NP_1이 NP_2가 V
C	NP_1은 NP_2를 V고 싶다	NP_1이 NP_2가 V고 싶다
D	NP_1이 NP_2로 V	NP_1이 NP_2가 V
E	NP_1은 NP_2가 V	NP_1이 NP_2가 V
F	NP_1이 NP_2의 NP_1이 V	NP_1이 NP_2가 V
G	N_1은 NP_2가 V고 생각하다	NP_1이 NP_2가 V

1) 관형격의 비교

	심층구조	표면구조
A	NP_1의 NP_2가 V →	NP_1이 NP_2가 V

이 유형의 한국어 중주어문은 NP_1이 관형격의 기능을 하다가 주제화에 의해 표면구조에서 주제어가 된 것이다.

26. a. 한가인의 코가 높다.

　　a'. 한가인이 코가 높다.

　　b. 이 옷의 색깔이 예쁘다.

　　b'. 이 옷이 색깔이 예쁘다.

그러나 두 체언의 통합은 항상 이를 성립시키는 서술용언을 전제로 하는 것이기 때문에 단순히 두 체언에 '의'를 연결시킴으로써 관형격 구성이 이루어지는 것은 아니다. 종래의 문법서에서 속격의 구조를 아래와 같은 관형사절의 변형이라 본 것도 그 때문이다.

　　소유 : XX가 가진
　　소작 : XX가 지은
　　소재 : XX에 있는[22]

　　이와 관련하여 주어적 속격의 용법도 속격을 구성하는 주된 방법으로 주의를 원한다. 박양규(1975)는 주어적 속격 절차에서 속격구성 'B의 A'는 'B의 V A'와 같은 관형사절의 응축형에서 'V'를 소거(消去)함으로써 얻어지는 것일지도 모른다는 가정을 하였다(단, 동사는 B와 A를 통합할 수 있는 이면 서술어로서 타동사라야 는 제약이 따른다, 김은희, 1982, 363쪽).

　　때로는 예문 26과 같이 두 명사구가 속격관계로 이루어진 문장은 NP₁이 무표지로서 자연스러운 관형 변형을 이루는 특징을 갖는다.

　　27. a. 한가인 코가 높다.
　　　　b. 이 옷 색깔이 예쁘다.

　　이런 'NP1의 NP2가 V'의 심층구조로 변형할 수 있는 중주어문은 중국인 학습자들이 이해함에 있어서 어려움이 거의 없다. 앞에서 언급했던 중국어에서의 주술서술어문이 이와 비슷하기 때문이다.

　　학교 문법에서는 예문 26의 문장을 우선 두 부분으로 나누고 첫 번째 명사 '한가인', '이 옷'을 주어로 나머지를 서술어 '코가 높다', '색깔이 예쁘다'로 본다. 따라서 서술어 전체가 하나의 완전한 문장을 이룬다고 본다. 즉

---

22 '왕이 재산이 많다'중의 '재산'은 '왕이 가진 재산'이다.
　'이 선생님이 글이 유명하다'중의 '글'은 '이 선생님이 지은 글'이다.
　'중국이 인구가 많다'의 '인구'는 '중국에 있는 인구'이다.

'한가인', '이 옷'이라는 주어 명사구와 '코가 높다', '색깔이 예쁘다'라는 서술절이 복합되어 이루어진 서술절로 안긴문장이다. 일반적으로 한국어의 중주어문에서도 NP_1과 NP_2 간에는 의미적으로 중국어의 주술서술어문처럼 종속관계 혹은 전체와 부분 관계가 존재한다. 따라서 한국어 중주어문의 대주어와 소주어 사이에 중국어 주술서술어문 '的'를 삽입할 수 있는 것처럼 속격조사 '의'를 넣을 수 있다.

	한국어 중주어문	중국어 주서술어어문
a	코끼리가 코가 길다	大象鼻子長
a'	코끼리의 코가 길다	大象的鼻子長
b	누나가 눈이 크다	姐姐眼睛大
b'	누나의 눈이 크다	姐姐的眼睛大
c	저 꽃이 향기가 좋다	那(朵)花香味好
c'	저 꽃의 향기가 좋다	那(朵)花的香味好
d	중국이 인구가 많다	中國人口多
d'	중국의 인구가 많다	中國的人口多

이렇게 되면 중국어의 경우와 마찬가지로 한국어 전체 문장은 중주어문에서 단주어문이 되지만 서술하는 바가 같지 않다(제2절 참고). 예를 들어, a는 '코끼리'가 어떻다는 것이지만 a'에서는 '코끼리의 코'가 어떻다고 서술하고 있다.

또 중국어의 경우와 마찬가지로 한국어 이중주어문의 NP1와 NP2 사이에 조사 '의'를 넣으면 두 문장의 의미가 바뀌는 경우도 있다.

	한국어 중주어문	중국어 주술서술어문
a	이 아가씨는 처리하는 일이 매우 듬직하다	這位小姐辦事很穩妥
*a'	이 아가씨의 처리하는 일은 매우 듬직하다	*這位小姐的辦事穩妥
b	한 선생님은 사람이 좋다	韓老師人很好
b'	한 선생님의 사람이 좋다	*韓老師的人很好

그렇게 표면구조에서 'NP1의 NP2가 V'로 변형할 수 있는 한국어의 중주
어문은 중국어 주술서술어문과 같이 복합문 구조를 가진다. 또한 중국어
주술서술어문의 NP1과 NP2 사이에 구조조사 '的'을 넣을 수 있는 것처럼
한국어 중주어문의 NP1과 NP2 사이에 속격조사 '의'를 넣을 수 있다. 특히
중국어 주술서술어문은 '的'을 넣을 수 없는 경우가 있는 것처럼 한국어 이
중주어문도 '의'가 들어갈 수 없는 문장이 있다.

2) 처소격과 여격의 비교

(1) 한국어 처소격과 여격

	심층구조		표면구조
B	NP$_1$에 / 에서 / 에게 NP$_2$가 V	→	NP$_1$이 NP$_2$가 V

28. a. 한국에 현대자동차가 많다.

　　a'. 한국은 현대자동차가 많다.

　　b. 이 학교에 남학생이 없다.

　　b'. 이 학교는 남학생이 없다.

예문 28의 a, a'와 b, b'는 각각이 동의문이다. 심층구조 'NP$_1$에 NP$_2$가 V'

인 문구조가 'NP1이 NP2가 V'인 중주어문으로 유도될 때에 나타내는 동사에 한한다. 따라서 심층구조에서 'NP1에'가 표면구조에서 모두 'NP1이'로 나타나는 것은 아니고 처소격조사인 경우만 'NP1이'로 나타난다.

표면구조에서 중주어문에서 중주어문 'NP1이 NP2가 V'로 나타나는 문장은 심층구조에서 'NP1에 NP2가 V'인 단일주어문이다. 특히 심층구조에서 'NP1에'는 부사어로서 서술어에 직접 관련된다.

> 29. a. 이 종이가 잉크가 번진다.
>
> a' ?잉크가 이 종이가 번진다.

한국말의 어순은 자유로우므로 29a의 문형이 주어를 바꾸면 29a'이 된다. 그러나 29a'은 어색한 의미의 변동이 나타난다.[23] '잉크가 이 종이가 번진다'는 '잉크가 번진다'의 의미도 있고 '종이가 번진다'의 의미도 나타난 중의적 표현이 될 수 있으나 '종이가 번진다'는 어색한 문장이 된다.

다음 V는 동작동사인 경우를 보자.

> 30. a. 상하이에서 그 영화가 상영된다.
>
> a'. 상하이는 그 영화가 상영된다.
>
> b. 이 회사에서 직원들이 열심히 일한다.
>
> b'. 이 회사는 직원들이 열심히 일한다.
>
> c. 교실에서 학생들이 공부한다.
>
> c'. 교실은 학생들이 공부한다.

---

23 김윤학(1978)에서는 'NP1에 NP2가 V'인 문구조의 'NP2'를 전치시켜 놓아도 의미에는 아무 변동이 없다고 하였다. 그러나 표면구조로 실현된 중주어문의 경우 ㉛에서는 이동변형이 실현되면 의미가 이상해진다.

d. 예쁜 꽃에서 향기가 풍기다.

　　d'. 예쁜 꽃은 향기가 풍기다.

　'NP1에서'가 'NP1이'로 치환될 수 있는 것은 서술어가 동작동사인 경우에 한한다. 'NP1이'가 사물인 경우만 'NP1에 / 에서 NP2가 V' 문구조가 중주어문 'NP1이 NP2가 V'로 치환될 수 있다. 'NP1에게 NP2가 V'인 문구조가 'NP1 NP2가 V'인 중주어문으로 치환될 수 있는 문장구조는 'NP1'이 '사람'인 경우이다. 이 경우에 서술어에는 동작동사와 비동작동사가 모두 나타날 수 있다. 예는 다음과 같다.

　31. a. 아프리카 사람에게 도움이 필요하다.

　　　a'. 아프리카 사람은 도움이 필요하다.

　　　b. 나에게(는) 그이의 소식이 궁금하다.

　　　b'. 나는 그이의 소식이 궁금하다.

　　　c. 학생에게(는) 학교가 중요하다

　　　c'. 학생은 학교가 중요하다.

　　　d. 나(에게)는 수학 문제가 쉽다.

　　　d'. 나는 수학 문제가 쉽다.

　또한 중주어문 'NP1이 NP2가 V' 표면구조의 변형관계 'NP1의 NP2가 V'와 'NP1에 / 에서 / 에게'가 다 가능한 것도 있다.

　32. a. 이 집안이 자손이 귀하다.

　　　이 집안의 자손이 귀하다.

　　　이 집안에 자손이 귀하다.

(서정수, 1971)

b. 그 이가 재주가 모자란다.

그 이의 재주가 모자란다.

그 이에게(는) 재주가 모자란다.

c. 그 꽃이 향기가 풍긴다.

그 꽃의 향기가 풍긴다.

그 꽃에서 향기가 풍긴다.

d. 오늘은 날씨가 따뜻하다.

오늘의 날씨가 따뜻하다.

오늘에 날씨가 따뜻하다.

(2) 한 · 중 처소격과 여격

중국인 학습자들이 심층구조가 'NP1에 / 에서 / 에게 NP2가 V'인 한국어 중주어문을 배울 때 다음의 설명을 참고할 수 있다.

우선 심층구조가 'NP1에 / 에서 NP2가 V'일 때 'NP1이 NP2가 V' 유형의 중주어문을 중국어 주술서술어문과 비교해 보자.

33. a. 한국에 현대자동차가 많다.

(在)韓國現代汽車多。

a'. 한국은 현대자동차가 많다.

韓國現代汽車多。

b. 이 학교에 남학생이 없다.

(在)這个學校沒有男生。

b'. 이 학교는 남학생이 없다.

這个學校沒有男生。

c. 상하이에서 그 영화가 상영된다.

(在)上海那部電影上演。

c'. 상하이가 그 영화가 상영된다.

上海那部電影上演。

d. 이 회사에서 직원들이 열심히 일한다.

(在)這个公司,職員認眞工作。

d'. 이 회사는 직원들이 열심히 일한다.

這个公司職員認眞工作。

한국어 중주어문인 예문 33의 a', b', c', d'의 심층구조는 예문 33의 a, b, c, d이다. 중국어 주술서술어문인 예문 33의 a', b', c', d'와 단문인 예문 33의 a, b, c, d로 변형할 수 있다. '在'는 처소격 '에 / 에서'와 같은 의미를 갖는다. 따라서 이런 한국어 중주어문은 중국어 주술서술어문과 구조가 같다고 할 수 있을 뿐만 아니라, 처소명사를 주어로 간주하여 처소명사가 대주어로 쓰인 주술서술어문과 같다.

다음 심층구조가 'NP1에게 NP2가 V'일 경우 'NP1이 NP2가 V'유형의 중주어문을 중국어 주술서술어문과 비교해 보자.

34. a. 那种問題[대주어] 你經驗[소주어] 還不够[소서술어]。

이런 문제는 너의 경험이 아직 부족하다.

b. 電腦病毒[대주어] 我[소주어] 不懂[소서술어]。

컴퓨터 바이러스는 나는 잘 모르겠다.

c. 什么事情[대주어] 他[소주어] 都干[소서술어]。

그는 무슨 일이든지 다 한다.

d. 學費[대주어] 你[소주어] 少操心[소서술어].

학비는 네가 신경 쓰지 마.

　이런 유형의 주술서술어문은 소주어와 대주어의 관계가 비교적 멀어 대주어가 의미상 시사도 아니고 수사도 아니다. 대주어는 주술구(소주어 +소서술어) 대하여 '−에 관하여', '−에 대하여'의 뜻을 내포하고 있다. 중국어 주술서술어문의 하나의 분류는 바로 '對', '對……來說', '對于', '關于', '无論' 등 이런 단어의 의미를 은근히 포함하는 것이다. 주어와 긴밀한 관계가 없는 주제어가 문두에서 나오고 주제를 충당하고 뒤에 나오는 주술구가 이 주제에 대해 설명해 주는 것이다. 이런 주술서술어문은 이 유형의 한국어의 중주어문의 심층구조와 같다는 것은 분명하다.

　'에게'가 중국어에서 대응하는 단어는 '對', '對…… 來說', '對于', '關于', '无論' 등이다. 예문 35는 여격 중주어문의 심층구조와 표면구조가 중국어로 표현하는 예들이다.

　　35. a. 아프리카 사람에게 도움이 필요하다.

　　　　(對)非洲人(來說), 需要幫助。

　　　a'. 아프리카 사람은 도움이 필요하다.

　　　　非洲人需要幫助。

　　　b. 나에게 그 이의 소식이 궁금하다.

　　　　(對)我(來說), 很想知道那个人的消息。

　　　b'. 나는 그 이의 소식이 궁금하다.

　　　　我很想知道那个人的消息。

　이 유형의 모든 중국어 주술서술어문을 한국어 중주어문의 구조로 표현할 수 있다고 한다면, 한국어의 경우 비문이 많이 생길 것이 틀림없다. 중국어의 경우 문장의 뜻을 보완하기 위해 단어를 첨가해야 한다.

36. a. 학생에게 학교가 중요하다.

　　(對)學生(來說), 學校重要。

　a'. 학생은 학교가 중요하다.

　　*學生學校重要。

　b. 나에게 수학 문제가 쉽다.

　　(對)我(來說), 數學問題簡單。

　b'. 나는 수학 문제가 쉽다.

　　*我數學問題簡單。

　36a', b'의 중국어 문장이 비문이 된 것을 보면 때로는 한국어 중주어문을 중국어로 표현할 때 주술서술어문 문형으로 표현할 수 없을 경우도 있는 것을 알 수 있다. 말을 자연스럽게 표현하기 위해 완전히 같은 문장구조로 번역하기 어려울 수도 있다. 또한 개사 '對', '對……來說', '對于', '關于', '至于' 등의 독특한 문법특성과 의미 특성 때문에 전체 문장의 구조가 바뀔 수 있기 때문이다.

　그래서 문형이 완전히 같지 않은 것도 중국인 학습자들이 심층구조 'NP1에게 NP2가 V'인 'NP1이 NP2가 V' 유형의 중주어문을 '對', '對……來說', '對于', '關于', '至于' 등 의미를 은근히 포함하는 주술서술어문과 같은 것으로 볼 수 있다. 왜냐하면 주술서술어문도 주어와 긴밀한 관계가 없는 주제어가 문두에서 나와 주제를 말하고 뒤에 나오는 주술구조가 설명을 하는 '주제−설명'구조로 해석할 수 있다.

3) 목적격의 비교

	심층구조		표면구조
C	NP₁은 NP₂를 V고 싶다	→	NP₁은 NP₂가 V고 싶다

심층구조에서 'NP1은 NP2를 V'인 문구조와 표면구조에서 중주어문인 'NP1은 NP2가 V'로 나타나는 문장구조가 있다.

> 37. a. 나는 영화를 보고 싶다.
>
> a'. 나는 영화가 보고 싶다.
>
> b. 나는 피자를 먹고 싶다.
>
> b'. 나는 피자가 먹고 싶다.

37 중 a와 a', b와 b'는 각각 대등의 의미를 가진다. 이홍배(1977)에서 '주격-목적격' 표지 상호환치 규칙에 의해 바꿀 수 있다고 논의한 바 있다. 그러나 38 같은 경우를 생각해 보자.

> 38. a. 그는 영화를 보고 싶어 한다.
>
> a'. *그는 영화가 보고 싶어 한다.
>
> b. 그는 피자를 먹고 싶어 한다.
>
> b'. *그는 피자가 먹고 싶어 한다.

38은 서술어 '싶다'가 동작동사화 한 것이다. 이 경우 38의 a, b가 문법적인 것은 서술어가 동작동사일 때는 목적격 표지 '을'이 NP₂ 다음에 나타날 수 있고, 38의 a'와 b'가 비문법적인 것은 서술어가 동작동사일 때 주격표지 '이'가 NP2 다음에 나타날 수 없다는 것을 의미한다. 이 점으로 보아 표면구조에서 같은 의미를 지닌 채 주격 '이'와 목적격 '을'이 상호 환치 될 수 없다. 다만 서술어에 상태보조동사 '싶다'가 주동사와 결합하여 나타나는 경우에 한하여 심층구조에서의 목적격 표식 '을'이 표면구조에서 주격표지인 '이'로 NP2 다음에 나타날 수 있는 것이다. 그러므로 37의 a, b를 37a'와 37b'의 심층구조로 본다. 이때에 서술어의 주동사가 될 수 있는 것은 동작동사이다.

심층구조는 'NP1은 NP2를 V고 싶다'인 'NP1은 NP2가 V고 싶다'구조의 중주어문이 중국인 학습자들에게 어려울 것이다. '想'은 '싶다'와 '싶다'의 동작동사화한 '싶어 하다'의 대응하는 단어이다. 즉 '想'은 동사도 되고 보조동사도 된다. 보조동사인 '想'은 '-하려고 하다', '-할 작정이다', '-하길 바라다'의 뜻을 갖는다.

39. a. 그는 너를 보고 싶다.

　　b. 그는 너를 보고 싶어 한다.

　　c. 그는 네가 보고 싶다.

　　d. *나는 네가 보고 싶어 한다.

중국인 학습자들은 항상 이런 문장 때문에 혼란스러워 한다. 비문 39d를 제외하고 39의 a, b, c는 모두 '他想看你'의 뜻이다.

중국어 보조동사 '想'의 예문을 보자.

40. a. 我想看你。

　　　나는 네가 보고 싶다.

　　b. 我想吃飯。

　　　나는 밥이 먹고 싶다.

중국어 보조동사 '想'으로 주관 의도를 나타난 문장을 한국어 중주어로 표현하는 것은 별로 문제가 없다.

NP1인 주체자가 NP2인 대상에 대한 주관적 판단을 나타낸 문장은 긍정문에서는 NP1이 1인칭일 때만 문법적이고 질문할 때 2인칭일 때도 문법적이다. 다른 경우는 비문법적이다. 그런데 중국어는 한국어와 달리 긍정문에서는 2인칭만 비문법적이고 질문할 때 1인칭만 비문법적이다.

41. 나는 피자가 먹고 싶다.

我想吃披薩。

→ *나는 피자가 먹고 싶니?

*我想吃披薩嗎?

*너는 피자가 먹고 싶다.

*你想吃披薩。

→ 너는 피자가 먹고 싶니?

你想吃披薩嗎?

*그는 피자가 먹고 싶다.

他想吃披薩。

→ *그는 피자가 먹고 싶니?

他想吃披薩么嗎?

즉 중국어 주어가 3인칭인 경우 문법적이다. 그 때 한국어로 말하면 '-고 싶어한다'로 표현한다. 간단하게 말하면, 중국어에서 심리적 상태를 나타내는 보조동사 '想' 뒤에 타동사가 나오는 문장은 한국어 중주어문 'NP1은 NP2가 V고 싶다'의 구조로 심층구조 'NP1은 NP2를 V고 싶다'를 대신 표현할 수 있다.

4) 변성격의 비교

	심층구조		표면구조
D	NP$_1$이 NP$_2$로 V	→	NP$_1$이 NP$_2$가 V

자립서술어문의 변형이 가능한 경우로, 서술어가 '되다 / 변하다'로 이루어진 소위 보어문이 존재한다. 그러나 '변하다'의 경우 심층구조에서 '황토가 옥토로 변하다'는 가능한 문장인데 예문 42의 d는 비문으로 나타난다. 주어의 중복현상에서는 이들 문장을 대체로 표현표지로 다루어 유사 중주어문으로 논의하여 왔다.

42. a. 뽕나무밭이 바다가 되었다.

b. 홍콩은(이) 특별행정구역이 되었다.

c. 십여 년 간의 노력이 모두 재가 되었다.

d. 황토가 옥토가 된다.

이 '되다' 유형의 중주어문도 '주제어 – 주어+서술어'구조의 주제문 유형으로 분석할 수 있다. 서술어와 공기하는 성분인 NP2는 주어로, 그렇지 못한 NP1은 주제어로 본다.

43. a. 바다가 된 것은 뽕나무밭이다.

b. 특별행정구역이 된 곳은 홍콩이다.

c. 재가 된 것은 십여 년 간의 노력이다.

d. 옥토가 된 것은 황토이다.

예문 43과 같이, 서술어와의 결속력이 강한 것은 바로 NP₁이 아니고 NP₂인 것이다. 그래서 예문 42는 'NP1이 NP2로 V'인 예문 44와 동의문이다.

44. a. 뽕나무밭이 바다로 되었다.

　　b. 홍콩은 특별행정구역으로 되었다.

　　c. 십여 년 간의 노력이 모두 재로 되었다.

　　d. 황토가 옥토로 된다.

이에 예문 44를 예문 42의 심층구조로 보고자 한다. 한국어 중주어문의 심층구조가 'NP1이 NP2로 V'인 문구조의 특성은 서술어가 불완전자동사 '되다'인 경우에만 나타난다.

이런 유형의 중주어문이 비교적 간단하다. 예문 42의 문장을 중국어로 기술하면 다음 예문 45와 같다.

45. a. 뽕나무밭이 바다가 되었다.

　　→ 滄海變桑田。

　　b. 홍콩은 특별행정구역이 되었다.

　　→ 香港成了特別行政區。

　　c. 십여 년 간의 노력이 모두 재가 되었다.

　　→ 十年的努力都成了灰。

　　d. 황토도 옥토가 된다.

　　→ 黃土變成沃土。

예문 45에서 중국어 문장은 '주어＋서술어＋빈어' 구조인데 '(變)成(되다)'로 만든 단문이다. 한국어 조사의 다양성에 의해 특히 '가'의 용법에 따라 'NP1이 NP2로 V'와 'NP1이 NP2가 V'인 구조는 모두 이런 물체변화를 나타나는 뜻을 표현한다.

5) 주제의 비교

	심층구조		표면구조
E	NP₁은 NP₂가 V	→	NP₁이 NP₂가 V

'NP1은 NP2가 V'인 문구조가 'NP1이 NP2가 V'인 문구조로 나타나는 경우가 있다. 이 때 심층구조로 나타내는 경우가 있다. 이 때 심층구조의 'NP1은 NP2가 V'의 문장을 주제문이라 한다.

46. a. 그 사람은 나이가 많다.
    b. 서호는 풍경이 아름답다.
    c. 지네는 다리가 많다.
    d. 달은 고향의 달이 밝다.

47. a. 그 사람이 나이가 많다.
    b. 서호가 풍경이 아름답다.
    c. 지네가 다리가 많다.
    d. 달이 고향의 달이 밝다.

예문 46은 47와 동의문이다. 'NP1이'는 'NP1은'의 주제표지 '−은'이 주격표지인 '−이'로 나타났을 뿐이며 예문 47에서 주제를 나타낸다. 다만 표면구조에서 중주어문의 구조를 나타내고 있을 뿐이다.

예문 47의 문형은 '주제어―주어＋서술어'의 구조를 보이는데, 이때 '주어＋서술어'의 문이 주제어에 대한 평언으로서 주제어를 서술해 주는 기능을 가지고 있다. 예를 들면, '나이가 많다'는 평언으로서 주제어 '그 사람'을 한정한다. '풍경이 아름답다'는 평언으로서 주제어 '서호'를 서술해 준다.

물론 모국어 화자들의 언어 직관으로는 예문 46의 표현이 47 보다 더 자연스럽게 느껴지는 문구조이다. 그러나 'NP1은'의 '―은'은 주제표지만으로 쓰였기 때문에 예문 46은 중주어문의 구조라 할 수 없다.[24] 그러므로 예문 46이 예문 47의 심층구조이다. 요컨대 'NP1은 NP2가 V'인 문장 구조로 나타날 수 있다. 이 때 서술어에는 상태동사만이 나타난다.

예문 46은 '주제―설명' 구조로 보기 때문에 '―로 말하면', '―에 대하여'로 주제를 나타날 수 있다. 따라서 예문 47의 뜻은 예문 48로 볼 수 있다.

48. a. 그 사람으로 말하면, 나이가 많다.

    b. 서호로 말하면, 풍경이 아름답다.

    c. 지네로 말하면, 다리가 많다.

    d. 달로 말하면, 고향의 달이 밝다.

그런데 만약 조사 '―은'을 주제표지로 보면 다음과 같은 문장도 주제구조로 본다.

49. a. 그 친구는 내가 어제 만났다.

    b. 만화책은 어린애들이 제일 좋아한다.

위의 문장은 목적어가 문두로 이동하여, 목적격 조사를 주제표지 '―은'

---

24 남기심(1968), 서정수(1971)에서는 예문 48과 같은 문구조를 구별없이 중주어문으로 본다.

으로 변형된 것으로 본다. 예를 들면, 예문 49a는 '내가 어제 그 친구를 만났다' 중의 목적어 '그 친구'가 문두로 이동하고 주제화된 문장이다. 심호철(1997)은 예문 49과 같은 목적어가 문두로 이동하는 경우 목적어가 주제 역할을 하며 문장 전체구조는 역시 '주제─설명'의 주제구조를 이루는데 문두의 주제는 목적어 자리에서 이동한 것으로 보이기 때문에 이런 문장을 '주제화문'을 이룬다고 주장한다(재인용 : 최봉랑, 2004, 168쪽).

　이렇듯 목적어가 문두로 이동한 것으로 보이기 때문에 조사 '─은'을 대신 문두에서도 목적격조사가 수반될 수 있지만 중주어문과는 다르게 조사 '─은'이 주격조사로 대체되지는 못한다. 예를 살펴보면 다음 50과 같다.

　　50. a. 그 책을 내가 다 봤다.
　　　　a'. *그 책이 내가 다 봤다.
　　　　b. 축구를 그 애가 제일 잘 한다.
　　　　b'. *축구가 그 애가 제일 잘 한다.

　최봉랑(2004)에서는 중국어와 한국어의 중주어문 혹은 주술서술어문만을 비교하면 그 범위에 있어서는 차이가 나지만 한국어의 중주어문과 주제화문을 합치면 실질적으로 중국어의 주술서술어문과 거의 같은 문법현상을 가리키게 된다. 따라서 한국어의 중주어문, 주제화문을 합치면 그 범위는 대략 중국어의 주술서술어문에 해당한다고 한다.[25] 한국어 중주어문에서 'NP1은 NP2가 V'인 문장 구조로 나타난 문장은 서술어에는 상태동사만이 나타나는데 중국어의 경우는 제약이 그렇게 엄격하지 않는다. 그 원인 중의 하나는 한국어 중주어문과 중국어 주술서술어문의 주제 구조가 비슷하다. 다시 말하면, 대주어와 주술구의 성분과 관계없고 주제

---

25 최봉랑(2004, 170쪽). 중주어문 '아이가 얼굴이 예쁘다'와 같은 문장과 주제화문 '장 선생 님이 사람이 좋다'와 같은 문장을 합쳐서 중국어 주술서술어문의 범위와 같다고 한다.

만 제출할 뿐이고 주술구는 이 주제에 대하여 설명한 중국어 주술서술어문과 심층구조 'NP1은 NP2가 V'인 한국어 중주어문과 의미론적으로 보면 비슷하기 때문이다.

51. a. 那个人年紀大。

　　a'. 그 사람은 나이가 많다.

　　a''. 그 사람이 나이가 많다.

　　b. 西湖風景好。

　　b'. 서호는 풍경이 아름답다.

　　b''. 서호가 풍경이 아름답다.

　　c. 蜈蚣腿多。

　　c'. 지네는 다리가 많다.

　　c''. 지네가 다리가 많다.

　　d. 月亮, 故鄕的明。

　　d'. 달은 고향의 달이 밝다.

　　d''. 달이 고향의 달이 밝다.

예문 51을 보면, a, b, c, d는 a', b', c', d'와 주제 '那个人, 西湖, 蜈蚣, 月亮'을 제출하고 뒤에 부분은 이 '주제'에 대하여 설명을 하였다. 또 a', b', c', d'가 a'', b'', c'', d''의 심층구조로 보기 때문에 a, b, c, d와 a'', b'', c'', d''는 같은 의미를 가진다. 단지 한국어 '-은', '-이' 등은 문장의 표현형식만 다르다.

주제를 제시 표시로 쓰인 단어 '至于', '說起……的話' 등이 들어가는 문장을 보면, 주술서술어문과 주제화문으로 변형될 수 있는 중주어문은 더 비슷하게 보인다. 예문 48에 나오는 '-로 말하면'은 주제를 제시하는 기능을 하는 '說起……的話'와 의미적으로 대응하기 때문이다.

한국어 중주어문과 중국어 주술서술어문의 주제구조는 비슷하기 때문에 심층구조가 'NP1은 NP2가 V'인 한국어 중주어문 'NP1이 NP2가 V'는 중국어 주술서술어문의 구조와 통사적 차이를 무시하면 별 차이가 없다.

6) 수량사의 비교

	심층구조		표면구조
F	NP1이 NP2의 NP,이 V	→	NP1이 NP2가 V

다음 수량사구로 이루어진 중주어문을 살펴보기로 한다.

52. a. 장미가 두 송이가 피었다.

    b. 학생이 열 명이 왔다.

    c. 날짜가 5일이 경과했다.

    d. 돈이 천 원이 모자란다.

한국어 어순이 비교적 자유롭지만 두 명사구의 어순을 재배치시킬 경우 비문법적이다.

53. a. (두 송이가 핀) 장미

    (열 명이 온) 학생

    (5일이 경과한) 날짜

    (천 원이 모자란) 돈

    b. *(장미가 핀) 두 송이

    *(학생이 온) 열명

*(날짜가 경과한) 5일

*(돈이 모자란) 천 원

　예문 53a를 예를 들어 설명하면, 예문 53을 통해, NP2 '두 송이'가 NP1 '장미'보다 서술어 '피었다'와 밀접한 관계를 맺은 것을 알 수 있다. 만약 NP2가 서술어와 분리되면 비문이 될 것이다. 예를 들면, 예문 54와 같다.

　54. *두 송이가 장미가 피었다.

　　*열 명이 학생이 왔다.

　　*5일이 날짜가 경과했다.

　　*천 원이 돈이 모자란다.

　주어가 주제어 앞에 나올 수 없기 때문에 NP1 '장미'는 주제어로, 수량을 나타내는 NP2 '두 송이'는 주어로 나타난다. 이들 수량사 문장은 두 명사구 사이에 '대상 – 수량'의 의미관계가 성립되기 때문에 관형변형으로 예문 55와 같이 표면구조로 실현된다.

　55. 두 송이의 장미가 피었다.

　　열 명의 학생이 왔다.

　　5일의 날짜가 경과했다.

　　천 원의 돈이 모자란다.

　수량사가 속격표지 '–의'를 취하는 것은 수량사의 특성이 명사형이기 때문이다.

　예문 52는 56과도 동의문이다.

56. a. 장미가 두 송이의 꽃이 피었다.

    b. 학생이 열 명의 학생이 왔다.

    c. 날짜가 5일의 날짜가 경과했다.

    d. 돈이 천 원의 돈이 모자란다.

예문 56은 상위문에 예문 57을 내포한 복합문이며 서술어 앞 명사구로 보아 이는 관계화이다.

57. a. 장미가 두 송이다.

    b. 학생이 열 명이다.

    c. 날자가 5일의 날짜이다.

    d. 돈이 천 원이다.

예문 57은 관계절에서 NP2가 명사 서술어가 되고 있다. 예문 56에서 관계절의 명사구에 동일명사구 삭제규칙을 적용시키면 예문 55가 된다. 예문 55는 52와 동의문이므로 52의 심층구조로 간주할 수 있으나 NP2가 전치되는 과정을 설명할 방법이 없다. 그러므로 52와 동의문이며 관계화가 된 복합문 'NP1이 NP2가 V'를 예문 52의 심층구조로 보는 것이 타당하다 (김윤학, 1978).

즉 예문 52는 복합문구조로 분석되어야 한다. 이 때 서술어에는 모든 동사가 다 나타날 수 있다.

예문 52의 문장은 중국인의 입장에서 보면 예문 58의 뜻과 동일하다.

58. a. 玫瑰開了兩朵。

    장미가 두 송이가 피었다.

b. 學生來了十名。

학생이 열 명이 왔다.

c. 日期過了五天。

날짜가 5일이 경과했다.

d. 錢差一千元。

돈이 천원이 모자란다.

예문 58에서 문두의 '玫瑰, 學生, 日期, 錢'은 주어, '開, 來, 過, 差'는 서술어, '兩朶, 十名, 五天, 一千元'은 보어라고 한다. 보어는 동사, 형용사 뒤에 놓여 보충설명을 하는 성분이다. 보어는 동작이나 변화의 결과, 방향, 수량, 정황, 가능, 장소, 대상 등을 보충설명 한다. 예문 58의 수량보어인 '兩朶, 十名, 五天, 一千元'은 동작과 변화의 횟수를 나타내는데, 동량보어('兩朶', '十名'), 시량보어('五天'), 비교수량보어('一千元') 세 가지로 나눌 수 있다. 즉 한국어 중주어문 심층구조에서의 수량사는 중국어에서 수량보어로 쓰인다.

7) 완형보문[26]의 비교

	심층구조		표면구조
G	NP₁은 NP₂가 V고 생각하다	→	NP₁이 NP₂가 V

심층구조에서 'NP1이 NP2가 V고 생각하다'인 문구조가 표면구조에서 'NP1이 NP2가 V'인 문구조로 나타나는 경우가 있다.

---

26 남기심 · 고영근 (2001)에서 완형보문은 동격관형절의 긴 관형절이라고도 한다.

59. a. 나는 꽃이 좋다.

(임홍빈, 1973)

   b. 나는 호랑이가 무섭다.

(김은희, 1982)

예문 59의 동의문으로 예문 60을 생각해 볼 수 있다.

60. a. 나는 꽃을 좋아한다.
    b. 나는 호랑이를 무서워한다.

예문 59의 서술어가 비동작동사이므로 NP2에 주격표지 '―이'가 오고, 예문 60의 서술어는 동작동사인 타동사여서 NP2에 목적격 표지 '―을'이 왔다고 본다.

이홍배(1970)는 예문 59와 60을 유사한 의미를 지닌 문구조로 보고 이 둘은 같은 기저구조를 갖는다고 가정하였다. 하지만 예문 59a는 '나는 꽃이 좋다고 생각하지만, 좋아하지 않다'라고 한다면, 예문 60a과 의미가 다르다. 또한 동작동사화는 비문도 많이 생긴다.[27] 그러므로 동작동사화로 설명하는 방법은 보편성이 없다고 본다.

제2절에서 이미 말한 완형보문설로 해석해 보면, 예문 60의 심층구조는 예문 61이다.

61. a. 나는 꽃이 좋다고 생각한다.
    b. 나는 호랑이가 무섭다고 생각한다.

---

27 김윤학(1978, 39쪽)에서 '나는 저 산이 높다'에서의 '높다'를 동작동사화하면 비문법적인 문장 '나는 저 산이 높아한다'가 된다고 논의하고 있다.

이러한 유의 동사로는 "판단하다 / 추측하다 / 여기다 / 느끼다 / 믿다 / 간주하다" 등이 있다.

김윤학(1978)에서 '−고 생각하다'를 제거할 정당한 이유를 찾기 위해 다음과 같이 해결 방법을 모색했다.

① 예문 61과 62가 같은 의미를 갖는다고 하였다.

> 62. a. 나의 생각에는 꽃이 좋다.
>   b. 나의 생각에는 호랑이가 무섭다.

② 예문 62에서 '생각'의 의미를 '에게'가 포괄할 수 있는 것으로 가정하여 예문 62와 63이 같은 의미를 가진 문장이라고 하였다.

> 63. a. 나에겐 꽃이 좋다.
>   b. 나에겐 그가 크다.

'에게'에 '생각'의 의미를 부담 지어 준 것이라고 한 점으로 보아 예문 62의 '는'과 같은 것이다. 이 경우의 '는'은 NP1을 주제이면서 주어의 기능을 하게 한 것으로 본다. 그러므로 예문 63은 다시 중주어문으로 남는다. 이에 완형보문인 예문 61에 보문자 탈락규칙을 적용시켜 '고'를 탈락시키고, '생각하다'는 약한 단언 서술어로서 주관동사인 '좋다'와 심리적, 감각적 상태의 판단이 겹쳐 탈락된 것으로 보는 것이 타당하다.

그런데 예문 59의 문장은 주체자인 NP1의 심리적, 감각적 상태의 판단을 나타내므로 긍정문에서는 NP1이 1인칭일 때만 문법적이고 2인칭, 3인칭일 때는 비문법적이다.

65. a. 나는 꽃이 좋다.

   *너는 꽃이 좋다.

   *그는 꽃이 좋다.

   b. 나는 호랑이 무섭다.

   *너는 호랑이 무섭다.

   *그는 호랑이 무섭다.

또 2인칭(청자)에 대한 내적 감정을 질문할 수는 있어도 1인칭(화자)이나 3인칭에 대한 내적 감정을 질문할 수는 없다. 그러므로 의문문은 NP1이 2인칭일 때만 문법적이다.

66. a. *나는 꽃이 좋아?

   너는 꽃이 좋아?

   *그는 꽃이 좋아?

   b. *나는 호랑이가 무서워?

   너는 호랑이가 무서워?

   *그는 호랑이가 무서워?

중국어 주술서술어문은 '-고 생각하다'의 뜻을 은근한 예가 거의 없다. 만약 예문 45을 중국어 주술서술어구조로 말하면 비문이 된다.

66. a. *我花好。

   나는 꽃이 좋다.

   b. *我老虎可怕。

   나는 호랑이가 무섭다.

이 유형의 중주어문의 표면구조를 중국어로 번역하면 문법적이지만 주술서술어문구조는 아니다.

67. a. 我認爲花好。

　　나는 꽃이 좋다고 생각한다.

　　b. 我認爲老虎可怕。

　　나는 호랑이가 무섭다고 생각한다.

'認爲'는 '－고 생각하다'의 뜻이다. '我'는 주어이고 '花好'는 주술구조가 빈어이다. 완형보문 중주어문의 심층구조는 중국어 주술구가 빈어로 쓰인 문장과 대응한다. 따라서 중국어 주술서술어문은 '－고 생각하다'의 뜻을 은근한 문장구조가 없다고 할 수 있다. '認爲'의 뜻과 비슷한 단어 '覺得' 등으로 만든 문장을 중주어문으로 표현할 수 있다. 그러나 인칭문제와 주술구조의 서술어로 담당할 수 있는 단어문제이다.

한국어에서 이러한 유형의 중주어문에서 나타날 수 있는 단어는 "좋다 (好), 무섭다(可怕), 춥다(冷), 밉다(討厭), 두렵다(害怕), 높다(高), 길다(長), 크다(大)" 등이 있다.

인칭문제(인칭에 관한 문장)는 다음의 예를 보면 알 수 있다.

68. 我認爲英喜好。

　　나는 영희가 좋다.

　*你認爲英喜好。

　*너는 영희가 좋다.

　他認爲英喜好。

　*그는 영희가 좋다.

*我認爲英喜好?

*나는 영희가 좋으냐?

你認爲英喜好?

너는 영희가 좋으냐?

他認爲英喜好?

*그는 영희가 좋으냐?

이상의 비교를 통하며, 중국어에서 '我認爲……。', '他認爲……。', '你認爲……?', '他認爲……?'는 다 문법적인 문장이지만, '你認爲……。'와 '我認爲……?'는 비문법적이다. 중국어와 한국어를 비교해 보면 중국어에서 제3인칭 문법적이지만 한국어에서 제3인칭인 경우를 중주어문으로 표현할 수 없다.

마지막으로 한국어 '아니다'에 관한 문제를 검토하기로 하자.

70. a. 그 분은 선생이다.

　　a'. 그 분은 선생이 아니다.

　　b. 인간은 신이다.

　　b'. 인간은 신이 아니다.

예문 70의 a', b'는 '아니다'를 '안+이다'로 보고, 이때 '이' 지정사로 보려는 논의도 있지만,[28] 이 연구에서는 '아니다' 한 단어로 본다. 즉, '-이다'의 부정으로 '아니다'로 본다. 그러므로 중국인 학습자들이 표면구조 'NP1이 NP2가 아니다'인 중주어문을 만날 때 두 번째 '이'는 '아니다'의 변형에 부

---

28 '이다'와 '아니다'를 지정사로 보려는 입장(최현배)과 '아니다 → 안+이+다'로 보려는 경우(박승빈)가 있다.

수된 일종 접사이고 중국어 '不是'로 부정된 문장과 대응할 수 있는 문장구조라고 생각하면 된다.

> 71. a. 他是老師。
>
>   그 분은 선생이다.
>
>   a'. 他不是老師。
>
>   그 분은 선생이 아니다.
>
>   b. 人是神。
>
>   인간은 신이다.
>
>   b'. 人不是神。
>
>   인간은 신이 아니다

이런 경우는 중국어 '他不是老師', '人不是神'은 구조가 주술단문[29]이다.

4. 결론

이 연구에서는 중국인 한국어 학습자들에게 한국어 중주어문과 중국어 주술서술어문의 심층구조대비를 통하여 효율적인 학습 사고방식을 찾아보고자 몇 가지 대비 학습 방안을 제시하였다.

지금까지 한국어나 중국어의 문법학계는 모두 주어중출 현상을 실현되는 언어로 논의하고 있는 것을 수용하였다. 물론 연구하는 각도에 따라

---

29 주술단문: 주어 하나만 있고 서술어 하나만 있는 문장.

'중주어문', '주술서술어문' 등 다른 이름으로 부르지만 기본적으로 '중주어문'이라고 해도 안 되는 것이 아니라고 생각한다.

제2절에서 한국어와 중국어의 중국어문의 범위와 분류기준과 유형 등을 고찰하여 다음과 같은 내용을 밝혔다.

한국어 중주어문이 처소명사, 시간명사 등을 주어로 보지만, 중국어의 현황은 많은 학자가 처소명사, 시간명사를 주어로 보지 않는다. 만약 처소명사, 시간명사를 주어로 보면, 중국어 중주어문의 범위가 상당히 넓어진다.

한국어 중주어문의 유형은 전형적 중주어문, '싶다', '되다'로 이루는 중주어문, 주제 중주어문, 수량사구로 이루는 중주어문과 감정 중주어문 등으로 분류되어 있다. 중국어 중주어문은 대주어와 소주어의 어의 관계는 '수사+시사'와 '시사+수사' 그리고 시·수 관계없는 문장 유형으로 분류된다. 시사와 수사 관계없는 문장 유형도 다시 네 종류로 분류된다. 즉 대주어와 소주어는 광의적 종속관계가 있는 문장, 대주어와 서술어 중의 일부분과 중복 지시 관계가 있는 문장, 대주어는 '對, 對于, 關于, 无論, 至于'등 뜻을 포함한 문장, 소주어는 서술구이고 대주어와 '시사—동작'의 관계를 갖는 문장이다.

제3절에서 심층구조에서 한국어와 중국어의 중주어문을 비교했다. 이 논의는 구체적으로 다음과 같이 요약할 수 있다.

1) 한국어 심층구조에서의 관형격 중주어문

심층구조		표면구조
NP_1의 NP_2가 V	$\rightarrow$	NP_1이 NP_2가 V

예를 들면, '중국의 인구가 많다' → '중국이 인구가 많다' (V의 예 : 예쁘다, 비싸다, 깨끗하다, 파랗다, 넓다, 사납다, 점잖다, 곱다, 맑다, 길다, 핼쑥하다, 아프다, 빠르다 등)

이 유형의 한국어 중주어문은 중국어 주술서술어문과 같이 '주제어—주어+서술어' 구조를 가진다. 또한 중국어 주술서술어문의 NP1과 NP2 간에 구조조사 '的'를 넣을 수 있는 것처럼 한국어 중주어문의 NP1과 NP2 간에 속격조사 '의'를 넣을 수 있다. 특히 중국어 주술서술어문은 '的'를 넣을 수 없는 경우 있는 것과 같이 한국어 중주어문도 '의'가 들어갈 수 없는 문장 있다.

2) 한국어 심층구조에서의 처소격 중주어문과 여격 중주어문

(1) 한국어 심층구조에서의 처소격 중주어문 1

심층구조		표면구조
NP$_1$에 NP$_2$가 V	→	NP$_1$이 NP$_2$가 V

예를 들면, '한국에 현대 자동차가 많다' → '한국은 현대 자동차가 많다' (V의 예 : 있다, 많다, 없다, 적다 등)

이 유형의 한국어 중주어문은 처소명사가 대주어로 쓰인 중국어 주술서술어문과 구조가 같다고 할 수 있다.

(2) 한국어 심층구조에서의 처소격 중주어문 2

심층구조		표면구조
NP$_1$의 NP$_2$가 V	→	NP$_1$이 NP$_2$가 V

예를 들면, '예쁜 꽃에서 향기가 풍기다' → '예쁜 꽃은 향기가 풍기다' (V의 예 : 상영하다, 일하다, 풍기다 등)

이 유형의 한국어 중주어문도 처소명사가 대주어로 쓰인 중국어 주술서술어문과 구조가 같다고 할 수 있다.

(3) 한국어 심층구조에서의 여격 중주어문

심층구조		표면구조
NP$_1$에게 NP$_2$가 V	→	NP$_1$이 NP$_2$가 V

예를 들면, '아프리카 사람에게 도움이 필요하다' → '아프리카 사람은 도움이 필요하다' (V의 예 : 있다, 많다, 당연하다, 모자라다, 생기다, 필요하다, 중요다 등).

이 유형의 한국어 중주어문은 '對', '對 …… 來說', '對于', '關于', '至于' 등 의미를 은근히 포함하는 중국어 주술서술어문과 같은 '주제─설명'구조로 해석할 수 있다.

3) 한국어 심층구조에서의 목적격 중주어문

심층구조		표면구조
NP$_1$은 NP$_2$를 V고 싶다	→	NP$_1$은 NP$_2$가 V고 싶다

예를 들면, '나는 영화를 보고 싶다' → '나는 영화가 보고 싶다' (V의 예 : 먹(다), 보(다), 사(다), 때리(다), 주(다), 듣(다), 씹(다) 등).

이 유형의 한국어 중주어문은 중국어에서 심리적 생태를 나타내는 보조동사 '想' 뒤에 타동사가 나오는 문장을 표현할 수 있다. 한국어 긍정문에 1인칭 때만 문법적이고 의문문에 3인칭 때만 문법적이다. 하지만 중국어 긍정문에 1인칭과 3인칭 때 문법적이고 의문문에 2인칭과 3인칭 때 문법적이다.

4) 한국어 심층구조에서의 변성격 중주어문

심층구조		표면구조
NP$_1$이 NP$_2$로 V	→	NP$_1$이 NP$_2$가 V

예를 들면, '뽕나무밭이 바다로 되었다' → '뽕나무밭이 바다가 되었다' (V의 예 : 되다)

이 유형의 한국어 중주어문은 중국어에서 동사 '變成'으로 만든 문장으로 표현할 수 있다.

5) 한국어 심층구조에서의 주제 중주어문

심층구조		표면구조
NP$_1$은 NP$_2$가 V	→	NP$_1$이 NP$_2$가 V

예를 들면, '지네는 다리가 많다' → '지네가 다리가 많다' (V의 예 : 예쁘다, 좋다, 튼튼하다, 비싸다, 슬프다, 맵다, 싱겁다 등).

이 유형의 한국어 중주어문은 중국어 주제를 제시하는 주술서술어문
과 별 차이 없다. 이럴 때의 주술서술어문은 보통 '至于', '說起……的話' 등
들어갈 수 있는 문장이다.

6) 한국어 심층구조에서의 수량사 중주어문

심층구조		표면구조
NP$_1$이 NP$_2$의 NP$_1$이V	→	NP$_1$이 NP$_2$가 V

예를 들면, '장미가 두 송이의 장미가 피었다' → '장미가 두 송이가 피었
다' (V의 예 : 있다, 없다, 팔리다, 달리다, 죽다, 싸다, 퇴근하다 등).
이 유형의 한국어 중주어문에서 나오는 수량사는 중국어에서 수량보
어로 쓰인다고 볼 수 있다.

7) 한국어 심층구조에서의 완형보문 중주어문

심층구조		표면구조
NP$_1$은 NP$_2$가 V고 생각하다	→	NP$_1$이 NP$_2$가 V

예를 들면, '나는 꽃이 좋다고 생각하다' → '나는 꽃이 좋다' (V의 예 : 좋
다, 무섭다, 춥다, 밉다, 두렵다, 높다, 길다, 크다 등).
이 유형의 한국어 중주어문은 '認爲', '覺得' 등 뜻을 가진 문장을 중국어

주술서술어문을 표현할 수 있다.

　따라서 한국어의 관형격, 처소격, 여격, 주제, 완형보문에서 나타나는 중주어문은 중국어 중주어문과 서로 같은 구조로 변형될 수 있다. 그러나 한국어 목적격 중주어문은 중국어 보조동사 '想'으로 실현하고 한국어 변성격 중주어문은 중국어 동사 '變成'으로 나타나며 수량사 중주어문은 중국어에서 수량보어로 표현된다.

참고문헌

곽추문, 「한국어와 중국어 문장의 비교연구」, 성균관대 석사논문, 1994.

교육인적자원부, 『고등학교 문법』, 두산동아, 2002.

김광호, 「중국어와 한국어의 주어 비교 연구」, 강원대 석사논문, 2007.

김사현, 「국어의 이중주어어에 관한 고찰」, 『언어와 문화』8, 목포대 어학연구소, 1983.

김상혁, 「자질유인 이론과 중주어 문장」, 청주대 박사논문, 1996.

김승곤, 『국어토씨연구』, 서광학술자료사, 1992.

_____, 「중주어론에 대한 한 고찰」, 『어문론집』1, 고려대 국어국문학연구회, 1985.

김영희, 「한국어의 겹주어 연구」, 연세대 석사논문, 1973.

_____, 「형용사의 부사화 문장」, 『어학연구』12(2), 서울대 어학연구소, 1976.

김윤학, 「현대 한국어 문장의 이중주어에 관한 연구」, 연세대 석사논문, 1978.

김은희, 「국어 이중주어문장설에 대하여」, 동국대 석사논문, 1982.

김진호, 「현대국어의 주어에 관한 연구 : 주제 및 이중주어 문장을 중심으로」, 경원대 석사
          논문, 1996.

남기심, 「그림씨를 풀이말로 하는 문장의 몇 가지 특질」, 『한글』142, 한글학회, 1968.

_____, 「주어와 주제어」, 『국어생활』3, 국어연구소, 1985.

남기심 · 고영근, 『표준국어문법론』, 탑출판사, 2001.

남기심 · 이정민 · 이홍배, 『언어학개론』, 탑출판사, 1977.

박민희, 「한국어의 중주어문에 대한 연구」, 연세대 석사논문, 1987.

박순함, 「겹문법에 입각한 국어의 '겹주어'에 대한 고찰」, 『어학연구』6(2), 서울대 어학연구
          소, 1970.

박승빈, 『조선어학』, 조선어학 연구회, 1935.

반창환, 「현대국어의 이중주어에 대한 연구」, 성균관대 석사논문, 1986.

서정수, 「국어의 이중주어 문제」, 『국어국문학』52, 1971.

_____, 「겹주격 문장의 새로운 고찰」, 『국어 문법의 연구』, 한국문화사, 1990.

손효민, *Theme Promimence in Korean*, Korean Linguistics2, 1980.

신미섭, 「현대 중국어의 주술서술어문 연구」, 영남대 석사논문, 2002.

신창순, 「국어의 주어문제 연구」, 『문법연구』 2, 탑출판사, 1975.

양동휘, 『Topicalization and Relativization in Korean』, 범한서적, 1975.

양인석, 『Korean syntax』, 백합사, 1972.

양희익, 「최소주의 문법론에서의 능격성」, 청주대 박사논문, 2000.

우미선, 「국어의 주제연구」, 상명여대 석사논문, 1985.

유길준, 『대한문전』, 동문관, 1909.

이금영, 「국어 주격중출문에 관한 연구」, 충남대 석사논문, 1992.

이민숙, 「현대 중국어의 주어와 주제에 관한 연구」, 이화여대 석사논문, 1999.

이신형, 「주제기능의 주어연구 : 이중 주어문을 중심으로」, 한국교원대 석사논문, 1999.

이은영, 「외국인을 위한 외래어 교육」, 고려대 석사논문, 2004.

이익섭, 『국어학개설』, 학연사, 1986.

이익섭 · 임홍빈, 『국어문법론』, 학연사, 1983.

이혜경, 「중주어 문장의 논항구조에 관한 연구」, 『언어과학』 7, 동남언어학회, 1998.

임규홍, 「겹주어월의 통사구조와 수용 가능성」, 『어문학』 51, 한국어문학회, 1990.

임홍빈, 「주격 중출문을 찾아서」, 『문법연구』 1, 문법연구회, 1974.

장광군, 「중국 학생을 위한 한국어 문법교육방안의 초보적 구상」, 『외국어로서의 한국어 교육』 25 · 26, 연세대 언어연구교육원 한국어학당, 2001.

채　완, 「조사 '－는'의 의미」, 『국어학』 4, 국어학회, 1976.

최복자, 「국어의 '이중주어' 문장에 대한 화용론적 연구」, 전남대 석사논문, 1989.

최봉랑, 「중국어와 한국어의 주제구조 연구」, 『중국어문학』 43, 2004.

최수영, 「주제화와 주격조사 : 조사 '－는'과 '－가'를 중심으로」, 『어학연구』 20(3), 서울대 어학연구소, 1984.

최수진, 「처소 중주어문에 대한 연구」, 연세대 석사논문, 1997.

최재희, 「주어 중출문의 문장 구조에 대하여」, 『한국어문학』 19, 한국어문학회, 1981.

최현배, 『우리말본』, 연희전문대 출판부, 1937.

탁희성, 「국어주어에 관한 통사론적 연구 : 특히 중주어문을 중심으로」, 충북대 석사논문, 1982.

한영목, 『우리말 문법의 양상』, 역락, 2004.

한영목 · 이금영, 「중주어문에 관한 연구」, 『언어』 15, 충남대 어학연구소, 1994.

홍기문, 『조선어문법연구』, 서울신문사, 1947.

曹逢甫, 『主題在汉语中的功能研究－迈向语段分析的第一步』, 语文出版社, 1979.

丁声树, 『现代汉语语法讲话』, 商务印书馆, 1961.

范继淹,「多项NP句」,『中国语文』1, 1984.

范　晓,『三个平面的语法观』, 北京语言学院出版社, 1998.

范晓・胡裕树,「有关语法研究三个平面的几个问题」,『中国语文』4, 재수록 : 袁晖・戴耀晶
　　编,『三个平面 : 汉语语法研究的多维视 野』, 语法出版社, 1998, 1992.

何霭・易刚,「是倒装句, 还是句子形式作谓语」,『语文学习』11月, 1953.

胡裕树,『现代汉语』增订本, 上海教育出版社, 1981.

胡裕树・范晓,「试论语法研究的三个平面」,『新疆师范大学学报』2期, 1985.

黄伯荣・廖序东,『现代汉语』增订二版, 高等教育出版社, 1997.

黎锦熙,『新著国语文法』, 商务印书馆, 1924, 재인용 : 박먹준 역,『도해식中国语语法』, 진명
　　출판사, 1993.

_____,「主宾小集」,『汉语主语宾语问题』, 中华书局, 1956.

刘月华,『使用现代汉语法』, 外语教育与研究出版社, 1983.

陆俭明,「周遍性主语句及其他」,『中国语文』3, 1986.

吕叔湘,「从主语宾语的分别谈国语句子的分析」,『汉语语法论文集』增订本, 商务印书馆,
　　1984.

_____,「汉语语法分析问题」,『汉语语法论文集』增订本, 商务印书馆, 1984.

_____,『现代汉语八百词』增订本, 商务印书馆, 1980.

_____,「主谓谓语句举例」,『中国语文』5, 1986.

钱乃荣,『汉语语言学』, 北京语言学院出版社, 1995.

申小龙,「论汉语句子的常态」,『中国语言的机构与人文精神』, 光明日报出版社, 1988a.

_____,「汉语语言类型的新探索」,『中国语言的机构与人文精神』, 光明日报出版社, 1988b.

史有为,「主谓后停顿与话题」,『中国语言学报』5, 1995.

汤廷池,『国语变形语法研究 : 第一集 移位变形』, 台湾学生书局, 1977.

_____,「主语的句法与语意功能」,『国语语法研究论集』, 台湾学生书局, 1978a.

_____,「主语与主题的书分」,『国语语法研究论集』, 台湾学生书局, 1978b.

_____,『汉语词法句法研究论集』, 台湾学生书局, 1988

汤廷池・李英哲・郑良伟编辑, 『中国语言学会议论集』(1977年美国语言学会暑期讨论会),
　　台湾学生书局印行, 1977.

王　力,『中国现代语法』,『王力文集』2, 山东教育出版社, 1943.

_____,「主语的定义及其在汉语中的应用」,『汉语的主语宾语问题』, 中国语文杂志社编,
　　1956.

_____,『中国文法要略』, 商务印书馆, 1982.

_____, 『汉语语法纲要』, 新知出版社, 1957.

刑公畹, 「论汉语造句法上的主语和宾语」, 『汉语的主语宾语问题』, 中国语文出版社编, 1955.

俞　敏, 「汉语的句子」, 『中国语文』 7, 1957.

袁毓林, 「现代汉语名词的配价研究」, 『中国社会科学』 3, 1992.

_____, 「一价名词的认知研究」, 『中国语文』 4, 1994.

_____, 「谓词隐含及其句法后果」, 『中国语文』 4, 1995.

张其春, 「主语和谓语的关系」, 『语文学习』, 中国语文杂志社编, 1955.

赵元任, *A Grammar of Spoken Chinese*, University of California Press, 1968, 재인용 : 吕叔湘
　　　译, 『汉语口语语法』, 商务印书馆, 1979.

朱德熙, 『语法讲义』, 商务印书馆, 1982.

_____, 「自指和转指」, 『方言』 1, 1983.

_____, 『语法答问』, 商务印书馆, 1985.

Jeng Heng-hsiung(郑恒雄), *Topic and Subject in Chinese*, English and Bunun, 1977.

Li · Thompson, "Subject and Topic : A New Typology of Language," *Subject and Topic*, ed.
　　　Li, C., Academic Press, 1976.

Littlewood, William, *Foreign and Second Language Learning*, Cambridge University Press,
　　　1990.

Li, N. C, *Subject and Topic*, Academic Press, 1976.